1 MONTH OF
FREE
READING

at

www.ForgottenBooks.com

By purchasing this book you are eligible for one month membership to ForgottenBooks.com, giving you unlimited access to our entire collection of over 1,000,000 titles via our web site and mobile apps.

To claim your free month visit:

www.forgottenbooks.com/free1052396

ISBN 978-0-365-60783-0
PIBN 11052396

This book is a reproduction of an important historical work. Forgotten Books uses state-of-the-art technology to digitally reconstruct the work, preserving the original format whilst repairing imperfections present in the aged copy. In rare cases, an imperfection in the original, such as a blemish or missing page, may be replicated in our edition. We do, however, repair the vast majority of imperfections successfully; any imperfections that remain are intentionally left to preserve the state of such historical works.

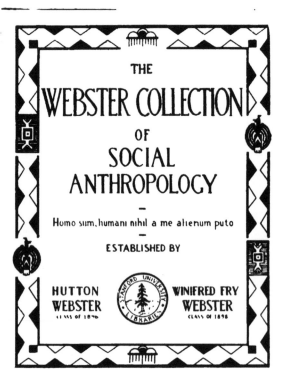

Die

Völker der Südsee.

Ethnographisch und culturhistorisch dargestellt

von

Dr. Theodor Waitz

Professor der Philosophie zu Marburg.

Erstes Heft.

Die Malaien.

Mit einer Karte.

Leipzig, 1865.

Friedrich Fleischer.

Anthropologie

der

Naturvölker

von

Dr. Theodor Waitz
Professor der Philosophie zu Marburg.

—

Fünfter Theil.

Mit drei Karten.

———————

Leipzig, 1865.
Friedrich Fleischer.

Vorrede.

Der fünfte Band der Anthropologie von Waitz soll in einzelnen Heften ausgegeben werden, deren erstes die Schilderung der Malaien enthält, wie sie der Verfasser noch kurz vor seinem Tode vollendete. Die Polynesier und Melanesier werden in den folgenden Heften abgehandelt werden. Waitz hatte für beide Völkerstämme die Vorarbeiten schon abgeschlossen; eine genauere Einsicht aber in die Manuscripte zeigte mir als durchaus nothwendig, die Hauptwerke, welche er als Quellen benutzt hat, selbständig durchzuarbeiten, um jene meist nur kurzen Notizen richtig gebrauchen zu können; auch mußten die seit dem Tode des Verfassers neu erschienenen einschlagenden Werke noch eingearbeitet werden. Dadurch und weil meine Zeit durch Berufsgeschäfte sehr in Anspruch genommen ist, würde sich, wenn ich erst den ganzen Band hätte vollenden wollen, die Herausgabe sehr verzögert haben, und so erscheint zum Zeichen daß das ganze Werk weitergeführt wird, was schon fertig dalag vorläufig als Einzelheft.

Dem Rest des Bandes wird gleichfalls eine Karte beigegeben werden, welche Oceanien umfaßt, sowie man auch daselbst das Verzeichniß des Inhalts und der Literatur finden wird. Ich hoffe bis zum nächsten Sommer die Arbeit vollenden zu können.

Magdeburg, den 3. Aug. 1865.

Dr. Georg Gerland,

Lehrer am Kloster U. l. Fr. zu Magdeburg

Das weite Gebiet welches sich von Malakka und den Andamanen im Westen bis zur Osterinsel und von den Sandwichinseln im Norden bis nach Neu Zealand und Tasmanien erstreckt, zerfällt in Rücksicht seiner Bevölkerung in zwei Hauptgruppen. Die eine derselben, von schwärzlichen oder wenigstens dunkelfarbigen Menschen mit krausem oder wolligem Haar bewohnt und daher häufig Melanesien genannt, umfaßt das Festland Australien nebst Tasmanien und die lange Reihe von Inseln welche sich im Nordosten dieses Continentes in der Form eines nach Süden gekrümmten Bogens von Neu Guinea bis nach Caledonien hinziehen; die andere, deren Bevölkerung meist von hellerer Farbe und schlichthaarig ist, wird einerseits durch die Inseln des ostindischen Archipels oder die eigentlichen Malaienländer, anderseits durch Polynesien gebildet, dessen äußerste Glieder die Marianen, die Sandwichinseln, die Osterinsel und Neu Zealand sind.

Die Völker der beiden zuletzt genannten Abtheilungen, des ostindischen Archipels und Polynesiens, nennt man nach dem gewöhnlichen Sprachgebrauch die malaiische Raçe, obgleich der Name „Malaien" genau genommen und ursprünglich nur dem Volke zukommt das die Europäer auf der Halbinsel von Malakka und in einem großen Theile von Sumatra als einheimisch vorfanden als sie zum ersten Male diese Gegenden besuchten, das auf den meisten der größeren ostindischen Inseln Kolonien gegründet, seine Sprache durch Betriebsamkeit im Handel zur allgemeinen Verkehrssprache in diesen Meeren zu machen gewußt hatte und seit noch nicht langer Zeit zum Islam bekehrt, alle heidnischen Stämme mit denen es in Berührung gekommen war, damals beherrschte oder doch einen überlegenen Einfluß auf sie geltend machte. Eine genauere Kenntniß hat später ergeben daß dieses Volk, obgleich weit höher civilisirt als die meisten seiner Nachbarn und auch äußerlich von vielen derſelben ſehr verſchieden, nur ein einzelnes Reis eines großen Stammes iſt, deſſen Zweige ſich über den ganzen oſtindiſchen Archipel verbreiten; man war von da an berechtigt dieſen Archipel als das Land der Malaien zu bezeichnen, wenn auch die letzteren nicht deſſen ausſchließliche Bevölkerung ausmachen, und nachdem W. v. Humboldt u. Buſchmann den Beweis geliefert hatten, daß die Hauptſprachen Polyneſiens mit denen der Malaien ſtammverwandt ſeien, durfte man auch die Südſeeinſulaner zur malaiiſchen Race zählen. Verdankte dieſer Name die Ausbreitung die man ihm gab, urſprünglich der zufälligen Veranlaſſung daß die Europäer das gebildetſte Volk der ganzen Familie zuerſt kennen lernten, ſo war es nur zu natürlich daß man zugleich in den Irrthum verfiel, jenes Volk der Malaien ſei als der wahre Typus und wohl ſogar als der urſprüngliche Stamm zu betrachten aus welchem die verwandten Völker erſt hervorgegangen ſeien. Sprachliche Unterſuchungen widerlegten dieſe Meinung: die Sprachen der Südſeeinſeln beſitzen den urſprünglicheren Typus und haben den mehr alterthümlichen Bau bewahrt, ſie ſind in keinem Falle aus den cultivirteren, phonetiſch und grammatiſch reicheren Malaien-Sprachen entſprungen (Humboldt I p. III, 217, 308), nur darf man aus dieſem Umſtande nicht etwa die Folgerung ziehen daß der indiſche Archipel ſeine Bewohner aus der Südſee erhalten haben möge, vielmehr iſt das Gegentheil allein wahrſcheinlich: die Polyneſier ſind auf einer Bildungsſtufe in Folge ihrer Iſolirung lange Zeit ſtehen geblieben, über welche ſich ihre weſtlichen Stammverwandten zum großen Theil erhoben haben.*

Der einzige namhafte Gegner dieſer Anſichten iſt Crawfurd. Er hatte früher die Behauptung vertreten daß ſich in alter Zeit die Sprache eines civiliſirten Volkes das wahrſcheinlich auf Java zu Hauſe geweſen wäre über die rohen Urbewohner der Südſee verbreitet habe; dieſe angeblich ſpäter ausgeſtorbene Sprache nannte er die polyneſiſche und glaubte die gemeinſamen Elemente in den Sprachen der Südſee als Reſte derſelben anſehen zu dürfen, während er ihre Verſchiedenheiten auf den ur-

---

* Wir dürfen hier nicht verſchweigen daß Buſchmann (36 ff.) indeſſen die phonetiſche und grammatiſche Armuth der polyneſiſchen Sprachen geneigt iſt einer Depravation, einer Abnahme ihrer früheren Lebenskraft zuzuſchreiben, da ſie nur noch hier und da Spuren einer älteren vollkommeneren Bildung darböten, die ſich im Malaiiſchen noch zeige, doch hält er dieſe Erſcheinungen für zu vereinzelt als daß ſich mit Sicherheit aus ihnen ſchließen ließe ob die vollkommneren Formen wirklich älter als die unvollkommneren ſeien oder umgekehrt.

sprünglichen eigenen Sprachantheil der Urbevölkerung zurückführen
wollte. Dieser künstlichen Hypothese hat Marsden (Misc. 15) die weit
einfachere und natürlichere entgegengehalten, daß jene gemeinsamen Elemente vielmehr der gemeinsamen Ursprache der Polynesier selbst angehörten, die nicht ausgestorben sei, sondern sich nur mit Zeit und Ort
vielfach verändert habe, denn daß die Polynesier in ältester Zeit eine
größere Anzahl unter sich verschiedener Sprachen geredet hätten als späterhin, läßt sich durch nichts wahrscheinlich machen. Crawfurd's neuere
Ansicht (Journal II, 191, 212 ff.) steht mit seiner früheren in auffallen-
dem Gegensatz — ein Umstand der an und für sich schon kein großes Zutrauen zu ihr einflößen kann: er glaubt die bisher angenommene Stammverwandtschaft sowohl der Hauptvölker des ostindischen Archipels unter
sich als auch mit den Polynesiern ganz verwerfen und die malaiischen
Wörter die sich in ihren Sprachen finden für fremdes, nur von außen
in sie aufgenommenes Gut erklären zu müssen. Es gelte dieß, meint er,
von den Sprachen der Bugis und Celebes und der Tagalen auf Luzon;
die von Madagascar welche man für eine malaische ausgegeben habe,
sei eine Negersprache, und es lasse sich zeigen daß die Anzahl der malaischen Wörter welche in andere Sprachen übergegangen seien, immer in
demselben Verhältniß abnehme in welchem man sich von dem Mittel-
punkte des malaiischen Lebens selbst, von Malakka und Java entferne;
auch lasse sich nicht behaupten daß diese Sprachen für die einfachsten
und nothwendigsten Gegenstände gemeinsame Wörter besäßen, sondern
vielmehr für Begriffe die auf eine gewisse Civilisation schließen ließen.

Der letzte Punkt würde vom größten Gewicht sein, wenn Crawfurd sich nicht genöthigt gesehen hätte unter „Begriffen die eine gewisse
Civilisation verrathen" solche zu verstehen die sich mit Ausnahme einiger äußerst rohen Horden bei allen Völkern der Erde finden. In den polynesischen Sprachen sind z. B. (nach Crawfurd a, 358) mit malaischen Wörtern benannt, zwar nicht die wenigen Hausthiere welche die
Südseeinsulaner besaßen, aber Yams, Cocospalme, Zuckerrohr, ferner
die Zahlwörter, dann die Ausdrücke für Bret, Dachung, Kamm, Axt,
Netzmasche, Leiter, Bogen, Jahr, Häuptling. Und daraus schließt Crawfurd sonderbar genug daß die Polynesier einige Bildung erst von den
Malaien erhalten hätten! Daß diese letzteren, welche gegenwärtig von der
Existenz der Südseevölker gar keine Kunde haben, in vorhistorischer Zeit
dort ausgedehnte Eroberungen gemacht, Kolonien gegründet und leb-

haften Handel getrieben hätten, was Crawfurd freilich annehmen muß, dafür giebt es auch nicht den Schatten eines Beweises. Man würde kaum begreifen was die Malaien hätte bewegen sollen ihre gesegneten Länder zu verlassen um eine Menge armer kleiner Inseln zu erobern oder ihnen Handelswaaren zuzuführen, und fast noch wunderbarer wäre es daß ihr Einfluß sich bis zu den Sandwichinseln auf der einen und bis nach Neu Zealand auf der anderen Seite, ja bis zur Osterinsel ziemlich gleichmäßig verbreitet hätte.

Daß die Menge gemeinsamer Wörter bei Völkern die einander näher wohnen größer ist als bei entfernteren, ist eine Erscheinung die man überall zu finden erwarten wird, mögen diese Völker einander stammverwandt sein oder nur in vielfachem Verkehr miteinander gestanden haben: jedenfalls läßt sich davon kein Grund gegen Stammverwandtschaft hernehmen. Was aber gegen Crawfurd's Ansicht vor Allem Bedenken erregt, besteht darin daß er sich fast ausschließlich auf sprachliche Gründe stützt, ohne jedoch selbst Linguist zu sein. Daß eine bloße Zählung von gleich oder ähnlich lautenden Wörtern neben einiger Kenntniß des grammatischen Baues der Sprachen nicht hinreicht um ein Urtheil über die Verwandtschaft derselben zu begründen, ist eine wenigstens in Deutschland von den Sprachforschern allgemein anerkannte und häufig ausgesprochene Wahrheit; es wird dazu vielmehr die genaue Untersuchung der Lautgesetze und des gesammten Sprachstoffes in grammatischer und etymologischer Hinsicht erfordert. Einer solchen Aufgabe ist nur gewachsen wer eine besondere Schule dafür durchgemacht und sich durch eigenthümliche Vorstudien die Fähigkeit dazu erworben hat; Sprachenkenntniß für sich allein genügt dazu keineswegs; daher scheinen uns die von W. v. Humboldt und Buschmann gewonnenen Resultate auf diesem Gebiete ungleich größeres Vertrauen zu verdienen als die allerdings in ihrer Art sorgfältigen und verdienstlichen Untersuchungen Crawfurd's.

Aus demselben Grunde vermögen wir auch den von Logan (Journal V, 226 ff.) aufgestellten Sprachklassen und dem von ihm mit sprachlichen Gründen unterstützten Satze (ebend. VI, 654) kein Gewicht beizulegen daß seit der ältesten Zeit das Becken des Ganges und ein großer Theil von Hinterindien von Völkern bewohnt sei die den Malaio-Polynesiern verwandt wären, obgleich man gebildete Bugis gefunden hat die behaupteten daß viele der ostindischen Inseln ihre Bevölkerung

ursprünglich von Siam und Cambodja erhalten hätten und daß die
Sprache von Cochinchina nur ein Dialekt ihrer eigenen Sprache sei
(Dalton bei Moor 46). Die linguistische Untersuchung ist bis jetzt
mit Entschiedenheit bei dem Satze stehen geblieben daß die Malaien-
Sprachen keine Verwandtschaft zu den einsilbigen Sprachen Hinterin-
diens besitzen und daß sie denen des asiatischen Festlandes fremd sind.
Häufig zwar und mit unzweifelhaftem Rechte hat man die physische
Aehnlichkeit der Malaien mit den Indochinesen in Siam Birma und
Cochinchina hervorgehoben; will man aber nicht so weit gehen etwa
mit Pickering (The races of man 105 ff. 134) außer den Bewohnern
der Maldiven* die ethnographisch zu Vorderindien gehören (Lin-
schotten bei de Bry II, 39, Owen im J. R. G. S. II, 88, Journal
R. As. Soc. VI, 42), auch die Japanesen Californier Mexikaner und
andere amerikanische Völker zu den Malaien zu zählen um solcher Aehnlichkeiten willen, so sieht man sich genöthigt die Sprachgrenze welche
den indischen Archipel vom Festlande scheidet zugleich als Grenze der
Raçe anzuerkennen. Auch die Sage der Javaner, daß die ersten Bewohner ihrer Insel Siamesen gewesen seien (de Barros bei Raffles I,
p. XXI), wird unser Urtheil über diesen Punkt nicht ändern können.
Es spricht sich in ihr nur die Neigung aus die eigene Abstammung auf
ein bedeutendes mächtiges Volk zurückzuführen, wie wir dieß hier so
häufig finden. Wollen doch die Javaner nach einer andern Tradition
sogar zu Schiffe vom Rothen Meere hergekommen sein längs der Küste
von Vorderindien das damals noch mit den Inseln zusammengehangen
habe (Raffles II, 65). Die letztere Vorstellung daß Sumatra und
Java und die ostindischen Inseln überhaupt einmal zusammen einen
Continent gebildet hätten und in nicht sehr ferner Zeit — Hageman
(I, 11) giebt der Sage nach das 13. Jahrhundert dafür an — erst auseinander gerissen worden seien, tritt in der javanischen Sage oft hervor, aber die geologischen Verhältnisse jener beiden großen Inseln und
die Verschiedenheit ihrer Fauna lassen auch dieß als Fabel erscheinen
(Zollinger in Tydschrift 1847, I, 38). Wir sehen daraus deutlich
genug wie geringes Zutrauen die einheimischen Traditionen selbst der
gebildetsten Völker dieses Archipels verdienen wenn sie die ältere Zeit
betreffen.

* Dasselbe gilt von denen der Lakediven: sie sprechen einen verdorbenen ma-
labarischen Dialekt (Wood im J. R. G. S. VI 29 ff.).

Bleiben wir demnach bei dem vorhin bezeichneten Umfang der malaiischen Raçe stehen, welcher die ostindischen Inseln und Polynesien umfaßt, sich aber auch über dieses Gebiet nicht hinauserstreckt, so sind damit zugleich die beiden Hauptabtheilungen der Raçe richtig angegeben die zwar manche nicht unbedeutende Unterschiede in ihren physischen Eigenthümlichkeiten zeigen (Näheres bei Latham, Nat. hist. of the var. of man 1850 p. 183, 191), doch aber im Wesentlichen eine große Aehnlichkeit des Typus zeigen (vgl. Hombron bei d'Urville b, V, 408 ff.). Wirft man nun die Frage auf, wie und wann die malaiischen Völker in den Besitz dieser Länder gelangt seien, so muß man zunächst gestehen, daß es keine bekannte Thatsache giebt aus welcher sich schließen ließe, daß sie eingewandert seien vom Festlande her. Man kennt bis jetzt kein ihnen stammverwandtes Volk in Asien selbst. Da der Continent von Australien und dessen nächste Umgebung von einer andern Raçe seit unvordenklicher Zeit besetzt ist, lassen sich die Malaio-Polynesier unmöglich von dort herleiten: es bleibt daher nur übrig Asien als ihre Urheimath zu betrachten, wenn man der Annahme geneigt ist daß sie aus der Fremde gekommen seien. Man würde ihre Einwanderung in den ostindischen Archipel alsdann in eine Zeit verlegen müssen, in welcher die Küstenländer des südöstlichen Asiens sich noch nicht in der Gewalt ihrer jetzigen Bewohner befanden, in eine Zeit welche für uns gänzlich dunkel ist. Man kann sich vorstellen daß sie von dort vertrieben wurden durch Völker die aus dem tieferen Inneren nach den Küsten vordrangen, aber keine Spur eines historischen Zeugnisses kommt dieser Ansicht zu Hülfe. Das Einzige wodurch sie einige Wahrscheinlichkeit erhält ist die physische Aehnlichkeit der malaiischen Raçe mit den Bewohnern von Südost-Asien; gewiß ist nur daß die Bevölkerung der Inseln häufig und zu verschiedenen Zeiten einen kleinen Zuschuß aus jenen Ländern erhielt. Wer diese Gründe für stark genug hält um den Ursprung der Malaien vom Festlande her zu verbürgen, wird geneigt sein den ostindischen Archipel wegen der größeren Nähe zu Asien als den zuerst bevölkerten Theil der Inselwelt anzusehen und sich zu denken daß von hieraus ein allmäliches Vordringen nach Polynesien über die Carolinen stattgefunden habe, da ja ohnehin die Verbreitung e i n e r Raçe über die ganze Inselwelt zu der Voraussetzung nöthigt, daß schon in ältester Zeit die Schifffahrt dieser Völker zu einer verhältnißmäßig hohen Entwickelung gelangt sei; er wird sich die Unterschiede zwischen

Malaien und Polynesiern nächst der Verschiedenheit der Naturumgebung theils aus einem größeren Zuwachs erklären mögen welche die Südseeinseln aus nördlicher gelegenen asiatischen Ländern (China, Japan) erhielten, theils aus der andauernden Wechselwirkung in welcher die ostindischen Inseln mit Border- und Hinterindien gestanden haben; vor Allem aber wird sich an diese Ansicht die weitere Folgerung knüpfen daß die Melanesier als die muthmaßlichen Urbewohner, wenn nicht der Malaienländer, doch des Festlandes von Australien und der umliegenden Inseln zu betrachten seien, nicht allein weil ihr Ländergebiet noch jetzt ein in sich abgeschlossenes Ganze bildet und sie zu größeren Wanderungen über das Meer zu keiner Zeit in ähnlichem Grade befähigt gewesen zu sein scheinen wie die Völker von malaischer Race, sondern auch weil die Wege welche diese letzteren genommen haben, nirgends das melanesische Gebiet von einem Ende desselben durchbrochen, sondern nur im Norden an ihm vorübergeführt zu haben scheinen. Es ist unleugbar daß die Malaio-Polynesier vielfache Wanderungen ausgeführt haben, von den melanesischen Völkern läßt sich dieß nicht nur nicht nachweisen, sondern es ist vielmehr höchst unwahrscheinlich. Auch die letzteren von Asien herleiten zu wollen ist daher nicht wohl anzunehmen; daß sie vollends das Gebiet der Malaien durchbrochen haben sollten, die ihnen in jeder Hinsicht, vorzüglich aber zur See überlegen sind, läßt sich auf keine Weise wahrscheinlich machen: es bleibt daher nur übrig sie im Vergleich mit diesen entweder für die ältere Bevölkerung zu halten oder jedenfalls nicht für später gekommene Einwanderer.

Dumont d'Urville (a. Philol. 301) und Moerenhout (II, 250) haben die Ansicht ausgesprochen daß wahrscheinlich nicht Polynesier von Westen her aus den Malaienländern, sondern umgekehrt die letzteren aus Polynesien ihre Bevölkerung erhalten hätten. Sie stützen diese Behauptung, troß W. v. Humboldt's Mißbilligung einer solchen Folgerung, auf dessen Angabe daß die polynesischen Sprachen im Vergleich mit den malaischen den ursprünglicheren Typus bewahrt haben und auf den Umstand daß dem entsprechend die Polynesier auch in ihrer physischen Bildung die kräftigeren schöneren und ursprünglicheren Formen zeigten. Abgesehen aber auch von dem schon erwähnten Zweifel in Rücksicht jenes sprachlichen Verhältnisses, würden sich die beiden angeführten Thatsachen wohl auch aus der lang anhaltenden großen Abgeschlossenheit der Polynesier auf ihren weit zerstreuten

Inseln erklären lassen, durch welche ihnen die primitive Eigenthümlichkeit länger erhalten bleiben konnte als den Malaien die offenbar seit
alter Zeit in vielfache Berührungen sowohl untereinander als auch mit
fremden Völkern getreten sind und fremde Elemente in größerer Zahl
in sich aufgenommen haben.

Ein zweiter Grund für die Wanderung von Osten nach Westen liegt
in den Meeresströmungen die zwischen 10° nördlich und südlich vom
Aequator in diesen Gegenden jene Richtung haben und in den 10 Monate lang wehenden Passatwinden. Indessen hat schon La Pérouse
bemerkt daß in der Zone der Südsee welche 6—7° nördlich und ebenso weit südlich vom Aequator liegt, Westwinde „wenigstens ebenso
häufig" sind als Ostwinde. Capt. Fitzroy hat später diese Bemerkung bestätigt gefunden, und Beechey ihr die andern hinzufügt daß
der West-Passat sich bisweilen über die sämmtlichen Inseln von Ost-
Polynesien erstrecke. Wir werden später eine Reihe von Beispielen un-
willkürlicher Seereisen in Polynesien anzuführen haben, welche zeigen
werden daß (wie auch sonst schon von Sachverständigen festgestellt worden ist) die Winde in diesen Gegenden so veränderlich sind daß sie die
Reise nach der einen Richtung hin kaum stärker erschweren als nach der
entgegengesetzten. Nimmt man noch hinzu daß der Südwest-Passat
nördlich vom Aequator bis zu 145° ö. L. Gr. und bis zu den Marianen hinaufreicht, der Nordwest-Passat aber im Süden des Aequators
sich bis nach Neu Guinea erstreckt, in dessen Westen westliche Winde
häufig sind (Horsburgh East India Directory), so wird man zugeben daß zumal für seefahrende Völker Wanderungen aus dem ostindischen Archipel nach Polynesien keineswegs unüberwindliche Schwierigkeiten darbieten (vgl. Hombron, Zool. I, 326 zu d'Urville b.).
Aehnliche Ansichten hat auch Bennett (a, II. 106) ausgesprochen, der
überdieß auf die für die vorliegende Frage nicht minder wichtige Thatsache aufmerksam macht daß sich auch die Flora und Fauna Polynesiens der von Asien zunächst anschließe und auf diese als ihre vermuth-
liche Quelle hinweise. Namentlich scheint ziemlich sicher erwiesen zu sein
daß die geographische Verbreitung der Pflanzen von Asien nach Polynesien, nicht in entgegengesetzter Richtung vor sich gegangen ist.

Endlich hat man eine Einwanderung der Polynesier nach den ostindischen Inseln auch noch dadurch wahrscheinlich machen wollen, daß
im Osten von Melanesien, namentlich auf Nitendi, den Neuen Hebriden

und den Salomons Inseln, Mischungen der schwarzen Race mit Polynesiern sich bestimmter nachweisen lassen als weiter westlich, wo sie
indessen, wenn auch in geringerem Grade, auf Neu Irland und Neu
Guinea ebenfalls stattgefunden haben sollen. Da jedoch die Herkunft
der Polynesier aus Westen in alter Zeit eine später innige Berührung
derselben mit den östlichen Melanesiern nicht ausschließt, so läßt sich
jener Thatsache keine große Bedeutung in dem angegebenen Sinne bei-
legen. Die Angabe d'Urville's (a, II, 626) aber daß die Sprachen
der Alfuren auf Celebes, der Dajak, Batta und Lampongs größere
Aehnlichkeit mit den polynesischen als mit den malaiischen besäßen ist
bis jetzt eine bloße Vermuthung, die, selbst wenn sie sich bestätigen sollte,
verschiedene Deutungen zulassen würde.

Lassen sich die Malaienländer als die wahrscheinliche Heimath der
Polynesier betrachten, so fehlt es dagegen fast an jeder Hindeutung auf
die Zeit zu welcher sie dieselben verlassen haben mögen. Auch hierüber
können die sprachlichen Verhältnisse allein Aufschluß geben. W. v.
Humboldt (II, 228) hatte darauf hingewiesen daß noch nicht hinreichend untersucht sei in welchem Maaße sich Wörter des Sanskrit den
malaiischen Sprachen beigemischt finden, daß aber diese letzteren allerdings solche Wörter besäßen und daß einige Sanskritwörter ein gemeinsamer Besitz mehrerer Sprachen, andere dagegen dem Malaiischen (im
engeren Sinne) allein eigen seien und also in verhältnißmäßig später
Zeit, erst nach der Verzweigung des Stammes, hineingekommen seien.
Später ist Bopp (Abhh. der preuß. Akad. 1840) so weit gegangen die
polynesischen Sprachen selbst für Zweige des Sanskritstammes zu erklären, diese Behauptung aber scheint sich den Beifall anderer Sprach-
forscher so wenig erwerben zu können, daß vielmehr ein Hauptunter-
schied der Malaiensprachen von den polynesischen von Buschmann
(36 ff.) in dem gänzlichen Mangel von Sanskritelementen gefunden
wird der bei den letzteren stattfindet, während solche sich noch in der
Sprache der Tagalen und der Madekassen nachweisen lassen, wenn auch
nur in ziemlich geringer Anzahl. Die Richtigkeit dieses Ergebnisses vorausgesetzt, ergiebt sich von selbst die Folgerung daß der polynesische
Zweig sich von dem gemeinsamen Stamme zu einer Zeit abgelöst habe,
da noch keine Einwirkung des Sanskrit auf diesen stattgefunden hatte,
das heißt — wie sich später zeigen wird — vor dem Anfang der christlichen Zeitrechnung. Indessen darf nicht unbemerkt bleiben daß auch

diese Bestimmung noch dem Einwurfe ausgesetzt bleibt, es könne gleichwohl die Ablösung erst in späterer Zeit erfolgt sein, wenn nämlich der
Einfluß des Sanskrit sich vielleicht nur über einen Theil der Malaienländer ausgebreitet hatte und die Auswanderung der späteren Polynesier gerade von den ostindischen Inseln her geschah welche eine nur geringe oder gar keine Einwirkung des Sanskrit erfahren hatten.

I. Die Völker der ostindischen Inseln.

1. Eine **ethnographische Uebersicht** der malaiischen Völker zu
geben ist aus mehr als einem Grunde schwierig. Die Sprachen des
ostindischen Archipels sind bis jetzt nur zu einem kleinen Theile auf ihre
Verwandtschaft untereinander genauer untersucht; von den Völkern die
sie reden kennen wir viele, namentlich im Innern der größeren Inseln
und auf den wenig von Europäern besuchten kleineren, kaum dem Namen nach; endlich hat der ältere und neuere Verkehr der Küstenvölker
untereinander zu vielfachen Mischungen geführt, welche in physischer wie
in sprachlicher Beziehung das Urtheil über die ethnographischen Verhältnisse leicht irre führen, besonders wenn zugleich noch große Unterschiede des Culturzustandes innerhalb desselben Stammes vorkommen,
und die Berührung mit zahlreichen ausländischen Elementen hat an
vielen Punkten die Völker äußerlich und innerlich so stark umgebildet,
daß es erst in der neuesten Zeit gelungen ist das primitive Malaienthum mit einiger Sicherheit zu erkennen und die fremden Zusätze bestimmt nachzuweisen. Um die Darstellung zu vereinfachen sehen wir
vorläufig von der Einwirkung auswärtiger Einflüsse ab, zu deren Betrachtung sich später Gelegenheit bieten wird, und beschränken uns darauf die malaiischen Völker für sich allein in's Auge zu fassen. Historische
Ereignisse werden wir hierbei nur insoweit berühren als sie über die
ethnographischen Verhältnisse einiges Licht verbreiten.

Die Versuche einer allgemeinen Eintheilung der malaiischen Völker
die man bis jetzt gemacht hat, sind als sehr schwach begründet, wenn
nicht als mißlungen zu betrachten. Junghuhn hat von der malaiischen Raçe im engeren Sinne die Batta-Raçe unterschieden zu welcher
er nächst dem gleichnamigen Volke die Passumahs und muthmaßlich die
Lampongs die Orang Abung und Orang Kubu auf Sumatra zählt,
dann die Bewohner im Westen von Sumatra, die von Sumba, Timor

und den umliegenden Inseln, die Alfuren von Celebes, Banda, Ternate, den Aru- und Sangirinseln, die Makassaren und Bugis, die Dajaks und die Balinesen auf Bali und Lombok. Indessen erscheinen die physischen Unterschiede dieser Völker von den Malaien weder als bedeutend genug um aus ihnen eine besondere Raçe zu bilden noch sind sie unter ihnen so allgemein und zugleich so ausschließlich verbreitet, daß sich dieß dadurch rechtfertigen ließe. Daß ihre Sprachen untereinander näher verwandt wären als mit dem Malaiischen läßt sich von mehreren derselben bestimmt in Abrede stellen, und ziemlich dasselbe gilt von ihren Sitten. Auch liegt es näher die physischen Unterschiede der Malaien von den Battas hauptsächlich aus den vielfachen Mischungen zu erklären die sie seit den ältesten Zeiten mit fremden Völkern eingegangen sind. Aehnlich steht es mit den „Negro-Malaien", die Crawfurd (a, 17, 296) als eine besondere Raçe neben die Malaien stellen will, nur daß diese Ansicht noch weit weniger begründet ist. Zu ihnen sollen die Völker im Osten von Celebes und Sumbawa gehören, insbesondere die von Flores, Timor, Ombay und Wetter (ebend. 307, 447), Gilolo und Ceram; auf Sumba (Sandelholz-Insel) und Rotti dagegen wären Malaien zu finden, auf den Molukken aber hätten mehrfache Mischungen dieser beiden Raçen stattgefunden. Das Gesicht der Bewohner von Flores zeigt die Züge der Malaien mit denen der Papuas von Neu Guinea gemischt (ebend. 138), die seit unvordenklicher Zeit als Sklaven in diese Gegenden verführt worden zu sein scheinen, aber Crawfurd ist gleichwohl der Ansicht daß jener Typus nicht aus wirklicher Mischung zu erklären sei.

Die beiden angeführten Eintheilungen heben sich gegenseitig auf und man wird sicher nicht eher zu einer haltbaren Ansicht über diesen Gegenstand gelangen als bis die sprachlichen Verhältnisse der malaiischen Völker genauer durchforscht sind. W. v. Humboldt (II, 288) hatte ihre Sprachen in drei Klassen getheilt, deren eine die Polynesier, die zweite die Tagalen und Madekassen, die dritte die Malaien im engeren Sinne umfaßten. Crawfurd (a, 208) hat später diese Sprachen in fünf Gruppen gebracht, deren erste von Sumatra bis nach Borneo und Lombok reicht, die zweite sich von Celebes bis zu den Molukken erstreckt, während die übrigen den Philippinen, Polynesien und Madagascar angehören, doch erkennt man leicht, daß diese Eintheilung mehr geographisch als wahrhaft linguistisch ist. Auch die von Leyden gegebene

(Asiat. Researches X, 158) scheint allerdings demselben Bedenken zu
unterliegen, da sie indessen von Lassen (I, 465) angenommen worden
ist und es bis jetzt keine andere giebt die besser begründet wäre, nehmen
wir keinen Anstand sie unserer Darstellung zu Grunde zu legen.

1) Die Bewohner von Malakka (richtiger Maláka) heißen Ma-
la-yu oder Mala-yo, Orang malaju, ihr Land Tana malaju. Sie werden schlechtweg und ohne Angabe ihres Vaterlandes so genannt, „weil
sie für die ächten und ursprünglichen Malaien gelten," im Gegensatz zu
anderen Malaien, zu deren Namen man die Angabe ihres Wohnsitzes
(Patani, Padang, Djohor u. s. f.) besonders hinzuzufügen pflegt (Valentyn VII, 316). Der Ursprung des Wortes „Malaien" liegt (nach
Friederich in Ztsch. d. d. morgenl. Ges. IX, 259) in den Sprachen
von Java und Bali unzweideutig vor: es bedeutet „weglaufen", sub-
stantivisch „Vagabunden", ist ursprünglich ein Spottname* dessen verächtliche Nebenbedeutung im Innern jener beiden Inseln noch jetzt allgemein verstanden wird, obwohl das Wort mit Rücksicht auf den kühnen Unternehmungsgeist und die Tüchtigkeit jenes Volkes zur See vielleicht auch eine günstigere Auffassung zuläßt. Ihre Sprache war schon
im 15. und 16. Jahrhundert die allgemeine Verkehrssprache des ganzen Archipels und diente als das einzige gemeinsame Verständigungs-
mittel von Malakka und Sumatra bis zu den Molukken (Crawfurd
a, 213 nach de Barros). Magalhaes hatte einen Sklaven von
Malakka, nicht von den Molukken, wie Oviedo irrig angiebt, bei sich,
den er selbst auf den Philippinen als Dolmetscher gebrauchen konnte
(Navarrete IV, p. LXXXV u. 57). Ebenso fand es in neuerer Zeit
Forrest (168, 210); selbst an den Küsten von Hinterindien und im
chinesischen Meere ist es wie auf den Aru-Inseln theilweise möglich sich
mit den Eingeborenen durch das Malaiische zu verständigen. Im Ganzen herrscht eine große Gleichförmigkeit der malaiischen Sprache auf der
Halbinsel Malakka und den Inseln des Archipels (Marsden, Malayan
Dict. Préface p. VI). Am reinsten und besten wird sie (nach Crawfurd II, 58) in Quedah gesprochen. Valentyn (II, 244) hat zwei
Dialekte derselben unterschieden: die Sprache des Hofes und des Cultus,
das Hoch-Malaiische, welches er, wie de Hollander (a, 138) bemerkt,
jedoch mit Unrecht bahasa Djáwie die ursprüngliche Sprache nennt,

---

* Eine andere Ableitung die uns annehmbarer scheint, werden wir später
berühren.

und die gemeine Sprache die in verschiedenen Gegenden mit verschiedenen fremden Wörtern gemischt sei; selbst am Hofe aber, fügt er hinzu,
bediene man sich der ersteren nur in den Staatsschriften.   Später hat
Marsden die Hofsprache, die Sprache der gebildeten Gesellschaft, die
der Kaufleute und die des Volkes unterschieden, von denen die beiden
ersten nur in wenigen Worten von einander verschieden, häufig in der
Schrift gebraucht werden, die letzte aber mit fremden Bestandtheilen
stark versetzt ist; Dulaurier setzt das vulgäre Malaiisch nur dem
schriftmäßigen entgegen, zwischen denen die Hofsprache ungefähr die
Mitte halte: wohl mit Recht bemerkt de Hollander (a, 141) daß
man sich zu viele Mühe gegeben habe das Malaiische nach Analogie
des Javanischen in verschiedene Sprachen zu theilen, und van der
Funk (in Bijdragen N. V. I, 172) scheint ihm beizustimmen wenn er
mit Hinweis auf die Verwirrung in Rücksicht dessen was man Hoch=
und Nieder=Malaiisch genannt habe, nur das Malaiische als lingua
franca des Archipels, die Sprache der Gebildeten namentlich auf der
Halbinsel Malakka, die zugleich Schriftsprache sei, und die einzelnen
Dialekte, unter denen der von Menangkabao und der von Malakka die
hauptsächlichsten sind, je nach der Oertlichkeit unterschieden wissen will.

Da der Name „Malaien" neuerdings oft in sehr unbestimmter Be=
deutung gebraucht wird, so daß man damit nur die muhammedanische
Bevölkerung des Archipels ohne Rücksicht auf ihre Sprache bezeichnet
(Marsden 3d ed. p. 42), Christen und Heiden aber nicht „Malaien"
nennt, auch wenn sie die Sprache reden (v. d. Funk a. a. O.), und die
wirklichen Malaien welche sich an den Küsten vieler ostindischen Inseln
niedergelassen und meist zur Herrschaft über die Eingeborenen aufge=
schwungen haben, von sehr verschiedener Herkunft sind, dürfen wir
nicht unterlassen auf ihre Ausbreitung genauer einzugehen.

Die Annalen der Malaien (Sejara Malayu) erwähnen nichts da=
von, wie J. Low (Journal V, 524) unrichtig behauptet hat, daß jene
bei ihrer Einwanderung auf der Halbinsel Malakka, von welcher wir
später zu reden haben werden, die Siamesen im Besitze des Landes bis
zur Südspitze desselben vorgefunden hätten. Nirgends scheinen sie auf
Widerstand gestoßen zu sein, wenn auch tiefer im Innern einige rohe
Horden bereits vor ihnen anwesend gewesen sein mögen. Das nörd=
lichste Land auf der Halbinsel in das sie eingedrungen sind, ist Ligor,
dessen Hauptbevölkerung jedoch siamesisch ist (Crawfurd a, 217).

Das Gebiet der Siamesen soll sich dort bis 7° n. B., bis nach Trang und Sangora nach Süden erstrecken (Newbold I, 420). In den Besitz des Mergui-Archipels, welchen das arme Fischervolk der Silong inne hat, dessen Sprache dem Siamesischen verwandt scheint (O'Riley in Journal IV, 411), sind sie nicht gelangt, aber weiter im Westen finden sie sich, obschon nicht in großer Zahl, auf Ceylon, wo sie nicht die Küstenbevölkerung bilden, sondern über die ganze Insel zerstreut sind (Schmarda I, 480). Der Golf von Martaban ist vermuthlich der nördlichste Punkt bis zu dem sie ihre Fahrten ausgedehnt haben (Crawfurd a, 271) die Stadt Juthia (Siam) ist zum Theil von ihnen bevölkert (ebend. 385) und überhaupt finden sie sich in bedeutender Anzahl als Sklaven in Siam (W. Earl a, 170), eigene selbstständige Staaten aber haben sie nur im südlichen Theile von Malakka gebildet. Diese sind folgende.

Quedah (Kebbah) im Nordwesten ist wahrscheinlich seit der Mitte des 13. Jahrhunderts von Malaien aus Malakka bewohnt gewesen und bis zur Ankunft der Portugiesen (15.) in deren Gewalt geblieben (Newbold II, 6). Aus der durch J. Low (Journal III) veröffentlichten Chronik dieses Reiches geht nicht mit Bestimmtheit hervor, ob es schon in alter Zeit unter der Herrschaft von Siam stand, wie Low vermuthet (ebend. 486) und sich seit der Einführung des Islam (1501) unabhängig zu machen strebte, oder ob es zu keiner Zeit jenem Reiche unterthänig war, was Anderson (Journal VIII, 149 ff.) zu beweisen gesucht hat. Wahrscheinlich ist das Erstere richtig, da Barbosa (1516) das Land als zu Siam gehörig bezeichnet hat und die Sprache auf eine alte Mischung der dortigen Malaien mit Siamesen schließen läßt (Crawfurd a, 362). Letztere sind in Quedah zum Theil muhammedanisirt, sogenannte Samsams (Moor 242). Zu diesen Elementen der Bevölkerung kamen 1619 Atjinesen die das Land eroberten und auch das südlichere Perak unterwarfen, welches schon seit 1567 zu Atjin in einem Verhältniß der Unterordnung gestanden hatte, da sein eigener Sultan Mansur Schah in letzterem Lande zur Herrschaft gekommen war (Anderson a. a. O.). Später gewann zwar Quedah seine Unabhängigkeit wieder, in neuerer Zeit aber hat es nebst Perak wiederholte Angriffe durch Siamesen erfahren (namentlich 1818 und 1821), die auch in das östlichere Patani eingedrungen sind, und trotz der Verpflichtung welche die Engländer den letzteren auferlegten die beiden

ersten Länder als unabhängig anzuerkennen, werden sie doch als erober-
tes Gebiet von ihnen betrachtet und behandelt (Newbold, Moor a.
a. OO. und bei Moor Append. 72, 90).

Weiter nach Süden folgen alsdann auf der Westküste der Halbinsel die Staaten Salangor und Malakka. In jenem und in Lin-
gin haben sich von auswärts — man sagt, zu Anfang des 18. Jahrhunderts — hauptsächlich Bugis niedergelassen und zur Herrschaft em-
porgeschwungen (Newbold); auch Calang, das früher zu Johor gehörte, rissen sie an sich (ders. bei Moor 259). Ihre Anwesenheit in diesen Gegenden schreibt sich aber wahrscheinlich schon aus weit früherer
Zeit her, denn das Sejara Malayu erwähnt einen König von Makassar
der um 1420 mit 200 Schiffen auszog um Malakka zu erobern (Braddel in Journal V, 646, Buddingh in Tydschrift V, 1, 425). Ist
letzteres von den Siamesen auch niemals wirklich abhängig geworden
(Anderson a. a. O. 156), so hat doch dieser berühmteste unter den
Malaienstaaten der Halbinsel schon in sehr früher Zeit (1340 nach Valentyn VII, 819) öftere ernsthafte Angriffe von ihnen erfahren (vgl.
Tydschrift VI, 3, 256). Zu seiner jetzigen Bevölkerung gehören auch
noch eine Anzahl Telingas aus Coromandel und Mischlinge von Europäern und Chinesen mit den Eingeborenen (Moor 244).

Nach der eigenen Angabe der Malaien ist der erste und vornehmste
ihrer Staaten auf der Halbinsel Sungie Ujong, der zweite Rumbowe, dann folgen Johole (Djohor) und Soimenanti (Newbold bei Moor Append. 77). Diese vier nämlich erhielten, wie auch
Naning, der Sage nach ihre Bevölkerung unmittelbar von Menangkabao, dem Hauptlande der Malaien auf Sumatra, und zwar im 13.
Jahrh. d. h. etwa hundert Jahre später als die erste Ankunft der malaiischen Einwanderer auf der Halbinsel erfolgt war (Newbold II,
74, 77 und bei Moor 255). Eine wichtige Bestätigung jener Sage
gewährt die Thatsache daß einige Stämme von Rumbowe Ortsnamen
von Menangkabao führen (Newbold bei Moor Append. 64) und
daß die dortige Bevölkerung in Sprache, Sitte und Regierungsform
mit den Malaien von Sumatra genau übereinkommt (Logan in Journal III, 40): hier also findet sich auf Malakka das Malaienthum am
reinsten. Johor, einer der mächtigsten Staaten und im J. 1512 gegründet (erst 1526 nach Braddel in Journal IX, 68), wurde nach
seiner Zerstörung durch die Portugiesen (1608) von den Atjinesen er-

obert (1613, Anderson a. a. O. 154); im J. 1719 kam es in die Gefahr einem Anfalle der Malaien aus Menangkabao die von Siak herüberkamen zu unterliegen, doch gelang es hauptsächlich mit Hülfe der dort angesiedelten Bugis die Feinde zu vertreiben (Newbold II, 47, Braddel a. a. O.). Die Bevölkerung der Straße von Malakka gehört zu den gemischtesten der Welt: sie besteht außer Malaien und Chinesen aus Siamesen und Birmanen, Kaffern die von Arabern als Sklaven mitgebracht wurden, Javanen, Bugis und Balinesen, zu denen auch einige Araber, Juden und Armenier gekommen sind, endlich einer Anzahl von Chulias und Klings (Telingas) aus Vorderindien. An der Südspitze der Halbinsel schreibt sich die Mischung der Malaien mit Javanen aus alter Zeit her: das Land soll im 15. Jahrh. von dem javanischen Reiche Madjapahit abhängig gewesen sein (Dulaurier), ja die Angriffe der Javanen auf das von den Malaien gegründete Singapura, welche Valentyn (VII, 318) in d. J. 1252 setzt, sollen die letzteren erst zum Ausweichen nach Westen genöthigt und sie zur Gründung von Malakka veranlaßt haben. Es giebt darüber zwei verschiedene Sagen, deren eine jenen Angriff auf einen Fürsten von Madjapahit zurückführt, während die andere ihn von einem andern javanischen Fürsten Namens Ardhi Vidjojo ausgehen läßt (Müller a, p. 27 not.).

Auf der Ostküste der Halbinsel sind die Siamesen weiter nach Süden vorgedrungen als im Westen. Wie Patani wurden auch Calantan und Tringano schwer von ihnen gedrückt und scheinen schon frühzeitig von Siam abhängig geworden zu sein (Anderson a. a. O. 157). Um die Mitte des 14. Jahrh. drangen sie in Folge eines Krieges den sie gegen Malakka führten, in Muar ein und ließen sich dort nieder (Newbold bei Moor. Append. 74); im Anfange des 16. Jahrh. erzählt das Sejara Malayu sogar von einem Einfall in Pahang den die Siamesen von Ligor aus unternahmen (Journal VI, 40).*

Verachtet von den bisher besprochenen Völkern und meist tiefer in's Innere zurückgedrängt leben ferner auf der malaiischen Halbinsel eine größere Anzahl von wilden oder halbwilden Stämmen die von den civilisirteren Malaien mit dem Collectivnamen Orang Benua 'oder Binua, eigentlich Banuma (Crawfurd a, 49) bezeichnet werden. Das Wort bedeutet „Menschen des Landes" d. i. Eingeborene, aborige-

---

* Genaue Angaben über Lage Grenzen und Volkszahl der angeführten Malaienstaaten s. bei Newbold II und bei Moor Append. 87.

nes, und als solche betrachten sie sich selbst den später in ihr Gebiet ein-
gewanderten Malaien gegenüber und diese letzteren bestätigen auch ihrer-
seits diese Ansicht (Logan in Journal I, 326 u. III, 412, Borie in
Tydschr. a, X, 415); die aus Menangkabao im 13. Jahrh. einge-
wanderten Malaien sollen sie im Lande vorgefunden haben (Favre in
Journal II, 239). Mit Logan (Journal I, 279) vorauszusetzen daß sie
selbst ebenfalls in sehr alter Zeit von Sumatra herübergekommen seien,
hat man keinen Grund. Uebereinstimmend mit Favre (a. a. O. 271)
erzählt Newbold (II, 376 u. I, 370) daß der Sage nach die Benua
in alter Zeit in vier Stämme getheilt waren, deren Häuptlinge die
Staaten Calang, Sungin Ujong, Johole u. Ulu Pahang gründeten
und von einem alten Könige von Johor ihre Titel erhielten, und daß
die civilisirteren Malaien, in dem Glauben daß sie e i n e s Stammes
seien mit den Benua, jene vier Häuptlinge derselben bisweilen Nenek
„unsere Ahnen" nennen, weil von ihnen viele Malaienfürsten entsprungen seien. Daß die Jakong (Jakun) oder Benua von Malakka Rumbowe und Johor in der That Malaien sind, hat zuerst Leyden nachgewiesen, der sie 1811 aufsuchte und nur 27 nicht-malaiische Wörter in
ihrer Sprache fand. Läßt sich zwar nicht behaupten daß dieß von allen
jenen rohen Stämmen sicher bewiesen sei, und hören wir sogar daß
hier und da ihre einheimische Sprache erst in Folge des Verkehrs mit
den Malaien durch die der letzteren fast ganz verdrängt worden sei
(Logan in Journal I, 289) und daß manche derselben sich mit den
übrigen Malaien vermischt haben (Newbold II, 396), so lassen doch
auch ihre Gesichtsbildung und ihre übrigen physischen Eigenthümlichkeiten nur geringen Zweifel über ihre Stammverwandtschaft mit den
Malaien. Newbold (II, 418 ff.) ist der Ansicht daß die Sprachen der
einzelnen Stämme sowohl unter einander als auch mit dem Malaischen
nahe verwandt seien und daß eine bloße Entlehnung ihrer gemeinsamen
Wörter aus dem letzteren, wegen der Gegenstände die sie bezeichnen sich
nicht wohl annehmen lasse. Vorzüglich interessant würde es sein wenn
es gelänge bestimmt nachzuweisen was der katholische Missionär Favre
(a. a. O. 252) behauptet, daß das Malaiisch dieser Völker weder Sanskrit-Wörter noch arabische enthalte. Die sonderbaren Erzählungen
Borie's (a. a. O.) von den religiösen Vorstellungen dieser Menschen
lassen, wenn sie anders begründet sind, wenigstens das Letztere kaum als
möglich erscheinen. Von den Biduanda Kallang oder Orang Sle-

tar*; die an und auf dem gleichnamigen kleinen Fluß der Insel Singapore als Nomaden leben, und von den Orang Sabimba die erst
neuerdings dort dem Fürsten von Johor herbeigezogen worden sind von
der Insel Battam her (Logan in Journal I, 246), wird allerdings
versichert daß sie beide malaisch reden (Thomson ebend. 343, 349),
aber die ersteren sprechen einen Dialekt der später zu behandelnden Orang
Laut und die anderen wollen aus dem Lande der Bugis stammen und
auf der Insel Battam gestrandet sein, wo sie in Folge von vielfacher
Beunruhigung durch Seeräuber ganz verwildert sind (Logan a.a.O.
296). Die Sabimba gehören also nicht zu den Benua und ihre Sprache
läßt keine Folgerung auf die der letzteren zu; anders verhält es sich dagegen mit den Sletar, wie es scheint, da die Rayet Laut oder Orang
Laut dieser Gegenden von den Jakun stammen sollen, wenigstens der
Sage nach (Favre d.a.O. 272 und Newbold II, 411).

Die Benua, von den übrigen Malaien auch Orang Utan (Wald-
menschen) oder Orang Ulu (Menschen des Inneren) genannt, leben an
dem oberen Lauf der südlichsten Flüsse der Halbinsel und haben das
ganze Innere von Johor und vom südlichsten Theil von Pahang inne.
Weiter nördlich an einigen Zuflüssen des Muar und in der Nähe von
Gunung Ledang — in Jellabu, Pahang, Tringanu und Quedah (Newbold II, 381) — wohnen die Udai und diesen benachbart die Jakun,
im Gebirge von Bermun finden sich die Mintira, von Anderen Man-
tras genannt, weiter im Inneren die Sakai (Sakye), welche in Perak von den Malaien in Sakai Jina, Sakai Bukit und Allas (Halas)
eingetheilt werden, und im Nordwesten die Mintira die Besisi oder Be-
sisik (Logan in Journal I, 246 f. u. IV, 429). Nach ungenauerem
aber gewöhnlicherem Sprachgebrauche (bei Favre ebend. II, 25. u.
Bigandet in Nouv. Ann. des voy. 1849 I, 80 ff.) bezeichnet man
auch wohl alle diese Völker, deren Anzahl und Wohnplätze bis jetzt nur
unvollständig bekannt sind (Newbold II, 388) als Benua, und rechnet zu ihnen auch die Semang oder Samang deren Negerähnlichkeit,
wie wir später sehen werden, sich keineswegs als sicher stehend betrachten läßt, wie schon daraus ersichtlich ist, daß sie nach Aussage der Malaien von den Jakun nur wenig verschieden seien (ebend. 377). Diese

---

* Anderwärts (Journal I, 302) unterscheidet Logan die Sletar, welche er
als die Eingeborenen von Singapore bezeichnet, von den Biduanda, obwohl er
beide für nahe verwandt erklärt.

Semang bestehen aus zwei Stämmen mit verschiedenen Sprachen, deren einer in Quedah, der andere in Tringanu lebt. Newbold (II, 379) giebt sie auch in Perak und Salangor an. Die Malaien verkehren nur mit den ersteren und unterscheiden sie nach ihren Wohnplätzen in Semang Paya, Bukit, Bakow und Bila (Journal IV, 424 f.). Nach Marsden (Misc. 75 nota) heißen sie Semang in Quedah, Bila in Perak; Laplace (b, IV, 74, 42) zählt zu ihnen auch die angeblich canibalischen Rawas, wogegen er die friedlichen Krian an dem Flusse dieses Namens als kupferfarbig groß und wohlgebaut beschreibt. An genaueren Nachrichten über diese Stämme fehlt es noch sehr. Die Sprache der Sakai enthält außer malaiischen auch siamesische Wörter (ebend. 431). Unter den Jakun, deren Namen nach Favre wie der der Benua nur eine collective Bedeutung hätte, soll es seit alter Zeit Mischlinge von Portugiesen, einzelne Menschen mit Adlernasen und solche von fast europäisch weißer Hautfarbe geben (ebend. II, 243, 246, 248). Wenn die Mintira wirklich eine Sage von früheren Kämpfen mit Battas besitzen die in ihr Land gekommen seien (Borie in Tydschrift a, X, 416), so würde sich dabei wohl nur an Kriege mit den von Süden her eingedrungenen Malaien denken lassen. Die Udal gelten einigen Malaien für einen Stamm der Jakun, andern dagegen für ein von auswärts eingewandertes Volk (Newbold II, 381).

Von den Inseln im Südosten der Halbinsel von Malakka haben außer mehreren kleineren insbesondere Rhio und Lingga, Banka und Billiton zum Reiche von Madjapahit gehört (Dulaurier): Javanen sind also hier seit Jahrhunderten zu der einheimischen Bevölkerung hinzugetreten. Auch jetzt leben solche noch in dem Archipel von Rhio und Lingga, dessen Sprache eine Beimischung javanischer Elemente zeigt (Leyden). Er ist gegenwärtig im Besitze der Malaien und Bugis, deren Voreltern dem Fürsten von Johor hierher gefolgt sind und wurde im J. 1606 von dort aus erobert (Valentyn VII, 359), die ursprünglichen Eingebornen aber, wahrscheinlich ebenfalls von malaiischem Stamme, sind die Orang Benua, Orang Barut und Orang Tambus. Die beiden letzteren führen zwar ganz ein Seeleben, gleich den Orang Laut und den Badjos von Celebes, unterscheiden sich aber in ihrer äußeren Erscheinung und Kleidung nicht von den Benua (Netscher in Tydschr. a, II, 127, 135, 140). Jene wilden Urbewohner scheinen sich fast nur noch hier und da auf den größeren Inseln zu finden. Der Vicekönig von Rhio hat ihnen erlaubt sich in der Bulan-Straße niederzulassen; daß sie früher selbst in Johor gelebt hätten wie die dortigen Malaien (Bruijn-Koops in Journal IX, 108), beruht wohl auf einem Mißverständniß. Auf den Inseln im Süden von Singapore bis nach Lingga und Sinkap hin bezeichnet man sie mit dem Collectivnamen Orang Pesukuan, im südöstlichen Theil der Insel heißen sie Orang Muka Kuning (Logan in Journal I, 336 ff.). Von Fremden leben außer Javanen hier noch Klings (Telingas), beide fast sämmtlich auf Tandjong Pinang oder Rhio selbst concentrirt (Netscher), Chinesen in besonders großer Zahl, einige Araber und Europäer. Bintang und die umliegenden Inseln sind zur Hälfte von Chinesen, zum dritten Theile von Bugis bevölkert (Tydschrift 1853 I, 420). Daß Malaien in alter Zeit dort ansäßig waren, behauptet wenigstens ihre eigene Chronik, welche ihre Einwanderung nach Malakka von Bintang aus geschehen läßt, woraus sich weiter als wahrscheinlich ergiebt daß alle diese Inseln altes Malaienland sind. Bintang war zu Anfang des 17. Jahrh. von Johor abhängig (Valentyn a. a. O.). Ueber die Bevölkerung der Anambas, Natunas und Tambelan-Inseln welche von Lingga abhängig sind, ist nichts Näheres bekannt.

In Banka haben sich, wie es scheint, schon in alter Zeit, Javanen auf der Westküste niedergelassen, wofür die dortigen Ortsnamen Zeugniß ablegen (Horsfield in Journal II, 303). Wahrscheinlich sind sie von Palembang herübergekommen, das seit 1378 ihnen unterworfen war. Die Insel stand nebst Billiton früher und wohl noch im J. 1668 unter einem König, kam aber dann durch Heirath an Palembang (Tydschr. 1850, I, 198 nach Sturler), daher die 1709 dort entdeckten Zinnminen zunächst für den Sultan dieses Landes ausgebeutet wurden. Sowohl dieser Umstand als auch die Theilung des Reiches von Palembang (um 1710) und die dortige Revolution führte zur Gründung von Niederlassungen auf Banka von dorther: ein Prätendent jenes Reiches sammelte hier seine Anhänger und zog Bugis in größerer Zahl herbei um Palembang zu erobern. Darauf wanderten auch Leute von Menangkabao, Pontianak, Java und den zu Lingga und Johor gehörigen Inseln ein (Horsfield a. a. O. 305, 309). Jetzt leben dort überdieß 6—7000 Chinesen, einige Araber und Klings (Lange 61, 46). Die Bevölkerung von Banka ist demnach sehr gemischt. Die Küsten und selbst das Innere wurden in den Kriegen der Holländer gegen die Fürsten von Rhio und Lingga sowie durch Lanur- und andere Piraten vielfach verwüstet, so daß %₁₀ der Bewohner theils zu Grunde gingen theils zerstreut wurden (ebend. 314, 336). Die eigentlichen Eingeborenen der Insel sind die Orang Gunung „Gebirgsbewohner“, die im Aeußeren wie in Rücksicht ihres Culturzustandes den ursprünglichen Malaien der Halbinsel Malakka, den Benua, ganz zu gleichen scheinen (ebend. 332). Nach Hollander (682) ist ihre Sprache die malaiische und mit javanischen Wörtern vermischt. Die Bevölkerung der Küsten bilden außer Chinesen und Malaien hauptsächlich die Rayad, Orang Laut oder Orang Sekah, wie auf Billiton, deren Sprache wenigstens auf der letzteren Insel vom Malaiischen ganz verschieden sein (Schepen in Tydschr. a, IX, 64) oder doch nur einige malaiische Wörter enthalten soll, während die Orang Darat, die Eingeborenen von Billiton nach Sprache und Aeußerem zu den Malaien gehören (Hollander 691). Neben Europäern und Chinesen finden sich hier auch noch Kaufleute von Borneo, Banka und anderen Inseln des ostindischen Archipels, welche Orang Dagang genannt werden. Da die Insel ehemals ebenfalls an Palembang zinsbar war, hat auch dieses Land wahrscheinlich der hiesigen Bevölkerung einigen Zuschuß geliefert.

Wir haben im Vorigen die Orang Laut oder Rayet Laut zu erwähnen gehabt und gesehen daß sie von den Jakun der Halbinsel Malakka entsprungen sein sollen. Mag dieß von denen richtig sein die an den Küsten dieses Landes leben, so gilt es doch gewiß von ihnen nicht allgemein, denn sie sind kein Volk, sondern nur eine Menschenklasse die, wie ihr Name sagt, ausschließlich auf der See leben und meist keine Heimath haben außer ihren Kähnen, wahrscheinlich ein Gemisch von Leuten die den verschiedensten Stämmen angehören. Sie werden unter dem Namen Cellates schon von de Barros erwähnt, wie Crawfurd (a, 242) bemerkt, ihr Ursprung geht also weit zurück, und wenn sie namentlich am Westende des ostindischen Archipels malaiisch sprechen (Newbold II, 413), was aber keineswegs von allen sicher ist, so kann dieß bei ihnen leicht eine natürliche Folge ihrer herumschwärmenden Lebensweise sein und erlaubt daher keinen sichern Schluß auf ihre Abkunft. Mögen sie allerdings größtentheils dem malaiischen Stamme angehören, so giebt dafür doch der Name Orang Malayu, den sie auf den Molukken führen (Crawfurd a, 26) und der Name Maleyo, den der südliche Theil von

Ternate trägt (**Valentyn**, Beschr. d. Mol. 13) keine Bürgschaft, son
dern erinnert vielmehr an die oben erwähnte verächtliche Nebenbedeutung welche dieses Wort ursprünglich gehabt haben soll und an ihre
naheliegende Beziehung zu der unsteten Lebensweise dieser Menschen.
Anderwärts führen sie andere Namen: in Borneo nennt man sie Sika,
wie auf Billiton, in Celebes bei den Bugis heißen sie Badjos (Bajows,
Wadjons): Unter diesen Namen schildert sie **Valentyn** (Beschr. d.
Mol. 66 f.) nach zwei verschiedenen älteren Berichten: sie sollen zusammengeflossen sein aus Flüchtlingen von Makassar, Java, Bantam und
Japara, auch viele Chinesen und Japaner unter sich haben und eine
eigenthümliche Sprache reden. Am Lande ansässig waren sie damals
nur in einem Küstendorfe von Tambuko (Celebes). **Vormaer** (115,
128) unterscheidet die von Celebes in festsässige und herumschwärmende
und bezeichnet Tabunku (Tambuko?) und die Bonga Inseln in der Bai
von Tolo als ihre Hauptplätze. Sie finden sich auch im äußersten Norden von Celebes in Menado und werden von dort alljährlich in großer
Zahl von den Seeräubern von Magindanao hinweggeführt (Tydschr.
VIII, 1, 41). Im Aeußeren den Malaien ähnlich, sollen sie vor Zeiten
im makassarischen Reiche in der Nähe von Goa ansässig gewesen sein.
Ihre Sprache, von der man sagt daß sie der makassarischen verwandt
sei (Tydschr. VIII, 1, 35), findet sich nirgends am Lande wieder. Nach
dem Falle jenes Reiches zog Boni die Badjos an sich um ihrer Handelsthätigkeit willen, diese gründeten dort das nach ihnen benannte Dorf
Badjoa und betrachten sich noch jetzt als Unterthanen theils von Goa
theils von Boni (ebend. 125 f.). Hauptsächlich von hier, aus dem Süden von Celebes, scheinen sie einerseits in die Allas-Straße und von da
bis nach Wetter hin gelangt zu sein, nach Salnijer, den Postillons-
und Paternoster-Inseln, auf die Ost- und Westseite von Sumbawa, auf
die Südwestküste von Sumba (Tjendana), nach Solor und in den Norden und Westen von Flores, wo sie zwar unter eigenen Häuptlingen,
aber doch in einer gewissen Abhängigkeit von dem Sultan von Bima
leben (ebend. 118, **Freijs** in Tydschr. a, IX, 451, 494 f., **Crawfurd**
a, 406), andererseits nach Pulo Laut, nach Ost-, Nordost- und Nordwestküste von Borneo, wo sie sich namentlich an den Mündungen der
Flüsse umhertreiben (**Low** 344, J. R. G. S. XXXII, 224, **W. Earl** a, 334),
wenn sie nicht in diese Gegenden vielmehr von den Sulu-Inseln gekommen sind. Hier nämlich bilden die Badjos die Hauptbevölkerung sowohl

von Tawitawi als auch von den zu Sulu gehörigen Samalaut-Inseln (Tydschr. 1850 II, 63f.), in geringer Zahl finden sie sich selbst noch nördlicher auf Palawan (Dalrymple in Journal III, 525). Die Sprache der Sulu-Inseln, als deren fleißigste Bewohner sie geschildert werden, ist dort auch die ihrige und man behauptet daher sogar daß sie erst von da in alter Zeit nach Makassar übergesiedelt seien (Hunt bei Moor Append. 50). Als wahrscheinliches Resultat dieser Uebersicht läßt sich demnach hinstellen daß es zwei Hauptstämme der Orang Laut giebt, einen westlichen dessen ursprüngliche Heimath auf der Halbinsel von Malakka, und einen östlichen dessen Ursprung im südlichen Celebes oder auf den Sulu Inseln zu suchen ist. Es würden sich dann die Widersprüche in den Nachrichten über ihren Ursprung von selbst heben, den man bald in Johor (Forrest 329, 372) bald in Sulu oder in Luwu auf Celebes (Brooke I, 46) gesucht hat, während sie selbst behaupten von Menangkabao zu stammen (ebend. 151).

2) Sumatra ist von fünf Hauptvölkern bewohnt die man bisweilen für stammverschieden gehalten, obwohl sich nicht verkennen läßt daß das malaiische Element die wesentliche Grundlage für sie alle ausmacht: Atjinesen von der Nordspitze der Insel bis gegen Siak herab, Battas im Innern bis nach Rauw hin, Malaien an den Küsten und im Innern auf der Westseite, in Baros und von da nach Süden, von Siak bis zum Fluß von Palembang auf der Ostküste, Redjangs und Passumas im Innern von Palembang und längs der Küste von Benkulen bis nach Kantor, endlich die Lampongs im Südosten der Insel (Tydschr. IX, 4, 152 nach Francis). Fassen wir die Bevölkerung nach diesen Hauptabtheilungen jetzt näher ins Auge.

Die Atjinesen reichen an der Küste von der Diamant Spitze bis Atjin im Norden und von da bis nach Cap Felix (Tydschr. IX, 4, 158). Dieß ist ihr ursprüngliches Gebiet, das Reich von Atjin oder eigentlich Achéh (Marsden) aber erstreckt sich noch jetzt von 91° 22' bis 97° 13' ö. L. und von 5° 36' bis 2° 18' n. B. (Ritter ebend. I, 2, 455). Dieses Reich wurde im Jahre 1205 von einem West-Asiaten, vielleicht einem Araber, gegründet (Müller a, p. 27 not.) und hatte seine Macht um 1621 über Singkel, Tiku, Priamang, Padang, um 1632 selbst bis nach Indrapura ausgedehnt (Temminck II, 10). In Singkel bilden die Atjinesen zwar den Hauptbestandtheil der Bevölkerung, sind aber mit Malaien, Battas und Leuten von den Nias-Inseln gemischt, wovon auch die dortige Sprache Zeugniß ablegt (Rosenberg in Tydschr. a, III, 410, 415). Von Tarumon weiter im Innern und unabhängig von dem dortigen Fürsten leben die Orang Alas oder Buschmänner, die wahrscheinlich zu den Battas gehören (Ritter a. a. O. II, 1, 13). Marsden (3ᵈ ed. 398) hat die Atjinesen als ein Gemisch von Malaien, Battas und Klings bezeichnet, Ritter (a. a. O. 458) vermuthet daß sie ihren Ursprung vorzüglich den letzteren verdanken. Die Sprache soll indessen dem Batta nahe verwandt sein (Tydschr. IX, 4, 160). Malaien haben sich zum Theil schon seit alter Zeit an vielen Orten der Nordwest- küste niedergelassen und an mehreren derselben ihre eigenthümlichen Sitten bewahrt (ebend. 173, Ritter a. a. O. 464). Im J. 1567 fiel die Herrschaft über Atja an den Sultan Mansur Schah von Perak (An- derson in Journal VIII, 149): wir dürfen demnach Marsden's Ansicht über die Zusammensetzung der Bevölkerung wohl unbedenklich als die richtige bezeichnen. Auch Javanen sind wahrscheinlich hinzuge- treten, da Pase von dem letzten Fürsten von Madjapahit abhängig war (Dulaurier) und sich bei Delli einige Ruinen finden die javanischen Ursprungs zu sein scheinen (Crawfurd a, 119). Auch Chinesen leben dort und Laplace (6, III, 31) glaubte namentlich eine Beimischung arabischen Blutes zu erkennen.

Die ursprüngliche Heimath der Battas ist das Plateau von To- bah und man hat vermuthet daß sie sich von dort nach Süden schon in der ersten Hälfte des 12. Jahrh. ausgebreitet haben, da die Malaien um diese Zeit nach Südosten vorgedrungen und nach der Halbinsel Malakka ausgewandert zu sein scheinen (Hollander 638). Sicherer steht ihre spätere Verbreitung von Tobah aus nach Mandaheling und Pertibie, welche durch einen Stammbaum von nur zwölf Generationen beglaubigt ist (Willer in Tydschr. VIII 2, 400), und sie fügen hin- zu daß sie in dem neuen Lande außer einigen malaischen Wilden und einigen Backstein-Ruinen von unbekanntem Ursprung keine Spuren einer früheren Bevölkerung vorfanden. Nach Burton and Ward (Transactt. R. As. Soc. I, 495) haben sie eine Sage daß sie in ältester Zeit aus Osten von jenseits des Meeres nach Sumatra eingewandert seien. Ihre jetzige Ausbreitung erstreckt sich im Innern angeblich von 4° n. B. (Tydschr. VII 1, 18) bis nach Rauw im Nordosten von Pa- dang. Andere geben die Grenze der Provinz Karoh in Atjin als den nördlichsten Punkt an den sie erreichen (Moor Append. 1, Näheres bei

Junghuhn über ihre Ausbreitung). In Tapanuli treten sie bis an
die Küste heran (Ritter in Tydschr. II, 1, 25). Ihre vier Hauptstämme sind die von Toba, Silindung, Angkola und Mandaheling. Die
Sprache, welche viele rein malaiische Wörter besitzt, pflegt zur malaiischen
Sprache gerechnet zu werden, und enthält merkwürdiger Weise einen
größeren Antheil von Sanskritwörtern als die malaiische selbst, aber
keine arabischen Wörter (Burton and Ward a. a. O. 505); ob die
ersteren aus dem Javanischen aufgenommen sind, wie man zunächst
vermuthen muß, oder ihr ohne diese Vermittelung direct zugekommen,
ist noch nicht festgestellt (vgl. auch Tydschr. VII. 1, 20). W. v. Humboldt (I, 54) hat bereits die später von Andern bestätigte Bemerkung
gemacht, daß die vornehme, die Schrift- und Hofsprache der Battas
dem Malaiischen noch weit näher stehe als die des Volkes. Da der Adel von
Mandaheling seiner Sage nach von einer himmlischen Frau stammt
die dem Helden Iskander (Alexander d. Gr.) einen Sohn in Menangkabao geboren habe (Willer a. a. 405), und also seinen Ursprung
selbst von Malaien herleitet die diesen südlichsten Theil des Battalan-
des erobert haben, erscheint jenes Verhältniß als leicht erklärlich.
Sprachlich theilen sich die Battas in drei Zweige: Toba, Angkola und
Dairi; zu Angkola aber gehören in dieser Hinsicht das Thal von Ba-
tang-toru, das Plateau von Sipirok, Mandaheling, Padang-lawas
und die noch nicht muhammedanisirten Bergländer von Natal und
Ajerbangis (v. d. Funk in Bydragen IV 28). Die Battas von Pak-
pak, in mehreren Beziehungen verschieden von denen in Toba, reden
einen sehr abweichenden Dialekt (Tydschr. a, III, 454).

Den Malaien von Sumatra gilt bekanntlich das Land Menang-
kabäo als ihr ältester Sitz, sie betrachten sich dort und (nach Logan) auf
der ganzen hügeligen Westküste der Insel als Eingeborene. Nach der
alten geographischen Eintheilung umfaßte Menangkabao das Gebiet von
Palembang bis nach Siak auf der Ostseite und von Majatta bis Singkel im Westen so daß Jambi, Indragiri, Siak und Indrapura dazu
gehörten (Francis in Tydschr. II, 1, 29, vgl. auch die Angabe bei
Hollander 3). Der Mittelpunkt des Reiches lag im Gebirgslande
östlich von Padang (Valentyn VII, 12 nebst der Karte von Sumatra
ebend. IV). Die mit vielen indischen und muhammedanischen Zusätzen
ausgeschmückte Sage* führt die Abstammung ihrer Könige auf den

---

* Etwas anders lautet sie auf der Westküste von Agam: von drei Brüdern

Halbgott Iskander d. i. Alexander zurück, dessen einer Sohn sich mit den Seinigen auf dem Berge Merapi in Sumatra niederließ. Priangan oder Priangan Padang und Pagarrujong werden dort als die ältesten Königssitze bezeichnet und von hier sollen alle Geschlechter (sukus) der Malaien ausgegangen sein (Ritter a. a. O. 100, Burger in Verhandelingen XVI, 192, Tydschr. a, III, 477, IV, I, Moor 112). Die den sumatranischen Malaien eigenthümliche Suku-Regierung reicht an der Westküste von Natal bis Ajer Adji (Tydschr. 1861, II, 273): dieß beweist genügend daß die Bevölkerung wesentlich malaiisch ist. Die vorhin mitgetheilte Sage welche am allgemeinsten angenommen zu sein scheint, stellt die Malaien als Eingeborne des Landes dar die nur vom Gebirge herabkamen und sich über das Land ausbreiteten. Wenn eine andere das Reich von Menangkabao durch Einwanderer aus Celebes stiften läßt (Marsden), so verdankt sie ihren Ursprung vielleicht nur dem Ehrgeize einiger Bugis, dagegen ist eine dritte, nach welcher Javaner die Gründer dieses Reiches waren (Raffles) besser begründet. Speciell erzählt sie daß ein javanischer Fürst aus Kediri nach Menangkabao gekommen und in Padang gestorben sei (Francis a. a. O. 108). Die Ueberlieferung daß die Herrscher von Menangkabao aus dem Fürstenhause von Palembang stammten (Tydschr. VIII, 3, 341 ff.) oder daß jenes Land aus diesen bevölkert worden sei (Crawfurd a, 252) scheint eine bloße Variation der oben erwähnten Sage zu sein, da Palembang schon in alter Zeit im Besitze von Javanen war. Daß die Javaner zu der Entwicklung der dortigen Cultur wesentlich mitgewirkt haben zeigen die in der zuerst erwähnten Sage vorkommenden Namen, welche theils Kawi theils reines Sanskrit sind, ferner die in javanischen Charakteren geschriebenen alten Inschriften im Lande (Müller a, 83 nota, Crawfurd a, 274, 419); die Sprache selbst zeugt für diesen Einfluß (Leyden). Noch um 1686 war (nach Valentyn V, 216) Menangkabao von Bantam abhängig.

Daß sich an mehreren Hafenplätzen der Nordwestküste von Sumatra Malaien niedergelassen haben und daß namentlich Baros ursprünglich eine ganz malaiische Bevölkerung besitzt (Ritter in Tydschr. I, 20)

---

die das große Westreich (Rom) verlassen hatten, strandete der eine, Sara Maha Radja di Radja, mit seinem Fahrzeuge auf dem Berg Serang in Djawi (Sumatra). Als die Gewässer sich verlaufen hatten, stieg er von diesem herab; von ihm stammt die Bevölkerung des Landes und namentlich die drei Fürsten des Reiches von Menangkabao.

haben wir schon erwähnt. Oestlich von Indrapura im Gebirge leben
die Korinchi (Korintjins), die ebenfalls malaiisch sprechen (Leyden) und
sich auch zwei Meilen südlich von Baros finden (Ritter a. a. O. 22)
Im Süden von Ajer Adji haben mancherlei Mischungen stattgefunden.
Das Volk von Moko-moko ist in Sukus oder Bangs getheilt und stammt
theils aus Menangkabao und Jambi theils aus Redjang (Bogaardt
in Bydragen N. V. II, 35). Im Thal von Lubong, östlich von Benkulen in der Richtung nach Palembang, haben sich Leute von Menangkabao niedergelassen, die ihre Abstammung von Pagarrujong herleiten
(Steck ebend. IV, 36). Es scheint dieß der südlichste Punkt zu sein
bis zu welchem die Malaien von Menangkabao im Innern sich ausgebreitet haben.

Die Redjang im Gebirgsland nordöstlich von Benkulen (Sungi
Lama) und die Anak Lakita in Sungi Itam sind von jenseits des
Gebirges aus dem Gebiete von Palembang nach diesen westlicheren
Gegenden gewandert (Francis in Tydschr. IV, 1, 430), die Hauptvölker des Landes Benkulen aber sind die Passumah und Serawi.
Die beiden letzteren werden von Logan (Journal III, 354) als identisch betrachtet und im Gebirgslande angegeben wo die Zuflüsse der
südlichen Zweige des Palembang-Flusses entspringen, in Passumah
ulu Manna und Passumah Lebar. Sonst pflegt das Serawi nur als
die Sprache von Manna betrachtet zu werden die von Sillebar bis
nach Kawur herrscht und von Bruyn-Koops als nur wenig vom Malaiischen verschieden bezeichnet wird (Journal IX, 130, 136), während
zugleich Boers (Tydschr. II, 2, 569) die Sprache von Passumah,
Lebar theils dem Serawi theils dem Lampong ähnlich nennt, ein neuer
Berichterstatter aber angiebt daß die Passumah am Flusse Kisam sprachlich den Malaien näher stehen als den Lampong (Tydschr. 1857, I,
28), obgleich sie diesen in ihren Sitten ähnlich sind. Anderwärts werden in dem Gebiet von Benkulen drei Hauptsprachen angegeben: Redjang, Lembak und Serawi (Bydragen N. V. IV, 256). Die Bevölkerung südlich von Sillebar (die Serawi) soll in Seluma zu Anfang des
18. Jahrh. eingewandert sein (Bydragen N. V. IV, 291) und stammt
nach Francis (a. a. O. 432) von den Passumah Lebar. Die letzteren
sind ihrer Sage nach zur Zeit der Blüthe des Reiches von Madjapahit
von dort ausgewandert nach Palembang und dann nach Westen in's
Innere vorgedrungen. Die unter ihnen lebenden Anak-Pandjalang-

Mardika gelten ihnen für die ächten Nachkommen der alten javanischen Einwanderer (Knoerle in Oosterling I, 70). Früher waren sie von Palembang abhängig, obwohl diesem nicht tributpflichtig, ihre Sitten gleichen in vieler Hinsicht den javanischen; ihre Sprache, viele ihrer Orts- und Götternamen scheinen ihren Ursprung aus Java zu bestätigen (Boers a. a. O. 560 ff.). Nur in Kemmering haben die Passumahs die Sage, daß ihre Voreltern von Menangkabao gekommen seien (Tydschr. 1857, 1, 40). Daß die zuletzt erwähnten Völker zum malaischen Stamme gehören, läßt sich nicht wohl bezweifeln, aber sie sind keine reinen Malaien. Hat man bei dem Redjang eine Beimischung javanischen Blutes vermuthet, so ist dieß noch sicherer bei den Passumahs. Scheint die Macht von Madjapahit sich nicht bis zur Westküste von Sumatra ausgedehnt zu haben, so sollen dagegen von Ibn Mulana* dem Stifter der muhammedanischen Dynastie von Bantam, die Küste von Lampong und Bangkulo (Benkulen) Sillebar mit den von dort südlich gelegenen Ländern und selbst Menangkabao erobert worden sein, und die Fürsten von Indrapura, unter denen in alter Zeit auch Palembang gestanden zu haben scheint, hielten sich für Blutsverwandte der Könige von Bantam (Valentyn V, 216) und dieses behielt die Oberherrschaft über die Südküste von Sumatra bis zum Urni-Fluß (nördlich von Benkulen) bis zum Anfang des vorigen Jahrh. (Marsden 3ᵈ ed. 212). Auf eine reichliche Beimischung javanischer Elemente zu der dortigen Bevölkerung läßt es schließen daß Wörter der Sundasprache in größerer Zahl in den Pantuns im Innern von Benkulen und in der Poesie aller Stämme gebraucht werden, die südlich von Kataun leben (Bruyn-Koops a. a. O. 132).

Auf der Ostseite von Sumatra sind die Rama am Rakan und dessen Zuflüssen ein Zweig der Malaien von Menangkabao (Logan in Journal III, 350). Dasselbe gilt von der Bevölkerung von Siak, das im Innern an das Land der Battas grenzt (Hollander 622). Da Siak zu Anfang des 17. Jahrh. ein Lehen von Johor war (Valentyn VII, 359), von wo Malaien nach Kampar und Ari gekommen sind (Bruyn-Koops a. a. O. 103), haben sich hier die beiden Hauptstämme dieses Volkes von Malakka und Sumatra zusammengefunden. Auch Indragiri ist von Malaien bewohnt, wie es scheint, aber schon seit dem 13. Jahrh., in welchem das Land von Madjapahit

---

* Hageman (I, 63) nennt statt dessen wohl richtiger Hassan-Udien.

aus erobert wurde (Valentyn VII, 318), sind javanische Elemente
hinzugetreten; um 1380 fiel es als Heirathsgut dem Mansur Schah
von Malakka zu (ebend. 320), der sich mit einer javanischen Fürsten-
tochter verband, und wurde später an Bantam zinsbar (nach Hageman I, 77). Daß es in alter Zeit unter Atjin gestanden hätte (Woordenboek 541) scheint ungegründet. Zuletzt wurde es von Johor abhängig: von hier stammt der Sultan von Indragiri und die beiden
obersten Würdenträger des Reiches und er bedarf noch jetzt der Bestätigung im Amte von Seiten des Sultans von Lingga, die ihm aber
niemals versagt wird (Tydschr. 1852, I, 280). Auch Jambi (Djambi)
wird unter den von Madjapahit abhängigen Ländern aufgeführt (Dulaurier). Als den ältesten Fürsten nennt die Sage Tuan Talanie,
dessen Sohn in einer siebenfachen Kiste dem Meere übergeben nach Siam
gelangt sei, später zurückgekehrt, seinen Vater umgebracht habe; das
Land soll verwüstet und seitdem wieder zu einer Wildniß geworden
sein (Tydschr. III, 1, 372 u. VIII, 4, 34): das Historische welches dieser Tradition zu Grunde liegt, scheint ein Kriegszug der nach malaiischen
Geschichtswerken von Siam aus nach Sumatra in alter Zeit unternommen worden sein soll (Journal Asiat. IV, sér. IX, 233). Das jetzt
in Jambi regierende Fürstengeschlecht leitet seine Abkunft von Datu
Paduka Barhalo, einem Manne aus der Türkei her; das Reich, früher
von Mataram (Madjapahit?) abhängig, wurde später freigegeben, wie
man erzählt; ein späterer Herrscher verband sich mit einer Königstochter von Menangkabao, bekriegte aber dieses Reich und schloß erst Frieden als er mehrere Eroberungen gemacht hatte. Im 17. Jahrh. werden Kriege mit Johor und Palembang erwähnt (Tydschr. VIII, 4, 44).
Die Bevölkerung von Jambi, ursprünglich wahrscheinlich Malaien, hat
demnach einigen Einfluß von Java und vielleicht auch von Siam erfahren.

In dem mittleren Theile von Sumatra finden sich außer den genannten Völkern auch noch mehrere rohe Stämme, die zu jenen in demselben Verhältniß stehen wie die Orang Benua von Malakka zu den
civilisirten Malaien. Die Orang Ulu, „Menschen des Hochlandes“,
wie sie in Mandaheling heißen, wohnen zwischen Pajangei und Rau
und sollen von den Orang Lubu, „den Menschen des Tieflandes“,
stammen die mehr gegen die Ostküste hin leben und von Sal. Müller
östlich und südöstlich von Fort Elout im Gebirge gefunden wurden

(Bydragen II, 262, 251). Die letzteren bildeten ihrer Sage nach in
alter Zeit ein Volk mit den Malaien des Gebirgslandes von Padang,
wurden aber durch innere Kriege aus dieser Gemeinschaft gerissen, was
schon vor der Einrichtung der Suku-Regierung geschehen sein soll. Das
von Willer (Tydschr. a, IV, 59) mitgetheilte Vocabular weist sie als
Malaien aus. Die Orang Kubu an der Nordwestgrenze von Palembang, zwischen dem unteren Musi, dem S. Rawas u. S. Lalang, unterscheiden sich im Aeußeren nur wenig von den anderen Bewohnern
jenes Landes (Sturler in Batav. Courant 28. April 1827), und gehören obwohl ihnen Sturler eine ganz eigenthümliche Sprache zuschreibt, wahrscheinlich gleichfalls zum malaiischen Stamme, da der no-
madisch lebende Zweig derselben, welcher sich von dem festsässigen nur
durch mangelnde Kleidung unterscheidet, die Suku-Eintheilung hat
(Boers in Tydschr. I, 2, 287 ff.). Einige halten sie für einen Rest
der Urbevölkerung von Palembang, Andere zählen sie zu den Orang-
Abung in Lampong (Hollander 602). Diese letzteren, im äußersten
Südwesten von Sumatra, im Innern der Lampong Bai (Marsden
3ᵈ ed. 297), welche gleich den Orang Gunong auf Java von ihren
Nachbarn als rohe Gebirgsbewohner verachtet werden (Zollinger in
Tydschr. IX, 1, 317), wollen von Sakala Boah stammen und die
Buwai Subieng aus ihren Sitzen verdrängt haben, von denen die Be-
völkerung von Kaju Agong, eines Distriktes in der Nähe von Palem-
bang, entsprungen sein soll (Tydschr. 1856, II, 353). Noch gegen
Ende des vorigen Jahrhunderts, heißt es, lebten sie jenseits der Berge
von Samangka im Lande Lampong, da sie aber auf Erbeutung von
Feindesköpfen begierig, das Land sehr unsicher machten, wurden sie vertrieben und flüchteten in das Gebiet von Palembang (Francis in
Tydschr. IV, 2, 35). Die Orang Gugu von denen Marsden (3ᵈ
ed. 41) hörte, Menschen die mit langen Haaren bedeckt sein sollten, sind
aus der Geschichte verschwunden, und man muß gestehen daß negerartige Menschen, nicht, wie namentlich Crawfurd (I, 18) früher
glaubte, auf Sumatra (Junghuhn, Battal. II, 291 nennt irrthümlich die Molukken) in historischer Zeit ausgerottet worden sind, sondern
wohl niemals dort existirt haben; denn auf die Beschreibung der Orang
Kubu in Gibson's Roman (The prison of Wettevreden, Ausland
1856, p. 965) wird sich niemand berufen mögen. Die Kumring
oder Komering, welche Crawfurd (a, 417) unter den rohen Völkern

von Sumatra aufführt, sollen zwar eine besondere Sprache haben und vielleicht zu den Battas gehören (Tydschr. VIII, 3, 317), werden aber civilisirter geschildert als die vorher erwähnten Völker. In dem Lande Kemmering, das ehemals wie Palembang an Madjapahit unterthan war, leben drei in Sprache und Sitten verschiedene Völker: Lampong, Passumah und die sog. Orang Pagagan d. i. Landbauern, die der Mischung von Lampong, Javanen und anderen Elementen mit der Urbevölkerung der Thäler des Musi und Ogan ihren Ursprung verdanken. In Sprache und Schrift unterscheiden sie sich von den Bewohnern von Palembang, die erstere soll theils Lampong-Wörter theils javanische und malaische Elemente in sich schließen (Tydschr. 1857, I, 39 ff.).

· Der südlichste Theil von Sumatra hat, wie schon seine geographische Lage erwarten läßt, die häufigsten und stärksten Einwirkungen von Java erfahren. Valentyn (VII, 11) sagt von den Bewohnern von Palembang ohne Einschränkung daß sie nach Sprache, Tracht und Lebensart Javanen seien. Man hat zwar vermuthet daß dieses Reich um ein Jahrhundert älter als das von Madjapahit gewesen (Crawfurd a, 323) und daher schwerlich von dort aus, sondern durch Malaien von Menangkabao gegründet sein möge (Tydschr. 1850, I, 128), indessen erzählt die javanische Ueberlieferung daß sein ältestes Herrschergeschlecht aus dem Fürstenhause von Mendangkamulan stammte, dann aber durch Eroberung (1438) von dem mehrere Jahrhunderte später blühenden Reiche von Madjapahit abhängig wurde*, unter dessen letzten König eine große Auswanderung der Javanen nach dem Südosten von Sumatra stattgefunden haben soll (Wilkens in Tydschr. 1849, II, 207 f.). Ario Dhamar, ein Sohn jenes Königs, wurde Statthalter von Palembang, dieses wirkte aber gleichwohl zu dem Sturze von Madjapahit durch die Muhammedaner (1483) thätig mit (Hageman). Unabhängig von Java wurde indessen das Land dadurch nicht. Die Gründung und Entwicklung der muhammedanischen Macht von Bantam führte zu den schon erwähnten Eroberungen auf Sumatra, auch Palembang sollte unterworfen werden, wie dieß mit den Lampongs geschah, doch hören wir nicht ob dieß unmittelbar zur Ausführung kam. Nach Valentyn (VII, 10) stand es um 1596 allerdings unter der Herrschaft von Bantam, hatte aber früher zu dem

---

* Daß es vor dieser Zeit keine Javanen auf Sumatra gegeben habe, wie Temminck (II, 8) angiebt, ist wahrscheinlich unrichtig.

Reiche von Mataram gehört, sich dann aber frei gemacht. Die Unruhen welche in der ersten Hälfte des 16. Jahrhunderts in Demak aus-
brachen, führten zu einer neuen Uebersiedelung mehrerer javanischen
Adelsfamilien nach Palembang, denen das Fürstengeschlecht angehörte
das hier mit Geding Suro (1544) zur Regierung kam (Tydschr. VIII,
3, 356, das. die Namen und die Geschichte seiner Nachfolger). Seit
dieser Zeit ist Palembang bis zum Jahre 1822 ununterbrochen von
javanischen Fürsten beherrscht worden, die Poijais, der dortige hohe
Adel, ist nach seiner wahrscheinlich richtigen Tradition aus der Vermischung der Eingeborenen mit Javanen und Hindus entsprungen
und die Hofsprache ist bis in die neuere Zeit ein verdorbenes Javanisch
geblieben, das jetzt aber mehr und mehr außer Gebrauch kommt und
dem Malaiischen Platz macht (ebend. 294). Im Innern des Landes ist
die Sprache aus malaiischen und javanischen Elementen gemischt (Hollander 594). Malaien scheinen auch hier die Urbevölkerung gewesen
zu sein, doch läßt sich dieß wohl noch nicht als genügend festgestellt betrachten.

Der Name Lampong bedeutet schwimmendes oder angeschwemm-
tes Land (Steck in Bydragen N. V. IV, 69). Das Volk welches ihn
trägt, erstreckt sich von 4—6° s. B. fast in gerader Richtung von Westen
nach Osten und hat den südlichsten Theil von Sumatra inne, an der
Westküste von Kawor an (Francis in Tydschr. IV, 1, 432, genaue
Angabe der Grenzen von Zollinger ebend. IX, 1, 3). Seine Sprache,
die Marsden (3ᵈ ed. 296) zwar als verschieden vom Redjang, doch
nicht als radical verschieden bezeichnet hat, enthält viele malaiische Wörter, daneben auch solche der Sunda- und der javanischen, der Bugi- und
Redjang-Sprache (Zollinger a. a. O. 139), ist aber übrigens unbekannt. Sanskrit und arabische Elemente finden sich in ihr nur in geringer Zahl (Crawfurd a, 206). Diese Beimischungen erklären sich
aus der Geschichte des Landes. Die Sage führt den Ursprung des Volkes auf Naga Bisang, einen Fürsten von Madjapahit zurück, der vor
17 Menschenaltern gelebt, ein Gesetzbuch aus Java mitgebracht und
eingeführt haben soll, während eine andere auf den Radja Iskander und
selbst bis auf den Propheten Adam zurückgeht und dadurch ihren fremden Ursprung verräth (Zollinger a. a. O. 138, Tydschr. 1852, I,
330, 1856, II, 352). Als große Kostbarkeiten werden von den Lampong gewisse Schüssel aufbewahrt, die sie vor 400 Jahren zum Geschenk

von Madjapahit erhalten haben wollen (Du Bois in Tydschr. 1852, I, 814). Bei den Dajak giebt es bekanntlich alte Vasen unbekannten Ursprungs die ebenso hoch verehrt werden. Daß später das Land von Bantam (Sunda) abhängig war, das sich die Abgaben in Pfeffer bezahlen ließ (Tydschr. 1857, I, 113), haben wir vorhin schon bemerkt. Die Sitten der Lampongs stimmen vielfach mit denen der Sundanesen überein, die sich in Menge hier niedergelassen zu haben scheinen (Steck a. a. O. 104). Eine vorzüglich gemischte Bevölkerung hat besonders Talok Betong, wo zu den genannten Fremden auch noch Malaien Araber und Chinesen kommen (ebend. 115). Ueberhaupt giebt es an den Küsten von Sumatra an vielen Orten Mischlinge der Eingeborenen namentlich mit Chinesen, Indern, Arabern und Europäern. Arabische Elemente sollen nach Laplace (b, III, 47) besonders zahlreich in Palembang sein.

Von den Inseln im Westen von Sumatra ist Pulo Simalu (Babi, Hog Island) der Sage nach von Menangkabao bevölkert worden: die Bewohner wollen von einer von dort verbannten Frau und einem Hunde abstammen den sie mitgebracht hatte. Sprache und Sitten bestätigten ihren Ursprung aus dem Malaienlande von Sumatra, doch giebt es auf der Insel noch eine zweite Sprache, welche auf Mischung mit Atjinesen hinweist. Mit diesen stehen sie in vielfachem Verkehr und scheinen ihnen die etwas höhere Cultur zu verdanken durch die sie sich von den Eingeborenen der Nias Inseln unterscheiden (Netscher in Tydschr. a, V, 403). Die Bewohner der Banjak Inseln, von den Malaien Maros oder Maruwi genannt (Crawfurd a, 37), sind ein Mischvolk mit eigenthümlichem Dialekte, dessen Hauptbestandtheil von Nias gekommen ist; von Fremden leben vorzüglich viele Atjinesen hier. Die Sitten des Volkes kommen theils mit denen von Singkel theils mit denen von Nias überein (Rosenberg in Tydschr. a, III, 430).

Die Bevölkerung der Nias und Batu Inseln ist nach Junghuhn (II, 6, 9, 306) den Battas nahe verwandt, die der Pageh und Engano Inseln etwas entfernter. Indessen hat Rosenberg die Behauptung Douleben's (Tydschr. X, 171) daß es auf Nias eine Sage gebe welche die Abkunft von den Battas bestätige, entschieden zurückgewiesen und bemerkt daß die Eingeborenen vielmehr sehr allgemein ihr Geschlecht auf ihren höchsten Gott Lubu-langi zurückführen der vier seiner Kinder vom Himmel herabgesandt habe (Tydschr. a, V, 317).

Domis hält die dortige Sprache für gleichen Ursprungs wie die der Battas und (?) Lampongs (Oosterling II, 2, 119). Nahe Verwandtschaft zu den ersteren nimmt auch Hollander (516) als durch die Sprache erwiesen an. Viele Wörter derselben, man sagt die Hälfte, sind ihr mit dem Malaiischen und Javanischen gemein (Crawfurd a, 300), was freilich die Frage nach der Abstammung nicht entscheiden kann, da Malaien und Atjinesen, welche die Eingeborenen zum Kriege aufhetzen und einen lebhaften Sklavenhandel treiben, in größerer Zahl auf Nias angesiedelt sind (Tydschr. 1854, I, 9). Jedenfalls unhaltbar ist die Ansicht Temminck's (II, 98) daß die Bewohner von Nias dem malaiischen Archipel überhaupt fremd seien. Mit Recht zählt sie Crawfurd (a, 46) vielmehr zur malaiischen Race; sie sind eines Stammes mit denen der Batu Inseln, mit welchen sie in häufigem Verkehr stehen. Die Hauptmasse der Bevölkerung der letzteren stammt unzweifelhaft von Nias von wo noch jetzt Einwanderungen stattfinden, auf beiden Inselgruppen werden Dialekte derselben Sprache gesprochen und im Aeußeren gleichen diese Menschen, zwar nicht den civilisirten Malaien, wohl aber den roheren schlichthaarigen Völkern der ostindischen Inseln, den Dajaks, Alfuren u. a. (Francis in Tydschr. II, 1, 217, Horner ebend. III, 1, 338, 342, 361). Außerdem leben auf den Batuinseln noch eine geringe Zahl von Malaien aus Sumatra, einige Bugis und Chinesen (ebend.). Besondere Aufmerksamkeit verdient der merkwürdige Umstand daß es dort eine Sage giebt nach welcher die ältesten Einwanderer welche die späteren aus Nias in Abhängigkeit erhalten zu haben scheinen, von den Pageh Inseln gekommen sein sollen, wo eine ganz verschiedene Sprache herrscht; diese hätten sich, so erzählt man, zuerst in Buluara auf Tana Massa festgesetzt, und wirklich sind die Bewohner dieses Ortes sehr verschieden von der übrigen Bevölkerung der Batu Inseln (kleiner, massiver gebaut, von malaiischen Gesichtszügen, jedoch stark behaart), den Eingeborenen der Pageh Inseln aber, die denen von Nias sehr ähnlich sind, gleichen die von Buluara keineswegs (Horner a. a. O. 368 ff.). Es scheint demnach daß diese Inseln früher im Besitze von andern Menschenstämmen gewesen sind die von Süden heraufgedrungen sind, später aber dem von Norden gekommenen Volk von Nias weichen mußten. Die Mentaweis oder Mantawis* der Pageh Inseln sind den meisten Angaben zufolge ein ganz

---

* Unter diesen sind eigentl. nur die Bewohner von Siberut und Pora zu verstehen.

eigenthümliches, von allen ihren Nachbarn verschiedenes Volk, das in
Sitten und Gebräuchen viele Aehnlichkeit mit den Polynesern haben
soll und seiner Sage nach von der Sonne, das heißt wohl von Osten
hergekommen ist (Asiat. Res. VI, 77, 89, Rosenberg in Tydschr.
a, I, 409). Ihre Sprache enthält nur einige malaiische und javanische
Wörter, andere verwandtschaftliche Beziehungen derselben sind bis jetzt
nicht nachgewiesen (ebend. 428, Crawfurd a, 318). Die Bewohner
von Engano, die rohesten unter allen Insulanern dieser Gegenden,
nennen sich selbst Keeikiëé und reden eine dem Malaien ebenfalls ganz
unverständliche Sprache (ebend. 137). Sie zu den Negritos zu zählen
(Rosenberg in Tydschr. a, III, 374) liegt kein genügender Grund
vor. Die Cocos oder Keeling Inseln sind seit 1853 von einer
Mischlingsrace von Weißen Negern und Malaien bewohnt, in welcher
die letzteren das Hauptelement bilden (Virgin II, 257).

3) Java ist das Land des indischen Archipels in welchem sich die
Cultur am höchsten entwickelt hat und ohne Zweifel liegt hierin der
Grund dafür daß sich nur zwei verschiedene Völker auf der Insel finden:
die Javanen im Osten und die Sundanesen im Westen, Wong
Java und Djalma Sunda, getrennt von einander durch den „Fluß des
Verbotes" (Tji Pamali), dessen Namen die Sage als die Grenze bezeichnet, welche nach langen Kämpfen zwischen zwei Brüdern, den Stiftern der Reiche von Padjadjaran und Madjapahit, zwischen ihnen festgesetzt wurde (v. Hoëvell in Tydschr. IV, 2, 146). Die Sprachgrenze beider Völker indessen, die nebeneinander wohnen ohne sich zu
mischen, ist der etwas westlichere kleine Fluß Losari im östlichsten
Theile von Cheribon. Die Verschiedenheit ihrer Sprachen ist keine bloß
oberflächliche: die Sundasprache ist dem Batta und dem Malaiischen
von Sumatra näher verwandt als dem Javanischen, der Unterschied
einer hohen Sprache (bahasa kromo), die der Niedere gegen den Höheren
gebraucht, und einer niedrigen (bahasa ngoko), deren dieser sich gegen
jenen bedient, ist in Sunda nicht so weit ausgebildet wie im eigentlichen Java, und während der dem kromo entsprechende Dialekt der
Sundanesen zum großen Theil mit dem Javanischen übereinkommt, ist
der andere ganz eigenthümlich (Tydschr. 1851, I, 341 nach v. der
Funk). Es scheint sich darin eine Anerkennung der Ueberlegenheit der
Javanen auszusprechen. Die Sundasprache hat viel wenigere Sanskrit-
elemente aufzuweisen als die javanische, und diejenigen welche sie be-

ſitzt ſcheinen ſämmtlich aus letzterer herübergenommen zu ſein. Der ausgedehnte tiefe Einfluß welchen brahmaniſche Einwanderer aus Vor-derindien auf die Entwickelung der Civiliſation von Java ſeit den erſten Jahrhunderten der chriſtlichen Zeitrechnung ausgeübt haben, iſt durch W. v. Humboldt's Unterſuchungen ausführlich nachgewieſen und feſtgeſtellt worden. Wie aber die einheimiſche Sage von einem alten vielfachen directen Verkehr Indiens nur mit Oſt-Java erzählt, den in-diſchen Einfluß auf Weſt-Java aber erſt von der Stiftung des Reiches von Padjadjaran beginnen läßt und von dem öſtlichen Theile der Inſel herleitet, wohin ſie alle vorhiſtoriſchen Reiche verlegt, ſo ſpricht auch die größere Sitteneinfalt, die phyſiſche Eigenthümlichkeit, die Exiſtenz des Privateigenthums an Grund und Boden bei den Sundaneſen, die größere Seltenheit und die Art der Alterthümer die ſich in ihrem Lande finden, für den Satz daß ſie wenn nicht die unvermiſchten Urbewohner des Landes, doch im Vergleich mit den Javanen, die reinere, durch indiſchen Einfluß weit weniger berührte und umgebildete Bevölkerung ſind (v. Hoë-vell a. a. O. 149 ff.). Daß ſich auch der Name der Javanen Wong Java, im Gegenſatz zu den „Eingeborenen", Djalma bumi, hierauf deuten und in dem Sinne von „Ausländer" auffaſſen laſſe, iſt beſtritten (de Waal I, 7, 101, Mounier bei de Waal II, 3 u. 4, 197 not.). Wenn Roorda (III, 280) bemerkt daß ſich die Javanen ſeit dem Aufkommen der Macht von Madjapahit mit allen Völkern ſtark gemiſcht haben die ihnen im Oſten und Norden wohnten, ſo läßt ſich dieß wohl nur in geringem Maaße auf Java ſelbſt beziehen, wohl aber auf die vielen auswärtigen Länder die von dort abhängig waren. Auf der Inſel ſelbſt hat ſich die java-niſche Sprache nach Bantam verbreitet, in deſſen ſüdöſtlichem Theile allein Sunda geſprochen wird; der javaniſchen Schrift bedient man ſich dort faſt ausſchließlich am Hofe, ſonſt bedient man ſich in Briefen ge-wöhnlich der malaiiſchen Sprache (ebend. 284). Die Baduwis und Orang Kaluaran (Außen-Menſchen), die ſich freiwillig oder gezwun-gen von ihnen abgeſondert haben, im Kendang Gebirge 16 Stunden von Bantam entfernt, reden einen Dialekt der Sundaſprache (Tydſchr. I, 2, 297, 305).

Die Reiſe des chineſiſchen Pilgers Ja Hian oder Jahien, die ihn, wie es ſcheint, zufällig nach Java führte, wo er keine Buddhiſten, ſondern nur Brahmanen und „Ungläubige" fand, iſt das älteſte bekannte Datum für die Berührung der Chineſen mit dieſer Inſel. Er kehrte im Jahre 414 in sein Vaterland zurück. Erst zwischen 960 und 966 hören wir wieder von Chinesen die in Java landeten und sich dort niedergelassen haben sollen (Humboldt I, 16, Lassen II, 1040, Raffles II, 92), und in den JJ. 992 und 1108 von javanischen Gesandtschaften die nach China gingen, später (1293) von einem Angriff der Chinesen auf die Insel wegen unwürdiger Behandlung eines Gesandten (Müller a, 5, 49). Nach v. Hoëvell (in Tydschr. III, 1, 517) hätten sie sich erst um diese Zeit, zu Ende des 13. Jahrh., hier festgesetzt. Tribut mußte Java im Jahre 1370 und wiederholt 1400 u. ff. JJ. nach China schicken, womit die Truppensendungen nach der Insel in Verbindung stehen, welche von chinesischen Quellen um diese Zeit erwähnt werden (Müller a, 44, Humboldt a. a. O.). Die Eingebornen wurden damals schwer bedrückt und die Chinesen sollen schon damals über das ganze Land verbreitet gewesen sein (Raffles II, 96). Ihre Ansiedelung auf der Nordküste fällt nach chinesischen Berichten in's 14. Jahrh., im 16. waren sie mächtig genug um thätigen Antheil an einem ausgebrochenen Kriege zu nehmen. Eine sehr einflußreiche Stellung nahmen sie besonders in Bantam ein, von wo sie bei Gelegenheit der Gründung von Batavia im Jahre 1619 von den Holländern, die ihre Arbeitskraft zu benutzen wünschten, nach Batavia gelockt wurden (v. Alphen in Tydschr. IV, 1, 79). Zehn Jahre später wird ihre Anzahl schon über 50000 angegeben, man beschränkte aber in der Folge ihr ferneres Zuströmen (Tydschr. II, 1, 164). Makassaren und Bugis, von denen die letzteren schon im 10. Jahrh. auf Java eine Niederlassung gehabt haben sollen (Hageman I, 9), wurden von der ostindischen Compagnie zu Anfang des 17. Jahrh. im westlichen Theile von Java eingeführt und sind dort mit der einheimischen Bevölkerung ganz verschmolzen (ebend. 168). In Folge eines inneren Krieges auf Celebes sind 1672 in Padjarakan (im Osten der Insel) 2000 Makassaren gelandet, diesen folgten später noch mehrere, so daß sich der damalige Herrscher von Mataram genöthigt sah die Hülfe der Holländer gegen sie anzurufen (Hageman I, 133, Hollander 23). Außer Makassaren und Bugis sind Balinesen, Eingeborene von Sumatra und den Molukken als Sklaven häufig nach Java eingeführt worden. Es gab ferner namentlich in Balambangan in früherer Zeit mehrere isolirte Stämme, die wenn nicht Sklaven, doch nur im Besitze beschränkter bürgerlicher Rechte waren: die Kalang, Pinggio und Gadjah-mati.

Sie waren verachtet, unterschieden sich in ihren Sitten vielfach von den Javanen, sind aber jetzt mit diesen so verschmolzen daß sich ihr ursprüngliches Verhältniß zu ihnen schwerlich noch ermitteln läßt (Mounier in Tydschr. VI, 1, 317, Raffles I, 328). Man führt den Ursprung der Kalang auf Aru Bandan oder Bandong zurück der von Celebes oder von den Molukken gekommen sein soll (Hageman II, 330). Ihre eigene Sage (von Winter mitgetheilt in Tydschr. II, 2, 578) ist ganz fabelhaft. Sie waren früher Nomaden, sind aber jetzt in den Städten Surakarta und Djokjokarta festsäffig.

Sehr bunt gemischt ist natürlich die Bevölkerung der großen Handelsplätze, deren Bewohner in Kleidung Sprache und Sitte sich daher von den Binnenländern meist sehr unterscheiden. In Surabaya z. B. sind die Javanen viel vermischt mit Maduresen und Leuten von den verschiedensten Inseln des ostindischen Archipels und stehen in häufigem Verkehr mit Europäern Chinesen Indern und Arabern (Tydschr. 1859, I, 28), welche letzteren seit dem Anfang des 15. Jahrh. den Islam hier verbreitet haben und beim Volke in hohem Ansehn stehen. Nur der äußerste Südosten (Balambang) ist schon in früher Zeit von dem balinesischen Reiche Mengoni (Mengawei) abhängig gewesen; daher kamen im 16. Jahrh. viele Balinesen in's Land um den Muhammedanern Widerstand zu leisten die sich dessen zu bemächtigen drohten. Erst im Jahre 1777 verlor Mengawei seine Herrschaft über Balambangan an die ostindische Compagnie (Lauts 142, 169 f.). Daß die Bewohner dieses Landes in Kleidung und Sitten mit den Balinesen übereinkommen hat schon Valentyn (V, 207) bemerkt. In Probolingo Bezuki und Banjuwangi leben seit der Mitte des vorigen Jahrh. Maduresen in größerer Menge als auf Madura selbst. Sie haben die damalige Entvölkerung des Landes benutzt sich dort niederzulassen (Hollander 356, Crawfurd a, 233, 361).

Madura, dessen alter Name Nussa Antoro oder Hantoro ist, soll schon zu den Dependenzen des javanischen Reiches von Mendangkamulan gehört (Wilkens in Tydschr. 1849, II, 207) und später unter Djengolo gestanden haben, gegen das es um 1169 (jav. Aera) Krieg führte. Der östliche Theil der Insel, Sumanap, soll dann längere Zeit von Demak, der westliche, Madura im engeren Sinne, aber von Madjapahit abhängig gewesen und von dort seine Fürsten erhalten haben (Näheres über die alte Geschichte der Insel in Tydschr. 1858, II, 6).

Die Sprache, deren javanische Elemente sich aus diesen Verhältnissen leicht erklären, hat zwei Dialekte, den von Madura und den von Sumanap (Crawfurd a, 233); sie ist dem Javanen unverständlich, kennt nicht den vorhin erwähnten Unterschied des kromo und ngoko, enthält viele balinesische und malaiische Wörter, welche letzteren durch den Handelsverkehr eingeführt worden sind (Tydschr. 1858, I, 324), auch unterscheiden sich die Maduresen sonst in vieler Hinsicht von den Javanen, doch hält man sie für stammverwandt mit diesen letzteren, deren Sprache und Schrift den Gebildeten unter ihnen geläufig ist (v. Hoëvell II, 42). Domis hält insbesondere die Bewohner von Sumanap für Balinesen, da Sprache und Kleidung viele Uebereinstimmung zeigen (Oosterling II, 1, 126).

Die Bewohner von Bawean (Lubok) nördlich von Madura, stammen, der Sprache nach zu urtheilen, wahrscheinlich von dieser letzteren Insel, kleiden sich aber den Bugis ähnlich. Im Dorfe Dipanga, wo die älteste Moschee steht, wird javanisch gesprochen. Von Fremden leben außer einigen Chinesen und Europäern hier Malaien, Bugis und Mandanesen von Celebes (Tydschr. VIII, 1, 303 ff.).

Daß sich Bali Lombok und Sumbawa, wie javanische Chronisten erzählen, erst in historischer Zeit von Java getrennt hätten, kann man mit Roorda (III, 280) wohl so wenig annehmen, als sich die Raksasas (Riesen) der indischen Sage welche die ersten javanischen Einwanderer auf Bali vorgefunden haben sollen, auf ein Kanibalenvolk von wirklichen Urbewohnern deuten lassen, wie v. den Broek (Oosterling I, 185) gethan hat. Auch daß die Sprache von Bali nur noch auf Lombok verstanden werde, sonst aber ganz eigenthümlich sei (Roorda II, 7), ist unrichtig, sie steht vielmehr zum Javanischen in enger Beziehung, hat den Unterschied des kromo und ngoko wie dieses, und zwar ist die hohe Sprache dem Javanischen, die niedere dem Sunda und dem Malaiischen zunächst verwandt (Ztsch. d. d. morg. Ges. V, 231). Nach einiger Uebung ist sie dem der Javanisch kann, gut verständlich, besitzt aber eine größere Anzahl von Sanskritwörtern als letzteres, deren Bedeutung überdieß auch weniger verändert ist (Friederich in Tydschr. VIII, 4, 205, Medhurst ebend. 1858, I, 217). Mit dem Nachweis dieser Sprachverwandtschaft ergiebt sich von selbst die Unwahrheit der schon von Humboldt (I, 112) als unannehmbar bezeichneten Sage (bei Raffles) daß Bali ursprünglich von Celebes aus bevölkert worden sei. Die javanische Ueberlieferung stellt Bali schon in ältester Zeit als abhängig von Java dar indem sie es zum Reiche von Mendangkamulan rechnet (Wilkens a. a. O.), vielleicht hat man selbst die vorhin erwähnte Erzählung von der physischen Trennung der Inseln nur in politischem Sinne zu verstehen. Indisches Wesen ist (nach Friederich a. a. O. 213) zuerst wahrscheinlich von Balambangan aus nach Bali gelangt, geordnete Staaten aber sind unter diesem Einfluß wohl erst seit dem Falle von Madjapahit gegründet worden. Bali Lombok und Sumbawa waren von diesem Reiche abhängig (Dulaurier), und Klonkong, der älteste Staat der ersteren Insel, soll seine Hinduinstitutionen einem von dort flüchtig gewordenen Fürstensohne verdanken. Die Geschichte von Bali kennt vor der Ankunft dieses Flüchtlings nur einen König der als Feind der guten indischen Götter bezeichnet wird, führt alle indische Bildung auf Madjapahit zurück, auch ist dort nur die javanische Schrift gebräuchlich (Friederich a. a. O.). In dem Geschichtswerke Usana Djawa, das den Krieg eines Bruders des Fürsten von Madjapahit gegen Bali behandelt, wird letzteres als eine rebellische Provinz jenes Reiches dargestellt, im Usana Bali aber wird der Cultus der Balinesen als verschieden von dem in Madjapahit herrschenden bezeichnet, woraus man geschlossen hat daß indisches Wesen direct und unverändert aus Indien, wenn auch über Java, nach Bali gekommen sein möge (Tydschr. IX, 3, 248, 274), und es wird hinzugefügt (287) daß sich die Hindu-Götter nach der Eroberung des Reiches von Bedahulu (Bali) in Bezuki (Java) niederließen. Hiermit stimmt der schriftliche Bericht eines Mannes aus Palembang Namens Abdullah überein, der eine unmittelbare Einwanderung von der Coromandel Küste nach Bali in alter Zeit behauptet und weiter erzählt daß die ersten hierher gelangten Javanen Hindus im Lande schon vorfanden, die sich mit ihrer Hülfe der Herrschaft bemächtigten, obwohl sie jenen die Regierung dem Namen nach überließen (Tydschr. VII, 2, 160). Die größere Reinheit in welcher sich im Vergleich mit Java die indischen Einrichtungen hier erhalten haben (vgl. Friederich in Tydschr. 1849, I, 318) — die Kasteneintheilung, die Wittwenverbrennung sind hier feste Institutionen — giebt dieser letzteren Ansicht unverkennbar eine große Wahrscheinlichkeit. Daß beim Sturze der einheimischen Dynastien und der Einführung des Islam mit dem Schwerte auf Java, viele Anhänger der Hindu-Religion von dort nach Bali flohen, wird dadurch nicht ausgeschlossen, nur gehört dieses Ereigniß einer Zeit an zu welcher der Hindu-Cultus bereits seit lange auf letzterer Insel bestanden haben mag. Muhammedaner giebt es auf Bali fast nur an der Küste; es sind Bugis, Wadjoresen und Malaien; außerdem leben dort noch eine kleine Anzahl von Chinesen (Lauts 32). Bugis hatten sich neuerdings (1808) im Fürstenthum Djembrana, Banjuwangi gegenüber, niedergelassen, als aber ihre Macht dem Fürsten von Beliling Furcht einzuflößen anfing, rottete dieser sie aus und eroberte das Land (v. den Broek in Oosterling I, 166).

Lombok, dessen Name sich nur in zwei kleinen Orten auf der Insel wiederfindet, heißt bei den Eingeborenen Tanah Sassak (Zollinger in Tydschr. IX, 2, 177). Die Einführung indischen Wesens ist von verhältnißmäßig neuem Datum: sie soll nach Einigen vor 200, nach Andern wohl richtiger erst vor etwa 100 Jahren geschehen sein (Tydschr. a, IX, 491, Tydschr. II, 2, 659, IX, 3, 272 nach dem Usana Bali). Ein Streit nämlich um den Thron von Karang Assam (Bali) führte zur Auswanderung eines der Prätendenten nach Lombok, wohin er und seine Nachfolger, die auch später ihre Ansprüche auf Karang Assam nicht aufgaben, die religiösen und politischen Institutionen der Inder verpflanzte. Andere Berichte erzählen die Sache auf andere Weise: der Raja von Karang Assam sei im Kriege mit Beliling von den Seinigen verlassen worden, da er grausam genug war Menschenopfer zu bringen, und habe in Folge davon nach Lombok fliehen müssen (Logan in Journal II, 162). Nur so viel ist außer Zweifel daß Balinesen seit jener Zeit in Menge eingewandert und zum herrschenden Volke geworden sind. Im Aeußeren sind die Eingeborenen, die Sassak, den Balinesen ähnlich, und man hat deshalb ihre Abkunft von Java oder Bali wahrscheinlich gefunden (Roorda II, 32), jedoch scheint ihre Sprache eine ganz verschiedene zu sein und am meisten mit der von Bima und Sumbawa übereinzustimmen, obwohl sie eine Anzahl javanischer und malaiischer Wörter enthält. Die Schrift, deren nur die Häuptlinge der Sassaks kundig sind, ist die javanische, die mit geringen Aenderungen auch in Bali gebräuchlich ist; die historischen Bücher und Romane sind in der hoch-balinesischen Sprache (Bali djawa) geschrieben, die dem Javanischen ähnlicher ist, auch giebt es Uebersetzungen aus dem Arabischen und Malaiischen (Zollinger a. a. O. 351 f.). Alle höhere Bildung ist nach Lombok demnach fast nur von Bali ge-

kommen, die Hauptstadt Mataram ist beinahe ausschließlich von Bali-
nesen bewohnt, deren es 20000 auf der Insel giebt (ebend. 179, 321).
Der Bugis sind 5000, sie bilden nicht, wie v. den Broek (a. a. D. 183)
angiebt, mit den Malaien zusammen mehr als $^2/_3$ der Bevölkerung.
Die Sprache der letzteren wird nur an den Hafenplätzen und von den
Häuptlingen verstanden (Tydschr. II, 659). Auf den bedeutendsten
Handelsplätzen, namentlich in Ampanan, leben außer Sassaks, Bugis
Balinesen und Malaien (Zollinger a. a. D. 181).

Sumbawa soll der Sage nach seine ersten Fürsten von Java erhalten haben (Tydschr. 1852, I, 15) und war, wie schon bemerkt, in
alter Zeit von Madjapahit abhängig. In der Blüthezeit der Macht
von Makassar, das 1603 ganz zum Islam übergetreten war, wurde es
wenigstens zum großen Theil diesem unterthan (Valentyn IV, 133,
Tydschr. 1854, 2, 152). Nicht allein Niederlassungen sind von Celebes aus auf Sumbawa gegründet worden (Earl b, 123), wo Bima
1619 an Makassar zinsbar, 1660 aber wieder freigegeben wurde
(Tydschr. 1854, II, 232), sondern auch seine einheimische Bevölkerung
soll im Allgemeinen den Makassaren ähnlich sein (Olivier II, 213);
nach Andern stände sie den Sundanesen nahe (Gumprecht's Zeitschr.
III, 507). Bis zu der vulkanischen Verwüstung welche die Insel im
Jahre 1815 erfuhr gab es sechs verschiedene Reiche auf der Insel, seitdem sind deren nur noch vier: Sumbawa, das westlichste und größte,
steht unter einem muhammedanischen Sultan; Paket und Tamboro,
östlich von jenem, sind verschüttet worden; dann folgen Sangar und
Dompo; endlich Bima, das an der Küste von den muhammedanischen
Tobodjes, in seinem gebirgigen Theile von den Todongas bewohnt ist
(Tydschr. 1852, I, 10). Der Name des letzteren Volkes (Do Dongo
d. i. Gebirgsbewohner) ist indessen nur von localer, nicht von ethnographischer Bedeutung; auch unterscheidet es sich weder im Aeußeren
noch in der Sprache von den Bimanesen (Zollinger in Journal II,
689 f.) Im Westen der Insel, im eigentlichen Sumbawa, leben viele
Bugis Makassaren und Badjos, die in häufigem Verkehr mit Süd-Borneo und Makassar stehen (Gumprecht's Ztschr. III. 514); die dortige
Sprache enthält viele malaiische, javanische und buginesische Wörter
und wird als eine Mischung von Javanisch Bugis und Bimanisch bezeichnet, während in der von Bima malaiische und makassarische Elemente vorherrschen sollen, obwohl auch javanische nicht ganz mangeln,

was in der dritten Hauptsprache der Insel, in der von Tambora, der Fall zu sein scheint (Roorda II, 33, 90). Nach Temminck (III, 190) giebt es auf Sumbawa dreizehn verschiedene Dialekte, deren mehrere von auswärts stammen, von Bali, Flores, Sumba oder Sandelbosch und Sangare; die Bima-Sprache betrachtet er als einheimisch. Die Schrift deren man sich bedient, ist häufiger die von Celebes als die arabische oder malaiische (Gumprecht's Ztschr. III, 511).

4) In Borneo führen die Eingeborenen den Namen Dajak (Dayak, Daia, engl. Dyah), der jedoch nicht einheimisch zu sein scheint*, sondern von den Malaien herrührt und bei diesen von ähnlicher vager Bedeutung ist wie der Ausdruck Indios bravos im Spanischen, „unbekehrte Wilde". Sie geben ihn daher bisweilen auch den Urbewohnern von Celebes und Sumatra (Crawfurd in J. R. G. S. XXIII, 76). Da die Völker von Borneo kein Bewußtsein ihrer Zusammengehörigkeit haben, fehlt ihnen, wie es scheint, auch ein gemeinsamer eigener Name. Mit Recht haben neuere Reisende hervorgehoben daß es fast so viele verschiedene Stämme und Sprachen als Flüsse dort gebe, daß sich sogar innerhalb desselben Flußgebietes eine sehr große Mannigfaltigkeit der einheimischen Bevölkerung finde und daß man deshalb aus der Gleichheit des Namens nicht auf eine bestehende Verwandtschaft schließen dürfe (v. Dewall in Tydschr. a, IV, 437, Schwaner in Tydschr. 1861, II, 206), am wenigsten aus Angaben der Art wie bei Dalton (Moor 48, 75), daß auch ein beträchtlicher Theil von Celebes, nämlich Mandhar, von Dajak bewohnt sei, die jedoch eine andere Sprache als die von Borneo redeten. Gleichwohl ist der Zustand der Ethnographie dieser Insel nicht ganz so rathlos als es hiernach scheint. Bei dem Mangel an Verkehr und dem friedlichen Verhältniß der vielen einzelnen Stämme untereinander, muß man eine große Verschiedenheit der Sprachen und Sitten erwarten, selbst wenn sie unter sich verwandt sein sollten, trotzdem aber muß man gestehen daß die Uebereinstimmungen sowohl in der äußeren Erscheinung als auch in den Lebensgewohnheiten, Sitten und religiösen Vorstellungen meist groß genug sind um die Annahme gleichen Ursprungs so isolirt lebender Völker wahrscheinlicher zu machen als die entgegengesetzte. Darf man die Verschiedenheiten derselben nicht übersehen, so muß man sich doch hüten ihnen ein zu großes Gewicht beizulegen, wie Veth (II, 255 u. sonst) gethan zu haben

---

* Nach Low (325) legen sich die Kajans indessen selbst diesen Namen bei.

scheint, und wenn auch anzuerkennen ist daß die Verwandtschaft der
Dajaksprachen mit dem Malaiischen, aus welchem sie in Folge des Verkehrs Vieles aufgenommen haben mögen, noch nicht hinreichend festgestellt ist, so wird man doch stets vor Augen behalten müssen, daß von
einer derselben, von der Sprache der Olo Ngadju in Pulo Petak, diese
Verwandtschaft und zwar als eine sehr nahe sicher erwiesen ist (v. d.
Gabelentz, Gramm. d. Dajak-Spr. 1852). Aus diesen Gesichtspunk-
ten allein ergiebt sich wie man für jetzt, vor der weiteren Durchführung
dieser sprachlichen Untersuchungen, die ethnographischen Verhältnisse
Borneo's aufzufassen hat. Crawfurd's Zählung der Wörter kann dafür nicht maßgebend sein. Sie ergab daß die Sprache der Kajan oder
Kahian, die trotz ihrer weiten Zerstreuung überall dieselbe sein soll,
etwa $^9/_{10}$ eigenthümliche Wörter besitze neben 12 % malaiischen Wörtern, die größtentheils zugleich auch javanisch seien, während Brooke
in den Sprachen der kleinen Stämme an der Nordküste von 33 bis zu
84 % malaiischer Wörter gefunden hat (Veth II, 235).

v. Kessel (Ztschr. f. allg. Erdk. N. F. III, 378) hat fünf verschiedene Hauptabtheilungen unterschieden: die Pari oder Kajan im östlichen Theile, die Bijadju (Ngadju) im Süden derselben in Banjermassin,
die Stämme im Nordwesten (Sambas, Landak, Sarawak, Sadong,
Sekaijan), die Völker im Norden und im Innern, in Bruni und im
Flußgebiet des Kapuas, besonders auf dessen linkem Ufer nebst den Pi-
ratenstämmen von Batang-Cupar und Seribas, endlich nomadische
Völker im Innern, welche dieselbe Sprache reden, die Punan, Manketan, Ott oder Wutt. Die beiden ersten Abtheilungen gehören indessen
nicht bloß zu einem Hauptstamme, sondern sind auch nahe sprachver-
wandt. Die Ngadju d. i. „Oberländer" leben in Pulu Petak und
stammen theils vom Kapuas Murung theils vom Kahaijan, ihr Hauptland ist am unteren Barito und mittleren Kapuas (Schwaner I, 131 f.,
158, 164, II, 75). Zu diesem großen Stamme der Völker am Barito
gehört das große Volk der Kajan oder Kahaijan an dem gleichnamigen Flusse, an den Flüssen von Pasir und Coti und von dort bis in den
Norden und in's Innere von Bintulu, Barram, Rejang und bis in die
Nachbarschaft der Dajak von Sarebas (Low, 321). Ferner reden die
Ot Danom am oberen Kapuas einen Dialekt des Ngadju; sie reichen
bis zum oberen Kahaijan (ebend. II, 76, I, 149, Aufzählung der einzelnen Völker dieser Gegenden ebend. I, 164). Die Olo Ut oder Orang

Ot haben das unzugängliche Gebirge der östlichen und südlichen Wasserscheide im nördlichen Siang inne (ebend. p. 229). Demnach scheint Maks (Tydschr. a, VI, 18) die Verhältnisse dieser Völker nicht richtig beurtheilt zu haben. Daß die Orang Bekompai, welche jetzt dem Namen nach Muhammedaner sind, von den Ngadju stammen, hat Sal. Müller (b, 345) bestätigt. Brooke (I 234, 257), der mit dem Namen Dajak eigentlich nur die Bewohner einiger Küstenländer im Nordwesten und eines Theiles des Inneren bezeichnet wissen will, erklärt doch die Kayans (Kahaijans), deren Zusammengehörigkeit mit den Ngadju wir soeben hervorgehoben haben, für nahe verwandt mit ihnen, und Low (248) bemerkt von den Dajak des Hügellandes von Pontianak, Sambas, Sarawak und Sadong daß sie sich leicht mit einander verständigen, obwohl sie viele verschiedene Dialekte reden, deren Verwandtschaft zu den Sprachen der östlicheren Völker zwar nicht erwiesen, aber wahrscheinlich ist. Von diesen Dajak des Innern unterscheidet er (166) die See-Dajak, die am Sarebas und Sakarran, am Kenawit und den benachbarten Armen des Rejang leben; zu diesen letzteren gehören auch die Sibuyoh (unrichtig Sibnowan von Keppel genannt) am Lundu in Sarawak.

In vielen Gegenden reichen die Dajak bis an das Meer, wie schon Leyden (bei Moor, Append. 93) angegeben hat, so z. B. von Sambas bis nach Bruni hin (G. Earl in J. R. G. S. III, 9), nicht aber sind die Küsten von Malaien besetzt, die jene in das Innere zurückgedrängt haben. Die rohesten Dajakstämme, zu denen vor Allen die von Tidung im Osten bis an den Mohokkam schwärmenden Punan (v. Dewall in Tydschr. a, IV, 444) gehören, leben inden noch unbekannten gebirgigen Theilen des Binnenlandes. Den Punan scheinen die Katan oder Manketan im Quellgebiet des Radjang verwandt zu sein und beide kommen mit den schon genannten Orang Ot (Orang Wut nach Henrici bei Sal. Müller b, 393) oder Olo Ot an den Quellen des Barito in Lebensweise und sonstigen Eigenthümlichkeiten überein (Veth II, 391). Leyden (a. a. O. 106) vermuthet in den Eingeborenen des nördlichen und des östlichen Theiles von Borneo dasselbe Volk welches den Süden und Westen inne hat, die große Aehnlichkeit der physischen und moralischen Eigenschaften ist aber bis jetzt das Einzige worauf sich diese Annahme stützen läßt. Daß ihre Sprache dieselbe sei wie die der Laos von Cambodja (W. Earl a, 258) ist eben so wenig glaublich als die auf

25) berührt haben, da die Dajak ein Malaienvolk sind und ihre Tradition selbst auf eine Einwanderung in alter Zeit hindeutet.

Die historisch nachweisbaren Einflüsse welche die Bevölkerung von
auswärts erfahren hat, sind folgende. Lembong Mangkurat, ein Mann
aus Kling, der von Java kam, wird als der erste Stifter einer Kolonie
in Süd=Borneo genannt, er soll die Kleidung und Sitte von Madja=
pahit dort eingeführt haben und der Gründer der Dynastie von Ban=
jermassin geworden sein* (Näheres bei Schwaner I, 43 ff. u. Hageman in Tydschr. a, VI, 225 ff. nach der malaiischen Handschrift Hikajat Tjerita). Daß indischer Einfluß vor der Einführung des Islam
in diesen Gegenden mächtig gewirkt und den Eingeborenen wichtige
Bildungselemente mitgetheilt, ergiebt sich nächst einigen Alterthümern
aus ihrer Sprache und Religion, insbesondere aus vielen der einheimi=
schen Götternamen, und man hat daher vermuthet daß die besondere
Sprache deren sich die Priester der südöstlichen Dajak beim Cultus be=
dienen (bahasa sangiang), dem Sanskrit verwandt sei (Hupe a. a. O.
128. 136). Bei Margasari im Mündungslande des Nagara=Flusses
soll es vor Alters eine Kolonie der Hindus (Klings) gegeben haben
(Sal. Müller b, 347). Unermittelt ist aber bis jetzt ob dieser Einfluß
direct von Indien oder vielmehr von den javanischen Staaten ausge=
gangen ist welche indische Bildung in so reichem Maaße in sich aufge=
nommen hatten. Um die Mitte des 15. Jahrh. waren Banjermassin,
Kottawaringin und Sukkadana, Sambas, Mampawa nebst den Tam=
belan und Karimata Inseln, im Osten Pulo laut, Passir und Coti
von Madjapahit abhängig (Dulaurier), und es unterliegt daher nur
geringem Zweifel daß es auf Borneo schon hundert Jahre früher bedeu=
tendere Niederlassungen der Javanen gegeben habe. Außer javanischen
Ansiedlern erzählt die Sage in alter Zeit auch von solchen aus Madura
(Sal. Müller b, 326) in Banjermassing, womit vielleicht die Sage
der Bewohner des Kampong Manen am Kahaijan zusammenhängt daß
der Sultan von Madura von ihren Voreltern abstamme (Schwaner
II, 27). Die Hauptmasse der Bevölkerung von Banjermassing besteht
nach Valentyn (IV, 257) aus Javanen die mit einem flüchtigen Für=
stensohne von Madura dorthin gekommen sind. Mit dem Falle des

---

* Nach ungefährer Berechnung giebt Schwaner das Jahr 1380 für
dieses Ereigniß an. Der Verkehr der Javanen mit Borneo ist aber vermuthlich
von weit älterem Datum (Valentyn V, 64).

Reiches von Madjapahit wurde Banjermaffin unabhängig, das damals über Sanggaum, Sambas, Kottawaringin und Paffir gebot, und es fanden zu jener Zeit dort Einwanderungen von Kling, Javanen, Chinesen und Makaffaren statt (Hikajat Tjerita a. a. O.). Um dieselbe Zeit ließ sich ein Sohn des Fürsten von Madjapahit in Sukkadana nieder, von welchem an bis auf den im J. 1677 gestorbenen Sultan Mohammed Thafiudin acht Generationen gezählt werden (Chronik von Sambas und Sukkadana in Tydschr. a, I, 14, 18). Landak soll vor Alters von Surabaya abhängig gewesen sein (Valentyn IV, 240). Die Fürsten von Paffir wollen ebenfalls von Madjapahit stammen (Gallois in Bijdragen IV, 257), die von Sambas sind nur von mütterlicher Seite einem javanischen Königsgeschlechte entsprungen (Tydschr. IX, 3, 233). Der javanische Einfluß hat sich demnach über den ganzen Süden von Borneo ausgebreitet, und scheint, wie Low (100) angiebt, in Banjermaffing und Sukkadana am stärksten gewesen zu sein. Innere Unruhen führten in ersterem Lande (um 1520 nach Hageman a. a. O., wohl richtiger um 1600 nach Sal. Müller b, 326 u. Schwaner I, 49) zur Einmischung des Sultans von Demak, an welche sich die Einführung des Islam von Java aus knüpfte. Wie Banjermaffin an Demak, so wurden Sukkadana und Landak zinsbar an Bantam, das den Streit beider mit einander benutzte (Valentyn V, 216. Veth I, 228 ff.). Auch die Dajak von Lundu in Sarawak wurden früher von Javanen beherrscht, diese aber mußten in Folge eines Einfalles der von Bruni her erfolgte, das Land verlaffen (Brooke I, 295). Bugis haben sich an der Südostküste von Borneo seit 1586 festgesetzt (Veth I, 237), Coti und Barro wurden von den Makaffaren kurz nach deren Uebertritt zum Islam (1603) bezwungen (Tydschr. 1854 II, 152), bald aber fanden sie an der ersteren glückliche Nebenbuhler: die Bugis gewannen (1638—54) einen übermächtigen Einfluß in Paffir und Coti das sie der Herrschaft von Banjermaffin entriffen (Hikajat Tjerita a. a. O., Tydschr. 1861 I, 201), und kamen von dort, als der Sultan von Sukkadana ihre Hülfe angerufen hatte, auch an die Westküste, wie sie sich hauptsächlich in Mampawa festsetzten; eine zweite Eroberung von Paffir und Coti fand 1726 ff. von Seiten der Bugis unter einem Fürsten von Wadjo statt (Veth I, 237, 239). Auch in neuerer Zeit noch herrscht ein buginesisches Geschlecht über Coti (Tydschr. 1856 II, 282).

Die angeblichen Malaien auf Borneo sind Muhammedaner von der verschiedensten Abkunft, besonders gilt dieß von den sogen. malaiischen Fürstenfamilien, die bald von javanischem oder buginesischem, bald von arabischem oder selbst dajakischem Blute sind (Veth I, 179 f.). Den Hauptbestandtheil der wirklichen Malaien die ihre Abstammung aus den verschiedensten, am liebsten aus den berühmten Malaienländern herleiten (Keppel I, Append. p. XXII) bilden die von Johor, welche seit alter Zeit über Seribas und Landak geboten haben, wie es heißt, selbst schon vor ihrer Bekehrung zum Islam (Valentyn VII, 359, Tydschr. 1849 I, 338). Die von Sarawak wollen aus Linga, die von Sambas aus Sumatra stammen (Journal VIII, 197). In Kottawaringin leben Malaien, wie man sagt seit nunmehr 230 Jahren (Bijdragen N. V. III, 267). Das Reich von Pontianak hat ein schlauer Abenteurer von arabischer Abkunft im J. 1772 gestiftet (ausführliches darüber bei Veth I, 249 ff.). In ähnlicher Weise hat sich ein anderer in Mampawa festzusetzen gewußt (dessen Geschichte in Tydschr. IV, 285).

Wir schließen diese Bemerkungen über die historischen Verhältnisse von Süd-Borneo mit einigen specielleren Angaben über die Zusammensetzung der Bevölkerung einzelner Theile und über die Sprachen. In Banjermassing leben Javanen, Bugis und Makassaren, Malaien von Johor, Menangkabau und Palembang, Chinesen und Dajak miteinander (Valentyn IV, 237, Leyden bei Moor Append. 97, Tydschr. I, 2, 8). Um 1700 herrschte dort ein König aus dem Fürstenhause von Sumbawa (Valentyn IV, 249). Die Küste zwischen Banjermassin Kussan und Passir obet das Land Bumbu haben nächst den Dajak selbst Bugis und Malaien inne (Tydschr. a, I, 368 nach Schwaner), in Passir selbst machen die Bugis ¹/₃ der Bewohner aus (Gallois in Bijdragen IV, 258). In Coti bilden sie nebst den Arabern in Samarinda an der Mündung des Flusses den einflußreichsten Theil der Bevölkerung (Tydschr. 1856 II, 277 nach Dalton). Kottawaringin, Pambuang und Sampit sind theils von Malaien theils von Dajak bewohnt (Bijdragen N. V. III, 267, 300, 307). In Pontianak leben hauptsächlich Malaien, Bugis und Chinesen, auch die Araber sind dort noch zahlreich (Leyden bei Moor Append. 105, Low 123). Unter den Sklaven der Malaien auf der Westküste finden sich viele Javanen, die durch Seeräuber dahin verkauft worden sind.

(Francis in Tydschr. IV, 2, 15). Chinesen sind in diesen Gegenden seit etwas mehr als 80 Jahren ansässig und leben in Sambas theils zerstreut, theils in größerer Menge beisammen, besonders in Montrado. Sie geben aber selbst zu daß die dortigen Malaien die rechtmäßigen Herren des Landes d. h. älter im Lande sind als sie (Earl a, 241). Unter den malaiischen Dialekten von Borneo ist der von Pontianak und Sambas reiner als der von Banjermassing und Bruni, der Dialekt von Passir dagegen stark mit Bugis-Wörtern gemischt (Mithridates IV, 480 nach Leyden). In Kottawaringin wird eine Mischung des Malaiischen und Bugis gesprochen die auch javanische und dajakische Wörter in sich aufgenommen hat (Bijdragen N. V. III, 286).

Nach einheimischen Traditionen soll Borneo in alter Zeit in drei große Reiche getheilt gewesen sein, deren eines, das eigentliche Borneo (Bruni), von Cap Datu an den ganzen Norden bis nach Kanukungan in der Makassar Straße umfaßte, das zweite, Sukkadana, welches unter Bantam stand, sich vom Cap Datu bis Cap Sambar erstreckte, während das dritte, Banjermassing, den ganzen Süden und Südosten der Insel einnahm (Hunt bei Moor Append. 13, Hageman in Tydschr. a, VI, 225). Indessen ist nur das Letztere hinreichend beglaubigt, ja die Macht von Banjermassing hat in ihrer Blüthezeit zu Ende des 16. Jahrh. noch über die angegebenen Grenzen hinaus gereicht bis auf die Westküste. Zweifelhafter ist die große Ausdehnung von Bruni. Die Herrscherfamilie scheint von Menangkabao zu stammen, da der Sultan den höchsten malaiischen Titel, Jang de pertuan, führt (Low 107), der erst in der zweiten Hälfte des 18. Jahrh. von Menangkabao auch nach Malakka übertragen worden ist (Newbold II, 79 ff.). Die dortigen Malaien sind ihrer Sage nach von Johor gekommen (Leyden bei Moor Append. 93) und standen dort im J. 1821 unter ihrem 30. Herrscher, woraus man geschlossen hat daß ihre Ankunft etwa 580 Jahre früher stattgefunden haben möge (Moor 8); Andere haben diesen Zeitraum zu 600 bis 750 (Logan in Journal II. 515), wieder Andere ihn nur zu etwa 400 Jahren annehmen wollen (Ztschr. f. Allg. Erdk. N. F. V, 330 nach Crespigny). Indessen versichern die intelligenten Malaien des Landes übereinstimmend daß sie schon vor ihrer Bekehrung zum Islam ausgewandert seien (Journal VIII, 197); und es mag daher wohl richtig sein daß Crespigny (a. a. D.) mehrere Emigrationen derselben nach Bruni zu verschiedenen Zeiten ange-

4*

nommen hat: zu den älteren Einwanderern rechnet er die schon erwähnten Muruts, zu den späteren die Kabhans am Limbong und
in der Nähe von Bruni, in denen er, da sie ebenfalls ein schlechtes
Malaiisch reden, die Nachkommen der im 14. Jahrh. nach Bruni gelangten Malaien vermuthet (vgl. Low 342). Die Milanowes an
der Mündung des Rejang und an den kleinen Flüssen östlich von P.
Sirik, die in Kleidung und Religion den Malaien, sonst aber ganz
den Dajak gleichen (Low 337, 339), sind vielleicht ein Mischlingsvolk
dieser beiden.

Auf dem Gipfel seiner Macht scheint das Reich von Bruni zur Zeit
der Ankunft der Europäer oder kurz vorher gestanden zu haben, die
dort eine ebenso glänzende Hofhaltung und überhaupt einen ähnlichen
Culturzustand fanden wie in Malakka. Die erste Gründung des Reiches leitet die Tradition der Sulu Inseln von Chinesen her die sich um
1375 unter Songtiping in Nord-Borneo niederließen und fügt hinzu
daß die Sulu Inseln selbst in der Folge von Bruni abhängig geworden
seien, später aber hätten sich die Sulus von dieser Oberherrschaft nicht
nur frei gemacht, sondern sich auch, da sie zum Beistand im Kriege von
Bruni herbeigezogen worden waren, des Gebietes von Maludu Bai
bis nach Tulusian hin bemächtigt (Hunt bei Moor Append. 14, 32).
Dieses Letztere nun ist zwar richtig (Dalrymple in Journal III, 525),
eine andere Sage aber, die neben der eben erzählten im Nordost-Borneo
herrscht, will nichts davon wissen daß sich die Macht von Bruni jemals
bis hieher nach Beru ausgebreitet hätte, sondern erzählt nur daß Piraten von Sulu die ganze Nordostküste sich nach und nach zinsbar gemacht und von dem Reiche Beru dessen nördliche Provinzen abgerissen
hätten (v. Dewall in Tydschr. a, IV, 425). Läßt sich nicht entscheiden ob die Chinesen wirklich die ersten waren welche sich in diesen Gegenden angesiedelt haben, so steht doch sicher daß sie schon seit langer
Zeit anwesend sind und daß sie durch ihre Handelsthätigkeit wesentlich
zur Blüthe des Reiches beigetragen haben. Die Herrscher von Madjapahit sollen auch über Bruni geboten haben; alter javanischer Einfluß
zeigt sich auch daran daß javanische Wörter und namentlich einige Titel in die Sprache aufgenommen worden sind (Logan in Journal II,
520). Bruni findet sich indessen nicht in der Liste bei Dulaurier und
hatte sich daher vielleicht von Madjapahit schon vor dessen Falle unabhängig gemacht. Auch zu den Philippinen scheint Bruni in alter

Zeit in näherer Beziehung gestanden zu haben. Dalrymple (in Journal III, 564) erzählt daß einst auch jene wie die Sulu Inseln zu den von Bruni abhängigen Ländern gehörten, was vielleicht so zu verstehen ist daß der Herrscher von Magindanao, der vor Alters auch über Sulu geboten haben soll (Hunt a. a. O.) dem von Bruni untergeben ist. Forrest hat dieses Verhältniß anders dargestellt, nämlich so, daß in der zweiten Hälfte des 15. Jahrh. ein Bruder des muhammedanischen Sultans von Magindanao, Serif Ali, auf den Thron von Bruni kam, ein anderer Bruder aber Sultan von Sulu wurde (Low 94), indessen legt gerade diese Angabe die Vermuthung nahe, daß diese drei Reiche kurz vorher zusammen ein Ganzes gebildet haben mögen dessen Regierung in einer Hand lag, und wir würden dann schwerlich die Blüthe der Macht von Bruni mit Low (98) erst in das 16. und 17. Jahrh. setzen können. In neuerer Zeit scheinen von der ehemaligen Verbindung des Landes mit Magindanao nur noch die Lanun-Piraten übrig geblieben zu sein die im Norden von Borneo umherschwärmen (W. Earl a, 312). An der Nordostküste leben außer Malaien und Sulus auch Bugis, die aber dort nicht den überwiegenden Einfluß besitzen den sie weiter im Süden ausüben (v. Dewall a. a. O. 456). Die Sulus sind dort der herrschende Theil der Bevölkerung, die aus einer Mischung der genannten Elemente mit den Eingeborenen besteht (Crawfurd a, 62). Die Badjos dieser Gegenden wollen von dem Gefolge einer Fürstin von Johor abstammen, die einst auf der See verunglückt sei (v. Dewall a. a. O. 446). Am Nordende von Borneo wird die Sprache von Cambodja häufig gesprochen (Dalton bei Moor 47). Cochinchinesen haben sich erst neuerdings dort niedergelassen (W. Earl a, 322). An der Nordwestküste finden sich neben den Eingeborenen, den Malaien und Chinesen auch Bugis, obwohl in geringerer Zahl, und einige Araber (Moor 10). W. Earl (a, 240) scheint die arabischen Elemente für bedeutender zu halten als sie in Wirklichkeit sind.

5) Auf den Sulu Inseln, deren einheimischer Name Solok oder Soog ist (Hunt bei Moor Append. 31, d'Urville b, VII, 293), herrscht eine Sprache, die nach Dalrymple (in Journal III, 550) vom Malaiischen wesentlich verschieden, dem Bisaya aber nahe verwandt, nach Hunt (a. a. O. 38) mit letzterem identisch ist. Namentlich enthält die von Basilan viele Bisaya-Wörter und steht den Sprachen der Philippinen näher als den westlichen malaiischen (Crawfurd a, 40). Die

Häuptlinge und der Adel von Zulo (Sulu) und Basilan stammen nach Combes (37) sämmtlich von Butuan, das im Bisayas-Archipel süd-östlich von Leyte liegt, d. h. sie gehören zu dem Volke der Lanun, wie sich später ergeben wird. Die Zahlwörter, die Namen der Winde, Maaße, Gewichte und vieler Handelsgegenstände sind in Sulu, wie in vielen anderen Sprachen des ostindischen Archipels, malaiisch (Crawfurd 407); viele Häuptlinge sprechen malaiisch und die wenigen welche lesen und schreiben können, bedienen sich der malaiischen d. h. der arabischen Zeichen (Hunt a. a. O.). Demnach scheint es daß die Sulu Inseln ursprünglich von einem rohen Bisaya-Volke (Idaan? s. oben p. 46) bewohnt waren, das seine höhere Cultur den seefahrenden Malaien verdankt; wenn es dagegen im Innern, wie man sagt (Hunt a. a. O. 49), wirklich noch sog. Dajak, Ungläubige im muhammedanischen Sinne giebt, die ganz dem Ngadju von Banjermassing gleichen, so würde dadurch die Annahme daß auch die Idaan von Nord-Borneo mit den letzteren identisch sind, bedeutend an Wahrscheinlichkeit gewinnen. In diesem Zusammenhange verdient noch erwähnt zu werden daß Adams (bei Belcher II, 587) von der Sprache der Sulu Inseln sagt, sie stehe dem Tagala ferner als das Bisaya, habe aber dafür Aehnlichkeiten mit der Sprache der Dajak.

Die javanischen Wörter welche sich in der Sprache der Sulu Inseln finden, ist Crawfurd (a. a. O.) geneigt von Sukkadana herzuleiten, dem jene in früherer Zeit unterworfen gewesen sein sollen; es liegt aber näher an Banjermassing zu denken. Diesem war Sulu lange Zeit unterthan, es hieß im Gegensatz zu ihm Banjar Kulan oder Klein-Banjar und von dort sind viele seiner jetzigen Bewohner eingewandert. An den Küsten, heißt es (bei Hunt a. a. O. 31), ließen sich zuerst die civilisirteren Orang Dampuwan (Malaien?) nieder, dann wurde eine Kolonie von Banjermassing gegründet, auch andere Ansiedler aus Borneo und von den südlichen Philippinen kamen hinzu. Die Stammessage des jetzigen Fürstengeschlechtes, das bis auf Maraham Bongso (1646) sechs Regenten zählte (Liste der Regenten von Dalrymple a. a. O. 564), führt sogar auf eine unmittelbare Einwirkung von Java zurück: mit der schönen Tochter eines von Johor nach Sulu geflüchteten Badjo, erzählt sie, verband sich hier ein javanischer Fürst, der durch ihren Ruf herbeigezogen worden war, nach seinem Tode aber wurde sie die Frau eines Scherif welcher als der Begründer jenes Herrscherhauses betrachtet wird. In Rücksicht der fremden Einflüsse welche auf die Sulu Inseln gewirkt haben, verdient noch ferner bemerkt zu werden, daß viele Häuptlinge auch spanisch und chinesisch sprechen (Hunt a. a. O. 38); die Chinesen sollen sich indessen erst zu Anfang des 18. Jahrh. zum ersten Male hier gezeigt haben (Dalrymple a. a. O. 566). Da auch Badjos (s. oben) und Lanun-Piraten von Magindanao sich hier umhertreiben (Hunt 50), ist es begreiflich genug daß nicht eine, sondern viele verschiedene Sprachen auf diesen Inseln herrschen (Dalrymple 551).

Die Gebirgsgegenden sind, wie man sagt, zum Theil noch von Papuas bewohnt, die sonst wie wilde Thiere gejagt wurden (Hunt 31, 49). Sie für die Urbewohner der Sulu Inseln zu erklären, wie man gethan hat, liegt zwar nahe, indessen bleibt es, wenn ihre Existenz erst vollkommen sicher steht — W. Earl (c. 141) hält sie für gewiß, Wilkes (V, 342) für zweifelhaft —, immer noch fraglich ob sie nicht vielmehr von den räuberischen Sulus als Sklaven eingeführt, ihnen später aber entlaufen sind und sich unabhängig gemacht haben.

Daß alle Insulaner zwischen Luzon und Mindanao, bemerkt Crawfurd (a, 340) sehr richtig, nur einem Stamme angehören, dem der Bisayas (Bisayas), wird behauptet, ist aber unerwiesen. Die Bisaya-Sprache, die auch auf den Philippinen in großer Ausdehnung gesprochen wird, besitzt mehrere Dialekte die so verschieden sind daß kein gegenseitiges Verständniß statt findet (ebend. 55). Mit ihrem einheimischen Namen heißt sie Hiligueyna und wird in dem Dorfe Panay auf der gleichnamigen Insel am meisten gesprochen, als eine rohere Sprache wird neben ihr dort das Halaya erwähnt (Fr. Gaspar 248). Bei Buzeta (I, 65) werden vier Dialekte derselben unterschieden, zwei auf Panay in Ilo-ilo und Capis, einer auf Cebu, der vierte auf Paragua und den Calamianes, und ihnen eine nahe Verwandtschaft zum Malaiischen zugeschrieben. Das Bisaya soll dem Tagala nahe stehen, aber eine größere Anzahl von malaiischen Wörtern als dieses enthalten (Bowring 368). In Sitten und Lebensweise wie im Aeußern ist das Volk den Tagalen so ähnlich daß man geneigt sein muß sie für stammverwandt zu halten (Loarca bei Ternaux, Archives I, 4, 21). Le Gentil (III) hat gleichwohl die Ansicht ausgesprochen daß die Bisayas mit den Makassaren von gleichem Ursprunge sein möchten. Auf Mindanao finden sie sich in der Provinz Caraga wieder (Crawfurd a, 33). Maximil. Transilvanus hat zwar hervorgehoben (1522) daß der des Malaiischen kundige Sklave den Magalhaes bei sich hatte, die Sprache von Cebu (Subuth) nicht verstand, sondern dort als Dolmetscher nur dienen konnte, weil er einen Landsmann fand mit dem er sich in der Sprache der Molukken unterreden konnte (Navarrete IV, 272), aber nach der freilich viel späteren Darstellung des Fr. Gaspar (82 ff.) scheint es doch daß sich die Spanier namentlich auf den östlichen Inseln (Cabalian, Tandaya, Panahon, Masagua) schon damals den Eingeborenen mit Hülfe des Malaiischen verständlich machen konnten, sie setzten voraus daß dieß besonders in den Handelshäfen möglich sein werde und griffen dort einst eine Junke von Borneo auf, deren Mannschaft das Malaiische gut sprach, was ihnen allerdings bis dahin bei den Eingeborenen nicht begegnet war. In Cebu, bemerkt er (147, 115), predigten die katholischen Missionäre in der Bisaya-Sprache, aber das Malaiische ist den Bewohnern ziemlich geläufig.

Auf Mindanao, das von den Eingeborenen Magindanao oder Groß-Molucco (Molucco besaar) genannt wird (Valentyn I, 25) nennt Combes (24) vier Völker: die vorhin schon erwähnten Caragas, die muhammedanischen Mindanaos im östlichen Theile der Insel, die Subanos d. i. „Flußbewohner", die von den andern gering geschätzt werden und in Unterwürfigkeit leben, und die Lutaos, welche sich hauptsächlich im Südwesten an der Küste von Samboangan finden, als Seeräuber und in ihrer Lebensweise ganz wie die Badjos geschildert werden; sie haben sich erst in neuerer Zeit (im 17. Jahrh.) im östlichen Mindanao niedergelassen, betrachten sich als Unterthanen des Sultans von Ternate und bilden einen Theil der Bevölkerung von Sulu und Basilan (ebend. 35, 25). Die Angabe über den Wohnplatz und die Lebensart der letzteren lassen keinen Zweifel darüber daß wir in ihnen die Lanun (Illanun, Illanos) zu sehen haben. Die Bewohner von Dapitan endlich stammen von Bohol, das sie einst beherrschten, sind aber von dort durch die Ternatanen vertrieben worden (ebend. 29). Im Innern giebt es mehrere rohe Völker, die man unter den Namen Manobas zusammenfaßt, der jedoch ethnographisch ebenso bedeutungslos zu sein scheint wie der Name Alfuren, den man ihnen ebenfalls bisweilen giebt (Roorda I, 281 ff.), daher z. B. Mallat (I, 323) die Arafura als ein besonderes Volk auf Mindanao anführt. Die Westküste der Insel ist noch ganz unbekannt. Oudan de Virely der bei den Muhammedanern der Insel im J. 1828 in Gefangenschaft gerieth will auf der Ost-

küste Leute von den Carolinen angetroffen haben die dahin verschlagen
worden seien (Lafond II, 160). Was wir von diesen Inseln wissen ist
demnach sehr wenig, aber dieses Wenige läßt vermuthen daß sie mit
Sulu ethnographisch zusammengehören und daß die Bevölkerung beider
Gruppen, wenn nicht allgemein, doch ganz überwiegend von dem
Stamme der Bisayas ist.

Papuas giebt Hunt (bei Moor. Append. 60) auf der Westseite
von Palawan an, dessen Ostseite den Idaan gehöre, Dalrymple aber
(in Journal III, 525) spricht dort nur von einem wilden Volke ohne es
näher zu charakterisiren, Laplace (b, IV, 280) von Negern. Negerähnliche Menschen, Negritos, soll es auf Mindanao geben (Combes 86),
wo Crawfurd (a, 6) ihre Existenz zugegeben, weiterhin aber (ebend. 279)
wieder in Abrede gestellt hat. Dampier (II, 3) spricht dort nur von
Alforen die er für identisch mit den malaiischen Bewohnern der Insel
hielt, Gemelli Careri (V, 101, 118, 213) und nach ihm Mallat
(I, 299, II, 95) von „Schwarzen" hier und auf Panay, wo auch Fr.
Gaspar (258) Neger angiebt die für die ältesten Bewohner des Landes
gelten. Adams (bei Belcher II, 328) sah auf Mindanao lichtschwarze
wohl proportionirte Menschen von guter Haltung, deren Haar in einzelnen Büscheln wuchs; die Nase war wohlgebildet, Gesichtswinkel und
Lippen aber negerähnlich. Nach Loarca (bei Ternaux, Archives I, 5
u. 26) giebt es Neger im Gebirge der Insel Negros, Mindoro und der
Calamianes, doch steht er in Bezug auf letztere mit seiner Behauptung
allein. Für Negros dessen Küsten namentlich im Westen von Bisayas
besetzt sind, wird seine Angabe von Fr. Gaspar (378) bestätigt. Daß
negerähnliche Menschen in den Gebirgsgegenden von Cebu als unab-
hängiges Volk lebten, hatten die Spanier nur vom Hörensagen (ebend.
96). Mallat (I, 291, 294, 313) stellt es für diese Insel wie für Samar und Leyte in Abrede. Wohl mit Recht will sie Crawfurd (a, 86)
dort nicht anerkennen, sondern sieht sie nur als sicher an auf Panay,
Negros, Mindoro und Luzon. Auf letzterer Insel heißen sie Aetas
(Aitas, Itas auch Alaguntas nach Yldefonso de Aragon VI, 7)
und leben hauptsächlich in dem Gebiete das zwischen den Provinzen
Süd-Iloccos, Pangasinan, Cagayan und Nueva Ecija liegt (Buzeta I, 49) Yldefonso de Aragon (II, 44, III, 18) giebt sie in
den Wäldern von S. Mateo und Bosoboso (Provinz Tondo) an, in
den Bergen von Angat und S. José (Provinz Bulacan), Semper

hauptsächlich in der Cordillere von Mariveles und Zambales und auf der Westküste, im Süden finden sie sich nur in geringer Zahl, in Nordosten dagegen sind sie von Palawan an, wo ihre Heimath sein soll, bis nach Cap Engaño hin fast die einzigen Bewohner der Küste und des Innern (Ztsch. f. Allg. Erdk. N. F. X, 251). Sonderbarer Weise hat sie de Mas für Nachkommen fremder Eroberer erklärt (Bowring 168), während Combes und andere ältere Schriftsteller sie bereits für die ältesten Bewohner des Landes hielten. Daß ihre Sprache in den Wurzelwörtern mit der der Tagalen und Igorrotes übereinkomme (Informe J, 2 und ebend. Art. Poblacion 4, 9), ist eine Behauptung die sich sonst nirgends findet und schwerlich richtig ist; sie erregt den Verdacht daß der Berichterstatter entweder diese Menschen gar nicht gesehen oder nur Mischlinge kennen gelernt habe.* Steen Bille (I, 449) berichtet daß die Negritos von Luzon vier verschiedene Dialekte reden, zum Theil aber gemischten Blutes seien: die von Dumagat, fügt er hinzu, sollen die Tagala-Sprache sprechen. Hiermit stimmt überein daß nach Semper (a. a. O. 252) die Negritos der Küste von den Malaien Dumagat, die im Gebirge dagegen Acta, Agba, Ita genannt würden, obwohl kein Unterschied zwischen beiden bestehe; in Mariveles, setzt er hinzu, fänden sie sich am reinsten, an der Ostküste aber hätten sie viel von der Sprache der Tagalen angenommen. Demnach hätten wir in den Dumagat, welche Mallat (I, 283) im Gebirge des nordwestlichen Luzon und Lafond (II, 386) außerdem auch auf Mindoro Samar und Leyte anführt, Aetas zu sehen. Giraniere (bei la Salle III, 96) nennt die Dumagat als die Bewohner der kleinen Insel Alabat im Osten von Luzon. Nur W. Earl (c. 141) nennt Dumagat auch auf Mindanao und wirft (ebend. 121) in seiner Vorliebe für die Papuas die Negritos der Philippinen mit diesen zusammen.

Auf den Philippinen ist noch eben so viel zu entdecken übrig als auf den Bisayas. Einen sichereren Anhaltspunkt gewähren nur die Untersuchungen W. v. Humboldt's der das Tagala, die dortige Hauptsprache (Marsden 39), untersucht und nicht nur als eine malaiische überhaupt, sondern auch als diejenige unter den Malaiensprachen nachgewiesen hat, welche die reichste grammatische Ausbildung besitzt (II,

---

* Wenn Crawfurd (a. 100) Cimarrones als einen Negerstamm auf Luzon nennt, so ist dieß offenbar ein Irrthum, da der Name bekanntlich nur entlaufene Negersklaven bedeutet.

215). Nach Le Gobien scheint mit ihr die jetzt ausgestorbene Sprache der Ladronen verwandt gewesen zu sein, wohin neuerdings die Tagalische Sprache durch Deportirte gekommen ist die man von den Philippinen dahin eingeführt hat (Buzeta I, 66), doch kann man es, auch wenn dieß völlig sicher stände, darum noch nicht wahrscheinlich finden daß die Bewohner der Philippinen, wie Buzeta (I, 51) meint, aus der Südsee gekommen seien. Andere haben sie mit nicht besserem Grunde von Borneo und anderen Sunda-Inseln herleiten wollen (R. der Novara II, 207). Der Name Tagala, eigentlich Tagalog ist, wie aus Mallat (I, 34 note) hervorgeht, so viel als Taga Ylog, Bewohner der Flüsse, derselbe Ausdruck welcher sich auch in dem Namen der Provinz Iloccos wiederfindet. Die Tagalen sind die christianisirten Eingeborenen von Luzon, welche die Hauptbevölkerung der Umgegend von Manila und des von dort nördlich gelegenen Theiles der Insel ausmachen, während im Süden von Manila Bisayas wohnen (Bowring 117). Am See von Bay sollen sie in nicht gar ferner Zeit von den Aetas abhängig gewesen sein (de la Gironière 297). Ihre Sprache ist wie die der Bisayas in eine Menge sehr verschiedener Dialekte gespalten (Bowring 215), doch vermuthet man daß alle Völker der Philippinen theils Negritos (Aetas), theils reine Tagalen, theils gemischten Ursprungs seien (Buzeta I, 58). Ueber die Sprachen der heidnischen Stämme ist bis jetzt nichts Näheres bekannt. Die hauptsächlichsten derselben sind folgende.

Die Igorrotes, welche nach de Mas von gleichem Stamme mit den Tagalen sind (Bowring 168), denen sie auch im Aeußeren sehr gleichen (Informe, Art. Poblacion 14), reichen von der Provinz Pangasinan (am Golf von Lingayen) bis zur Mission Ituy und in west-östlicher Richtung von Pangasinan bis zur Hauptstadt des Thales von Agno (Buzeta I, 52). Sie sollen nur Dialekte derselben Sprache reden (Informe a. a. O. 23). Gironière (378) allein sagt von ihnen daß sie von den Chinesen stammen sollten die mit Limahon's Piratenzug in J. 1574 (Fr. Gaspar 276 ff.) auf Luzon gelandet sind (Yldefonso VI, 5); neuerdings hat man sie mit den Aetas verwechselt (R. der Novara II, 207) eine Leichtfertigkeit die es unmöglich macht den beigefügten Angaben über Sprachverschiedenheiten irgend einen Werth beizulegen. Die Tinguianes oder Itanegs scheinen sich nach Yldefonso (VI, 1) ziemlich gleichmäßig mit den Igorrotes über

Süd= und Nord=Jloccos zu verbreiten, denn jene haben in den ge=
nannten Provinzen (vom Cap Namagpacan bis in den äußersten Nor=
den der Insel) 80, diese 79, die Negritos 14 Dörfer inne. Nach dem
Informe (a. a. O. 12) reichen sie aus der Nähe von Süd=Jloccos
von S. Cruz bis in's Innere des Distriktes Abra. Sie sind fast so
weiß wie die Chinesen, gleichen auch in der Kleidung und besonders in
Rücksicht des Turbans den sie tragen, den Fischern von Jokien (Bu=
zeta I, 54) und man glaubt allgemein daß sie von dort stammen.
Nur Gironière (375), dessen Sorgfalt Vieles zu wünschen übrig
läßt, vermuthet in ihnen Japaner oder sogar Dajak. Die Handschrift
des Regierungs=Archives von Manila aus welchem das Informe haupt=
sächlich geschöpft hat (vgl. Buzeta I, 52; Mallat II, 97 ff. giebt
ethnographisch nichts Neues), theilt die heidnischen Eingeborenen über=
haupt in Tinguianes und Jgorrotes ein und zählt zu den letzteren wei=
ter folgende Stämme: Die Buriks nördlich von den Jgorrotes, von
Süd=Jloccos bis zum Rücken der centralen Gebirgskette; die Busaos
(Bisayos?) nördlich von den Buriks, östlich von den Jtetapanes, west=
lich von den Tinguianes, in den Bergen von Signey; die Jtetapa=
nes, welche Buzeta für Negrito=Mischlinge hält, obwohl sie nur in
Charakter und Sitten, weit weniger im Aeußeren den Negritos glei=
chen — auch manche Negritostämme sollen eine Mischung mit Chine=
sen und Japanern eingegangen sein (Bowring 171); die Guinaa=
anes, die Nachbarn der Tinguianes auf der Ostseite der Cordillere;
die Jfugaos im Osten der Missionen von Cagayan, am linken Ufer
des Magat, sind Kopfabschneider, sollen aber von Japanern stammen,
deren Physiognomie sie haben — Japaner nämlich, die zum Christen=
thum bekehrt ihre Heimath verlassen mußten (1635) sind in großer An=
zahl nach den Philippinen gegangen (Fr. Gaspar 383, Bowring
49), ferner die Gaddanes an den Ufern des Magat (Margal?) bis
nach dem R. Chico von Cagayan hin; die Calabas, nordwestlich von
den vorigen und östlich von den Guinaanes, im Bezirk von Jtabes
und von da nach Norden; die Apayos im Gebirge zwischen Nord=
Jloccos und Cagayan; die Jbilaos und Jlongotes in den Bergen
von Nueva Ecija und Caravallo del Bael. Auch giebt es unter den
Stämmen der Jgorrotes einige die zum Christenthum bekehrt worden
sind, wie z. B. die Jsinayes, die jenen sonst in jeder Hinsicht gleichen.
Yldefonso (VI, 7) nennt noch einige andere Völker, Semper (Ztsch.

f. Allg. Erdk. N. F. X, 256) die Irayas oder Calingas (letzterer Name ist nur von unbestimmt collectiver Bedeutung) zwischen der Cordillere und den Flüssen Catalangan und Ilarru, die den Ilagan bilden und in den Cagayan fließen. Lafond (II, 340, 347) giebt die Igorrotes auch auf der Insel Negros im Innern und auf Mindanao an. Camar soll hauptsächlich von Mestizen bewohnt sein (Mallat I, 290). Auf Mindoro werden die Mangulanes genannt, wenige den Angriffen der Piraten entgangene Flüchtlinge, die von den Urbewohnern des Centralgebirges verschieden zu sein scheinen, an den Küsten der Insel haben sich eingewanderte Christen, vielleicht Tagalen, niedergelassen, die aber größtentheils Bagabunden und Verbrecher sind (Journal III, 757).

Daß indische Cultur in alter Zeit auf die Philippinen eingewirkt hat, ist schon von Humboldt hervorgehoben worden; einzelne Spuren davon sind auch auf den Bisayas nachgewiesen. Wahrscheinlich waren Malaien oder Javanen oder beide die Mittelspersonen durch welche die Elemente höherer Bildung hier eingeführt worden. Crawfurd (a, 348) hat gezeigt daß die Namen vieler Culturpflanzen, aller Hausthiere, der Metalle, mit Ausnahme von Gold und Eisen, viele Handelsausdrücke und selbst die Zahlwörter im Tagala malaiisch sind, nur wird man seinem Schlusse daß die Eingeborenen ein rohes nichtmalaiisches Volk gewesen seien, das nur seine spätere Civilisation aus jener Quelle bezogen habe, um so weniger beistimmen können, als er diesem rohen Volke die Erfindung eines eigenen Alphabetes zuschreibt. Von den Chinesen und Japanern, deren Mischung mit den Eingeborenen wir schon erwähnt haben, erhielten sie Seide, Porzellan, Eisen, Kupfer und wahrscheinlich Zink-Geld (Crawfurd). Jene, die schon 1603 in Manila zahlreich waren, standen mit Mindoro schon vor der Ankunft der Spanier in Verkehr (Mallat I, 288). Japaner, denen überhaupt verboten ist nach auswärts zu gehen, scheinen nur durch widrige Winde öfters nach den Philippinen geführt worden zu sein: noch vor kurzem wurden acht derselben an die Küste von Mindanao geworfen (Buzeta I, 49). Die dortigen Mandayas sollen Mischlinge dieser Art sein (Mallat II, 34); nach Andern gälte dieß vielmehr von den sehr hellfarbigen Tago-Baloys (Tagbalopes bei Mallat I, 323) in der Nähe der Stadt Bisig, während die Mandayas vielmehr zum Theil von europäischem Blute stammten (Bowring 348). Daß es seit der Eroberung der Philippinen durch Legaspi (1565—71)

viele Mischlinge der letzteren Art dort giebt, bedarf kaum der Erwähnung.

Die Bewohner der Baschi Inseln, die ihren Namen von einem
berauschenden Getränke haben sollen das aus dem Zuckerrohr dort bereitet wird (Dampier II, 107), sind physisch den Dajak sehr ähnlich,
schließen sich aber in Rücksicht der Sprache der Bevölkerung von Iloccos zunächst an (nach Belcher I, 70, Marsden Misc. 44). Endlich gehört auch noch Formosa als das äußerste nördliche Glied zum
malaiischen Gebiete. Zwar soll es dort eine Menge verschiedener Sprachen geben (Verhandelingen XVIII, 395, 420), aber diejenige von
ihnen welche allein etwas näher bekannt ist, die Formang-Sprache, besitzt nicht bloß malaiische Wörter die sie von außen aufgenommen hätte,
sondern gehört auch ihrem grammatischen Baue nach zur malaiischen
Familie (van d. Vlis a. a. O. 418, 446, vgl. auch Klaproth in
Mém. rel. à l'Asie I, 321 und Journal Asiatique Oct. 1822 p. 193).
Die Chinesen scheinen in früherer Zeit keinen Verkehr mit der Insel gehabt zu haben. Nach Chamisso (36) soll es auch negerähnliche Menschen auf Formosa geben.

6) Celebes ist ebenfalls nur theilweise näher bekannt. Auf der südwestlichen Halbinsel herrschen zwei Sprachen in großer Ausdehnung,
das Bugi im Osten und das Makassarische im Westen; nördlicher
liegt das Gebiet der Mandhar-Sprache, an deren Stelle jedoch in Cap
Mandhar selbst, wo in alter Zeit die Makassaren herrschten (Tydschr.
1854, II, 230) neuerdings das Bugi getreten ist (Trad. Lay 37). Alle
drei gehören zum malaiischen Stamme und sind untereinander nahe
verwandt (Raffles II, p. CLXXXVII). Das Makassarische erstreckt sich
über Makassar, Gowa (Goa), Sanrabone, die sog. Süddistrikte, Tu-
rateija, Bonthain und einen Theil von Bulukumpa (Bulekompa); corrumpirt wird es auf Saleijer gesprochen; viel weiter verbreitet ist dagegen das Bugi (Niemann in Bijdragen. N. V. VI, 59). Van Rhyn
(241) bezeichnet letzteres als die Hauptsprache die in den nördlichen und
südlichen Distrikten in Goa und Tello, herrsche, und fügt hinzu daß
eine Mischung beider in Maros gesprochen werde. Makassaren und Bugis reden indessen nicht Dialekte derselben, sondern wesentlich verschiedene Sprachen (Matthes, Makassaarsche Spraakkunst. 1858). Auch
an der Südspitze in Bonthain und Bulekomba ist durch eine Mischung
der erwähnten Art die Sprache corrumpirt (Donselaar in Bijdra-

gen III, 192). Auf der Ostseite sind Boni und Wadjo die beiden Haupt-
länder der Bugis. Letzteres im Norden von Tjenrana reicht nördlich
bis nach Lumu und an das Gebirge von Toradje, westlich bis Adja
Tamparang, südlich bis zu dem „süßen Meere", dem See von Labaya;
das Reich Wadjo, das zeitweise auch an Makassar unterworfen gewesen
ist, soll von Flüchtlingen aus Lumu gegründet worden sein (Tydschr.
1854, II, 231, 237). Die Turajas im Innern, nach dem eben erwähnten Gebirge benannt, werden zwar als Alfuren bezeichnet, scheinen sich
aber von den benachbarten Bugis nicht wesentlich zu unterscheiden
(Raffles II, p. CLXXIX, Brooke I, 156). Auch die verschiedenen
Stämme des südöstlichen Theiles von Celebes gehören der Sprache
nach wahrscheinlich alle zu den Malaien (Vosmaer 64). An der Ostseite desselben liegen die Reiche Laiwui und Tabunku beide mit verschiedenen, aber unter sich verwandten Sprachen; auf der Westseite findet
sich in Lellemau eine Sprache die der von Tabunku sehr nahe steht
(ebend. 99, 69); Poleang und Rumbia an der Südküste gelegen und
von Buton abhängig haben dagegen verschiedene Sprachen (ebend. 74).
Im Innern von Laiwui und Tabunku leben sog. Alfuren, an den Küsten
Bugis und Mischlinge von beiden (ebend. 70, van der Hart 42, 70f.).
Die Bewohner der dortigen Gebirge scheinen sich in Gesichtsbildung und
Sprache von allen Nachbarvölkern sehr zu unterscheiden (Netscher
in Tydschr. a, II, 72). Buton, eigentlich Butung, das in früherer
Zeit an Goa unterthan war (Valentyn IV, 139) schließt sich in sprach-
licher Hinsicht den vorhin genannten Hauptvölkern von Celebes an
(Crawfurd a, 56). Die Sprache der Bewohner von Manui oder
Wawonii läßt vermuthen daß sie ebenfalls von Celebes stammen und
zwar aus dem nördlichen Theil der Insel (Vosmaer 109). Die östliche mittlere Halbinsel von Celebes ist nach eben so unbekannt wie der
ganze Nordwesten. Die Nordseite der Tolo-Bai ist von Alfuren bewohnt (van der Hart 113). Mit demselben Namen pflegt man die
Bewohner des gesammten Innern von Celebes zu bezeichnen. Auch die
der Insel Peling sind rohe Alfuren (ebend. 101), die nach andern Angaben mit denen der Sula oder Xulla Inseln stammverwandt sein
und sich mit den Eingeborenen des nördlichen Celebes sollen verständigen können, obgleich die Sprachen beider wesentlich verschieden scheinen (Netscher a. a. O. 95).

Der Name Alfuren soll portugiesischen Ursprungs sein und vondem Worte „fora, außer" mit vorgesetzten arabischen Artikeln herkommen, so daß er Eingeborene bedeutete die außerhalb der Macht der Portugiesen standen, unabhängige Eingeborene, die Indios bravos der Spanier (Crawfurd a, 10). Nach einer wohl unrichtigen Ableitung aus derselben Sprache soll er „Freigelassene" bedeuten (Pynappel in Bijdragen I, 855). Latham (in Transactt. Ethnol. Soc. of Lond. N. S. I, 206) hat darauf aufmerksam gemacht, daß die holländischen Schriftsteller, die hierin genauer seien als andere, nur diejenigen Eingeborenen der Molukken und benachbarten Inseln darunter verstehen, die keine Muhammedaner geworden, sondern Heiden geblieben sind. Indessen würde es ein Irrthum sein zu glauben, daß die Bedeutung des Wortes in Beziehung zur Religion stände. Valentyn übersetzt es durch „wilde Berg-boeren, wilde Gebirgsbewohner", und wenn man neuerdings in der Minahaßa im nordöstlichen Celebes im Allgemeinen die noch nicht zum Christenthum bekehrten Eingeborenen Alfuren nennt (Bleeker 56, Tydschr. 1856, II, 12), so geschieht dieß nicht sowohl weil sie Heiden sind, sondern weil die rohen schlichthaarigen Urbewohner dieser Gegenden von jeher bei den Holländern diesen Namen geführt haben und man die dortigen Christen als gebildetere Menschen von ihnen unterscheiden will. Eine einigermaßen bestimmte ethnographische Bedeutung, wie sie z. B. Temminck (III, 275) dem Worte beizulegen scheint, indem er sagt daß Alfuren von Halmahera (Gilolo) bis zu den Timorlaut-Inseln hin wohnten, hat es demnach nicht, scheint aber allerdings nach älterem genauerem Sprachgebrauch nur schlichthaarige Menschen zu bezeichnen und verdient in dieser Hinsicht Beachtung. Daraus ergiebt sich von selbst daß man eben so wenig mit Junghuhn (Battal. II, 321) wegen ihres Schädelbaues sie zu den Battas rechnen als mit Hamilton Smith (208) für eine Mischung von Australnegern und Malaien oder mit Prichard für eine solche von Malaien und Polynesiern erklären darf. Sie sind zu wenig bekannt und ihre ethnographische Zusammengehörigkeit noch zu zweifelhaft als daß sich solche Behauptungen rechtfertigen ließen. Wo sie aber näher bekannt sind, spricht fast Alles dafür daß man sie für nichts Anderes als für ungebildete Malaienvölker zu halten habe.

Daß man in den Alfuren von Celebes dasselbe Volk wie die Dajak in Borneo vermuthet hat, war wegen des unbestimmten Gebrauches beider Namen natürlich genug, die Aehnlichkeit im Aeußeren wie in manchen Sitten schien es zu bestätigen (Dalton bei Moor 75), doch fehlt es dafür an jeder weiteren Begründung. In der Minahassa gab es sonst drei Stämme derselben: Ton Bulu, Ton Pakewa und Ton Sea mit verschiedenen Sprachen und verschiedenem religiösen Cultus; durch Kriege wurden sie in eine Menge kleinere Völker zersplittert. Da indessen nach van Rhijn (367) die dortigen Sprachen auf drei zurückkommen, auf die von Toncea, von Tondano und von Amurang, unter denen die letztere ihm die Stammsprache zu sein scheint — ihre Verwandtschaft mit dem Javanischen und dem Dajak wird vermuthet —, so ergiebt sich als wahrscheinlich daß unter den Ton Bulu das Volk von Tondano, unter den Ton Sea das von Kema und unter den Ton Pakewa das von Amurang zu verstehen ist (de Vriese zu Reinwardt 595). Anderwärts ist von neuen verschiedenen Alfuren-Stämmen der Minahassa die Rede (Tydschr. 1856 II, 12). Die Bewohner des Dorfes Bantik sind ein eigenthümlicher Menschenschlag, doch wahrscheinlich nicht stammverschieden von den übrigen Alfuren; wahrscheinlich sind sie von Bolang Mongondo hergekommen, aus Mojo und Birang (Bleeker 49, Tydschr. VIII, 1, 28); ihre Sprache ist indessen sehr abweichend, zeigt aber einige Uebereinstimmung mit der von Menado (ebend. 33). Die Bewohner der Küste von Menado sind Chinesen (diese nur in geringer Zahl nach Tydsch. VIII, 1, 42), Europäer, Javaner und Sumatraner; in Gorontalo (Gunong Tello) leben hauptsächlich Malaien (van der Hart 252, 225). In dem letzteren Lande, dessen Fürsten aus dem Königshause von Makassar stammen, herrscht dieselbe Sprache wie in Limbotto (Reinwardt 521). Der südwestliche Theil der großen nördlichen Halbinsel, Muton, das Land zwischen Gorontalo und Parigi, besitzt eine zahlreiche Alfuren-Bevölkerung. Früher scheinen sich hier Makassaren und namentlich Mandharesen festgesetzt zu haben, die letzteren hauptsächlich in Tomini. Bugis-Kaufleute haben in Parigi, Tobjo und auf den Togian Inseln bedeutenden Einfluß, da Boni das früher diese Gegenden beherrschte, auch neuerdings seinen Anspruch auf sie noch nicht aufgegeben hat (Bleeker 130 ff.).

Von ausländischen Einwirkungen die Celebes erfahren hat sind als die ältesten diejenigen zu nennen welche von Java ausgegangen sind (Raffles II p. CLXXXI und CLXXXVIII). Die makassarische Sprache enthält einige Sanskrit-Wörter, die jedoch alle durch das Javanische hindurchgegangen zu sein scheinen (Matthes, Makass. Spraakkunst).

Ein zweites Zeugniß für diesen Einfluß legen die Namen der Götter ab (Humboldt I, 250). Nach Roorda (III, 3, 205) wäre Makaffar dem letzten Beherrscher des Reiches von Madjapahit unterthan gewesen, indessen nennt die Liste der von ihm abhängigen Länder bei Dulaurier nur Gorontalo, denn das dort vorkommende Boulan wird wohl richtiger als auf Celebes auf die Inseln an der Südspitze von Malakka gedeutet (Logan in Journal II, 604). Crawfurd (a, 91) bezeichnet näher die Gegenstände welche von den Bugis mit fanskritischen Wörtern benannt werden, begeht aber auch hier wieder den Fehler einen theils malaiischen theils javanischen Bestandtheil der Sprache einem einheimischen entgegenzusetzen, was sich nur rechtfertigen ließe, wenn die Bugis nicht zum malaiischen Sprachstamme gehörten. Er schlägt den ersteren zu ⅕ des gesammten Sprachschatzes an und zählt darunter die Namen vieler Culturpflanzen und aller Hausthiere auf, die vieler Werkzeuge und Waffen, die der Metalle ausgenommen Gold, auch die Wörter für Spinnen und Weben. Im Laufe des 16. Jahrh. haben sich Malaien von Tjampa, Johor und Menangkabao in Makaffar niedergelassen, wo man ihnen freie Religionsübung gestattete (Tydschr. 1854 II, 151). Bis zum Emporkommen der makaffarischen Macht, deren Blüthe um die Mitte des 17. Jahrh. fällt, stand ein großer Theil von Celebes unter der Herrschaft von Ternate, nämlich alle Länder von Menado bis zur Bucht von Cajeli (Valentyn IV, 133). Wie die kleinen Reiche im Süden der Tomini Bai war auch die Nordküste desselben von dort abhängig und wurde es nach dem Falle Makaffars zum Theil aufs Neue (Bleeken 130 ff.). Die Bangaai und Xulla Inseln nebst den Landschaften Balante und Mondono gehören noch jetzt den Ternatanen (van den Hart 97, 118). Um 1634 wurden ihnen Menado, Gorontalo und Tomini durch die Makaffaren' entrissen (Valentyn II, 97), dasselbe geschah mit Cajeli (Tydschr. 1854 II, 229) und in kurzer Zeit erstreckte sich die Macht von Makaffar auch über Buton, die Xulla Inseln Sumbawa und Saleyer (Radermacher in Verhandelingen IV, 231). Die Herrschaft über den gesammten östlichen Theil des ostindischen Archipels war zwischen jenen beiden Mächten getheilt.

Ob die Sangir Inseln sich in ethnographischer Hinsicht an Celebes anschließen ist noch unausgemacht. Im nordwestlichen Theile derselben herrscht die Manganitu-Sprache, von welcher die von Tabukan, Taruna und Kandahar nur dialektisch verschieden sind. Auch auf

Siauw und Tagulandang werden verwandte Dialekte gesprochen; sie scheinen sämmtlich aus einer und derselben alten Sprache entsprungen zu sein, in welcher die alten Gesänge und Ueberlieferungen aufbewahrt werden (Riedel in Tydschr. a, X, 375). Die Sprache der Talaut Inseln scheint sich vom Malaiischen weit zu entfernen, hat aber abgesehen vom Accent mit den Dialekten der Sangir Inseln große Aehnlichkeit (de Waal I, 7, 28).

Die Inseln im Süden von Celebes, östlich von der Allas-Straße bis nach Timor hin, von denen wir Sumbawa schon früher besprochen haben, stehen mit jenem insofern ethnographisch im näheren Zusammenhange, als hier überall die Bugis einen bedeutenden, hier und da selbst einen maßgebenden Einfluß ausüben. Dieses ganze Gebiet gehört zu den unbekanntesten des ostindischen Archipels; es herrschen dort eine Menge sehr verschiedener Sprachen: die von Ende, Sumba, Solor, Savo, Rotti, die der Kupangnesen Timoresen und Belonesen auf Timor weichen sämmtlich bedeutend von einander ab und nur vermuthungsweise schreibt man ihnen einen gemeinsamen Ursprung zu (Heijmering in Tydschr. VIII, 3, 79).

Flores ist in seinem westlichen Theil bis zum Fluß Wai Mede von den Mangarais bewohnt, den mittleren Theil bis zum Berg Keo haben im Süden die roheren unabhängigen Rokkas, im Nordwesten die Langas, im Nordosten die Wogos inne, welche drei verschiedene Sprachen reden, bei den Bergvölkern im Osten von Keo bis Sika herrscht die Sprache von Ende; auch im Gebiet von Larentuka findet sich eine eigenthümliche Sprache (Tydschr. a, IX, 508). Freys (ebend. 461) erwähnt als Gebirgsvölker die Keos und Tongos, welche letzteren sich von der Küste, wo sie Muhammedaner sind, bis in's Innere erstrecken. Ihr Name scheint derselbe zu sein wie der eines früher (p. 42) von uns auf Sumbawa erwähnten Volkes. Roorda (II, 50, 90) vermuthet daß auf Flores die Sprache von Bima gesprochen werde, dessen Sultan den nordwestlichen Theil der Insel besitze und giebt von ihr an daß sie eine Anzahl javanischer Wörter enthalte. Das Erstere scheint indessen nur darauf hinauszukommen daß sich Bimanesen, die Mangarai beherrschen, in einzelnen Dörfern an der Nordküste niedergelassen haben (Tydschr. a, IX, 516). Das eigentliche Reich des Raja von Ende beschränkt sich auf ein Dorf in der Bai dieses Namens, wo Malaien Makassaren und Bugis leben die den Osten der Insel beherrschen und bedrücken wie die Bimanesen den Westen (ebend. 526). Sie haben sich erst in neuerer Zeit dort angesiedelt um des Handels willen nach Timor hin, doch ist dieser jetzt verfallen (Francis in Tydschr. I, 1, 367). Auch von Sumbawa aus sind Kolonieen an der Küste von Flores gegründet worden (Moor Append. 11). Die Staaten der sog. „schwarzen Portugiesen" an der Nordostküste, Larentuka und Sika, sind nur dem Namen nach noch unter portugiesischer Herrschaft. Daß sie ganz ohne Grund ihren Namen trügen, wie Roorda (II, 50) angiebt, ist indessen kaum anzunehmen, da auch ihre Sprache ein verdorbenes Portugiesisch ist (Veth in Tydschr. 1855 II, 169). Daß es auch Papuas auf Flores gebe, ist nicht hinreichend bezeugt (ebend. 165); nur so viel mag richtig sein daß die Eingeborenen jenen (wie es bei Moor a. a. O. heißt) ähnlicher sind als den Timoresen. W. Earl (c, 177) freilich, der hierin Jukes (I, 376) zum Vorgänger hat, hält die Existenz der Papuas nicht bloß auf der Ostküste von Flores, sondern auch in den Bergen von Solor, Pantar, Lomblem und Ombai für sicher und bezeichnet sie als wahrscheinlich (a. a. O. 184) in Timorlaut, Sumba, Buro, auf den Xulla Inseln und selbst auf der östlichen Halbinsel von Celebes. Thatsachen lassen sich dafür nicht anführen.

Auf Sumba giebt es sieben verschiedene Sprachen. Der dortige Handel ist ganz in den Händen der Bugis von Ende und Sumbawa (Tydschr. 1855 I, 281, 297). Auch soll die Insel schon in früherer Zeit Einwanderer von Celebes erhalten haben (Heijmering in Tydschr. IX, 3, 12), ebenso wie Rotti und die anderen benachbarten Inseln. Die Bewohner von Solor, welche Roorda (II, 56) in zwei Stämme unterscheidet, die malaiischen Lamatjang und das wilde Volk des Innern, sind ebenfalls nicht näher bekannt; doch weiß man von ihnen daß sie eine schriftliche Ueberlieferung besitzen, nach welcher ihre Voreltern von Gilolo gekommen, nach Buton und Ende gewandert wären und zum Islam bekehrt, sich endlich in Solor niedergelassen hätten (Heijmering a. a. O. 10). Daß sie zum Theil von Buton stammen giebt auch Sal. Müller (b, 297) an. Seit 1512 gehörten einige Dörfer der Insel zum Reich von Ternate (Valentyn I, 96). Auf Lomblem sollen sich Malaien finden (Roorda II, 59).

Timor heißt „Osten", Timor-lawut (Timor Laut) „Nordosten." Sal. Müller (b, 135) deutet den Namen sonderbar genug darauf, daß jenes seine Bevölkerung von Osten, nämlich von den Molukken erhalten habe, die indessen fast rein nördlich liegen, auch hätten sich die Bewohner „Menschen aus Osten" genannt, weil auf Timor selbst ihre Ausbreitung von Osten nach Westen stattgefunden hätte. Weit einfacher und natürlich ist Heijmering's Auffassung der Sache (a. a. O. 13), daß der Name von malaiischen Kaufleuten stamme die von Westen herkamen und daher auch die Südwest Inseln „Klein Timor" nennen. Auch daraus daß der östliche Theil von Timor dichter bevölkert ist als der westliche und daß dieser von jenem her Einwanderer erhielt, wird man nicht schließen dürfen, daß seine Bewohner überhaupt von Osten her gekommen seien (Tydschr. 1852 I, 206), obschon sich namentlich im Osten der Insel Fremde angesiedelt zu haben scheinen, die hauptsächlich von den Molukken stammten (Heijmering a. a. O. 9). Es giebt dort drei sprachlich sehr verschiedene Stämme welche über das Land, nach dessen alter Eintheilung in früherer Zeit so verbreitet waren, daß die Belonesen, das bedeutendste Volk, Waiminko Waihalle an der Südküste und Luka innehatten, während Sonobai den Timoresen, Kupang aber den Kupangnesen gehörte (Francis in Tydschr. I, 1, 353). Temminck (III) nennt diese drei Theile der Bevölkerung: Ema Welu oder Belo, Toh Timor und Atuli Kupang. Später hat sich jenes Verhältniß theilweise geändert: die Belonesen blieben zwar größtentheils im Besitze ihres Landes, das von Amanuton an der Südküste bis zum Nordost-Ende der Insel und bis nach Mobara auf der Nordküste reicht, die Kupangnesen aber, welche in Folge des Andringens fremder Einwanderer von Osten her aus dem Innern immer weiter nach Südwesten vorgeschoben worden sein sollen, wo sie Kupang gründeten, wurden endlich genöthigt die Insel zum Theil zu verlassen und sich auf Samau (Semao) niederzulassen (Heijmering a. a. O. 16). Es geschah dieß um die Zeit der ersten Ankunft der Holländer in Timor, wo sich seitdem die Timoresen von der Südseite bis zur Nordküste der Insel, über das Binnenland nach Südwesten von Amanuton und von Amfoang nach Norden bis zur Bai von Kupang ausgebreitet haben (Tydschr. 1852 I, 206). Jenes Ereigniß war die Folge von dem Zerfalle, welcher die großen alten Reiche traf die bis dahin auf Timor bestanden hatten: Amanubang und Amarassi hatten sich von Belo unabhängig zu machen gewußt und es waren Leute aus dem letzteren Lande die von dort ausgewandert, sich später der Herrschaft

von Kupang bemächtigten, wo sich damals auch die Portugiesen festsetzten (Heijmering a. a. D. 30). Wie Belo sank auch Sonobai v
seiner früheren Größe herab: die kleineren Reiche Amabie, dessen Bevölkerung von Osten her eingedrungen ist, und Amfuang gingen aus ihn
hervor, aus dem letzteren wieder Tabeno, bis endlich eine gänzlich
Zersplitterung in viele kleine Staaten eintrat (Francis a. a. D. 355).
Daß die Timoresen von Ceram, die Belonesen aber von Gilolo gekommen und jene aus ihren alten Sitzen vertrieben hätten, wird allerdings
erzählt (Oosterling II, 1, 45), und Roorda (II, 77) fügt hinzu daß
die Sprache dieß zu bestätigen scheine, indessen scheint diese Sage nichts
weniger als allgemein zu sein, da Heijmering nichts dieser Art erwähnt, wohl aber von Rotti erzählt daß Flüchtlinge von Timor dorthin gelangten und daß ein Auswanderer von Ceram dort mit ihrer
Hülfe ein Reich stiftete (Tydschr. IX, 3, 28); Francis (ebend. I, 2, 27)
theilt in dieser Hinsicht nur mit, manche Bewohner dieser Inseln und
namentlich die Rottinesen gäben an daß sie von Ceram eingewandert,
ihr Land aber schon bewohnt gefunden und sich mit den Eingeborenen
ganz vermischt hätten, die damals zum Theil nach Timor und anderen
Inseln geflohen wären. Die Sprache von Rotti ist zwar den Timoresen unverständlich, doch soll die der letzteren ihr nahe verwandt sein
(Moor Append. 10, Oosterling II, 1, 33). Dieselbe Sprache wie
auf Rotti herrscht auf der kleinen von dort westlich liegenden Insel
Daauw und auf Savo, dessen Bevölkerung von Celebes stammen
will und sich für verwandt mit den Bugis hält (ebend. 36). Daß Makassaren und Bugis in Rotti und Timor ansässig sind, wo namentlich
Dikusi schon im 16. Jahrh. ein von ihnen viel besuchter Handelsplatz
war (Sal. Müller b, 221) unterliegt keinem Zweifel (Heijmering
a. a. D. 12, Freycinet I, 590); weniger sicher steht daß auch die dortigen Sprachen dem Bugis verwandt seien (Crawfurd II, 60, Marsden 44, 49). Neuerdings hat Crawfurd (a, 370, 378) die von Rotti
und Savu als eigenthümlich bezeichnet, sie enthalte nächst Wörtern
von Timor auch malaische und javanische. Jenes soll seine Bevölkerung außer von Timor und Ceram auch von Ternate und Tidore erhalten haben, dieses aber zur Zeit des Falles von Madjapahit von Javanen aufgesucht worden sein, die sich mit Bugis, Leuten von Rotti,
Timor und Flores hier vermischt hätten (S. Müller b, 283, 292).
Manche Savonesen nennen und verehren Monjopait (d. i. Madjapahit)

als ihren Stammvater (Heijmering in Tydschr. VIII, 3,3). Um
1750 hat man eine große Anzahl kriegsgefangener Timoresen nach
Rotti und Savo übergeführt (Heijmering ebend. IX, 3, 165). Außer
den Holländern in Kupang, den Portugiesen in Dilly und einigen Malaien die sich auf der Nordküste von Timor finden (Jukes I, 375),
sind namentlich dort noch die sog. „schwarzen Portugiesen“ zu erwähnen, die in offiziellen holländischen Documenten zum ersten Male
im J. 1702 unter den Befehlen d'Hornaij's, dann 1744 unter da
Costa als Befehlshaber vorkommen, zwei Abenteurern die zu verschiedenen Zeiten sich dort emporschwangen (Näheres bei Heijmering
a. a. O. IX, 3, 58). Der erstere soll ein geborener Holländer gewesen
sein, der noch vor Ankunft der von Solor durch seine Landsleute (1613)
vertriebenen Portugiesen zu denen er überlief, auf der Nordküste von
Timor die portugiesische Flagge aufgepflanzt hätte (Oosterling I,
1, 2). Der Hauptort der schwarzen Portugiesen ist Uikusi, ihre Häuptlinge führen abwechselnd die Namen jener beiden Abenteurer, das Volk
aber, welches unabhängig und nur dem Namen nach christlich ist,
stammt nicht von Portugiesen, sondern von Belonesen die sich mit Leuten von Adonare auf Solor gemischt haben (Tydschr. 1852 I, 216).
Die Mardeiker (mardahejka, arab. „frei, befreit“) die auf Timor
und Amboina (Valentyn II, 347) oft erwähnt werden, sind kein besonderes Volk, sondern ehemalige Sklaven, welche in Folge ihres im
Kampfe gegen die Eingeborenen bewiesenen Heldenmuthes von den Holländern, die damals (1656) in großer Noth waren, die Freiheit erhielten (S. Müller b, 165). Barchewitz (283) bemerkt daß es auf allen
zu Timor gehörigen Inseln „Schwarze“ gebe, doch läßt sich, da der
Ausdruck zu unbestimmt ist und der Berichterstatter überhaupt keiner
genauen Beobachtungen fähig war, darauf nicht die Behauptung gründen daß Papuas oder Negritos dort anwesend-seien. Man weiß darüber
bis jetzt nichts Bestimmtes. Später nämlich hat Flinders (II, 254)
die Anwesenheit kraushaariger Menschen auf Timor geleugnet, Péron
(IV, 3) sie behauptet. Nach Jukes (I, 376) giebt es solche auf der
Südküste und im Innern, nach W. Earl (c, 180) im Südosten; Bennet (a, II, 78) und Andere wissen nur von Alfuren. Lafond (II, 194)
erzählt von kleinen schwarzen wollhaarigen Menschen im Innern, fügt
aber hinzu daß ihre Sprache malaiische Wörter besitze.

Die Südwest Inseln sind nach ihrer Lage zu Amboina benannt

und bilden trotz ihrer Zerstreuung in ethnographischer Hinsicht ein Ganzes, da auf ihnen eine große Uebereinstimmung in Sprache, Sitte und
gesellschaftlichen Einrichtungen herrscht. Man befaßt unter jenem Namen die Inseln: Wetter, Kisser, Roma, Letti, Moa, Luang, Sermat-
ten (Sermatty), Babber, Damme, Teon, Nila, Serua und Keki. Die
Sprache ist dieselbe wie im östlichen Theile von Timor, nur auf Damme und Teon wird die der Tenimber Inseln gesprochen (van der Crab
98, 101). Auch die Sitten sind dieselben wie in Ost=Timor, von wo sie
oft ihre Frauen holen, die Dialekte der einzelnen Inseln sind aber sehr
verschieden (Bosscher in Tydschr. a, II, 436 f.). Kisser hat sogar deren zwei welche von einander abweichen und neben diesen ist noch
das Malaiische in der Kirche und Schule eingeführt (Earl in J.R.G.
S. XI, 111, Tydschr. 1855 I, 227). Die eine derselben scheint dem
Bugis am nächsten verwandt und wenigstens ⅛ ihrer Wörter ist malaiisch (W. Earl in Journal II, 696). Die Sprache von Letti, zwar
verschieden von denen der Nachbarinseln, doch mit diesen jedenfalls nahe
verwandt, enthält, wie es scheint, eine Anzahl von Wörtern der Sundasprache, die man sonst als malaiische Bestandtheile derselben bezeichnet hat (Heijmering in Tydschr. VIII, 3, 1 u. 3). Die Bevölkerung
von Roma besteht zur Hälfte aus Leuten von Kisser die dahin übergesiedelt sind (Tydschr. 1855 I, 231). Außerdem stehen die Inseln untereinander fast nur dadurch in Verbindung daß die Bewohner der einen
die der andern aufsuchen um Jagd auf Köpfe zu machen: zu diesem
Zwecke gehen namentlich die von Damme Letti und Moa häufig nach
Wetter (ebend. I, 235 u. II, 23). Die alten Eingeborenen von Damme
sind (nach Barchewitz 344) in Folge einer Empörung von den Holländern größtentheils vertilgt und 1666 durch Bandanesen ersetzt worden. W. Earl (in Journal IV, 71) ist geneigt insbesondere in den Bewohnern der Serwatty Inseln den alten unveränderten Typus der Bevölkerung des ostindischen Archipels zu sehen, die nur in dem Gebiete
zwischen Timor und Timorlaut von fremden Einflüssen fast unberührt
geblieben sei. Zu demselben Stamme gehören nach seiner Ansicht auch
die Bewohner von Timorlaut und den Key Inseln, welche sämmtlich den
Polynesiern, namentlich den Tahitiern und Sandwichinsulanern in jeder
Hinsicht sehr ähnlich seien (ebend. VII, 71, W. Earl b, 49). Die Sprachen
aller dieser Inseln von Timor bis nach Neu Guinea hin sollen weniger verschieden sein als es auf den ersten Blick scheint (derf. in Journal II, 695).

7) Von den Molukken scheint nur Gilolo ursprünglich eine eigene Bevölkerung gehabt zu haben, die der übrigen Inseln Ternate, Tidore, Makjan und Batsjan aber aus sehr verschiedenen Quellen zusammengeflossen zu sein (Tydschr. 1856 I, 79), daher die dortigen Sprachen, obwohl sie zu den malaiischen gerechnet zu werden pflegen, sehr stark mit fremden Elementen versetzt sind; in ihren Sitten Gebräuchen und ihrem ganzen Culturzustand gleichen die' rohen Bewohner (Alfuren), wie namentlich Meinicke (b, 12) hervorgehoben hat, indessen so sehr denen von Borneo und Celebes, daß sich die nähere Zusammengehörigkeit mit diesen schwer in Abrede stellen läßt. Die Spanier fanden auf diesen Inseln bei ihrer ersten Ankunft sehr verschiedene Menschen, die oft von Ort zu Ort einander nicht verstanden, sondern sich des Malaiischen zu diesem Zwecke bedienen mußten und nach ihrer eignen Sage nicht Eingeborene des Landes sondern auf chiresischen malaiischen und javanischen Fahrzeugen dahin eingewandert waren (Crawfurd a, 284, de Barros III, 179). Gilolo, eigentlich Djallolo — so heißt ein kleines Reich auf der nördlichen Halbinsel — wird von den Eingeborenen Kahalamo „großes Land", von den Ternatanen Halmahera genannt, was Valentyn (I, 93) mit „Festland" übersetzt, Willer (31) aber als „das große Volk von dem die kleinen stammen" deutet, was mit Valentyn's sonstigen Angaben insofern übereinstimmt als die Könige von Gilolo für die ältesten und vornehmsten auf den Molukken gelten und Ternate durch Flüchtlinge von dort zu einer Zeit bevölkert worden sein soll (1250) da es selbst noch keine Herrscher hatte (Valentyn I, Mol. Zaaken 184). Später ist das umgekehrte Verhältniß zwischen beiden Inseln eingetreten, da unter den vielen Dialekten der dortigen Alfuren die fast bis zu gegenseitiger Unverständlichkeit von einander abweichen (Willer 38), der von Ternate am allgemeinsten in Gebrauch ist (Tydschr. 1856 II, 219); besonders ist die Bevölkerung der Nordostecke von Halmahera mit Ternatanen und Tidoresen gemischt (ebend. 211). Um 1540 nämlich fiel Gilola an Ternate und wenn dort auch noch Könige aus späterer Zeit genannt werden, so waren diese doch nur Vasallen des letzteren Reiches; auch Batutsjina, der westliche Theil der Insel, gehörte zu Ternate, doch hatte auch Tidore im 17. Jahrh. einige Besitzungen auf Halmahera, die vielfache Veranlassung zum Streit zwischen beiden Mächten gaben (Valentyn I, 94). An der Ostküste der nördlichen Halbinsel leben die als Seeräuber be-

rüchtigten Tabelloresen oder Galeloresen (Bleeker 257). Ternate
hat eine außerordentlich gemischte Bevölkerung. Zu den alten Einwanderern von Gilolo deren erste Niederlassung das Dorf Tobona gewesen
sein soll, kamen unter dem siebenten König der Insel Sida Aarif Ma-
lamo (reg. 1322—1331 nach Valentyn I, Mol. Zaaken 137) viele
Javanen und Araber, da jedoch schon ein Sohn des fünften Königs
den Namen Abderama führt, scheinen Araber schon früher sich in Ternate festgesetzt zu haben. Bandanesen soll es auf den Molukken bereits
im J. 1465 gegeben haben (Valentyn IV, 36, 73). Die Kolonieen der
Malaien von Sumatra haben sich nach Raffles (I, 57) östlich bis auf
die Molukken erstreckt. Roorda I, 260) giebt an daß zu Anfang des
13. Jahrh. selbst vom Festlande von Indien Einwanderer nach Ternate
gekommen sein sollten und daß außer vielen anderen Fremden auch
Japaner dahin gelangt seien. Auch Chinesen sind ebenfalls in diese
Mischung eingegangen (Bleeker 192). Die jetzige Bevölkerung des
Hauptplatzes der Insel wird vornämlich von den Kalentjutjus gebildet,
die man von der Ostküste von Celebes herübergeholt hat (v. der Crab
298). Die Hofsprache ist das Malaiische, das jedoch hier wie auf Tidore nur vom Adel verstanden wird und mit vielen holländischen spanischen und andern fremden Wörtern versetzt ist, die Landessprache ist
davon ganz verschieden, wie auch die kleineren zum Reiche gehörenden
Inseln alle ihre besondere Sprache haben (ebend. 310, 330).

Außer den genannten Elementen der Bevölkerung von Ternate, die
sich in ähnlicher Weise auch in Tidore gemischt zu haben scheinen, sind
endlich noch Papuas zu erwähnen, die dort zwar keine Sklaven sind,
aber doch als solche behandelt werden (Bleeker 195). Daß solche
von Neu Guinea häufig hierher gebracht worden sind — Forrest (68)
sah dort die für sie charakteristischen großen Perrücken (vgl. Marsden,
Misc. 68) — ist allerdings sicher, wenn sich auch bezweifeln läßt ob
die sog. Papua Inseln nach Valentyn's Sprachgebrauch (I, 103),
welche zwischen Gilolo Ceram und Neu Guinea liegen, diesen Namen
im ethnographischen Sinne des Wortes verdienen; jedenfalls aber stehen
wir hier an den Grenzen des Gebietes der malaiischen Raçen. Auf Gilolo wo sie W. Earl (c, 112) in's unbekannte Gebirge versetzt, d'Urville (a, V, 412) nichts von ihnen auch nur erzählen hörte, scheint es
wirklich Papuas in alter Zeit gegeben zu haben, wenn anders der Raja
Papua bei Pigafetta (180) nicht etwa einen bloßen Piraten-König

bedeutet. Wie vorsichtig man aber in der Deutung der Angaben besonders von älteren Reisenden sein muß, mag u. A. das Beispiel
Schouten's (Voy. aux Indes or. Amst. 1708 I, 59, 87, 114) lehren,
der erzählt daß es auf Amblau negerartige Menschen gebe, daß sich
Schwarze auch auf Arach (bei Ceram) und auf Buro fänden, dann
aber auch die Malaien und selbst die Javanen als „schwarz" bezeichnet.

 Amboina, Ambon eigentlich Apon, in dessen Geschichte Valentyn (II Ambonsche Zaaken p. 2 f.) hauptsächlich der Handschrift
eines muhammedanischen Priesters Ridjali folgt, scheint ebenfalls erst
in verhältnißmäßig später Zeit bevölkert worden zu sein. Die ersten
Bewohner von Hitu — so heißt der größere nördliche Theil — kamen
von der Bucht von Tanuno, aus dem Süden des westlichen Ceram,
später langten Javanen an die aus der Königsfamilie von Tuban
stammten, wie es scheint, zu einer Zeit da der Islam auf Java noch
keinen Fuß gefaßt hatte (ebend. III, 20); einige dieser Javanen waren
unterwegs geblieben und hatten sich auf Manipa niedergelassen. Nach
ihnen traf ein Sohn des Königs von Batsjan, nach Ridjali vielmehr
ein Fürstensohn von Gilolo (um 1465), in Amboina ein, dessen Bruder sich in Lissibatta im nordwestlichen Ceram festgesetzt hatte. Endlich
kamen noch Einwanderer von Goram hinzu. Auf Leytimor, der kleineren südlichen Halbinsel, giebt es mehrere Dörfer deren Bewohner javanischen Ursprunges sind (ebend. Beschr. v. Amb. 121). Gold, Silber, das Pferd und „Anderes dergleichen" das die Amboinesen erst aus
Java erhielten, wird in ihrer Sprache mit javanischen Wörtern bezeichnet (ebend. 111). Daß aber die Hauptmasse der Bevölkerung dieser und
der umliegenden Inseln aus dem westlichen Ceram stammt, wird daraus
wahrscheinlich daß überall, auch wo die Bewohner sich durch ihre eigene
Sprache einander nicht mittheilen können, die alten in der Sprache
von Humamohel abgefaßten Lieder verstanden werden (ebend. 124).
Dieß scheint hier die ursprünglich einheimische Sprache gewesen zu sein,
von der man indessen mit Crawfurd (a, 11) nicht wohl sagen kann
daß sie durch das Malaiische verdrängt worden sei, weil das letztere
überhaupt nur dem allgemeinen Verkehr dient; neben demselben giebt
es zwei Sprachen auf Amboina, von denen die östliche nicht im Westen,
die westliche nicht im Osten verstanden wird; ebenso ist auch die Sprache
von Buro den Bewohnern der östlich von Amboina gelegenen Inseln
unverständlich (Valentyn a. a. O. 243). Außer den genannten Be-

standtheilen der Bevölkerung hat diese auch Chinesen, Makassaren, Ternatanen, Balinesen und andere Fremde in sich aufgenommen (ebend.
269). Roorda (I, 52) giebt die Ulistvas und Ulilamas (richtiger: Uli-
limas) als zwei Stämme auf Amboina an, die aus verschiedenen Ländern hergekommen seien, es werden aber mit jenen Namen nur gewisse
politische und religiöse Parteien bezeichnet. Neuere Schriftsteller gehen
in ihren oft wenig begründeten Ansichten weit auseinander: nach dem
Woordenboek (24) soll man aus den Sitten der Ambonesen mit
Sicherheit schließen können daß sie von Hindus (Javanern?) entsprungen sind; nach Epp (287) sollen sie hauptsächlich aus einer Mischung
von Malaien, Papuas und Europäern hervorgegangen, die Papuas
aber die vermuthlichen Urbewohner gewesen sein. Von Papuas hören
wir allerdings auch bei Valentyn (a. a. O. 119), aber er sagt nur
daß sich solche schon vor der Ankunft der Portugiesen in Kilang (Leytimor) niedergelassen hätten, es sind darunter wahrscheinlich nur Seeräuber dieser Gegenden, nicht Papuas im ethnographischen Sinne des
Wortes zu verstehen; und wenn Neuere, wie z. B. Roorda (I, 70) die
Ambonesen „gebildete Alfuren" genannt haben, so ist dieß nicht nur
ethnographisch bedeutungslos und ein Widerspruch, sondern streitet auch
mit Valentyn's Angabe (II Amb. Zaaken 104), die nur besagt
daß Alfuren im J. 1634 von den Holländern nach Hitu eingeführt
worden seien: es scheint demnach früher keine solchen dort gegeben zu
haben.

Ueber Buro ist aus älterer Zeit nur sehr Weniges bekannt. Es
gehörte nebst Amblauw, Manipa, Kelang, Brano und einem großen
Theil von Ceram im 16. Jahrh. zu dem Reich von Ternate (Valentyn I, 96); die Westküste wurde 1511 von dort aus erobert und die
ganze Insel blieb bis zur Mitte des 17. Jahrh. in dieser Abhängigkeit.
Wie auf Hitu findet sich auch hier im östlichen Theile ein Fluß Madjapahit, auch die edlen Metalle, der Hirsch und mehrere andere Gegenstände haben javanische Namen (Valentyn II Beschr. v. Amb. 6, 99.
V, 65). Javaner sind demnach wahrscheinlich schon vor dem Ende des
15. Jahrh. nach Buro gelangt, auch wird von einem muhammedanischen Priester erzählt der um diese Zeit dorthin kam, von den Eingeborenen aber um's Leben gebracht wurde (Willer 91). Die Eingeborenen welche man gewöhnlich Alfuren nennt sind in ihren Sitten den
Battas so ähnlich (Nachweis bei Willer 78) daß man sie für stamm-

verwandt mit ihnen halten muß. Sie leben meist im gebirgigen Innern, an der Südküste und in den Dörfern Tagaliffa und Leliali östlich
von der Bucht von Cajeli (Valentyn a. a. O. 6, 16. Aanteekeningen 91); sonst ist die Küste von sog. Malaien besetzt (v. der Hart
135), d. h. von Muhammedanern, die hier vorzugsweise den Namen
Orang Buru führen (Willer 98): sie sehen sich hier, wie überall, den
Eingeborenen gegenüber als die einzigen „Menschen" an die es auf der
Insel giebt. Räuberische „Papuas" sollen wiederholt die Insel ange-
griffen und verwüstet haben (Bougainville 267).

Auf Ceram — eigentlich Serang (Crawfurd a, 92) — werden
in derselben Weise die Alfuren des Inneren und die Malaien der Küste
unterschieden. Jene haben ihren großen Versammlungsplatz an den
Flüssen Ajer Talla und Eti im südwestlichen Theil der Insel (Valentyn II Beschr. v. Amb. 67, 70). Sie sollen mit den Dajak und den
Alfuren von Celebes eines Stammes sein und ihre Sprache in der
Wortbildung und Wortfügung mit dem Malaiischen übereinkommen,
sonst aber nur einige wenige Punkte der Uebereinstimmung mit diesem
darbieten (Roorda I, 148, 238). Ceram wird unter den Ländern genannt welche in der zweiten Hälfte des 15. Jahrh. von Madjapahit
abhängig waren (Dulaurier), daher wir uns nicht wundern können
unter den von Valentyn (a. a. O. 51) genannten Ausländern die in
Lisabatta, dem nordwestlichen Theile der Insel leben, neben Leuten von
Gilolo, Buro, Batsian und andern Nachbarländern, auch Javaner zu
finden. Auch von den alten Bewohnern von Banda hat sich, als sie
aus ihrer Heimath vertrieben wurden, ein großer Theil im östlichen Ceram in Ceramlaut und Goram niedergelassen (Valentyn IV, 5, 36.
v. der Crab 62). Unter der Küstenbevölkerung der Ostseite werden
neben den Bandanesen auch Bugis, Makassaren, Tabelloresen und Balinesen genannt (Bosscher in Tydschr. a, IV, 39). Unter den Alfuren des Gebirges Makahala wohnen Menschen von heller Farbe, die
von Europäern stammen wollen, sich aber in ihren Sitten von den
übrigen Alfuren nicht unterscheiden (v. der Crab 212). Die Blattern
haben auf der Insel große Verwüstungen angerichtet (ebend. 63).

Endlich sind noch die Papuas zu erwähnen. Die Küstenstrecke des
nördlichen Ceram zwischen Cara und Makinan nennt Valentyn (II
Beschr. v. Amb. 53) ein Versteck der „Papuwas oder Tidore'schen Räuber." Unter Papuas versteht er nur Seeräuber überhaupt, denn er

sagt (p. 54): „die Bewohner von Hatuwe waren in alter Zeit h a l b e
Papuas wie die meisten Dorfbewohner der Nordküste von Ceram",
und erklärt sich näher dahin (I Beschr. d. Mol. z. Anf.) daß in Ternate
und Amboina „gewisse Seeräuber aus der Gegend von Neu Guinea,
die unter Tidore stehen", diesen Namen führen, daher läßt sich auch aus
der weiteren Angabe (ebend. 103) daß die Eingeborenen der Papua
Inseln östlich und südöstlich von Gilolo im 17. Jahrh. als Seeräuber
sich sehr furchtbar gemacht hätten, kein Schluß darüber ziehen ob sie
ethnographisch zu Neu Guinea oder zum ostindischen Archipel gehören.
Von Ceram nun erzählt Valentyn (a. a. O. 56 f.) weiter daß namentlich die Mündung des Flusses Hote im Nordosten und Rarakit im
äußersten Südosten der Sammelplatz der Papuas von Messowal sei,
wo sie mit denen des westlichen gelegenen Hatuwe Handel trieben, und
fügt hinzu daß die Bewohner von Hote im Busche wohnten und ihre
Häuser auf Waringin-Bäume oder Pfähle bauten um sich vor diesen
Räubern zu sichern. Würde es demnach als zweifelhaft, wenn auch
nicht als unwahrscheinlich gelten können, daß hier an Papuas im eigentlichen Sinne zu denken sei, da dieser Name ursprünglich die Bewohner von Neu Guinea selbst bezeichnet, so entscheidet doch Valentyn (IV, 41, 47) diese Frage dadurch daß er von einem zum Theil
feindlichen Verkehr berichtet in welchem die Aru-Inseln, Ceramlaut,
Kessing und Banda mit Neu Guinea selbst standen, wozu als weitere
Bestätigung noch kommt daß Barchewitz (540) von „menschenfressen-
den" Papus auf Ceram spricht und daß in neuerer Zeit d'Urville
(b, IV, 149) mittheilt, es habe in manchen Malaiendörfern der Insel
eine Mischung der Bevölkerung mit Papua-Sklaven statt gefunden. Mag
man demnach die Existenz von Papuas auf Ceram zugeben (W. Earl
c, 112) und die Papua-Könige die im 16. Jahrh. den Eingeborenen der
Moluffen gegen die Portugiesen zu Hülfe gekommen sein sollen (Earl
nach de Barros V, 288) für ächte Papuas halten, so stellt sich doch
als das Resultat unserer bisherigen Untersuchung heraus, daß man keinen Grund hat die letzteren für die ursprünglichen Eingeborenen dieser
und noch weniger der westlicher gelegenen Inseln zu halten, sondern für
Fremde die von außen theils eingedrungen theils als Sklaven eingeführt worden sind.

Die Bevölkerung von Ceramlaut, wo es nach Crawfurd's (a,
93) ausdrücklicher Bemerkung keine negerartigen Menschen giebt, stammt

theils von Waru im nördlichen Ceram, theils von Java, den Key
Inseln, Tambuko und anderen Gegenden von Celebes (Valentyn a.a.
O. 61). Namentlich sind auch Bugis als Händler dort ansässig, welche
den Verkehr dieser Inseln mit Neu Guinea dazu benutzen um geraubte
oder in Ceram aufgekaufte Papua-Sklaven nach den Aru Inseln ausführen (Logan in Journal VI, 690). Auch soll dort vor einiger Zeit
ein französisches Schiff gestrandet sein und dessen Mannschaft sich mit
den Eingeborenen gemischt haben (ebend. 689). Von den Inseln zwischen
Key und Ceram sind namentlich Twor und die Matabello Inseln von
kraushaarigen Papuas bewohnt (Wallace in J.R.G.S.XXXII,133).

Die alten Bewohner von Banda hatten ihre besondere Sprache,
bedienten sich aber im Verkehr des Malaiischen (Valentyn IV, 37).
Sklaven von der verschiedensten Abkunft bildeten dort die Hauptmasse
der Bevölkerung, die nach der Ermordung des Admirals Verhoeven
(1609) von den Holländern (1616—21) theils ausgerottet theils vertrieben oder nach Bantam geführt (v. der Crab 43) wurde, so daß
sie von 15000 bis auf 1000 zusammengeschmolzen sein soll. Das
Land wurde an Kolonisten vertheilt, die zur Gewürzcultur verpflichtet
waren und Sklaven und Reis von der Ostindischen Compagnie geliefert erhielten (Bydragen II, 386 nach einer Handschrift v. J. 1633/9,
III, 84. Temminck III, 279). Im J. 1638 lebten auf Banda 462
Europäer mit 77 Kindern, 560 Bandanesen und 2748 Fremde, größtentheils Sklaven (Valentyn IV, 90), ein von allerwärts her zusam-
mengelaufenes Volk, an dessen Mischung außer Europäern und Bewohnern des ostindischen Archipels auch Ost-Afrikaner und Leute aus
den asiatischen Küstenländern theilhaben (Roorda I, 205). Ob es vor
der Eroberung der Insel durch die Holländer dort Papuas gegeben
habe, wie Boudyck (56) vermuthet hat, müssen wir dahin gestellt
sein lassen.

Auf den Key (Ki) und Aru Inseln leben viele Bandanesen, die
aus ihrer Heimath vertrieben, sich hier niedergelassen haben (Valentyn IV, 86); auf den ersteren wohnen diese „Key-Banda-Leute" in besonderen Dörfern und haben noch ihre eigene Sprache (Wallace in
J.R.G.S. XXXII, 188). Groß-Key wird größtentheils von Muhammedanern regiert die fremden Ursprunges sind, wahrscheinlich Bugis-
Mischlinge (v. Doren in Bydragen N. V. VI, 254). Die Sprache ist
dieselbe wie auf den Tenimber Inseln (Boascher in Tydschr. a, IV,

26). Nach Roorda (I, 218) besteht die Bevölkerung aus verschiedenen
Stämmen die von Ceram Banda und den Aru Inseln gekommen sein
sollen, indessen behauptet W. Earl (Journal VII, 71) daß die Bewohner der letzteren die er nach Sprache und Körperformen für eine Mischung von Malaien und Negritos erklärt und den nördlichen Australiern sehr ähnlich findet, von denen der Key Inseln wesentlich verschieden seien.

Die ethnographischen Angaben über die Aru Inseln, eigentlich Palo
Aräu „Inseln der Casuarina-Bäume" (Crawfurd a, 23), sind ziemlich verwirrt. Zur Zeit ihrer Entdeckung (1623) waren sie ausschließlich
von sog. Alfuren bewohnt, später aber erhielten die westlichen von ihnen (voorwal) eine aus Bandanesen, Bugis und Leuten von Ceram
mit Alfuren gemischte Bevölkerung, welche muhammedanisch ist und
den ursprünglichen Eingeborenen entweder nur das Innere übrig ge-
lassen oder sie ganz von dort verdrängt und auf die östlichen Inseln
(achterwal) beschränkt hat, die von fremden Eindringlingen frei geblieben zu sein scheinen (Brumund in Tydschr. VII, 2, 74, ebend.
1858 I, 260, v. der Crab 82). Was für ein Volk man sich aber unter jenen Alfuren zu denken habe, darüber herrscht keine Uebereinstimmung. Jedenfalls unrichtig ist Wallace's Behauptung, daß alle Bewohner der Aru Gruppe zu den kraushaarigen Papuas gehörten (Proceedings R. G. S. II, 167), Crawfurd (a. a. O.) nennt sie in unbestimmter Weise Halb-Neger, quasi-negros, und schließt sich der vorhin
angeführten Bemerkung W. Earl's an. Bosscher (in Tydschr. a,
II, 341), der die Bewohner der westlichen Insel denen von Goram und
Ceramlaut für ähnlich, von denen der Key Inseln aber für sehr verschieden erklärt, bezeichnet die Bevölkerung der östlichen zwar als Alfuren, fügt aber hinzu daß sie zu den „Negritos" gehörten und keine Papuas seien wie die Eingeborenen von Neu Guinea, sondern fast alle
schönes langes Haar hätten; weiterhin (p. 357) bemerkt er noch daß
der größte Theil der dortigen Sklaven Papuas seien. Trotz der hierin
herrschenden Verwirrung ist doch so viel deutlich daß nach Bosscher
die Aru Inseln von schwarzen schlichthaarigen Menschen (Alfuren) bewohnt, Papuas aber von auswärts eingeführt worden sind. So
scheint es sich wirklich zu verhalten. Brumund (a. a. O. 290) der
von der Physiognomie der dortigen Alfuren bemerkt daß sie sich der der
Europäer nähern, hat es nur vom Hörensagen daß es dort auch Men-

schen mit krausem Haar gebe die den Papuas ähnlich seien; d'Urville (b, VI, 81, 91) bestätigt indessen daß sich Papuas dort finden, Du-bouzet (ebend. 285) hält die Eingeborenen für Mischlinge von Ma-laien und Papuas, Desgraz (ebend. 291) für solche von Malaien, Alfuren und Papuas die hier nebeneinander leben. Daß die Aru Inseln im Verkehr mit Neu Guinea stehen, haben wir vorhin schon nach Valentyn angeführt; was aber die schlichthaarigen Eingebore-nen betrifft, so hat Brumund (a. a. O. 284) eine große Aehnlichkeit ihrer Sitten mit den Alfuren von Ceram nachgewiesen und daher auch eine Verwandtschaft der Sprache vermuthet, die ihm aus dem Malai-ischen nur einzelne Wörter aufgenommen zu haben, sonst aber in keiner weiteren Verbindung mit diesem zu stehen scheint und in eine Menge zum Theil erheblich verschiedener Dialekte gespalten ist (Tydschr. VI, 2, 322 ff.). —

Wir haben den äußersten Osten der Malaienländer erreicht und es ist nur noch übrig diese Uebersicht mit einem Blicke nach dem äußersten Westen zu beschließen.

Die Malaien auf Ceylon haben wir schon erwähnt; streitiger sind sie auf den Nikobaren. Die Eingeborenen sollen mit Ausnahme des wenig bekannten Volkes das im Innern von Groß-Nikobar lebt, einem Stamme angehören (Steen Bille I, 271). Dieses wilde den Küstenbe-wohnern verfeindete Volk, von welchem mancherlei Abenteuerliches er-zählt wird (Rink 28), ist indessen schwerlich schwarz und kraushaarig, wie man gesagt hat, sondern wahrscheinlich nur eine zurückgedrängte und verkommene Horde, die sich sonst nicht weiter von den übrigen Be-wohnern unterscheidet (R. der Novara II, 92). Die Sprachen, so weit sie bis jetzt bekannt sind, lassen die auch von Chopard (Journal III, 271) behauptete Stammeseinheit der gesammten Bevölkerung noch im Zweifel, denn es giebt deren mehrere (Mithridates I, 588): die von Nangkauri, der mittleren Inselgruppe, scheint außer den meisten Zahlwörtern, mit der Sprache von Kar Nikobar nichts weiter gemein zu haben (R. der Novara II, 36). Sie nennen sich „Baju, Menschen", unter Beifügung des Namens ihrer besonderen Insel (Rink 177). Viele von ihnen verstehen malaiisch oder portugiesisch (ebend. 180). Die Kenntniß der ersteren Sprache ist ihnen zwar neuerdings durchaus abgesprochen worden (R. der Novara II, 50); da indessen das bedeu-tendste Dorf auf Kar Nikobar wie auf Nangkauri den Namen Malakka führt (ebend. 90) und Chopard (a. a. O.) die Bewohner der südlichen Inseln zum Theil für Malaien-Mischlinge hält weil das Malaiische ziemlich allgemein dort verstanden werde, ist zu vermuthen daß es damit doch seine Richtigkeit hat. Man hat das Volk der Nikobaren bald für Malaien erklärt (Helfer in As. J. of Bengal VIII. 977), bald sollten sie aus Pegu stammen (Mithridates a. a. O.), bald ein Mittelglied zwischen Malaien und Indochinesen (Birmanen) sein (R. der Novara II, 92). Daß W. Earl (c. 173) auch in ihnen Papuas sieht, kann nicht wundern. Sicher scheint nur daß ihre Sprache nicht malaiisch ist (Lassen I, 462); Latham hat ihnen und den Bewohnern der Andamanen eine einsilbige Sprache zugeschrieben (Abh. gelesen vor der As. soc. Lond. 19. März 1853, Ausland 1853 p. 359).

Madagascar, das wir früher (II, 426) schon besprochen haben, hat nur eine Sprache (Flacourt u. A.) und von dieser hat Humboldt (II, 326) gezeigt daß sie zum malaiischen Stamme gehöre. Schon Valentyn (V, 65) hat darauf hingewiesen daß Madagascar in früherer Zeit von Java aus (nach de Barros) wenigstens besucht worden sein solle (vgl. auch Raffles I, p. XXII) und daß die Sprache viele rein javanische Wörter besitze. Crawfurd's Behauptung daß diese Uebereinstimmung nur Gegenstände und Verhältnisse des civilisirteren Lebens beträfen und daß die malaiischen Bestandtheile jener Sprache verderbt seien, hat Humboldt berichtigt und zugleich bemerkt (II, 288, 335) daß die Sprachverwandtschaft auf eine Einwanderung entweder von den Philippinen oder — das Tagalische und Madekassische bilden nämlich zusammen die zweite Klasse in seiner Eintheilung der Malaiensprachen — von Java her deute, im letzteren Falle aber einer Zeit angehören müßte da indische Cultur sich noch nicht über Java verbreitet hatte, weil das Madekassische verhältnißmäßig nur wenige Sanskritwörter enthält. Nach Marsden (Misc. 31) wäre die Sprache von Madagascar der der Nias Inseln am nächsten verwandt.

2. Die **physischen Eigenthümlichkeiten** der vorgenannten Völker sind so mannigfaltig daß sie zur Unterscheidung mehrerer Raçen im ostindischen Archipel Veranlassung gegeben haben; doch läßt sich dieß, abgesehen von den Negern der Philippinen, vielleicht auch den Semang auf Malakka, schwerlich rechtfertigen.

Eine Schilderung derselben sollte von den Orang Benua ausgehen, da man diese als die reinsten Repräsentanten des ursprünglichen Malaienthums betrachten darf; den nächsten Anspruch würden die Bewohner von Menangkabao haben als typisch zu gelten und darum an die Spitze zu treten; aber über beide liegen bis jetzt weder hinreichend genaue noch häufig genug wiederholte Beobachtungen vor als daß dieß möglich wäre. Wir werden uns daher begnügen müssen in unserer Darstellung die Malaien der Halbinsel von Malakka und eines Theiles von Sumatra voranzustellen um alles Spätere auf sie zurückzubeziehen, wobei wir uns außerdem auch noch dem Uebelstande fügen müssen daß die Berichterstatter auf die wir uns stützen können, gewöhnlich nicht speciell bemerken auf welche Gegend von Malakka oder Sumatra ihre Angaben über die Malaien zu beziehen sind.

Interessant, aber jedenfalls der Controle durch weitere Untersuchungen sehr bedürftig, ist der Versuch Hombron's (d'Urville b, Zoologie I, 284) allgemeine Merkmale der oceanischen Völker überhaupt, mit Einschluß der Malaien, aufzustellen. Länglich gebildeter Schädel, ziemlich niedrige und schmale zurückfliehende Stirn, über das Schädelgewölbe erhobener Scheitel mit stark vortretenden Seitenhöckern sind nach ihm den Malaien Dajak und Tagalen mit den Polynesiern gemein, denen die Dajak und Tagalen unter allen Völkern des ostindischen Archipels am meisten gleichen sollen. Denselben Typus, der sich auch bei den Papuas, nur in übertriebener Weise wiederfinde, schreibt er im Wesentlichen auch den Australiern zu. Wie es sich hiermit auch verhalten möge, daß die Malaienvölker im Ganzen betrachtet, wie Yvan bemerkt hat (N. Ann. des v. 1853 I, 353), weit eher für eine Mittelrace zwischen Neger und Kaukasier (Blumenbach) als für einen Zweig der mongolischen Race (Cuvier) gelten können, dürfte zuzugeben sein, und wenn hier und da Eigenthümlichkeiten vorkommen die entschieden an die letztern erinnern, was allerdings der Fall ist, wird man deshalb geneigt sein an Mischungen mit asiatischen Völkern zu denken, die sich namentlich in den westlicheren Gegenden des Archipels und auf den Philippinen nicht bezweifeln lassen. So ist es zu deuten daß nach Roth (bei A. Wagner Gesch. d. Urwelt 1845 p. 290) die Malaien von Singapore und Pulo Pinang von Chinesen nicht zu unterscheiden sind, denn Singapore ist hauptsächlich von letzteren bevölkert, hat Malaien und Hindus nur in geringerer Zahl und wenige Europäer, auf Pulo Pinang leben hauptsächlich Malaien und Chinesen, in Georgetown viele Thuliahs oder Klings und so hat auch die Stadt Malakka eine Mischlingsbevölkerung die von Chinesen, Hindus, Portugiesen und Holländern entsprungen ist (Tydschr. IX, 4, 246 ff.). Wer seine Schilderung des Malaientypus vorzüglich diesen Gegenden entnommen hat, ist natürlicher Weise durch Aehnlichkeiten mit asiatischen Völkern bestochen worden, die den eigentlichen Malaien fremd sind, und wir stehen nicht an hierin den Grund davon zu erblicken, daß man diese oft den Mandschus und den Tataren in physischer Hinsicht zunächst stehend gefunden hat. Dahin scheint auch zu gehören daß Raffles (II p. CLXXIX) und nach ihm Reynolds (306) im Süden von Celebes, besonders bei den Weibern mehr tatarische Physiognomieen angeben als bei andern Malaienvölkern. Wenn hiermit indessen nur schief geschlitzte Augenlider gemeint sind, wie man vermuthen muß, so ist dieß eine Eigenthümlichkeit die sich bei reinen Malaien allerdings nicht selten findet. Daß die Dajak ganz den Karins von Birma gleichen sollen (Baseler Miss. Mag. 1840 IV, 137), beruht wohl entweder auf einem Irrthum oder bezieht sich nur auf einen kleinen Theil derselben der fremde Beimischung erfahren haben mag.

Die Malaien im engeren Sinne, welche auf der Halbinsel Malakka und in einem Theile von Sumatra leben, sind untersetzte kräftige Menschen von großer Aehnlichkeit untereinander (Raffles I, 56), die Männer durchschnittlich 5′ 2″, die Weiber 4′ 11″ engl. groß; nach Junghuhn (Battal. II, 346) beträgt die Körperlänge der ersteren 4′ 10″ 2‴ par. Die unteren Glieder sind etwas groß und plump, die Weiber mehr derb als zierlich gebaut. Die Hautfarbe wird bald als olivenfarbig bald als kupferbräunlich bezeichnet, daher ein Erröthen der Wangen kaum bemerkbar ist. Ihre Nüancen entsprechen der geographischen Breite oft nicht, zeigen sich aber den Einflüssen der Lebensweise gegenüber nicht als unveränderlich. Nach Bory (L'homme 2de ed. 1827 I, 286) sind Zunge, Gaumen und Schleimhäute des Mundes von stark violetter Färbung, besonders bei den Weibern. Die Brüste der letzteren sind wenig entwickelt, spitz und kegelförmig. Haar wächst nur sparsam an Brust und Gliedern, auch der Bart ist schwach. Die Männer vertilgen ihn durch ungelöschten Kalk sobald er keimt (Marsden 227), aber auch die muhammedanischen Priester, die sich viel um einen guten Bart bemühen, bringen es damit nicht weit (Crawfurd I, 21).

Der Kopf ist mäßig schmal, das Hinterhaupt viereckig abgeflacht (Junghuhn a. a. O.). Den neugeborenen Kindern wird die Nase platt

gedrückt, der Schädel zusammengepreßt so daß er eine spitzige Gestalt
erhält, und die Ohren ausgezogen (Marsden 226), doch scheint es
nicht daß man kräftigere Mittel dauernd anwendet um dem Kopf eine
künstliche Gestalt zu geben, dessen Form daher schwerlich durch jene
Einflüsse merklich verändert wird.   Retzius (Müller's Archiv 1845
p. 88) zählt die Malaien zu den Brachycephalen, was mit der vorhin
erwähnten Angabe Hombron's zu streiten scheint. (Maaße von Schä-
deln aus Java, Celebes, Amboina und den Molukken, von Sumatra
Rias, Borneo und Neu Guinea finden sich in Natuurk. Tydschr. v.
Nederl. Indië II, 489 u. VI, 216).   Das Gesicht ist nicht beträchtlich
länger als breit, weniger vorstehend als nach abwärts verlaufend, die
Stirn etwas angeschwollen mit tief eingedrückter glabella, die Augen
klein und schwarz mit gelblich weißer sclerotica; die kurze und sattel-
förmig breite, ziemlich platte und volle Nase ist an der Spitze dick, hat
breite Flügel und meist offenstehende Löcher; die Backenknochen sind hoch
und breit entwickelt, die Wangen hohl.   Der Oberkiefer steht etwas hervor, der große breite Mund zeigt dicke Lippen und schöne Zähne, wo
diese nicht durch künstliche Mittel entstellt sind, der breit entwickelte Unterkiefer hat stark vorspringende Winkel und das Kinn neigt sich zur
viereckigen Form hin.   Das Kopfhaar ist schwarz grob und dick, wellig,
oft auch in verschiedenen Graden sich kräuselnd (vgl. auch de Bruijn-
Koops in Journal IX, 105, Jukes II, 235).   Daß man auf bräun-
liches und weiches zartes Haar überall rechnen könnte, wo man in einem asiatischen Volke ein Individuum von besonders hellem Teint finde
(Crawfurd I, 20), scheint, wie sich später zeigen wird, nicht allgemein
richtig zu sein.

Die Malaien von Naning haben runderes Gesicht, plattere Nase
mit stärker geöffneten Löchern, mehr vorstehende Lippen, dunklere und
röthere Haut als ihre anderen Stammesgenossen in Malakka; auch ist
ihre Physiognomie offener (Logan in Journal III, 286).   Die von
Quedah näheren sich durch häufig sehr platte Nase, oft kleinen Kopf
und kleine Züge mehr den negerartigen Menschen in ihrer Nachbarschaft, als die weiter im Süden wohnenden (ebend. V, 59).

Die Orang Benua gleichen im Aeußeren ganz den gebildeteren
Malaien, nur sind sie kleiner von Natur, graciler gebaut und das Auge
von sanfterem Ausdruck, die Farbe bisweilen heller als bei jenen. Der
Schädel ist klein, aber von malaiischer Form, das Gesicht meist voll

und gerundet, seltener fett, sein mittlerer Theil breiter als die kleine, aber wohlgebildete Stirn. Die Augenbrauen sind an ihrem äußeren Ende etwas in die Höhe gezogen, die Nase niedrig und dick, der Mund von verschiedenem Schnitt, wie die Gesichtszüge überhaupt, doch hat er häufig dicke vorstehende Lippen; auch der Unterkiefer steht hervor, stärker als bei den übrigen Malaien; krauses Haar haben nur einige (Logan in Journal I, 249). Bei denen von Rumbowe ist es öfter kraus als schlicht (Newbold bei Moor Append. 62). Diejenigen welche Netscher sah, schildert er (Tydschr. a, II, 136) als von fast kugelrundem Gesicht, sehr kleiner und am oberen Theil fast ganz platter Nase, kleinen länglich etwas quer stehenden Augen und großen schlaffen Ohren bei sehr niedriger zurückfliehender Stirn und stark vorstehendem Unterkiefer; das Haar bezeichnet er als lang und steif und fügt hinzu daß sie sehr haarig (ruig) seien und einige von ihnen schöne krause Bärte hätten. Nach Newbold (II, 284) dagegen haben sie langes lockiges Haar, die Stirn ist niedrig aber nicht zurückfliehend, die Nase klein und niedrig, doch nicht platt, die Nasenlöcher von divergirender Richtung. Unter den Jakun von Johor, denen die Udai gleichen (Newbold II, 381), giebt es einzelne mit Adlernasen, was wohl auf eine Beimischung fremden Blutes schließen läßt; ihre Physiognomieen sind zum Theil sehr verschieden, ihre Hautausdünstung übelriechend (Favre in Journal II, 246 f.). Letzteres gilt auch von den Mintira (Borie in Tydschr. a, X, 413), an denen Logan (a. a. O. 295) noch die kleine etwas aufgestülpte Nase hervorhebt und den großen Mund, über welchem auf den beigegebenen Zeichnungen eine aufgeworfene Oberlippe hervorsteht. Die Sakai sind 4′ 10¾″ bis 5′ 5½″ groß, von der Farbe der Malaien bei langem und krausem, nicht wolligem Haar; der Kopf und die Glieder sind klein, die Nase ziemlich platt (Journal IV, 429). Die Besisi unterscheiden sich von den benachbarten Malaien nur durch plumpere und derbere Gesichtszüge (Logan ebend. III, 405). Bei den Biduanda Kallang vom Pulai-Fluß in Johor ist die Stirnbreite größer als die des Mittelgesichtes, das Haar reicht bis 2 Zoll oberhalb der Augenbrauen, welche horizontal stehen, der kleine Mund hat ziemlich dünne geschlossene Lippen, doch steht die Unterlippe ein wenig hervor, das Kinn ist scharf; das Gesicht erscheint wie platt gedrückt und zeigt keine prognathische Bildung; der Kopf ist klein, die Schultern breit, die Taille schmal (ebend. I, 301, nebst der vergleichenden Tabelle der Körpermaaße

der Mintira, Bibuanda Kallang und Sabimba). Von den Eletar,
deren manche malaiische Züge haben, heißt es zwar daß sie sehr dem
eben beschriebenen Volke glichen, aus Thomson's Schilderung derselben (ebend. 346) scheint sich aber das Gegentheil zu ergeben: die zurücklaufende niedrige Stirn ist sehr breit, ebenso der mittlere Theil des Gesichtes; während der untere nach dem Kinne hin schnell schmaler wird;
die dicken Lippen und das Kinn, welche vertical übereinander stehen,
treten gegen den oberen Theil des Gesichtes stark hervor, doch ist der
Mund nur mittelgroß; die halb geschlossenen Augen sind wie die Augenbrauen schief gestellt, die Nase zusammengedrückt. Die Sabimba
sind von jenen ganz verschieden, von angenehmem Aeußern und langem wohlgebildetem doch prognathischem Gesichte; der Kopf ist größer
als bei den Benua, die Lippen dick und fest (ebend. 298, 847 ff.).

Hat man früher die Bewohner des Innern der Halbinsel Malakka
überhaupt für negerartige Menschen gehalten, so hat sich mit der Entdeckung daß die Orang Benua vielmehr primitive Malaien sind, das
Gebiet der letzteren sehr verengert. Es lag daher nahe die Existenz von
Negritos in diesen Gegenden ganz in Abrede zu stellen. Newbold
(II, 377) hebt hervor daß die Semang zwar meist etwas dunkler seien
als die übrigen rohen Stämme der Halbinsel, aber sonst nicht negerähnlich sein sollten. Bigandet (N. Ann. des v. 1849 I, 80 ff.) erwähnt
nichts dieser Art, sondern nennt die Semang unter den Eingeborenen,
deren Malaiisch wegen eigenthümlicher Aussprache schwer zu verstehen
sei. (Die Angaben bei Malcolm, Trav. in S. E. Asia Lond. 1839
p. 117 sind verworren und ohne Werth.) Die einzige genauere Beschreibung derselben welche bis jetzt vorliegt, läßt indessen kaum einen
Zweifel übrig daß sie weder als Negritos noch als verwilderte Malaien,
sondern als eine besondere Race zu betrachten sind. Die Semang vom
Ijau, einem Zufluß des Krian sind im Mittel 4' 8" hoch und von zar-
ter dunkelbrauner Farbe, einige heller, andere schwarz; die von Tringanu sind nicht so glänzend schwarz wie die von Quedah. Der Kopf
ist klein, hinten rund und etwas aufgeschwollen, über der niedrigen
kleinen rundlichen Stirn, die merklich schmaler ist als das Mittelgesicht
erhebt er sich stumpf keilförmig. Die mittelgroßen horizontal stehenden
Augen sind schwarz, die conjunctiva gelb gefärbt, das obere Augenlid
gefaltet. Die Augenbraunbogen treten weit hervor, die Nasenwurzel ist
tief eingesunken, die Nase kurz und unten etwas zugespitzt, oft aufge-

stülpt, ihre Flügel stehen offen. Das Gesicht ist meist nicht so breit als
bei den Malaien, die Backenknochen breit, aber bisweilen nicht stark
vorstehend. Der große Mund welcher mit Nase und Kinn in einer Ver-
tikallinie liegt, hat nicht dicke Lippen, das Kinn ist nicht viereckig, sondern oval, das dichte Haar nicht wollig, sondern nur gekräuselt, der
Bart dick. Sie sind schlank gewachsen, nur durch vorstehenden Bauch
entstellt, von sanftem dummem Gesichtsausdruck und sanfter Stimme
(Logan in Journal VII, 31). Eine andere weit minder genaue Schilderung (ebend. IV, 427) schreibt ihnen sehr dicke Lippen und platte Nase
zu und citirt dabei Sir Everard Home's Beschreibung eines Negrito
bei Raffles (II p. CCXXXV) und das dortige Bild eines Knaben von
Neu Guinea, dessen schnauzenförmig verlängertes Untergesicht zu der
obigen Beschreibung der Semang in keiner Weise paßt und v. Baer
(a, 30,59) zu dem Zweifel veranlaßt hat, daß es überhaupt keine nor-
male Bildung, sondern ein rachitisches Individuum darstelle — vielleicht
beruht dieß in der Hauptsache auf einem Fehler der Zeichnung. Wenn
aber letzterer (a, 65) die sog. Alfuren von Neu Guinea gleichwohl mit
den Semang für identisch zu halten geneigt ist, so sind die Schädelfor-
men beider noch zu wenig genau bekannt um diese Ansicht stützen zu
können, die bei der weiten Entfernung jener Länder voneinander und
dem gänzlichen Mangel einer ähnlichen Bevölkerung auf den zwischen-
liegenden Inseln sehr unwahrscheinlich ist. Junghuhn (Battal. II,
290) hat die Semang hauptsächlich nach Crawfurd (I, 24) beschrieben, der sie als 4' 9'' hoch angiebt, während seine sonstige Schilderung dem eben erwähnten Bilde und Sir Ev. Home's Beschreibung
entnommen ist, was freilich nur unter der Voraussetzung der Einerlei-
heit der Race möglich war. Solange diese zweifelhaft bleibt, wird
man wohlthun die Typen verschiedener Völker gesondert zu halten, da
sonst nur Verwirrung entstehen kann.

Größere Wahrscheinlichkeit hat die Identität der Semang mit den
Bewohnern der Andamanen. Die älteren Berichte (Colebrooke
in As. Res. IV, Symes, Embassy 129, Asiat. Journal IX, 457 Marsden Misc. 76) schildern auch diese durchaus als negerartig, aber, wie
sich neuerdings herausgestellt hat, mit gleichem Unrecht wie erstere. Man
hat sie sogar von gestrandeten portugiesischen Sklavenschiffen ableiten
und damit zu directen Nachkommen africanischer Neger machen wollen
(Ztsch. f. Allg. Erdk. N. F. IX, 246), wogegen aber Meinicke (b, 23)

sehr richtig bemerkt hat daß dieß eine bloße Annahme gewesen sei, die von selbst falle, da ein Bericht zweier arabischer Reisenden* aus dem 9. Jahrh. die Eingebornen dieser Inseln schon als schwarz und kraus-haarig bezeichne. Diese beiden Eigenthümlichkeiten sind aber auch die einzigen welche sie mit dem Neger gemein haben. Die Statur beträgt 4′ 10″ bis 5′ 4″ eng., die Hautfarbe ist rußig schwarz, Hände und Füße klein, die Ferse steht nicht hervor. Die Stirn ist wohlgebildet, nicht zurücklaufend, die Lippen nicht aufgeworfen noch hervorstehend, die Nasenlöcher nicht breit, das Ohr klein und gut geformt, das Haar wächst in einzelnen Büscheln ist kurz und kraus, Bart haben sie nicht. So schildert sie Fytche (Petermann's Mittheil. 1862 p. 236, zwei Photographieen finden sich in Journal As. Soc. Bengal 1861). Owen, der den Schädel eines Eingebornen der Andamanen zu untersuchen Ge-legenheit hatte, fand ihn klein, doch der Körpergröße entsprechend, nicht dicker als beim Europäer und seine regelmäßige Gestalt ließ durchaus nicht darauf schließen daß diese Menschen besonders tief stehen und einer niederen Race angehören sollten. Er glich weder dem der Papuas von Neu Guinea, da er nicht ausgeprägt prognathisch war — nur der Oberkiefer stand etwas hervor — keine an der Wurzel eingesunkene Nase nach vorstehende Backenknochen zeigte, noch die Augenbrauenge-gend niedrig und platt war; ebensowenig glich er den eigentlichen Ne-gern oder den Birmanen (Procedings R. G. S. VI, 44). Die Aehn-lichkeit mit den Semang ist, wie man sieht, allerdings keine vollstän-dige, erstreckt sich aber doch auf mehrere wesentliche Punkte. Auf Groß Andaman findet sich nur eine Sprache (Mouat in J. R. G. S. XXXII, 121), die Sprachen der einzelnen Inseln scheinen aber nicht unterein-ander übereinzustimmen, da die Wörter aus Colebrooke's Vocabular, das keine malaiischen Wörter zu enthalten scheint (Crawfurd a, 12), anderwärts ganz unbekannt waren (Ztschr. f. Allg. Erdk. N. F. IX, 243).

Forster hat bekanntlich zuerst die sehr allgemein gewordene An-sicht aufgestellt daß die schwärzliche kraushaarige Race des ostindischen Archipels die Urbevölkerung desselben, später aber von den Malaien verdrängt worden sei. In dieser Allgemeinheit läßt sie sich schwerlich halten theils weil es nicht eine sondern mehrere Racen dieser Art hier

* Er ist von Remusat (Anciennes rel. des Arabes avec la Chine), nicht von Renaudot mitgetheilt, wie es in einem Aufsatze der Tydschrift (IV, 1, 530) heißt, der nichts ist als eine anonyme Uebersetzung der eben er-wähnten verdienstvollen Abhandlung Meinicke's.

zu geben scheint, theils weil sich Spuren derselben nur an dem nordöstlichen und westlichen Ende der Malaienländer zu finden scheinen;
daß sie aber, wo sich solche finden, als die ältesten Bewohner zu betrachten seien dafür spricht ebenso ihr Culturzustand wie ihre zurückgedrängte abgeschlossene Lage im Innern. Dagegen muß man sich wundern die Semang und die Eingeborenen der Andamanen immer nur
mit den Negritos der Philippinen und den Bewohnern von Neu Guinea
zusammengefaßt zu sehen, während es viel näher liegt an eine Stammverwandtschaft derselben mit den kleinen schwarzen und kraushaarigen
Völkern des Vindhya Gebirges in Vorderindien zu denken, welche zu
der Hindubevölkerung dort in einem ganz ähnlichen Verhältniß zu
stehen scheinen wie jene zu den Malaien.

Kehren wir nach dieser Abschweifung zu den malaiischen Völkern
zurück, so finden wir auf Banka mittelgroße dunkelbraune bis oliven-
farbige Menschen von vollem rundem Gesicht, runden Augen und eingedrückter, etwas platter Nase; die Glieder sind im Vergleich mit dem
Rumpf etwas zu klein (Tydschr. VIII, 4, 131), Lange (46) nennt sie
jedoch wohlgebaut. Die Binnenländer (Orang Gunong) sind von an-
genehmerer Gesichtsbildung als die Javanen haben keine platten, bisweil-
len selbst gebogene Nase, daher Epp (168) geneigt ist sie zu den Battas
zu rechnen. Die Orang Sekah sind sehr muskulöse untersetzte Leute mit
langem krausem Haar und offener Physiognomie (Tydschr. 1853 I,
25). Aehnlich werden die Badjos beschrieben; in Nordwest-Borneo haben sie zusammengedrückte schmale Gesichter, niedrige Stirnen und
glänzende Augen; im Nordosten von Celebes giebt es unter ihnen Leute
mit großen Bärten (Spencer S. John in J. R. G. S. XXXII, 225,
Tydschr. VIII, 1, 40).

Die Atjinesen sind größer stärker und dunkler als die andern Bewohner von Sumatra (Marsden 548), die dunkelsten unter ihnen
sind die Leute von Pedir (Ritter in Tydschr. I, 2, 465). Ihrem moralischen Charakter nach ist ihnen namentlich ein falscher Blick eigen,
wie man häufig bemerkt hat.

Die Battas sind muskulös, regelmäßig gebaut, im Mittel 4' 11"
par. groß und von hellerem Teint als die Malaien; eine ovale Gesichtsbildung die der griechischen sich nähert ist besonders bei den Frauen,
deren Wangen nicht selten einen rosenrothen Anflug zeigen. Die Schädelform steht zwischen dem Europäer und Malaien: die Stirn ist höher

und freier als bei letzteren, das Hinterhaupt zugerundet, das Gesicht mehr oval als in die Breite entwickelt, die Augen sind groß und stehen gerade, die Nase ist nicht so breit und platt, sondern mehr gerade ge- bildet, die Backenknochen treten weniger hervor, die Lippen sind mäßig dick, der Mund wohlgeformt (ungewöhnlich klein nach Low in J. R. As. Soc. II, 43), der Unterkiefer von geringerer Breite, das gewöhnlich dunkelbraune Haar feiner und die Körperbehaarung stärker als bei den eigentlichen Malaien (Junghuhn, Battal. II, 6 f., 292). Erinnern wir uns bei dieser Schilderung der oben angeführten Thatsache daß die Sprache der Battas eine größere Anzahl von Sanskritwörtern enthält als die malaiische, so wird es sehr wahrscheinlich daß dieses Volk nicht, wie Junghuhn wollte, als Typus einer anderen Race zu betrachten ist, die von der malaiischen verschieden wäre, sondern sich von dieser nur dadurch unterscheidet daß sie einen beträchtlich größeren Theil in- discher Elemente in sich aufgenommen hat. Nach v. Kessel's Angabe (Bydragen IV, 60) finden sich nicht bloß bei den Battas, sondern bei den malaiischen Bergvölkern von Sumatra überhaupt häufiger braunes als schwarzes Haar, hellere Hautfarbe als sonst bei den Malaien und eine Gesichts- und Schädelform die sich bisweilen der griechischen nähert. Von vorzüglich hellem Teint sind die Battas von Pak-pak (Tydschr. a, III, 454). Wenn Anderson (146, 149) die Battas dunkel, selbst sehr dunkel nennt und manche im Nordosten ihres Landes den Birmanen ähnlich fand, so lassen sich ihnen diese Eigenthümlichkeiten jedenfalls nicht in größerer Ausdehnung zuschreiben; ebensowenig, wenn Moor (Append. 1) sie als weit über mittelgroß bezeichnet. Letzterer hebt an ihnen die starke sonore Stimme hervor die sie besitzen und bemerkt daß nach der Küste hin kleinere und ärmere Menschen lebten, die jenen fast nur in der Sprache glichen. Die Battas von Tobah haben einen schmal gebauten Schädel und stumpfe Nasen (S. Müller in Bydragen III, 351), die von Mandaheling und Pertibie sind kleiner als jene, von ruhigem Temperament, Geisteskranke aller Art sind zahlreich unter ihnen (Willer in Tydschr. VIII, 2, 262, 264). Die Orang Ulu un- terscheiden sich nur wenig von den Bewohnern von Mandaheling, nur sind sie gedrungener und muskulöser, von gröberen Gesichtszügen und haben bisweilen stumpfe Nasen (S. Müller in Bydragen I, 262). Die Orang Kubu im Innern von Palembang sollen größer als die an- dern Völker von Sumatra, kräftig und wohlgebaut sein, langes herabhängendes Haar und ein wenig Bart haben, den sie nicht ausreißen (**Sturler** in Batav. Courant 28. Apr. 1827 nach Hörensagen).

Die **Lampong**, welche **Desgraz** (bei d'Urville b, VIII, 288) mit Unrecht ganz den Malaien ähnlich genannt hat, sind große und starke Menschen (**Jacquinot** ebend. 283), die sich vor Allem durch hellere Farbe vor den übrigen Bewohnern von Sumatra und den Malaien überhaupt auszeichnen (**Marsden** 468). Im Vergleich mit den letzteren ist der Schädel minder schmal, die Jochbeine weniger vorstehend, die Nase weniger stumpf und breit, der Mund kleiner (Tydschr. 1857 I, 112). Die schiefstehenden Augen und das runde Gesicht, die **Marsden** ihnen zugeschrieben hat, scheinen keineswegs allgemein zu sein, denn **Zollinger** (Tydschr. IX, 1, 125), der sie mit den Sundanesen zusammenstellt, sagt daß das Gesicht der Lampong nicht so rund und breit sei wie bei jenen, daß sie weniger muskulös seien und weniger kurze Beine und plumpe Füße hätten; durch helle Farbe und angenehmen sanften Ausdruck des Gesichtes sind namentlich die Frauen ausgezeichnet, unter denen es wahre Schönheiten geben soll. Die Bewohner von Palembang, denen die Passumahs gleichen (**Boers** in Tydschr. II, 2, 567), sind etwas kräftiger und heller als die Javanen und haben weniger vorstehende Backenknochen; das Fürstengeschlecht ist, wohl in Folge halb arabischer Abkunft, durch geradere Nase und dünnere Lippen ausgezeichnet (de **Hollander** 590).

Die Bewohner der **Nias** und **Batu Inseln** sind von hellerer Farbe als die Malaien, mehr gelb als rothbraun, dunkle Menschen giebt es nicht unter ihnen (**Horner**); **Nahuijs** (Brieven over Bencoolen 2de druk. Breda 1827 p. 127) nennt sie sogar heller als die Portugiesen und Spanier. Ihre Statur beträgt im Mittel 4' 9" par., sie sind schlanker, größer und schöner gebaut als die Malaien, haben kleine Hände und Füße, bisweilen sehr feines, nicht selten dunkelbraunes Haar, tragen einen Knebelbart, doch ist die Behaarung des Körpers nur sparsam. Die Stirn ist meist hoch, der Hinterkopf gewöhnlich rund, wie bei den Dajak Alfuren und Europäern, während er bei den Malaien Bugis und Javanen in der Regel die viereckig abgeplattete Form hat; die Züge sind regelmäßiger, die Backenknochen weniger vorstehend und die Lippen minder stark als bei den Malaien, die Augen groß (klein nach **Domis** in Oosterling II, 2, 117) und bisweilen schief nach innen gerichtet, was zu der Vermuthung geführt haben mag daß sie von Chinesen stammten (Temminck II, 98), die Nase ist etwas platt, läuft aber nach unten spitzig zu (Horner in Tydschr.III, 1, 343 f.), der Mund breit, die Ohren durchbohrt und sehr lang ausgezogen (Domis a. a. O.).

Die Mentawies von Siberut und Pora sind mittelgroß, stark und wohlgebaut, lebendig in ihren Bewegungen, gelbbraun von Farbe mit einem Stich in's Röthliche, von angenehmer ausdrucksvoller Physiognomie, die etwas Jüdisches hat (Tydschr. a, III, 320). Sie haben große helle Augen mit dünnen wenig-gebogenen Brauen, breite platt gedrückte Nase, der Mund steht hervor, obwohl nicht so stark wie bei den eigentlichen Malaien und zeigt dreieckig zugefeilte weiße Zähne. Das Haar ist fein und ein wenig gelockt, am Körper und an den Augenlidern reißen sie es aus, wie auch den Bart, da sie sich tättowiren. Hände und Füße sind etwas größer als bei den Javanern (Rosenberg in Tydschr. a, I, 410). Von Engano sagt ein Bericht aus dem J. 1629 daß es dicht bevölkert sei mit großen ganz nackten Menschen von heller Farbe (Bydragen III, 138). Neuere Angaben stimmen hiermit nicht überein; van der Staaten und Rosenberg (Tydschr. a, III, 348 u. 374) schildern sie als mittelgroß, untersetzt und dunkelrothbraun oder ziemlich dunkelbraun, die Weiber als etwas heller; Nase, Mund und Augen sind ganz von malaiischer Bildung, das Kopfhaar leicht kraus, das Körperhaar ziehen sie aus. Nach Boewang's Erzählung gleichen ihre Gesichtszüge denen der Javaner und Mandaresen (ebend. II, 392).

In Java sind die Sundanesen im westlichen Theile der Insel von den eigentlichen Javanern im Osten wie in geistiger, so auch in physischer Hinsicht verschieden. Der Typus der ersteren findet sich im mittleren Bantam am reinsten ausgeprägt, während er in den Ponanget-Regentschaften schon mehr in den des letzteren übergeht. Bleeker (Tydschr. VII, 2, 389) hat ihn im Gegensatz zum malaiischen folgendermaßen geschildert. Beim Malaien ist der Schädel mehr nach hinten entwickelt, so daß das Hinterhaupt beträchtlich hinter die Verticallinie hervorsteht die von der Oeffnung des Gehörganges nach dem Scheitel geht, seine Stirn ist aufgeschwollen (bol), die Schläfengegend gewölbt und die Grenze des Haars liegt hoch über den Augenbrauen; beim Sundanesen ist das Hinterhaupt kleiner und die Scheitelgegend höher, die Stirn schmaler, an den Schläfen winkeliger und flacher, mehr euro-

päisch im Profil, aber das Haar reicht weiter über sie herab.* Die
Augen, beim Malaien groß und hervortretend, mit gebogenen Brauen,
sind beim Sundanesen klein und tief liegend, die Brauen fast geradlinig
oder schief gestellt, was dann auch mit der Augenlidspalte der Fall ist.
Der Sundanese hat breitere und mehr vorstehende Jochbeine, kleineren
Mund, dickere Lippen und breitere Nasenflügel, der Körperbau ist massiver muskulöser und größer. Die Hautfarbe geht von braun bis goldgelb, wie beim Malaien und Javaner. Im Vergleich mit letzterem
schreibt ihm v. Hoëvell (Tydsch. IV, 2, 135) dunklere Farbe und ge-
drungeneren derberen Bau, plattere Nase und ausdruckslosere Physiognomie zu, Roorda (III, 8, 5) nennt ihn heller, von länglichem Gesicht, vollerer Stirn und größerer Nase, die Frauen schöner als die javanischen. Nach Hollander (318) sind die Sundanesen lichtbraun, nur
selten 5' groß, von sehr hoher Stirn, dünnen Augenbrauen und kurzer platter breiter Nase. Die Beduwis, kleiner stärker und abgehärte-
ter als andere Gebirgsbewohner von Java, haben spitzigere Nase und
etwas gelbere (d. h. wohl hellere) Farbe als diese (Tydschr. I, 2, 299);
nach Temminck (I, 293) wären sie mehr gelbbraun und von platte-
rer Nase als die Javaner; von den muhammedanischen Gebirgsbewoh-
nern von Lebak unterscheiden sie sich im Aeußeren nur wenig.

　　Die Javaner sind zwar noch unter mittelgroß, im Mittel 2'' kleiner als die Europäer (Crawfurd, a, 178), die Männer 5' 1'', die
Weiber 4' 11'', und gehören zu den dunkelsten Völkern des ostindischen
Archipels, doch sind sie im Allgemeinen schöner als die Malaien, besonders in den höheren Ständen, deren Züge oft den Hindus gleichen:
gebogene Nasen sind nicht selten und Knebelbärte häufig (Hollander
318); bisweilen verräth sich bei ihnen auch eine Beimischung chinesischen
Blutes. Schöne Frauen finden sich besonders in den Berggegenden.
Glieder und Gelenke sind von zartem Bau. Die hohe und breite Stirn
ist unten über der Nase eingedrückt, die von oben etwas platt, von vorn
ein wenig gebogen erscheint und so breite Flügel hat daß sie ein gleich-
seitiges Dreieck bildet (Reding 221, Kussendrager 13, Steen
Bille I, 372). Die Form des Gesichts ist, wie Roorda (III, 1, 112)
gegen Crawfurd bemerkt, nicht rund, sondern nimmt nach unten hin

---

* Wenn Junghuhn (Battal. II 365) die Schädelform der Sundanesen
und Javaner ohne weiteres als „ganz malaiisch" bezeichnet, so ergiebt sich hier
auf's Neue wie voreilig seine Unterscheidung der Batta- und Malaienraçe, und
wie unhaltbar seine eigene Durchführung derselben ist.

an Breite ab und endigt mit einem spitz zulaufenden Kinn. Die kleinen schwarzen Augen sind von stark geschweiften, aber nur wenig behaarten Brauen überwölbt; der innere Augenwinkel ist gerundet, die Lippen etwas aufgeworfen. Nur die Priester tragen am Kinn ein kleines Büschelchen von Bart und der Körper ist überhaupt nur schwach behaart. Das Kopfhaar ist stets hart, meist schlicht, bisweilen lockig (Raffles I, 59 f., II p. CCXXXI, Selberg 180). Die Bewohner des Tengger-Gebirges scheinen sich im Aeußern von den übrigen Javanern nicht zu unterscheiden, sie sind klein und gedrungen, von charakteristisch gutmüthigem Gesichtsausdruck, die Frauen plump und schwerfällig (Herwerden in Verhandelingen XX, 86). Die Maduresen sind größer, stärker gebaut und behaart als die Javaner (Roorda III, 3, 215), die hohe breite Stirn ist an den Schläfen abgerundet, das Hinterhaupt breit kurz und sehr platt, die Jochbögen treten sehr hervor und die Augenlider sind weiter geöffnet als bei jenen (Hollander 318).

Die Bewohner von Bali welche Junghuhn zu seiner Battaraçe gezogen hat, zeichnen sich vor den Javanern durch größeren und schlankeren Wuchs aus, auch sind sie kräftiger, muthiger und von freierer männlicherer Haltung als diese; die Farbe ist heller, die Gesichtsbildung regelmäßiger, angenehmer und weniger platt; die Männer zeigen rundere Formen und Gesichtszüge, die Weiber bisweilen eckige und gröbere, wahrscheinlich in Folge schwerer Arbeit und harter Behandlung (Valentyn IV, 254, Lauts 26, Hollander 404). Die Eingeborenen von Lombok gleichen den Balinesen; die von Sumbawa den Sundanesen, nur ist das Untergesicht von mehr spitziger Form und die Haut dunkler, ihre Farbe nähert sich dem Bronze und dem Braun (Gumprecht's Ztschr. III, 507). Die Gebirgsbewohner (Do Dongo) sind den Bimanesen ähnlich, nur dunkler von Farbe (Zollinger in Journal II, 689).

Die Malaien des westlichen Borneo, welche aus den verschiedensten Gegenden zusammengeflossen dort ein neues Volk gebildet haben, haben lichtbraune Haut, die einen gewissen Glanz zeigt; die Stirn ist rund, nicht so breit und platt wie bei den Maduresen, die Nase wohlgeformt, die Backenknochen treten nicht stark hervor, der Mund ist klein, krauses Haar bei ihnen selten; manche tragen einen Knebelbart, auch wohl einen Kinnbart, Haltung und Gang sind stolz, der Blick aber schlau und oft falsch (Tydschr. 1853 II, 226). Die von Sarawak sind

stark gebaut und wohlgebildet, die Weiber der höheren Stände von
heller Farbe und selbst schön zu nennen bis auf die zu platte Nase
(Low 141). In Bagotta an der Südostspitze von Borneo sind die
Frauen fast alle schön und nicht dunkler als im südlichen Europa
(Dalton bei Moor 34).

Die Dajak sind schlanker und besser proportionirt, von hellerer
Farbe und hübscheren regelmäßigeren Zügen als die Malaien, Stirn
und Nase sind höher als bei diesen (Leyden bei Moor Append. 107).
Die Körpergröße beträgt 1 Meter 5—6 Palmen; schlank und von schönen Zügen sind besonders die Frauen oft, deren Farbe sich dem Gelb
der Chinesen und selbst dem Weiß der Europäer nähert und bisweilen
auf den Wangen röthlich ist (Veth II, 223); namentlich bemerkt
Schwaner (I, 160, 164) daß es bei den Dajak sehr verschiedene und
wahrhaft schöne Gesichter gebe und daß im tieferen Inneren sowohl die
Farbe heller als auch die Formen edler seien. Die Orang Ot sind große
und wohlgebaute sehr hellfarbige Menschen (Schwaner I, 229). Arme
und Beine sind oft schlank und mager, die Muskelkraft nicht bedeutend,
die freien Stämme am Kapuas sind von kräftigerem Bau. Es giebt
verhältnißmäßig viele Albinos unter den Dajak, was aber Kögel von
weißen Menschen bei ihnen erzählt hat, scheint ebenso unwahr wie viele
andere seiner Angaben. Der Kopf hat eine weniger gerundete Form
als bei den Malaien und das Gesicht ist oft länglicher, die Stirn bisweilen mehr zusammengedrückt, höher und runder, die Augen, welche
sie gewöhnlich halb geschlossen halten, sehr oft heller braun und von
reinerem Weiß als bei jenen, Augenbrauen und Bart stärker, die Nase
besser geformt, das Kinn minder breit und viereckig (Schwaner, Veth
a. a. OO.). Gilt diese Schilderung vorzugsweise vom südöstlichen
Theile von Borneo, so läßt sie doch erkennen daß man sie nicht im Allgemeinen so beschreiben kann wie W. Earl (a, 256) und Temminck
(II, 383) gethan haben, von denen der eine breite Füße, breite platte
Stirn und weit auseinanderstehende Augen beilegt, deren Außenwinkel
höher stehe als der innere, welches Letztere auch von Crawfurd (a, 59)
als typisch angeführt wird, während der andere auch verhältnißmäßig
kurze Beine, kurze und platte Füße angiebt. Auch daß ihre Statur im
Mittel weit unter der des Chinesen und Europäers bleibe (Crawfurd)
scheint unrichtig. Alle diese Eigenthümlichkeiten sind auf besondere Lo-
calitäten beschränkt, wie wir sogleich nachweisen werden.

Die Dajak am Sihong (östl. Zufluß des Barito) sind von denen von Pulupetak verschieden, mittelgroß und in späteren Jahren oft korpulent (Bangert in Tydschr. a, IX, 151), in Sampit sind sie von schwachem Körperbau, in Mendawei sind die wilderen Stämme dunkler, etwas größer, weniger muskulös und stärker tättowirt, die andern nur mittelgroß, von heller Farbe mit lichtbraunen Augen und rußschwarzem Haar (Bydragen N. V. III, 310, 322). In Pontianak und Sambas sind sie dunkler und mehr den Malaien ähnlich als die hübscheren Murut* im Bruni und die Idan im Norden (Hunt bei Moor Append. 12 f.). Marryat (78) beschreibt sie in Lundu 5' 5" groß, stark und wohlgebaut mit schön geformtem Kopf, doch hohen Backenknochen, kleinen Augen, nicht platter, bisweilen aber gebogener Nase; der Mund ist groß, die Lippen etwas dick, Barthaar und Augenbrauen fehlen. Nach Brooke (I, 206 und bei Keppel I, 54, II, 183) sind die von Sarawak nur 5' 2—3" hoch, haben nicht stark entwickelte Muskeln, sind kaum so hell als die Malaien, der Zwischenraum zwischen den Augen ist auffallend groß. Die Dajak-Weiber von Sinkawan sind heller als selbst die Chinesen, anderwärts sind sie dunkler (W. Earl a, 210, 218). Die Dajak welche östlich von Sarawak leben, sind selten so untersetzt wie die Chinesen und Malaien, meist etwas größer als letztere, haben kleine Hände und Füße, am Kopfe ist die Coronalgegend besser entwickelt als bei jenen beiden (Wallace in Proceedings R. G. S. I, 203). Die Kayans am Barram, südlich von Bruni, gleichen nach Low (in Journal V, 680) in jeder Hinsicht den andern Dajak des westlichen Borneo, Burns (ebend. III, 144) bemerkt von ihnen daß sie meist unter mittelgroß, aber robust, von schön gewölbter Stirn sind und keine platte Nase haben. Wie sie sind auch die Dusun oder Idan etwas heller als die Malaien, aber von ähnlicher Gesichtsbildung wie diese, nur ist der Mund kleiner, den Chinesen gleichen sie nicht, nur bei Kindern ist das obere Augenlid etwas nach innen gerichtet (Ztsch. f. Allg. Erdk. N. F. V, 334, VI, 160 nach Crespigny). Auf dem nördlichen Theil der Ostküste von Borneo sind die Eingeborenen hellfarbiger als anderwärts, manche von ihnen haben blaue Augen und helles Haar (Belcher I, 229), die Nase ist alsdann gerade und mehr vorstehend, die Stirn höher als bei den Malaien (Adams bei Belcher II, 420).

---

* Nach Crespigny sind die Murut von widrigem Ansehn (Zeitschr. f. Allg. Erdk. N. F. V, 330).

Ueber die Bevölkerung der Sulu-Inseln liegen widersprechende Angaben vor: Desgraz (bei d'Urville b, VII, 312) nennt sie klein und stark gebaut, Wilkes (V, 342) groß und mager mit langem Gesicht und kleiner Stirn. Die Hautfarbe ist heller und mehr gelb als bei andern Malaienvölkern, die Augen etwas schief gestellt (Roquemaurel bei d'Urville VII, 295; Abbildung des Sultans bei Belcher I, 115). Es giebt junge Mädchen dort die beinahe weiß sind (Adams bei Belcher II, 348). Die dortigen Idan sind von hellerer Farbe als die Sulus selbst (Journal III, 555 nach Dalrymple).

Ueber die physischen Eigenthümlichkeiten der Bisayas haben wir nur sehr wenige Nachrichten. Als auffallend wird erwähnt daß es an mehreren Orten völlig weiße Frauen gebe (Loarca bei Ternaux, Archives I, 27, Careri V, 134). Die Bewohner der Calamianes haben etwas dunklere Haut als die übrigen und etwas krauses Haar, daher Mallat (I, 335) sie als Mischlinge von Negritos und Malaien zu betrachten geneigt ist; auf einer dieser Inseln, auf Cuyo leben weit hellere Menschen, die höher civilisirt sind als die andern Bisayas und sich auch in Sprache und Sitten von diesen unterscheiden sollen (ebend. 339). Die von Palawan dagegen werden dunkler als die Bisayas und kraushaarig geschildert (Crawfurd a, 321). Von den Mindanaos haben wir nur Dampier's Beschreibung die Crawfurd (a, 279) und, wie es scheint, auch Roorda (I, 281) obwohl ungenauer wiedergegeben hat: sie sind mittelgroß und von kleinem Gliedbau, der Kopf groß und das Gesicht oval, haben platte Stirn, kleine Augen, kurze niedrige Nase, kleinen Mund mit dünnen Lippen, die Hautfarbe ist dunkel, doch mehr gelblich als bei den benachbarten Völkern.

Die Tagalen, in denen Mallat (I, 46) sonderbarer Weise ungemischte Nachkommen der Negritos vermuthen zu dürfen glaubt die sich nur durch höhere Cultur verändert hätten, gleichen den Malaien weniger als die Bisayas, sind von angenehmerem männlicherem Gesichtsausdruck (Buzeta I, 51) und von schlankerem Bau, namentlich an den unteren Gliedmaßen, doch unter mittelgroß. Bart und Körperhaar sind gering, das Kopfhaar schlicht und grob wie bei den Malaien überhaupt, die Farbe wird bald als hellgelb (R. der Novara II, 210) bald als etwas kupferfarbig bis fast weiß angegeben (Gironière 261). Der Kopf ist rund, hinten platt, die Stirn meist klein, das Auge groß und lebhaft, bisweilen etwas schief geschlitzt, die Augenbrauen gebogen; die Backenknochen treten hervor, die Nase ist mittelgroß und breit, bisweilen platt, der Mund gewöhnlich groß, die Lippen ziemlich dick (Mallat II, 34, 36). Die Igorrotes sind nach Buzeta (I, 52) stark und wohlgebaut von der Farbe gekochter Quitten bis kupferfarbig, haben große Augen, deren äußerer Winkel, wie auch Zuñiga (I, 26) angiebt, in die Höhe gezogen ist, und sehr große breite Wangen. Gironière (170, 378) schildert sie als klein und herkulisch, sehr dunkel bronzefarbig, von breiter Brust und großem Kopf, mit gelber sclerotica, dicker Nase und dicken Lippen. Von den Tinguianes sind manche fast so weiß wie die Spanier (Yldefonso VI, 5), die Nase ist hoch und gebogen, der Gesichtswinkel von bedeutender Größe (Informe, Art. Poblacion p. 12 f.), woraus sich freilich die allgemeine Sage von ihrer chinesischen Abstammung (s. oben p. 59) kaum rechtfertigen läßt, zumal wenn man hinzunimmt daß die Mischlinge von Chinesen und einheimischen Weibern, gegenwärtig der vielversprechendste Theil der Bevölkerung, viele Generationen hindurch den Typus des Vaters bewahren (Bowring 109, 114). Gironière (151) beschreibt sie als licht bronzefarbig, mit regelmäßigen Zügen und Adlernase; schön seien besonders die Frauen. Daß die Bewohner der Westküste von Luzon sehr den Japanern glichen, hat schon Loarca (bei Ternaux, Archives I, 18) bemerkt. Daß Mischungen der tagalischen Stämme mit diesen Völkern und den Malaien einerseits und mit den Negritos andererseits vielfach stattgefunden haben, läßt sich zwar als gewiß betrachten, von welcher Art diese Mischungen aber im Einzelnen gewesen seien, muß als noch ganz unermittelt gelten. Die Buriks sind etwas fleischiger und stärker als die Igorrotes; die Itetapanes, von dunkler Farbe, unter mittelgroß, aber wohlgebaut, haben runde horizontal stehende Augen und große platte Nasen wie die Negritos; die schmutzigen Gaddanes sind klein, dunkelfarbig und gleichen in Rücksicht der Augen und der Nase den vorigen, die Ibilaos und Ilongotes klein und unkräftig (Buzeta 52 ff.). Die Irayas glaubt Semper (Ztschr. f. Allg. Erdk. N. F. X, 257, 264) nach ihren physischen Eigenthümlichkeiten zur mongolischen Race rechnen zu müssen: sie sind hochgebaut und von schmalem länglichem Gesicht, die Stirn hoch und stark zurücklaufend, die Backenknochen breit entwickelt, die Augen sind klein und das Kinn tritt stark zurück; am Ilarou nähern sie sich dem Typus der Tagalen und haben sich dort zum Theil mit Negritos gemischt, mit denen sie zusam-

7*

mehleben.   Die wilden Stämme von Mindoro sollen im Aeußeren ben
Malaien ähnlich sein (Journal III, 758).

Wir kommen endlich zu den Negritos der Philippinen. Meinicke
(b, 15) hat zuerst darauf aufmerksam gemacht daß der Ausdruck „Negros" auf den Philippinen in zu unbestimmtem Sinne gebraucht werde
als daß man aus ihm allein die Anwesenheit negerartiger Menschen
schließen dürfte, obwohl diese durch Crozet's und besonders durch
Bennett's Zeugniß allerdings wahrscheinlich werde.   Nun ist zwar
richtig daß manche Schriftsteller zwischen Negros und Indios kaum
einen Unterschied oder doch keinen bestimmten Unterschied machen: Yldefonso de Aragon spricht von Negritos Alaguetes, Negros Ygorrotes und Indios Ygorrotes anscheinend in ganz gleicher Bedeutung,
und dieselbe Verwirrung des Sprachgebrauches herrscht, wie Meinicke
nachgewiesen hat, bei St. Croix. Man kann noch hinzufügen daß
Yldefonso seine Negritos Aetas überhaupt nicht näher beschreibt,
außer daß er sie (II, 44) als in den Wäldern lebende Nomaden bezeichnet, die von Pampanga aber (IV, 3) klein, schwarz, mulattenfarbig,
fast unbekleidet nennt und hinzufügt, sie trieben etwas Feldbau und
Tauschhandel und hätten verschiedene Sprachen und Sitten.   Indessen
haben wir bereits gesehen (p. 57) daß nicht nur unter den älteren
Schriftstellern Combes und Fr. Caspar die Negros von den Indios
unterscheiden und jene für die ältesten Bewohner des Landes erklären,
sondern (p. 59) daß auch der ethnographisch sonst sehr ungenaue Yldefonso selbst (VI, 1) Dörfer der heidnischen Tinguianes und Igorrotes neben solchen der Negritos anführt und demnach allerdings einen
bestimmten Unterschied zwischen diesen Völkern wenigstens bisweilen festhält.   Auch wird sich der Name der Insel Negros nicht wohl anders
als mit Hülfe der Voraussetzung erklären lassen daß die Spanier dort
mehr negerähnliche Menschen fanden als auf den übrigen Inseln, wenn
auch zugegeben werden mag daß sich hieraus nicht entnehmen lasse wie
weit die Ungewöhnlichkeit derselben gehe.

Bei der häufigen Ungenauigkeit der Berichte, die aus dem Vorstehenden einleuchten wird, kann es nicht wundern daß man die reinen
Negritos der Philippinen öfters mit Mischlingen zusammengeworfen
findet.   Dieß ist offenbar der Fall wenn es von ihnen heißt (Informe
Abth. Poblacion 1), sie hätten theils kurzes krauses Haar theils solches
das in langen steifen Ringeln herabfalle, die Nase sei bald ganz platt

bald ziemlich regelmäßig gebildet, sie seien nicht schwarz, sondern nur schwärzlich braun mit negerartigen Lippen, bei vielen finde sich etwas Bart und manche glichen ganz den Neu Holländern. Die Schilderungen Mallat's (II, 35, 93) und Semper's (Ztsch. f. Allg. Erdk. N. F. X, 251)kommen im Wesentlichen miteinander überein: nach jenem sind sie klein schmächtig und kraushaarig, nicht ganz schwarz und minder häßlich als die afrikanischen Neger, sondern von Gesicht den Malabaren ziemlich ähnlich, von kleinem rundlichen Kopf, kleiner Stirn, ziemlich großen stechenden Augen mit langen Wimpern, die Nase ist mittelgroß wie der Mund und die Lippen oder klein und etwas platt, die Lippen etwas aufgeworfen, der Unterkiefer steht nicht hervor, Bart und Körperhaar sind gering. Nach Semper sind die Aetas dunkel kupferbraun und im Mittel nur 5′ 2″ groß, von rundem Kopf und Gesicht, gerader, sehr niedriger wenig zurücktretender Stirn und sehr flacher Nase die fast so breit als hoch ist, der Kiefer springt nur wenig hervor, die Lippen sind nur schwach wulstig, das braunschwarze Kopfhaar ist glanzlos und wollig. Crawfurd (a, 6, 16), der ihre Statur zu 4′ 8″ im Durchschnitt angiebt, bezeichnet das Haar als nicht wollig, sondern kraus, doch scheint dieser Punkt einer genaueren Untersuchung zu bedürfen. Gironière (322) scheint seine Beschreibung theils der Phantasie theils dem bekannten Bilde bei Raffles entnommen zu haben, von dem v. Bär (32) sehr richtig bemerkt daß man keinen Grund habe es für die Darstellung des Negrito-Typus von Luzon zu halten, jener giebt ihnen eine Größe von höchstens 4½′ und die schwarze Farbe des Ebenholzes und fügt reiches Wollhaar, gelbliches lebhaftes Auge, nicht sehr wulstige Lippen, schwache Beine und vorstehenden Bauch hinzu. Wenn es richtig ist daß die Dumagas von rother Farbe sind und krauses dunkelbraunes Haar haben (Mallat I, 233), so würden sie sich schwerlich zu den Negritos rechnen lassen.

In Rücksicht der Bewohner der Baschi-Inseln sind wir noch immer auf Dampier's (II, 103) Angaben beschränkt, die Crawfurd (a, 43, vgl. Marryat 26) wiedergegeben hat: sie sind sehr häßlich, von dunkel kupferbrauner Farbe, klein und untersetzt von rundem Gesicht, niedriger Stirn, kleinen nußbraunen Augen mit starken Augenbrauen, kurzer kleiner Nase und dickem schlichtem Haar. Die Eingeborenen von Formosa schildert A. Hamilton (II, 296) als sehr verschieden sowohl von ihren Nachbarn in China als auch von denen in Luzon: der Leib

ist kurz und stark, die Füße lang, Arme und Beine wie der Hals lang
und dünn; sie sind von kleiner Statur, haben aber großen Kopf, große
Stirn und weit vorstehende Backenknochen; dabei sind sie hohläugig,
von großem Munde, kurzem platten Kinn und langem Unterkiefer, der
Bart ist gering.

Die Makassaren und Bugis, denen die Bewohner der Insel Buton im Aeußeren wie auch in vielen andern Hinsichten sehr ähnlich sind
(Sal. Müller b, 89), werden von Junghuhn (Battal. II, 328) in
Rücksicht ihres Schädelbaues nur vermuthungsweise zu der „Battaraze"
gerechnet. Nach Allem was sonst von ihnen bekannt ist muß man sie
für einen Zweig der Malaien halten. Die ersteren sind von verhältnißmäßig heller Farbe, und größerem kräftigeren Bau als ihre Stammesgenossen (d'Urville b, VI, 197) hübschen Zügen, etwas breiter und
eingedrückter Nase — eine solche gilt ihnen als eine Schönheit, daher
man sich bemüht ihr durch Druck bei kleinen Kindern diese Gestalt zu
geben (Gervaise 123); das schwarze lange Haar wird meist aufge-
wunden, der Bart ausgezogen (Valentyn IV, 137). Sie haben größere offenere Züge als die dunkleren Bugis und eine eigenthümlich
frische Gesichtsfarbe (Trad. Lay 40). Die letzteren sind von kleinerer
Statur als die Javaner, aber es wird hervorgehoben daß ihre Weiber
in Boni die schönsten des ostindischen Archipels überhaupt sind (Radermacher in Verhandelingen IV, 208). Die Bewohner der südöstlichen Halbinsel von Celebes sind von schlankem Wuchs und heller
Farbe (Vosmaer 65).

In Gorontalo wohnen schön gebaute Leute, die größer muskulöser und etwas heller als die Javaner sind, von rundem Gesicht mit
vollen dicken Backen, meist schlichtem, selten krausem Haar; die stumpfe
kurze breite Nase ist die einzige auffallende Eigenthümlichkeit ihrer Physiognomie (Reinwardt 520). Aehnlich werden die Eingeborenen der
Minahassa geschildert, die nicht allein europäische Sitten verhältnißmäßig leicht annehmen, sondern auch in ihrer ganzen Haltung und im
Aeußeren überhaupt dem Europäer näher stehen sollen als die übrigen
Völker des Archipels (Tydschr. 1856 II, 11, 24): die Backenknochen
stehen nur wenig hervor, die Hautfarbe ist heller, besonders in der Umgegend des See's von Tondano, und die Wangen röthlich. Andere Angaben stimmen hiermit nur theilweise überein. Die Farbe der Alfuren
von Tondano ist nach v. der Hart (172) dunkelbraun, nach Quoy

et G. (bei d'Urville a, V, 629 u. Zool. 57) sind die Alfuren von Menado kleine Menschen von rundem Gesicht, sehr heller Haut, namentlich in den Berggegenden, mit ovalen niemals schiefstehenden Augen und sehr wenig Bart; d'Urville (a, V, 435) fand sie den Polynesiern weit ähnlicher als den Malaien. Die zuverlässigste Schilderung derselben, welche zugleich zu beweisen scheint daß die Schädelform nicht die der Battas ist, wie Junghuhn (Battal. II, 321) behauptet, hat neuerdings Bleeker (23) gegeben: die Binnenländer von Menado sind stark gebaut, schlanker größer und muskulöser als die Javaner, der Schädel oval gewölbt, die Stirn wenig glooijend, der Scheitel hoch, das Hinterhaupt klein und platt; die Augen stehen schief, die Jochbeine hervor, die Nase ist an der Wurzel platt, hat breite Flügel und offene Löcher, die Lippen sind zwar dick, doch hübsch gebogen, das Kinn schön geformt und das Gesicht im Ganzen von angenehmem Ausdruck, das Kopfhaar ist steif und von geringem Glanze. Vorzüglich kräftige große und breite Gestalten und ausdrucksvollere Gesichter als bei den übrigen sieht man an den Bewohnern des Dorfes Bantik (ebend. 49). Ueber die Bevölkerung der Sangir Inseln scheint nichts Näheres bekannt zu sein als daß sie mittelgroße stark gebaute Menschen sind (de Waal I, 6, 374).

Daß in Rücksicht der Inseln im Osten von Java bis nach Timor hin und mit Einschluß des letzteren kein authentisches Zeugniß für die Anwesenheit von Negritos vorliege, hat bereits Meinicke (b, 11) sehr richtig bemerkt. Auf Flores werden zwar kraushaarige Menschen angegeben: alle Völker der Insel außer den Bewohnern von Bima und den Malaien, die Bergvölker wie die schwächlich gebauten schwarzen Portugiesen von Larentuka und Sika haben krauses Haar (Freijs in Tydschr. a, IX, 461, ebend. 508, Veth in Tydschr. 1855 II, 169), aber es scheinen keine Negritos zu sein, denn von den Keos wird ausdrücklich bemerkt daß selbst südeuropäische Physiognomieen unter ihnen vorkommen; sie sind von lebendigem Gesicht, die Mangarais ziemlich groß und muskulös, schnell in ihren Bewegungen, doch von sanftem Wesen. Genauere Angaben fehlen bis jetzt, die vorhandenen aber lassen voraussetzen daß die Negerähnlichkeit, wenn sie stattfände, sicherlich nicht mit Stillschweigen übergangen worden sein würde. Die Bevölkerung von Sumba (Tjumba, Sandelholz Insel), die als äußerst roh geschildert werden, soll nach Moor (Append. 11) der von Flores gleichen, doch heißt es anderwärts von ihr daß sie nicht kraushaarig und schöner als die von Timor sei (Tydschr. 1855 I, 280). Es sind sehr kräftige kastanienbraune Menschen, von denen manche rothe Wangen haben (Oosterling II, 1, 66, 69). Die Bewohner von Kotta-Djogo sollen viel heller sein als die übrigen und von den ersten hierher gelangten Portugiesen stammen, doch sind sie sehr verwildert (Tydschr. 1855 I, 289). Die Inseln im Nordwesten von Timor sind fast ganz unbekannt. Die Eingeborenen von Sebrao, Pantar, Ombay und Wetter nennt Moor (Append. 10) den Bergbewohnern von Solor ähnlich, beschreibt aber die letzteren nicht näher. Auf der letzteren Insel leben fröhliche lebendige Menschen mit mehr oder minder krausem Haar, in denen man ein Uebergangsvolk zu den Papuas vermuthet hat, das Gesicht ist platt, mehr lang als rund, das Kinn klein, die Oberlippe dicker als die Unterlippe, der Bart bisweilen stark wie die Augenbrauen, die Nase platter als bei den Javanen (Tydschr. 1849 II, 309). Auch Huberwald (im Ausland 1852 no. 274) bezeichnet die Soloresen als ein Uebergangsvolk das zwischen den Malaien und den Papuas stehe, da sie mehr ovales Gesicht, minder vorstehende Backenknochen und feinere Lippen als die ersteren, aber krauses Haar wie die anderen hätten. Nach Sal. Müller (b, 300) sind sie vielmehr schlichthaarig, dunkelbraun, von groben Zügen mit ziemlich platter breiter Nase. Auf Ombay fand Freycinet (I, 515) mittelgroße Menschen, deren Farbe verschiedene Nüancen des Olivenbraun zeigte, die meisten von platter Nase und dicken Lippen, die einen schlicht- die andern kraushaarig, die einen stark und muskulös, die andern mager. Daß es Menschen mit krausem Haar auf mehreren dieser Inseln giebt, läßt sich demnach nicht in Zweifel ziehen, ob diese Menschen aber Malaien, Papuas oder eine Mischlingsraçe oder ein selbstständiges Mittelglied zwischen beiden seien, darüber wird man solange nur ganz unbegründete Vermuthungen aufstellen können als nicht einmal bekannt ist ob das krause Haar das man ihnen zuschreibt mehr den krausen Locken gleicht die sich bei manchen Malaienvölkern finden oder in einzelnen Büscheln wächst wie bei den Semang. Die umfangreichen krausen Perrücken der Papuas werden bei den Bewohnern dieser Inseln nirgends erwähnt

Was wir von Timor wissen scheint durchgängig nur auf eine vielfache Mischung verschiedener Malaienvölker, nicht aber auf eine solche mit Papuas, oder doch nur auf eine sehr entfernte und geringe hinzuweisen. Am buntesten ist die Mischung in Kupang (Tydschr. 1849 II,

308). Moor (Append. 6) bezeichnet die Eingeborenen von Timor als meist sehr dunkel mit buschigem krausem Haar, aber weniger den Papuas ähnlich als die von Ende, und fügt hinzu, sie seien unter mittelgroß und etwas hager, ihre Gesichtszüge glichen mehr den Südseeinsulanern als den Malaien. Sal. Müller (b, 252 f.) spricht sich dahin aus daß es keine den Papuas ähnlichen Menschen dort gebe, obwohl einige kraushaarig seien, besonders manche Rottinesen; er schildert sie als gelbbraun von Farbe, bald heller bald dunkler, 1,586 Meter hoch, mit offenen meist feurigen Augen, etwas weniger platter Nase als bei den Malaien, ziemlich großem Mund, fleischigen doch nicht dicken Lippen, langem schlichten Haar das mit einem Kamme befestigt wird. Sie gleichen im Ganzen den Dajak und manchen Alfuren der Molukken (ebend. 143). Man wird schwerlich irre gehen wenn man den Mangel an Uebereinstimmung in den Nachrichten über die Bewohner von Timor zum großen Theil auf die Verschiedenheiten zurückführt die sich an diesen selbst zeigt und nächstdem auf die mangelhafte Untersuchung des Haares das von einem Berichterstatter da als „kraus" bezeichnet worden ist, wo ein anderer diesen Ausdruck für unstatthaft hielt: Péron (IV, 4) schreibt ihnen eine fast europäische Gesichtsbildung und Gestalt zu, nur seien Nase und Oberlippe ein wenig stark, das Augenlid etwas wulstig und überhängend, die Extremitäten schwächlich gebildet; nach Reinwardt (344) ist die Nase dick und stumpf, die Gesichtslinie (der Gesichtswinkel?) etwas schärfer als beim Javaner, das Haar sehr verschieden; anderwärts wird berichtet sie seien dunkler als die Bewohner der Nachbarinseln, manche pechschwarz, von platterem Gesicht und mehr vorstehenden Backenknochen, weitem Mund, offenen Nasenlöchern und das Haar sei meist krausgelockt, doch soll es auch kupferfarbige Menschen mit rothem Haare dort geben und bei einigen blaue Augen vorkommen (Tydschr. 1849 II, 313 f., 1852 I, 209, v. Hogendorp in Verhand. I, 204). Die Füße sind meist breit und gekrümmt (ebend.). Die Kupangnesen auf Samau gleichen im Aeußeren den Timoresen (Tydschr. 1849, II, 308), die Rottinesen, welche Sal. Müller (b, 283) etwas dunkler, mehr rußfarbig und öfter kraushaarig als diese nennt und ein wenig unter mittelgroß angiebt, werden anderwärts (Tydschr. 1849 II, 312) als lang und schlank, mehr braun als schwarz geschildert; sie haben langes Haar, hohe Stirn, dicke Augenbrauen, nicht platte Nase, kurz abfallendes Kinn. Auf Savu, wo schon Cook (1⁸ᵗ voy. III, 280) Gestalt und Gesichtsbildung sehr verschieden fand und die fast europäisch weiße Hautfarbe der Vornehmen neben der schwarzbraunen der gemeinen Leute hervorhob, leben wohlproportionirte nicht ganz mittelgroße Menschen mit langem schlichtem, nicht wolligem Haar; das Gesicht ist oval, die Nase der der Hindus ähnlich, das Kinn fällt nicht kurz ab (Tydschr. 1849 II, 811, Sal. Müller b, 292). Nach Moor (Append. 9) sollen vielmehr die Rottinesen mehr den Hindus gleichen und sich durch stärkere schärfer geschnittene Züge auszeichnen, ihre Weiber, die zum Theil hübsch seien, hätten weit hellere Haut als die Männer.

Die Südwest Inseln haben lichtbraune schöne Menschen, die 1,55—1,6 holl. Ellen hoch und stark gebaut sind; ihre Weiber sind, außer auf Damme, sehr fruchtbar (Bosscher in Tydschr. a, II, 420, 439). Die Stirn ist hoch, die Nase scharf auf den Serwatty Inseln (Kolff 60). Daß die Bewohner von Lette, denen die von Moa durchaus gleichen, in ihren Zügen den Europäern ähnlicher sind als den Malaien, obwohl ihre Farbe von der des Chinesen bis zum Schwärzlichen geht, hat schon Barchewitz (233, 280) bemerkt. Das Haar, in welchem sie einen Kamm von Bambus tragen, entfärben sie mit Kalk (Tydschr. 1855 I, 232). Ebenso stehen auch die der Tenimber Inseln, abgesehen von der dunkleren Hautfarbe, den Europäern im Aeußeren näher als den Malaien (Kolff 239). Nach W. Earl (J. R. G. S. XI, 113) wäre das Haar der Bewohner von Kisser zwar meist schlicht, bisweilen jedoch auch leicht gekräuselt.

- Halmahera hat besonders auf der Ostküste große, breit gebaute und sehr muskelkräftige Menschen, obwohl die Frauen verhältnißmäßig klein sind; jenes gilt hauptsächlich von den Alfuren im Innern des nordöstlichen Theiles die hochgelb von Farbe sind und von regelmäßigeren Zügen und männlicherer Haltung als die gemischten Küstenbewohner (Willer 87, Tydschr. 1856 II, 211). v. Bär (13) hat einen Schädel von Gilolo beschrieben, der brachycephalisch ist und sich dem Typus nähert welchen Junghuhn den Alfuren der Sunda Inseln (den Battas) zuschreibt; er ist breiter und kürzer als die sog. Alfuren-Schädel von Neu Guinea, hat größere, weniger zurücklaufende Stirn und scheint daher wesentlich von diesen verschieden zu sein. Von oben erscheint er groß eiförmig, die Scheitelgegend ist breit und erweitert sich nach hinten, das Hinterhaupt abschüssig; die Seitenhöcker liegen unge-

wöhnlich weit nach hinten, die squama superior des Hinterhauptbeins
ist platt und von der inferior durch eine ausgebildete Querleiste getrennt, das Gesicht breit und nur wenig prominirend. Wer Junghuhn's Batta=Typus nicht als besondere Race anerkennt, wird diesen
Schädel, dessen Hinterhaupt ohnehin nicht die bei den Battas gewöhn=
liche Form zeigt, unbedingt als malaiisch betrachten. Die Bewohner
der Molukken sind nach Adams (bei Belcher II, 376) dunkler als
die eigentlichen Malaien, haben größeren Kopf, längere Oberlippe, kleinere tiefer liegende Augen und breitere plattere Nase; d'Argensola
(I, 22) bemerkt daß das Haar bei ihnen zeitig grau werde. Chinesische
Züge besitzen die Ternatanen nicht, sondern die Gesichtsbildung ist regel=
mäßiger und schöner, die Augen größer (Roorda I, 260). Die Alfuren die Sal. Müller (b, 58 noot) auch den Molukken, in Buton, Ma=
kassar und Amboina sah, waren durchgängig braune Menschen mit
schlichtem Haar.

Auf Amboina sind die Nachkommen der Portugiesen auffallender
Weise viel dunkler als die Eingeborenen (Sal. Müller b, 112); die
letzteren werden als mittelgroß und wohlgebildet, eher hager als fett
geschildert, sind von grauschwarzer, nicht sehr dunkler Färbung, die
Nase ist nicht platt, sondern gut proportionirt, manche von ihnen haben schöne Züge (Valentyn II Beschr. v. Amb. 138, Roorda I, 70).
Die Alfuren des südlichen Ceram sind nach Temminek (III, 275)
von offener Physiognomie mit großen Augen, wohlgebildeter Nase, gro=
ßen aber nicht dicken Lippen und langem krausem Haar. Valentyn
(a. a. O. 71) nennt die des Innern viel größer beleibter und stärker als
die Küstenbewohner, daß er kleine schwarze und wollhaarige Menschen
auf der Insel angebe, wie W. Earl (c, 116) behauptet, scheint ein Irrthum zu sein. Die von Buro sind stämmig und von hellbrauner Farbe
(Bullet. soc. géogr. 1855 II, 197 nach v. d. Hart), die Bandane=
sen robust schlichthaarig und ziemlich schwarz (Barchewitz 545,
Crawfurd a, 35).

Die Key Inseln bewohnt ein kräftiger, ziemlich großer, schön ge-
bauter Menschenschlag von braunschwarzer doch glanzloser Farbe, dessen Haar nicht lang und kraus ist, wie Valentyn (IV, 39) und
Roorda (I, 218) angeben, sondern schwarz und lockig (Bosscher in
Tydschr. a, IV, 27); die Stirn ist hoch und liegt etwas hervor, die
dunklen Augen haben starke Brauen, die Nase ist groß und wohlgebil-

det, der Mund breit, die Unterlippe steht oft ein wenig vor, das Kinn ist breit und gerade (vaak, vlak?) und mit einem starken krausen Bart bekleidet.

Die sog. Alfuren der Aru Inseln sind von schwarzer oder durchscheinend brauner Farbe (Kolff 158), groß kräftig und von regelmäßigen Gesichtszügen die sich denen der Europäer nähern (Bramund in Tydschr. VII, 2, 290). Nach W. Earl (c, 94, 99) wären die Eingeborenen denen von Port Essington sehr ähnlich, hätten aber andererseits auch viel mit denen am Utanata in Neu Guinea gemein; er nennt sie größer und muskulöser als die Malaien und Bugis, aber kleiner als die Europäer, 5' 4—8" und fügt hinzu daß ihre Extremitäten schmächtig gebildet seien. Wallace (Proceedings R. G. S. II, 167) spricht ihnen wolliges oder krauses Haar zu, im Vergleich mit den Malaien bezeichnet er sie als größer und schlanker, die Stirn platter, die Augenbrauen mehr vorliegend, die Nase, deren Spitze etwas nach unten gebogen sei, größer und dicker, auch die Lippen seien dick; gegen die Einwendungen aber die sich gegen diese Schilderung erheben lassen (s. oben p. 79 f.) schützt er sich im voraus durch die Bemerkung, daß es sehr zahlreiche und mannigfaltige Abweichungen von diesem Typus gebe, da sich viele Fremde der einheimischen Bevölkerung beigemischt hätten.

Die Bewohner der Nikobaren sind von niedrigem Wuchs, athletisch, zum Theil plump gebaut mit kurzem Hals; starken Gliedern, breiten Füßen. Die Haut wird als braun und etwas in's Kupferroth fallend (Rink 148), selbst als glänzend kupferroth (Leigh 211), auf Kar Nikobar als dunkel bronzefarbig (R. der Novara II, 12) bezeichnet, auf Klein Nikobar ist sie weit heller als die der Hindus (Rink 4), denen diese Menschen mehr als den Malaien und Birmanen gleichen sollen (Chopard in Journal (III, 271). Die nähere Beschreibung scheint dieß indessen nicht zu rechtfertigen. Die Stirn ist schmal und gerade, die Schläfengegend und Seitentheile des Schädels flach, die Augen stehen weit voneinander ab, der Scheitel steigt spitz in die Höhe, der Zwischenraum zwischen den tubera parietalia ist auffallend groß, der Hinterkopf sehr flach; das Gesicht, welches nur Dampier (II, 155) ziemlich lang und vollkommen gut proportionirt, Rink (148) dagegen breit nennt, zeigt eine flache breite Nase, weiten Mund mit dicken Lippen, stark entwickelten Unterkiefer und spitziges Kinn (Steen Bille I, 271). Eine etwas andere Schilderung giebt der Reisebericht der No-

bara (II, 80): Die Stirn iſt leicht gewölbt, bisweilen von ſchöner
Form, das Hinterhaupt wahrſcheinlich durch Kunſt abgeflacht, das Geſicht breit mit ziemlich ſtark entwickelten Jochbeinen, die Augenbrauen
ſpärlich, die Naſe, welche nur Chopard (a. a. O.) als gebogen angiebt, breit und plump, bisweilen jedoch lang, die Ohren klein, aber
lang ausgezogen und durchbohrt, das Kinn weicht etwas zurück, das
nach Chopard matt ſchwarze Haar iſt ſtark aber weich, der Bart gering. Leigh (211) bezeichnet die Augen als ſchief ſtehend.

3. Eine culturhiſtoriſche Schilderung der Malaienvölker läßt
ſich nicht in zuſammenfaſſender Weiſe, ſondern nur ſo entwerfen daß
die einzelnen Zweige derſelben eine geſonderte Darſtellung erhalten,
denn es finden ſich hier neben Völkern von hoher Cultur und verfeiner-
ten Sitten auch ſolche die äußerſt roh geblieben ſind und zwiſchen beiden mannigfaltig abgeſtufte Mittelglieder von eigenthümlicher Entwickelung; die Einwirkungen fremder Elemente, insbeſondere die der
Inder Chineſen Araber und Europäer ſind auf ſie theils unmittelbar
theils nur mittelbar, bald tiefer bald nur oberflächlicher, bald länger
und räumlich ausgebreiteter bald nur kürzere Zeit hindurch und in be-
ſchränkterer Weiſe eingedrungen. Dieſe hiſtoriſchen Einflüſſe in Verbindung mit den geographiſchen Verhältniſſen des Archipels und der ört-
lichen Lage der einzelnen Völker, laſſen eine große Mannigfaltigkeit in
dem Culturzuſtande derſelben erwarten, und wenn es uns auch nicht
geſtattet iſt dieſen Reichthum vollſtändig in's Einzelne mit unſerer Betrachtung zu verfolgen, ſo werden wir doch verſuchen das Wichtigſte
und am meiſten Charakteriſtiſche überſichtlich herauszuheben.

Die älteſten hiſtoriſchen Sagen der Malaien, geſammelt in dem
Sejara Malayu (Leyden's Malay Annales), ſpäter in einer verbeſ-
ſerten und bereicherten Ueberſetzung zu Singapore neu herausgegeben
(Auszug daraus von Braddell in Journal V, 125 ff. mit erklärenden
Anmerkungen), leiten den Urſprung dieſes Volkes von Vorderindien
her. Ein indiſcher Fürſtenſohn, erzählen ſie, aus dem Stamme Alexan-
ders des Großen, wanderte aus ſeinem Vaterlande aus zur Zeit des
lebendigen Gebrauches der Sanſkritſprache, wie die Erzählung ſchließen
läßt (Leyden p. 24), und kam nach Palembang in das Land des De-
mang Lebar Daon, wo er Sang Soprabo oder Sangſapurba genannt
wurde und eine Tochter des letzteren zur Ehe erhielt. Es heißt weiter
von ihm daß er vielfach umherzog: er beſuchte nicht allein Paſe an der

Nordostküste von Sumatra, sondern auch Madjapahit, die Insel Bentan (Bintang), mit deren Königin sich einer seiner Söhne Sang Nila Utana, später Sri Tribuana genannt, verheirathete, und zuletzt Menangkabao, wo er sich bleibend niederließ und seine Herrschaft gründete. Von Bintang, nicht von Palembang aus* stiftete Sri Tribuana (Siri Turi Bowana bei Valentyn) Singapura, „die Stadt des Löwen“, nach Valentyn's (VII, 316) ziemlich allgemein angenommener Berechnung im J. 1160 (1101 nach Braddell in Journal IX, 66), und seit dieser Zeit hieß die Halbinsel Malakka Tanah Malaju, das Malaienland. Der Verkehr mit Vorderindien, dem Lande Kling, dauerte fort um diese Zeit, wie auch später. Als aber Singapore von den Javanen erobert wurde (1252 nach Valentyn), gründeten die Malaien Malakka, wo ein mächtiges Reich erstand, namentlich seitdem die dortigen Fürsten zum Islam übergetreten waren (1276).

Die Glaubwürdigkeit dieser Ueberlieferung ist sehr verschieden beurtheilt worden. Das Sejara Malaju ist erst kurz nach dem Jahre 1612 niedergeschrieben worden und der unhistorische Charakter der Schrift verräth sich in einer Menge phantastischer Zuthaten nach orientalischem Geschmack, wie sie wohl nirgends in malaiischen Geschichtswerken fehlen; indessen ist dieß kein Grund das Ganze für eine bloße Erdichtung zu halten auch in allen Hauptsachen. Kein europäischer Schriftsteller über die Malaien, sagt Dalton (bei Moor 44) hat seine Untersuchungen über mehr als 300—350 Jahre erstrecken können ohne dann auf bloße Traditionen zu stoßen, deren Chronologie er selbst hinzugemacht hat; vor der Einführung des Islam sind Geschichte und Chronologie fast ganz fabelhaft und auch für die spätere Zeit muß man beachten daß jeder Rajah sich einen Historiker hält der seine Geschichte nur zu seinem Lobe schreibt. Historische Treue darf man daher in malaiischen Werken überhaupt nicht erwarten; der historische Standpunkt der Malaien überhaupt aber ist hinreichend dadurch charakterisirt daß sie die Welt von Anfang an in drei Reiche getheilt glauben, nämlich Rum oder Rom, das ihnen mit Constantinopel, der Residenz des Beherrschers der Gläubigen zusammenfällt, Chin (China) und Pulo Mas, „die gol-

---

* Logan (in Journal II, 515) hat darauf aufmerksam gemacht daß die oft behauptete Auswanderung der Malaien von Menangkabao nach Malakka nur auf einer Vermuthung Marsden's beruhe, die dieser an Valentyn's Darstellung geknüpft hat, welche zwar nicht ungenau, aber unvollständig den Inhalt des Sejara Malaju wiedergiebt.

bene Insel", das Reich von Menangkabao (Newbold II, 215). Ueberall in ihren historischen Traditionen sind von Westen her ihnen zugeführte, größtentheils muhammedanische Elemente mit einheimischen bunt durcheinander gewirrt.

So geringes Vertrauen aber auch die malaiische Geschichtschreibung verdient, so wenig gewichtig sind doch die Gründe aus denen man die innere Unwahrscheinlichkeit jener Ueberlieferung hat nachweisen wollen (Edinb. Review 1813 no. 45 und daraus bei de Waal I, 12, 250 ff.). Auch Crawfurd (a, 241), der die Sache ebenso kurz als entschieden behandelt hat, scheint uns hierin nicht glücklicher gewesen zu sein, denn man kann zugeben.daß die Regierungsdauer der einzelnen Herrscher von Singapura und Malakka und selbst einige ihrer Namen unrichtig angegeben seien ohne den Hauptbestandtheil jener Sage zugleich für unhistorisch zu halten. Eine wahrscheinlich richtigere Liste der malaiischen Könige als die im Sejara Malayu, aus welchem Valentyn geschöpft hat, findet sich im Sulalat as' Salathin oder Sulaleto Ssalathina (Netscher in Tydschr. a, II, 145, Roorda in Tydschr. VI, 3, 244): sie ergiebt für die Zeit von 1160—1757 eine durchschnittliche Regierungsdauer von 22 Jahren; der Streit über diesen Punkt aber hat mit der Einwanderung des indischen Fürsten nach Palembang und der Gründung von Singapore, die in dem letzteren Werke ebenso erzählt wird wie im Sejara Malayu, überhaupt nichts zu thun. Gänzlich verfehlt aber ist es wenn Crawfurd lieber de Barros und Alboquerque als der einheimischen Sage folgen will, da jene doch auch nur aus einheimischer Ueberlieferung ihre Nachrichten schöpfen konnten — möglicher Weise aus einer solchen die weder allgemeiner verbreitet noch genauer untersucht, vielleicht nicht einmal richtig verstanden war. Nach de Barros soll ein Flüchtling von Java zwar nicht Singapore, das damals schon bestanden habe, sondern Malakka gegründet haben, nachdem er durch die Siamesen aus Singapore, dessen er sich bemächtigt hatte, vertrieben worden war. Alboquerque's Angabe, daß ein Flüchtling von Palembang, das er nach Java verlegt, der Stifter von Malakka gewesen sei, nähert sich bereits der einheimischen Tradition und zeigt zugleich die Verwirrung in den Nachrichten dieser portugiesischen Schriftsteller. Ueber den Einwurf daß in Malakka malaiisch, nicht javanisch gesprochen wird und ohne Zweifel seit dem Bestehen dieses Staates immer gesprochen worden ist, geht Crawfurd ohne Weiteres hinweg; wenn er aber darauf hinweist daß mehrere Personen- und Ortsnamen die der ältesten Ueberliefernng angehören sanskritisch und javanisch sind, so würde sich dieß mit der Erzählung des Sejara Malayu recht wohl vereinigen lassen; ja selbst die Nachrichten bei de Barros stimmen mit letzterer zusammen in Rücksicht des Umstandes daß sich Javanen in Singapore, das sie nicht gestiftet hatten, als Eroberer festsetzten, später aber wieder vertrieben wurden, nur in Bezug auf die Gründung von Malakka scheinen sie ein Mißverständniß zu enthalten, denn ohne sehr bestimmte Zeugnisse welche die Sprachforschung zu liefern haben würde, erscheint es nicht glaubhaft daß das altberühmte Hauptland der Malaien auf der Halbinsel einer javanischen Kolonie ihren Ursprung verdanke.

Haben sich die Gründe gegen die historische Wahrheit der malaiischen Sage nicht als stichhaltig gezeigt, so lassen sich auf der anderen Seite eine Reihe von Thatsachen anführen welche die Kolonisirung Sumatra's von Indien her und die Herkunft der Malaien von Malakka aus jenen Gegenden wahrscheinlich machen. Marsden (Dict. of the Malayan lang.) hat bereits gezeigt daß viele Sanskritwörter in's Malaiische übergegangen sind, namentlich viele Götternamen, und W. v. Humboldt (I p. XII f.) hat aus sprachlichen Gründen eine Gemeinschaft der malaiischen Völker mit denen des Sanskrit-Stammes in der Zeit die aller Civilisation vorausging, wahrscheinlich gefunden, obwohl er dabei nicht zugleich der Meinung war daß alle Bildung der ersteren aus Indien stamme. Jene Sanskritwörter scheinen wegen der meist nur geringen Veränderungen die sie erlitten haben, unmittelbar in's Malaiische übergegangen zu sein und zwar in sehr früher Zeit, weil sie verhältnißmäßig sehr einfache Begriffe bezeichnen. Vor Allem deuten die vier verschiedenen auf Sumatra gebräuchlichen Alphabete durch ihre Verwandtschaft mit der altindischen Schrift, dem Devanagari, auf Einflüsse von dieser Seite hin. Das älteste bis jetzt näher bekannte Gesetzbuch der Malaien, das von Malakka, verräth in manchen seiner Bestimmungen eine Abhängigkeit vom Koran, andere dagegen stehen in einem gewissen Gegensatz zu diesem und gleichen den Gesetzen des Manu, und von den Titeln der Herrscher welche in den alten malaiischen Gesetzbüchern vorkommen, sind viele offenbar aus Sanskritwörtern gebildet (Newbold II, 218, 221 ff.); die Ziffern, die Division, die Zahlen über 1000 stammen aus derselben Quelle (ebend. 363). Den Elephanten zu zähmen von deſſen Gebrauch zur Jagd und im Kriege das Seſara Malayu in Malakka erzählt, lernten die Malaien von den Hindus, da er ſelbſt und was ſich auf ſeine Dreſſur bezieht mit Sanſkritwörtern bezeichnet wird (Crawfurd a, 136). Dieß Alles giebt der Sage daß indiſche Cultur in alter Zeit nach Sumatra verpflanzt worden iſt und daß „die erſten Malaien" dieſer Inſel der brahmaniſchen Religion anhingen, wie die Bewohner des Gebirgslandes von Padang erzählen (Couperus in Tydſchr. a, IV, 7), volle Glaubwürdigkeit. Nur ein Zweifel bleibt in dieſer Hinſicht noch übrig, der ſich allein durch eine genaue Unter-ſuchung darüber wird löſen laſſen, ob die Sanſkrit-Elemente des Ma-laiiſchen alle durch das Javaniſche hindurchgegangen ſind oder nicht. Friederich nämlich hat die Anſicht aufgeſtellt (Tydſchr. a, II, 477, Ztſch. d. d. morgenl. Geſ. IX, 258) daß in Menangkabao während der zwei oder drei Jahrhunderte die der Einführung des Islam vorher-gingen indiſche Cultur zwar herrſchend, aber nicht direct, ſondern von Java aus dahin eingeführt war und ſich von da aus über den größten Theil der Inſel verbreitete. Er vermuthet daß dieſe Einwirkung von Madjapahit ausgegangen ſei, deſſen Macht ſich vor 6—700 Jahren wie über Banka und Rhio, ſo auch über das Innere von Sumatra und namentlich über Palembang ausdehnte. In Tanah datar (Ge-birgsland von Padang) fand Sal. Müller bei Dörfern in denen ehe-mals Glieder der fürſtlichen Familie von Menangkabao gewohnt ha-ben, Steine in welche Kawi-Inſchriften eingehauen ſind (Bydragen IV, 114), von ähnlichen Steinen berichtet Francis in Priangan, im Oſten von Sintu und in Pagarrujong (Tydſchr. II, 1, 106, 108). Im Dorfe Manderiang dagegen findet ſich ein altes Grab in Hufeiſen-form aus vier Reihen von Trachytſteinen gebildet, in deſſen Mitte eine Platte mit einer Inſchrift in Devanagari-Charakteren liegt (Burger in Verhandelingen XVI, 201). Im Lande der 12 Kotas bei Tand-jong giebt es alte Grabmonumente aus rothem Backſtein (Kota Tjandi, C. de Groot in Tydſchr. a, IX, 531). Reſte von indiſchen Tempeln giebt es ferner in Padang-lawas im Innern der Weſtküſte (Roſen-berg in Tydſchr. a, III, 58); ſolche die angeblich denſelben Stil zei-gen wie die Ruinen von Madjapahit finden ſich in Deli (Anderson 28), Batu, Bara und in den Battaländern bei Pertibie, Hindugräber in Indragiri, Kwantan und anderwärts, Hindu-Bilder und Inſchriften in Indrapura (de Waal II, 11 u. 12, 87 ff.) Inſchriften in Atjin

(Knoerle in Oosterling I, 136, Hollander 494), und wenn es
hier wie in Jambi, wo man ebenfalls indische Götterbilder und drei
Tagereisen weit im Innern einen alten Tempel entdeckt hat (Anderson 395, Crawfurd a, 163), allerdings nicht sicher ist ob auch hier
diese Alterthümer javanischen Ursprungs sind, so ist dieß dagegen unzweifelhaft für die Buddha- und Ganesabilder von Palembang, wo
viele javanische Wörter in die Sprache eingedrungen sind und sich javanische Sprache und Schrift bis vor kurzem am Hofe erhalten hat.
Mit Unrecht hat Crawfurd (a, 322) das Vorhandensein von Hindu-
Alterthümern in Palembang ganz geleugnet (vgl. auch Tydschr. VIII,
3, 309). Diese Ausbreitung javanischen Einflusses über Sumatra
schließt indessen nicht aus daß in noch früherer Zeit, vielleicht auch
gleichzeitig unmittelbar von Indien aus Einwanderungen dahin stattgefunden haben, wie die Sage erzählt und wenigstens durch einige der
erwähnten Ueberreste bestätigt zu werden scheint. Daß dieß wirklich geschehen sei, macht nicht bloß die Lage des Landes wahrscheinlich, sondern vor Allem der Umstand daß die Schriftzeichen der Battas Redjangs
und Lampongs nach Friederich's eigener Untersuchung (a. a. O. 476)
nicht über Java sondern unmittelbar aus Indien zu ihnen gekommen
zu sein scheinen und alle drei offenbar aus derselben Form der indischen
Schrift abgeleitet sind. Auch das Fehlen des Elephanten auf Java
läßt sich dafür anführen. Daß freilich indische Cultur erst von Sumatra nach Java gelangt sei (Knoerle a. a. O.), wird man schwerlich annehmen können.

Käme es darauf an die Nachrichten welche de Barros, Alboquerque und das Sejara Malayu geben, miteinander zu vereinigen,
so würde sich nach Anleitung des Vorstehenden etwa die Ansicht ergeben,
daß Malakka von einem javanischen Fürsten aus Palembang gegründet
wäre der indische Cultur auf die malaiische Halbinsel übertragen hätte;
indessen läßt sich durch dergleichen Combinationen die gleichsam auf
einem Compromiß widersprechender Angaben beruhen wohl am wenigsten das historisch Wahre erreichen. Nur darauf wird man hinweisen
dürfen daß es in der Sache selbst keinen wesentlichen Unterschied macht
ob ein ursprünglich indischer Fürst oder ein javanischer die Malaien
nach der Halbinsel führte, da die altjavanische Cultur selbst indisch ist
und, wie wir oben (p. 26) gesehen haben, Javaner zur Entwickelung
von Menangkabao mitgewirkt haben, wenn nicht ausschließlich, doch

neben Indern und vielleicht fortdauernd auf die Grundlage welche von diesen bereits gelegt war.

Daß Menangkabao der älteste und berühmteste der Malaienstaaten war, wird allgemein und gleichmäßig von der historischen Tradition behauptet. Rumbowe, Sungi Ujong, Johor und Soimenanti erhielten, wie wir oben gesehen haben, von dort ihre Bevölkerung, und haben noch in der zweiten Hälfte des 18. Jahrh. ihre Abkunft von dort dadurch bestimmt anerkannt, daß sie einen Sohn des Königshauses von Menangkabao auf den Thron setzten als Streitigkeiten um die Herrschaft bei ihnen ausgebrochen waren, und daß seitdem der Rajah von Menangkabao beim Tode eines ihrer Fürsten stets dessen Nachfolger ernennt (Newbold II, 79 ff.). Diesen Thatsachen gegenüber läßt sich der malaiischen Ueberlieferung von einer noch älteren Einwanderung aus Palembang nach Singapore und Malakka nicht wohl der Glaube versagen. In den Orang Benua freilich wird man Malaien aus noch älterer Zeit und von größerer Ursprünglichkeit, Malaien die von indischer Cultur unberührt geblieben sind, zu sehen geneigt sein, und in Bezug auf diese mag es allerdings gelten daß unentscheidbar sei ob man Malakka oder Sumatra für ihr Stammland zu halten habe (Crawfurd a, 251).

Zu den ältesten Malaienkolonien die von Sumatra aus gestiftet wurden scheinen Bintang, Lingga und die benachbarten Inseln zu gehören (Angelbeek in Verhandelingen XI, 17) auf den Inseln Keteer, Kete und Panguyan in der Bai von Bintang hat man im J. 1847 und 1849 mancherlei indische Alterthümer gefunden, Schmuck von feinem Golde, Götterfiguren, goldene Armspangen, Schalen und Teller von Porzellan, Vasen wie sie auf der Küste von Coromandel im Gebrauch sind (Bruijn-Koops in Journal IX, 105). Hiermit in Uebereinstimmung erzählt das Sejara Malayu von einem vielfachen freundlichen Verkehr Malakka's mit dem Lande Kling, selbst bis in die Zeit da der Islam dort herrschend geworden war, und von einer Verheirathung des Rajah von Malakka mit einer Königstochter von Madjapahit. Ein wichtiges Zeugniß für das hohe Alterthum jenes Verkehrs liefert der bei Ptolemaeus erhaltene Städtename Kokkonagara aus dessen sanskritisch zweiter Hälfte Lassen (II, 1043) geschlossen hat daß Brahmanen außer auf Java auch in Malakka schon im 2. Jahrh. p. Ch. angesiedelt waren. Für die spätere Zeit verdient auch das Zeugniß

der von J. Low (Journal III) veröffentlichten Chronik von Quedah
Erwähnung: sie erzählt daß Mahawangsa, der erste Herrscher dieses
Landes aus Rum kam und nennt bis zur Einführung des Islam durch
Scheikh Abdulla (1501) sieben Regenten. Daß man in diesem Fall
unter Rum Indien zu verstehen habe, glaubt Low (a. a. O. 11, 257,
481) aus den freilich noch nicht näher untersuchten Alterthümern des
Landes schließen zu dürfen: Reste von Hindu-Tempeln, alte Gräber,
Inschriften, Kupfermünzen, die sowohl auf Siva- als auf Buddha-
Cultus hindeuten sollen. Auch verdient noch Erwähnung daß die im
13. Jahrh. zum Islam bekehrten Malaien von Naning ihrer Sage nach
vor dieser Zeit der buddhistischen Religion angehangen haben sollen
(Newbold I, 246). Nimmt man hinzu daß ein Verkehr der malaiischen Halbinsel mit Java überall nur selten erwähnt wird, so kann
man nicht wohl daran denken die Civilisation der Malaien von dort
herzuleiten, sondern nur ihren Ursprung in Indien selbst suchen.

Dürfen wir demnach den Bericht des Sejara Malayu insoweit als
historisch richtig betrachten daß indische Cultur direct nach Sumatra
verpflanzt worden ist, hier eine weite Ausbreitung gefunden und von
da nach Malakka übergegangen ist, so erscheint es als ein interessanter
Umstand daß jene Chronik den in der indischen Mythologie berühmten
Berg Maha Meru nach Palembang verlegt und von ihm einen Fluß
Malayu entspringen läßt an dem Orte an welchem der eingewanderte
indische Fürst zuerst sich zeigte von dem die Malaien stammen sollen.
Man kann dieß zunächst nicht wohl anders auffassen als Valentyn
(VII, 316) gethan hat, nämlich so daß die Malaien ihren Namen von
diesem Flusse erhalten haben. Wie der Berg Maha Meru trägt aber
auch der Fluß einen bekannten indischen Namen, den Namen des Landes und Volkes das auch späterhin mit den ostindischen Inseln in be-
ständigem Verkehr geblieben ist. Malaya, Malayala sind die Telinga
oder Kling der vorderindischen Küste. Auch das Bild des Flusses erklärt sich leicht: die Malaya sind von Maha Meru entsprungen und
ausgegangen. Daß das Volk der Malaien seinen Namen von seinen
indischen Führern und Civilisatoren erhielt kann nicht befremden (Näheres über denselben bei Braddell in Journal V, 176), daß es ihn
auf Sumatra noch nicht geführt habe, sondern erst später (Friederich
in Tydschr. a, II, 479), ist eine Vermuthung die sich nur auf die verächtliche Nebenbedeutung des Wortes stützt die es einer andern, von

uns früher angeführten Ableitung gemäß haben sollte; sie wird aber
dadurch widerlegt daß es im Innern von Menangkabao am Berge
Sungipagu einen Stamm giebt der den Namen Malayo trägt (Marsden 3^d ed. 331). Nach Müller (a, 83 ff.) und Logan (in Journal
III, 364) giebt es dort sogar mehrere Geschlechter dieses Namens und es
ist daher schwer zu begreifen, warum ersterer gleichwohl diese „Malaien-
geschlechter" in Sumatra, dem Stammlande des Volkes, für neueren
Ursprunges halten mag, während es doch weit näher liegt in ihnen
die directen Nachkommen jener indischen Einwanderer zu sehen. Ob
die Suku-Einrichtung von ihnen herkomme, bedarf erst einer genaue-
ern Untersuchung. Mag das *Μαλαιου χωλον ακρον* welches Ptolemaeus erwähnt in Vorderindien zu suchen sein, so gewinnt doch nach
der eben gegebenen Darstellung das Vorkommen dieses Namens auch
für das Volk der Malaien eine gewisse Bedeutung. Eine Insel Malai
„die am äußersten Ende von China liege und einen lebhaften Gewürzhandel treibe" wird ferner von Edrisi (1155) genannt und unter den
abendländischen Reisenden spricht bereits Marco Polo von den „Malaien": es ist daher mehr als unwahrscheinlich daß dieser Name, wie
Müller (a. a. O.) trotz der Anführung dieser Thatsachen annimmt,
erst im 13. Jahrh. dem Volke gegeben worden sei und von dem javanischen Worte stamme welches „weglaufen, fliehen" bedeutet. Wenn
Rigg (in Tydschr. VI, 2, 225), der die Ableitung desselben von dem
indischen Volke der Malaya zuerst aufgestellt zu haben scheint, Langka-
pura d. i. Ceylon als das Land bezeichnet aus welchem die Sage der
Malaien ihre Vorväter auswandern lasse, so kann sich dieß wohl nur
auf das Volk von Quedah beziehen, an dessen Küste die Langkavi-
Inseln liegen, die ehemals Langkapuri hießen (Low in Journal III, 8).
Außerdem soll auch eine Insel zwischen Palembang und Jambi diesen
Namen führen (Rigg nach Marsden).

Die fernere Geschichte der Malaien können wir nur in ihren Um-
rissen darstellen. Die historische Zeit beginnt, wie Crawfurd (a, 250)
sehr richtig bemerkt, erst mit ihrer Bekehrung zum Islam, und hauptsächlich erst seit dieser Zeit haben sie sich von Malakka, nicht von Menangkabao aus durch Handelsthätigkeit und Eroberung durch den ganzen indischen Archipel verbreitet (Valentyn II Beschr. v. Amb. 244),
wenn sie auch auf manchen Punkten, wie wir sehen werden, schon vorher Niederlassungen gegründet hatten. Menangkabao trat in Folge sei-

ner binnenländischen Lage seitdem mehr zurück, seine äußere Macht verfiel, doch stand es auch in späterer Zeit bei allen Malaien in dem Ruf
besonderer Heiligkeit und blieb der Hauptsitz des Islam, welcher seit
dem Anfang des 13. Jahrh. sich über Sumatra verbreitet hat. M. Polo
fand Muhammedaner an der Küste in Perlak, das er Ferlech nennt;
Ibn Batuta erwähnt (1345) an der Nordostküste einen muhammedanischen Sultan dem die heidnischen Nachbarländer Tribut zahlten, doch
bemerkt er daß sich der Islam über den fruchtbarsten Theil der Insel
noch nicht ausgebreitet habe (Journ. As. 4me série IX, 106, 108, 123
note 21); die erste muhammedanische Dynastie auf Sumatra hat im
J. 1205 ein West-Asiate in Atjin gegründet (Dulaurier in Journ.
As. 4me série IX, 129 note 28). In Indrapura wurde nach der Angabe des dortigen Fürsten des Islam 1279 eingeführt und verdrängte
die bis dahin herrschende brahmanische Religion (derf. in Bydragen
III, 244). Wie dieses Reich dem Zerfalle von Menangkabao seinen Ursprung verdankte und aus ihm wieder kleinere Reiche hervorgingen
(Marsden 3ᵖ ed. 353), so geschah es auch mit andern Ländern deren
Herrscher zum Theil dem Fürstenhause von Menangkabao selbst anzu-
gehören behaupten, so z. B. der Tuanku von Moko-moko (Bogaardt
in Bydragen N. V. II, 28), bis später die Holländer (1666 Valen-
tyn VII Beschr. v. Sum. 35), seitdem ihnen die Statthalterschaft über
Padang von Menangkabao aus eingeräumt worden war, wider den
Willen der Eingeborenen und mit Gewalt sich die Oberherrschaft über
einen großen Theil der Westküste zueigneten (Eschels-Kroon 12).
Weit älter aber als die Verbreitung des Islam über Sumatra ist die
Bekanntschaft und der Verkehr der Araber mit diesem Lande. Es wird
zuerst um 860 von arabischen Seefahrern erwähnt unter dem Namen
Fantsur, der auch bei Masudi um 944 wieder vorkommt (Müller a,
5, Reinaud, Géogr. d'Abulféda Introd. LIII, CCCLXXXIX); die
Araber nämlich besuchten es auf ihren Handelsreisen nach China, und
da sich außer ihnen auch Perser an diesem Handel betheiligten, stammen nächst den arabischen auch die persischen Wörter welche in's Malaiische übergegangen sind, aus jener Zeit (Dulaurier a.a.O. Crawfurd a, 18). Bei Edrisi (1155) finden sich die Namen mehrerer hin-
terindischen Inseln ebenfalls (Müller a. a. O.).

Geringeren Einfluß als die Araber haben die Chinesen auf die Malaien ausgeübt. Ihre Anwesenheit in Sumatra und Malakka schreibt

sich ebenso wie auf Java (s. oben p. 37) aus dem zehnten Jahrhundert her. Sumatra war um 950 in China bekannt, wie sich aus chinesischen Berichten ergiebt (Müller a, 5) und wahrscheinlich standen sie auch mit der malaiischen Halbinsel damals in lebhaftem Verkehr, da man in Singapore chinesische Münzen aus dem 10. u. 11. Jahrh. gefunden hat. Daß die Chinesen feste Niederlassungen im indischen Archipel erst nach der Ankunft der Europäer gegründet hätten (Crawfurd a, 94), ist wenigstens in Hinsicht auf Java und Borneo als unrichtig erweisbar.

Die drei verschiedenen Listen der malaiischen Sultane welche wir besitzen, hat Netscher miteinander verglichen (Tydschr. a, II, 145)*: die vier ersten derselben regierten in Singapura (1160—1247). Von dort durch Javaner vertrieben flüchteten die Malaien nach Muar und gingen von da nach Malakka, wo ihr Herrscher Sri Iskander Sjah die neue Hauptstadt seines Reiches gründete (Sejara Malayu). Hier residirten zehn Sultane bis zum Jahre 1518, unter denen Radja Tengah zuerst den Islam und zugleich den Namen Mohammed Sjah annahm (1276). Die bedeutendsten Ereignisse aus diesem Zeitraum sind die häufigen Kriege mit Siam; der vielfache Verkehr in welchem Malakka mit der Ostküste von Sumatra stand, besonders mit Pase, dessen Fürstenhaus mit dem von Malakka verschwägert war, während Siak (um 1450) sich in Abhängigkeit von ihm befand; auch zu China, dessen Herrscher als höher stehend im Range ausdrücklich anerkannt wurde, gestaltete sich das Verhältniß freundlich. Der Raja von Bruni nahm dagegen einen geringeren Rang ein, doch war er nicht abhängig von Malakka (Sejara Malayu). Als die Hauptstadt des Reiches 1511 von den Portugiesen erobert wurde, floh der damalige Sultan Mahmud Sjah II über Muar nach Pahang und Johor, das schon lange vor der Einführung des Islam ein mächtiger Staat gewesen war (Newbold II, 44) und die acht folgenden Herrscher, der 16te bis 23ste (1521—1687) behielten dort ihren Sitz (Logan in Journal V, 67). Von dort aus bemächtigten sie sich der Insel Bintang, dessen Hauptort Riouw die Residenz der vier folgenden wurde zu Anfang des 18. Jahrh. (Angelbeek in Verhandelingen XI, 26). Sultan Mahmud Sjah III entwich in Folge des Krieges mit den Holländern (1783) auch von hier und stiftete das Reich von Lingga, wo seine Nachfolger seitdem geblie-

---

* Einen Abriß der politischen Geschichte der Malaien bis zur Ankunft der Portugiesen s. bei de Hollander a, 123 ff.

ben sind. Von den neun Staaten im Innern der Halbinsel standen, wie vorhin erwähnt, vier unter dem Eang depertuan, fünf gehörten zu Johor, nämlich Ulu Pahang, Ealang, Jellye, Jellabu und Sega-met oder Muar, aber es verlor sie: Ealang durch die Bugis (s. oben p. 15), Jellabu fiel dem Eang depertuan zu, Ulu Pahang und Jellye wurden an Pahang zinspflichtig (Newbold II, 151). Näheres über die Abhängigkeitsverhältnisse der einzelnen Staaten bei Anderson (Journal VIII, 149 ff.). Haupsächlich war es die Ausbreitung der euro-päischen Mächte in diesen Gegenden welche den Verfall der malaiischen Reiche herbeiführte. Malakka selbst fiel 1641 in die Hände der Hollän-der, 1795 in die der Engländer, kam 1818 wieder an jene, 1825 nochmals an diese. Pulo Pinang war 1786 und 1802 auch der ge-genüberliegende Küstenstrich von Quedah an die Engländer abgetreten worden, die 1810 sich Singapore's bemächtigten, das ihnen anfangs nur theilweise, 1824 aber ganz von Johor überlassen wurde (New-bold bei Moor Append. 88 ff.), nachdem sie sich seit 1819 in den festen Besitz desselben gesetzt hatten.

Am glänzendsten hatten sich die Bildung und Macht der Malaien, gestützt auf die Eulturelemente die ihnen von Indien und Arabien her-zugeführt worden waren, im 16. Jahrh. an drei Punkten im Archipel entfaltet: in Malakka, Atjin und Brune. Atjin findet sich erst um das Jahr 1500 im Sejara Malayu erwähnt und kam nach den Berichten der Portugiesen als Reich erst um diese Zeit empor, daher die Erzäh-lung in der Ehronik dieses Landes (übersetzt in Journal IV, 598) von den sieben ersten Fürsten des Landes, welche überdieß vom Anfang des 13. bis zum Anfang des 16. Jahrh. regiert haben sollen ohne histo-rischen Werth ist. Der Blüthe von Atjin ging die von Pedir vorher, wo Ibn Batuta (1345) in der großen mit Mauern und hölzernen Tho-ren versehenen Stadt Sumuthra* die glänzende orientalische Hofhal-tung eines muhammedanischen Sultans fand der sich eine Menge zah-mer Elephanten hielt und in dessen Gebiet Kupferstücke und ungeschmol-zenes Gold von China als Geld in Gebrauch waren (Journal As. 4. série IX, 106 u. das. Dulaurier 124 note 25). Atjin, in früherer

---

* Daher der Name der Insel, die im Sejara Malayu Andelas genannt wird. Bei M. Polo heißt sie bekanntlich Klein Java. Daß sie mit Java bereits von den Arabern öfter verwechselt worden ist, da sie von „Weihrauch von Java" sprechen, hat schon Valentyn (VII, 22) bemerkt. Sie führt indessen auch in einer einheimischen Sage den Namen Djawi (s. oben p. 26 Anm.)

Zeit zu Pedir gehörig, wurde von einem Sklaven und Günftling des Sultans von Pedir als felbftftändiges Reich aufgerichtet; diefer machte fich unabhängig·und nach kurzer Zeit war auch das alte Reich von dem neuen·verfchlungen (Valentyn VII, 6, 23, Gefch. von Atjin feit der Ankunft der Portugiefen b. Marsden 3ᵈ ed. 406 ff.). Das dortige Fürftenhaus rühmt fich gleich dem von Palembang, Cheribon u. a. arabifcher Abkunft: die Araber genießen überall im Archipel wohin fich der Jslam verbreitet hat hohe Verehrung, in Folge ihrer unmittelba- ren Beziehung zum heiligen Lande, obwohl fie anmaßend und gewinn- füchtig, fcheinheilig und gleißnerifch, von der gemeinften Gefinnung und durch ihre Jntriguen oft felbft den Fürften gefährlich geworden find deren Gunft fie zu gewinnen mußten. Jn Folge der Unfruchtbarkeit des Landes richtete fich die Thätigkeit der Atjinefen auf Schifffahrt und Handel. Jn den Jahren von 1529—1641 rüfteten fie 16 Flotten aus (Braddell in Journal V, 19), vornämlich zum Kampfe gegen die Portugiefen, denen fie fchon zwifchen 1522 und 1529 viele Gefangene und Gefchüß abnahmen. Die höchfte Entwickelung der Macht von Atjin fällt unter Jskander Muda (1606—36, Braddell a.a.D. 24): er fen- dete im J. 1615 eine Flotte von 500 Segeln nach Malakka, in welcher fich hundert Schiffe mit 6—800 Mann, 3 großen und vielen kleinen Kanonen befanden, er befaß im Ganzen 2000 Meffing-Kanonen, meh- rere Hunderte von Elephanten, eine Leibgarde von etwa 3000 Wei- bern, befchäftigte 300 Goldfchmiede in feinem Palafte (Marsden 3ᵈ ed. 441, 445, Joh. Verken 60) und foll über die größere Hälfte von Sumatra geboten haben (Journal IV, 694). Mit der Veränderung der Handelsverhältniffe welche der Einfluß der Europäer hervorbrachte, be- gann Atjin zu finken, vor Allem aber trug dazu auch der Umftand bei daß die Regierung des Landes erfchlaffte, da fie auf Weiber überging (1641—99) und die Großen des Reiches, welche factifch herrfchten, den Handel ganz an fich riffen (Marsden 447); dann kamen auch noch innere Kämpfe hinzu, die das Land in Anarchie ftürzten: viele feiner Herrfcher wurden abgefeßt oder ermordet. Jm J. 1688 befaß die Hauptftadt 48—50000 Einwohner, die Königin wohnte in einem Pa- laft von Stein und die Mofcheen waren mit Ziegeln gedeckt (Dampier III, 142). Valentyn (VII, 4) fchildert fie noch als ziemlich glänzend: fie hat zwei Märkte, ein Zollhaus am Eingang, heidnifche und muham- medanifche Tempel; die Häufer ftehen alle auf Pfählen, der königliche

Palaſt, mit Wall und Gräben umgeben, iſt zum Theil von Stein, doch ſchlecht gebaut, theilweiſe mit Ziegeln gedeckt und die Pfeiler auf denen er ruht mit Bildwerk geſchmückt, es bewohnen ihn 3—4000 Menſchen; Brunnen und Waſſerleitungen, ſchöne Pyramiden und die alten Königsgräber befinden ſich in der Nähe. Den Pfefferhandel hat der König faſt ausſchließlich in ſeiner Hand und verkauft zu beliebigen Preiſen, auch beerbt er diejenigen ſeiner Unterthanen welche ohne Söhne ſterben (Valentyn 6). Der Anfang der ſchriftlich abgefaßten Lehren nach denen der König ſeine Handlungsweiſe einrichten ſollte, und der Handelsgeſetze von 1635 findet ſich mitgetheilt von Braddell (a. a. O. 26).

Das Reich von Malakka wird im Sejara Malayu als ein wohl-geordneter Feudalſtaat mit ſtrenger Abſtufung der Aemter und des Ranges geſchildert, der unter einer milden und gerechten patriarcha-liſchen Regierung ſtand; nur die Günſtlinge des Raja und die hohen Beamten behandelten das Volk oft mit roher Willkür, und die höchſte Strafe welche ſie traf, wenn ſie Schuld auf ſich geladen hatten, war Abſetzung. Hochverrath und Empörung kamen faſt gar nicht vor. Das verwickelte Hofceremoniell, der Anzug bei der Audienz, die vorgeſchrie-benen Farben der Kleidung, die Beſtimmungen über den Schmuck den an dieſer und an den Häuſern anzubringen erlaubt war, über die Son-nenſchirme u. ſ. f. werden ausführlich mitgetheilt. Bei dem Angriffe der Portugieſen auf Malakka wird im Sejara Malayu wie im Sulaleto Salathina (Tydschr. VI, 4, 265) von dem Erſtaunen der Leute über die Kanonen des Feindes und über deren Wirkung erzählt: ſie hatten dieſe bis dahin nicht gekannt (vgl. Braddell in Journal VI, 43), wo-gegen ſie nach Alboquerque ſelbſt im Beſitze von mehreren tauſend Feldſtücken und Gewehren mit Luntenſchlöſſern geweſen wären — Va-lentyn (VII, 321) ſpricht von 9000 Stücken Geſchütz —, was freilich einen ſeltſamen Gegenſatz zu den übrigen Waffen, den Blasröhren mit Giftpfeilen, bildet die er bei ihnen fand. Auch hier ſcheint uns (gegen Crawfurd a, 21) der einheimiſche Bericht größeres Zutrauen zu ver-dienen als der portugieſiſche. Die Stadt Malakka ſoll um dieſe Zeit 30—40000 Feuerſtellen gehabt haben, der Handel war außerordent-lich entwickelt; Kaufleute aus Pegu und Siam, Bengalen Malabar Co-romandel Guzzerat und Ceylon, Chineſen und Japaner, Perſer und Araber trafen dort zuſammen, aus dem Archipele ſelbſt ſendeten die

Molukken Banda Timor und viele andere Inseln dahin ihre Schiffe
(Crawfurd, a, 271, 164, G. de Loaisa's Reise bei Navarrete V,
156). Die Schifffahrt der Malaien und Javaner erstreckte sich um diese
Zeit nach Norden bis nach Martaban und Cambodja, nach Osten bis
zur nördlichen Küste von Australien, und wenn die Araber auch zur
Entwickelung derselben wesentlich beigetragen haben, so sind jene doch
gewiß schon vor der Ankunft der letzteren bedeutende Seefahrer gewesen.
Sie besaßen Karten und einen in 16 Theile getheilten Kompaß, deßen
Cardinalpunkte zum Theil Hindu-Namen führen (Newbold II, 360).
Crawfurd (a, 116, 292) der bemerkt daß die Wörter für den Magne-
ten und den Kompaß einheimischen Ursprunges seien, glaubt daß sie
ihn den Arabern verdanken. Das Gesetzbuch welches damals in Malakka galt, ist von Iskander Sjah, dem Gründer des Reiches im 13.
Jahrh. zusammengestellt, der letzte Theil deßelben in der Form in welcher es uns jetzt vorliegt (von Fasl 34 an) aber eine Sammlung alter
Gesetze aus späterer Zeit (Newbold II, 218). Der malaiische Codex
des Seerechtes von Malakka aus dem 15. Jahrh. von Dulaurier
herausgegeben (in Pardessus, Lois maritimes VI, 380), stimmt im
Wesentlichen mit dem der Makaßaren und Bugis überein (Tydschr.
1849 I, 305 ff.).

Brune, das von Malakka und Johor aus gegründet sein soll
(Bruijn-Koops in Journal IX, 100), angeblich vor 400 Jahren
(Ztsch. f. Allg. Erdk. N. F. V. 330 nach Crespigny), wahrscheinlich
in noch früherer Zeit, wurde bei Ankunft der Spanier unter Serrano,
der des bereits gefallenen Magalhães Schiffe befehligte, von einem muhammedanischen Sultan Namens Siripada beherrscht, das Volk jedoch
war noch heidnisch, es betete Sonne Mond und Sterne an (Pigafetta
142 ff., Gomara 216, Maximil. Transilvanus bei Navarrete IV,
275; Oviedo XX, c. 1 hat nur aus jenen geschöpft): der Islam
scheint demnach dort erst kurze Zeit vorher (1520) eingeführt worden
zu sein, zumal da Pigafetta überdieß auch von einem großen heidnischen Reiche erzählt das Brune benachbart und mit diesem stets im
Kriege sei. Die Hauptstadt enthielt damals angeblich 25000 Familien,
war sehr ausgedehnt, die Häuser von Holz und mit Portalen versehen,
die des Königs, der Vornehmen und die Tempel von Stein, doch ist das
letztere nicht bestimmt und unzweifelhaft ausgedrückt (Navarrete IV,
73). Nach Pigafetta waren die Festungswerke mit 56 Kanonen von

Bronze und 6 von Eisen armirt, doch hören wir anderwärts wo von
den Waffen die Rede ist (Pigafetta IV, 70) nur von Bogen und
Pfeil, Blasrohr, Schild, Säbel und Küraß von Schildkrot, außerdem
von Elephanten, die ein kleines hölzernes Haus mit 5—6 Bewaffneten
auf ihrem Rücken trugen. Herrera (VII, 5, 5) erwähnt kleine Feld-
stücke und Musketen in den Malaienländern erst um 1540; nur von
Java wird schon 5 Jahre früher mitgetheilt daß dort Kanonen von
Bronze, selbst gegossene und Flinten, in größerer Anzahl verfertigt
würden (Navarrete V, 156). Es gab in Brune ferner Schiffe die
den Fusten glichen mit vergoldetem, als Schlangenkopf geformtem Vor-
dertheil, die größten aber waren Junken (ebend. IV, 69, 71). Man
schrieb dort auf Papier von Baumrinde „wie die Tataren (Chinesen)
die hierher kommen“ (Gomara 217, Pigafetta erwähnt nichts von
dort lebenden Chinesen). Die Bevölkerung verabscheut den Krieg und
duldet auch an dem Herrscher keine Neigung dazu, sie lebt friedlich miteinander, Raub und Mord kommen nicht vor (Max. Transilv. a. a.
O.). An Lebensmitteln aller Art herrscht Ueberfluß, man kleidet sich in
Baumwolle, am Hofe in Seide. Letzterer war mit orientalischem Luxus
aller Art ausgestattet, der den Spaniern so imponirte daß sie sich gedrückt fühlten und sich der einfachen Geschenke schämten die sie allein
darzubringen vermochten. Mit dem Herrscher durfte man nur durch
ein Hörrohr sprechen, das durch ein eisernes Gitter hindurchgesteckt
wurde, nur seiner Frau und seinen Söhnen war es vergönnt unmittelbar zu ihm zu reden (Navarrete IV, 70, 73, Gomara 216).

Stellen wir dieser höchsten Entwickelung malaiischer Civilisation
den Culturzustand dieses Volkes gegenüber, welchen Crawfurd (II, 85)
aus der Sprache folgernd bei ihm als einheimisch und ohne fremde Beihülfe erworben bezeichnet. „Sie hatten einige Fortschritte im Landbau
gemacht, kannten den Gebrauch des Eisens und hatten Bearbeiter dieses Metalles wie des Goldes und machten vielleicht kleine Schmucksachen
aus letzterem; sie kleideten sich in Gewebe aus Pflanzenbast, welche sie
am Webstuhle woben, kannten aber noch nicht den Gebrauch baum-
wollner Gewebe, die sie erst später vom indischen Festlande erhielten;
sie hatten den Ochsen und Büffel gezähmt und gebrauchten sie als Zug-
und Lastthiere, hielten sich Schweine Hühner und Enten zur Nahrung.
Dieses Volk stand höchst wahrscheinlich auf einer höheren Stufe der
Bildung als die alten Mexicaner, auch zeigt die weite Verbreitung sei-

ner Sprache über die Meere daß es beträchtliche Fortschritte in der Kunst
der Schifffahrt gemacht hatte, was die Mexicaner nicht gethan hatten.
Wenn es die Schreibkunst und einen einheimischen Kalender besaß, war
seine Ueberlegenheit noch entschiedener." Was die Schreibkunst betrifft
so ist eine in Singapore gefundene, vielleicht malaiische alte Inschrift
in ganz unbekannten Charakteren (Crawfurd in Journal II, 772) das
Einzige worauf sich die Behauptung stützen läßt daß die Malaien in
alter Zeit ein Alphabet von eigener Erfindung gehabt hätten. Crawfurd geht freilich so weit alle Alphabete des malaischen Archipels für
ursprüngliche selbstständige Erfindungen zu halten, W. v. Humboldt
dagegen (II Anhang, Lettre à Ma. Jacquet) gelangte durch sorgfältige
Untersuchung des Gegenstandes zu der Ansicht, daß sie trotz ihrer er-
heblichen Verschiedenheiten untereinander zwar nicht aus dem Devanagari entsprungen, wohl aber aus einer sehr alten gemeinsamen Quelle
mit diesem hervorgegangen seien, von welcher wir nichts Näheres wissen. Daß die Malaien schon im alten Menangkabao, lange Zeit vor
der Annahme des Islam und der arabischen Schriftzeichen, die Schreibkunst besaßen ist mehr als wahrscheinlich, da ein Theil ihrer Literatur
der Zeit vor der Einführung des muhammedanischen Glaubens angehört; mag aber das Alphabet dessen sie sich damals bedienten das der
Battas (Marsden), oder das Kawi (Raffles) oder vielmehr, wie
Friederich (Tydschr. a, II, 472, Ztsch. d. d. morg. Ges. IX, 255 ff.)
gezeigt hat, das der Redjang gewesen sein, welches noch jetzt in Palembang außerhalb der Hauptstadt gebräuchlich ist und auf Bambus und
Lontarblätter eingegraben wird (vgl. Sturler, Proeve eener beschr.
v. Palembang 1843), so läßt es sich doch nicht als eine originelle Erfindung der Malaien, sondern nur als eine solche betrachten die in
Folge indischer Einwirkung und Leitung von ihnen gemacht worden ist.
Mit der Jahresrechnung hat es sich schwerlich anders verhalten. Crawfurd selbst bemerkt (I, 301) daß alle Malaienvölker ursprünglich nach
Mondmonaten gerechnet haben; wissen doch sogar heutzutage nur die
unterrichteten und gebildeten unter den Malaien etwas von einem Sonnenjahre von 365 Tagen (Newbold II, 356). Daß die Bugis ein
solches gehabt hätten das nicht indischen Ursprungs, doch durch indischen Einfluß späterhin modificirt worden sei (Crawfurd I, 305) kann
man nur sehr unwahrscheinlich finden. Stehen in dieser Hinsicht die
Malaien hinter den alten Mexicanern weit zurück, so bleibt die höhere

Entwickelung der Schifffahrt — eine natürliche Folge der geographischen Verhältniffe — das Einzige worin fie fich jenen wahrhaft überlegen zeigen, und felbft in Rückficht auf diefe und auf andere Künfte
ift zu bedenken daß fich mit größerer Sicherheit feftftellen läßt was fie
von den Indern gelernt als was fie von ihnen nicht gelernt, was fie
in ältefter Zeit felbft erfunden und fich erworben haben. Zu dem Er-
lernten gehört wahrfcheinlich die Kenntniß von Kupfer und Silber, die
Zähmung des Pferdes und des Elephanten, die Cultur von Pfeffer und
Indigo, eine verbefferte Jahresrechnung, entwickeltere religiöfe Anfich-
ten und Heroendichtung, geordneter Cultus, Tempelbau und Schrift
(Crawfurd II, 114, Laffen I, 468), und fo dürfen wir wohl nicht
anftehen die Culturftufe welche die Malaien aus eigenen Mitteln und
eigener Kraft erreicht hatten, eben nur als etwas höher zu fchätzen als
diejenige ift, welche wir die Orang Benua noch jetzt einnehmen fehen.

Verfuchen wir jetzt uns ein Bild von dem Culturzuftande der Malaien auf der Halbinfel Malakka und in Sumatra aus der neueren Zeit
zu entwerfen um dann die Orang Benua und andere Völker des oft-
indifchen Archipels mit ihnen zu vergleichen.

Ihre natürliche Neigung führt die Malaien überall wo fie am
Meere oder an größeren Flüffen wohnen vorzugsweife zum Seeleben
und zu den Zweigen der Induftrie hin die fich mit diefem am einfach-
ften verbinden. Fifcherei Handel und Piraterie gehören zu ihren Lieb-
lingsneigungen, der Landbau ift größtentheils nur unvollkommen, eigentliche Hirtenvölker giebt es gar nicht unter ihnen. Die Nahrung der
meiften ift überwiegend vegetabilifch, Reis, bei andern Sago ihre
haupfächliche Koft und nächftdem Fifche, Fleifch wird von vielen nur
bei feftlichen Gelegenheiten gegeffen. Die Fifcherei wird ebenfo gefchickt
als gern betrieben mit Körben, Netzen, Reußen, Angeln, Speeren bei
Fackelfchein und mit narkotifchen Mitteln (Newbold II, 188). Ueber
die Culturpflanzen welche zur Nahrung, zum Luxus und zur Ausfuhr
dienen, hat nach Marsden namentlich Crawfurd ausführlich gehandelt.

Im Innern von Malakka wird der Landbau zum Theil eifrig betrieben: oft arbeiten felbft die Häuptlinge, Weiber und Kinder im Felde
mit (Newbold I, 139), namentlich zeigt in Rumbowe fchon der Anblick des Landes und der Häufer von größerem Fleiß, größerer Ausdauer und Tüchtigkeit als in den andern Malaienftaaten (Logan in

Journal III, 40), wogegen in Lingga Land- und Hausbau in sehr un-
ordentlichem Zustande sind (Tydsbr. 1853 I, 412). Die im Gebirgsland von Padang übliche Weise des Landbaues, der sich auf Reis Kaffe
Tabak Gambir Zucker Cassia Pfeffer erstreckt hat Couperus (Tydschr.
a, V, 285) ausführlich beschrieben; die nassen Reisfelder (Sawah) werden entweder mit einem von Ochsen gezogenen Pfluge bearbeitet, der
wie auf Java von chinesischer Art ist, oder mit dem Spaten oder indem man Büffel auf das Land treibt um von ihnen den Boden um-
wühlen zu lassen. Auch hat man eine Walze (? rolblok) und Egge um
die Schollen zu zerkleinern. In den 12 Kotas und in Tanah datar
bedient man sich ebenfalls des Pfluges, während man in den 7 Kotas
nur das Vieh auf die erwähnte Weise den Boden bearbeiten läßt (Netscher ebend. VI, 176). Vorzüglich hoch steht der Landbau in Agam;
man legt dort die Reisfelder in der Form eines Amphitheaters an und
hat außer dem schon genannten Ackergeräthe noch eine lange schmale
Schaufel, eine Sichel und einen eisernen Stab (Tydschr. 1851 II, 4,
Gumprecht's Ztsch. III, 322). Auch die Passumahs bauen fleißig das
Land (Hollander 604), schlechter steht es in dieser Hinsicht in den
Küstengegenden als im Binnenlande, in Benkulen, wo früher die
Zwangscultur des Pfeffer von der ostindischen Compagnie mit sehr
strengen Mitteln aufrecht erhalten wurde, und wo jetzt Reis Mais Tabak Baumwolle Muskatnüsse Kaffe und Pfeffer gebaut werden (Francis in Tydschr. IV, 1, 446, Hollander 543); ferner in Indragiri
(Tydschr. IV, 1, 543), Palembang und Lampong. Die Lampongs haben keinen Pflug, sondern benutzen die Büffel zum Durchtreten der Felder, wenn das Holzwerk umgehauen und verbrannt ist (Du Bois in
Tydschr. 1852 I, 325); den Reis, ihre Hauptnahrung, bauen sie nur
auf trockenen Feldern, die oft gewechselt werden müssen, und in so un-
zureichender Menge daß nicht selten Zufuhr aus Java nöthig wird, von
wo sie auch ihr Salz erhalten. Der Anbau des Pfeffers, zu welchem
ehemals von Bantam aus hauptsächlich durch Verleihung von großen
Titeln an die Betriebsamen angespornt wurde, ist gesunken, weil der
des Reises zu unvollkommen ist und daher zu viele Zeit in Anspruch
nimmt, der des Kaffe's ist ungenügend selbst für das eigene Bedürfniß
(Zollinger in Tydschr. IX, 1, 20 ff., ebend. 1857 I, 115 f.). Auch
die Viehzucht ist unbedeutend; die Cultur des Seidenwurms geschieht
wie die des Zuckerrohrs, Indigo's und der Baumwolle nur für den

einheimiſchen Gebrauch (Tydschr. 1862 II, 143, Steck in Bydragen N. V. IV, 111). In Palembang machen ein Hackmeſſer und eine
Axt die einzigen Ackergeräthe aus (Tydschr. 1853 II, 460). Wie in
Lampong deckt auch in Atjin der gebaute Reis nicht das eigene Bedürfniß (Ritter in Tydschr. II, 1, 70); ſehr thätig im Landbau ſind dort
die Pedireſen, aber ſie unterziehen ſich dieſer Mühe nur bis ſie ſo viel
verdient haben als ſie brauchen um dann zu Hauſe in Faulheit leben
zu können (ebend. I, 2, 465). Die Malaienvölker der Küſten von Sumatra thun ſich überhaupt nicht durch Fleiß hervor: ſie ſind es meiſt
nicht welche die Ausfuhrartikel produciren oder auch nur einſammeln,
ſondern die Bewohner des Innern (ſo in Jambi und Siak, Moor 99).
Beim Landbau pflegen die Männer nur das Pflügen und Umbrechen
der Reisfelder zu beſorgen, während alle andere Arbeit faſt ausſchließlich den Weibern obliegt (Hollander 491). Anſtalten zum Schutze der
Ernte vor den Vögeln durch Klappern u. dergl. werden meiſt getroffen.
Der gewonnene Reis wird mit den Füßen aus den Aehren ausgetreten,
dann geworfelt und durch Stampfen im Mörſer enthülſt (Marsden
3ᵈ ed. 81). Ein großes Feſt, das nur in Pauw öſtlich von Padang
mit der Beſtellung der Reisfelder verbunden iſt, findet ſich bei Müller
(a, 159) beſchrieben.

Sago wird auf Java gar nicht (Raffles), auf Sumatra nur wenig (Marsden), hauptſächlich zwiſchen Indragiri und Kangar bereitet
(Logan in Journal III, 288 ff., woſelbſt ausführlich über deſſen Cultur
Fabrikation Verwendung und Handel, vgl. auch Tydschr. VIII, 1, 367),
und wo er Hauptnahrung iſt, leitet er die Bevölkerung nicht zum Fleiße
an: ein Baum producirt etwa 700 Pfund, ein Acker mit Sagopalmen
bepflanzt, jährlich etwa 20000 Pfund Nahrungsſtoff; drei Bäume geben an Maſſe einen größeren Ertrag als ein Acker Weizen, ſechs einen
größeren als ein Acker Kartoffeln (Logan a. a. O. 312). Eine große
Sagopalme liefert 900 Pfund Sago, die gebacken 600 Pfund Sago-
brot geben, hinreichende Nahrung für einen Mann auf ein ganzes Jahr,
zu deren Production es genügt daß zwei Männer und zwei Weiber fünf
Tage lang arbeiten; der Werth des Baumes und der Arbeit zuſammen
läßt ſich (nach Wallace in J. R. G. S. XXXII, 136) auf 12 Schil-
linge ſchätzen. Der Nutzen der verſchiedenen Sagopalmen beſchränkt
ſich aber nicht auf den Sago den der gefällte Baum liefert, und auf
den ſog. Palmenkohl. Eine derſelben, die Areng-Palme (sagus saccha-

rifera), liefert ferner den Palmwein aus welchem Zucker gewonnen
wird, deſſen Bereitung aus dem Zuckerrohr, obgleich dieſes einheimiſch
zu ſein ſcheint, die Malaien vermuthlich erſt von den Chineſen in verhältnißmäßig ſpäter Zeit gelernt haben (Crawfurd a, 410); ihr Baſt
wird zur Dachung Tauen und Segeln verwendet, ihre Stacheln zum
Schreiben oder zu Pfeilen für Blasröhre, die Blätter zum Einwickeln
u. ſ. f. Mit den noch gelben Blätterknoſpen ſchmückt man Ehrenpforten und bildet daraus die Bekleidung von Cigaretten; die Mittelrippen
der Blätter geben Beſen, die Blattſtiele Zaunpfähle, die Rinde derſelben Sandalen; der Kern der Frucht iſt zwar als Speiſe nur wenig
ſchmackhaft, als Schweinefutter aber vortrefflich (Teijsmann bei de
Waal I, 4, 1 ff.).

Die Malaien pflegen zwei regelmäßige Mahlzeiten zu halten, die
eine um 10 Uhr Morgens, die andere um 7—8 Uhr Abends (ausführ-
liche Beſchreibung bei Logan in Journal IV, 433). Die Familie iſt
gemeinſchaftlich; bei Gaſtmählern werden die Frauen von der Frau des
Hauſes bewirthet, bald vor bald nach den Männern (ebend. 435).
Meiſt wird mit der bloßen Hand gegeſſen und zwar mit den drei erſten
Fingern der rechten (Newbold II, 177), während die linke für geringe
Bedürfniſſe freigehalten wird; Getränke werden nicht an den Mund geſetzt, ſondern eingegoſſen (Marsden 243, 245). Der Reis wird in
Bambusgefäßen gekocht, die Speiſen in Schüſſeln oder Körbchen aufgetragen, die oft auf einem Präſentirbret von Kupfer ſtehen; als Tiſche
dienen dabei auf der Weſtküſte von Sumatra hölzerne Tröge die mit
kleinen Füßen verſehen ſind (Hollander 477). Salz wird dort auf
ähnliche Weiſe aus Seewaſſer gewonnen wie auf der Südküſte von
Java (Sal. Müller in Bydragen III, 242), indeſſen giebt es mehrere anſehnliche Malaienvölker die ganz ohne Salz leben (Junghuhn,
Battal. II, 385). Von geiſtigen Getränken iſt nächſt dem Palmwein
hauptſächlich ein ſolches zu nennen das aus Reis bereitet, aber von den
frugalen Paſſumahs, die keine Milch trinken. Ziegen und Vögel aber
nur zum Opfer verwenden, nur bei feſtlichen Gelegenheiten genoſſen
wird (Boers in Tydschr. II, 2, 569). Kaffe wird in Agam nicht aus
der Frucht, ſondern nur aus den Blättern bereitet (Tydschr. 1851 II,
4). Im allgemeinſten Gebrauche ſind bekanntlich bei den Malaien als
Reizmittel Betel und Areca, oder wie ſie ſelbſt ſie nennen, Sirih und
Pinang, jener von ſtechendem Geſchmack, das Blatt von Piper betel,

diese von abstringirender Wirkung, die Nuß der Areca-Palme, welche
theils miteinander allein theils mit Citronensaft oder mit gebranntem
Kalk, dem eingekochten Safte des Gambirstrauches und Tabak zusammen gekaut werden (Marsden 3ᵈ ed. 282). Der Genuß dieser Ingre-
dienzen färbt Speichel und Zähne roth, und das gegenseitige Darbieten
des gekauten Betel zwischen Mann und Frau gilt den Malaien nach
alter Sitte als das größte Liebeszeichen (Dulaurier in Journ. As.
4ᵐᵉ série IX, 255). Außerdem werden viele Opiate genossen, wogegen
das Tabakrauchen sich weniger verbreitet hat, bei den Lampong ist es
jedoch für beide Geschlechter unentbehrlich (Du Bois in Tijdschr.
1852 I, 311).

Ueber die Kleidung der Malaien, namentlich in Malakka, hat Logan eingehend gehandelt (Journal III, 274). Sie besteht in sehr ein-
förmiger Weise aus dem Sarong, der einem kurzen engen Weiberrocke
gleicht, weiten bis an das Knie reichenden Beinkleidern und einer Jacke.
Zu diesen kommt gewöhnlich noch ein Kopftuch, ein Halstuch und Sandalen (S. die Abbildungen bei Raffles), eine Schärpe oder vielmehr
Binde um den Leib, ein Hut von Blättern oder Rottan, bisweilen ein
Ueberrock. Nur die Stoffe (Baumwolle, Seide) und deren Kostbarkeit
unterscheiden den Reichen von dem Armen, die gelbe Farbe des Kleides
den Vornehmen vom Geringen, doch wird häufig ein baumwollener
Sarong deshalb vorgezogen, weil in einem seidenen zu beten nicht erlaubt ist (Newbold II, 178). Wie die gelbe Farbe des Kleides, so
dürfen auch feine Gewebe, Musseline u. dergl. nicht ohne besondere Erlaubniß von Seiten des Fürsten getragen werden und gewisse Stoffe
bleiben entweder ganz oder in gewissen Grenzen der fürstlichen Familie
allein vorbehalten (Logan a. a. O. 280). Die Weiber tragen oft nur
den Sarong, die Jacke wird bei ihnen mit Knöpfen oder Spangen vorn
zusammengehalten, kostbare Haarnadeln und Gürtel, Ohr- und Fin-
gerringe bilden ihren Schmuck. In Lampong und Palembang ist die
Kleidung der im westlichen Theile von Java üblichen ähnlich (Näheres
bei Zollinger in Tijdschr. IX, 1, 125, ebend. 1852 I, 315, Hollander 592). Ueber Kleidung und Schmuck bestehen in ersterem Lande
eine Menge sehr specieller Vorschriften für die verschiedenen Rangstufen
und Geschlechter, deren Vernachlässigung kleinen Beleidigungen aussetzt
für die sich alsdann keine Sühne ansprechen läßt (Tijdschr. 1857 I,
94). Die Atjinesen tragen ein eigenthümliches Mützchen, im Uebrigen

kleiden sie sich malaisch (Tijdschr. IX, 4, 162). Als eine eigenthümliche Verschönerung des Gesichts, welche zugleich als Zeichen der Puber-
tät gilt, ist noch das Abfeilen der Zähne um ein Viertel ihrer Länge
und das Schwarzfärben derselben zu nennen, das bei Männern und
Weibern geschieht (Newbold bei Moor 252), wozu oft noch das Aus-
legen derselben mit Goldblättchen kommt. Das Tättowiren fehlt bei
den eigentlichen Malaien jetzt gänzlich.

Der Hausbau ist in Menangkabao von sehr solider Art. Die Häuser sind oft noch nach hundert Jahren in gutem Zustand; man baut sie
aus trefflichem Holzwerk, 8—10′ hoch, oft bis 120′ lang bei einer
Tiefe von 20—25′; sie stehen auf Pfählen und sind nur mit Hülfe von
Leitern zugänglich (Nahuijs 165). Von gleicher Dauerhaftigkeit sind
sie in Passumah lebar (Boers in Tijdschr. II, 2, 569). Die dortigen
Dörfer sind mit Erdmauern umgeben und haben in der Mitte einen
mit Steinen belegten Platz auf dem die Volksversammlungen gehalten
werden. Aehnliche lange Häuser wie in Menangkabao mit einer Be-
randa in welcher die unverheiratheten Männer schlafen, haben die Korinchi (Marsden 8ᵈ ed. 305). Die Kottas (Dörfer der Malaien im
westlichen Sumatra) werden häufig durch ziemlich breite Pfade die
einander rechtwinklig durchschneiden, in Vierecke getheilt; das Gerüst
der Häuser besteht aus Balkenwerk, die übrigen Theile derselben sind
von Bambus, das Dach ist an der Vorderseite verlängert (Hollander
477). Die zum Theil befestigten Dörfer der Lampong sind zwar nicht
regelmäßig angelegt, haben aber meist einen freien Platz auf dem die
Balei, das Rath- und Versammlungshaus, zugleich das Logirhaus für
Fremde, steht, dessen Ausstattung mit Ehrenpforten die zu ihm hinfüh-
ren und mit andern Bauwerken in der Nähe, das Ansehn und den
Rang des Dorfes kundgiebt, wie auch die Häuser der Vornehmen vor
denen der Geringeren durch schönes Schnitzwerk und Anderes dergleichen
sich auszeichnen (Tijdschr. 1857 I, 94). Die Häuser sind meist rund,
stehen auf hohen Pfählen und haben am Dache eine Galerie, während
eine andere nach hinten zur Küche führt; außer letzterer, dem Empfang-
zimmer und dem gemeinschaftlichen Frauengemach, besitzen sie meist
noch drei Abtheilungen die den einzelnen Frauen zur Wohnung dienen
(Du Bois in Tydschr. 1852 I, 312, Steck in Bijdragen N. V. IV,
105, vgl. Zollinger in Tijdschr. IX, I, 127). Im Innern des Hauses finden sich Betten die aus Matten und Mooskissen bestehen und mit

Gardinen von Kattun umhangen sind; Damarharz in Pisangblätter gewickelt werden hier wie anderwärts, in Indien und China, vielfach in den Malaienländern zur Beleuchtung verwendet. Auch des Oels bedient man sich hier und da statt der Damarfackeln, in Brune gab es Wachskerzen (Pigafetta 144). In Palembang stehen die Häuser wie gewöhnlich auf Pfählen, viele sind auch auf ein Floß gebaut das im Flusse schwimmt (Tijdschr. VIII, 3, 314). Die erstere Weise der Bauart dient oft mehreren Zwecken zugleich: um sich vor den Ameisen und anderen schädlichen Thieren, vor Feinden, vor Feuchtigkeit zu schützen, um unter dem Hause arbeiten, Vorräthe aufbewahren, Hausthiere halten und Flüssiges durch den Boden des Hauses der gewöhnlich von Bambus ist, unmittelbar hinablaufen lassen zu können. In Atjin sind die Dörfer mit einem Holzzaun oder Erdwall befestigt den man mit Bambusrohr bepflanzt. In der Stadt Brune giebt es, was sonst selten ist, auch zweistockige Häuser (Forrest 380).

In mechanischen Künsten und Handwerken sind die Malaien zum Theil sehr geschickt. Gewebe von Baumwolle werden überall gemacht und an vielen Orten auch solche von Seide. Ehemals waren die seidenen, mit Gold- und Silberfäden durchwirkten Kleider von Siak vorzüglich berühmt (Anderson 354), wie sie noch neuerdings in Agam gemacht werden (Tijdschr. 1851 II, 5, Gumprecht's Ztsch. III, 323). Die Industrie von Palembang umfaßt nächst dem Spinnen Weben und Färben von Baumwolle und Seide, Zimmer- und Maurer-, Tischler- und Dreherarbeiten, Waffenfabrication, Kupfer- und Geschützgießerei, Gold- und Silberarbeiten und den Schiffbau, der nirgends an den Küsten ganz fehlt; man verfertigt dort 6—7' breite und bis zu 60' lange Fahrzeuge aus einem Stamme; auch giebt es dort jetzt eine Steindruckerei, die hauptsächlich zur Vervielfältigung des Korans benutzt wird (Hollander 601, Tijdschr. a, VI, 192). In Banjermassing umfaßt der Gewerbfleiß der Malaien folgende Gegenstände: Leder und Sattelzeug, Möbeln von verschiedenen Holzarten, Arbeiten in Kupfer, Pfeifen, Kämme, Schachfiguren, Billardbälle u. dergl. von Schildpatt, Elfenbei, Horn und Holz, Dolchscheiden, Schießpulver, viele Arten von Leinwand, Matten, Flecht- und Korbarbeiten, Panzer, Filigranarbeiten; auch Wasserleitungen hat man angelegt und Hängebrücken über breite Flüsse (Verhandelingen XVIII, 3). Schöne Goldarbeiten, besonders Filigran, wissen die Malaien von Sumatra auch mit schlechtem

Werkzeug herzustellen (Beschreibung der Fabrication bei **Marsden** 8ᵈ ed. 178), vorzüglich in Agam, von wo die Goldschmiede stammen die in Padang leben (Tijdschr. 1851 II, 5, Sal. Müller in Bijdragen III, 220); in Eisenarbeiten sind sie weniger geschickt (**Marsden**). Auch das Goldgraben und -waschen wird von ihnen betrieben, doch sehen sie das erstere als ein unheiliges gefährliches Geschäft an, da sie glauben daß böse Geister denen sie deshalb Opfer bringen, das edle Metall neidisch bewachen (in Rumbow, **Logan** in Journal III, 279). Der Betrieb ist natürlich unvollkommen und geschieht im südwestlichen Borneo in 10' tiefen Löchern von 4 Quadratfuß Oeffnung (Bijdragen N. V. III, 290). An den Bergwerksarbeiten und Diamantwäschereien auf Borneo betheiligen sich außer den Malaien vorzüglich die Chinesen und Bugis (**Gronovius** bei d'Urville b, VII, 125), in Landak und an andern Orten auch die Dajak (**Moor** 7, nähere Beschreibung bei **Schwaner** I, 61 ff. und Sal. Müller b, 424), und das Verhältniß gestaltet sich häufig so daß die Malaien nur durch Handel an sich bringen was jene durch ihre Arbeit zu Tage gefördert haben; auch das Schneiden Poliren und Fassen der Diamanten wird von ihnen besorgt (**Hunt** bei Moor Append. 21). **Schwaner** (I, 68) ist sogar der Ansicht daß das Diamantschleifen auf Borneo von den Chinesen früher eingeführt worden sei als es in Europa bekannt war (1456). Der überlegene Gewerbfleiß der Chinesen hat sich u. A. bei der Bearbeitung der Zinngruben von Caffang im Innern von Malakka deutlich gezeigt, die bis zum J. 1844 von Malaien, seitdem aber hauptsächlich von Chinesen bearbeitet worden sind, die 1850 den Ertrag derselben fast auf das Hundertfache des früheren gebracht haben (Näheres bei **Braddell** in Journal VII, 75). Mit der Benutzung des Zinnes sind die Malaien erst in neuerer Zeit bekannt geworden (**Crawfurd** a, 485).

Mit der Bearbeitung des Eisens scheinen die Malaien seit sehr langer Zeit vertraut zu sein. Alte Eisenschmelzereien finden sich am Gunong Besfi in der Nähe des Merapi auf Sumatra. Das Gestein wird zuerst auf offenem Feuer geröstet, in Stücken von Haselnußgröße zerschlagen und in einem steinernen 4' hohen Ofen von kubischer Form abwechselnd mit Holzkohle geschichtet (**Hörner** in Tydschr. a, X, 371). In Menangkabao schmelzen sie es in 7—8' hohen, 8—10' breiten Oefen, in welchen Erz- und Kohlenschichten abwechselnd übereinander gebaut werden; durch spiralförmige Drehung des Eisens und darauf

folgendes Dichtschmieden desselben stellen sie Gewehrläufe her, die alsdann inwendig ausgeschliffen und außen abgefeilt werden (Burger in
Verhandelingen XVI, 194). Nach Crawfurd (a, 409) wäre auch der
Stahl, der durch ein einheimisches Wort von den Malaien und Javanern bezeichnet wird, eine uralte eigene Erfindung derselben. Auf
Lingga gießt man Geschütze und Kugeln, schmiedet Dolch- und Säbel-
klingen und verfertigt ein grobes Pulver (Angelbeek in Verhand.
XI, 42). Letzteres geschieht ferner auf der Halbinsel von Malakka, Sumatra und Java; Gewehre mit Luntenschlössern, die man jetzt möglichst
durch europäische zu ersetzen sucht, und anderes Geschütz wurden früher
von Atjin, jetzt außer Menangkabao auch von Tringanu und Gressik
(Java) geliefert (Newbold II, 208 ff.). Auf Borneo sind die Eisenarbeiten der Malaien in Sarawak besser als ihre Goldarbeiten, doch
fertigen sie keine Feuerwaffen an, Messing-Gegenstände sind in neuerer
Zeit selten geworden (Low 156 ff.); in Brune werden Messing-Kano-
nen gegossen, wie in Palembang, Eisen- und Stahlwaffen verfertigt
(Leyden bei Moor Append. 95, Hunt ebend. 21), am bedeutendsten aber ist die Waffenfabrication in Banjermassing (Näheres in Verhand. XVIII, 3, Schwaner I, 57). Das Eisen dazu kommt aus dem
Dusun-Lande, das beste jedoch von Celebes und Timor: zunächst wird
eine Eisenplatte gebogen, zu einem runden Stab geschmiedet und mit
eisernen Reifen fest umwunden, dann folgt das Bohren des Laufes, das
aus freier Hand geschieht. Die beste Fabrik ist in Negara, wo man
außer Säbeln, Dolchen u. s. f., Büchsen, Pistolen, Infanterie- und
Jagdgewehre mit Steinschlössern oder Percussion bestellen kann.

Handel zu treiben ist bei den Malaien eine ebenso beliebte als ehrenvolle Beschäftigung, auch die Weiber nehmen oft thätigen Antheil daran
(Crawfurd III, 142 f.) und mit der Neigung zur Schifffahrt tritt oft
statt des Handels die Piraterie in Verbindung, die der Malaie nicht bloß
als eine bequeme Erwerbsquelle sondern auch deshalb vorzieht, weil sie
in seinen Augen ein ritterliches Handwerk ist, das Muth und Kraft fordert, dafür aber auch ein Gefühl von Freiheit und Macht gewährt wie
kein anderes. Anstrengungen für allgemeine Zwecke im Interesse des
Handels machen die Malaien nicht: so lebhaft letzterer auch ist, räumt
man doch die Hindernisse der Schifffahrt in den Flüssen nicht hinweg,
obwohl hier und da künstliche Kanäle in Sumatra hergestellt worden
sind (Anderson 99, 46). Die blühenden Reiche welche zur Zeit der

Ankunft der Europäer bestanden und ihr Emporkommen hauptsächlich dem Handel verdankten, sind verfallen und dieser selbst ist nur zu einem sehr kleinen Theile in den Händen der Eingeborenen geblieben. In Palembang z. B. haben ihn die Araber und Chinesen größtentheils an sich gerissen (Tydschr. VIII, 3, 314), in Lampong wird er von Bantam und Benkulen aus, namentlich durch einige Bugis und Maduresen betrieben, geschieht nur durch Tausch oder auf Vorschuß, Geld giebt es wenig, doch machen Schifffahrt und Handelsverkehr dort neuerdings Fortschritte (Du Bois in Tydschr. 1852 I, 327, ebend. 1857 I, 114, Steck in Bydragen N. V. IV, 112). An den meisten Orten beschränkt er sich auf die eingesammelten Landesprodukte und auf den Ertrag der Fischerei. Zu Anfang des 16. Jahrh. gab es durchbohrte chinesische Münzen von Bronze in Brune, auch chinesisches Gewicht war dort im Gebrauch (Pigafetta 150), das auch neuerdings von den Malaien in Malakka angewendet wird (Newbold I, 25). In Atjin fand Dampier (III, 144) Blei und Gold als Geld gangbar; dieß war (nach Crawfurd a, 286), der einzige Ort wo Münzen von edlem Metall geprägt worden sind und sie tragen sämmtlich arabische Schriftzeichen. Ueberall sind jetzt die spanischen Piaster im Archipel das allgemein gangbare Geld (Näheres darüber ebend.). Außerdem giebt es eine Menge verschiedener Münzen von Messing, Kupfer, Zinn und Zink, insbesondere haben Palembang, Atjin, Bantam und Quedah kleines Geld von Zinn; auch in Tringanu curstren kleine Zinnstücke (petis) mit der Inschrift Melek el adel „der gerechte König" (Nouv. Ann. des v. 1849 II, 16), in Atjin Kupfermünzen welche die Marke des Sultans tragen (Ritter in Tydschr. II, 1, 79). Gold und Silber wurden in alter Zeit in Malakka nur gewogen und zwar mit indischem Gewicht (rakit, mas, tail nach Crawfurd a, 287); die Perser scheinen die Waage die Chinesen den steelgard eingeführt zu haben, dagegen sind die meist ziemlich ungenauen Hohl- und Längenmaaße mit einheimischen Wörtern bezeichnet und die Malaien pflegten Alles nur nach dem Volumen, nicht nach dem Gewicht zu messen (Crawfurd I, 271, a, 446).

Die größeren Schiffe der Malaien von Lingga haben zwei bis drei Masten, deren jeder ein Segel führt, der Anker ist gewöhnlich einarmig und durch einen angebundenen großen Stein beschwert (Angelbeek in Verhand. XI, 54). Am entschiedensten tritt die Neigung zum Seeleben bei den Orang Laut von Banka Billiton und den Nachbar-

infeln hervor: sie treiben niemals Landbau, sondern leben ganz auf
ihren Prauwen, von denen eine gewisse Anzahl zusammen eine Art von
Dorf bildet, das je nach den Umständen seine Station wechselt. Diese
Prauwen haben ein großes Segel und werden Nachts oder bei schlech=
tem Wetter mit einer leichten Matte überspannt, manche derselben sind
mit Luntengewehren versehen (Horsfield in Journal II, 328, Lange
60). Sie stehen in schlechtem Ruf, niemand traut ihnen, denn sie sollen
gelegentlich auch Seeräubereien treiben (Thomson in Journal V,
141 ff.) und überhaupt von eigentlichen Piraten nicht zu unterscheiden
sein. Malaiische Fürsten nehmen sie öfter zu diesem Zweck in den Dienst,
da sie tapfer und muthig sind, wenn auch verrätherisch, und ihnen ein
Menschenleben wenig gilt. So werden sie wenigstens in Banka geschil=
dert, wo sie nach Horsfield (a. a. O.) meist Muhammedaner, nach
einem andern Berichte aber vielmehr Heiden sind und Schweinefleisch
essen (Tydschr. VIII, 4, 131). In Billiton zeigen sie sich gutwillig zur
Arbeit, nicht so dem Müßiggang ergeben wie sonst die Malaien so
häufig, sind aber ohne Ausdauer und Nachdenken (ebend. 1853 I, 120).
Ihre malaiische Abkunft wird u. A. auch dadurch verbürgt daß sie hier
in 5 Sukus getheilt sind, von denen jeder sein besonderes Haupt hat
und einer muhammedanisch, vier aber heidnisch sind (Schepen in
Tydschr. a, IX, 63). Die gewöhnliche Hauptbeschäftigung dieser Men=
schen ist die Fischerei. Ganz dieselbe Lebensweise führen die Orang
Eletar und Biduanda Kallang, die sich indessen trotz ihrer Vertrautheit
mit dem Wasser doch nicht auf die hohe See wagen (Logan in Jour=
nal I, 302). Die ersteren leben auf die ärmlichste Weise, sind sehr
schmutzig, nur mit einem Schurz von Baumrinde bekleidet und besitzen
nicht einmal Waffen; von religiösen Vorstellungen war keine Spur bei
ihnen zu entdecken (Thomson ebend. 342 ff.). Ueberall in diesen Ge=
genden stehen die Orang Laut der Küste in einem Verhältniß der Hörig=
keit zu den vornehmen Malaien welche am Lande wohnen (Bruijn=
Koops ebend. IX, 108). Auch an der Mündung des Flusses Indragiri
giebt es deren; es sind dieß die sog. Orang Kwala die von ihren beständ=
digen Sitzen in den Prauwen so krumme Beine haben daß sie nur
mühsam am Lande gehen (Tobias in Tydschr. a, X, 103).

Die Badjos führen ganz dieselbe Lebensweise, welche Finlayson
(Mission to Siam 73) als so elend geschildert hat. Die verschiedenen
Berichte über sie bei Valentyn (I Beschr. d. Mol. 66), deren einer sie

als sehr wüste wilde Menschen ohne alle Religion beschreibt, während der andere von **Padbrugge** sie als stille brave ehrliche Leute bezeichnet die niemandem Uebel thun, mögen ihren Grund zum Theil in der Verschiedenheit ihrer einzelnen Abtheilungen selbst haben. In früherer Zeit sollen sie gar keine Waffen geführt haben außer einem Stück Holz. Ihre Fahrzeuge sind stark gebaut und gehen meist auf Segeln, doch verstehen sie auch sehr gut zu rudern, auch die Weiber sind sehr tüchtige Seeleute (**Padbrugge**). Auch neuerdings werden sie meist als friedliche und fleißige Fischer Händler und Taucher geschildert, die sich weit umhertreiben, sich in ihrer Thätigkeit aber oft gehindert und beschränkt finden durch die Seeräuber welche in diesen Gegenden hausen (**Wilkes** V, 356, **van der Hart** 267), doch giebt man denen im Süden von Celebes, wo sie eine besondere Kaste unter eigenen Häuptlingen bilden, Schuld daß sie den Sklavenhandel sehr fördern, da sie gern Knaben gegen den von ihnen gesammelten Tripang eintauschen (Tydschr. 1854 II, 367). Muhammedaner sind sie hier nur der Kleidung nach; sie haben ihre eigenen Priester und rufen in Krankheit eine männliche und eine weibliche Gottheit des Meeres an (Tydschr. VIII, 1, 40 f.). Ebenso verhält es sich mit denen im Nordwesten von Borneo, wo die Gewinnung des Salzes aus der Asche der Nipapalme welche sie auslaugen, als einer ihrer Industriezweige zu nennen ist (**Spencer S. John** in **J. R. G. S. XXXII**, 231).

Daß die Seeräuberei im indischen Archipel erst in Folge der Gewaltthätigkeiten der Europäer die sich hier festsetzten, entstanden sei (Capt. **Osborn**, Quedah. Lond. 1857 p. 181), ist ein Irrthum. Sie ist in diesen Meeren vielmehr uralt und wird schon vom Sejara Malayu in alter Zeit erwähnt, obschon es ganz richtig ist daß die Maßregeln der Europäer und insbesondere die Handelsmonopole (die z. B. den Gewürzhandel den Makassaren und Bugis die ihn bis dahin geführt hatten ganz entzogen) viel dazu beigetragen haben durch Vernichtung des einheimischen Handels die Malaien der Faulheit und mittelbar der Seeräuberei in die Arme zu führen (Tydschr. 1850 II, 99), die mit der Zurückziehung der europäischen Macht von einzelnen Punkten stets neue Kraft und neuen Spielraum gewann: so namentlich an der Westküste von Borneo als die Holländer ihre Kolonieen in Sukkadana Sambas und Bruni 1623 aufgaben (**Veth** I, 211, 342 f.). Da die Piraterie nach malaiischen Begriffen ein ehrenvolles Geschäft ist das von jungen

Fürsten und Adeligen betrieben, in den Romanen und historischen Traditionen gefeiert und dem selbst gewinnreicheren Handel als die „noblere
Passion" vorgezogen wird (Raffles I, 232, Brooke bei Keppel I,
195), kann man sich nicht wundern daß er als ein vollkommen regel-
mäßiges Geschäft behandelt wird, das man zu bestimmten Zeiten und
in bestimmten Formen vornimmt: der Seeräuber hat an den Eigenthümer und Ausrüster des Schiffes ⅔ der Beute und ebenso an den
Fürsten des Landes und an einzelne Beamte bestimmte Abgaben zu ent-
richten (Angelbeek a. a. O. 56). Ein kleiner Fürst der sich durch
das Spiel ruinirt hat oder seine Vermögensumstände verbessern will,
sammelt eine Schaar von Genossen um sich und segelt mit ihnen nach
einem versteckten Platz wo er ein Dorf anlegt das zur Niederlage für
geraubte Menschen und Güter dienen könne. Sind die Räuber glücklich, so vermehrt sich die Bande und das Dorf vergrößert sich; die
Flotte wird alsdann in einzelne Schwadronen abgetheilt, die je nach
dem Zwecke den man vor Augen hat aus 3 bis zu 20 Prauwen bestehen, jede zu 15 bis zu 40 Mann. Die geraubten Fahrzeuge werden
verbrannt, die Güter und Sklaven verkauft (W. Earl a, 384). Nach
Räuberart greifen sie nur an wo sie des Sieges gewiß sind; in äußerster Noth ermorden sie bisweilen selbst ihre Weiber und Kinder und
kämpfen bis zum Tode Boudyck 134). Ihre Sitze auf der Halbinsel
Malakka hat Newbold (I, 39) angegeben; auch Pulo Pinang ist einer
ihrer Schlupfwinkel (Laplace b, IV, 28), und die Umgegend von
Singapore und Rhio ist noch voll von Piraten, die hauptsächlich aus
dem ersteren Handelsplatz beständig mit Waffen und Munition versorgt werden (Keppel a, I, 279). Als ein hervorragendes Beispiel
ihrer Frechheit mag nur angeführt werden daß sie im October 1844
die Insel Bawean an der Nordküste von Java geplündert haben (Tydschr. 1851 I). Das Treiben der Seeräuber, auf das wir später noch
mehrfach zurückkommen werden, der von ihnen betriebene Sklavenhandel und das Ungenügende der Maßregeln welche von der holländischen
und englischen Regierung dagegen ergriffen worden sind, wollen wir
hier nicht ausführlich schildern, da dieß häufig genug geschehen ist
(Journal III, 251, IV, 45, V, 374, Auszug aus dem Singapore Chro-
nicle von 1826, Fraissinet in Nouv. Ann. des v. 1855 I, 31, 190,
Brumund I, 67, Temminck II, 224 ff., St. John II, 111 ff.).

Die eigenthümliche politische Verfassung der Malaien hat sich nur in einem Theile ihres alten Hauptlandes auf Sumatra erhalten, wogegen sie in Malakka wesentliche Aenderungen hauptsächlich durch muhammedanische Einflüsse erfahren hat. Der Herrscher von Menang-kabao (Jang oder Cang dipertuan) besaß früher die Macht die Streitig-keiten aller andern Fürsten zu schlichten und galt für so ehrwürdig daß diese jeden Kampf einstellten wenn er erschien (Müller a, 122), doch ist er in Folge des Unabhängigkeitssinnes seiner Untergebenen und der von der Sekte der Padris erregten Unruhen in Einfluß und Ansehn neuerdings sehr herabgekommen (Nahuijs 143 ff.). Neben ihm stan-den zwei Radjas oder Minister, der eine für den Cultus, der andere für die Justiz, welche nebst vier anderen hohen Würdenträgern, wahrschein-lich den Vorständen der vier Regentschaften in die das Reich getheilt war, den Staatsrath bildeten, aber gleich dem Oberhaupte selbst ohne wirkliche Herrschergewalt waren und hauptsächlich nur zwischen strei-tenden Parteien zu vermitteln hatten und Verfolgten Zuflucht zu ge-währen vermochten (Moor 112, Tydschr. 1851 II, 13, Francis in Tydschr. II, 1, 131). Der Herrscher mit seinem Rathe bildete die Spitze des Staates, aber dessen eigentlicher Schwerpunkt lag in der Suku-Einrichtung, die von so ganz patriarchalischer Art war daß die Häupt-linge, wenn sie sich nicht eine Gewalt anmaßten die ihnen nicht zukam, was freilich oft geschah, eigentlich nur die Befugniß hatten die Gesetze und das Herkommen auszulegen (Francis ebend. IV, 1, 434): das Einkommen der Fürsten war daher gering, sie genossen ein solches nur von drei Zoll-Thoren im Lande, mußten ihre Felder durch ihre eigenen Sklaven bauen lassen, nur für ihre Häuser wurde ihnen Baumaterial geliefert (ders. ebend. II, 1, 136).

Die Individuen aus denen der alte Malaienstaat besteht, sind die Sukus, die Familien oder Geschlechter, die zusammengenommen einen Stamm ausmachen und deren Häupter oder Panghulus die eigentliche Regierung des Landes sind; so viele Sukus nämlich in einem Dorfe (Kota) zusammenleben, von so vielen Panghulus wird dieses regiert und ebenso ein ganzer Landstrich von der Versammlung der Panghu-lus seiner Dörfer. Diese sind von dreierlei verschiedenem Rang und unter ihnen stehen die Orang buahs oder Orang kajas, die meist ihren Einfluß zu untergraben suchen. Die Panghulus werden gewählt aus einer bestimmten Linie des Suku, wobei viele Intriguen gespielt wer-den, doch kommt die Würde gewöhnlich auf den von derselben Mutter geborenen Bruder oder den Schwestersohn. Sie entscheiden alle allgemeinen Angelegenheiten und setzen das versammelte Volk von ihrem Beschluß in Kenntniß; sie sind die verpflichteten Schutzherren ihres Suku, die Patriarchen; ihre Hauptfunction ist das Richteramt; außer Ehrenbezeigungen und Gehorsam erhalten sie eine Abgabe an Reis Geschenke bei festlichen Gelegenheiten und ihre Untergebenen tragen die Kosten der Hochzeit und Leichenfeier für sie; absetzbar sind sie nur wenn sie sich grobe Verletzungen von Gesetz und Herkommen erlauben (Müller a, 109, 136, Couperus in Tydschr a, IV, 2 ff., v. d. Linden ebend. 257, 262, 268 ff.). Dem Cultus stehen die Pagawes vor, die Landesvertheidigung liegt zunächst den Palawans oder Ulubalangs ob (Francis in Tydschr. II, 1, 131).

Der Ursprung der Suku geht in die vorhistorische Zeit zurück. Als größere Abtheilungen des Volkes stehen über ihnen die Laras oder Stämme, deren Verhältniß zu jenen indessen noch nicht genügend aufgeklärt ist. Nach Müller (a. a. O.) sind die zwei Laras in welche die 13 Kotas zerfallen, nichts Anderes als die alten Suku, aus denen die späteren Suku hervorgegangen wären durch Abzweigung, daher die zwei Dörfer Solo und Salajo an der Spitze der anderen von ihnen gestifteten ständen. Eine Sage dagegen erzählt daß das Volk von Tanah-datar, Priangan und Padang-pandjang aus zwei Stämmen bestanden habe, die in vier Zweige oder Suku, Kota und Pilian, Budi und Tjeniago vertheilt worden seien; Kota und Pilian seien in Tanah datar geblieben, der andere Stamm mit seinen beiden Zweigen nach Agam gezogen; in Folge einer späteren Verschmelzung seien zwei Laras, Kota-pilian und Budi-Tjeniago entstanden, da die Bevölkerung zunahm habe man aber viele Suku mit besonderen Namen unterschieden, deren man jetzt meist 4—6 in einem Dorfe finde (v. d. Linden a. a. O. 263, eine andere Angabe bei Couperus a. a. O. 3). Francis (a. a. O. 109) giebt an daß das Land in ältester Zeit in Luaks (Provinzen), Kotas und Dörfer, die Bevölkerung in Laras, Suku und Familien getheilt gewesen sei (Anders lautet die Eintheilung in Tijdschr. 1851 II, 13). Wie es sich hiermit aber auch verhalten möge, so ist doch deutlich daß der Familienverband bei den Malaien die einzige wesentliche Grundlage des Staates ist. Aus der Familie ist dieser sichtbar hervorgewachsen: Rang Macht und Einfluß jedes Einzelnen entsprechen genau den näheren oder ferneren Beziehungen zu dem Stammvater;

die Sukus vermehren sich nicht; neu gegründete Dörfer bleiben für immer bloße Dependenzen der Mutterdörfer. Diese Organisation bringt
es mit sich daß die Familie für ihre Glieder, das Geschlecht (Suku) für
seine Familien, das Dorf für seine Sukus, der ganze Distrikt für seine
Dörfer solidarisch haftbar ist (Tijdschr. 1855 II, 97 nach de Stuers).

Die Selbstständigkeit des Suku tritt hauptsächlich darin hervor
daß er alleiniger Eigenthümer des Landes ist, das von ihm in unvordenklicher Zeit in Besitz genommen und bebaut, weder durch Heirath
noch durch Erbschaft, Kauf oder eine Uebereinkunft anderer Art von
ihm veräußert werden kann; der Einzelne hat ursprünglich nur das
Gebrauchsrecht, dieses allein wird vererbt, verkauft, verschenkt, ver-
pachtet, verpfändet selbst an Leute aus einem fremden Suku, jedoch
nicht ohne die Zustimmung des Panghulu. Diese ist ferner erforderlich
zur Urbarmachung des Buschlandes in der Nähe des Dorfes, der Ebe-
nen und Grasfelder, während abgelegene Wälder und Wildnisse ohne
Weiteres von jedem Angehörigen des Suku benutzt und angebaut werden dürfen. Seine Felder und Pflanzungen, die Umgebung seines Ge-
höftes und seine Viehkraale bleiben alsdann ihm zu eigen und fallen
seinen Erben zu, aber willkürlich veräußern oder verpfänden darf er sie
nicht; stirbt seine Familie gänzlich aus, so verfügt der Suku über sein
Land und oft erhalten dann Fremde gegen eine geringe Vergütung das
Recht der Benutzung und selbst der Niederlassung. An bestimmter Bezeichnung und Abgrenzung des Eigenthums fehlt es nicht (Tydschr.
1852 I, 109 ff., Tydschr. a, III, 477 ff.).

Eine weitere Eigenthümlichkeit besteht darin daß die Kinder stets
zum Suku der Mutter gehören und daß die Frau demnach als der eigentliche Träger der Familie gilt und alle Blutsverwandtschaft fast nur
nach der weiblichen Linie gerechnet wird, der Mann aber, der in früherer Zeit niemals in seinen eigenen Suku heirathen durfte (Burger in
Verhand. XVI, 192, Tydschr. 1861 II, 274), nicht als Gründer, sondern als ein fremder von außen hinzugetretener bloßer Beisitzer der Familie erschien. Er trat indessen durch die Heirath nicht etwa in den
Suku der Frau über, die er nahm und zu der er zog, denn die Ange-
hörigkeit zum Suku war durch die Geburt für alle Zeit bestimmt, aber
es erbten eben deshalb auch nicht seine Kinder von ihm, sondern seine
Schwesterkinder, nächst diesen seine Brüder (nach Andern die Mutters-
Schwester und deren Kinder) dann die übrigen Blutsverwandten, wäh-

rend die Kinder die natürlichen Erben nur ihrer Mutter waren (Couperus und v. d. Linden in Tydschr. a, IV, 17 u. 272, Müller a,
144, Tydschr. 1859 I, 386). Das Vermögen der Familie in die er
heirathete (pusaka) das Erbe im eminenten Sinn, eine Art von Fidei-
commiß, konnte der Mann nicht angreifen außer bei Blutschuld oder
anderen bringenden Schulden und auch dann nur mit Vorwissen der
Familie, nur über das Selbsterworbene durfte er verfügen, doch gingen
von diesem die Kosten des Todtenfestes ab, und nur die Hälfte des Restes
erhielten seine Kinder (ebend., vgl. auch Couperus). Schulden werden
in gleicher Weise vererbt wie das Vermögen. Nur im Niederlande, nicht
in den Gebirgsgegenden von Padang, ist es der fanatischen Sekte der
Padris gelungen, das alte Erbrecht wenigstens zum Theil durch das
muhammedanische zu verdrängen (Francis in Tydschr. II, 1, 111,
vgl. jedoch ebend. 1861 II, 280, vgl. Nahuijs 104). Die verwandtschaftlichen Beziehungen des Mannes kamen nur bis zum dritten Grad
in der eigenen auf- und absteigenden Linie und in der des Bruders in
Betracht (Couperus), die des Weibes in unbeschränkter Ausdehnung,
denn von der Stammmutter des Suku nebst ihren Brüdern, Schwestern und deren Kindern, kam ursprünglich alles Landeigenthum her.

An Abgaben bezahlen die Malaien des Gebirgslandes von Padang
$\frac{1}{10}$ der Ernte nur dann, wenn diese mehr als 1000 Gantangs beträgt,
und von dieser Abgabe fällt ein Drittel an die Häuptlinge, das zweite
an die Priester, das dritte an den Suku, dessen Schulden damit getilgt
werden; außerdem ist noch das Schlachten und der Tabaksbau besteuert
(Couperus a. a. O. 18). Nur wo die Suku-Einrichtung verfallen ist,
hat die Bevölkerung oft einen unerträglichen Druck von Seiten der Ge-
walthaber zu leiden. Die bedeutendsten Einkünfte der Häuptlinge fließen indessen aus Prozessen, die nicht selten von ihnen zum Gelderwerb
mißbraucht werden.

Bei Rechtsstreitigkeiten wendet man sich zuerst an das Haupt der
Familie, dann an den Panghulu, in wichtigen Angelegenheiten an die
versammelten Panghulus, was immer nur mit entsprechenden Geschenken geschehen kann und daher sehr theuer kommt (Müller a, 113,
v. d. Linden a. a. O. 258). Ferner muß ein Pfand im Werthe des
Streitobjectes deponirt werden und der Richter erhält für seinen Spruch
$\frac{1}{4}$ oder $\frac{1}{8}$ der Strafsumme auf welche er erkennt (Couperus in
Tydschr. a, IV, 13 f.). Er entscheidet nach dem Unbang-undang oder

Strafrecht und nach dem Adat oder Gewohnheitsrecht; erst nach diesen
kommt der Koran in Betracht. Zunächst hat er die Zeugen abzuhören,
Blutsverwandte der Parteien sind als solche nicht zulässig; mangeln
genügende Zeugen oder sind ihre Aussagen widersprechend, so wird zum
Schwur gegriffen (ebend. 9 ff.). Bleibt der Thäter eines Verbrechens
unermittelt, so muß das ganze Dorf wo es geschah für die Schuld haften und muß sich durch einen Eid reinigen (Müller a, 118, v. d. Linden a. a. O. 260). Rechtsstreitigkeiten die zu keiner bestimmten Entscheidung kommen, gehen bisweilen in einen kleinen Krieg über (ebend.
263). Die Todesstrafe tritt bei Mord* nur selten ein, muß aber, wo
sie stattfinden soll von einem Neffen des Erschlagenen selbst vollzogen
werden (Couperus a. a. O. 11). Das Blutgeld für das, wie für alle
Schulden, die Verwandten haften müssen, beläuft sich je nach dem
Range des Ermordeten auf 200—1000 Gulden (Tydschr. 1861 II,
274) und fällt zur Hälfte dem Richter zu (Müller a, 116). Wer
einen Andern vergiftet, wird Sklave der Familie des Vergifteten, und
überhaupt steht es dieser frei den Mörder eines Verwandten umzubrin-
gen, wenn sie den Blutpreis verschmäht (Tijdschr. 1851 II, 15); dasselbe Recht hat auch der Mann gegen die in Ehebruch ergriffene Frau,
kommt es aber zum Prozesse, so muß sich der Kläger mit Geldbuße begnügen (Couperus a. a. O. 12, Tijdschr. 1859 II, 388). Gestohlnes
wird doppelt oder dreifach vergütet (Tijdschr. 1851 II, 15), der bemit-
telte Dieb zieht aber die Untersuchung oft in die Länge, während der
unbemittelte gleich jedem Zahlungsunfähigen, dessen Schuld bis zum
Preise eines Sklaven angewachsen ist, Schuldsklave (pandeling) wird,
d. h. er wird verpfändet bis er seine Geldschuld abgearbeitet hat und reißt
oft in Folge der solidarischen Haftbarkeit seiner Familie auch diese mit
in dasselbe Schicksal hinein. Bezahlt ein Verwandter oder der Suku
die Schuld für ihn, so wird er von da an der Schuldsklave des letze-
ren. Ein Unruhestifter und Taugenichts kann von der Familie gänzlich
ausgestoßen werden, so daß ihm, wenn er nicht auswandern will, nur
übrig bleibt in den Dienst des Panghulu zu treten (Müller a, 118,
v. d. Linden a. a. O. 261). Außer den Schuldsklaven, welche die

---

* Wenn auch in allen Malaiensprachen ein Mörder nur „Einer der tödtet"
heißt (Crawfurd III, 124), so würde man doch zu weit gehen hieraus zu
folgern daß die Malaien von jeher keinen Unterschied zwischen Mord und Todtschlag gemacht hätten, wie die Redjang in späterer Zeit (Marsden 408), und es
ihnen nur um den Ersatz des vernichteten Lebens in Geld zu thun gewesen wäre.

niedrigste Klasse der bürgerlichen Gesellschaft bilden und nur einen kleinen Antheil an der Reisernte für sich erhalten, giebt es auch noch Sklaven im eigentlichen Sinne, die stets Fremde und ganz rechtlos sind.

Da sich die verwandtschaftlichen Beziehungen nach der Frau bestimmen und das Vermögen durch sie vererbt wird, kann es nicht befremden daß nach altem Adat das Mädchen oder vielmehr deren Mutter
um den Mann wirbt dem sie eine gewisse Summe Geldes giebt welche
bei Schließung der Ehe vom Manne gewöhnlich verdoppelt zurücker-
stattet wird. Oheim und Nichte können als nächste Verwandte keine
Ehe miteinander eingehen (Tijdschr. 1859 I, 383). Die Stellung und
das Recht der Frau hängt von der Art der Ehe ab welche sie eingeht.
Dieser Arten giebt es drei. Die Heirath durch djudjur ist ein vollstän-
diger Kauf der Frau: diese und die Kinder werden Eigenthum des Mannes und fallen nach seinem Tode an seine Erben, die Schwiegereltern
verlieren alle Rechte auf die Tochter außer einem Klagerecht das ihnen
bei schlechtem Betragen des Mannes gegen diesen zusteht. Da die Kaufsumme hoch ist, wird das Heirathen dadurch sehr erschwert und die Ehe
kommt erst in späten Jahren zu Stande. Um die Frau nicht in die
absolute Abhängigkeit gerathen zu lassen welche diese Art der Ehe mit
sich bringt, sie gegen Verpfändung ihrer Person u. dergl. sicher zu stellen, bleibt bisweilen aus Delikatesse ein kleiner Theil jener Summe un-
bezahlt. Ist die Heirath durch semando geschehen, wobei der Mann
ein bestimmtes Geschenk giebt, die Frau aber die Kosten des Hochzeit-
festes zum größeren Theile trägt, so stehen beide auf dem Fuße der
Gleichheit, haben gleiche Rechte auf die Kinder und das errungene Vermögen, im Falle der Scheidung bleibt das Haus der Frau und die Kinder können wählen welchem der Eltern sie angehören wollen. Wird die
Ehe durch ambil anak geschlossen, so zahlt der Mann nichts und tritt
in eine untergeordnete Stellung zur Familie der Frau, wird seinerseits
völlig abhängig und dienstbar und hat kein Recht auf die Kinder; es
findet dieß hauptsächlich dann statt, wenn von einer Familie nur noch
eine Tochter übrig ist, durch deren Verheirathung die Familie aufrecht
erhalten werden soll (Francis in Tydschr. II, 1, 149, Bydragen
N. V. IV, 265, 312, Marsden 437, Crawfurd III, 100). Neben
diesen Hauptarten der Ehe giebt es noch mehrere Uebergangsformen derselben. Als Modification der Ehe durch djudjur ist namentlich der Ein-
tausch einer Schwiegertochter gegen eine Tochter hervorzuheben, was

unter Umständen mit einem Aufgelde und in der Art geschieht, daß die letztere nun gleich einer eigenen Tochter für Geld von denen verheirathet wird an die sie übergegangen ist (**Marsden** 419). Zieht die Frau zu ihrem Manne, so ist dieser in jeder Hinsicht für sie haftbar und sie selbst verliert das Erbrecht in ihrer eigenen Familie; zieht der Mann zu ihr und bleibt sie bei ihrer bisherigen Familie, was der gewöhnliche Fall ist, so hat diese, nicht jener, in jeder Beziehung für sie zu haften. Der Vater ist zwar verpflichtet für seine minderjährigen Kinder zu sorgen, da diese aber, wie wir oben sahen, ihn nicht beerben, haben sie auch nicht für seine Schulden einzustehen und sind überhaupt mit ihm nur durch ein lockeres Band verbunden; er darf ihnen ohne die Zustimmung seiner künftigen Erben nicht einmal etwas schenken außer Kleidern (Tydschr. 1859 I, 384 ff., **v. d. Linden** in Tydschr. a, IV, 272). Man sieht leicht daß dieses Erb- und Eherecht das Interesse für die eigene Familie zugleich mit dem für Arbeit und Erwerb zerstören, während auf der anderen Seite die Suku-Regierung jeden politischen Fortschritt unmöglich macht.

Polygamie, ohnehin nur möglich wo Reichthum den Ankauf mehrer Frauen gestattet, ist erlaubt, doch müssen die Frauen desselben Mannes in verschiedenen Dörfern wohnen (**Burger** in Verhand. XVI, 192). Selbstverständlich ausgeschlossen bleibt sie nur bei der Ehe durch semando und giebt in diesem Falle einen Scheidungsgrund ab. Ein solcher liegt ferner für die Frau in Vernachlässigung, Verlassung oder Mißhandlung von Seiten des Mannes, wogegen es letzterem jeder Zeit und ohne Angabe eines bestimmten Grundes frei steht die Scheidung zu bewirken (Tydschr. 1859 I, 384, **Couperus** in Tydschr. a, IV, 16). Im Allgemeinen wird die eheliche Treue beider Geschlechter gerühmt; die Frauen sind es meist die ihre Männer ernähren, den Handel führen und das Feld bauen (Tydschr. 1851 II, 2).

Wir haben uns im Vorstehenden auf die Darstellung derjenigen Institutionen beschränkt welche unzweifelhaft dem alten Menangkabao eigen waren und dort noch jetzt herrschen; wir werfen jetzt einen Blick auf die übrigen Länder von Sumatra, in denen theils dieselbe Verfassung bestanden haben mag, später aber mehr oder weniger sich verändert hat, theils schon seit alter Zeit wesentlich verschiedene Einrichtungen eingeführt waren.

Seitdem die Oberhoheit über Menangkabao und die Westküste von

2° 53' n. B. bis 2° 25 f. B. auf die Holländer übergegangen ist, die sich die Bestätigung der höheren Panghulus vorbehalten und einige derselben mit 20 Gulden monatlich besolden (Tydschr. 1855 II, 97), schreitet der Verfall der alten Einrichtungen immer weiter fort, obwohl sie nicht gewaltsam von den Holländern verdrängt, sondern langsam untergraben werden. In Indrapura giebt es keine Sukus mehr, es herrscht dort ein Sultan, aber nach altem Rechte erbt der Schwester- sohn den Thron (Sal. Müller in Bydragen III, 276). Die Häupt- linge haben sich hier in den Küstengegenden überall das Eigenthum des gesammten Landes angemaßt, es giebt aber nirgends größere Reiche, die einzelnen Dörfer sind voneinander unabhängig. In Moko-moko bestehen zwar die Sukus noch, aber der Tuanku, der von den Mantries aus der fürstlichen Familie gewählt wird, von ihnen aber auch wieder abgesetzt werden kann, drückt die Bevölkerung schwer, nicht minder ge- schieht dieß durch die einzelnen Häuptlinge seine Vasallen: die Schuld- sklaverei ist daher dort sehr ausgedehnt und man unterscheidet vier Arten derselben, je nachdem Loskauf unmöglich oder noch möglich ist, oder der Verpfändete nur zu einer bestimmten Summe von Arbeit ver- pflichtet ist für die ein Bürge einsteht oder endlich nur für die Abliefe- rung eines bestimmten Maaßes von Feldfrüchten als Schuldner haftet. Es giebt dort nur eine Art der Ehe, die durch semando; wird eine zweite Frau zur ersten hinzugenommen, so erhält diese 40 Gulden; weigert sich der Mann die Schuld eines Verwandten seiner Frau zu be- zahlen, so spricht dieser die Scheidung aus: Frau und Kinder werden alsdann verkauft, bezahlt er die Schuld, so nimmt er seine Frau und Kinder selbst dafür in Pfand (Bogaardt in Bydragen N. V. II 27 ff.). In Passumah lebar gelten die vier Passirahs, welche unab- hängig voneinander sind, aber in einer Art von Bundesgenossenschaft stehen, als die Eigenthümer des Landes, für dessen Benutzung ihnen das Volk einige Herrendienste leisten und mit in den Krieg ziehen muß; die einzelnen Dörfer stehen unter einem Panggerang oder Depati. Hei- rathen werden nur durch djudjur und ambilanak, nicht durch semando geschlossen (Boers in Tydschr. II, 2, 562 ff.). Die Gesetze sind im Wesentlichen dieselben wie in Menangkabao. Unkeuschheit der Mädchen und deren Folgen werden streng mit Geldbußen gestraft (Näheres dar- über und über die Eide als Beweismittel im Prozeß bei Marsden 3d ed. 233 ff.). Die Redjang, deren Land seit 1859 mit der Resident-

ſchaft Palembang vereinigt iſt (Hollander 681), ſtehen unter Dipa-
tis, deren Würde nicht ſtreng erblich und deren Macht nur gering iſt;
der Verſammlung derſelben präſidirt der Pangerang. Aus dem Geſetz-
buche dieſes Volkes das im J. 1779 auf Veranlaſſung der Engländer
niedergeſchrieben worden iſt, geht hervor daß zwar auch bei ihm wie
bei den andern Malaien jedes Vergehen ſeinen Preis in Geld hat, daß
aber das Erbrecht nicht das urſprünglich malaiiſche iſt: der älteſte Sohn
oder das neu gewählte Haupt der Familie iſt der Haupterbe, auch Mann
und Frau, wenn durch ſemando verheirathet, beerben einander. Verletzung der Keuſchheit wird auch bei ihnen ſtreng geſtraft. Der Zinsfuß
betrug früher 150%, iſt aber auf 50% herabgeſetzt worden, doch
konnte der Gläubiger nie mehr als das Doppelte der geliehenen Summe
einklagen, d. h. es mußten alle Schulden vor Ablauf eines Jahres bezahlt werden, wenn ſie nicht verloren gehen ſollten (Näheres bei Marsden 3ᵈ ed. 210 ff.).

Benkulen, deſſen Bevölkerung aus Einwanderern von verſchiede-
bener Art zuſammengefloſſen iſt, hat die Suku-Einrichtung nicht; außer
dem Tuanku von Natal haben die Häuptlinge kein feſtes Einkommen
von der Bevölkerung und geſetzlich auch keine Macht außer in Ueberein-
ſtimmung mit dieſer, aber das Recht des Stärkern herrſcht vor. Der
Adel, der das Volk ſchwer drückt, beſteht aus den Orang tuas, Panghulus, Mantries und den Verwandten des Radja; auf ihn folgen im
Range die niederen Häuptlinge, Prieſter und Kaufleute, dann die freien
Bürger, endlich die Schuldſklaven und Sklaven (Francis in Tydschr.
II, 1, 142, 153 u. IV, 1, 438). Die dortigen Strafgeſetze, das Fami-
lien- und Eherecht iſt im Weſentlichen daſſelbe wie in Menangkabao.
Im Thale von Lebong zwiſchen Benkulen und Palembang findet ſich
die Suku-Regierung wieder, da ſich dort Leute aus Menangkabao nie-
dergelaſſen haben (Stock in Bydragen N. V. IV, 86). Wenn Müller (a, 129) angiebt daß ſie ſich von dem Battalande im Norden bis
nach Korintji erſtrecke, ſo iſt dieß zwar richtig, aber nicht genau, da ſie
noch weiter nach Süden reicht. In den Küſtenländern ſüdlich von Benkulen bis nach Kroe hin gelten dieſelben Grundſätze in Rückſicht des
Eigenthums an Land, der Verwandlung aller Strafen in Geld und
mittelbar in Zwangsarbeit und die Arten der Ehe ſind dieſelben wie in
Menangkabao, nur die Eintheilung des Volkes und Landes iſt eine andere: dem Dorfe ſteht ein vom Volke ernannter Proatin vor und aus

den Dörfern sind Mergas oder Margas formirt, deren Oberhaupt der
von den Proatins gewählte Chalippa ist (Bydragen N. V. IV, 256 ff.).

Auch bei den Lampongs sind ähnliche Institutionen als die
Grundlage der jetzigen politischen und socialen Verfassung leicht zu erkennen, obwohl sie bedeutende Veränderungen erlitten haben. Jeder
Distrikt oder Marga, selten aus mehr als zehn Dörfern gebildet und
von einem unabhängigen Oberhaupt regiert, ist nach dem Stamme benannt dem seine Bevölkerung angehört. Jedes Dorf ist in eine Anzahl
von Vierteln getheilt, an deren Spitze ein Viertelmeister steht. Dem
Meister des ältesten Viertels sind die der übrigen untergeben; die Gründung eines neuen Viertels fordert die Zustimmung der sämmtlichen
Häuptlinge und solange diese nicht ertheilt wird bleibt selbst eine größere Anzahl neu gegründeter Gehöfte unselbstständig und stets abhängig
von ihren Stiftern: es sind demnach hier geradeso wie bei der Sufu-
Regierung dem streng patriarchalischen Princip entsprechend alle Abhängigkeitsverhältnisse nach dem genealogischen Zusammenhang geregelt; daher auch der Herrscher seine Unterthanen nur als „Stammgenossen", das Familienhaupt die seinigen nur als „Kinder und Vettern"
anreden kann (Du Bois in Tydschr. 1852 I, 249, 1857 I, 89 ff.).
Bei der Eitelkeit und Rangsucht dieser Menschen giebt dieß zu vielen
Streitigkeiten Veranlassung, jeder wendet Alles an um sich den Andern furchtbar zu machen, es besteht fast keine Regierung, Leben und
Eigenthum genießen nur geringe Sicherheit. Die Einkünfte des Fürsten und Abgaben sind zwar gesetzlich bestimmt (Näheres darüber a. a.
OO.), aber der Einzelne sucht sich seinen Verpflichtungen möglichst zu
entziehen. Eine vorzüglich große Rolle spielen die vielen dort gebräuchlichen und zum Theil hochtrabenden Titel, deren einige von Menangkabau herstammen, während andere von späterem Ursprung und aus
Bantam herübergekommen sind. Die höchsten Auszeichnungen bestehen
in einer Art viereckiger Bank, einer künstlich geschnitzten Rücklehne
und einer Ehrenpforte; sich diese beizulegen verursacht dem Fürsten große
Kosten, da er zu diesem Zwecke prachtvolle Feste geben muß, gewährt
ihm aber auch den Vortheil alsdann höhere Strafgelder auflegen, eine
höhere Kaufsumme für seine Töchter fordern zu können u. dergl. Jeder
neue Titel und jedes neue Vorrecht muß gekauft werden von den Privi-
legirten, kann aber auch dann vererbt und ohne eigenen Verlust weiter
verkauft werden. Erbitterte Streitigkeiten die von Geschlecht zu Ge-

schlecht forterben, entspringen auch aus dieser Quelle (Zollinger in Tydschr. IX, 1, 136 ff., Du Bois ebend. 1852 I, 253, 319, 329, ebend. 1857 I, 94, 103 ff.). Das Land gilt als Gesammteigenthum des Volkes (ebend. 116). Die Würden gehen auf den ältesten Bruder, nach den Brüdern auf den ältesten Sohn über; ist eine Wahl nöthig, so entscheidet über diese nicht die Thätigkeit, sondern nur das Recht das die Verwandtschaft giebt; im Uebrigen wird gewöhnlich der Sohn der vornehmsten Frau vom Vater zum Haupterben erklärt (Du Bois a. a. O. 250, 264). Das Strafrecht, Schuld- und Sklavenwesen wie das Prozeßverfahren ist in vieler Beziehung dem von Menangkabao ähnlich (Näheres bei Du Bois a. a. O. 256 ff.), das erstere unterscheidet sich hauptsächlich nur durch einige barbarische Züge und durch die Habsucht welche sich in der Vervielfältigung der Geldstrafen kundgiebt: der Mörder muß oder mußte wenigstens früher außer mancherlei Strafgeldern an die Familie des Erschlagenen zwei Menschenköpfe liefern die zu Füßen desselben begraben werden, und einen lebendigen Menschen (irawan) mit dessen Blut sich die Verwandten bestreichen zur Sühne, nachdem sie ihn umtanzt und getödtet haben. Verwandtenmord beschädigt nur die eigene Ehre und zieht keine Geldstrafe nach sich. Eide und Ordalien werden bei heiligen alten Gräbern vollzogen, an denen auch Opfer gebracht werden. Die Ordalien bestehen in Untertauchen, Herausholen eines Ringes aus siedendem Oel oder dem Hinstreichen eines glühenden Eisens über die Zunge. Die Ehe wird meist durch djudjur geschlossen, nur von Armen durch ambil anak, was für schimpflich gilt. Viele bleiben unverheirathet, weil die Brautpreise, deren es fünf verschiedene giebt, zu hoch sind, oder entführen die Braut damit deren Eltern sich mit einer geringeren Summe begnügen; auch geschieht dieß mit Vorwissen der letzteren, die alsdann gewaffnet ausziehen das Mädchen zu suchen, sich aber bald zufrieden geben und nach Aufführung eines Kampfspieles auf die Festsetzung der djudjur eingehen. Aus Eitelkeit wird die letztere nach Uebereinkunft oft beträchtlich höher angegeben als sie wirklich beträgt. Die älteste Heirathsceremonie besteht darin daß der Bräutigam sein linkes Knie auf die Kniee der Braut legt. Ausschweifungen sind häufig, doch Scheidung fast unbekannt. Nach dem Tode des Mannes fallen dessen weibliche Angehörigen an den ältesten Bruder der sie zu versorgen hat (Du Bois a. a. O. 265 ff., 319, Zollinger a. a. O. 131 ff., Tijdschr. 1857 I, 114, 1862 I, 175). Die Orang

Pagagan haben die Ehe durch djudjur schon lange nicht mehr; der Islam hat sich bei ihnen weiter ausgebreitet als bei den Lampongs, welche noch vielen heidnischen Aberglauben haben und nur dem Namen nach Muhammedaner sind (Tijdschr. 1857 I, 41, Du Bois a. a. O. 256, Steck in Bijdragen N. V. IV, 110).

In Palembang läßt nur das Eherecht noch die alt-malaiischen Einrichtungen bestimmt erkennen: es bestand dort sowohl die djudjur mit der häufig sich an sie knüpfenden Dienstbarkeit und Schuldsklaverei des Mannes, seines Bruders und seiner Kinder als auch die Ehe durch ambil anak, doch ist es den Bemühungen der Holländer und namentlich denen des Residenten de Kock (1846) gelungen die erstere abzuschaffen (Reijnst in Tijdschr. I, 1, 263, ebend. V, 2, 15 u. 1852 I, 227 f.). Die politischen Verhältnisse sind überwiegend durch javanische Einflüsse bestimmt worden, und wie fast überall in eroberten Ländern findet sich auch hier eine Art von Lehnsverfassung. Der Sultan gilt als der Eigenthümer des Landes. Neben ihm stehen die großen Vasallen, denen das Volk Herrendienste zu leisten und Lieferungen zu machen hat, ein in drei Klassen getheilter, durch bestimmte Rangzeichen unterschiedener Adel dessen gebildetster und kenntnißreichster Theil die Mantries waren; diese bildeten die ausführende Macht und waren die früheren Beamten des Sultans, dessen Herrschaft in neuerer Zeit in Folge innerer Unruhen von den Holländern ganz beseitigt worden ist. Manche Ländereien (sindang) des Adels zahlten keine Abgaben, dieser hatte für ihren Besitz nur Truppen zu stellen und Kriegsdienste zu thun, auf anderen (sikap) ruhte die Verpflichtung zu bestimmten Herrendiensten oder Lieferungen. Alles übrige Land wurde, wie es scheint, als Domäne des Fürsten betrachtet und ganz zu dessen Vortheil verwaltet: es war in Bezirke (margas) getheilt, deren jeder unter einem vom Sultan ernannten Depati und nächst diesem unter mehreren von der Bevölkerung gewählten Proatins stand und die Versammlung dieser höheren und niederen Häuptlinge, deren Aemter meist auf den Sohn oder den nächsten Verwandten forterbten, bildete die Bezirks-Regierung (Tijdschr. VIII, 3, 301 ff., ebend. 1853 II, 454 ff. vgl. Court, Exposit. of the rel. of the Brit. gov. with Palembang. Lond. 1821 p. 119). Die Bevölkerung selbst zerfiel in zwei Klassen, in Matagawes und Aliengans: jene waren eigentlich allein besteuert und hatten für alle Herrendienste und sonstigen Lasten einzustehen, genossen gewisse Vorrechte und waren die

natürlichen Schutzherren der letzteren, ihrer unter sie eingetheilten Verwandten und Hörigen, welche factisch freilich alle Arbeiten und Leistungen zu verrichten hatten, während die Geldstrafen und Schulden in die
sie verfielen, wenigstens bisweilen von den Matagawes für sie bezahlt
wurden. Die Anzahl der besteuerten Matagawes — sie waren es nicht
alle auf einmal, sondern wahrscheinlich abwechselnd — wurde stets voll
erhalten, ihre Dienstpflicht war erblich und ging auf den ältesten Sohn,
oder wenn ein solcher fehlte, auf den Tochtermann über, und die Lasten
der Familie und des Dorfes für welche sie zu haften hatten, sollten sich
stets gleich bleiben, aber der Sultan und die Mantries ließen diese nicht
allein nach Maßgabe der Bevölkerung selbst zunehmen, sondern verlangten auch gegen eingeführte Waaren oder Geld Lieferungen von
Landesprodukten, die nur zur Hälfte oder zu ¼ ihres Werthes angenommen wurden, forderten Geschenke bei Audienzen, Festen und anderen Gelegenheiten und erlaubten sich sonst noch viele Erpressungen
(Tydschr. I, 1, 258 ff., VIII, 3, 321, ebend. 1853 II, 456 f.). Durch
die Holländer sind die gröbsten dieser Mißbräuche abgeschafft worden;
wie viel sich seitdem von der früheren Verfassung noch erhalten hat, ist
nicht näher bekannt.

Indragiri früher an Johor, seit 1719 an Rhio unterthänig, hat
einen Sultan mit dem Titel Jang dipertuan, welcher gleich seinen beiden Reichsverwesern des Nieder- und des Gebirgslandes aus einer bestimmten Familie vom Volke gewählt zu werden pflegt, aber der Bestätigung von Seiten des Sultans von Lingga bedarf, der jedoch seine
Souveränetät (1837) an die Holländer übertragen hat und von diesen
eine Pension bezieht. Der Sultan von Indragiri regiert mehr oder
weniger absolut, je nach seinen persönlichen Eigenschaften, das Land ist
sein und der Reichsgroßen Eigenthum, die es entweder selbst bearbeiten
lassen oder gegen bestimmte Abgaben die Erlaubniß dazu an Andere ertheilen. Bemerkenswerth ist daß sich in Tiga Lurong eine Spur des
alten Erbrechtes erhalten hat: die eigenen Kinder und die Schwesterkinder erben dort zu gleichen Theilen (Tijdschr. IV, 1, 542 ff., Hollander 612). In Siak, wo die Holländer seit 1858 aufs Neue Fuß gefaßt haben (ebend. 624) scheinen die Verhältnisse von ähnlicher Art zu
sein. Atjin ist oder war vielmehr früherhin in drei Landschaften getheilt, welche, wahrscheinlich nach der Anzahl ihrer Mutterdörfer, die
22, 25 und 27 Sagins (Sukus?) hießen. Jedes dieser Dörfer steht

unter einem Panghulu oder einem Iman, jede Landschaft wurde von
je zwei Panglimas regiert, die den Sultan ganz in Abhängigkeit erhielten, da sie ihn ein- und absetzen konnten. Despotismus und Anarchie haben daher dort oft miteinander abgewechselt. Der Thron geht
wie die Würde des Panglima der Regel nach auf den ältesten Sohn,
nicht mehr auf Weiber über, wie zu Dampier's (III, 156) Zeit, da
die zwölf Orankeys factisch, eine Königin aber dem Namen nach re-
gierte (1688). Außer den Panglimas giebt es noch einen siebenten
hohen Beamten der dem Handel und Zollwesen vorsteht, den Sjaban-
dhar (Ritter in Tijdschr. I, 2, 466 ff., ebend. IX, 4, 165). Die Strafen sind hart, obwohl durch Geld abläuflich, der Rechtszustand sehr unsicher, der Einzelne sucht sich meist selbst Recht zu schaffen. Abschneiden
von Hand oder Fuß, auch Pfählung war sonst namentlich in Atjin eine
häufig vorkommende Strafe (Dampier III, 152 f., Marsden 550).
Die Dörfer der Nordwestküste bis nach Singkel sind ganz unabhängig
(ebend.). Singkel selbst das im 16. Jahrh. zu dem großen Reich von
Baros gehörte, kam im 19., da dieses sich auflöste an Atjin, dem es
noch jetzt untergeben ist. Die Häuptlinge der dortigen Dörfer (Datus)
haben nur geringe Macht, ihre jüngeren Brüder sind meist Priester
(Ritter in Tijdschr. II, 1, 13, Rosenberg in Tijdschr. a, III, 411 ff.).

Auf der Halbinsel Malakka hat das ursprüngliche Malaienthum
eine nicht unerhebliche Umbildung erfahren durch muhammedanische
Einflüsse, welche überall zum Absolutismus hingeführt haben. Wo es
den Fürsten gelungen ist die Herrschaft zu centralisiren hat sich ein voll-
ständiger orientalischer Despotismus entwickelt, und der Druck den sie
ausüben (in Pahang, Tringanu) wird als so unerträglich geschildert
(Abd-Allah 34, 107) daß sich die Völker lebhaft nach Befreiung von
diesem Joche durch die Europäer sehnen. Im Innern von Malakka ist
in Folge der Bedrückungen und Erpressungen von Seiten der Rajas
jetzt Alles verödet (Braddell in Journal VII, 96). Der Sultan von
Lingga, der bis zum J. 1824 den großen Titel eines „Sultans von
Johor, Pahang, Lingga, Rhio und seiner Dependenzen" trug, galt in
neuerer Zeit unter den dortigen Fürsten als der erste im Rang (Tijdschr.
1853 I, 412, Angelbeek in Verhand. XI, 53), obschon sein größter
Vasall, der Unterkönig von Rhio, ohne sich von ihm loszusagen, sich
eine gewisse selbstständige Macht zu erwerben gewußt hat, und neuerdings das Reich von Lingga nächst äußeren Einflüssen durch den Druck

der Großen, die Faulheit des Volkes und die Demoralisation beider gänzlich herabgekommen ist (Geschichte desselben seit dem Anfang des 18. Jahrh. von Netscher in Tijdschr. a, II, 180 ff.). Der Sultan wird von den Holländern ein- und abgesetzt, muß aber wo möglich dem Fürstenhause von Johor angehören; der Verweser des Reiches ist stets ein Bugis (Hollander 667).* Die Suku-Eintheilung, obwohl verfallen und in wesentlichen Punkten verändert (s. Hollander 663) besteht noch, aber die Heirath durch djudjur hat sich nicht erhalten (ebend. 132, 134 vgl. Newbold bei Moor Append. 63 f.). Die Reichsgroßen, deren Würden auf den ältesten Sohn und nach diesem auf den Bruder forterben, verwalten das Land ohne Rechenschaft davon zu geben. Die Strafgesetze, in denen die Geldbuße auch bei Mord die erste Stelle einnimmt, sind zum Theil grausam und barbarisch (Näheres bei Angelbeek a. a. O. 46 ff.). In Naning und anderwärts besteht noch die Succession des Schwestersohnes, doch kommt dieses alte Erb-recht durch muhammedanischen Einfluß mehr und mehr außer Gebrauch (Newbold I, 236, II, 220). Das Land gilt im Reiche von Malakka als Eigenthum des Herrschers, der den Zehnten davon erhält, nur un-bebauten Grund und Boden zu occupiren und zu bearbeiten ist allge-mein erlaubt und begründet ein Besitzrecht das solange dauert als die Spuren der Cultur (ebend. I, 260). Unter dem Raja stehen zunächst der Bandahara, der Tumungong und der Laksamana, von denen der erste der Regierung, der zweite die Justiz, der dritte dem Seewesen vor-gesetzt ist (ebend. II, 312). Der Shabandar hat die Aufsicht über Maaß und Gewicht, die Schiffs- und Fremdenpolizei (ebend. 265). Die Gesetz-bücher der Malaien, deren es mehrere giebt, sind an Geist und Inhalt nahe miteinander verwandt (Näheres ebend. 224 ff., Journal IX, 71 ff. Raffles in As. Res. XII, 104 ff.) und ihre Bestimmungen lassen die absolutistische Regierungsform überall deutlich hervortreten: sie verlan-gen denselben Gehorsam gegen gerechte und ungerechte Befehle des Für-sten; gewisse Ausdrücke dürfen nur in der Anrede an diesen gebraucht, bestimmte Farben und Stoffe der Kleider nicht ohne Erlaubniß desselben getragen werden (Newbold II, 232), und die Verletzung dieser beiden Vorschriften gilt in Lingga sogar als Hochverrath (Angelbeek a. a. O. 49); über die Sonnenschirme als Zeichen politischer Würden,

---

*) Der Einfluß der Bugis schreibt sich von den Diensten her die sie zu Anfang des 18. Jahrh. dem Sultan von Johor geleistet haben (s. oben p. 16).

ihre Farbe, Anzahl u. s. f. (s. Dulaurier zu Abd-Allah 37 ff.). Einen Sklaven des Fürsten wegzufangen wird mit dem Tode, den Büffel eines Beamten zu tödten mit Sklaverei in Johor gestraft, die Verletzung des Eigenthums des gemeinen Mannes dagegen minder streng geahndet (Journal IX, 76, 81). Wer auf Ehebruch oder Diebstahl ertappt wird oder einen Andern in's Gesicht schlägt, darf unmittelbar getödtet werden, außer wenn er ein Beamter ist, und wie die Bestrafung der Hochgestellten erleidet nicht bloß eine Verzögerung, sondern fällt auch milder aus (ebend. 86 f.). — Alles, wie es scheint, um der Hoheit und Heiligkeit des Herrschers willen deren Abglanz auf sie fällt. Der Koran soll für den Richter stets die erste Norm, das Gewohnheitsrecht die zweite sein (Newbold II, 276).

Wir müssen uns darauf beschränken einige charakteristische Züge aus den Gesetzbüchern von Malakka und Johor herauszuheben, im Uebrigen aber auf Newbold und das Journal (a. a. OO.) verweisen. Der Codex von Johor verlangt stets zwei, bei schweren Verbrechen vier Zeugen im Prozeß und erklärt Verbrecher, Sklaven, Kinder, Weiber für unfähig Zeugniß abzulegen mit wenigen Ausnahmen; die Ordalien sind dieselben wie bei den Lampongs (s. oben, Newbold II, 240, Journal IX, 90). Meuchelmörder zu dingen ist in den Fällen, in welchen, wie erwähnt, Todtschlag dem Beleidigten frei steht, in Johor nur mit Vorwissen der Obrigkeit erlaubt (ebend. 89). Mord an einem Sklaven oder Ungläubigen, vom Vater an seinem Kinde begangen, wird nicht mit dem Tode gestraft (Newbold II, 304). Es giebt mildere und schärfere, zum Theil entehrende Strafen des Diebstahls, je nach dem Werthe des Gestohlenen und den leichteren oder schweren Umständen; wer um Diebstahl weiß und ihn nicht anzeigt, verfällt in Strafe; gefundene Sachen von Werth sollen drei Tage lang öffentlich ausgestellt werden (ebend. 238, 304). Fremdes Vieh das auf Reisfeldern Schaden anrichtet darf gefangen und geschlagen werden, nur wenn jene eingezäunt sind; Büffel müssen Nachts eingehegt werden, sonst darf jeder sie tödten dessen Feld sie beschädigen (ebend. 295, 309). Bienen sollen nicht wie wilde und jagdbare Thiere von einem jeden eingefangen und angeeignet werden, sondern sind als Privateigenthum zu behandeln (Journal IX, 75). Sklaverei und Sklavenhandel sind bei den Malaien wie allerwärts so auch hier in Uebung; dasselbe gilt von der erblichen Schuldsklaverei oder Verpfändung der Schuldner und ihrer Familie

(Newbold I, 141). Indessen soll nach den Gesetzen von Johor weder der Schiffbrüchige noch der Hungerleidende Sklave seines Retters werden, sondern dieser nur den Anspruch auf eine bestimmte Belohnung erhalten (Journal IX, 77). Am Sklaven wird Diebstahl durch Abhauen der Hand, am Freien nicht durch Verstümmelung gestraft (ebend. 81), aber der Sklave ist nicht völlig rechtlos. Erschlägt ihn sein Herr, so wird er vor Gericht gestellt; bringt eine Sklavin ihrem Herrn ein Kind, so ist sie unverkäuflich und wird frei (Newbold II, 302, 293). Als charakteristisch erwähnen wir endlich noch daß, wie Crawfurd (III, 130) bemerkt hat, ein Angriff auf die Ehre des verheiratheten Weibes als zugleich gegen die des Mannes gerichtet schwerer gestraft wird als die Verführung und Schändung eines Mädchens, die fast nur als ein Schaden an Eigenthum und Geld angesehen zu werden scheint (Newbold II, 248, Journal IX, 83, 86). Beschimpfende Strafen, besonders Schläge, gelten für sehr hart und werden tief empfunden; die Todesstrafe ist häufig, wird aber durch unnütze Grausamkeiten nicht verschärft.

Unter den sog. Malaienstaaten auf Borneo — viele von ihnen sind vielmehr von Javanern gegründet worden, wie wir gesehen haben — sind Sambas und Pontianak, Banjermassing, Coti und Bruni neuerdings die bedeutendsten. An der Spitze des letzteren steht ein Sultan der den hohen malaiischen Titel Jang dipertuan führt, die Regierung aber ist bald despotisch monarchisch bald oligarchisch je nach dem persönlichen Charakter des Regenten (Low 104, 107). In den meisten jener Staaten ist die Regierung nur dem Namen nach absolut monarchisch, so z. B. in Sambas wo der Herrscher von dem hohen Rathe der Sechzehn gewählt wird und im Grunde nur dessen Vorsitzer ist, in Pontianak dagegen und in neuester Zeit auch in Sekadouw ist sie es in der That. Der Druck den das Volk zu leiden hat ist aber überall derselbe. Die Fürsten kümmern sich nur um die Strafgelder die sie einziehen können und oft in sehr willkürlicher Weise auflegen und üben ihre Erpressungen zunächst an den Reichen und Vornehmen, die sich durch eine gleiche Behandlung des Volkes dafür schadlos halten (Veth II, 326). Dieß gilt vor Allem auch von den Sultanen von Banjermassing, die sich in der neueren Zeit nur als vollständige Wütheriche und Wollüstlinge gezeigt haben; die Furcht vor ihrer und der Reichsgroßen Habsucht verscheucht allen Fleiß der Bevölkerung und nur in den von der

Residenz ferner gelegenen Gegenden regt sich einige Betriebsamkeit
(Schwaner 1, 52 ff.). Ueberall in diesen Ländern herrscht die drük-
kendste Schuldsklaverei, da alle Strafen Geldbußen sind oder in solche
verwandelt werden, und ganz vorzüglich haben die Dajaks darunter
zu leiden, die von den Malaien ohnehin meist ganz als Leibeigene behandelt und selbst wo dieß nicht geschieht, so in Schulden verwickelt
werden daß sie diesen mit ihrer Familie in kurzer Zeit ganz preisgegeben sind. Sie mögen durch jene einige Bildung erhalten haben, müssen
es aber schwer entgelten. Gewalt und List werden gegen sie gleichmäßig angewendet, ihre Streitigkeiten, ihre Noth und Armuth, ihr
Handelsbetrieb zu ihrem Verderben benutzt. Kriegsgefangen werden sie
Sklaven, können sie die verlangten Abgaben nicht aufbringen, verrichten sie die aufgelegten Herrendienste nicht, so haben sie dasselbe Schicksal. Auch manche Verbrechen werden auf diese Weise an ihnen gestraft,
bisweilen veranstaltet man, besonders in Silat förmliche Sklavenjag-
den auf sie. In vielen Gegenden wird ein Zug in das Land der Dajak
unternommen, man legt den Hungernden Reis hin und begiebt sich in
den Hinterhalt; jene kommen um zu essen, werden gefangen und ver-
sklavt, da sie nicht bezahlen können (Tijdschr. 1849 I; 354). Man
zwingt ihnen ferner Handelswaaren (Eisen, Salz u. s. f.) zu ungeheuren
Preisen auf und fordert von ihnen Lieferungen aller Art bei Festen und
andern außergewöhnlichen Gelegenheiten. Die Holländer haben sich
seit 1823 mehrfach bemüht diesen Druck zu milbern, der auf Java
(1825) ausgebrochene Krieg hat sie darin gestört und erst seit 1846
haben sie ihre Aufmerksamkeit wieder auf Borneo gerichtet (Veth II,
323, 335 ff., Keppel II, 178 ff.). In Bruni bestehen für die Sklaven und Schuldsklaven zwar ähnliche mildere gesetzliche Bestimmungen
wie in Malakka, aber factisch kümmert man sich nicht um das Verbot
des Koran einen Gläubigen als Sklaven zu halten, vielmehr läßt man
die Dajak-Sklaven sogleich beschneiden und zum Islam übertreten
(Low 119 ff.).

Das Familienleben der Malaien ist meist friedlich und glücklich,
der Vater wird hochgeehrt von den Kindern und bleibt dieß auch wenn
letztere erwachsen sind (Angelbeek in Verhand. XI, 37). Nicht leicht
bleiben sie unverheirathet, zumal da der Koran sie zur Ehe auffordert;
Prostitution ist besonders an Orten die von Fremden wenig besucht
werden, wie z. B. in Naning äußerst selten (Newbold I, 244). Die

Eltern lieben ihre Kinder innig und nennen sich nicht selten nach diesen, besonders wenn es ein Sohn ist auf den sie ihre Hoffnungen bauen
(Crawfurd I,94). Ein wahre Affenliebe sollen namentlich die Lampongs für ihre Kinder hegen (Zollinger in Tijdschr. IX, 1, 130).
Da die Festigkeit der Familienbande zur Blutrache in nächster Beziehung
steht werden häufig um sich zu sichern mit einem Gliede einer Familie
auch die übrigen umgebracht (Crawfurd I, 82). Charakteristisch ist
das Mißtrauen mit welchem der Verkehr des Weibes mit dem Manne
fast immer von den Malaien betrachtet wird, aber sonst unerhört ist
eine in Pontianak geltende gesetzliche Bestimmung daß ein Mann mit
dem Tode bestraft werden soll der eine in's Wasser gefallene Frau rettet,
wenn er kein Verwandter derselben ist (Tijdschr. 1853 II, 232).

Das Temperament und der moralische Charakter der Ma-
laien sind auf äußerst verschiedene Weise geschildert worden, wovon die
Ursache gewiß weit weniger in den eigenthümlichen Erfahrungen und
Auffassungen der einzelnen Berichterstatter als in den großen Unterschieden zu suchen ist welche in dieser Hinsicht unter den einzelnen Völkern wirklich bestehen und im Laufe der Zeit hervorgetreten sind. Meist
hat man dabei nur die Malaien der späteren Zeit, speciell die von Malakka vor Augen gehabt, und ist ihnen nicht gerecht geworden, weil alle
nähere Bekanntschaft der Europäer mit ihnen sich erst aus der Zeit
des Verfalles ihrer Macht und der Zerstörung ihres ursprünglichen Wesens durch fremde Einflüsse herschreibt. Ein vortheilhafteres Bild wird
von ihnen entwerfen wer aus ihrer Literatur als wer aus persönlicher
Beobachtung schöpft, ein vortheilhafteres wer auf die Länder sieht in
denen sich Vieles von dem ursprünglichen Malaienthum erhalten hat
als wer die großentheils entarteten Malaienvölker anderer Gegenden
schildert.

Die Malaien von Sumatra sind von einfältigeren Sitten und ein-
facherem Benehmen als anderwärts und namentlich in Malakka und
Borneo, deren Charaktere vielfach eine gewisse moralische Versunkenheit
erkennen läßt; weder sind Hinterlist und Intrigue ihnen in einem
ähnlichen Grade eigen wie den letzteren, noch theilen sie deren Stolz und
Hochmuth; auch geschlechtliche Ausschweifungen sind ihnen fremd (Marsden 3ᵈ ed. 208). Die Bewohner von Agam und Passumah lebar zeichnen sich vor Allem durch große Freiheitsliebe aus, sind muthig und tapfer,
rachsüchtig und nicht ohne kriegerische kampflustige Wildheit, die ersteren

zwar nicht dem. Trunke, aber dem Spiel und Opiumgenuß ergeben; Diebstahl gilt ihnen für sehr schimpflich und wird streng bestraft; in Passumah lebar findet sich die Leidenschaft für Spiel und Opium nicht, die Menschen sind offen, gastfrei, mäßig und voll Ehrgefühl, doch nicht selten unehrlich im Handel (Tijdschr. 1851 II, Boers in Tijdschr. II, 2, 567). Aehnlich werden die übrigens sanfteren und trägeren Redjangs geschildert. In Benkulen dagegen ist die Bevölkerung durch Spiel und Opiumgenuß, die aus Habsucht von den Häuptlingen gefördert werden sehr depravirt; Mord, Menschenraub, Diebstahl sind häufig, große Faulheit allgemein (ebend. I, 2, 349). Als ein Inbegriff aller Schlechtigkeit und Gemeinheit werden sehr einstimmig die Atjinesen dargestellt. Die Lampong sind durch lange Anarchie ein eigenmächtiges raublustiges Volk geworden, bei dem Diebstahl und Mord keine Thaten sind deren man sich zu schämen hat, während es allerdings Schande bringt eine Beleidigung ungerächt zu lassen; der auf Rache Sinnende legt allen Schmuck ab und bleibt bis zu seiner Befriedigung von allen Festlichkeiten und Vergnügungen ausgeschlossen. Eitelkeit auf Rang und Titel, Kleinlichkeit in der Beobachtung der Etikette, Zugänglichkeit für Schmeichelei jeder Art paart sich bei ihnen mit großer Neigung zum Spiel und zu Ausschweifungen, mit Faulheit und Feigheit, doch werden sie von einigen Berichterstattern als gastfrei und ehrlich gerühmt, obwohl sie im Handel oft betrügen (Du Bois in Tijdschr. 1852 I, 273, ebend. 1857 I, 112, 1862 I, 173, Steck in Bijdragen. N. V. IV, 103). Nicht viel günstiger wird das Volk von Palembang geschildert: Streit- und Rachsucht sind ihm eigen, das Mißtrauen allgemein, Betrügerei sehr verbreitet; der Adel des Landes (die Prijais) ist faul, dumm, trotzig und drückt das Volk schwer. Die seit langer Zeit mit Palembang vereinigten Ogan-Stämme sind dagegen von friedlichem Wesen und nicht streitbar (Tijdschr. 8, 294, 311, 316).

Die Schilderungen der Malaien im Allgemeinen die wir besitzen und die sich hauptsächlich auf die von Malakka und den umliegenden kleineren Inseln beziehen, heben vor Allem die heftige Leidenschaftlichkeit seines Temperaments hervor. Sie zeigt sich in der Liebe wie im Haß, im Kampfe den der Malaie, einmal erregt, nicht selten mit völliger Unempfindlichkeit gegen Schmerz bis zum Tode fortsetzt, im Spielen und Wetten, wobei er oft all sein Eigenthum, dann Weib und Kind und selbst die eigene Freiheit daransetzt. Besonders sind es die Hahnenkämpfe die ihn zu solchem Wagniß leicht veranlassen, die Zärtlichkeit und Verehrung für seinen Lieblingsvogel reißt ihn zu jeder Thorheit fort. Bekannt unter dem Namen des Amok*) oder Amoklaufens (to run a muck vgl. Crawfurd I, 66, und in Journal IV, 184) sind die Anfälle von blinder Wuth in der er achtlos jeder Gefahr einem Rasenden gleich fortstürzt und Alles mordet was ihm in den Weg kommt bis er erschöpft zu Boden sinkt, wenn er nicht etwa niedergeschossen wird, denn auf diese Weise ihn unschädlich zu machen steht alsdann einem jeden frei, daher es bisweilen lebensgefährlich werden kann rasch zu laufen. Diese Wuthausbrüche, welche in Java jetzt selten, auf Bali und in den südlichen Theilen von Celebes häufiger sind, mögen allerdings bisweilen auf einem plötzlichen Anfall von Tobsucht beruhen (Oxley in Journal III, 582), meist ist es aber vielmehr die ungestillte kochende Rache und Verzweiflung die ihnen zu Grunde liegt und bisweilen treten sie in völlig planmäßiger wohl überlegter Weise ein (s. das Beispiel in den Memoirs p. 66, welche überhaupt ein gutes Bild malaiischen Charakters und malaiischer Sitten in einfacher Sprache geben). Ihnen zu begegnen dient die Vorsicht mit welcher man einem Gefangenen immer sogleich den Kris abzunehmen pflegt. Es scheint indessen daß das Amok meist einen zu großen Einfluß auf das Charakterbild ausgeübt hat das man gewöhnlich vom Malaien entworfen sieht, denn im Ganzen läßt sich nicht leugnen daß er friedliebend, sanft, dienstfertig und gutmüthig ist und sich fast überall durch Mäßigkeit und Nüchternheit im Essen und Trinken auszeichnet (Brooke bei Keppel II, 127 ff.)

Ein weiterer charakteristischer Zug der Malaien ist ihr äußerst empfindliches Ehrgefühl, mit welchem einerseits ihre leicht erregte Rache und andererseits ihre Höflichkeit in Verbindung steht, die jedoch ohne Schmeichelei und Erniedrigung, vielmehr mit einem männlichen Selbstgefühl und einem stets würdigen ernsten Betragen zusammengeht. Ihre Demuth vor den Fürsten ist nicht so sklavischer Art wie bei dem Javaner. Stolz und freiheitsliebend, lassen sie sich bei einiger Rücksicht auf ihre Vorurtheile verhältnißmäßig leicht leiten, widerstreben aber dem Zwange. Lautes Schreien und Schimpfen erlauben sie sich nicht, ja schon directer

---

*) Eine ähnliche große Reizbarkeit die bisweilen gefährlich wird, ist nicht selten den Lappen und besonders deren Weibern eigen, die erschreckt in convulsivische Bewegungen oder in verzweifelnde Wuth verfallen, Andere angreifen und mißhandeln (Castrén, Reisen im Norden 1853 p. 151).

Widerspruch gilt ihnen als unhöflich, wie schnelles Antworten auf wichtige Fragen von vielen als unbesonnen betrachtet wird (Newbold II, 185 ff., I, 139, Braddell in Journal V, 15, Crawfurd I, 52, Angelbeek in Verhand. XI, 32, Belcher I, 175). Schon jemand scharf anzusehen wird leicht als Beleidigung aufgenommen, wahrscheinlich aus einer Art von Aberglauben dem ähnlich welcher verbietet den eigenen oder der Verwandten Namen zu sagen. Auch widerstrebt letzteres ihrer Eitelkeit die sich gern einredet berühmt und allgemein gekannt zu sein. Sie schmeicheln gern und es giebt keine Freundschaft unter ihnen außer der, welche das gemeinsame Interesse knüpft. Zu einem Hochgestellten auf den Knieen hinzukriechen ist Sitte, man nimmt dessen Hand zwischen die seinigen, berührt den Boden mit der Stirn und zieht sich wieder zurück ohne jenem den Rücken zu kehren. Die ehrfurchtsvolle Stellung ist die sitzende und das Sitzen geschieht mit gekreuzten Beinen. Einen Gleichstehenden begrüßt man indem man dessen Hand zwischen die eigenen faßt und damit die Stirn berührt. Einem Gaste wird eine Kokosnuß und etwas Zucker, beim Weggang Betel und Areca geboten (Angelbeek a. a. O., Newbold II, 176). Die Beobachtung der Etikette gilt als vorzüglich wichtig und die conventionellen Formen des Verkehrs sind sehr speciell bestimmt: bei Briefen sind nicht bloß der Stil und die Anrede, sondern auch der Stoff, die Farbe die Art der Faltung des Couverts, die Anzahl und Stelle der Siegel durch feste Vorschriften geregelt je nach der Stellung des Schreibers und des Adressaten (s. Dulaurier zu Abd-Allah p. 5, Newbold II, 337 ff.). Die geselligen Vergnügungen bestehen außer Karten-, Würfel- und Ballspiel, in Waffentänzen, Turnieren, Scheibenschießen, Hahnenkämpfen und Stiergefechten, welche letzteren es schon im alten Menangkabao gegeben haben soll (Newbold II, 183, Hollander 501).

Die Malaien sind ehrlicher im Handel als die Chinesen und Hindus (Newbold I, 139), und so häufig auch die Fürsten zu Verstellung, Hinterlist und Verrätherei greifen, so ist doch das Volk seinem Fürsten meist in hohem Grade treu und ein Geheimniß wird nicht leicht verrathen. Crawfurd (I, 50) geht so weit ihnen Offenheit und Wahrhaftigkeit ohne Neigung zur Intrigue zuzuschreiben. Anders schildert sie Brooke (bei Keppel II, 127 ff.) in dieser Hinsicht, weist aber zugleich auf die große Verschiedenheit der einzelnen Völker hin. Sie besitzen ein starkes und entschiedenes Rechtsgefühl und sind nicht ohne Mitleid; dagegen gehören Dankbarkeit und Großmuth gegen Feinde selten zu ihren Tugenden. Der Feigheit und Grausamkeit hat man sie oft, aber mit Unrecht beschuldigt: in den Kriegen gegen die Europäer haben sie oft großartige Beweise von Tapferkeit und Heldenmuth gegeben, und wo sie sich grausam zeigen, liegt die Ursache davon nicht sowohl in ihrem Charakter als in aufgeregter Leidenschaft und lang genährter Rache. Der Mangel an Lust zur Arbeit und Betriebsamkeit erklärt sich aus den Verhältnissen: in Malakka wo ein Tagelohn von 5½ d. ausreicht um einen Mann 4—6 Tage lang zu ernähren ist es natürlich meist schwer denselben Arbeiter zwei Tage nacheinander zu erhalten (Inkes II, 219).

Die Malaien von Borneo bezeichnet Veth (I, 331) als die schlechtesten von allen, namentlich steht dort fast überall der Adel, wie Earl (a, 224) bemerkt, in Folge seiner Laster geistig und körperlich tiefer als das eigentliche Volk, dessen Demoralisation von ihm ausgeht. Auf der Westküste sind indessen die Malaien von ruhigem sanftem Charakter, keine Piraten noch Abenteurer, mit Ausnahme derer von Bruni; nur hier und in Sambas herrscht die Leidenschaft des Spiels und des Opiumrauchens; die von Sarawak sind einfache und offene aufrichtige Menschen, auch vor Gericht; grobe Verbrechen sind bei ihnen selten, Höflichkeit ohne Kriecherei ist auch den niederen Klassen eigen (Low 127 ff.)

Es ist nicht zu verkennen daß im Charakter der Malaien eine gewisse Ritterlichkeit liegt. In schwierigen Rechtssachen wird bisweilen der Zweikampf auf Tod und Leben von ihnen zur Entscheidung gewählt, dessen Ausgang dann als Gottesurtheil gilt, und wie ein Streit zwischen Einzelnen auf diese Weise geschlichtet wird, so geschieht es auch bei Zwist unter ganzen Stämmen, daß man nur wenige Auserwählte um die Sache miteinander kämpfen läßt, Crawfurd III, 92. Newbold II, 184). Es war namentlich in alter Zeit nicht ungewöhnlich daß Könige anstatt einander zu bekriegen selbst einen Zweikampf unternahmen (de Barros V, 302), denn Tapferkeit und Muth galten als die ersten Tugenden der Fürsten und des Adels, daher ein sterbender Vater in ächt malaiischer Weise selbst zu seinen Söhnen sagen konnte: Kämpfet miteinander und wer von euch siegt, soll meine Krone erben (Abd-Allah in Nouv. Ann. des v. 1849 IV, 39). Auch die Art der Kriegführung hatte im alten Menangkabao darin etwas Ritterliches, daß der Kampf auf einem bestimmten Platze zu einer vorher angesagten Zeit ausgefochten wurde, wobei es zwar oft nicht bis zum Handge-

menge, bisweilen aber auch zu großem Blutvergießen kam (Couperus
in Tijdschr. a, IV, 21). Im Kriege selbst hatte man Vorkämpfer, welche,
wie noch jetzt bei vielen malaiischen Völkern, in rother Kleidung und
eigenthümlichem Aufputz vor dem Heere hertanzten und die Vorkämpfer
des Feindes zu Einzelkämpfen herausforderten (Nahuijs 202). Wird
bei den Lampongs ein Mann von höherem Range durch einen Gemeinen
oder gar einen Sklaven umgebracht, so hält man dieß für einen so
großen Schimpf, daß diese That nur durch einen Raub- und Mordzug
gesühnt werden kann, der meist nach einem abgelegenen Dorfe unternommen, hauptsächlich die Erbeutung von Feindesköpfen als Trophäen
bezweckt (Du Bois in Tijdschr. 1852 I, 258) — eine Art der Rache
(das sogen. Koppensnellen) die ebenfalls den Malaien eigenthümlich
und bei vielen Völkern des indischen Archipels noch bis auf den heutigen
Tag in Uebung ist. Daß die Lampongs Cannibalen seien (Ritter,
Erdk. V, 25), scheint auf keinem authentischen Zeugniß zu beruhen.

Die nationale Hauptwaffe ist bekanntlich der vielgestaltige Kris
(Dolch, Abbildungen bei Raffles), der nur von den Piraten vergiftet
wird. Die Malaien tragen ihn stets und gerade dieß soll sie im Bewußtsein ihrer Heftigkeit sehr vorsichtig im Streite machen. An alle
einzelnen Eigenschaften desselben, besonders auch an die Art seiner
Damascirung (s. über diese und die verschiedenen Arten des Kris Newbold II, 202 ff. nach einer malaiischen Handschrift) knüpft sich der
mannigfaltigste Aberglaube. Die alten Waffen der Malaien, das Blasrohr mit vergifteten oder unvergifteten Pfeilen, die Lanze, die Schleuder
und der Klewang, eine Art von Schwert, sind zum Theil jetzt abgekommen (ebend. 194), indessen sind sie neben dem Schießgewehr in Agam
noch in Gebrauch (Tijdschr. 1851 II, 2), welches letztere sie bei den
Malaien in Borneo und anderwärts meist ganz verdrängt hat (Low
163). Wenn Crawfurd (a, 424) von dem Schwerte vermuthet daß
es den Malaien erst durch die Europäer bekannt geworden sein möchte, so
ist dagegen zu bemerken daß es ihnen vielmehr als die älteste Waffe gilt
und schon lange Zeit vor dem Kris in den malaiischen Annalen erwähnt
wird (Newbold II, 199). Auch die Luntenflinten sind vielfach jetzt
durch bessere Feuerwaffen ersetzt. Die Lampongs bedienen sich der letzteren nur bei Festlichkeiten, obwohl sie selbst im Besitze von Kanonen
sind, die sie von Bantam zum Geschenk erhalten haben; Kris, Lanze
und Schwert tragen sie beständig, im Kriege führen sie auch Keulen

Harnische Schilde und einen langen mit einem Kieselsteine besetzten Bambusstock mit dem sie die feindlichen Lanzenstiche abwehren (DuBois a. a. O. 318). Von ähnlicher Art ist die Bewaffnung in Palembang (Hollander 593). Nächst den in Menangkabao noch jetzt wie vor Alters verfertigten Waffen sind besonders die der Bugis hochgeschätzt (Newbold II, 195 ff.). Als ein wichtiges und noch jetzt vielfach gebräuchliches Vertheidigungsmittel im Kriege erwähnen wir endlich noch die Fußangeln, spitzige in die Erde eingeschlagene Stöcke, die bisweilen vergiftet, die Annäherung oder Verfolgung von Seiten des Feindes zu hindern bestimmt sind.

Daß der Islam gegenwärtig die herrschende Religion bei den Malaien ist, daß er in Atjin im J. 1205 und in Malakka 1276 eingeführt wurde, haben wir schon früher bemerkt. Ueberall haben die muhammedanischen Missionäre sehr rasche und vollständige Erfolge bei ihnen erzielt, während sich von den christlichen fast durchgängig nur das Gegentheil behaupten läßt. Die Ursachen davon liegen, wie Crawfurd sehr richtig hervorgehoben hat, hauptsächlich darin daß die ersteren sich von Anfang in das beste Einvernehmen mit den Eingeborenen setzten, deren Sprache lernten, die einheimischen Sitten beobachteten und sich im Lande verheiratheten, daß sie keine besondere Kaste bildeten, sondern mit dem Volke verschmolzen und ihre Ueberlegenheit in Künsten und Kenntnissen wesentlich zu dessen eigenem Besten anwendeten, während die Verhältnisse der Eingeborenen zu den Europäern so ziemlich in jeder Hinsicht sich auf die entgegengesetzte Weise gestalteten. Die gesammte Bevölkerung von Menangkabao ist muhammedanisch, das Reich jedoch wahrscheinlich älter als die Einführung*) des Islam (Marsden 3ᵈ ed. 343, 345), die gegen Ende des 12. Jahrh. stattgehabt zu haben scheint, obwohl die allgemeine Annahme desselben erst zu Anfang des jetzigen geschehen sein soll (Couperus in Tijdschr. a, IV, 7). Ibn Batuta fand um 1345 in Pase und Pedir die muhammedanische Sekte des Schafey herrschend (Dulaurier in Journ. As. 4ᵐᵉ série IX, p. 129 note 28). Ferner ist Singkel wie Atjin ganz muhammedanisch (Rosenberg in Tijdschr. a, III, 411), vor der Einführung dieser Lehre bekannte sich aber die Bevölkerung dieser nördlichen Gegenden zur brahmanischen Religion (Ritter in Tijdschr. 1, 2, 470), was, wie wir ge-

*) Die von Francis (in Tijdschr. II, 1, 134) dafür angegebene Jahreszahl ist 1177; Raffles setzt sie jedenfalls zu spät erst ins 15. Jahrhundert.

sehen haben, ohne Zweifel auch in dem mittleren und südlichen Theile
der Insel in großer Ausbreitung der Fall war. In Passumah lebar ist
zwar die Beschneidung allgemein und es wird kein Schweinefleisch gegessen, aber nur einer der dortigen Stämme, Anak Semindo, ist wirklich muhammedanisch; Götzenbilder und Götzenpriester hat das Volk
zwar nicht und führen das Wort Allah Taallah im Munde, aber der
Begriff des muhammedanischen Gottes fehlt ihnen (Boers in Tijdschr.
II, 2, 572). Die Lampongs hängen nur wenig am Islam, an den meisten Orten im Innern des Landes giebt es nicht einmal eine Moschee
und nur die Vermögenden lassen ihre Kinder beiderlei Geschlechtes beschneiden (Tijdschr. 1862 I, 173, Du Bois ebend. 1852 I, 270). In
Palembang wird der Islam in äußeren Dingen ziemlich streng beob-
achtet, doch herrscht er nur bei der sehr gemischten Bevölkerung des
gleichnamigen Hauptortes und in dessen Nachbarschaft (Tijdschr. VIII,
3, 294; 307). Tiefer ist er bei den Malaien von Malakka eingedrungen,
bei denen das Arabische die Sprache des Cultus, des öffentlichen wie
des privaten Gebetes und der Koran auch als bürgerliches Gesetz die erste
Autorität ist (Newbold II, 318, 277). Sie gehören sämmtlich zu
der muhammedanischen Sekte der Sunniten (nach Pfyffer p. 25 zu
der des Ali). Der in Naning übliche Cultus gleicht mehr dem der Araber als dem in Vorderindien eingeführten (Näheres ebend. I, 246); die
Moscheen sind konische Gebäude von Holz mit zwei Dächern, sie stehen
allein draußen in den Feldern. Trommelschlag ruft zum Gebete; beide
Geschlechter werden beschnitten; die Weiber gehen unverschleiert. Das
Opfer des Büffels als des kostbarsten Thieres scheinen unter den Muhammedanern nur die Malaien zu haben (Newbold bei Moor 254).
In den malaiischen Schulen wird das Kind mit einem Geschenke von
Seiten der Eltern dem Lehrer ganz zu freier Verfügung übergeben.
Es lernt beim Priester den Koran lesen, wenn auch oft ohne alles oder
mit nur sehr geringem Verständniß, Gebete sprechen und schreiben mit
arabischen Zeichen; manche studiren auch die Auslegungen des Koran;
in den höheren Ständen lernen die Töchter ebenfalls lesen um ihre Bildung aus dem heiligen Buche zu schöpfen. Die Strafen denen die Zög-
linge in den Schulen unterworfen werden sind zahlreich und zum Theil
sehr schmerzhaft: reiche und arme werden ohne Unterschied nicht selten
bis auf's Blut geschlagen, die Finger zwischen Hölzern gequetscht, das
Gesicht mit Kokosnußschale und selbst mit Pfeffer eingeräuchert. Auch

die häusliche Erziehung ist bisweilen außerordentlich streng. Oft schon nach einem Jahre werden die Schüler wieder entlassen, mit der Beschneidung wird gewöhnlich eine Art von Examen der entlassenen verbunden und der Lehrer von den Eltern mit einem Geschenke bedacht (Newbold I, 87 ff. aus dem Indo-Chinese Gleaner III, 10, Journal VI, 644 ff., Angelbeek in Verhand. XI, 35 f.). In den andern Malaienländern, z. B. in Borneo (Low 138), ist die Einrichtung der Schulen die nämliche. In' Atjin lehrten die Eltern selbst zu Dampier's (III, 150) Zeit ihre Kinder lesen und schreiben. Hier und da wird auf die Aeußerlichkeiten des Cultus streng gehalten: in Pontianak muß eine bestimmte Geldbuße zahlen wer am Freitag nicht in der Moschee erscheint (Tijdschr. 1853 II, 232). In Rücksicht der Einführung des Islam auf Borneo ist zu bemerken daß der im J. 1824 in Bruni regierende Sultan der 29ste*), der 1823 in Sambas regierende der 10te seiner Dynastie gewesen sein soll. Nach Sukkadana kamen Araber von Palembang, wie man sagt, unter dem 7ten Regenten aus dem Fürstenhause das seinen Ursprung von Madjapahit herleitete, und brachten den Islam (um 1550), der bei der Ankunft der Holländer unter Olivier v. Noort (um 1600) hier herrschte und sich wohl schon früher über Landak verbreitet hatte (Veth I, 184, 193). Um dieselbe Zeit ist er auch nach Banjermassing gelangt, von wo er (1605) nach dem Süden von Celebes verpflanzt worden ist (Temminck II, 176).

Wir können diese Bemerkungen nicht schließen ohne einer Sekte zu gedenken, welche die Malaienländer von Sumatra in der neueren Zeit mit schweren Kämpfen und tiefer Verwirrung heimgesucht hat, die Sekte der Padaries oder Padrias. Sie wurde gegen Ende des vorigen Jahrhunderts in der Landschaft Agam, die stets die eifrigsten Anhänger des Islam geliefert hat, durch Tuanku Nan-Rintje**) gestiftet, dessen Absicht dahin ging den Muhammedanismus von allen eingeschlichenen Mißbräuchen zu säubern und nach streng vechabitischer Lehre in seiner Reinheit wiederherzustellen. Seine Anhänger kleideten sich weiß, die Weiber schwarz bei ganz verhülltem Gesicht, so daß nur für die Augen zwei Löcher blieben. Wider den Willen des Gründers, wie es scheint, der sich

---

*) Doch ist dabei zweifelhaft ob die Regentenreihe erst von der Einführung des Islams an gezählt sei.

**) Daher spricht Anderson (348) von einer Sekte der Rinchias in Menangkabao, die sich des Opiums, Betels, Tabaks u. s f. enthalte.

daher später selbst von der Sache abgewendet haben soll, bemächtigte sich der leidenschaftlichste Fanatismus der Partei, die mit Feuer und Schwert ihre Verbesserungen durchsetzen wollte, die Gewalt der Häupt-linge untergrub und überall wo sie Erfolg hatte, die Regierung in die Hände zweier Priester legte. Hier und da gelang ihnen dieß durch Ein-schüchterung, anderwärts durch Entzündung des Bürgerkrieges und durch Verwüstung des Landes. Selbst der Beherrscher von Menangkabao wurde von den Reformatoren, deren Werk bald nur auf Plünderungen und Zwecke der Herrschsucht hinauslief, zu einer Verhandlung eingeladen um ihn zu gewinnen: man mordete die Großen seines Reiches und er selbst mußte flüchten. Ganz Agam und Tanah-datar, der größte Theil von Menangkabao war in die Gewalt der Sekte gefallen und allerwärts die alten Institutionen des Landes zerstört worden, als sich die Holländer, an welche die Engländer (1819) das Land Padang abgetreten hatten, der Sache annahmen (1821). Es bedurfte mehrjähriger ernsthafter An-strengungen von ihrer Seite um Ruhe und Ordnung wiederherzustellen; erst im J. 1840 wurden diese Kriege vollständig beendigt und mit dem Frieden verloren die dortigen malaiischen Völker ihre Unabhängigkeit (Ausführliches über die Sekte der Padries und die durch sie erregten Unruhen und Kriege bei de Warl I und II, größtentheils nach dem Batav. Courant 1827, Steijn Parvé in Tijdschr. a, III, 249).

Die alteinheimischen religiösen Vorstellungen der Malaienvölker sind durch später hinzugekommene fremde Elemente so stark überarbeitet und verwischt worden, daß von ihnen kaum noch etwas mit Sicherheit zu erkennen ist. In Passumah lebar werden die guten Geister mit dem in-dischen Namen der Dewas bezeichnet; tritt Unglück ein, so opfert man ihnen in kleinen viereckigen Tempeln die mitten in den Dörfern stehen, fastet oft lange Zeit, spricht Gebete und ruft die Geister der Vorfahren an, die wie jene nach dem Volksglauben ihren hauptsächlichen Aufent-halt auf dem Berg Dempo haben. Den Dewas gegenüber stehen die Djins, die bösen Geister, und in der Mitte zwischen beiden die Orang Alus, unsichtbare Menschen, die sich bisweilen in Verkehr mit den sterb-lichen einlassen und sich sogar mit ihnen verheirathen. Götzenbilder und Priester giebt es nicht. Die Geister der Todten werden verehrt, von de-nen man glaubt daß sie besonders häufig in Tiger übergehen, daher diese für heilig gelten und nicht leicht getödtet werden (Boers in Tijd-schr. II, 2, 571 ff.). Der religiöse Glaube der Redjang wird ähnlich geschildert (Marsden 460 ff.). Im Gebirgsland von Padang wird bisweilen noch ein Bock oder eine Ziege bei heiligen Steinen, Bäumen oder Gräbern geopfert (Couperus in Tijdschr. a, IV, 8). Demnach scheint die religiöse Verehrung der Ahnen, verbunden mit einem regen Glauben an höhere Geister, an den sich mancherlei Zauberei und vielgestaltiger Aberglaube knüpft, ebenso wie in Polynesien, den Hauptbestandtheil in den ältesten religiösen Vorstellungen der Malaien auszumachen, und in diesem Zusammenhang ist es nicht ohne Bedeutung einer Analogie zu dem polynesischen Tabu zu gedenken die sich in Indragiri findet: soll dort der Verkehr zwischen zwei bisher befreundeten Völkern abgebrochen werden, so spannt man ein Rottangseil (talie) quer über den Fluß um ihn zu sperren und stellt Wachen dabei auf (Tijdschr. IV, 1, 543). Die Ordalien und Opfer der Lampongs bei den Gräbern der Ahnen haben wir (p. 145) schon erwähnt. In Palembang herrscht der vorhin angeführte Aberglaube in Rücksicht der Tiger; erscheint ein solcher böser Geist (Sumaï), so ziehen bisweilen ganze Dörfer aus. Er kehrt auch bei den Malaien von Malakka wieder und bei den Orang laut dieser Gegenden, beide sehen die stärkeren und gefährlichen Thiere überhaupt als ihresgleichen an und besonders betrachten die letzteren den Hai als ihren Freund und Bruder, da er ein Seeräuber ist wie sie selbst (Tijdschr. VI, 3, 203, Newbold II, 192, Thomson in Journal V, 144).

Den verschiedenen Aberglauben der Malaien im Einzelnen aufzuzählen, würde nicht der Mühe lohnen. In ihren Romanen laufen als Gottheiten durcheinander: die Dewa der indischen Mythologie, die den Himmel (Indra) bewohnen, die Mambang, untergeordnete Geister die in den Wolken leben, die Indra, übernatürliche Wesen von ziemlich unbestimmtem Charakter, die Djin oder Genien die dem Islam entsprungen sind (Dulaurier in Nouv. Ann. des v. 1849, IV, 53 note). Sie kennen eine Menge von Geistern welche die verschiedensten Gestalten haben und das mannigfaltigste Unglück anrichten; viele Orte sind ihnen durch Geister unheimlich, sie deuten die Formen der Berge auf Drachen, Gespenster und dergl.; sie haben zahlreiche Beschwörungs- und Zauberformeln, Amulete, namentlich in Form von kleinen Stücken Papier die mit Koransprüchen beschrieben sind, vielerlei gute und böse Vorzeichen, Glücks- und Unglückstage, ja die verschiedenen Stunden jedes Wochentages gelten als glücklich oder unglücklich für bestimmte Geschäfte (in

Pontianak), Astrologie und Traumdeutung spielt bei ihnen eine große Rolle, sie haben Leute welche das Wetter bestimmen zu können vorgeben, glauben an Mittel um sich unverwundbar zu machen u. s. f. (New-bold II, 191 ff., Thomson a. a. O. 138, Angelbeek in Verhand. XI, 34, Tijdschr. 1853 II, 234, Marsden 3ᵈ ed. 70). Für beson-ders geschickte Zauberer halten sie die Orang Benua, und es scheint als sei dieser Ruf bis nach Palembang gedrungen, wo bisweilen Menschen auftreten die dadurch einen Anhang um sich zu sammeln und Macht zu gewinnen wissen daß sie sich höhere Erleuchtung zuschreiben und für ei-nen Gott oder Göttersohn ausgeben: man nennt sie Pujang — wahr-scheinlich derselbe Name (Poyang) den die Zauberer der Orang Benua führen (s. Tijdschr. VI, 3, 203).

In Rücksicht der Behandlung der Todten bemerken wir nur daß sie in Sumatra meist in eine Seitenkammer gelegt werden die man im Grabe anbringt (Marsden 3ᵈ ed. 287). So auch bei den Lampongs die dasselbe 7 Fuß tief machen, mit einem hohen Deckel versehen, einem Erdhügel und zwei achteckige Stücken Holz darauf anbringen; Häupt-linge werden bei ihnen in Parade ausgestellt, am 3ten, 7ten, 40sten, 100sten, 1000sten Tage und dann alljährlich nach dem Tode aber Lei-chenmahle gehalten (Du Bois in Tijdschr. 1852 I, 271), wie in Ma-lakka Java und auf den Philippinen, wobei dem Todten Gewürze Blu-men und andere gute Dinge dargeboten werden (Raffles I, 327, Wilker V, 407).

Die geistige Begabung der Malaien ist offenbar bedeutend. Crawfurd (I, 46) ist ihr wohl nicht gerecht geworden wenn er sagt daß die begabtesten unter ihnen nicht über die Mittelmäßigkeit civilisir-ter Europäer hinausreichten, obschon man zugestehen muß daß sie von jeher mehr nur fremde Bildungselemente, besonders indische und ara-bische, in sich aufgenommen als Eigenes producirt haben; die Bereit-willigkeit aber mit der sie von Andern gelernt und geistige Güter sich an-geeignet haben, ist von denen die allen Culturfortschritt von den Euro-päern allein herleiten zu müssen glauben, sogar zu der Folgerung be-nutzt worden daß sie kaukasisches Blut in sich haben müßten (Ham. Smith, Nat. hist. of the human species Edinb. 1848 p. 229). Sie sind im Allgemeinen thätiger und von schnellerer Fassungskraft als die Javaner (Angelbeek in Verhand. XI, 33). Manche ihrer Fürsten begünstigen jede Art von Unternehmungen von denen sie sich einen Fortschritt versprechen; so namentlich die von Bruni, wo man sich vielfach bemüht nach europäischen Mustern zu arbeiten (Trad. Lay 177, 200). Im Rechnen, zu dem man Knoten oder Kerben zu Hülfe zu nehmen pflegt, leisten die Malaien wenig und ihre Vorstellungen von der Gestalt der Erde und den Himmelserscheinungen sind sehr mangelhaft: die erstere halten sie für eirund und glauben daß sie sich viermal im Jahre um ihre Achse drehe, daß die Sonne sich um die Erde bewege und daß bei Finsternissen der Sonne oder des Mondes eine große Schlange diese zu verschlingen drohe (Newbold II, 362, 358). Aehnliche Ansichten über den Mondwechsel hat als auf Sumatra herrschend schon Marsden (364) erwähnt. Die Mondmonate nach denen die Malaien rechnen — von einem Sonnenjahre wissen nur wenige — sind in Wochen zu 7 Tagen getheilt und umfassen gewöhnlich nach arabischer Weise ab- wechselnd 30 und 29 Tage; bisweilen werden die Monate wie bei den Persern zu 30, anderwärts „nach der Weise von Rum" zu 31 Tagen gerechnet. Nur wenige haben ein Jahr von 354 Tagen und 8 Stun- den, in welches alle drei Jahre 34 Tage eingeschaltet werden; die mei- sten beachten nur die Jahreszeiten; die gebräuchlichen Cyclen sind der 120jährige und der 8jährige der Araber (Newbold II, 356 f.). Un- ter den Künsten ist die Musik nur wenig bei ihnen entwickelt: sie haben eine Flöte und eine Art Violine mit zwei Saiten, doch soll ihr musika- lisches Gehör vortrefflich sein (Angelbeek a. a. O. 41, Crawfurd I, 49, Newbold II, 184).

Die Schriftzeichen deren sich jetzt die Malaien meist bedienen sind bekanntlich die arabischen. Es geschieht dieß in Malakka, in Atjin Tijdschr. IX, 4, 160) und überall wo der Einfluß der Muhammedaner sich ausgebreitet hat. Arabische Charaktere finden sich auch auf den Sie- geln der Briefe, deren Datum mit arabischen Ziffern angegeben wird (Newbold II, 194, 363). Daß sie in Sumatra vor der Annahme des arabischen Alphabetes schon ein älteres eigenes besessen zu haben schei- nen das dem der Redjang gleich oder ähnlich war, und daß manche In- schriften in den Malaienländern Kawi-Charaktere zeigen, ist schon frü- her erwähnt worden. Der Redjang-Schrift bedient man sich ferner, je- doch nur zur Aufzeichnung von Cultusformeln und zu Liebesbriefen, in Passumah lebar (Boers in Tijdschr. II, 2, 570). Endlich ist noch das Alphabet der Lampongs zu nennen, das nach Zollinger (ebend. IX, 1, 140) dem der Redjang ähnlich, nach Steck (Bijdr. N. V. IV, 109)

dagegen ganz eigenthümlich ist (Abbildungen der auf Sumatra gebräuchlichen Schriftzeichen bei Marsden 3ᵈ ed. 200 nebst den zugehörigen Tafeln, correctere der Lampong-Schrift bei Zollinger a. a. O.
306). Das Material auf welches man schreibt oder vielmehr die Buch-
staben eingräbt mit einem Dolche oder anderen spitzigen Werkzeuge, ist
die innere Rinde eines Baumes, Bambus, Lontarblätter; in Cron an
der Grenze von Benkulen hat man auch einen aus Bambus bereiteten
pergamentähnlichen Stoff zur Aufbewahrung von Schriften benutzt die
von den Heilkräften der Pflanzen handeln (Zollinger a. a. O. 308).
Sonst scheint es keine literarischen Werke bei den Lampongs zu geben,
doch kann jedermann bei ihnen lesen und schreiben, selbst viele Frauen
verstehen die Schreibkunst. deren sie sich namentlich zu Liebesbriefen bedienen, obwohl sich Schulen und zwar muhammedanische wie überall
nur auf den großen Handelsplätzen finden (ebend. 140, Steck a. a. O.
109, Tijdschr. 1862 I, 169).

Die malaiische Literatur ist sehr verschieden beurtheilt worden. Dozon (Journ. As. 4ᵐᵉ série VII, 429) sagt von ihr daß sie als die Literatur eines vorzugsweise nüchternen praktischen Volkes bei dem Mangel aller Wissenschaft fast ganz der bloß subjectiven Erfindung ihren
Ursprung verdanke, sich an der bunten Mannigfaltigkeit abenteuerli-
cher Dichtung und Fabel ergötzend ohne Kritik und Reflexion sei und
mit Vorliebe daher nur den Roman cultivire. Dulaurier (ebend. 579)
mißbilligt an dieser Charakteristik namentlich das Letztere, weist darauf
hin daß die Malaien sowohl der muhammedanischen Theologie als auch
der Geschichte eine vielfache und eifrige schriftstellerische Thätigkeit zugewendet haben und ist mit jenem Gesammturtheil überhaupt nicht einverstanden. Als noch verkehrter bezeichnet er (ebend. 3ᵐᵉ série X, 54)
die Ansicht Jacquet's (ebend. IX, 1832, p. 97), dem nur weil er die
größeren malaiischen Werke nicht kannte, diese Literatur als eine demi-
nutive erscheine und ihr eine mehr nur locale Bedeutung und Färbung
zuschreibe: klein nämlich, sagt Jacquet, ist die Conception, klein die
Formen der Darstellung, klein die Sorgfalt für den Stil, klein auch der
äußere Umfang, denn für jeden Gegenstand, für Chroniken, Dramen
und Legenden wie für die politischen und religiösen Gesetzbücher und die
Romane, reichen 50—60 unserer Octavseiten aus. Daß Dulaurier der
genauere Kenner und billigere Beurtheiler sei, unterliegt wohl keinem
Zweifel. Crawfurd (II, 56) hat sich mit gewohnter Schärfe dahin

ausgesprochen, daß alle diese malaiische Poesie geistlos und kindisch sei und als bloße Spielerei betrachtet und behandelt werde, während Hollander (153) ihre Kindlichkeit und oft rührende Naivetät rühmt.

Die Literatur der Malaien ist seit der Einführung des Islam bei ihnen emporgekommen, nur ein kleiner Theil derselben ist poetisch und sie ermangelt der Originalität: ihre Hauptquellen sind das Javanische, Indische (Kling) und Arabische (Leyden), Einiges hat auch das Siamesische und das Persische beigetragen und diese Bestandtheile sind oft auf das Bunteste durcheinandergemischt (Newbold II, 317). Wir müssen uns hier darauf beschränken auf die kurze Charakteristik einiger poetischer und prosaischer Hauptwerke und auf die lobenswerthe Gesammtübersicht der Literatur zu verweisen welche Hollander (154ff.) gegeben hat. Daß die historischen Schriften der Malaien mit wenigen Ausnahmen für die Geschichte keinen oder nur geringen Werth haben, weil sie mit vielen Fabeln versetzt sind und die Zeitrechnung ganz unzuverlässig ist, haben wir früher schon angeführt; es giebt in ihnen keine feste Grenze die sie vom Romane scheidet. Als zu dieser gemischten Gattung gehörig nennen wir außer den früher besprochenen die von Roorda herausgegebenen Werke: Hikajat Sulthan Ibrahiem, Isma Jatiem — ein Roman welcher die Tugenden und Schicksale eines Fürstendieners wie er sein soll, darstellt (Auszug und theilweise Uebersetzung in Verhandel. X) —, Tadju Elsalathin, Sri Rama, letzteres eine Nachbildung des indischen Ramayana, zum Theil von Dozon (a. a. O.) analysirt. Der berühmteste historische Roman der Malaien aber ist der von Crawfurd so ungünstig beurtheilte Hong Tuah (Newbold II, 325, woselbst sich der Hauptinhalt von einigen dieser Werke angegeben findet). Als zweite Hauptgattung malaiischer Schriftwerke sind die Gesetzbücher zu nennen (s. oben p. 117, 142) unter denen das von Menangkabao vermuthlich das älteste ist, das von Malakka aus dem 13., mehrere andere aus dem 15. und 16. Jahrh. stammen, während die von Atjin Quedah und Johor erst dem 17. angehören, in welchem die malaiische Literatur und Bildung unter europäischem Einfluß mehr und mehr zu sinken begann (Braddell in Journal V, 16). Ferner giebt es ethische und muhammedanisch theologische Werke; zu jenen gehört u. A. das von Roorda ins Holländische übersetzte Makuta Segala rajah rajah, die letzteren sind arabisch ihrem Ursprunge und zum Theil selbst der Sprache nach (Newbold II, 334 ff.). Auch ihre Medicin haben

die Malaien von den Arabern: die Theorie derselben kommt im Wesentlichen darauf hinaus das Gleichgewicht unter den vier Elementen zu erhalten aus denen der Körper besteht. Sie besitzen ferner einen aus dem
Arabischen übersetzten Traktat über Physiognomik, astronomische und
besonders astrologische Bücher theils aus derselben theils aus indischer
Quelle (ebend. 351 ff.).

Die Poesie hat meist acht- bis zehnsilbige Verse von trochäischem
Rhythmus, doch giebt es auch Verse von sechs und solche bis zu zwölf
oder dreizehn Silben. Sie sind stets gereimt, der Reim ist aber nicht
immer für das Ohr, sondern bisweilen nur für das Auge bestimmt.
Der Accent bestimmt in der Regel die Quantität der Silben; die Pro-
sodie ist, wie es scheint, nur unvollkommen entwickelt. Die Namen für
den Reim und das Metrum sind arabisch. Die größeren Gedichte von
historischem und beschreibendem Inhalt (Sjiar) bestehen aus Versen von
vier Zeilen die meist alle miteinander reimen; die kleineren besingen Götter oder Menschen, enthalten sittliche Betrachtungen, sind Klagen über
die Nichtigkeit der Welt oder die Unbilligkeit des Schicksales, Liebeslie-
der und dergl. (Hollander 152 ff., Newbold II, 345). Zu der ersteren Art gehört das von Hoëvell (Verhand. XIX) publicirte Gedicht
Bidasari (Inhaltsangabe ebend. p. VIII ff., Proben daraus in freier
Nachbildung in Tijdschr. VI, 2, 37, Journal I, 38), das er für eine
ursprüngliche malaiische Composition zu halten geneigt ist (a. a. O.
p. XXIII); der muhammedanische Glaube tritt darin deutlich hervor,
dagegen findet sich von europäischem Einfluß keine Spur. Aus einem
anderen Gedichte, Kin Tambuhan, das Dulaurier herausgegeben
hat, findet sich ein Stück in holländischer Uebersetzung mitgetheilt in
Tijdschr. 1856 II, 46 um eine Probe seiner Schönheiten zu geben;
ferner Beispiele malaiischer Poesie finden sich in Tijdschr. IV, 1, 573.
Im gegenwärtigen Jahrhundert haben sich Radja Ali Hadji von Rhio
und Abd' Allah von Singapura einen Namen als malaiische Schriftsteller und der erstere insbesondere als Dichter erworben (Hollander
504); das bedeutendste Gedicht des ersteren findet sich, Text und Uebersetzung, in Tijdschr. IX, 4, 285; ein Werk desselben von geringerem
Umfange, aber anziehendem Gedankeninhalt sind die 12 Spruchgedichte
in Tijdschr. a, II, 11.

Die beliebteste und am meisten verbreitete Form für kleinere Gedichte ist das Panton (Pantum), das aus vier Zeilen besteht die alterni-

rend reimen und so beschaffen sind daß zwischen den beiden Hälften des Gedichtes eine innere Beziehung stattfindet, wie die von Gleichniß und Anwendung und dergl., so daß das Interesse desselben auf den versteckten Anspielungen beruht die es enthält. Nach Marsden sind die ersten beiden Zeilen sinnbildlich, die beiden andern aber, die einen moralischen sentimentalen oder verliebten Inhalt haben, sollen jenen zur Erklärung dienen, obwohl dieß nur selten wirklich der Fall ist, daher v. Hoëvell (in Verhand. XIX, p. XVI) die Ansicht ausgesprochen hat daß die genaue Beziehung des zweiten Theiles auf den ersten, wo sie sich finde, mehr nur zufällig zu sein scheine. Oft, sagt er, enthalten die Pantons völligen Unsinn, der aber gesungen wie in europäischen Liedern erträglich und selbst ergötlich wird. Ein Wechselgesang in solchen kleinen Liedern ist eine sehr beliebte Unterhaltung und wird oft stundenlang fortgesetzt; doch ist die Improvisation dabei meist nur scheinbar. Im geselligen Verkehr und besonders bei der Bewerbung um die Gunst der Frauen spielen die Pantons eine große Rolle, und es spricht sich in der durchgängig feinen und anständigen Behandlung des weiblichen Geschlechtes, das man nur auf diese Weise zu gewinnen strebt, unleugbar etwas Ritterliches, eine gewisse höhere Bildung aus (Journal IX, 132. Beispiele dieser Gattung von Gedichten ebendas. 134, I, 150, 924, II, 182, 372, III, 270, 273, Marsden 367, Crawfurd II, 48, Ausland 1856 p. 1050). Wir lassen einige der besseren hier folgen.

Was hilft es meine Lampe anzünden zu wollen, wenn sie kein Docht hat?
Was helfen verliebte Blicke, wenn man keine ernstlichen Absichten hat?

Wo kommt der Blutigel her? Vom Sawah zum Reishalm.
Wo kommt die Liebe her? Von den Augen in das Herz.

Die Wellen sind weiß am Ufer von Kataun; Tag und Nacht wogen sie auf
und ab.
Viele weiße Blumen stehen im Garten, aber nur einer gehört meine Liebe.

Das tiefe Wasser ist noch tiefer geworden und der Regen auf den Bergen hat
noch nicht aufgehört.
Die Sehnsucht meines Herzens ist noch tiefer geworden und seine Hoffnung
hat sich noch nicht erfüllt.

Viele dieser Pantons gleichen, wie Newbold (II, 347) sagt, den Dohras und Kubitas des Hinduri- und Bruja-Dialektes von Indien. Liebe, Ehe, Tadel und Satire sind Gegenstand und Zweck derselben. Re-

ben ihnen giebt es auch noch andere Formen der Poesie, wie z.B. die
Seramba bei den Redjang; auch unterhält man sich mit mancherlei
Räthseln (ebend. II, 184, Beispiel in Journal IX, 137).

Durch europäische Einflüsse sind die Völker von denen wir
bisher gehandelt haben, zwar vielfach berührt, aber im Ganzen nur
wenig verändert worden. Zuerst war es die Macht der im Jahr 1806
unter Alonzo Talesso zuerst nach Sumatra gekommenen Portugiesen, die durch glänzende Waffenthaten um die Mitte des 16. Jahrh. im
ostindischen Archipel zu einer schnellen, aber auch eben so rasch wieder
vorübergehenden Blüthe kam. Seitdem sind die Holländer zu entschie-
denem Uebergewicht gelangt, deren ostindische Compagnie im J. 1602
gestiftet, ursprünglich wie späterhin nur auf Handelsgewinn, nicht auf
Ländererwerb ausging, sich aber bald in die Nothwendigkeit versetzt sah
um des ersteren willen auch dem letzteren ihre Anstrengungen zuzuwen-
den. Sie hat den größten Theil ihres Gebietes nicht durch unmittelbare Eroberung, sondern durch Einmischung in die Streitigkeiten der
Eingeborenen, durch Dienste die sie den einheimischen Fürsten leistete,
und durch Transactionen gewonnen und immer die Politik verfolgt in
die inneren Verhältnisse der Länder mit denen sie zu thun hatte, möglichst wenig einzugreifen und deren politische und sociale Verfassung möglichst unverändert zu lassen. Ihr schon aus dem letzten Viertel des 17.
Jahrh. sich herschreibender Verfall, eine natürliche Folge des beschränkten rein kaufmännischen Interesses der Ausbeutung das sie verfolgte,
führte endlich zu ihrer Auflösung und mit dieser ging die höchste Gewalt
in diesen Meeren von ihr auf die holländische Regierung über.

Des Guten das den Malaien von den Europäern gekommen, ist nur
wenig. Der einheimische Handel wurde gelähmt, niedergedrückt, fremden Interessen dienstbar gemacht, Landbau und Industrie blieben unentwickelt oder wurden nur soweit gefördert oder auch nur geduldet als sie
den Fremden einen unmittelbaren Gewinn abzuwerfen versprachen, die
Länder überließ man sich selbst, alle Mißbräuche, alle Institutionen
welche die höhere Entwickelung der Völker hinderten oder unmöglich
machten, ließ man unangetastet. Sklaverei, Menschenraub und Men-
schenhandel bestanden nach wie vor und die Holländer sahen ihnen nicht
bloß ruhig zu, sie betheiligten sich auch selbst offen daran. Erst in der
neuesten Zeit (1854) ist der öffentliche Verkauf von Sklaven in Nieder-
ländisch Indien verboten worden (Tijdschr. 1855 II, 273).

Unter portugieſiſcher Herrſchaft iſt für die Ausbreitung des Chriſtenthums wenig oder nichts geſchehen. Die Bemühungen des Franciscus
Xaverius, der 1545 nach Malakka kam (Valentyn VII, Beſchr.
v. Mal. 354) iſt ſo ziemlich das Einzige was ſich anführen läßt. Malaiiſche Bücher zur Unterweiſung im Chriſtenthum gab es zwar ſchon
um die Mitte des 17. Jahrh. (ebend. VI, 7), aber noch immer gilt Valentyn's Klage daß die Malaien die Bibel und die religiöſen Bücher
die man ihnen in die Hand gegeben hat, nicht verſtehen, obſchon man
bemüht geweſen iſt die hoch-malaiiſche Bibelüberſetzung ſo weit umzu-
bilden als die Möglichkeit des Verſtändniſſes für ſie erfordert (Brumund
I, 173 f.), und der kaufmänniſche Geſichtspunkt aus welchem die Holländer von jeher ihre Kolonieen faſt ausſchließlich betrachtet haben, ſchloß
keine Aufforderung zur Miſſion in ſich. Die Thätigkeit der Miſſionäre
iſt ſogar vielfach von den holländiſchen Behörden ſelbſt gehindert worden; man mahnte jene ab und ſagte ihnen ſogleich daß ſie zu weit gingen und zu viel thun wollten (Trad. Lay 92, 101, die Miſſionsgeſch.
des oſtind. Archipels ſ. im Baſeler Miſſ.-Magazin 1840, IV). Für die
Kinder der Europäer und inländiſchen Chriſten hat der Unterricht in
Niederländiſch Indien neuerdings Fortſchritte gemacht: von 1817—49
beſtanden für ſie 30 Gouvernements-Schulen und von 1850—58 ſind
noch ebenſaviele gegründet worden, aber für die nicht-chriſtlichen Eingeborenen geſchieht in dieſer Hinſicht ſo gut wie nichts und ſelbſt das
Intereſſe daran ſcheint ſtark abgenommen zu haben (Tijdschr. 1861
I, 328, 402). Was man in dieſer Beziehung gethan hat iſt kaum nen-
nenswerth, obgleich der Schulunterricht, wo es ſolchen giebt, die Eingebornen ſtets eifrig zum Lernen gefunden und gute Früchte getragen
hat (ebendaſ. 1860 I, 46 nach Algemeen Verslag v. d. staat v. het
schoolwezen in N. Ind. Batav. 1859). Auf Sumatra iſt 1858 eine
Schule zu Padang, 1856 zu Bukit Tinggi (Fort de Kock) ein Lehrer-
ſeminar geſtiftet worden (Hollander 497). Die katholiſche Propa-
ganda beſitzt ein Collegium auf Pulo Pinang (Newbold I, 93).

Die Orang Benua ſind nomadiſche oder halb-nomadiſche Völker
die jedoch neben Jagd und Fiſcherei, wie es ſcheint, alle etwas Landbau
treiben, Hunde und Geflügel beſitzen. Die Jakuns von Johor bauen
zum Theil Reis, andere pflanzen Yams Plantanen Waſſermelonen
Zuckerrohr, bisweilen auch etwas Tabak, namentlich aber Durianbäume

(durio zibethinus), auf die sie um ihrer Früchte willen einen hohen
Werth setzen (**Logan** in Journal I, 254 ff., **Favre** ebend. II, 259).
Das einzige Ackergeräthe der Sakai besteht in einem spitzigen Stocke
(ebend. IV, 429). Die Vorbereitungen dazu beschränken sich auf das
Fällen der Bäume und das Abbrennen des Buschwerkes. Vor der Aus-
saat opfern sie dem Jin Bumi, die Mintira halten ein Fest zur Ernte-
zeit (**Logan** a. a. O.). Sie rauchen Tabak und kauen Betel oder statt
dessen Kaffi-Blätter mit Gambir und Kalk zusammen die sie von den
Malaien der Küste eintauschen (**Logan, Newbold** II, 406). Die Kleidung ist ärmlich malaiisch, die der Männer oft nur ein Leinwandschurz
(bei den Mintira und Udai), bei den Weibern ein Sarong (**Logan** a.
a. O. 252). Sie pflegen sich die Zähne spitzig zu feilen; die Beschneidung haben sie nicht, schlitzen aber die Vorhaut auf (ebend. 271). Die
allgemeinste Waffe der nördlicheren Stämme (Besisi, Sakai u. a.) ist das
Blasrohr mit Giftpfeilen, Bogen und Pfeil sind ihnen zwar bekannt,
aber nicht im Gebrauch; sie führen keine Kriege (ebendas. 272 f., III,
405 f., IV, 429). Das Blasrohr ist bei vielen oben mit einer Lanzen-
spitze versehen, wie bei den Dajaks häufig. Das der Sabimba wird
ihnen von auswärts und zwar von Sambas in Borneo durch die Malaien der Küste zugeführt, von denen sie auch andere Geräthe und namentlich Reis erhalten (**Thomson** in Journal I, 347 f., das 10 Fuß
lange Blasrohr der Benua und die Bereitung ihres Pfeilgiftes hat
Newbold II, 395 ff. beschrieben). Die Jakuns, welche ihre Pfeile nicht
vergiften sollen, führen außer dem Blasrohr auch Speere und lange
Messer (**Favre** in Journal II, 262), die Mintira haben neben dem Blasrohr und Speer auch das Schwert und den Kris (**Logan** ebend. I, 330).
Die Hütten der Orang Benua sind in Größe und Einrichtung verschieden, haben meist nur einen Raum im Innern, stehen auf Pfählen und
werden auf einer Leiter erstiegen; manche sind nicht ohne allen Comfort:
es finden sich in ihnen chinesische Vorhänge zur Abtheilung der Gemä-
cher und einige chinesische Schüsseln (ebendas. 253 f.); meist aber höchst
ärmlich und schlecht, an den Seiten nur mit Blättern oder Baumrinden
geschützt und werden von den Bewohnern verlassen, wenn ein Todesfall
eintritt (**Newbold** II, 404, **Borie** in Tijdschr. a, X, 420, **Netscher**
ebend. II, 138, **Moor** 242). Die Jakuns von Malakka bauen sie nur
2′ hoch, 4′ breit, und 6′ lang, stellen sie auf Pfähle und umgeben sie
mit einem Bollwerk von Dornen um sich gegen die Tiger zu schützen

(Favre a. a. O. 257). Zur Flußschifffahrt haben sie (mit Ausnahme der Sabimba) Kähne die aus einem ausgehöhlten Baumstamme bestehen, auf die See wagen sie sich aber nicht, fürchten diese vielmehr in hohem Grade (Logan in Journal I, 271, 284, 297, 332. Thomson ebend. 347). Von Musikinstrumenten wird nur eine Bambusflöte und eine Art von Guitarre bei den Mintira erwähnt (Borie a. a. O. 424). Die Lage des Landes bringt es mit sich daß aller Handel mit den Benua in den Händen der Malaien ist, welche ihnen Zeuge, Töpfe, Schüsseln, Eisenwaaren u. s. f. gegen ihre Landesprodukte liefern, sie aber auch durch Schulden zu denen sie sie verleiten, Betrügereien und andere Unrechtfertigkeiten schwer drücken (Logan a. a. O. 261, 285).

Von Charakter sind die Orang Benua offen und gutmüthig, ohne Stolz und Eitelkeit, doch von gleicher Sensibilität für Schmeichelei und Beleidigung wie die übrigen Malaien; ihr Wesen ist sanft und friedlich, dabei aber furchtsam und mißtrauisch. Verbrechen gegen Leben und Eigenthum, Ausschweifungen kommen selten bei ihnen vor, doch ist Ehebruch häufiger, nur den Biduanda Kallang ist auch dieser fremd (ebend. 267 ff., 300, 330. Borie a. a. O. 423. Newbold II, 397. Netscher a. a. O. 139). Der Gegensatz ihres Charakters zu dem der gebildeteren Malaien (Favre a. a. O. 274) scheint sich genügend aus den Lebensverhältnissen beider Völker zu erklären. Den Europäern schließen sie sich leicht und gern an (ebend. 280). Polygamie kommt bei ihnen nicht leicht vor, doch hat Scheidung und daher ein Wechsel der Weiber keine Schwierigkeit. Zur Ehe gehört vor Allem die Einwilligung der Väter und selbst über den verheiratheten Sohn behält das Haupt der Familie noch große Gewalt. Verletzung der ehelichen Treue ist selten und wird bei einigen mit dem Tode gestraft (Logan a. a. O. 266 ff., Favre a. a. O. 264, 269). Die Ehe wird nach Netscher (a. a. O. 138) ohne weitere Ceremonie geschlossen als daß der Mann ein Blasrohr, das Mädchen einen irdenen Topf von ihren Eltern erhält; nach Logan ist es wesentlich daß das junge Paar zusammen ißt aus derselben Schüssel, Borie (a. a. O. 428) erzählt von langen Reden welche die Häuptlinge bei dieser Gelegenheit hielten, und von einem Ringe den der Mann seiner Braut schenke. Die Frau gebietet im Hause und ißt stets mit ihrem Manne zusammen der nicht das Recht hat sie zu schlagen, sondern sich an ihre Eltern wenden muß wenn er über sie zu klagen hat (Logan). Die Malaienfürsten sind nur dem Namen nach die Beherrscher des Landes; die Orang Benua stehen unter ihren eigenen Häuptlingen (Batin), deren Würde in ihrer Familie erblich ist, obwohl das Volk dem Nachfolger die Anerkennung versagen und ihn zurückweisen kann, wenn es sich nöthig zeigt (Logan in Journal I, 273. Favre ebend. II, 268). Der Batin erhält keine regelmäßigen Abgaben, aber häufige Geschenke und die Hälfte von den Bußen welche bei Vergehungen in groben chinesischen Tellern gezahlt werden; der Zahlungsunfähige wird Sklave. Die nördlicheren Stämme haben mehrere einander untergeordnete Häuptlinge von abgestufter Macht (Logan a. a. O.), und wahrscheinlich bezieht es sich auf diese wenn Newbold (II, 392) den Jemang und den Jurokra als unter dem Batin stehend bezeichnet. Besonders bemerkenswerth ist daß in Sungin Ujong wie in Johor und Jompol die 12 Häuptlinge der Orang Benua einen bedeutenden Einfluß bei der Wahl der dortigen malaiischen Panghulus besitzen oder doch besaßen und daß der Panghulu von Rumbar sogar abwechselnd aus den Jakuns gewählt wurde (Newbold bei Moor Append. 63, 84).

Als der Schöpfer und Regierer der Welt wird von den Orang Benua Pirman angesehen, der unsichtbar oberhalb des Himmels wohnt. Er zerbrach einst die Haut von welcher die Erde umschlossen war und in Folge davon erhoben sich aus der Tiefe die mächtigen Berge welche den Bau der Erde zusammenhalten; darauf setzte er das erste Menschenpaar in eine Praum und dieses mußte längere Zeit auf dem Wasser umherschwimmen. Zwischen Pirman und den Menschen in der Mitte stehen die Jin, deren mächtigster der Erdgeist, Jin Bumi, ist, welcher die Krankheiten sendet und am Leben der Menschen zehrt. Ihm untergeordnet sind die Geister (hantus) der verschiedenen Arten von Bäumen, der Flüsse, Berge u. s. f. Die Zauberer, Geisterbeschwörer und Aerzte der Orang Benua, Pojang genannt, rufen wenn sie die Kur von Kranken unternehmen, Jewajewa (bisweilen Dewadewa gesprochen) an; ihre Macht soll sich namentlich auch auf die Tiger erstrecken, in die sie sich angeblich nach ihrem Tode verwandeln, und wird von den Malaien außerordentlich gefürchtet, während manche Benua nicht an sie glauben Logan a. a. O. 275 ff., 328: Newbold II, 387). Logan hat darauf hingewiesen daß der Glaube an einen höchsten Gott und Weltschöpfer bei den Benua nur entweder indischen oder muhammedanischen Ursprungs sein könne: auf Ersteres deute der Umstand daß Bischnu im südlichen Indien den Namen Pirmál führe, auf Letzteres die Verbindung in welche das Wort Allah bisweilen von den Benua mit dem Namen ihres Gottes Pirman gebracht werde. Favre (in Journal II, 249) bestätigt daß ein großer Theil derselben Gott Tuhan Allah nennen; in einigen Zauberformeln der Mintira wird sogar Mohammed angerufen und in den beim Landbau gebräuchlichen Gebetsformeln derselben findet sich, obwohl sie im Wesentlichen nicht malaiischen Ursprunges zu sein scheinen, das Wort Smillahi, d. i. Bismillah (Logan a. a. O. 309, 329). Wenn es richtig ist daß manche Benua an zwei höchste Wesen glauben die sie Dewa und Bilur nennen (Newbold II, 387), so würde sich daraus mit einiger Sicherheit auf altindischen Einfluß schließen lassen, der jedoch ebenfalls erst durch die Malaien vermittelt sein könnte. Tempel oder Idole haben sie nicht. Was Borie (in Tijdschr. a, X, 430) von christlichen Traditionen bei ihnen erzählt, die er von Missionären herleitet welche im 7. oder 13. Jahrh. nach China gegangen seien, ist zu verworren und großentheils zu unwahrscheinlich als daß es bei dem Mangel einer ferneren Bestätigung genauer berücksichtigt zu werden verdiente: sogar religiöse Bücher sollen sie besessen haben und Christus Radya Brahil (Raja Ibrahim) oder wie die Malaien Nabi Isa oder Tuhan Isa nennen. Einige führen ihre Abstammung auf weiße Affen, andere auf einen Gott als Schöpfer zurück; die Mintiras erzählen daß ihr Stammvater von Rum gekommen sei (ebend. 415 f.). Mit besonders vielem Aberglauben ist bei den Benua das Kamfersuchen verbunden, man bedient sich sogar einer eigenthümlichen Sprache dabei, der sog. Kamfersprache, deren Wörter willkürlich gebildet sind (Logan a. a. O. 263). Sie haben ferner eine Weise der Eidesleistung, die bei malaiischen Völkern oft vorkommt und namentlich auch angewendet wird um ein Bündniß zu schließen: man trinkt eine mit Blut gemischte Flüssigkeit in die ein Dolch oder einige Pfeilspitzen getaucht werden, welche dem Treulosen den Tod bringen sollen (Jansz. Menie in Bijdragen N. V. IV, 130. Newbold II, 395). Obgleich Logan (a. a. O. 279) behauptet daß sich keine Spur von Unsterblichkeitsglauben bei ihnen finde, erzählt er doch selbst (325) von den Mintira daß sie ein Paradies für die Geister ihrer Todten haben, eine sehr fruchtbare im Westen gelegene Insel; auch pflegen die Jakuns ihren Todten Waffen und Geräthe, Reis Wasser und Tabak mit in's Grab zu geben (Favre a. a. O. 265). Auch daß die Sabimba und Sletar keine Spur von religiösen Vorstellungen, auch keinen Geisterglauben hätten (Thomson in Journal I,

344, 348), wird man bis auf Weiteres bezweifeln dürfen. Manche Stämme der Benua begraben ihre Todten in sitzender Stellung, werfen einen Erdhügel auf dem Grabe auf und überbauen es mit einem Dache; die nördlicheren unterhalten drei oder sieben Nächte lang ein Feuer auf demselben und stecken ein Bambusrohr in die Erde das bis an die Nase des Todten reicht, besonders wenn dieser im kindlichen Alter gestorben ist, wahrscheinlich zu dem Zwecke ihm zu trinken zu geben (Logan a. a. O. 271, 297. Newbold II, 408).

Ueber die Semang ist nur sehr weniges bekannt. Sie unterscheiden sich im äußeren Aufputz des Körpers von den Benua dadurch daß ihnen eine tättowirte Linie von der Stirn zur Wange auf beiden Seiten herabläuft und daß sie das rechte Ohr allein durchbohren, obwohl die erstere Sitte von ihnen auch auf die benachbarten Benua übergegangen ist (Logan in Journal VII, 32). Sie haben nur sehr schlechte Hütten, keine festen Wohnungen, und kleiden sich hauptsächlich in Baumrinde. Zur Jagd bedienen sie sich des Blasrohrs mit vergifteten Pfeilen, doch besitzen sie auch Speere, und wissen selbst über die Elephanten Herr zu werden. Von den Malaien tauschen sie Zeuge, Waffen und Tabak ein, und so wird sich ihnen der Besitz von Privateigenthum wenigstens nicht ganz absprechen lassen. An der Spitze ihrer einzelnen herumschweifenden Horden stehen Häuptlinge und sie sollen die Sonne verehren (ebend. IV, 425 ff.). Daß sie ihre Todten verzehrten und nur deren Köpfe begrüben (Newbold II, 379), ist wohl eine Fabel der Malaien, und kaum glaubwürdiger scheint es, wenn von den Semang von Perak erzählt wird daß sie auf die Blätter des Stebbal zu schreiben verständen (ebend. I, 422).

Ueber die rohen Völker von Sumatra sind wir nicht besser unterrichtet. Die Orang Kubu leben stets nur in geringer Anzahl familienweise zusammen, tragen nur einen Schurz von Baumrinde und haben keine ordentlichen Wohnungen, sondern übernachten nur unter Dächern von Blättern oder kriechen in hohle Bäume. Sie treiben keinen Landbau und verstehen nicht zu weben, nähren sich von wildwachsenden Früchten und Fleisch, doch sind sie keine Canibalen. Von Hausthieren haben sie nur den Hund. Mit den Nachbarvölkern treiben sie einigen Tauschhandel, doch lassen sie sich dabei nicht sehen, sondern legen ihre Waare nieder und holen dann den Preis an derselben Stelle ab. Ihre Waffen sind hölzerne Lanzen, Schilde haben sie nicht; Kampf und Streit ist nicht selten unter ihnen. Sie besitzen ein Musikinstrument das aus mehreren Stückchen von Bambusrohr besteht, die geschlagen werden. An der Spitze mehrerer Sukus steht bei ihnen ein gewählter Passirah. Sie glauben an gute und böse Geister, von welchen letzteren sie die Krankheiten herleiten, der Hauptgegenstand ihres Aberglaubens aber sind die Geister der Todten (Sturler in Batav. Courant 28. Apr. 1827 und daraus bei de Waal II. Boers in Tijdschr. I, 2, 290 ff.).

Die Orang Lubu wohnen in zerstreuten Hütten, bedecken sich ebenfalls nur mit Baumrinde, bauen aber etwas Reis und sammeln Damarharz ein, das sie verhandeln. Sie führen ein Blasrohr mit Giftpfeilen und sind noch roher als die Orang Ulu welche in hölzernen Häusern leben und Ringe von Kupfer zum Schmuck tragen (Sal. Müller in Bijdragen II, 251. Hollander 478). Von den Kumring oder Komaring hören wir nur daß sie voll Selbstgefühl, tapfer und fleißig sind, in großen stark gebauten Häusern zu vielen Familien zusammenleben, die Ehe durch djudjur noch haben und Idole verehren (Tijdschr. VIII, 3, 317).

Banka, hauptsächlich durch seine im J. 1710 entdeckten Zinnminen wichtig, die jedoch jetzt hauptsächlich durch Chinesen bearbeitet werden (Specielles darüber bei Lange 99 ff.), stand früher unter den Fürsten von Palembang, an welche es durch Heirath von seinen einheimischen Herrschern übergegangen ist. Seit 1785 hatte es von den Ilanuns und anderen Seeräubern (Rajats) viel zu leiden, wurde 1812 nebst Billiton von dem Sultan von Palembang an die Engländer abgetreten und kam 1814, Billiton 1824, von diesen an die Holländer (Näheres bei Lange 14 f. Reding 232 und namentlich bei Horsfield in Jornal II, 303 ff.). Die Eingeborenen von Banka, Orang Gunong (Gebirgsbewohner) sind von sanftem Charakter, mäßig und haben nur geringe Bedürfnisse, halten zähe fest an ihren alten Sitten, sind furchtsam, feig und abergläubisch; Diebstahl, Raub, Spiel, Trunk, Ehebruch kommen fast gar nicht bei ihnen vor, obwohl sie in Folge von Liebesintriguen bisweilen zum Morde greifen, und auch das Amoklaufen ihnen nicht fremd ist (Lange 47 ff. Horsfield a. a. O. 334). Meist leben sie nicht in Dörfern zusammen, sondern nur in einzeln liegenden Häusern und wechseln mit ihren Feldern den Wohnplatz (ebend. 333); anderwärts haben sie kleine Dörfer mit regelmäßig geführten Straßen und einem viereckigen Platze in der Mitte angelegt, die Häuser sind von Holzwerk, das Rath- und Logirhaus (Balei) ist an drei oder an allen vier Seiten offen und mit einer Balustrade umgeben (Lange 55 f.). Ihre Reisfelder werden in Reihen eingesäet, durch Zäune und Vogel- scheuchen geschützt, auch bauen sie Batáten, doch nur zum Tauschhandel mit den Chinesen; an Fleiß und Betriebsamkeit fehlt es ihnen in hohem Grade. Sie flechten Matten, spinnen und weben aber nicht, Zeuge er- handeln sie nur und tragen im Innern nur ein Beinkleid, eine Jacke ohne Aermel und ein Kopftuch, zu denen sie den Stoff aus Baumbast gewinnen, welchen sie ganz wie die Polynesier in Wasser einweichen und klopfen (Horsfield a. a. O. 336. Lange 48). Sie stehen unter ein- zelnen Häuptlingen (Batins), deren Würde meist erblich ist, wenn näm- lich das Volk, von dessen Vertrauen der Einfluß jener abhängt, mit der Nachfolge einverstanden ist (Horsfield a. a. O. 332). Nach einem an- dern Berichte (Tijdschr. VIII, 4, 132) wären sie vielmehr ihren Häupt- lingen sklavisch unterwürfig. Diese erhalten keine Abgaben oder Ge- schenke, außer von der Ernte. Von Seiten der holländischen Regierung ist die Bevölkerung nur zu einigen Herrendiensten verpflichtet (Lange 59). Bei der Heirath haben die Batins ihren Rath zu ertheilen (Hors- field a. a. O. 336). Seit der Gründung von Minto sind sie zum Theil Muhammedaner geworden, haben aber ihren alten Aberglauben meist behalten: die Wälder stehen unter dem Schutze besonderer Geister, daher man Opfer bringt und Zauberformeln spricht, wenn man sie ab- räumt um Felder anzulegen; ebenso haben Berge, Felsen, Flüsse ihre besonderen Antus (hantus, Geister) (ebend. 332, 334), und namentlich dieser Aberglaube, die erwähnten Zauberformeln, die Würde der Ba- tins, machen es wahrscheinlich, daß dieses Volk in naher Beziehung zu den Orang Benua von Malakka steht. Die einheimische Bevölkerung von Billiton (Orang Darat) scheint sich dagegen den Malaien von Sumatra näher anzuschließen, da sie die Suku-Einrichtung zu haben scheint, der gemäß der Mann und die Kinder der Frau folgen (Sche- pen in Tijdschr. a, IX, 62). Ihr Charakter, der Betrieb des Land- baues, das Verhältniß zu den Häuptlingen wird indessen ganz ähnlich geschildert wie bei den Orang Gunong von Banka. Die Würde der letzteren (depati) geht nach einheimischem Rechte auf den ältesten Sohn über, doch wird sie jetzt von den Holländern vergeben (ebend. 58). Der dort herrschende muhammedanische Glaube soll mit buddhistischen und andern heidnischen Elementen stark gemischt sein (ebend. 61). Die Bear- beitung des Eisens auf die sich die Eingeborenen verstehen (Hollan-

der 691), deutet auf eine etwas höhere Culturstufe hin als die der
Orang Gunong von Banka.

Zu den eigenthümlichsten und interessantesten Völkern von Sumatra
gehören unstreitig die Battas, welche trotz des Abscheues den ihr Canibalismus erregt, auf einer höheren Culturstufe stehen als die meisten
ihrer Nachbarn. Abgeschlossen durch ihre geographische Lage im Innern
der Insel wie durch ihre Institutionen, denen gemäß ihnen jeder Fremde
als Feind und als vogelfrei gilt, treiben sie Landbau als Hauptbeschäftigung und — was sonst bei Malaienvölkern ungewöhnlich ist — neben
diesem ziemlich ausgedehnte Viehzucht. Reis, zum Theil auf künstlich
bewässerten Feldern gezogen, in den ärmeren Gegenden Mais, sind ihre
vorzüglichsten Erzeugnisse. Neben diesen bauen sie mancherlei Knollen-
gewächse, Baumwolle und in neuerer Zeit (1847 ff.) ist es gelungen die
Kaffeekultur in Mandaheling und Angkola in bedeutender Ausdehnung
einzuführen, was die besten Früchte für den Gesammtzustand des Landes und die sittliche Erhebung des Volkes getragen hat (Näheres in
Tijdschr. 1862 I, 1 ff.). Als Ackergeräthe bedienen sie sich einer Hacke
mit 4—5 Zähnen und eines mit Eisen beschlagenen Stockes, hier und
da auch des Pfluges und der Egge die von Büffeln gezogen werden
(Junghuhn II, 70, 84, 187 ff. Burton and W. in Transactt. R.
As. Soc. I, 511. Tijdschr. IX, 4, 190). Ihre Viehzucht erstreckt sich
außer Büffeln auf Hunde, Schweine, Ziegen, Hühner und Pferde. Büffel und Ziegen, Pferde und Hunde, welche letzteren beiden förmlich ge-
mästet werden, dienen in der Regel nur bei festlichen Gelegenheiten zur
Speise, bei welcher indessen das Salz oft mangelt. In Pertibie, dessen
Wohlstand die Einfälle der Padries vernichtet haben, ist das Vieh verwildert, in Mandaheling dagegen nimmt die Viehzucht neuerdings zu,
während die Goldproduktion geringer wird (Junghuhn II, 4. Tijdschr. a. a. O. 192. Willer ebend. VIII, 2, 301, 356, 375). Das Getränk der Battas ist meist Wasser, doch bereiten sie in einigen Gegenden
auch Palmwein, in anderen Kaffee aus den Blättern der Pflanze. Der
Gebrauch des Betel ist allgemein in Mandaheling und Pertibie, anderwärts nur beschränkt und wohl erst in neuerer Zeit eingeführt da er in
Tobah ganz fehlt; dagegen kauen sie Kalk und Gambir-Blätter als
Reizmittel und rauchen Tabak (Willer a. a. O. 301, 304. Junghuhn II, 81. Burton and W. a. a. O. 493).

Die Dörfer bestehen aus reihenweise gruppirten Häusern, deren Giebelseite der Straße zugewendet ist, sind zum Theil an sehr sichern Plätzen angelegt und alle mit Wall Graben und Pallisaden oder Bambushecken befestigt (Burton a. a. O. 490. Junghuhn II, 72. Tijdschr. IX, 4, 197). Nicht selten wohnen namentlich in Tobah viele Familien in einem Hause zusammen, daher es Häuser giebt die bis 100 Fuß lang sind (Low in Journal R. As. Soc. II, 44). Der Bau selbst wird in Mandaheling und Pertibie, wenn nöthig, zwar mit gemeinsamen Kräften, aber ohne Sorgfalt ausgeführt; die Häuser bestehen meist nur aus einem Zimmer, davor steht eine Scheuer und ein an allen Seiten offener Sopo, wo die Frau arbeitet und Besuche empfangen werden, nur die der Häuptlinge haben mehrere Räume, durchlaufende Bänke und sind mit Schnitzwerk verziert (Willer a. a. O. 298 ff.). Die Form der Häuser ist überall länglich viereckig; sie haben ein Gabeldach das auf allen Seiten weit übersteht und ruhen auf 4—8 Fuß hohen Pfählen; einzeln liegende werden oft selbst 25—30 F. hoch auf der Gabelabtheilung eines Baumes erbaut. Bisweilen ist der Zugang von unten, wo das Vieh sich aufhält, durch eine Fallthür; einen Oberstock der als Vorrathskammer dient, und einen Balkon an der Giebelseite haben nur die Häuser der Häuptlinge (Junghuhn II, 59 ff., 78). Außerdem giebt es Versammlungshäuser, wo die Fremden aufgenommen und die Bücher und sonstigen Kostbarkeiten aufbewahrt werden. Irden- und Bambusgeschirr, Fackeln, hier und da Lampen sind die einzigen häuslichen Bequemlichkeiten. Die erbeuteten Köpfe der Feinde werden meist an der Decke aufgehängt (Burton and W. a. a. O.). Von anderen Bauwerken sind im Battalande nur noch Brücken zu erwähnen die aus Rottan-Seilen hergestellt werden (S. Müller in Bijdragen III, 354).

Die Battas tättowiren sich nicht, wohl aber ist das Feilen der Zähne bei ihnen im Gebrauch (Junghuhn II, 95. Willer a. a. O. 304), das überhaupt im indischen Archipel sehr allgemein ist als Zeichen der Mannbarkeit (Raffles I, 95. Crawfurd I, 215). Ihre Kleidung ist der gewöhnlichen malaiischen ähnlich, nur pflegen sie den Oberleib ganz unbedeckt zu tragen, auch die Frauen die daher nur den Sarong haben (Junghuhn II, 90, 298). Eigenthümlich ist ihnen nur ein vier Ellen langes und zwei Ellen breites Stück Zeug das sie um die Hüften tragen und mit einem Gürtel befestigen, und ein zweites das als Mantel dient (v. Kessel in Bijdragen IV, 61); ähnlich ist es in Mandaheling und Pertibie, wo die Mäntel der Vornehmen an den Rändern mit vielen

künſtlichen bunten Figuren verziert, die nach dem Range verſchiedenen
Kopfbedeckungen aber jetzt meiſt abgekommen und dem einfachen malaiiſchen Kopftuch gewichen ſind (Willer a. a. O. 306 ff.). Als Schmuck
dienen Ringe von Elfenbein Muſcheln und Kupferdraht oft in großer
Menge; Goldſchmuck, dem der javaniſchen Braut ähnlich und daher
vielleicht von indiſchem Urſprung, tragen nur die höchſten Stände (ebendaſ. 304). Das Spinnen, Färben und Weben der Baumwolle an einem einfachen Webſtuhle beſorgen die Weiber, deren Geſchäft auch die
Töpferarbeit iſt (Junghuhn II, 69 ff.). Wie in der Weberei ſtehen ſie
aber auch in der Zimmer- und Schmiedearbeit, die nicht als beſondere
Handwerke betrieben werden, den Malaien nach; nur was aus Kupfer
verfertigt wird (Tabakspfeifen, Säbelgefäße, Armringe u. dergl.) iſt in
Tobah vortrefflich (v. Keſſel a. a. O. 62. Burton and W. a. a. O.
511. Willer a. a. O. 359). Künſtliche Schnitzereien, Blumen und
Arabesken, finden ſich vielfach an den Eckpfeilern der vornehmen Häuſer und an alten Kriegspanieren (Junghuhn II, 223). Ihre Muſik-
inſtrumente ſind den' javaniſchen ähnlich (ebend. 176. Vgl. Willer
a. a. O. 349 ff.). Als Handwerkszeug und Waffen führen ſie Aexte,
Hämmer, Meiſel, Bohrer und verſchiedene Arten von Meſſern die ſie
ſelbſt machen, nicht den Kris; dann Lanzen, bisweilen Säbel und kleine
Luntengewehre mit kupfernen Schlöſſern, die wie das grobe Pulver,
deſſen ſie ſich bedienen und zu dem ſie den Salpeter durch Auslaugung
von Ziegenmiſt gewinnen, von ihnen ſelbſt verfertigt werden; Schilde,
Pfeil und Bogen ſind bei ihnen nur noch bei feſtlichen Pantomimen zu
ſehen (Tijdschr. IX, 4, 189, 198. Willer a. a. O. 310. v. Keſſel
a. a. O.). Zwar giebt es im Innern des Landes an einigen Orten
Märkte die von 3—4000 Menſchen beſucht werden — ſpaniſche Thaler
und Gold nach dem Gewicht (tail) ſind das gangbare Geld, aber der
Handel nach auswärts iſt faſt ganz unentwickelt (v. Keſſel 69, 71.
Willer 360), und auf die See, die ſie für den Sitz böſer Geiſter hal-
ten, wagen ſich die Battas nicht, ſie ſcheuen ſelbſt deren Anblick (Moor
Append. 1).

In Rückſicht der politiſchen Verfaſſung hören wir daß jedes Dorf
ſelbſtſtändig und unabhängig iſt und an deſſen Spitze ein Häuptling ſteht,
der ſeine Würde auf den älteſten Sohn, dann auf den Bruder (auf den
älteſten, dann auf den jüngſten Sohn nach Andern) vererbt, aber faſt
nur in Kriegszeiten Gehorſam findet, während er im Frieden an den

Willen des Volkes gebunden ist, deſſen Verſammlungen oft ſehr ſtür-
miſch ſind. Seine Gewalt hängt daher großentheils von ſeiner Perſön-
lichkeit ab, doch bleibt er Eigenthümer des Landes, auch wenn ſein Volk
von ihm abfällt und ihn verläßt, und erhält für die Erlaubniß zur Benutzung deſſelben geringe Abgaben oder Dienſte von ſeinen Untergebenen (Burton and W. a. a. O. 511. Low a. a. O. 48. Tijdschr. IX,
4, 196. Moor Append. 4. Junghuhn II, 96, 104, 106. v. Keſſel
a. a. O. 62). Neben den Häuptlingen der einzelnen Dörfer giebt es indeſſen auch ſolche die über mehrere gebieten (Tijdschr. IX, 4, 194), Burton and Ward erzählen ſogar von einem oberſten Häuptling der ſeine
Stellvertreter habe und mit einem hohen Rathe umgeben ſei, doch beſitzen dieſe höchſten Würdenträger keine Macht von Bedeutung. Daß
bei den Battas wie bei den Malaien von Menangkabao die bürgerlichen
Inſtitutionen unmittelbar aus der Familie hervorgewachſen ſind in pa-
triarchaliſcher Weiſe ergiebt ſich vor Allem daraus daß ein altes Geſetz
dem Manne gebot ſich ſtets mit einer Frau aus einem andern Dorfe zu
verheirathen (Junghuhn II, 100) und daß die Dorfbewohner mit ihrem Häuptling auf dem Fuße der Gleichheit verkehren. Beſtände nicht
ein weſentlicher Unterſchied darin daß die Kinder den Vater beerben und
zwar (nach Tijdschr. IX, 4, 196) zu gleichen Theilen, ſo würde man
nach dem Berichte Willer's über Mandaheling und Pertibie glauben
müſſen daß die Battas durchgängig und ſelbſt in Tobah (wie in Tijdschr. 1852 I, 114 behauptet wird), die Suku-Einrichtung der Malaien
hätten, wenn auch unter anderem Namen; ſo aber iſt es, ſo lange nicht
eine genauere Unterſuchung das Gegentheil herausſtellt, wahrſcheinli-
cher daß nur in den ſüdlichen von den Malaien eroberten Gegenden
(ſ. oben p. 25) die malaiiſchen Inſtitutionen den Battas aufgedrängt
worden ſind, obwohl nicht ohne zugleich einige weſentliche Aenderungen
zu erleiden. Insbeſondere ſtimmt das was über die Einrichtung der
vier miteinander verbündeten Corias von Mandaheling, die den Sukus
entſprechen, geſagt wird (Tijdschr. a. a. O.), ſowie die dortigen ſpeciel-
len Mittheilungen über das Eigenthum an Land und über das Gebrauchsrecht deſſelben auf's Genaueſte mit den Berichten über das alt-
malaiiſche Recht von Menangkabao überein.

Der muſterhaften Darſtellung Willer's (Tijdschr. VIII, 2, 149 ff.)
können wir leider nicht in's Einzelne folgen; das Hauptſächlichſte iſt
Folgendes. Die politiſche Verfaſſung ſtellt eine Uebergangsſtufe dar von

der patriarchalischen Form zu einer bundesgenossenschaftlichen Adelsre-
gierung die durch repräsentative Elemente gemäßigt ist (271). Der
Marga, dessen Angehörige als blutsverwandt gelten und daher nicht
untereinander heirathen, entspricht dem malaiischen Suku, der Pamusuk
an seiner Spitze dem malaiischen Panghulu: wie dieser ist er der Schirm-
herr seiner Untergebenen, muß sie frei kaufen wenn sie anderwärts in
Sklaverei verfallen, darf sie unter Umständen aber sogar verpfänden,
bezieht seine Haupteinnahme aus den aufgelegten Geldstrafen und verfügt über das Busch- und Weideland, wenn es an Feldern fehlt (150.
163 ff., 218). Wie in Menangkabao sind Grund und Boden Gesammteigenthum, unveräußerlich, und nur das Besitzrecht wird vererbt; ver-
käuflich ist auch dieses nicht, nur verpfändbar und vertauschbar innerhalb derselben Gemeinde (161). Ein wesentlicher Unterschied ist daß
das Kind nicht zum Marga der Mutter, sondern zu dem des Vaters gehört. Der Marga besteht aus drei Ständen: Adel, Bürger und bedingt
Freigegebenen, welche letzteren im Interesse des Gemeinwohls verkauft
werden können. Weiber Sklaven Schuldsklaven und Kinder haben keine
politischen Rechte und stehen stets in fremder Gewalt (149 ff.), auch
können die ersteren nicht erben (185). Die Selbstständigkeit der Gemeinde ist unverlierbar, sie kann selbst durch Krieg keiner andern einver-
leibt werden oder zinsbar werden. Gesetzgebung Regierung und Gericht wird in ihr durch den Gemeinderath und den Bürgerrath ausgeübt, die hauptsächlich aus den Vertretern der erwähnten drei Stände
gebildet sind. Der Pamusuk ist Vorsitzer des ersteren und hat ein Veto;
die Beschlüsse des Bürgerraths können durch den Gemeinderath refor-
mirt werden (153 ff.). Mehrere Gemeinden treten zu Bundesgenossen-
schaften zusammen, an deren Spitze ein Bundesrath steht; Krieg ist indessen auch unter Bundesgliedern nicht selten, obgleich Streit unter diesen immer durch den höheren Bundesrath beigelegt werden soll, dem
die niederen Räthe der Abtheilungen untergeben sind (159 f.). Der Bürger bleibt an die Scholle gebunden, muß arbeiten und in den Krieg
ziehen nach dem Befehle des Gemeinderaths und darf ohne dessen Zustimmung nicht einmal verreisen (167).

Recht wird bei den Battas vor dem versammelten Volke gesprochen
und der Geist und die Hauptbestimmungen ihres Strafrechtes kommen
mit denen des malaiischen überein: fast alle Strafen lassen sich in Geldbußen verwandeln — ein Grundsatz der vom Eigennutz der Häuptlinge

ausgebeutet wird — für Verbrechen und Schulden sind die nächsten
Angehörigen, für erstere, wenn der Thäter verborgen bleibt das ganze
Dorf haftbar; Sklaverei und Schuldsklaverei entstehen und bestehen auf
dieselbe Weise wie bei den Malaien; die Sklaven werden gut behandelt
und können nicht willkührlich von ihrem Herrn, sondern nur nach Richterspruch gestraft werden (Junghuhn II, 145. Tijdschr. IX, 4, 185,
194. Burton and W. a. a. D. 507 f. v. Kessel a. a. D. 61, 67, 71).
Nur den einen barbarischen Zug scheint dieses Strafrecht eigenthümlich
zu haben daß der Canibalismus in ihm als eine gesetzliche Institution
auftritt. Marsden (3d ed. 391) erklärt dieß daraus daß die schimpf-
liche Vertilgung des Verbrechers durch Auffressen den allgemeinen Ab-
scheu gegen seine That an den Tag legen solle. Alle Strafe geht ursprünglich aus dem Rachegefühl hervor das strenge Vergeltung fordert;
die Rache ist es die zum Auffressen des Feindes führt und an diesem betheiligen sich außer dem Rächer selbst auch seine Genossen, weil sie seinen Haß theilen: so kann der Canibalismus zu einer gesetzlichen Strafe
werden. Bei den Battas trifft er den Ehebrecher, Landesverräther,
Spion, nächtlichen Räuber (die Angaben darüber lauten verschieden)
und insbesondere den Kriegsgefangenen, der sogar lebendig verzehrt
wird (Junghuhn II, 156. Burton and W. a. a. D. 507. Tijdschr.
IX, 4, 184. v. Kessel a. a. D. 64. Life and service of Sir Stamf.
Raffles IV, 425): er wird an einem hölzernen Kreuz mit ausgespann-
ten Armen und Beinen befestigt, man stürzt mit Messern und Aexten,
Zähnen und Nägeln über ihn her um Stücke Fleisch von ihm abzurei-
ßen, die in eine Mischung von Salzwasser und Citronensaft getaucht
verschlungen werden (Moor 123. Low in Journal R. As. Soc. II, 49).
Ist das Opfer ein Verbrecher, so haben dessen Verwandten selbst durch
Lieferung von Salz und Citrone sich dem Strafacte mit zu unterwerfen
(Willer a. a. D. 201). Zwar soll der Canibalismus eigentlich nur
als Strafe ausgeübt werden, doch hält er sich nicht immer in den gesetzlichen Grenzen, da der Genuß von Menschenfleisch mit einem Feste
bei den Battas verbunden ist und dessen Wohlgeschmack von ihnen gerühmt wird. Nach Anderson (225) soll es Rajahs geben die aus
diesem Grunde täglich solches verzehren; man hat erzählt daß Menschenfleisch bei ihnen auf den Märkten verkauft werde, doch scheint dieß nicht
hinreichend verbürgt zu sein. Zu weit geht aber wohl Willer (a. a.
D. 345) wenn er behauptet daß an dem Canibalismus, der in Manda-

heling unter muhammedanischem und holländischem Einfluß jetzt ganz
verschwunden ist, der Wohlgeschmack überhaupt keinen Theil gehabt
habe. In Kriegszeiten ist er bei den Battas gewöhnlich (Junghuhn
II, 14), und früherhin sollen sie selbst ihre alten und kranken Angehörigen verzehrt haben, die man auf einen Baum steigen ließ, welchen man
dann schüttelte unter dem Gesang der Worte: „Die Zeit ist gekommen,
die Frucht ist reif, sie muß heruntersteigen", worauf das Erschlagen und
Aufessen folgte. Boudyck (II, 67) erhielt in Bezug hierauf von einem
Batta die Antwort daß sie ihre Verwandten aus Pietät fräßen um sie
nicht den Würmern in der Erde zu überlassen. Angeblich wäre der Canibalismus bei ihnen erst neueren Ursprungs, wie man auch daraus
hat schließen wollen daß er auf den Rias Inseln fehlt (Junghuhn
II, 23. Hollander 648), doch findet er sich schon im 15. Jahrh. (bei
Ramusio, s. Junghuhn II, 276) erwähnt und noch früher erzählt
M. Polo (III, c. 11 u. 14) von dem Gebrauche kranke Verwandte
aufzuessen.

In Rücksicht des Gerichtswesens und des Strafrechtes von Mandaheling müssen wir auf Willer's (a. a. O. 152, 168, 187 ff.) ausführ-
liche Darstellung verweisen. Dasselbe Vergehen wird schwerer an den
niederen als an den höheren Ständen gestraft, schwerer wenn der Be-
schädigte ein Vornehmer als wenn er ein Geringer ist, schwerer meist
der böse Wille allein als die That selbst ohne diesen. Als eigenthümlich
heben wir noch hervor daß eine gestohlene Ziege siebenfach ersetzt werden
soll, „denn auch Arme haben bisweilen Ziegen", und daß der Verlust
eines Prozesses der bis in die höchste Instanz verfolgt worden ist, noch
besonders bestraft wird. Der Zinsfuß ist nicht höher als 20%. Die
Strafe des Meineides bleibt der Gottheit überlassen; überhaupt aber
sollen Eidesleistungen möglichst beschränkt werden, weil es besser sei daß
ein Unrecht ungestraft bleibe als daß jemand der Rache der Geisterwelt
preisgegeben werde.

Der Charakter der Battas, den Burton und Ward (a. a. O. 498)
und Low (a. a. O. 47) wesentlich anders schildern als Junghuhn
(II, 237, 229), unterscheidet sich nach letzterem von dem des Javaners
vor Allem durch größere Offenheit, selbst in der Rachsucht, durch größere
Unabhängigkeit und Männlichkeit, die ihn leichter ungeduldig ungehor-
sam und zum Streite geneigt macht, obwohl er sonst treu und zuverlässig, gutmüthig und dankbar ist. Er besitzt nicht die Eifersucht und

Wolluſt noch die Leichtgläubigkeit des Javaners; dieſer iſt eitler, dabei
viel feiger und hartherziger als der Batta. Anhänglich an Geburtsort
und Familie, ohne Falſch im Handel, zeigt ſich der letztere aber zugleich
faul und ſorglos auf der einen und verſchwenderiſch, freigebig, dem
Spiel ergeben auf der anderen Seite. Nur Anderson (268) rühmte
an den Battas Fleiß und Sparſamkeit ohne Prahlerei, wie ſie den Malaien eigen ſei. Ein ähnliches Bild entwirft Willer (a. a. O. 264 ff.,
395 ff.) von der Bevölkerung von Mandaheling: Unkeuſchheit iſt ihnen
fremd, ſelbſt in Tänzen und Liedern, ebenſo Trunk und Opiumgenuß,
doch ſind ſie leidenſchaftlich im Spielen und Wetten; ehrlich, offen, und
dabei vorſichtig im Reden, erlauben ſie ſich gleichwohl nicht ſelten Erpreſ-
ſungen und Betrug im Handel; zwar hülfreich gegen Angehörige, läßt
es ihre Faulheit, für die ſie ſich gern auf ſprüchwörtliche Redensarten
berufen, doch oft zur Verpfändung der Familie kommen und bereitet
der Frau ein hartes Loos; ihre kriegeriſche Tapferkeit ſteht nicht außer
Zweifel; Vergiftungen ſcheinen häufig zu ſein, künſtlicher Abortus aber
gilt für ſtrafbar.

Die Battas haben zweierlei Art der Ehe welche dem djudjur und
dem ambil anak der Malaien entſprechen und auf einfachem Kauf der
Frau oder des Mannes beruhen. Scheidungen bei denen die Kinder ſtets
dem letzteren bleiben, ſind ſelten und können bei der erſten Weiſe der
Ehe von Seiten der Frau nur durch Rückkauf, vom Mann dagegen
durch bloße Entlaſſung bewirkt werden (Junghuhn II, 135). Die
Weiber, deren ſelten mehr als zwei einem Manne angehören, werden
zwar nicht hart behandelt, aber es ruht auf ihnen faſt alle Arbeit, namentlich in Tobah, während anderwärts der Mann den größten Theil
der Feldarbeit verrichtet, ſonſt aber nur raucht und die Kinder wartet
(ebénd. 133, 81. Burton and W. a. a. O. 509). Die Frau kann für
Schulden des Mannes verkauft, verpfändet, bei Mangel an männlichen
Nachkommen zurückgeſchickt und gegen eine Schweſter vertauſcht werden,
auch wird ſie mitvererbt (Tijdschr. IX, 4, 201). Kindermord kommt
nicht vor, wohl aber Abtreibung der Frucht (Junghuhn II, 58). In
Mandaheling hatten die Padries die Ehe nach ſemando eingeführt, mit
dem Verfall ihrer Macht iſt aber auch dieſe wieder dem alten tuhor (d. i.
djudjur) gewichen, deſſen Folge iſt daß viele Mädchen ledig bleiben, viel
prozeſſirt wird und die Entwickelung von Handel und Induſtrie gehindert iſt durch die hohen Brautpreiſe für die der Mann allein arbeitet

um dann wieder zu faullenzen (Willer a. a. O. 317). Wegen der eigenthümlichen Art der dort gebräuchlichen Bewerbung und Verlobung,
des dortigen Familien- und Eherechtes und verwandter Gegenstände
müssen wir auf Willer (a. a. O. 172—183, 219—227) verweisen:
Blutsverwandtschaft wird in Mandaheling nur nach der männlichen
Linie gerechnet, so daß Kinder von Bruder und Schwester einander heirathen dürfen, nicht aber solche von Bruder und Bruder; die Frau wird
durch die Heirath verwandt mit der Familie des Mannes, nicht dieser
mit der ihrigen; selbst die Wittwe kann Ehebruch begehen, nämlich mit
einem anderen Manne als demjenigen auf welchen sie durch Erbschaft
übergeht; sogar die nächsten Blutsverwandten der Frau können diese
allein und in Abwesenheit ihres Mannes nicht in ihrem Hause aufsuchen ohne der Strafe versuchten Ehebruches zu verfallen; unzüchtige Reden oder Handlungen gegen Frauen und Mädchen werden mit Geldbußen gestraft.

Die Kinder der Battas erhalten ihren Namen bei einem Feste das
man feiert und werden bei dieser Gelegenheit in einem Bache gebadet
(Junghuhn II, 129). Mit 10—12 Jahren feilt man ihnen die Zähne
spitzig und schwärzt sie (Burton and W. a. a. O. 496). Fast alle lernen lesen und schreiben. In Mandaheling werden sie zu schwerer Arbeit angehalten, damit die Erwachsenen faullenzen können (Willer
a. a. O. 340).

Die Zunahme der Bevölkerung wird hauptsächlich durch innere
Kriege gehindert, zu denen Schuldforderungen besonders häufig führen:
man fängt zuerst Einzelne und behält sie als Geißeln; geschieht aber ein
Mord, so steigt die Erbitterung, der Krieg bricht aus und endigt meist
erst mit der Vernichtung des ganzen feindlichen Dorfes (Junghuhn
II, 57, 165, 173). Man bereitet ihn vor durch Geschenke und Botschaf-
ten die man an befreundete Dörfer sendet um sie zur Theilnahme einzu-
laden; dann folgen Gastmähler, bei denen man namentlich Büffelfleisch
ißt zum Zeichen der Verbündung; die Kriegserklärung geschieht dadurch
daß ein Rohrstab und ein aus Holz geschnitztes Menschengesicht auf einem Pfahle an der Straße aufgepflanzt wird (Moor Append. 4); bisweilen ist auch die Erklärung schriftlich an dem Pfahle angebracht
(Low a. a. O. 48). In Mandaheling werden dem Feinde selbst Ort und
Zeit für die erste zu liefernde Schlacht angesagt, es finden weder Brand-
stiftungen noch nächtliche Ueberfälle statt, und nur die Gemeinen, nicht

die Pamufuks werden im Kampfe getödtet (Willer a. a. O. 170). Blutsverwandte haben selbst während des Krieges zum Theil die Freiheit einander unbelästigt zu besuchen (v. Kessel in Bijdragen IV, 68). An der
Spitze der feindlichen Heere kämpfen die Vorfechter, deren Stelle bei den
Battas von Pak-pak ein kleines hölzernes Bild vertritt das mit den Ue-
berresten eines verfaulten und in die Erde gegrabenen Menschenkopfes
bestrichen worden ist. Dieser Kopf nämlich ist der eines Knaben, welchen die Priester in die Erde gegraben, einige Zeit lang nur mit Pfeffer
und Salz gefüttert und dann enthauptet haben, nachdem er das Versprechen abgelegt hat ihnen im Kampfe als Vorfechter dienen zu wollen
(Tijdschr. a, III, 458). Nach einem andern Berichte (Tijdschr. IX, 4,
180) hat dieses Verfahren vielmehr den Zweck an dem eingegrabenen
Menschen einen Schutzgeist zu gewinnen der alles Uebel und Unglück
abwende.

Die Battas glauben an einen höchsten allmächtigen Gott, Diebata,
an dem sie den allweisen Willen und die Schöpfer- und Erhaltermacht
unterscheiden. Er wohnt im siebenten Himmel, hat aber nach der Schö-
pfung die Regierung der Welt hauptsächlich drei anderen Göttern überlassen, dem Batara Guru, Sri Padi und Mangala Bulan, von denen
der erste im Himmel regiert, Vater der Menschen ist und zur Bildung
der Erde mitgewirkt hat, die von Anfang an auf dem Haupte der ge-
hörnten Schlange Naga Padoha ruhte, von diesem aber abgeschüttelt
wurde, so daß sie versank; der zweite beherrscht den Luftkreis, der dritte
die Erde. Diese drei, welche auch beziehungsweise als Gott der Gerech-
tigkeit, als Gott der Gnade und als das böse Princip bezeichnet werden,
haben aber die Sorge für das Einzelne in der Welt wieder niederen
guten und bösen Geistern, Diebatas und Begus aufgetragen, von denen
die einen vorzugsweise im Himmel, die anderen mächtigeren und daher
häufiger verehrten in der Unterwelt wohnen (Olivier II, 375. Anderson 130. Tijdschr. IX, 4, 178. Willer a. a. O. 169, 292.
Tijdschr. a, III, 459. Baseler Miss.-Mag. 1840 IV, 66. Burton
and W. a. a. O. 499. Vgl. auch Latham, Nat. hist. of the varieties
of man 1850 p. 143). Die Dreiheit der Götter, über denen ein ur-
sprünglicheres selbstständiges Wesen steht, deutet nebst mehreren der angeführten Namen, wie W. v. Humboldt (I, 246) bemerkt hat, bestimmt auf indische und zwar auf buddhistische Lehre hin. Auf dieselbe
Quelle führen auch die geringen Reste von alten Bauwerken und Bildern

zurück die sich im Lande finden (v. Kessel in Bijdragen IV, 65. Willer a. a. O. 402). Es gehört dahin zum Theil auch was Willer (a. a. O.) über die Götter der sechs niederen Himmel erzählt: im sechsten wohnt Diebata's Tochter, die Göttin des Lichtes, und der Richter über die Menschen, im fünften der Gott der Ernte, des Viehes und des Bergbaues, im vierten der Gott des Pflanzenreiches und der Arzeneien, im dritten die Götter welche über die Lebenszeit der Menschen bestimmen, im zweiten der oberste böse Geist mit seinem Begleiter, dem Vogel Garudu, im ersten der weibliche böse Geist und sein Diener. Dann folgen die Geister der Berge Wälder Höhlen Gewässer u. s. f. Vorzüglich hoch verehrt werden aber von den Battas die Geister der Vorfahren, die sie bei einigen ihrer Eidesleistungen anrufen, während der höchste Schwur bei Diebata geschieht und an heiligen Gräbern vollzogen wird (Burton and W. a. a. O. Willer a. a. O. 341). Zu den guten Geistern gehören außer den abgeschiedenen Seelen großer Häuptlinge die auf den Bergen in einem unsichtbaren Lande leben, auch die Seelen derer die keines natürlichen Todes gestorben sind; die bösen werden nach den hauptsächlichsten Krankheiten unterschieden welche die Menschen heimsuchen, und durch Talismane und Zaubermittel bekämpft (Junghuhn II, 246 ff.). Priester, Tempel, einen regelmäßigen Cultus und Idole haben die Battas nicht, wohl aber Zauberärzte und Geisterbeschwörer von zweierlei Art (ebend., Willer a. a. O. 169, 295, 392. Tijdschr. a, III, 459). Die Bilder bei welchen Eide geleistet werden, sind schwerlich Idole, wie Burton and Ward (a. a. O. 503) sie nennen, sondern stellen wohl nur die Ahnen vor. Fast nur in Unglück und Gefahr wendet man sich an die Götter und bringt ihnen Opfer, das für die wohlthätigen Götter stets in einem weißen Thiere bestehen muß. Der Glaube an Vorbedeutungen, Wahrsagerei, Glücks- und Unglückstage und dergl. ist sehr verbreitet. Die Battas von Padang lawas sind zum Theil jetzt Muhammedaner, ebenso ein kleiner Theil des Adels von Mandaheling und Pertibie, wo es den Padries zwar gelungen ist den alten Glauben zu lockern, nicht aber den Islam zu befestigen (Sal. Müller in Bijdragen III, 369. Willer a. a. O. 169, 296), doch soll dieser in Mandaheling und Angkola allmälich überhand nehmen (v. Kessel a. a. O. 61). Meist erstreckt er sich wie in Pak-pak nur auf Aeußerlichkeiten, auf die Annahme der Beschneidung und des Kopftuches (Tijdschr. a, III, 454).

Die großen und sehr kostspieligen Leichenfeierlichkeiten der Battas, bei denen bis zu hundert Büffeln geschlachtet werden, sind öfter beschrieben worden (Tijdschr. IX, 4, 205. Willer a. a. O. 320). Am Sterbetage eines großen Rajah wird ein Reisfeld angelegt, bis zu dessen Reife man den Todten im Hause aufbewahrt und in Parade ausstellt. Dann wird der Reis geschnitten und das große Todtenfest gehalten, bei welchem der Todte seinen Platz in einem Troge erhält der auf Rollen steht und zuletzt zum Grabe hingefahren wird. Auf diesem das meist in der Nähe der Wohnung oder des Dorfes liegt, stellt man mancherlei meist unzüchtige Bildwerke auf, ein Gebrauch der mit den jetzigen religiösen Vorstellungen der Battas in keiner Beziehung steht und daher aus indischem Einfluß zu erklären sein mag (Junghuhn II, 137. Willer a. a. O.). Nach dem Glauben der Battas gelangen die guten Menschen, d. h. diejenigen welche Diebata geopfert, ihre Eltern geehrt, mit Andern im Frieden gelebt und ihnen Gutes gethan haben, in den Himmel, doch nur in den dritten, wenn sie nicht von Adel sind, denn für diesen ist der sechste bestimmt; die Seelen der Bösen dagegen müssen zu ihrer Qual auf Erden umherirren (Willer a. a. O. 294. Vgl. auch Latham a. a. O.).

Druck von Ackermann u. Glaser in Leipzig.

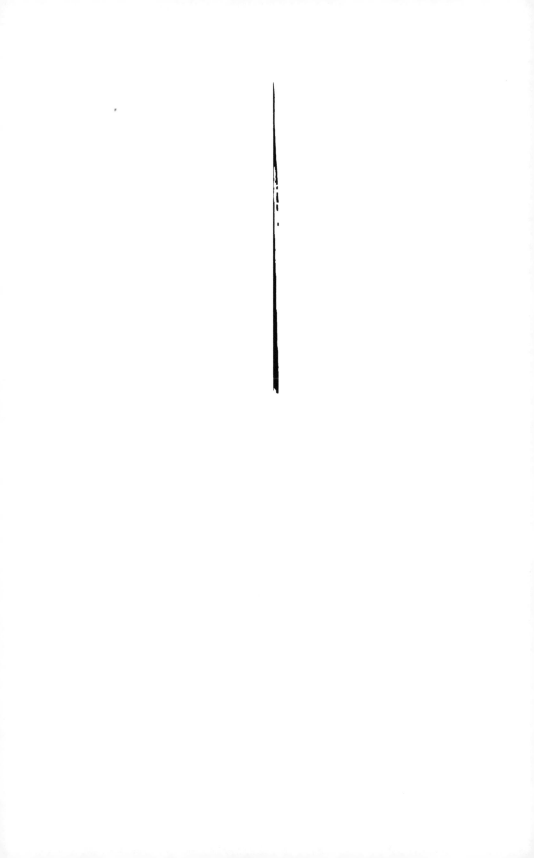

Die großen und sehr kostspieligen Leichenfeierlichkeiten der Batt
bei denen bis zu hundert Büffeln geschlachtet werden, sind öfter beschri
ben worden (Tijdschr. IX, 4, 205. Willer a. a. O. 320). Am St
betage eines großen Rajah wird ein Reisfeld angelegt, bis zu de
Reife man den Todten im Hause aufbewahrt und in Parade ausst
Dann wird der Reis geschnitten und das große Todtenfest gehalten,
welchem der Todte seinen Platz in einem Troge erhält der auf Ro
steht und zuletzt zum Grabe hingefahren wird. Auf diesem das meist
der Nähe der Wohnung oder des Dorfes liegt, stellt man manche
meist unzüchtige Bildwerke auf, ein Gebrauch der mit den jetzigen r
giösen Vorstellungen der Battas in keiner Beziehung steht und da
aus indischem Einfluß zu erklären sein mag (Junghuhn II, 1
Willer a. a. O.). Nach dem Glauben der Battas gelangen die g
Menschen, d. h. diejenigen welche Diebata geopfert, ihre Eltern gee
mit Andern im Frieden gelebt und ihnen Gutes gethan haben, in
Himmel, doch nur in den dritten, wenn sie nicht von Adel sind, de
für diesen ist der sechste bestimmt; die Seelen der Bösen dagegen müf
zu ihrer Qual auf Erden umherirren (Willer a. a. O. 294. Vgl. a
Latham a. a. O.).

Druck von Ackermann u. Glaser in Leipzig.

Die
Völker der Südsee.

Zweite Abtheilung.
Die Mikronesier und nordwestlichen Polynesier.

Ethnographisch und culturhistorisch dargestellt

von

Dr. Georg Gerland
Lehrer am Kloster U. l. Fr. zu Magdeburg.

Leipzig, 1870.
Friedrich Fleischer.

Anthropologie

der

Naturvölker

von

Dr. Theodor Waitz
Professor der Philosophie zu Marburg.

Mit Benutzung der Vorarbeiten des Verfassers fortgesetzt

von

Dr. Georg Gerland
Lehrer am Kloster U. L. Fr. zu Magdeburg.

Fünfter Theil.
Zweite Abtheilung.

Leipzig, 1870.
Friedrich Fleischer.

Vorrede.

———

Viel später, als ich beim Erscheinen der ersten Abtheilung dieses Bandes hoffte und hoffen konnte, erscheint jetzt endlich der zweite Theil desselben, welcher indeß nicht, wie zuerst beabsichtigt war, die Schilderung sämmtlicher Völker des großen Oceans, soviel deren von Neuholland bis zur Osterinsel wohnen, sondern nur Mikronesien und diejenigen zum Theil höchst verwickelten Vorfragen umfaßt, welche einer Besprechung des eigentlichen Polynesiens nothwendig vorausgehen müssen. Ein sechster Band, dessen Druck schon begonnen hat und der in der ersten Hälfte des kommenden Jahres erscheinen soll, wird dann das noch Uebrige enthalten: zunächst die ethnologische Specialschilderung der eigentlichen Polynesier, dann der Melanesier und der Australier. Mit ihm wird die Anthropologie der Naturvölker abgeschlossen sein.

Ich habe nun zunächst mich über das verspätete Erscheinen, sodann über mein Verhältniß zu dieser Arbeit überhaupt auszusprechen.

An dem Tage, an welchem ich zuletzt meinen Lehrer und ich darf wohl sagen Freund Waitz vor seinem Tode sah — es war zu Marburg an einem unvergeßlichen Sommertage des Jahres 1863 — sprachen wir auch über die Anthropologie und den letzten Band derselben, zu welchem er die Vorarbeiten soeben der Hauptsache nach vollendet hatte. Es war ihm darum zu thun, die drückende Last dieses Werkes, die nun schon so lange auf seinen Schultern lag, los zu werden, um von diesen anthropologischen Arbeiten, welche ihn der Natur der Sache

gemäß auf so manches nicht zur Philosophie gehörige Feld
hinführten, wieder zu rein philosophischen Aufgaben zurückkehren
zu können.   Zunächst wollte er die Religionsphilosophie, dann
die Logik, zu welcher er schon bedeutendes Material liegen
hatte, ausarbeiten. Allein er erlag der Last der Anthropologie,
deren Vollendung ihn nicht mehr erfreuen sollte. Von München,
wohin er Ostern 1864 gereist war, um noch fernere Studien
für den stillen Ocean zu machen, kam er tödtlich erkrankt zurück
und er erstand nicht wieder: am 21. Mai starb er.   Was
seine Familie, was seine Freunde durch seinen Tod verloren
haben, ist unersetzlich: noch heute ist die schmerzliche Empfindung
des Verlustes so groß wie am ersten Tag oder vielmehr viel,
viel größer. Doch darüber soll hier nicht gesprochen werden. Auch
was er der Wissenschaft war, braucht hier nicht auseinander
gesetzt zu werden: es ist von bedeutenderer Kraft wenn auch
nur kurz in dem schönen Nekrolog behandelt, welcher den
2. Juni 1864 in der Beilage der Augsburger allg. Zeitung erschien.   Aber noch bis auf den heutigen Tag scheint man in
Deutschland dem Verstorbenen nicht die Beachtung schenken zu
wollen, welche er in so hohem Maaße verdient und in anderer
Zeit gewiß noch findet; denn seine Anthropologie ist, wie man
in England gleich bei ihrem Erscheinen aussprach, ein epoche-
machendes und für lange Zeiten grundlegendes Werk, ein
Werk, dessen Wichtigkeit sich dann erst zeigen wird, wenn ein
späteres Geschlecht die Consequenzen alles dessen was es enthält ziehen kann — und zu ziehen wagt. Daß es die Grund-
züge der Lehre Darwin's und ihre wichtigste, folgenschwerste
Consequenz aufs allerbedeutsamste und schlagendste bestätigt und
ergänzt, wird jedem Einsichtig-Unbefangenen klar sein; daß es
daher als Grundlage einer späteren Philosophie (wie ja Waitz
die ungeheure Arbeit aus philosophischem Interesse unternahm)
erst seine ganze Bedeutung bekommen wird, das kann man
auch ohne prophetischen Geist behaupten, um so zuversichtlicher,
als ethnologische Studien auch in Deutschland sich jetzt immer
mehr und lebhafter ausbreiten; als man auch bei uns doch
endlich wieder zu der Ueberzeugung mehr und mehr zu gelangen
scheint, daß dies spröde Absondern jedes einzelnen Wissenszweiges

vom anderen dem Wiffen felbft im höchften Grade nachtheilig
wird. Eine folche Vereinigung der Wiffenfchaften, ein folches
Mit- und Füreinanderwirken wird immer mehr eintreten,
wenigftens ift dafür mit allen Kräften zu wirken: dann wird ein
neuer Geift alles Wiffen durchdringen, dann auch wieder eine
wahre lebenskräftige Philofophie (von der fo vieles Heil zu
erwarten fteht) fich ausbreiten und nicht bloß über den Kreis
der Gelehrten, fondern über alle wiffenfchaftlich Gebildeten;
eine Philofophie, welche den Grundideen und tiefften Grundlagen der neuen Zeit entfprechend das Wort des Vaters der
kritifchen Philofophie befolgt: ὁμοίως οἱ λόγοι ἀληθεῖς ὥσπερ
τὰ πράγματα; eine Philofophie, welche von allen geiftigen
Beftrebungen nur und allein im Stande fein wird, das große
Problem der Gegenwart zu löfen, an dem man fich fo viel
verfucht, an deffen Löfung man fo oft von beiden Seiten ver-
zweifelt hat. Dies Problem ift die Vereinigung der wie es
jetzt fcheint entgegengefetzten Pole des geiftigen Lebens, der
Naturwiffenfchaften und des religiöfen Glaubens. Nur eine
folche Philofophie kann es löfen und fie wird es dereinft löfen,
fo wenig mächtig fie jetzt noch auftritt; fie wird es löfen zu
reinfter Harmonie in kommenden Jahrhunderten, wie fie es
jetzt für den einzelnen Forfcher löft. Für eine folche Philofophie
wirkte Waitz, für fie fchrieb er feine Anthropologie: und was
würden wir für ein Werk befitzen, wenn er feine Religions-
philofophie noch hätte fchreiben können! Wie würde daffelbe
den tiefften Bedürfniffen der Zeit entgegen gekommen fein!

Im Oktober 1864 forderte mich die Wittwe des Ver-
ftorbenen auf, die Vollendung der Anthropologie zu übernehmen:
ich hatte im Sommer 1856 bei Waitz Anthropologie gehört
und nach dem Erfcheinen des Werkes die erften Bände deffelben
in Steinthals Zeitfchrift für Völkerpfychologie angezeigt. Männer,
welche den Umfang der Arbeit beffer überfahen, als ich damals,
hatten die Uebernahme abgelehnt. Nur von der Londoner
ethnologifchen Gefellfchaft war das Anerbieten gemacht, daß
in England das Werk fortgefetzt und vollendet werden follte.
Drei Gründe vornehmlich waren es, welche mich trotz aller
Bedenken die Fortfetzung des Werkes übernehmen ließen. Ein-

mal und zunächst, weil es das Hauptwerk meines Lehrers
war, weil ich glaubte und wünschte, durch die Vollendung
desselben so weit es eben meine Kräfte vermochten ihm, dessen
Leben und Umgang mir so viel fürs ganze Leben gewesen war,
meine Dankbarkeit noch nach dem Tode zu beweisen. Zweitens
hatt' ich Lust und Liebe zur Sache und drittens, was soll ich
es verschweigen? hielt ich es für eine nationale Ehrensache,
daß dies Werk, wie es von einem Deutschen und gewiß von
einem der Bedeutendsten und Besten seiner Zeit begründet und
fast vollendet war, auch in Deutschland und in deutscher
Zunge beendet würde, dies Werk, von welchem die anthropo-
logical review, das Organ der Londoner ethnologischen und
anthropologischen Gesellschaft im November 1863 sagt: it is
almost enough to shame our national pride to think that
such a work should not come from one of our countrymen.
Wie hätte es unseren nationalen Stolz beschämen müssen (der
freilich in solchen Dingen nicht eben leidenschaftlich ist), wenn
nun doch dies Werk von einem Ausländer in fremder Sprache
vollendet wäre. Das waren die Gründe, weshalb ich die
Arbeit übernahm, welche mich rechtfertigen mögen, wenn mein
Unternehmen zu kühn, ja fast leichtsinnig erscheint; wenn ich
es nicht so habe ausführen können, wie es ausgeführt zu
werden verdiente.

Die Papiere, welche ich nun bekam, bestanden zunächst
in der vollendeten ersten Abtheilung dieses Bandes, welche
sofort gedruckt wurde; sodann in einer reichen Anzahl Excerpte
aus den verschiedensten Werken; drittens in dem fertigen
Manuskript, wonach Waitz zwei oder dreimal sein Collegium
über Anthropologie gelesen hat. Weil dies Material sich sehr
gut übersehen ließ, glaubt' ich auch, es leicht bewältigen zu
können: aber darin hatt' ich mich geirrt, wie ich mit jedem
Tage deutlicher einsah. Denn jene Excerpte waren alle nur
ganz kurze Citate und Angaben, wo etwas und was da stehe,
sie waren für die Art berechnet, wie Waitz zu arbeiten pflegte,
und wohl wenige Menschen giebt es, welche einen so geringen
Apparat brauchen, wie er; denn die kürzeste Notiz genügte
ihm, um alles Gelesene wieder in ihm zu reproduciren und

da er bei seinen Vorstudien auch immer nebenher an der Form seiner Werke geistig zu arbeiten pflegte, so konnte er, wenn die Vorarbeiten beendigt waren in außerordentlich kurzer Zeit, in einem Flusse und Gusse das Manuskript seiner Werke niederschreiben, fast ohne ein Buch noch aufzuschlagen, fast ohne auch nur einen Satz zu ändern. Daher sah ich bald, daß, wenn ich was ich einmal übernommen und zugesagt hatte ausführen wollte, daß ich die Werke, welche Waitz excerpirt hatte, selbständig studiren mußte, und so dehnte sich meine Arbeit von Monat zu Monat, von Jahr zu Jahr: denn oft war es sehr schwer, die nöthigen Bücher zu erhalten und wenn ich sie erhielt, so mußte ich alles Lesen und Excerpiren selbstverständlich auf die Zeit aufsparen, welche bei meiner amtlichen Thätigkeit als Lehrer an einem sehr schülerreichen Gymnasium mir frei blieb. So ist es gekommen, daß die Vollendung des Werkes so lange auf sich warten ließ; und aus den mitgetheilten Umständen hoff' ich auch auf Nachsicht, wenn Sachkundige Manches vermissen werden, was man nicht vermissen sollte. Ich weiß wohl, daß Bücher noch zu benützen waren, die ich bis jetzt nicht benutzt habe. Aber einmal mußte doch, wenn das Werk jemals erscheinen sollte, gewaltsam ein Abschluß gemacht werden: ich habe ihn jetzt gemacht, am Schluß des Jahrzehnds, doch nicht mit leichtem Herzen. Auch an Reisen, um Bibliotheken zu benutzen, hinderten mich meine Verhältnisse so gut wie ganz.

Aus dem Angeführten geht nun auch schon mein Verhältniß zu dem Theile des Werkes, welchen ich liefere, hervor. Die Mehrzahl der von mir angeführten Werke hab' ich selbständig durchgearbeitet, die bedeutenderen fast alle. Das Manuskript, nach welchem Waitz seine Vorlesungen gehalten hatte, enthielt nur eine möglichst gedrängte Schilderung der Polynesier, Melanesier, Australier, welche auf verhältnißmäßig wenig zahlreichen Quellen beruht. Mikronesien sowie alle Fragen über Wanderungen u. dergl. waren in demselben fast gar nicht behandelt; daher zunächst die vorliegende Abtheilung des 5ten Bandes vollständig mein Eigenthum ist. Selbst nicht einmal irgend eine Andeutung war vorhanden, wie Waitz

den Plan dieses seines letzten Bandes einzurichten gedachte,
ob er Mikronesien selbständig schildern, ob er auf das Verhältniß der einzelnen Stämme zu einander eingehen wollte
oder nicht. Daher erscheint denn auch diese zweite Abtheilung mit
eigener Paginirung und überhaupt ganz selbständig, wodurch
ihr Verhältniß zum ersten Hefte des Bandes am klarsten ausgesprochen ist. Die Inkonvenienzen, welche den Besitzern des
Werkes daraus erwachsen, durften zugelassen werden, da sie
doch verhältnißmäßig unbedeutend und mehr äußerlicher Art
sind. Aber auch der folgende Band wird ganz mein Eigenthum sein, weshalb ich ihn auch unter meinem Namen veröffentlichen muß. Das was Waitz angehört, ist nur der Theil
des Materials, den ich nicht selbständig bearbeiten konnte, der
aber trotz dem oben Gesagten immer noch bedeutend genug ist,
und sodann das äußere Gerippe der Anordnung, welche bei
der ethnologischen Schilderung dieser Völker befolgt ist,
obgleich ich auch hier bisweilen von seiner Anordnung abgewichen bin, wo ich nach meiner Auffassung nicht anders konnte.
Die Verwendung des Einzelnen, sowie die wissenschaftliche
Auffassung des Ganzen gehen ganz und gar von mir aus, da
Waitz keine Andeutungen darüber hinterlassen hat. Ich muß
also die Verantwortung für Alles, was der noch erscheinende
Rest des Werkes enthält, ganz auf mich nehmen.

Denn freilich ging ich von nicht ganz denselben Grundlagen und Grundgedanken aus, wie Waitz selber. Er war
Philosoph: was ihn zu seinen anthropologischen Arbeiten
antrieb, was ihn dabei interessirte, das war der sichere Gewinn,
den er für seine Philosophie daraus zog. Nur um der Philosophie — sein nächstes Werk sollte die Religionsphilosophie
sein — eine feste Grundlage zu geben, studirte und schrieb er
die Anthropologie, wie er zur festen Begründung der Psychologie lange Zeit Anatomie studirte und als Frucht dieser
Studien seine treffliche „Grundlegung der Psychologie" (Hamburg
und Gotha, Perthes, 1846) schrieb. Ich aber bin Philolog und
hatte mich vornehmlich aus psychologisch-linguistischem Interesse
zum Studium der Anthropologie gewendet, ohne welches mir das
Studium menschlicher Rede seiner letzten und tiefsten Begrün-

dung sowohl psychologisch als physiologisch und historisch zu entbehren schien und immer mehr erscheint, je tiefer ich in anthro-
pologische Studien eindringe. Als drittes fesselte und trieb
mich naturgeschichtliches Interesse — und so fürcht' ich,
denn ich fühlt' es oft bei der Arbeit, daß mich meine Interessen bei der Vollendung dieses Werkes zu sehr beherrscht
haben, daß dadurch der Schluß desselben eine andere Färbung
erhält, wie die ersten Bände. Da indeß der erste Band schon
die allgemeinen philosophisch wichtigen Resultate gibt, zu
welchen die folgenden Bände nur die Belege sein sollten, so wird
diese Ungleichheit auch der philosophischen Brauchbarkeit, wie
ich hoffe, keinen großen Abbruch thun; denn die Belege für
jene Resultate, soweit sie dem stillen Ocean entnommen
werden müssen, wird meine Arbeit dennoch bieten können.

Auch darin bin ich minder als es scheint vom Plane des
Verfassers abgewichen, daß dieser fünfte nicht der letzte Band
des Werkes sein sondern ihm noch ein sechster nachfolgen soll.
Waitz selber äußerte an dem Tag, wo ich ihn zuletzt sah, und
hat es auch sonst noch ausgesprochen, daß er nicht wisse, wie
er das massenhafte Material zum fünften Band in einen einzigen Band bringen solle; er werde wohl einzelne Theile aus-
scheiden und irgendwo selbständig abdrucken lassen. Welche
Theile, in welcher Form und wo er sie veröffentlichen wollte,
darüber hatte er noch keinen festen Plan. Vielleicht also wäre
auch ihm dieser letzte Band noch in zwei zerfallen, vielleicht
auch nicht; aber jedenfalls stimmt es mit seinen Gedanken,
wenn ich das Material, um den fünften Band nicht zu gewaltig anzuschwellen, in zwei Bände geschieden habe. Der
Punkt, an welchem ich diesen Band abgeschlossen habe, ist
allerdings insofern zufällig, als er hauptsächlich durch Rücksichten
auf den Raum bedingt wurde. Da er aber immerhin einen
Abschnitt bot, wenn dieser auch nicht scharf ist; da ferner der
sechste Band unmittelbar nach diesem fünften erscheinen soll, so
trug ich weiter kein Bedenken, bei ihm stehen zu bleiben.

So mag denn diese Frucht jahrelanger Studien in die
Oeffentlichkeit dahin gehen und möge man sie nur nicht zu tief
unter den ersten Bänden stehend finden! Möge es mir ge-

lungen sein, meine Dankbarkeit und Liebe auf eine würdige
Art zu bethätigen! In den düsteren Fieberphantasien seiner
letzten Krankheit hat Waitz öfters ausgerufen: „verlorenes Leben,
nichts als Arbeit und keine Wirksamkeit" — seine Schriften
wirken schon jetzt und werden wirken und daß auch in seiner
unmittelbaren Lehrthätigkeit sein Leben kein verlorenes war, das
möchte dieses Buch beweisen: das Gute, was es enthält, gehört Waitz an, da es auf seiner grundlegenden Anregung
beruht. —

Eine Hauptschwierigkeit bei meiner Arbeit war die Beschaffenheit des zu beschreibenden Gebietes, welches in lauter
meist sehr kleine Inseln zerfällt, die über so gewaltige Räume
zerstreut sind. Sehr häufig hat man daher Nachrichten nur
von einzelnen Inseln, welche sich auf das ganze Gebiet beziehen, während umgekehrt bisweilen allgemein ausgesprochene
Urtheile der Reisenden nur von einzelnen Inseln abstrahirt
erscheinen. War es hier durchaus nicht immer leicht, kritisch
das Richtige zu treffen, so machte dieser Umstand auch meiner
eigenen Darstellung viel zu schaffen. Ich habe daher meist
die Insel oder Inselgruppe, auf welche sich eine Angabe bezieht,
genannt und nur dann dies unterlassen, wenn eine solche Angabe wirklich für das ganze Gebiet, zu welchem die einzelne
Insel gehört, Geltung hat. Eine andere große Schwierigkeit
lag in der geographischen Unsicherheit des Terrains. Ueber
die Existenz mehrerer Inseln unserer Karten ist man noch im
Zweifel; auf einige sind die Namen irrthümlich von anderen
Inseln übertragen, wieder andere haben von verschiedenen Reisenden verschiedene Namen bekommen, dieselben Namen sind
verschiedenen Inseln beigelegt und es ist oft schwer, sich aus
diesem Labyrinth herauszufinden. Mein Grundsatz war, wo
es irgend anging, den einheimischen Namen der Inseln zu benutzen, denn die ältesten Bewohner eines Landes müssen doch
wenigstens das Recht haben, ihm seinen Namen zu geben,
welcher Grundsatz ja auch in der neueren Zeit überall befolgt
wird. Schwierigkeit macht dies namentlich in Mikronesien und
Paumotu, da hier fast keine Insel ohne zwei bis drei Namen
ist. Für Mikronesien aber hat Gulick im naut. mag. 1862

und für Paumotu Meinicke bei Wappäus Bahn gebrochen, indem sie die einheimischen Namen zusammenstellen. Ihnen folg' ich daher im Text und um den Lesern die Uebersicht über diese Namen zu erleichtern, folgt nach dieser Vorrede ein Verzeichniß derselben, soweit dasselbe nicht durch die Karten, welche dem sechsten Band beigegeben werden, überflüssig wird. Die Eingeborenen Polynesiens nennen die zusammengehörigen Inselgruppen gewöhnlich nach der Hauptinsel. Diesen Sprachgebrauch befolgt die neuere Geographie gleichfalls und so steht auch auf den folgenden Blättern Hawaii häufig für den Sandwicharchipel, Tahiti für die Gesellschaftsinseln u. s. w. Ein Mißverständniß ist nicht zu befürchten; wenigstens hab' ich mich stets bemüht, die Möglichkeit eines solchen zu vermeiden. Den Ausdruck Malaisien für das von Friedrich Müller angewandte Malainesien hab' ich beibehalten, um nicht ohne Noth am einmal herkömmlichen, so weit es brauchbar ist, zu rütteln.

Verschiedene Gelehrte haben sich nun auch bemüht, für die Mikropolynesier einen gemeinschaftlichen Namen aufzufinden. Da sind verschiedene Vorschläge und Versuche gemacht. Schirren (S. 48, Anm. 1) will die „sogenannten polynesischen Inselstämme" nur Maori nennen; und es ist wahr, daß dies Wort, über welches wir S. 46 genauer handeln und es auch für Mikronesien nachweisen werden, überall im Ocean „wahr ächt eingeboren" bedeutet, daß fast überall die Bewohner der einzelnen Inseln mit diesem Beiworte sich bezeichnen. Daß dies Wort stets mit tangata, taata, ta, tane u. s. w. Mensch verbunden vorkommt, ist kein Grund gegen seinen Gebrauch; ebensowenig, obgleich dies schon wichtiger ist, daß auf einigen Inseln das Wort von den Vornehmen, auf anderen vom gemeinen Volk und keineswegs überall von der Gesammtbevölkerung im Gebrauch ist. Der durchschlagende Grund gegen den Gebrauch desselben, wie ihn Schirren will, liegt darin, daß Maori vorzugsweise oder vielmehr so gut wie ausschließlich von den Neuseeländern gebraucht wird, ebenso wie Kanaka, das sich freilich auch sonst nicht zur Gemeinbezeichnung aller Mikro-Polynesier geeignet hätte, beschränkt ist auf die Bewohner Hawatis. Wollte man Maori für alle Polynesier brauchen, so würde man fortwährend Mißverständnisse zu befürchten und zu verhüten haben. Auch ist nicht abzusehen, warum der Name Polynesier so „fatal" ist, wie Schirren behauptet; und so gebrauchen wir ihn wie den entsprechenden Namen Mikronesier, Melanesier ohne irgend welches Bedenken.

Es bleibt mir nun noch die angenehme Pflicht, meinen Dank auszusprechen für manche Förderung meiner Arbeit, wie ich sie von verschiedener Seite her empfangen habe. Namentlich hat mich Se. Excellenz Herr geh. Rath H. C. v. d. Gabelentz mit seinem Rath sowohl als auch mit den Schätzen seiner reichen Bibliothek aufs freundlichste unterstützt und nicht geringeren Dank bin ich den Herren Bibliothekaren der Universitätsbibliothek zu Marburg schuldig, was öffentlich auszusprechen mir erlaubt sein mag. Auch dem Herrn Verleger, für welchen die Verzögerung der Vollendung des Werkes doch besonders unangenehm sein mußte, sage ich meinen Dank für die Freundlichkeit, mit welcher er mir überall entgegen kam.

Ich kann dies Vorwort nicht besser beschließen als mit den Worten, welche Waitz auf ein kleines Zettelchen sehr sorgfältig aufgeschrieben hat, das ich in seinen anthropologischen Papieren fand. Sie lauten:

„Es gehört zu den bewundernswerthesten Lehren, die uns das Studium des Menschen gibt, daß materielle Noth, Eitelkeit und Ehrgeiz unter allen die kräftigsten Triebfedern der Menschen und die mächtigsten Hebel zu wahrhaft bedeutenden Leistungen sind. Der Unverstand klagt über die Uebel in der Welt und Philosophen haben deshalb die göttliche Weisheit gegen seine Anklage rechtfertigen zu müssen geglaubt. Es ist wahr, die Masse des Uebels und des Bösen ist ungeheuer, aber es wird zu wenig bedacht, daß die Fehler und Schwächen der Menschen die Grundbedingungen für die meisten Fortschritte sind, welche die Gesellschaft macht. Selbst die eigentliche Erbsünde unseres Geschlechtes, die Trägheit, ist für den Bestand aller Cultur wesentlich nothwendig, denn ohne sie würde eine Autorität in der Kirche, im Staate, in der Kunst, in der Wissenschaft weder entstehen noch sich halten können, die späteren Generationen würden nicht die Bildung der früheren traditionell sich anzueignen bereit, die niedere Classe aber in jedem Augenblick die Ordnung und den Bestand der ganzen Gesellschaft in Frage zu stellen geneigt sein.

Mit den menschlichen Fehlern zwar soll und kann diese Erkenntniß uns nicht versöhnen, aber sie vermag uns eine höhere Weisheit in der Entwickelung des Menschengeschlechts ahnen zu lassen, als die der Menschen selbst und weist uns eindringlich darauf hin, daß wenn auch diese es sind welche die Weltgeschichte bewegen, doch deren Leitung und Zielpunkte ganz andere sind als diejenigen, welche sie selbst sich vorsetzen."

Magdeburg, den 22. Nov. 1869.

Georg Gerland.

Die Inseln der Südsee.

(Die einheimischen Namen, welche wir anwenden, geben wir mit gesperrter Schrift; von den europäischen Benennungen der einzelnen Inseln stellen wir nur die hauptsächlichsten hier zusammen. Inseln, bei welchen keine Mannigfaltigkeit der Namen vorliegt oder kein Irrthum möglich ist, führen wir hier nicht an, da sie durch die Karte genau genug bezeichnet werden. Selbstverständlich will dies Verzeichniß keinerlei geographische Bedeutung haben; es ist nur für die Bequemlichkeit des Lesers berechnet.)

I) Mikronesien (Gulick naut. magaz. 1862, 358 f.).
Karolinen.

1) Palau, Pelew, Palaos. Einzelne Inseln: BabelÞuap, Koror u. s. w. Kyangle, Angour. 2) Ngoli, Lamoliork, Matelotas. 3) Eap, Yap. 4) UliÞi, Elivi, Mackenzie, Egoi, Lumululutu, Mogemug, Mugmug (Chamisso 102). 5) Fais, Feis. 6) Sorol, Zaraol, Philippsinseln. 7) Sonsorol, St. Andrewinsel. 8) Anna, Curent, Bull. 9) Merir, Mariera, Warren-Hastings. 10) Tobi, Lord North, Nevil, Peakedhill. 11) Pegan, David, Freeville. 12) Eauripik, Kama. 13) Wolea, Ulie, Ulea (Chamisso) Thirteen Insel. 14) Faraulep, Farroilap, Gardner. 15) Ifalik, Ifeluk, Wilson. 16) Olimarao, Ollimirau, Lütke. 17) Elato, ElaÞ, Haweis J. 18) Lamotrek, Lamurek, Namurek, Lamurka, Lamursee, Mugnak, Schwedeninsel. 19) Faiu, Fahieu, Falu, Fallao, Westfaiu (vergl. 27). 20) Satawal, Setoan, Seteuel, Satahoal, Tucker. 21) Pikela, Bigelle, Biguela, Lydia. 22) Pikelot, Pighe, Coquille. 23) Sut, Scheug, Suge, Polosuk, Ibargoita. 24) Poloat, BuluaÞ, Enderby. 25) Tamatam, los Martires, Fanadik (?). 26) Namonuito, Lamoil, Anonima, Livingstone. 27) Faiu, Ostfaiu, Falalu, Lütke. 28) Namolipia fane, Namolipiafau. 29) Morileu, Morilö, Hall J. 30) Truk, Hogoleu, Rug, Tuch Torres, Royalist J. 31) Losap, Luasap, Duperrey. 32) Mokor, Haschmy. 33) Namoluk. 34) Etal, Mortlock. 35) Lukunor, Lugunor, Mortlock. 36) Sotoan, Young, William, Mortlock. 37) Nukuor, Nuguor, Monteverde, Dunkin. 38) Pigiram Greenwich fehlt bei Gulick. 39) Oraluk, St. Agostino, Bordelaise, Larkins Riff, Meaburn, J. St. Rafael (?) 40) Ngatik, Ngarik, Los Valientes, Raven J. 41) Pakin Pagenema. 42) Anton, Andema, Frazer. 43) Ponapi, Fanope, Falupet, Bonabey, Puinipet, Ascension. (41—43 Senjavin J.) 44) Mokil, Aura, Duperrey, Wellington. 45) Pingelap, Tugulu, Musgrave, Mac Askill. 46) Kusaie Ualan Strong J.

Ralikkette.

1) Ebon Boston. 2) Namerik Baring. 3) Kili Hunter. 4) Dschaluit Bonham. 5) Ailinglabelab Menschikoff, Lambert. 6) Dschabwat Bonham. 7) Lib Princessa. 8) Namo Margareta. 9) Lae Brown J. 10) Kwadschalein Quadelen, Catherine. 11) Udschae Lydia. 12) WotÞo Schanz. 13) Ailinginae Rimski Korsakoff. 14) Rongerik Rimski Korsakoff. 15) Rongelab. 16) Bikini Eschholz. 17) Eniwetok Brown.

18) Ubschilong, Casobos, Providence, Arrecife. 4, 5, 6 bilden eine Gruppe, ebenso 13, 14, so daß die Gesammtzahl sich auf 15 Gruppen stellt.

Ratak-Kette.

1) Mili Mulgrave. 2) Madschuro Arrowsmith. 3) Arhno Daniel und Pedder. 4) Aurh Jbbetson. 5) Maloelab, Kawen, Calvert. 6) Erikub Bishop. 7) Wotje, Otdia, Romanzoff. 8) Likieb Count Heiden. 9) Dschemo Steeple. 10) Ailuk Krusenstern, Tindal, Watts. 11) Medschit Neujahrsinsel. 12) Utirik Kutusoff, Button. 13) Taka Suwaroff. 14) Bikar Bigar, Dawson. 15) Taongi Gaspar Riko, Cornwallis.

Gilbertinseln.

1) Makin Pitt. 2) Butaritari Tonching. 3) Marakei Mathew. 4) Apaiang Charlotte. 5) Tarawa Knoy, Knox. 6) Mariana Hall. 7) Apamama Simpson, Hopper. 8) Kuria Woodle. 9) Aranuka Nanuki, Henderville. 10) Nonuti Sydenham, Bishop. 11) Tapiteuwea Drummond. 12) Peru Francis J. 13) Nukunau Byron. 14) Tamana Rotcher. 15) Onoatoa Clerk J. 16) Arorai Hope Hurd.

Vereinzelt Banaba Ocean, Rawodo Onavero, Pleasant.

2) Polynesien.

Ueber die einzelnen Inseln des mittleren, nördlichen und nordwestlichen Polynesiens siehe S. 167 f. 177 f.

Nukuhiva, Markesas-, Mendanagruppe; der nördliche Theil der Gruppe Revolutionsinseln, Washingtoninseln (Meinicke bei Wappäus 567). Fatuhiva St. Madalena. Mohotani St. Pedro. Tahuata St. Christina. Hiva-oa la Dominika, Marchand. Fatahuku Hood. Uapoa Adams. Nukuhiva Federal, Baur. Uahuka Washington. Motu-iti Hergest. Hiau Masse. Fatu-uhu Hatutu, Chanal.

Paumotu, Tuamotu, niedrige, gefährliche Inseln. (Meinicke eb. 565 f.) Wir beginnen im Westen. Mata-hiva Lazareff. Tikahau Krusenstern. Rangiroa Fliegeninsel. Rairsa Prinz Wales Inseln. Arutua Rurik. Apatiki Hagemeister. Makatea Matia, Aurora. Kaukura Palliser. Toau Elisabeth. Fakarawa Wittgenstein. Faaiti Miloradowitsch. Anaa Chain, Ketteninsel. Ahii Peacock. Manihi Waterland. Takaroa, Takapoto König Georg, Sondergrond. Tikei Romanzoff. Aritika Karlshoff. Kawahi Vincennes. Naraka. Katiu Sacken. Makemo Philipp. Tahama Tschitschagoff. Motutunga Adventure. Hekueru Bird. Taenga Holt. Takume Wolkonsky. Raroia Barclay de Tolly. Nihtru. Marutea Fourneaur. Marakau, Ravahere Twogroups. Nengonengo Pr. William Henry. Manuhangi Cumberland. Amanu Moller. Hao Hau, Harfe, Bogen. Paraoa Gloucester. Nganaiti. Tatakotoroa Egmont, Narcisso. Tepoto Dissappointment. Henuake Hundeinsel. Pukapuka Clerke. Pukaruha Serle. Reao Clermont Tonnere. Akiaki Kön. Charlotte. Tematangi St. Elmo, Bligh, Bligslagoon. Bairatea Osnabrück. Maturevavao Akteon. Marutea Lord Hood. Morane Barstow. Mangareva Gambier. Pittkairn. Waihu Teapi, Osterinsel.

Inhalts-Verzeichniss.

1. Abtheilung des fünften Bandes.

Die Bevölkerung Oceaniens. Ueber das Verhältniß der Völker malaiischer Race, der Malaien und Polynesier zu einander. Letztere von Westen stammend, sind auf älterer Bildungsstufe stehen geblieben. Crawfurds entgegenstehende Ansichten zurückgewiesen. Die Frage über den Zusammenhang der Malaiopolynesier mit anderen Völkerstämmen. Logans Ansichten. Der malaiische Stamm ist mit keinem anderen verwandt; die einheimischen Sagen verdienen kein Zutrauen.

Der Ausgangspunkt der Malaiopolynesier nicht Australien, vielleicht Asien. Die Einwanderungszeit ist ganz dunkel. Die Melanesier muthmaßliche Urbewohner Australiens, Melanesiens, vielleicht Malaisiens. Polynesien ist von Westen her bevölkert, wie Sprache, Strömungen, Winde beweisen. Zeit dieser Bevölkerung.

Die Völker der ostindischen Inseln.

1) Ethnographische Uebersicht.

1. Die Bewohner von Malakka, Malaien im engeren Sinn. Ursprüngliche Bedeutung des Wortes „Malaien". Verbreitung der malaiischen Sprache. Hof= und Vulgärsprache. Einwanderung der Malaien nach Malakka. Ihre Grenzen nach Norden. Quedah, seine Geschichte. Die Staaten Salangor und Malakka, Sungie, Ujong, Rumbowe, Johole, Soimenanti, Naning; letztere von Menangkabao (Sumatra) bevölkert. Bevölkerung der Straße von Malakka; der Ostküste der Halbinsel. Im Inneren lebende Völker: Orang Benua. Sie sind zurückgedrängte malaiische Stämme. Ebenso die Orang Sletar (Bduanda Kallang) und die Orang Sabimba; die Udai, Jakun, Sakai, Semang. Inseln im Südosten Malakkas. Rhio, Lingga, Bintang, Banka, Billiton. Orang Laut; westlicher, östlicher Stamm derselben.

2. Sumatra. Fünf Hauptvölker: Atjinesen, Battas, Malaien von Sumatra, Menangkabao. Die Korinchi. Die Redjang und Passumah (Serawi). Bevölkerung der Ostseite Sumatras. Rohe Stämme des Inneren, Orang Ulu, O. Lubu, O. Kubu, O. Gugu, die Kumring, die O. Papagan. Südsumatra, Palembang; starker javanischer Einfluß daselbst. Die Lampong. Westliche Inseln: Pulo Simalu; Rias=, Batu=, Pageh=, Engano=Inseln.

3. Java. Javaner. Sundanesen. Ihre Sprachen. Indischer Einfluß zunächst auf Ost=Java. Die Baduwis. Die Orang Kaluaran. Chi-

2) Physische Eigenthümlichkeiten.

Mannigfaltigkeit derselben. Allgemeine Merkmale der oceanischen Völker
nach Hombron. Mischlingstypen. — Schilderung der Malaien im engeren
Sinne auf Malakka und Sumatra. Malaien von Raning; von Quedah.
Das Aeußere der Orang benua und verwandten Stämme, der Sakai, Besisi,
Sletar u. s. w. Die Semang. Die Bewohner der Andamanen; ihre Ver=
wandtschaft mit den Semang; ihr muthmaßlicher Ursprung. Die Bewohner
von Banka; die Badjos. — Die Atjinesen. Physische Schilderung der
Battas. Bergvölker, Bewohner des Inneren von Sumatra. Die Lam=
pong. — Bewohner der Nias und Batuinseln. Die Menkawies. Die Ein=
geborenen von Engano. — Die Sundanesen. Die Beduwis. Die Ja=
vaner. Die Maduresen. Die Bewohner von Bali, Lombok, Sumbawa. —
Die Malaien des westlichen Borneo. Die Dajak und die ihnen ver=
wandten Stämme. — Die Bevölkerung der Suluinseln. Physische Eigen=
thümlichkeiten der Bisayas; der Tagalen, der Igorrotes, Tinguianes und der
übrigen Stämme Luzons und der Philippinen. Die Negritos der Philip=

a*

2. Abtheilung.

Mikronesien.

Polynesien.

Literatur*).

Aanteekeningen betr. eene reis door de Molukken v. z. Exc. Duymaer van Twist. 'sGravenhage 1856.

Abd-Allah Ben-Abd-el Kader, Voy. de Singapore à Kalantan ed. Dulaurier. Paris 1850.

Adnarte, Hist. de la provincia de Filipinas Japon y China. Tomo I. Zaragoça 1693.

Anderson, Mission to the East coast of Sumatra in 1823. Edinb. 1826.

Andersson, Weltumsegel. mit d. schweb. Kriegsfreg. Eugenie. Lpz. 1854.

Andrew, grammar of the hawaiian language Honolulu 1854.

Angas, Savage life in Australia and N. Zealand. Lond. 1847.

Anson, Reise um bie Welt (1740—44). Gött. 1763.

d'Argensola, Hist. de la conquête des Moluques, tr. de l'Esp. Amst. 1706.

Australia felix. Berlin 1849 (nach Westgarth).

v. Baer, Crania selecta ex thesaur. anthrop. Acad. Petropol. Petropol. 1859.
   —   Ueber Papuas und Alfuren. Petersb. 1859.

Baker, Sydney and Melbourne. London 1845.

Barchewitz, ostindianische Reisebeschreibung. Chemnitz 1730.

Barrington, Hist. of N. S. Wales. Lond. 1810.
   — a, An account of a voy. to N. S. Wales. 2d ed. Lond. 1810.
   — b, A sequel to his voy. to N. S. Wales. Lond. 1800.

Beechey, Narr. of a voy. to the Pacific (1825—28). Lond. 1831.

Karl Friedrich Behrens Reise durch die Südländer und um die Welt. Frankf. und Leipz. 1737.

Belcher, Narr. of the voy. of H. M. S. Samarang (1843—46). Lond. 1848.
   —   Narr. of a voy. round the world in H. M. S. Sulphur (1836 —1842). Lond. 1843.

Bennett, Wanderings in N. S. Wales. Lond. 1834.
   —   Narr. of a whaling voy. round the globe (1833—36). Lond. 1840.

Bijdragen, tot de taal-, land- en volkenkunde v. Neerl. Indië. 'sGravenhage 1853 ff.

Bischoff, Sketch of the hist. of V. Diemen's Land. Lond. 1832.

Bleeker, Reis door de Minahassa en den Molukschen Archipel. 1ste deel. Batavia 1856.

Bligh, R. in das Südmeer. Berl. 1793.

Bougainville, R. um d. Welt (1766—69). Leipz. 1772.

Boudyck-Bastiaanse, Voy. faits dans les Moluques, à la N. Guinée et à Célebès (1830). Paris 1845.

---

* Das hier Fehlende findet sich in den Literaturangaben des zweiten und dritten Bandes angeführt. Unwichtiges ist nicht erwähnt. Nachträge bringt der 6. Band.

Bowring, A visit to the Philippine Islands. Lond. 1859.

Braim, Hist. of N. S. Wales. Lond. 1846.

Bratring, die Reisen der Spanier nach d. Südsee. Berl. 1842.

Breton, Excursions in N. S. Wales, W. Australia and V. Diemen's Land. London 1823.

Brief Statement of the aggression of the French on the island of Tahiti by the Directors of Lond. Miss. Society. London 1843.

Brodie, Remarks on the past and present state of New Zealand. London 1845.

Brooke, Narr. of events in Borneo and Celebes 2d ed. Lond. 1848.

Broughton, Voy. dans la partie septentr. de l'Océan pacif. (1795 ff.) Paris 1807. (Entdeckungsreise in d. stille Meer. Aus d. Engl. Weim. 1805.)

Brown, N. Zealand and its aborigines. Lond. 1845.

Brumund, Indiana, verzameling v. stukken over landen volken ondheden en gesch. v. d. Ind. Arch. Amst. 1853.

— a, Het Volksonderwijs onder de Javanen. Batavia 1857.

de Bry, orientalisches Indien, Frankf. 1597 ff.

Buckton, Western Australia. Lond. 1840.

Buschmann, Aperçu de la lang. des Marquises et de la l. Taitienne. Berl. 1843.

Buzeta, Diccionario geogr. est. hist. de la islas Filipinas. Madrid 1850.

Byrne, Twelve years' wandering in the Br. Colonies (1835—47). London 1848.

Byron, R. um die Welt in Geschichte der Seereisen u. s. w. v. Hawkesworth, übers. v. Schiller. 3 Bde. Berlin 1774.

Byron, Voy. of H. M. S. Blonde to the Sandwich isl. Lond. 1826.

Campbell, R. um d. Welt (1806—12). Jena 1817.

Careri, Gemelli, Voy. du tour du monde t. V. Paris 1719.

Carteret, R. um d. Welt in Geschichte der Seereisen u. s. w. von Hawkesworth, übers. v. Schiller. Berlin 1774.

Chamisso, Bemerk. auf einer Entdeckungsreise (1815—18). Weimar 1821.

Cheever, Life in the Sandwich Islands. Lond. 1851.

Cheyne, a description of islands in the Western Pacific Ocean, north and south of the Equator. London 1852.

Clutterbuck, Port Phillip in 1849. Lond. 1850.

Collins, Account of the colony in N. S. Wales. Lond. 1798.

Colnett, Voy. to the S. Atlantic and into the Pacific Ocean. Lond. 1798.

On the colonisation of N. Zealand by the Committee of the Aborig. Protection Soc. Lond. 1846.

P. Franc. Combes, Hist. de las islas de Mindanao. Madr. 1667.

Comyn, Estado de las islas Filipinas en 1810. Madr. 1820.

Cook, 1. Reise in Geschichte der Seereisen und Entdeckungen im Südmeere von Hawkesworth, übers. v. Schiller. 3 Bde. Berl. 1774.
  2. Reise in Samml. d. Reiseb. XV. ff. Berl. 1776.[*])
  3. Reise, übers. v. G. Forster, Berl. 1789.

Cantter, Adventures in the Pacific. Dublin 1845.

van der Crab, De moluksche eilanden. Reis door d. G. G. Pahud. Batavia 1862.

Crawfurd, Hist. of the Ind. Archipelago. Edinb. 1820.

— a, Descriptive Dictionary of the Indien Islands. Lond. 1856.

Crozet, R. R. durch die Südsee (1771 ff.). Leipz. 1783.

Cruise, Journal of a ten months' resid. in N. Zealand. Lond. 1823.

---

*) Im ersten Theil des Bandes sind alle drei Reisen Cooks nach dieser Sammlung citirt.

Cunningham, Two years in N. S. Wales. Lond. 1827.

Dalrymple, Voy. dans la mer du Sud par les Espagnols et les Hollandais. Paris 1774.

Dampier, Nouveau voy. autour du monde (1679—91. Amst. 1701.

Darwin, Naturwiff. Reifen, überf. v. Dieffenbach. Braunfchw. 1844.

Davis, Maori Mementos. Auckland 1855.

Dawson, The present state of Australia. Lond. 1830.

Dentrecasteaux, Voy. à la recherche de La Pérouse (1792). Paris 1808.

Dieffenbach, Travels in New-Zealand. Lond. 1843.

Dillon, Narr. of a voy. in the South Seas. Lond. 1829.

Dulaurier, Liste des pays qui relevaient de l'empire de Madjapahit. Paris 1846.

Dumont d'Urville a, Voy. de l'Astrolabe. Paris 1830.
— b, Voy. au Pole Sud. Paris 1841.

Duperrey, Voy. autour du monde (1822—25). Zoologie I.

Du-Petit-Thouars, Voy. autour du monde. Paris 1840.

W. Earl, a, The Eastern Seas or voy. and adv. in the Ind. Archip. London 1837.
— b, Enterprise in Tropical Australia. Lond. 1846.
— c, The native races of the Ind. Archipelago. Papuans. Lond. 1853.

A. Earle, Narr. of a nine month's resid. in New Zealand in 1827. London 1832.

Eden, Hist of. New Holland. Lond. 1787.

Ellis, Polynesian Researches. Lond. 1832.

Epp, Schilderungen aus Holländisch Indien. Heidelb. 1852.

Erskine, Journal of a cruise among the isl. of the Western Pacific. London 1853.

Eschels=Kroon, Befchr. der Infel Sumatra, herausg. von Schirach. Hamburg 1781.

Evans, Hist. and descr. of the present state of V. Diemen's Land. London 1824.

d'Ewes, China, Australia and the Pacific Islands in 1855—56. Lond. 1857.

Eyre, Journals of expedd. of discov. into Central-Australia (1840 f.). London 1845.

Field, Geographical Memoirs on N. S. Wales. Lond. 1825.

Finlayson, Mission to Siam and Hue (1821 f.) Lond. 1826.

Finsch, Neu-Guinea und seine Bewohner. Bremen 1865.

Flinders, Voy. to Terra Australis (1801—1803). Lond. 1814.

Forrest, Voy. to New Guinea and the Moluccas (1774—76). Lond. 1779.

Forster, Bemerk. auf feiner R. um die Welt. Berl. 1783.
—   Derf. Reife um die Welt 1772—1775, befchr. u. herausg. v. Georg Forfter. Berl. 1784.

Forster, Georg, Gefammelte Werke. Leipzig 1843.

Fox, The six colonies of New Zealand. Lond. 1851.

Freycinet, Voy. autour du monde (1817—1820). Paris 1827 (nebft Zoologie p. Quoy et Gaimard).

P. Mathias G***, Lettres sur les îles Marquises. Paris 1843.

v. der Gabelentz, H. C., Die melaneſiſchen Sprachen (in Abhh. der K. Sächſ. Gef. der Wiſſ. 1861).
— Grammatik der Dajak=Sprache. Leipzig 1852.

Fr. Gaspar de S. Augustin, Conquistas de las Islas Philipinas. Madr. 1698.

Geſchichte der chriſtl. Miſſionen auf den Freundſchaftsinfeln. Bremen 1857.

(Gervaise), Description hist. du royaume de Macaçar. Paris 1688.

Gill, Gems from the Coral islands. Lond. 1855.

de la Gironière, Aventures d'un gentilhomme Breton aux îles Philippines. Paris 1855.

Le Gobien, Histoire des Isles Marianes. Paris 1700.

Grant, Narr. of a voy. of discovery to N. S. Wales. Lond. 1803.

Grey, G., Journals of two expedd. in NW. and W. Australia (1837 — 1839). Lond. 1841.

— a, Pol. mythology and ancient trad. hist. of the N. Zeal. race. Lond. 1855.

— b, Proverbial and popular sayings of the Ancestors of the N. Zeal. race. Cape Town 1857.

Grey and Bleek, The library of Sir George Grey. Lond. 1858.

Gulick, Micronesia, nautical Magazin 1862.

Haast, report of a topogr. a. geol. explor. of the west. distr. of the Nelson prov. Nelson 1861.

Haensel, Letters on the Nicobar Islands. Lond. 1812.

Hageman, Handleiding tot de Kennis der geschiedenis enz. v. Java. Batavia 1852.

Hale, Ethnography and Philol. (U. St. Explor. Exped.). Philad. 1846.

A. Hamilton, A new account of the East Indies. Edinb. 1727.

G. Hamilton, R. u. d. Welt i. d. kön. Freg. Pandora. Mag. v. Reiseb. XI.

A. Häolé, Sandwich Island notes. Lond. 1854.

van der Hart, Reize rondom het eiland Celebes. 'sGravenhage 1853.

Haßkarl, Australien und seine Kolonieen. Elberf. 1849.

— b, Aantekeningen over het nut door de Bewoners van Java aan eenige planten van dat eiland toegeschreven uit berigten der inlanders. Amsterdam 1845.

Haussmann, Voy. en Chine, Cochinchine, Inde et Malaisie (1844 ff.) Paris 1847.

Haydon, Five years in Australia felix. Lond. 1846.

Henderson, Excursions and adv in N. S. Wales. Lond. 1851.

Hill, Travels in the Sandwich and Soc. Islands. Lond. 1856.

Hobbart Town Almanack for the year 1830.

v. Hochstetter, Reuseeland. Stuttgart 1863.

Hockin, A supplement to the account of the Pelew Isl. Lond. 1803.

Hodgkinson, Australia from P. Macquarie to Moreton Bay. Lond. 1845.

Hodgson, Reminiscences of Australia. Lond. 1846.

van Hoëvell, Reis over Java, Madura en Bali. Amsterd. 1849.

Hogendorp, Coup d'oeil sur l'île de Java. Bruxelles 1830.

de Hollander, Handleiding by de beoefening der Land- en Volkenkunde v. Nederl. Oost-Indië. — Ide deel. Breda 1861.

— a, Handleiding tot de Kennis der maleische taal en letterkunde. Breda 1845.

Howitt, Impressions of Australia felix. Lond. 1845.

— a, Abenteuer in Australien. Berl. 1856.

Humboldt, W. v., Ueber die Kawi-Sprache. Berl. 1836.

Hunter, R. nach R. S. Wallis (Magaz. v. Reiseb. XI).

Hursthouse, Account of the settlement of N. Plymouth in N. Zealand. Lond. 1849.

Jameson, New Zealand, S. Austr. and N. S. Wales. Lond. 1842.

Jarves, Hist. of the Sandwich Islands. Lond. 1843.

Informe sobre el estado de las islas Filipinas en 1842. Madrid 1843.

Journal of the Indian Archipelago. Singapore 1847 ff.

Jukes, Narr. of the surv. voy. of H. M. S. Fly (Capt. Blackwood 1842 ff.) Lond. 1847.

Junghuhn, Reisen durch Java. Magdeb. 1845.

— Die Battaländer auf Sumatra. Berl. 1847.

Keate, Account of the Pelew Islands. Basil 1789.

Keppel, Exped. to Borneo of. H. M. S. Dido. Lond. 1846.
— a, Visit to the Ind. Archip. in H. M. S. Maeander. Lond. 1853.

King, Nachr. v. d. Norfolk-Insel u. Rückkehr über P. Jackson (1788) im Magaz. v. Reiseb. XI.

King, a, Narr. of a survey of the intertrop. and w. coasts of Australia (1818—1822). Lond. 1827.

King and Fitzroy, Narr. of the surv. voy. of H. M. S. Adventure and Beagle (1826—36). Lond. 1839.

v. Kittlitz, Denkwürdigkeiten auf einer R. nach d. russ. Am., Mikronesien u. Kamtschatka (1826 ff.). Gotha 1858.

Kolff, Voy. of the Dutch Brig Dourga to the Moluccan Archip. and N. Guinea (1825 ff.). Lond. 1840.

v. Kotzebue, Entdeckungsreise (1815—18). Weimar 1821.
— Neue Reise um die Welt (1823—26). Weimar 1830.

Krohn, Das Missionswesen in der Südsee. Hamb. 1833.

Krusenstern, Reise um die Welt (1803—6). Petersb. 1810.

Kussendrager, Beschreibung der Insel Java, aus d. Holl. frei bearbeitet v. J. Müller. Berl. 1860.

Labillardière, Relation da voy. à la recherche de La Pérouse (1791 ff.). Paris an VIII.

Lafond, Quinze ans de voy. autour du monde. Paris 1840.

D. Lang, View of the origin and migrations of the Polynesian nation. Lond. 1834.
— a, Account of N. S. Wales. 3d ed. Lond. 1840.
— b, Cooksland in N. E. Australia. Lond. 1847.

Lange, H. M., Het eiland Banka en zijne aangelegenheden. 's Hertogenbosch 1850.

v. Langsdorff, Bemerk. auf e. Reise um d. Welt (1803—7). Frankf. 1812.

Laplace, a, Voy. autour du monde (1830 ff.). Paris 1833.
— b, Campagne de circumnavigation (1837 ff.). Paris 1841.

La Pérouse, Entdeckungsreise (1785). Berl. 1799 f.

de La Salle, Voy. autour du monde sur la Bonite comm. p. Vaillant (1836 s.) Paris 1845.

Lassen, Indische Alterthumskunde II. Bonn 1852.

Lauts, Het eiland Balie en de Balienezen. Amsterd. 1848.

Trad. Lay, Notes made during the voy. of the Himmaleh in the Malayan Archip. (in dessen: Claims of Japan and Malaisia upon Christendom. New Y. 1839).

Leichhardt, Tagebuch einer Landreise in Australien. Halle 1851.

Leigh, Reconnoitering voy. in S. Australia. Lond. 1839.

Lesson, Voy. médical autour du monde (1822—25). Paris 1829.

Lesson, P. A., Voy. aux îles Mangareva. Rochefort 1845.

Leyden, Malay Annals, transl. Lond. 1821.

Lilienfeld, Reise um die Welt. Marb. 1854.

Lindschotten's Reise, s. unter de Bry.

Lisiansky, A voy. round the world (1803—6). Lond. 1814.

H. Low, Sarawak, its inhabitants and productions. Lond. 1848.

Lundie, Missionary life in Samoa. Lond. 1846.

Lutké, Voy. autour du monde (1826—29). Paris 1835.

Lutteroth, Gesch. der Insel Tahiti. Aus d. Französ. von Bruns. Berl. 1843.

Macgillivray, Narr. of the voy. of H. M. S. Rattlesnake (1846—50 command. Capt. Owen Stanley). Lond. 1852.

M'Leod, Voy. of H. M. S. Alceste. 2d ed. Lond. 1818.

Majoribanks, Travels in N. S. Wales. Lond. 1840.
Mallat, Les Philippines. Paris 1846.
Marchand, Die neueste Reise um die Welt (1790—92). Lpz. s. a.
Mariner, Tonga Islands. Lond. 1818.
Marryat, Borneo and the Ind. Archipelago. Lond. 1848.
Marsden, Sumatra. Berl. 1788.[*)]
— Miscellaneous works. Lond. 1834.
Marshall, Rückreise v. N. S. Wales (1788, Magaz. v. Reisen. I).
Martin, New Zealand. Lond. 1845.
Mason, Burmah, its people and natural productions. Rangoon 1860.
Meinicke, Die Südseevölker u. d. Christenthum. Prenzlau 1844.
— a, Das Festland Australien. Prenzlau 1837.
— b, Beiträge z. Ethnographie Asiens (Programm). Prenzlau 1844.
— c, Neue Bearbeitung von Australien in Wappäus Handbuch der Geogr. u. Statistik. Leipz. 1866.
Melville, Vier Monate auf den Marquesas-Inseln. Lpz. 1847.
— a, The present state of Australia. Lond. 1851.
Memoirs of a Malayan family transl. by Marsden. Lond. 1830.
Mertens, recueil des actes d. l. séance publ. de l'Ac. imp. Scienc. de St. Petersburg, 29. Dec. 1829.
Meyen, Reise um d. Erde (1830—32). Berl. 1834.
Michelewa y Rojas, Viajes cientificos en todo el mundo (1822—42). Madrid 1843.
Mitchell, Three expedd. into the Interior of E. Australia. Lond. 1838.
— Journal of an exped. into the Interior of Trop. Austr. London 1848.
Moerenhout, Voy. aux îles du grand Océan. Paris 1837.
Moor, Notices of the Ind. Archipelago and adjacent countries. Singapore 1837.
Mortimer, Observv. made during a voy. in the B. Mercury (1789, command. Cox.). Lond. 1791.
Müller, a, Friedr., ling. Theil der Novaraexped. Wien 1867.
— b, Ethnographie der Nov. expedition Wien 1868.
Müller, Joh., Ueber Alterthümer des ostind. Archipels. Berl. 1859.
Müller, Sal., a, Bijdragen tot de Kennis v. Sumatra. Leiden 1846.
— b, Land- en Volkenkunde in Verhandelingen over de natuurlijke geschiedenis der Nederl. overzeesche bezittingen door de leden der naturkundige commissie in Indië. Leiden 1839—44.[**)]
Mundy, Our antipodes or residence in the Australasian colonies. London 1852.
Nahuijs, Brieven over Beencoolen. 2de druc. Breda 1827.
Die Neuseeländer nach dem Engl. (nach Knight). Leipz. 1833.
Newbold, Account of the British settlements in the Straits of Malacca. London 1839.
Nicholas, Reise nach Neu-Seeland (1804 f.) Weimar 1819.
Nieuw Guinea, ethnogr. en natuurk. onderzocht in 1858 door een Nederl. Ind. Commissie. Amsterd. 1862 (Bijdragen N. V. 5de deel.).
Nixon, cruise of the Beacon. London 1857.

[*)] Wo die 3. Ausgabe dieses Buches (Lond. 1811) benutzt ist, findet sich dies besonders angegeben.
[**)] Ist identisch mit Sal. Müller, Reizen en onderzoekingen in den Indischen Archipel. Amst. 1857.

Novara, Reise der österr. Fregatte (1857 — 59) unter der Bef. des B. von
    Müllerstorf. Wien 1861.
Olivier, Land= und Seereisen im Niederländischen Indien (1817 — 26).
    Weimar 1829.
Olmsted, Incidents of a whaling voyage. N. York 1841.
de Oosterling, Tydschrift toegew. aan de verbreiding de Kennis v. Oost-
    Indië d. Olivier. Kampen 1835.
Oxley, Journals of two expedd. into the Interior of N. S. Wales (1817 f).
    London 1820.
de Pagès, Reisen um die Welt (1767 — 76). Franff. u. Leipz. 1786.
Parkinson, Journal of a voy. to the South Sea in H. M. S. Endeavour.
    London 1773.
Perkins, Na Motu or Reef-rovings in the South Sea. N. York 1854.
Péron, Voy. de découvertes aux terres Australes (1800—4). 2de éd. p.
    Freycinet. Paris 1824.
    — a, Mémoires sur ses voyages. Paris 1824.
Pfyffer zu Neueck, Skizzen von der Insel Java. Schaffh 1829.
Phillip, R. nach R. S. Wales (Magaz. v. Reiseb. I.).
    — Tagebuch a. d. Ereignissen in Port Jackson (1790—92. Ebend. XI.).
Pigafetta, Premier voy. autour du monde sur l'escadre de Magellan
    1519—22). Paris an IX.
Pickering, Memoir on the Languages and Inhabitants of Lord Norths
    Island. Cambridge 1845.
Polack, Manners and customs of the New Zealanders. Lond. 1830.
    — a, New Zealand, being a Narrative of travels and adv. (1831—37).
    London 1838.
Porter, Journal of a cruise made to the Pacific Ocean (1812—14). 2d
    ed N. York 1822.
Power, Sketches in New Zealand. Lond. 1849.
Quatrefages, hist. naturelle de l'homme Rev. des 2 mondes 1864.
Quoy et Gaimard, Zoologie zu Dumont d'Urville, Voy. de l'Astrolabe.
St. Raffles, Hist. of Java. Lond. 1817.
Reding, Atlas van het Kon. der Nederlanden. 'sGravenhage 1841 (in
    Mendel's Album v. d. Aardryksk).
Reuvens, Verhandeling over drie groote steenen beelden (Java). Amster-
    dam 1826.
Reinwardt, Reis naar het oostelyk gedeelte van d. Ind. Archipel (1821).
    Amst. 1858.
Remy, Hist. de l'Archipel Hawaiien, texte et traduction Paris et
    Lpz. 1862.
Reynolds, Voy. of the U. St. frigate Potomac (1831—34). New Y. 1835.
van Rhijn, Reis door den Indischen Archipel. Rotterdam 1851.
Rink, Die nikobarischen Inseln. Kopenh. 1847.
Röding, Schilderung der Insel Van Diemens Land. Hamb. 1823.
Roorda van Eysinga, Handboek der land- en volkenkunde v. Nederl.
    Indië. Amst. 1841.
Roquefeuil, Journal d'un voy. autour du monde (1816—19). Paris 1823.
Ruschenberger, Narr. of a voy. round the world (1835—37). Lond. 1838.
St. John, Horace, The Indian Archipelago, its hist. and present state.
    London 1853.
Salazar, Vicente de, Hist. de la prov. de Philipinas China y Tunking.
    3za parte Manila 1742*).

------

*) Ist die wenig bekannte Fortsetzung von Aduarte u. Santa Cruz.

Salvado, Memorie storiche dell' Australia, part. della miss. benedettina, Roma 1851.

Santa Cruz, Baltas. de, Hist. de la prov. de Filipinas, Japon y China. Tomo II. Zaragoça 1693.

Saugnier, Relation de ses voyages (1783 ff.) publ. p Laborde, Paris 1799.

Savage, Some account of New Zealand. Lond. 1807.

Schirren, Die Wandersagen der Neuseeländer u. der Mauimythos. Riga 1856.

Schmarda, R. um die Erde (1853—57). Braunschw. 1861

Diarium vel descriptio laboriosissimi et molestissimi itineris facti a G. Corn. Schoutenio 1615—17. Amst. 1660.

Schwaner, Borneo, Beschr. van het stroomgebied van den Barito en reizen (1843—47). Amst. 1853.

Seemann, Reise um die Welt u. nach d. nördl. Polarmeer (1845—51). Hannover 1853.

Selberg, Reise nach Java. Oldenb. 1846.

Semper, Die Philippinen und ihre Bewohner, sechs Skizzen. Würzb. 1869.

Shortland, The southern districts of New Zealand. Lond. 1851.

— a, Traditions and superstitions of the New Zealanders. Lond. 1854.

Steen Bille, Bericht über die Reise der Corvette Galathea um die Welt (1845—47). Kopenh. u. Lpz. 1852.

Stewart, Journal of a resid. in the Sandwich isl. (1823—25). Lond. 1828.

— a, Visit to the South Sea im Baseler Miss.-Magaz. 1839.

J. L. Stokes, Discoveries in Australia (1837—43). Lond. 1846.

Strzelecki, Physical descr. of N. S. Wales and V. Diemen's Land. Lond. 1845.

Sturt, Two expeditions into the interior of S. Australia. Lond. 1834.

— a, Narr. of an exped. into Central Australia (1844—46). Lond. 1849.

de Surville, Reisen in b. Südmeer. Berl. 1793.

Swainson, New Zealand and its colonization. Lond. 1859.

Taylor, Rich., Te Ika A Maui or New Zealand and its inhabitants. Lond. 1855.

Tegg's N. S. Wales Pocket Almanac for 1841. Sydney.

Teichelmann and Schürmann, Outlines of a grammar of the aborig. lang. of South Australia. Adelaide 1840.

Temminck, Coup d'oeil sur les possessions néerland. dans l'Inde Archipelagique. Leide 1846.

Tench, Voy. à la Baie Botanique in Voyages dans les pays des Hottentots etc. trad. de l'Anglais. Paris 1790.

— a, Geschichte Port Jacksons in Neuholl. v. 1788—92. Hamb. 1794.

Thomson, The story of New Zealand. Lond. 1859.

Tydschrift voor Neêrland's Indië Batavia 1838 ff., fortges. Groningen u. Zalt Bommel 1849 ff.

Tydschrift a, voor indische taal-, land- en volkenkunde. Batavia 1853 ff.

Turnbull, Reise um die Welt (1800—4). Berl. 1806.

Turner, Nineteen years in Polynesia. Lond. 1861.

Tweejaarige Reyze rondom de wereld met drie schepen (1721) door last v. d. Nederl. westind. maatschappen. Dordrecht 1728.

Tyermann and Bennet, Journal of voy. in the S. Sea islands. Lond. 1831.

Valentyn, Oud en Nieuw Oost-Indiën. Dordr. en Amst. 1724.

Vancouver, Reisen nach der Südsee (1790—95). Berl. 1799 f.

Van Diemen's Land Almanack for the year 1831.

Verhandelingen van het Bataviaasch genootschap der Konsten en weetenschappen.

Joh. Verken, Elfte Schifffahrt od. kurze Beschr. einer R. so v. d. Holländern in b. Ost-Indien 1607—9 verrichtet worden. Frankf. 1612.

Veth, Borneo's wester-afdeeling, geogr. statist. hist. Zaltbommel 1854.

Vincendon-Dumoulin et Desgraz, Iles Marquises. Paris 1843.

—, Iles Taïti. Paris 1844.

Virgin, Erdumfegelung der Fregatte Eugenie (1851—53), überf. v. Ezel. Berl. 1856.

Vocabulary of dialects spoken by aboriginal natives of Australia (intercolonial exhibition 1866). Melbourne 1867.

Vosmaer, Beschcrijving van het zud-oostelijk Schiereiland van Celebes. Batavia 1835.

de Waal, E., Indisch Magazijn I 4–12, II 1–12. Batavia 1844 f.

Wagner, Moritz, Die Darwin'sche Theorie und das Migrationsgesetz der Organismen, Leipzig 1868.

Wakefield, E. J., Adventure in New Zealand. Lond. 1845.

Walckenaer, Die Inselwelt, überf. v. Leidenfroft. Weimar 1822.

Wallace, A. R, Der malayische Archipel, die Heimath des Orang-Utan und des Paradiesvogels. Deutsch von A. B. Meyer. 2 Bände. Braunschweig 1869.

Wallis, Reife um die Welt. Berl. 1774 (fiehe Cook 1. Reife).

Walpole, Four years in the Pacific (1844—48) 2d ed. Lond. 1850.

Wegener, Gesch. der chriftl. Kirche auf d. Gesellschafts-Archipel. Berl. 1844.

Westgarth, f. Australia felix.

White, Reife nach R. S. Wallis im Magaz v. Reifeb. V.

Wilhelmi, Manners and customs of the Australian natives. Melbourne 1862.

Wilkes, Narr. of the United. States-Explor. Exped. Philad. 1845.

Willer en Cornets de Groot, Het eiland Boeroe. Amst. 1858.

Williams, narrative of Miss. Enterprises. Lond 1837.

Williams and Calvert, Fiji and the Fijians ed. by Rowe. Lond. 1858 (im Bafeler Miff.-Mag. 1838).

Wilson, Miffionsreife in d. ftille Meer (1796—98). Berl. 1800.

Wilson, Narr. of a voy. round the World. Lond. 1835.

Wise, Los Gringos or an in side view of Mexico and Calif. Paris 1850.

Woodard, Gesch. feiner Schickfale auf Celebes. Weimar 1805.

Woordenboek, aardrijkskundig en statistisch, van Nederl. Indië I. Amsterdam 1861.

Yate, Reu Zealand im Bafeler Miff.-Mag. v. 1836.

Yldefonso de Aragon, Descripcion de la Ysla de Luzon. Manila 1819.

Zuñiga, Hist. de las islas Philipinas. Sampaloc 1803.

Die zweite Hauptabtheilung der malaiischen Völker bilden die zahlreichen Stämme, welche man unter dem Namen Polynesier zusammenfaßt. Sie bewohnen das weite Gebiet der Inselwelt ostwärts von den Malaien bis fast zum amerikanischen Festland; und wie sie sich von den Malaien durch ihr Aeußeres, ihre Sprache, ihre Lebensweise trotz ihrer Verwandtschaft mannigfach und deutlich genug unterscheiden, so bestehen auch unter ihnen eine Menge größerer und kleinerer Gegensätze, wie schon die weite Ausdehnung des Gebietes, welches sie bewohnen, annehmen läßt. Gleich dem ersten Blick unterscheiden sich mehrere Hauptgruppen: Mikronesien, welches den nordwestlichen Theil des bezeichneten Gebietes umfaßt und dessen Völker wie räumlich so auch geistig und leiblich den Malaien näher stehend erscheinen; östlich von ihnen die Inselwelt, welche man im engeren Sinn Polynesien zu nennen gewohnt ist und welche den Samoa- und Tonga-Archipel, Neuseeland, die Cooksinseln, die Gesellschafts-, Austral- und Paumotugruppe bis zur Osterinsel, die Markesas- und Sandwichinseln, sowie viele einzelne Eilande innerhalb dieser Grenzen umfaßt; und drittens und im merkwürdigen Gegensatz zu den beiden ersten Abtheilungen der Fidschiarchipel, der obwohl der Tongagruppe so nahe und mit ihr in fortwährendem lebhaftem Verkehr eine melanesische Bevölkerung besitzt.

Wohl nirgends auf der ganzen Erde hat sich ein ganzer großer Völkerstamm unter eigenthümlicheren Bedingungen entwickelt, als im stillen Ocean und nirgends ist es daher nöthiger, sich ein Bild der umgebenden Natur zu machen, als gerade hier. M'Culloh scheint zuerst die Ansicht ausgesprochen zu haben (in den researches on America, welche 1817 zu Baltimore erschienen), daß Polynesien ursprüng-

lich ein großer Continent gewesen sei, welche Ansicht dann später durch
Dana, den Geologen der amerikanischen explor. expedition, und
durch Darwin weiter ausgeführt und wissenschaftlich begründet ist.

Nehmen wir nun auch an, daß dies nach und nach gesunkene
Festland aus mehreren gänzlich geschiedenen Theilen bestand, zu welcher
Annahme wir durch den Umstand gezwungen sind, daß die Hawaiigruppe sowohl wie Neuseeland botanisch und zoologisch als ganz isolirte Gebiete für sich stehen, so sind doch alle Inseln zwischen Neu-
guinea und Paumotu gleichmäßig Reste oder letzte Spuren dieser verschwundenen Welt, indem wir in den hohen Inseln die höchsten
Bergspitzen derselben oder Producte ihrer jetzt unterseeischen Vulkane
zu sehen haben, die niedrigen Inseln aber nichts sind als meist
ringförmige Felsen von Korallenkalk, welche sich beim Untertauchen
des Landes um die Berggipfel anbauten und immer höher stiegen, je
tiefer der jetzt zum Meeresgrund gewordene Boden sank. Diese niederen Inseln herrschen in Mikronesien bei weitem vor und hohe sind
selten, während in Polynesien gerade das umgekehrte Verhältniß gilt.
Hoch sind in Mikronesien zunächst die Marianen, deren nördlichste
Inseln fast nur aus unwirthbaren Felsenspitzen bestehen; allein auch
der Süden der Kette ist gebirgig und enthält, wie die Insel Agui-
guan, so unwegsame Felsenpartieen, daß ihre Eroberung den Spaniern
außerordentlich erschwert wurde (le Gobien 308). Die Palaus sind
gleichfalls eine Gruppe hoher basaltischer Inseln, welche nur im Westen
von einem Korallenriff umgeben sind (Keate 381. Gulick N.M.
174). Von den 48 Inselgruppen dagegen, welche die Kette der Karolinen bilden, sind nur vier basaltisch und hoch, zunächst Eap, dann
Truk (Hogoleu), Ponapi und Kusaie (Ualan); doch sind auch sie mit
Riffen umgeben. Im eigentlichen Polynesien dagegen sind niedrige
Inseln nur die Union- und Phönixgruppe nebst allen den kleinen zerstreuten Inseln bis nach Hawaii hin, ferner der gesammte Paumotuarchipel außer Mangareva (Gambier), Pitkairn und Waihu (Osterinsel) und die Cooksinseln außer Rarotonga. Doch sind letztere in
so fern eigenthümlich, als der Korallenfels, aus welchem sie bestehen,
durch vulkanische Einflüsse bis zu 300 Fuß gehoben ist, eine Erscheinung, welche wir auch sonst nicht selten finden, z. B. bei einem Theile
der Australinseln, einigen Inseln des Paumotuarchipels, bei Nive (Savage, Beechey 1, 45), in Mikronesien an der südlich von den Karo-

linen liegenden merkwürdigen Insel Banaba (Ocean), die durch ihre steil abfallenden Wände fast unzugänglich ist für den Schiffsverkehr (Choyne 74), bei Fais in den Karolinen (Kittlitz 2, 417) und sonst.

Eine solche Koralleninsel ist äußerst merkwürdig gestaltet. Sie besteht aus einem verhältnißmäßig schmalen Riff aus Madreporenkalk, welches, meist von ovaler oder runder oder sonst gebogener Gestalt, entweder ganz oder nur an einzelnen Stellen über dem Wasser emporragt. Die Windseite des Riffs ist die höchste, weil die felsbildenden Polypen die Brandung lieben; nächst ihr die hervorragenden Ecken des Atolls. An diesen Punkten trägt das Riff, wenn es sich nicht ganz über das Wasser emporhebt, meist mehrere Inseln, welche durch die unterseeische Mauer, die zur Zeit der Ebbe oft gangbar ist, zusammenhängen. Ist aber das Riff ganz über die Meeresfläche erhöht, dann bildet es eine einzige ringförmige Insel, die in ihrem Inneren wieder einen See einschließt, welcher zwar meist durch irgend eine Lücke auf der Leeseite der Umfassungsmauer mit dem Ocean zusammenhängt, sich aber stets von demselben durch ruhigeres Wasser und viel geringere Tiefe unterscheidet. Denn während nach dem Meere zu das Riff meist sehr steil oft in fadenlose, fast immer aber höchst bedeutende Tiefe abfällt, so ist die Lagune nie sehr tief, es steigen öfters Felsen meist aus Korallenkalk, doch auch aus vulkanischen oder anderem Gestein in ihr empor, wodurch oft Binneninseln entstehen, ja bisweilen — und so natürlich immer bei den gehobenen Koralleninseln — trocknet sie ganz aus und dann bildet das Riff nur ein mehr oder weniger rundes, in der Mitte vertieftes Eiland. Doch ist dies seltener; meist haben die niederen Inseln eine entweder ganz ringförmige Gestalt, oder sie bestehen aus mehreren im Kreis liegenden Inseln, oder das Ganze bildet, wenn Binneninseln vorhanden sind, einen Inselhaufen von zwei bis fünfzig und mehr Eilanden, von denen indeß nur die größten bewohnt werden; das größeste Atoll Mikronesiens, Maloelab (Kawen) im Marshall-Archipel, enthält 64 größere und kleinere Inseln. Das größte inseltragende Riff, welches Beechey beobachtete, hatte 30 Seemeilen, das kleinste nicht ganz eine Seemeile im Umfange (1,186); die Lagune fand er nirgends über eine halbe Meile breit, oft aber viel kleiner; und diese Beobachtungen, welche er im Paumotuarchipel machte, gelten für alle niederen Inseln. Wahrhaft fürchterlich ist die Brandung, welche diese Riffe auch bei ruhiger

See umtost, und bei ihrer Niedrigkeit sind sie der Gefahr überfluthet und dadurch von Wasser und Sand gleichmäßig verwüstet zu werden sehr leicht ausgesetzt, obwohl das Meer selbst im Lauf der Zeiten hiergegen sie in etwas schützt, indem es am Rand der Inseln oft einen nicht unbedeutenden Damm von Korallentrümmern aufhäuft. Auch sonst ist ihre Niedrigkeit gefahrvoll: Der einheimische Schiffer verliert die Heimath gar zu leicht aus dem Gesicht, da man die meisten von ihnen nur wenige Seemeilen weit sehen kann; die Landung, welche für größere Schiffe oft ganz unmöglich ist, hat auch für kleinere oft große Gefahren; und wie gefährlich für europäische Schiffe die Fahrt in diesen Korallengewässern ist, davon zeugen alte und neue Reiseberichte gleichmäßig.

Die hohen Inseln, deren Hauptgebiet man von dem der niederen abscheiden kann durch eine Linie, welche man nach Hales Vorgang etwa von Pitkairn zwischen den Paumotu- und Gesellschaftsinseln, sodann zwischen Samoa und der Uniongruppe bis zum Ellicearchipel hinzieht, die hohen Inseln sind in mancher Beziehung günstiger gestaltet durch ihre oft sehr bedeutende Höhe und ihre größere Ausdehnung, wie denn z. B. Cap in den Karolinen 20 Seemeilen lang ist (Gulick 174). Allein auch sie sind immer noch ungünstig genug. Zunächst sind mehrere von ihnen im Innern so steil und fast unzugänglich schroff aufsteigend, daß sie bis auf einen nicht eben breiten Küstensaum unbewohnbar sind, wie z. B. Tahiti mit seinem 7000' hohen außerordentlich schroffen Pik, den man nur mit Lebensgefahr besteigen kann; Darwin, der das Wagniß unternahm, schildert seine Mühseligkeit. Nicht anders ist der Bau der Markesasinseln, namentlich Nukuhivas; und Hawaii mit seinen bis zu 14,000' aufsteigenden Bergen, dem Maunaloa, Maunakea, dem Hualalai ist theils durch diese Höhen, theils durch seine wildvulkanische Beschaffenheit zum großen Theil unbrauchbar wenigstens für ein uncultivirtes Volk. Auch Oahu ist großentheils wüst (Pickering 88). Die meisten hohen Inseln haben ferner Korallenriffe, die sie oft ganz umgeben und nur den Mündungen der Bäche gegenüber Lücken haben, da die Lithophyten gegen süßes Wasser außerordentlich empfindlich sind; natürlich ist dadurch der Zugang vielfach erschwert. Die aber, welche frei sind von diesen Umwallungen, wie viele Inseln oder Küstenstrecken im Samoa-, Hawaii- und Markesasarchipel, fallen meist steil und ohne rechten Ankergrund in unendliche Tiefe ab. Für die Entwickelung ihrer Bewohner

wie nicht minder für ihre eigene geologische Stellung ist der Umstand wichtig, daß beinahe alle Inseln der Südsee in Gruppen oder
Reihen beisammen liegen, niedere wie hohe, in Gruppen die Mar-
kesas-, Fidschi-, Samoa-, Cooks- und Gesellschaftsinseln, in Ketten,
welche in ihrer Hauptrichtung von Osten nach Westen streichen, die
Karolinen, die Uniongruppe nebst den zwischen ihr und den Markesas
sich hinziehenden einzelnen Inseln, die Phönixgruppe; mehr in der
Richtung von Nord nach Süd die Marianen, die Palaus, die Ralik-
und Ratakkette, der Tongaarchipel, die Kingsmill- und Sandwichinseln.

Schon die vorhin besprochene Senkung eines großen Theiles des
Meeresbodens — die noch heute fortdauert z. B. in den Karolinen,
da Hale (85—6) daselbst Gebäude jetzt im Wasser stehend fand, welche
einst auf dem trockenen Lande gestanden haben mußten — so wie die
ruckweise Erhebung mancher Koralleninseln beweisen, wie sehr vulkanisch
dieser Theil der Erde ist. Man kann wohl sagen, keine Gegend der
Welt ist es mehr. Wenn man auch nicht anzunehmen braucht, daß
sämmtliche inselbildende Korallenriffe auf Kratern unterseeischer Bulkane
sich aufgebaut haben; so haben es einige doch gewiß, wie z. B. das
Riff von Mangareva, welches vulkanische Inseln einschließt und fast
alle hohen Inseln des Oceans verdanken entweder Bulkanen ihren
Ursprung oder sind selbst Bulkane. So die nördlichen oder (bei le
Gobien) neuen Marianen, die Ganiinseln, welche die Spanier geradezu las islas de Bolcanes nannten und von denen Pagon zwei, Affon-
song einen noch jetzt sehr thätigen Bulkan besitzt; so die Tongainseln;
Samoa enthält ausgebrannte Krater, Fidschi heiße Quellen; so Neuseeland und vor allen Hawaii mit jenen schon genannten vulkanischen
Bergriesen und dem überaus merkwürdigen Feuersee Kilauea, einem Krater,
der vier deutsche Meilen Umfang und 1000' Tiefe mißt und dessen Boden
aus flüssiger Lava besteht. Von Erdbeben, die indessen nie sehr stark sind
und anderen vulkanischen Naturereignissen dieser Gruppe berichtet Jarves
17—22. Auch auf Tonga und Samoa sind Erdbeben nicht selten (vergl.
Petermann 1866, 198), besonders stark und häufig sind sie auf den
Karolinen (Chamisso 123). Bulkanisches Gestein zeigen alle hohen
Inseln, die Palaus, die hohen Karolinen, die Gesellschaftsinseln u. s. w.,
auf welchen letzteren jedoch wie auf Neuseeland, Hawaii und manchen anderen Urgestein zu Tage geht (Ellis 1, 112). Auch die beiden Gebirgs-
seeen Tahitis sind wohl vulkanischen Ursprungs (Cook 3. R. 2, 328).

Metalle finden ſich in ganz Polyneſien nicht, wenigſtens nicht als ſelbſtſtändiges Geſtein und waren daher den Eingeborenen vor Ankunft der Europäer gänzlich unbekannt. Ueberhaupt gab es auf den niederen Inſeln und alſo faſt in ganz Mikroneſien kein anderes Geſtein, als jenen Korallenkalk, der freilich, da er ziemlich leicht und in breiten Platten bricht als Baumaterial nicht zu verachten iſt. Doch iſt er daran Schuld, daß die niederen Inſeln ſehr waſſerarm ſind, da der harte Boden das Regenwaſſer nicht aufnimmt und Quellen ſich alſo nicht bilden können. Da er aber Ritzen und Spalten genug hat, in denen es ſich ſammeln kann, ſo benutzt man dieſe oder gräbt auch künſtliche Ciſternen, welche z. B. auf Lukunor (Mortlock, Karolinen) Waſſer genug zum Baden und Waſchen, ſo wie zum Bewäſſern der eßbaren Kalladien enthalten (Kittlitz 2, 90 f.). Chamiſſo (108) fand auf Wotje (Otdia, Ratak) ſogar einen Süßwaſſerteich. Auf Datafu (Union) dagegen, das gänzlich waſſerlos iſt, ſchneiden die Einwohner Löcher in die Kokosbäume, um in ihnen das Regenwaſſer zu ſammeln (Wilkes bei Behm, Petermann 1859, 182). Ebenſo macht man es im Paumotuarchipel. Die hohen Inſeln ſind ſämmtlich an Waſſer reich, wie denn Tahiti ſeinen Waſſerfällen, Neuſeeland ſeinen vielen Seen einen großen Theil ſeiner landſchaftlichen Reize verdankt.

Das Klima iſt natürlich bei einem ſo ungeheuer ausgedehnten Gebiet nicht ganz gleichmäßig, im allgemeinen aber mild und geſund und nirgends übermäßig heiß, weil es ſtets durch die Seewinde ab= gekühlt wird, welche z. B. in Tahiti ganz regelmäßiger Morgens und Abends einmal nach dem Lande das andere mal nach dem Meere zu wehen. Plötzliche Uebergänge von heiß zu kalt oder umgekehrt kommen nie vor. Die niederen Inſeln ſind natürlich heißer als die meiſt dicht bewaldeten hohen, deren gebirgiges Innere häufig bedeutend kälter iſt, daher denn im Innern von Hawaii wegen der hohen Berge Regen, ja zur Zeit auch Schnee und Hagel gar nicht ſelten vorkommen (Jarves; Beechey 433), der Küſtenſaum aber hat gleiches Klima mit dem übrigen Polyneſien. Regen fällt auf Tahiti nur vom Dezem= ber bis März, wo der Paſſatwind nicht weht, viel und heftig, während er in der übrigen Zeit nicht gerade ſelten aber immer nur leicht iſt; zu jener Regenzeit entladen ſich oft auch ſtarke Gewitter, welche manchen Schaden verurſachen (Ellis 1, 27 f.). Im Centrum des Gebietes, in Tonga und Samoa iſt das Klima wechſelnder als ſonſt in Polyne=

sten, obwohl noch immer gesund, und die Regenmenge zu allen Jahreszeiten nicht unbedeutend. Neuseeland außerhalb der heißen Zone
liegend hat ein dem englischen ähnliches, das ganze Jahr hindurch
gleichmäßiges Klima, das auf der Ostküste kälter ist, wie auf der Westküste. Allein da die beständigen Winde stets Wolken herbeiführen, so
ist ein steter Wechsel zwischen Regen und Sonnenschein, ohne daß dies
feuchte Klima, welches durch die vielen Berge und Wälder noch ver-
stärkt wird, dem animalischen Leben wirklich schädlich wäre. Die Tem-
peratur sinkt im Winter bisweilen, aber nur selten bis zum Gefrier-
punkt (Dieffenbach 1, 172—184).

Mikronesien liegt fast ganz im Bereiche des Passatwindes, welcher
von Nordost wehend auch noch den Marshall- und Gilbertarchipel erreicht, obwohl der letztere zum Theil wenigstens in der Region der Aequa-
torialcalmen liegt. Doch weht der Passat nur in den Sommermonaten, im
übrigen Theil des Jahres herrschen veränderliche und westliche Winde
vor (Gulick 414). Ganz dasselbe gilt von den Sandwichinseln, wo der
Passatwind bis zu sturmartiger Heftigkeit sich bisweilen steigert. Auch
hier wehen vom Dezember bis März Westwinde, welche indeß häufig
mit Südwinden abwechseln und diese letzteren sind oft sehr heftig so
wie durch allzustarken Salzgehalt schädlich (Beechey 433, Jarves
12—16). Im übrigen Polynesien mit Ausnahme von Neuseeland
herrscht der Südostpassat vom April bis November, welcher gleichfalls
vom Dezember bis März durch veränderliche meist indeß aus Westen
kommende Winde abgelöst wird (Ellis 1, 27 f. Birgin 2, 36). Nach
Beechey (169) liegen die sämmtlichen Inseln Ostpolynesiens noch im
Bereich der Westmonsune. Im Paumotuarchipel ist auch der Passatwind
veränderlich genug, welche auffallende Erscheinung wohl durch die große
Menge der Inseln, welche den Archipel bilden, veranlaßt wird (Beechey
197). Stürme sind namentlich zur Zeit der veränderlichen Winde
häufig und auf den Marianen, (le Gobien 282, 383) den Karolinen,
den Ralik- und Ratakketten, wo Chamisso (110) ihre schlimmen Spuren
sah, oft von so verheerender Wirksamkeit, daß sie ganze Inseln der
Pflanzendecke beraubt und unbewohnbar gemacht haben (Chamisso 123),
daher man sie sehr fürchtet. Furchtbaren und alles verheerenden
Orkanen sind gleichfalls die Paumatugruppen sowie die Austral- und
Cooksinseln ausgesetzt, allerdings nach Mörenhout, der genauer über
sie berichtet, nur alle 8—10 Jahre (1, 362— 5); und in Fidschi,

Tonga und Samoa, wo überhaupt die Winde ziemlich unregelmäßig sind, trifft man schon jene schrecklichen Wirbelstürme, welche weiter nach Westen immer häufiger, namentlich das chinesische Meer so gefährlich machen. Günstiger sind die Gesellschafts-, Markesas- und Sandwichinseln gestellt; denn wenn gleich auch hier heftige Stürme manchen Schaden anrichten, so kommen eigentliche Orkane hier nie vor (Ellis Jarves a. a. O.). — Diese Luftströmungen sind von großer Wichtigkeit, namentlich aber für die niederen Inseln, da auf ihnen die Gestalt der Korallenriffe beruht. Denn weil die Lithophyten auf der Windseite am höchsten bauen, die von Osten wehenden Passate aber im ganzen Gebiete bei weitem vorherrschen, so erstrecken sich die Atolle meist von Osten nach Westen und bilden mit nur seltenen Ausnahmen die Hauptinseln auf der Ostseite.

Auch die Meeresströmungen, auf welche die Winde einen so großen Einfluß haben, müssen wir kurz besprechen. Mörenhouts Behauptung (2, 231), daß unter den Tropen die Strömungen der Südsee alle nach Westen gerichtet seien, ist für die Inseln südlich vom Aequator richtig; nicht aber für die, welche nördlich liegen. Denn wenn auch hier die Hauptströmung, welche von China und Japan beginnt und unterhalb der Aleuten bis nach Kalifornien hinströmt, sich von Amerika aus wieder nach Westen wendet, so daß auch die Sandwichinseln wie die Marianen und die nördlichsten Gruppen des Marshalsarchipels und der Karolinen gleichfalls in westlicher Strömung liegen: so fließt doch, kleinere Strömungen, wie z. B. die von Fidschi nach Tonga und Samoa nicht gerechnet, im Gegensatz hierzu ein mächtiger Strom, welcher etwa 10 Breitengrade vom Aequator nach Norden zu einnimmt, von Malaisien aus ostwärts bis zur Küste von Amerika, indem er die Karolinen (Gulick 414), den Marshall- und Gilbertarchipel, sowie die dicht am Aequator liegenden Inseln des eigentlichen Polynesiens bespült (vergl. Berghaus Weltkarte 1864). Diese Strömung ist es hauptsächlich, welche Mikronesien mit Treibholz, Schleifsteinen u. s. w. versorgt; ihr aber werden diese Inseln auch die meisten ihrer vegetabilischen Produkte verdanken.

Diese letzteren sind freilich armselig genug auf den Koralleninseln, wie man nach der Schilderung ihrer Bodenbeschaffenheit nicht anders erwarten kann. Doane fand auf Ebon (Marshallarchipel) nur etwa 50 Pflanzenarten (Zeitschr. f. allg. Erdk. 1861, 216), Chamisso auf Ratak 59, darunter 7 angebaute, und wenn er auch der Meinung ist, daß einzelne seltenere sich seinem Blicke entzogen hätten, so kann ihm doch auf keinen Fall Vieles entgangen sein. Auf Romanzoff (Tikei) im Paumotuarchipel fand er 20 Arten, welche bis auf zwei alle auch auf Ratak vorkamen (139). Dieselbe Zahl gibt Forster (Bemerk. 132) für Waihu an. Auf vielen dieser Inseln, wenigstens auf den trockeneren (nördlicheren) Gruppen des Marshallarchipels hat alles Grün (Doane a. a. O.) ein krankes, gelbliches Aussehn, und während die drei wichtigsten Pflanzen, die Kokospalme, der Pandanus (P. odoratissimus) und der Brodfruchtbaum (Artocarpus incisa mit vielen Varietäten und integrifolia) auf den einigermaßen begünstigten Koralleninseln gut gedeihen, ja besser sogar und fruchtreicher wohl durch die freiere Einwirkung der Seeluft (Gulick 364) als auf den hohen Inseln: so wächst der Brodfruchtbaum auf den nördlichen Ratakgruppen schon gar nicht mehr oder nur noch selten, die Kokospalme trägt nur kleine Früchte, verkümmert auf den nördlicheren Inseln zusehends und ist schon auf Taongi (Cornwallis, Gaspar Riko) ganz verschwunden (Cham. 111; 122). Noch unfruchtbarer, überhaupt die unfruchtbarsten Inseln Mikronesiens, sind die des Gilbertarchipels nach Gulick (411), welcher 1852 daselbst den Brodfruchtbaum nirgends fand; doch bemerkte ihn Pierson (1855) auf dem kleinsten Atolle der Gruppe, auf Peru. Ganz gleiche Armuth zeigen die meisten Gruppen des Paumotuarchipels (Mörenhout 1, 364, Beechey 135). Bei weitem die wichtigste Pflanze für den östlichen Theil Mikronesiens und die niederen Inseln überhaupt ist der Pandanus, der auf den Gilbertinseln bis zur Höhe der Kokospalme gedeiht und das beste Bauholz liefert (Gulick 305), und dessen außerordentlich wohlriechende Blüten, der gesuchteste Schmuck der Eingebornen, die Lüfte mit ihrem Duft erfüllen und den Seefahrenden oft auf weite Ferne die Nähe des Landes verkünden. Bananen, ferner die eßbaren Aroideen (Calladium esculentum macrorrhizon sagittifolium), die oft, wie z. B. auf Tobi (Lord North), mit der äußersten Mühe gebaut werden, so wie Tacca pinnatifida wachsen nur auf den reicheren Inseln. Als Faserpflanzen haben die ärmeren mehrere strauchartige Urticeen (Boehmeria), welche zu Netzen und Stricken ein gutes Material liefern, ferner, aber seltener, die Thespesia populnea, aus deren Blüten zugleich eine gelbe Farbe bereitet wird und die zu Klei

derzeugen den Bast gebende Tiliacee Triumfetta procumbens. Rankt
letztere in Gemeinschaft einiger anderer Pflanzen auf dem weißen
Korallensand des Strandes umher, der meist als breiter Gürtel die
niederen Inseln umzieht, so sind die Hauptpflanzen des Inneren außer
den schon genannten Bäumen noch Inocarpus edulis, der wegen seiner wohlriechenden Blüten und eßbaren Früchte überall in Polynesien
und Malaisien (Haßkarlb Nr. 106) gezogen wird, dann Terminalia
mollucana (mit eßbaren Früchten eb. 485), Hernandia sonora, Calophyllum inophyllum, welcher schöne Baum indeß auf Ratak (Chamisso 108) selten ist und gleichfalls selten und angebaut am Ufer
Rhizophora gymnorrhiza. Das Unterholz fehlt diesen Wäldern fast
ganz; Moose, Schwämme sind selten (Chamisso 139). Auch der
Blumen wegen, die man zu Kränzen und zum Schmuck braucht, werden manche Gewächse gezogen, Guettarda speciosa, Ixora coccinea,
und manche andere, sowie man ein Crinum (wie auf Tahiti Forster
Bem. 142) und eine Dracäne besonders hoch hält, wobei bemerkt
werden mag, daß die Dajaken auf Borneo ganz ähnliche Pflanzen,
Pancratium amboinense, und gleichfalls eine Dracäne heilig halten
(Low 273). Auch wildwachsende Pflanzen sucht man der Blüthen
wegen auf, wie Scaevola Koenigii und die gelbblühende Suriana
maritima. Durch Einführung (wie z. B. die von Chamisso ange-
pflanzte Yamswurzel nebst der verwilderten Katze Kotzebue auf seiner
zweiten Reise noch vorfand Cham. Werke I. 366), und was für
uns wichtiger ist, durch Anschwemmung bereichert sich die Flora fortwährend; so fand Chamisso angeschwemmte Früchte von Barringtonia
speciosa, Aleurites triloba, der Nipapalme, ja er fuhr bei Sumatra (gef. W. I. 401) wie durch grünende Wiesen, welche ganz von
keimenden Baumfrüchten gebildet waren, und so vorbereitet kann allerdings ein Keim leicht Wurzel fassen. Je weiter man daher vom
Osten Mikronesiens nach Westen kommt, um so reicher wird die Flora:
auf den Karolinen finden wir schon die Arekapalme, eine Cycas (Kittlitz), Bambus, Zuckerrohr, Orangen (diese und eine Feigenart auch
auf Ebon nach Doane), Curcuma longa, den Kawapfeffer, den Gewürznelkenbaum, diesen aber nicht im Gebrauch, vielmehr als Beispiel alles schlechten, häßlichen, nutzlosen ganz verachtet (Cham. 123),
ferner als Bastpflanzen Hibiscus tiliaceus und verschiedene Musaarten,
dann zu lebenden Zäunen gezogen (Kittlitz I. 371) und mit eßbarer

Wurzel (Ellis I. 64) Dracaena terminalis, ferner Bataten, Dioscorea und manches Andere. Die Marianen, auf welchen auch Reis gebaut wurde (Garcia de Loaisa 1526 bei Navarrete V. 50; Fra Gasp. de S. Augustin 71), besaßen ganz den Reichthum der Philippinen, wenn auch Guaham nach le Gobien und Kittlitz 2. 124, an einigen Stellen Steppencharakter hat. Die Schilderungen, welche le Gobien und noch vierzig Jahre nach ihm Lord Anson machen im Vergleich mit den Zuständen, welche Byron, Marfhal und Andere vorfanden, beweisen, wie groß die Bodenkultur der so rasch ausgerotteten Bevölkerung war.

Die Flora der hohen Inseln ist natürlich eine viel reichere, tropisch üppige, wenn sie freilich auch weit hinter der Fülle und Mannigfaltigkeit anderer tropischen Länder zurückbleibt. Tahiti ist bis zum Gipfel gut bewaldet, die Bäume sind hoch und als Bauholz brauchbar; unter ihnen finden sich außer den schon auf den niedern Inseln genannten Casuarina equisetifolia, dann Aleurites triloba, dessen ölreiche Nüsse als Lichter dienen, die prachtvolle Barringtonia speciosa, Calophyllum inophyllum, ebenso schön, wie als Bauholz werthvoll; neben Thespesia und Hibiscus Morus papyrifera, dann mehrere Ficusarten, darunter auch sehr alte Exemplare von ficus religiosa u. s. w. Von Nahrungspflanzen hat man außer den schon genannten die Batate, die Yamswurzel (Dioscorea) in verschiedenen Varietäten, Bananen, welche kultivirt meist samenlos sind und wild sehr häufig den Wanderer bis auf die Höhe des Gebirges begleiten (Darwin 2, 183), wo jetzt allein noch der früher so verbreitete Kawapfeffer Piper methysticum vorkommt, Spondias dulcis, Eugenia malaccensis nebst vielen anderen; in der neueren Zeit Ananas, Kaffee, Citronen, Orangen, kurz fast alle Nutzpflanzen warmer Länder, von denen sich die Guave zum lästigen Unkraut vermehrt hat und immer mehr vermehrt. Wohlriechende Blumen werden auch hier vielfach gezogen. Dieselben Pflanzen zeigen alle polynesischen Inseln, doch sind die Markesas (z. B. durch die schöne Leguminose Abrus precatorius) und namentlich Tonga und Samoa reicher. Auch die Sandwichgruppe, auf welcher das wichtige Santelholz reichlich wuchs, hatte dieselben Nutzpflanzen, obwohl sie sonst ganz selbstständig für sich steht, denn mit Griesebach (bei Petermann 1866, 53) müssen wir drei große Abtheilungen in Flora und Fauna des stillen Oceans unterscheiden, zunächst Hawaii, dann Neuseeland mit den Norfolk-, Aukland- und

Warekauri- (Chatham-) Gruppen und endlich drittens alle übrigen Inseln von den Marianen bis Paumotu und Waihu. Neuseeland war an Nahrungs- und Nutzpflanzen ärmer als die anderen Gebiete des Oceans; es hatte zu Cooks Zeiten eßbare Farrenkräuter (Pteris esculenta, Cyathea medullaris) und einige andere Wurzeln, wenige Baumfrüchte, eine Palme mit gutem Palmkohl (Areca sapida, Hochstetter 418) und die.beste Faserpflanze Polynesiens Phormium tenax; die Wälder geben reichliches und treffliches Holz zu allen Zwecken. Da das Land namentlich reich an Akotyledonen und Nadel- hölzern ist, so ist es von dichten düsteren blüthenlosen Wäldern und ausgedehnten Gebüschfluren bedeckt (Hochstetter 410 f.). Tropische Produkte hat nur die Nordinsel. Die Flora jenes mittleren Mikro- nesien ganz und Polynesien fast ganz umfassenden Gebietes steht in so vollkommener Abhängigkeit von der indisch-malaiischen, das ihr außer einigen nach Melanesien weisenden Pflanzen alle übrigen angehören. Sie muß ganz aus Malaisien eingewandert sein.

Noch ärmer als die Flora, welche reich nur in Neuseeland genannt werden kann und auch da kaum, ist die Fauna dieser Inseln, die gleichfalls meist von Westen stammt. Es gibt, die hohen Breitengrade und etwa die Wüsten abgerechnet, keine thierärmere Gegend auf der Erde, als dies Inselgebiet des stillen Oceans. welches von Säugethieren außer einigen Walarten nur das Schwein, den Hund und die Ratte — in Mikronesien, Samoa und Tonga auch eine Art Fledermaus, wohl Pteropus edulis — besaß. Die Ratte, mus setifer findet sich als wahre Landplage durchs ganze Gebiet (doch fand sie Chamisso auf Tikei im Paumotuarchipel nicht), ja selbst auf vielen unbewohnten Inseln und muß auch auf letzteren schon sehr lange ein- gebürgert sein, denn auf Enderbury hatten diese Thiere, um den Ueber- fluthungen zu entgehen, welche die Insel häufig treffen, ihre Nester auf 2—3' hohen Grasbüscheln angelegt (Behm bei Petermann 1859, 181 nach Wilkes) und auf Howland (Hague bei Petermann 1863, 84) waren sie durch Klima und Lebensweise auffallend verändert und nur von der Größe einer Maus. Das Schwein war in Mikronesien vor Ankunft der Europäer unbekannt (Kittlitz 2, 8) und auch jetzt ist es daselbst noch nicht häufig, (Birgin 2, 97; 100). Nach Chamisso (97) tödteten die Karoliner die von Torres am Ende des vorigen Jahr- hunderts gebrachten Schweine und Rinder, weil sie die jungen Kokospflanzungen zerstörten. In Polynesien ist das Schwein häufig, doch fehlte es auf Fakaafo (Turner 528) und Neuseeland (Forster Bem. 166). Dies oceanische Schwein gehört nach Forster 166 zur chinesischen Raçe, welche sich durch hängenden Bauch, aufrecht stehende Ohren und nur bünne und krausbehaarte Haut kennzeichnet. Die tahitischen Schweine waren so an ihre einheimische Nahrung gewöhnt, daß sie eher Hungers starben, als auf den europäischen Schiffen etwas fraßen; ebenso die Hühner daselbst (Wallis 1, 245. Cook 1. R. 2, 266). Auch die Hunde waren auf den Karolinen keineswegs häufig (Clain bei le Gobien 405), aber sie fanden sich daselbst vor Ankunft der Europäer vor (Kittliz 2, 77); in Polynesien waren auch sie verbreiteter, doch fehlten sie nach Forster 166 auf den Markesas- und Tougainseln. Sie hatten einen dicken Kopf, kleine Augen, langes Haar und kurzen starkbehaarten Schwanz; sie waren dumm und träge und heulten nur, ohne jemals zu bellen (Forster 167), was wohl daher kam, daß man sie förmlich mästete, um sie zu essen. Jetzt ist diese Raçe sowie die des polynesischen Schweines durch Kreuzung mit europäischen Thieren zerstört. Zahlreicher sind die Vögel. So war das Huhn von gleicher Raçe wie das unsere (Bougainville 176) mit einziger Ausnahme der Marianen (le Gobien 44) und der Uniongruppe (Hale 153) gleichmäßig durch Mikronesien wie Polynesien verbreitet, obwohl man es selten aß. Doch hielt man es öfters gezähmt. Ferner fanden sich über den ganzen Ocean verschiedene Arten prächtig gefärbter Tauben und Papageien, verschiedene Singvögel, Schnepfen- und Numeniusarten, Reiher, wilde Enten (Ellis 1, 70 f.) und natürlich, doch im östlichen Mikronesien minder häufig als im eigentlichen Polynesien, zahlreiche Seevögel, unter denen der Tropikvogel (Phaethon) wegen seiner langen Schwanzfedern, die zum Schmuck eifrig begehrt werden, genannt werden mag. Besonderer Erwähnung verdient noch der berühmte Didunculus strigirostris von Samoa, Tonga und Fidschi, ein lerchenähnlicher Vogel auf Paumotu, dessen Vorkommen hier, da er sehr ungern fliegt und fast nur läuft, sehr merkwürdig ist (Mörenhout 1, 397), verschiedene Nektarineen der Sandwichgruppe, denen wegen ihrer schönen Federn sehr nachgestellt wurde, etwa noch eine Art Kukuk auf Ebon, da (Doane) er den Eingeborenen zu verschiedenen Sagen den Anlaß gegeben hat und schließlich die merkwürdigen Kiwis auf Neuseeland, deren straußgroße Arten zwar schon vor Ankunft der

Europäer ausgerottet waren, deren kleinere Species sich wenigstens auf der Südinsel noch findet. Raubvögel gibt es nirgends; auch treten eigentlich zahlreich wohl nur die Seevögel auf, während die Zahl der Landvögel, die sich in wenig Arten vertheilten, viel geringer ist (Vergl. Hartlaub Ausland 1867 S. 1079—80).

Von Amphibien finden sich nur Schildkröten und einige Arten nicht großer Eidechsen, nur auf Neuseeland soll, nach den Erzählungen der Eingebornen welche das Thier sehr fürchten, eine 4—8′ große schwarze Landeidechse sich in den Gebirgen aufhalten. Von Schlangen, die sich sonst im ganzen Gebiete nirgends finden, soll eine kleine ungiftige Art auf den Markesas vorkommen; das Krokodil zeigt sich nur im äußersten Westen des Gebietes (Keate. Chamisso 125). Dagegen sind die Fische äußerst zahlreich, ja sie scheinen hier wie auch die niedere Welt der Seethiere, Muscheln, Korallen u. s. w., eine größere Mannigfaltigkeit in Farbenpracht und Bildung zu entwickeln als irgendwo sonst auf der Welt. Der Haifisch ist überall häufig; auch gibt es giftige Fische (Chamisso 113). — Auffallend arm ist die Insektenwelt, von welcher nur die Stubenfliege weiter verbreitet und zahlreich auf einzelnen Inseln vorkam, schon zu Schoutens Zeit (1616), der auf Rangiroa (Paumotu) mit seinem Reisegefährten peinvoll unter ihnen litt und deshalb das Eiland Fliegeninsel nannte. (Diar. 28). Die Insel, auf welcher die Spanier 1772 eine ähnliche Qual litten (Bratring 92) war wohl dieselbe. Auf den meisten übrigen Gruppen ist sie erst durch die Europäer verbreitet, wie dies z. B. le Gobien von den Marianen und Jarves 10 von Hawaii sagt. Jetzt fehlt sie wohl nirgends. Auch den Floh (Chamisso 126 Gulick 239) so wie die Mioskitos, welche Plage früher dem ganzen Ocean fremd war, haben erst die Europäer hingebracht (Jarves 10) und schon Byron (1, 114) ward von ihnen aufs ärgste gequält auf den ganz verwilderten Marianen. Ameisen, Skolopender, wenige Schmetterlinge und Käfer und einige ungefährliche Skorpione (doch hat Mikronesien auch einen bösartigen Cham. 126) finden sich überall (Cham. 114; Wallis 1, 264 Ellis 1, 70 f.) Unangenehm ist der große Reichthum der Eingebornen an Läusen, welche z. B. die Karoliner wie so viele uncultivirte Nationen zu essen pflegen (Lütke 1, 378). Die Krustaceen sind zahlreicher vertreten und von den niederen Seethieren verdienen etwa noch Erwähnung der in Mikronesien häufige

Trepang, die Perlenmuschel, welche am häufigsten im Paumotuarchipel gefunden wird, die Riesenmuschel, deren Thier man auf den Palaus (Keate 400) ißt, und das überall als Trompete dienende Tritonshorn. — Daß jetzt auf den meisten Gruppen die europäischen Hausthiere eingeführt sind, ist selbstverständlich; und so trifft man jetzt fast überall Pferde, Rinder, Ziegen, Schafe (welche wegen des allzufeuchten Klimas in Neuseeland nicht recht gedeihen), Katzen, auch Mäuse, welche Hühner Enten, Tauben, Gänse in der Südsee an (Pickering 313; 333).

Nach allem Vorstehenden wird man mit vollstem Rechte behaupten können, daß nirgends auf der ganzen Welt, die höchsten Polarkreise ausgenommen, die Verhältnisse für die Entwickelung des Menschengeschlechtes so ungünstig sind, als auf den Inseln des stillen Oceans, auf diesen in der Unermeßlichkeit des Meeres so verschwindend kleinen Punkten, die, wenn sie einmal etwas größer sind, im Inneren theils so hohe Berge oder so unfruchtbare Strecken haben, daß nur der Strand bewohnt werden kann. Dana, der Geolog der amerikanischen Expedition, nennt das Leben auf den Koralleninseln auch in seiner besten Form ein elendes, ein Vorwurf, welchem zwar Gulick wenigstens in Beziehung auf einzelne Inseln widerspricht, in den aber Chamisso, der doch sonst eher zu günstig urtheilt, mit einstimmt, wenn er das Leben auf diesen Inseln eintönig und ermüdend nennt (109). Nirgend, weder auf den niederen noch auf den hohen Inseln, Neuseeland mit eingerechnet, lebt ein den Menschen wahrhaft förderndes Hausthier, das er als Lastthier oder als wirklich ausgiebiges Nahrungsthier verwerthen können; nirgend auch nur ein größeres Jagdthier, wenn man hier nicht den von den Maoris ausgerotteten Riesenapteryx erwähnen will, dessen Jagd aber gewiß keine gefährliche war; dabei entweder üppiger Nahrungsüberfluß ganz ohne oder doch schon bei sehr geringer Anstrengung der Eingeborenen, wie auf den hohen Inseln und in der guten Jahreszeit, oder empfindlichster Mangel an Lebensmitteln trotz aller Anstrengung wie in Neuseeland, auf fast allen niederen Inseln und auf den hohen nach einem von jenen Stürmen, und meist auch in der schlechten Jahreszeit; nirgend Metalle; ferner ringsher der wildbrandende für jede Art von Schifffahrt gefährliche Ocean mit seinen unendlichen Entfernungen, welcher keineswegs durch bequeme Küstengliederung, wie das mittelländische Meer zu leichter Befahrung einlud; daher waren die Bewohner — und dies war das allerschlimmste

— auf ihre enge Insel oder Inselgruppe und die wenigen auf ganz
gleicher Bildungsstufe stehenden nächsten Nachbarn angewiesen, so daß
selbst ein Krieg nichts neues lehren konnte; ja und hatte man wirklich
die ungeheure Wasserwüste bezwungen und eine fernliegende Insel=
gruppe erreicht, fand man nicht genau dieselben Menschen, Producte
und Verhältnisse wieder? Konnte man sich hierdurch zu einem häufigen,
dauerndem Verkehr, selbst wenn er möglich gewesen wäre, angeregt
fühlen? Konnte ein solcher Verkehr fördernd sein, der nicht ein ein=
ziges neues Culturelement brachte? Nur im Fidschiarchipel trafen die
Polynesier mit einem fremden Volke, mit Melanesiern zusammen;
diese aber standen an Bildung tief unter ihnen und so traf sie zu=
meist die Förderung durch diesen Verkehr, der indeß nicht ohne Segen
auch für die Polynesier blieb; denn sicher ist er ein sehr wesentlicher
Grund für die hervorragende Stellung, welche Tonga und Samoa
zur Zeit der Entdeckung einnahm. Wie viel günstiger war die Lage
fast aller anderen Stämme der Menschheit, welche nicht zum wenigsten
auch durch die wechselnden Schicksale, die sie betrafen, zur Cultur er=
zogen sind. Aber was konnte denn die Polynesier in ihrer eintönigen
beschränkten Umgebung Anregendes treffen? Sie konnten kaum etwas
anderes erleben, als alle Tage dasselbe; ein schwererer Schlag, eine
Verwüstung ihres Landes durch Naturereignisse oder Krieg konnte sie
nur zerstören, da sie ihm nicht aus dem Weg zu gehen vermochten.
Hale hat durchaus Recht, wenn er (14) sagt: „bei einer Bevölkerung
von wenigen Tausenden, auf eine kleine Insel zusammengedrängt, ohne
Metalle, ohne größere Thiere zur Arbeit und zum Transport, ohne
Nachbarn, die durch Handelsverkehr das Mangelnde gewähren konnten,
findet der Fortschritt der Civilisation über einen gewissen Punkt hin=
aus unübersteigliche Hindernisse." So hatten wohl schon lange vor
Ankunft der Europäer die Polynesier die Stufe der Bildung, welche
ihre Naturumgebung irgend zuließ, erreicht, ja nach Meinickes (6)
und Bakers (ethnol. soc. of London N. S. 1, 48) gewiß sehr
richtiger Ansicht waren sie schon im Verfall begriffen, welcher eintreten
muß, wenn ein befähigtes lebhaftes Volk durch unüberwindliche Mächte
geistig zurückgehalten wird. Dasselbe behauptet Hale (74 f.) wenigstens
von Mikronesien. Wir müssen diesen Einfluß noch etwas näher spe=
cialisiren. Die ewigen Kämpfe, in welchen die Markesasinsulaner
(und so auch die Bewohner der hohen Inseln Mikronesiens) befangen

sind, hat seinen letzten Grund in der eigenthümlichen Gestalt der Inseln. Nukuhiva z. B. erhebt sich vom Meere ohne Küstensaum steil bis zu einem Scheitelpunkt, zu welchem sich von verschiedenen Seiten einzelne Thäler, die meist von schroffen, schwer zu übersteigenden Graten getrennt sind, hinanziehen. Nur diese Thäler also sind bewohnbar, und jedes nur von einem Stamm bewohnt; doch ist ihr beschränkter Raum natürlich nicht sehr ausgiebig und so ist einerseits die erbitterte Feindschaft und der ewige Krieg zwischen allen diesen Stämmen, andererseits der Umstand begreiflich genug, daß die Markesaner noch bis zu Hales Zeit (1840) wenig oder nichts von europäischer Bildung angenommen hatten (Hale 17). Ein ähnlich zersplitterter Zustand und Krieg aller gegen alle herrschte zur Zeit der Entdeckung auf Neuseeland, das namentlich im Inneren, wo Fische und Schalthiere fehlten, nicht Nahrung genug bot, um die Bevölkerung zu sättigen (Pickering 78. Hale 17). Daher mußten sich auch früher vereinte Stämme trennen. Diese Trennung aber erzeugte Entfremdung und Krieg, und jener Krieg mit den eigenen Volksgenossen wieder die wilde Grausamkeit und den Blutdurst, welchen die Neuseeländer zeigten. Aehnlich erklärt Hale 17 die Wildheit der Paumotuaner durch ihr Zerstreutsein über so viele kleine Inseln und den dadurch entstandenen ewigen Krieg; ihre Rohheit aber, welche sie am tiefsten von allen Polynesiern und geradezu den Neuholländern nahe stellt, erklärt sich nur aus der engen Abgeschlossenheit und der gänzlichen Sterilität der einzelnen Inseln, welche der Cultur so hindernd entgegentritt, daß selbst höher cultivirte Völker, als die jetzigen Bewohner bei ihrer Einwanderung waren, zu den ersten Anfängen menschlicher Gesittung zurückgeworfen wären. Auch die grenzlose Stumpfheit und Faulheit dieser roheren Völker wird hierdurch bedingt, wie auf der anderen Seite die große Unkeuschheit, welche man durch fast ganz Polynesien, nirgend aber ärger als auf dem fruchtbaren und bequemen Tahiti findet. Die Bewohner hatten nichts, was sie tiefer und dauernd anregte; kam daher der Hang zur Wollust in ihnen auf, so mußte er gar bald sie ganz beherrschen und daß er aufkam, lag wiederum in ihrer Thatlosigkeit begründet. Allerdings sind in Mikronesien bei gleicher Gestaltung der Inseln nicht dieselben Folgen, wenigstens nicht in dem Grad wie in Polynesien eingetreten; aber Mikronesien hat, wie wir gleich sehen werden, seine Bevölkerung viel

später empfangen als Polynesien, ferner kam sie schon entwickelter in
ihre jetzigen Sitze und sie hatte durch die Berührung mit den gebildeten Marianen, die wieder mit den Philippinen nicht außer Zusammenhang waren, mancherlei Anregung.

Mag nun auch Kindermord und Kannibalismus, die beide den
Polynesiern so gefährlich geworden sind, zwar keineswegs hervorgerufen
aber doch mannigfach unterstützt sein durch die Natur dieser Inselwelt;
wichtiger ist der Einfluß dieser Natur nach einer andern Seite hin,
die wir noch kurz betrachten müssen. In Sitte, Sprache, aber auch
in leiblicher Beschaffenheit haben die Polynesier sich durch verhältnißmäßig sehr lange Zeiten fast ganz unverändert gehalten. Zu Cooks
Zeiten verstanden sich Tahitier und Neuseeländer, deren Trennung
vielleicht auf mehrere 1000 Jahre anzuschlagen ist und noch genauer
Tahitier und Markesaner, obwohl auch seit der Auswanderung der
Markesaner aus Tahiti sehr lange Zeiträume verstrichen sein müssen.
Dieses fast ans wunderbare grenzende Gleichbleiben des geistigen und
leiblichen Lebens ist nur zu erklären aus der ganz gleichen Natur und
dem engen Vorstellungskreis der Inseln, welche eine neue Anregung
durchaus nicht gab und deshalb keine Aenderung hervorrief. Wir
finden ein solches Gleichbleiben nirgend in der Welt wieder, da
nirgend in der Welt sich eine solche Gleichmäßigkeit der Lebens-
bedingungen durch Jahrhunderte hindurch erhalten hat; und so zeigt
sich in dieser Erscheinung ein wichtiger Beleg für Wagners Behauptung
(die Darwinsche Theorie und das Migrationsgesetz der Organismen)
daß ohne Wanderung eine Weiterbildung der Organismen nicht zu
denken sei. Freilich, die polynesischen Sprachen haben sich in Tahiti
Hawaii, Neuseeland von einander geschieden. Wodurch aber? nur
durch weiterschreitende Verkümmerung und Verweichlichung, gerade wie
die Polynesier selbst — was wir indeß hier nur andeutend berühren,
später erst genauer entwickeln können.

Wenn wir nun nach dem muthmaßlichen Ursprung der polynesischen Bevölkerung fragen, so haben wir zunächst näher auf das einzugehen, was in der ersten Abtheilung dieses Bandes S. 8 kürzer
berührt ist: auf die Möglichkeit der Einwanderung von Westen nach
Osten, welche von namhaften Gelehrten geleugnet ist. Ist doch sogar
die Ansicht laut geworden, die Polynesier seien die Urbewohner jenes
versunkenen Continentes. Allein hiergegen spricht (um nur einiges

anzuführen) zunächst der Umstand, daß sich auf den Coralleninseln überhaupt keine Bewohner halten konnten, da ihnen Bildung erst nach dem Untergang des Landes möglich war, daß ferner Neuseeland und Hawaii erst in späterer, geschichtlicher Zeit, wie aus den unzweifelhaften Ueberlieferungen der Eingeborenen hervorgeht, durch Einwanderung bevölkert sind und endlich, daß die sämmtliche Pflanzen- und Thierwelt des mittleren und bei weitem größeren Gebietes des stillen Oceans aus Malaisien stammt — wie hätte sich aber der Urmensch jener versunkenen Welt halten können und keins ihrer sonstigen Produkte? Wovon hätte der Mensch leben sollen? Die jenen Inseln eigenthümlichen nicht eben zahlreichen Thiergattungen beweisen nichts hiergegen, da sie nur Vögel und Insekten sind, diese aber leicht einwandern und dann in dieser Abgeschlossenheit und der langen Reihe der Jahrhunderte sich eigenthümlich verändern mußten (Wagner, Migrationsgesetz).

Da nun aber Flora und Fauna nach Asien hinweist, und da sie, weil die Uebereinstimmungen immer zahlreicher werden, je mehr man sich Asien nähert, sicher eingewandert sein müssen und nicht blos wie man einwenden könnte, auf gleichem Ursprung beruhen: so liegt es auch nahe, anzunehmen, daß die Menschen dieses Gebietes von Westen stammen. Unfreiwillige Fahrten von Westen nach Osten sind häufig genug und werden uns auch nach der Schilderung der Winde und Strömungen der Südsee nicht eben Wunder nehmen. So kamen 1832 verschlagene Japanesen nach Oahu (Jarves 27 Bennetta 1, 142, Wilkes V, 260), 1833 sogar nach Point Greville an der amerikanischen Küste (Wilkes V, 295), wohin selbst chinesische Schiffe bisweilen verschlagen werden (Michelis 49). Japanesen, welche nach Oahu verschlagen waren, erwähnt auch Cheever 57, und von einem japanesischen Schiff das in Hawaii scheiterte, erzählt Belcher 1, 304 mit dem Bemerken, daß ein derartiges Verschlagenwerden von Japanesen nach Aussage der Hawaiier gar nicht selten sei. Die große japanesische Strömung ist es, welche diese Schiffe wegführte. Kleiner war die unfreiwillige Fahrt der Bewohner von Anaa (Chaininsel, Paumotu), welche Beechey (172) auf Barrow fand, obwohl die Entfernung immer noch 420 Seemeilen beträgt. Eingeborene der Karolinen sind nicht selten nach den Ralik- und Ratakketten verschlagen, wie Kadu, jener Freund Chamissos, von Wolie, wie Einwohner vom Cap und von Lamotrek (Chamisso 87). Einen andern Fall erwähnt

2*

Dillon 1, 294, daß nämlich ein Rotumaner nach einer Fahrt von 3 Monaten endlich nach Samoa getrieben wurde und besonders wichtig ist der Umstand, daß Wilkes (Behm bei Petermann 1859, 181) Treibholz, das von Westen stammen mußte, auf Enderbury (Phönixgruppe) angetrieben fand. Beispiele des Verschlagenwerdens von Norden nach Süden oder umgekehrt, sind gleichfalls nicht selten; so kamen Japanesen 1690 nach Manilla (Careri V, 64) und nach den Marianen sollen sie öfters Fahrten unternommen haben; ein Bewohner der Kingsmillinseln gerieth nach Rotuma (Polack narr. 2, 427), ein Rotumaner nach dem Fidschiarchipel (Quoy bei d'Urville a V, 362). Giebel (Tagesfr. a. d. Naturgesch. 90) erinnert daran, daß Cook auf Tahiti 3 Eingeborene aus Watau vorfand, welche 550 Seemeilen weit hergetrieben waren und Williams (narr. 469) erzählt die Geschichte eines Bewohners von Rurutu (Australinseln), welcher nach einer Irrfahrt von 6 Wochen bis nach Manahiki (Humphrey) verschlagen wurde. Aber auch freiwillige Fahrten nach Westen sind häufig. So segeln die Rotumaner nicht selten nach Vaitupu, Fidschi und Samoa (Dillon 2, 103), Schiffsverkehr zwischen Ratak und Ralik herrscht fortwährend (Cham. 121), ebenso nach Mariner zwischen Fidschi und Tonga, zwischen Tahiti und den Cooksinseln (Hervey), um von dem Verkehr Tahitis mit dem Paumotuarchipel und mehreren Inseln desselben untereinander gar nicht zu reden. Die Bewohner der Karolinen fuhren häufig nach den Marianen und wieder zurück (Cham. 95), welcher Verkehr schon alt sein muß, denn bei der Zerstörung der marianischen Cultur durch die Spanier flüchteten viele der vertriebenen Eingebornen nach den Karolinen und ebenso fuhren nach der neuseeländischen Sage die Einwanderer zwischen Neuseeland und Samoa öfters hin und her (Grey a 130—5; 136 f.). Ein merkwürdiges Beispiel führt Dillon an, der (2, 104—5) erzählt, daß im Juni 1824 ein amerikanisches Schiff in den Hafen von Valparaiso einlief, welches von Mulgravesarchipel an Samoa vorbei immer mit West- und Nordwestwinden gefahren war. Auch Hale, welcher sich gleichfalls gegen die Wanderungen der Polynesier von Ost nach West erklärt und freilich anfangs nicht ganz stichhaltige Gründe vorbringt, fügt hinzu, daß er selbst im Februar 1840 durch widrige Westwinde im Samoaarchipel festgehalten sei, daß die Westwinde, welche während unsrer Wintermonate bis über 'motu wehen, weit heftiger als die Ostwinde sind und so viel

Wolken und Nebel heraufführen, daß der Himmel ganz verhüllt und dadurch den polynesischen Schiffen jedes Mittel der Orientirung genommen ist (118 f.). Man sieht also, Wanderungen von West nach Ost und nach Norden und Süden waren nicht nur möglich, sondern sogar häufig genug auch unfreiwillig; sie wurden natürlich durch den Inselreichthum des Oceans sehr erleichtert, wie denn Humboldt (Hist. de la geogr. II., 58) bemerkt, eine Fahrt von Japan nach Amerika sei möglich, ohne daß man jemals länger als zwei Tage zur See sei. Freilich hatten die meisten Verschlagenen längere Seereisen auszuhalten und es ist erstaunlich, was sie alles zu ertragen fähig waren; Kadu irrte mit seinen Gefährten 5 Monate umher, indem sie sich von gefangenen Fischen nährten und zum Trinken in Kokosschalen Seewasser aus größerer Tiefe heraufholten, weil dies minder salzig sei. Von einer anderen Irrfahrt, die 9 Monate gedauert hatte, sowie von einem Weib, das 5 Tage in offener See umhergeschwommen war, berichtet Chamisso 121 f. Jener Rotumaner, welcher nach Fidschi kam, war 3 Monate, die Japanesen, welche 1832 in Oahu landeten, gar 11 Monate unterwegs gewesen. Lyell (princ. of geol. 1832 II, 121) stellt sehr merkwürdige und gut beglaubigte Fälle monatelanger Seereisen zusammen, die über hunderte von Meilen (leagues) sich erstreckten und von den Eingeborenen verschiedener Länder ohne andere Nahrung als gefangene Fische und Regenwasser vollbracht wurden.

Aus allem Vorstehenden ergibt sich, daß Mörenhouts Behauptung die Polynesier könnten nicht von Asien herstammen, weil sie nicht von Westen hätten einwandern können (2,230) durchaus falsch ist; weder Winde noch Strömungen hindern es und die Erfahrung spricht gegen ihn. Vielmehr sind die mannigfachen Strömungen in Luft und Meer, die nach den verschiedensten Seiten hin gerichtet, nach den verschiedensten Seiten die Wanderung erst ermöglichten, der Grund, weshalb man bei der Entdeckung so ziemlich das ganze Polynesien bevölkert fand.

Daß diese Bevölkerung von Westen kommen konnte, ist bewiesen, aber keineswegs, daß sie von dorther gekommen sein muß. Crawfurd wenigstens erklärt sich gegen den Zusammenhang der Polynesier mit den Malaien und ebenso Schirren (46 f.), der es für vorsichtiger hält, ein selbständiges Schöpfungscentrum im stillen Ocean anzunehmen, als die Verwandtschaft zwischen Malaien und Polynesiern zuzugeben. Spricht nun schon gegen letzteres die Gleichheit der oceanischen Flora

und Fauna, wie denn auch das, was Schirren 45 n. 1. gegen
Hooker vorbringt, sehr nichtssagend ist, so bleibt es ebenfalls ganz un=
begreiflich, wie man nach Humboldts Kawisprache jene ethnologische
Trennung vornehmen will: wenn irgendwo so wird hier der Zu=
sammenhang beider Völkergruppen durch die Sprache bewiesen, welche
nicht nur in der inneren Sprachform sondern auch in den Wurzeln
so sehr übereinstimmt, daß an der allerengsten Stammverwandtschaft
nicht zu zweifeln ist. Und doch spricht Schirren den Crawfurdischen
Satz nach, die Aehnlichkeit beider Sprachen beruhe nur auf einem
dürftigen lexikalischen Schatz! (50). Allein trotzdem bliebe es doch
immerhin möglich, daß, wie Mörenhout will, die Malaien aus Poly=
nesien, nicht die Polynesier von Westen hergekommen seien. Denn
wenn Hale (117 f.) als Beweis für das letztere anführt, daß die
Sprachen im Westen vollkommener in Form und Wortschatz seien als
die östlichen und daß die Mythologie im Westen des Gebietes einfach,
im Osten zu blutigem Götzendienst verkehrt sei, so wär' es doch auch
möglich, daß die westlichen Völker bei ihren Wanderungen erst die
reinere und höhere Geistesentwickelung erlangt hätten, welcher Sprache
und Religion diesen Aufschwung verdankten. Aber freilich stützt er
sich auf den wichtigen Umstand, daß die malaiischen Sprachen den
polynesischen gegenüber häufig die ursprüngliche Bedeutung und die
Worte bewahrt haben und außerdem gibt es noch einige andere
Punkte, welche zu der Annahme zwingen, daß die Polynesier von
Malaisien in ihre jetzige Heimath eingewandert seien und zwar zu einer
Zeit, wo die einfacheren Sprachformen, welche sie uns aufbewahrt
haben, noch allgemeine Geltung hatten für den ganzen Sprachstamm.
Zunächst muß hier wieder auf die malaiisch indische Heimath der
oceanischen Thier= und Pflanzenformen hingewiesen werden, nach deren
Einwanderung erst der Mensch dies Gebiet betreten konnte. Allein
von diesen Pflanzen sind, wie wir schon sahen, die meisten auch auf
den malaiischen Inseln von derselben praktischen Bedeutung für den
Menschen, wie in Polynesien, ja sie werden sogar meist ganz ebenso
dort wie hier gebraucht und die polynesische Flora besteht in ihren
ärmeren Gebieten fast nur aus malaiischen Nutzpflanzen. So werden
in Malaisien zu verschiedenen Zwecken gebraucht Cerbera (Haßkarl b
173) Morinda citrifolia (Blätter und Früchte zur Speise, auch zum
Färben eb. 866), Ixora, Gardenia (die aus Japan nach Malaisien

eingeführt ist), Erythrina in verschiedenen Arten sind als Zierpflanzen um die Häuser angebaut und dienen zu Kränzen und zum Schmuck, ganz wie im stillen Ocean (Haßk. 193; 447; 207 f.; Chamisso, Ellis, über die Wichtigkeit der Erythrina-Blüthen für die Neuseeländer Grey a 136 f.); Cassyta filiformis (Haßk. 109) verschiedene Böhmerien als Bastpflanzen (eb. 326, 472); Barringtonia (822), Termin. Katappa, Inocarpus edulis, Calophyllum inophyllum, wegen der eßbaren und ölreichen Früchte und wohlriechenden Blumen (485, 806, 416); die ölreichen Früchte von Aleurites vertreten dort wie hier (in Polynesien freilich ausschließlicher) die Stelle von Lampen (459. Cook 1 R. 2, 203; 155). Von Pandanus (345, 351), der Kokospalme, von Spondias dulcis, Eugenia malacc. Broussonetia papyrifera, Hernandia sonora und noch einer Reihe anderer Pflanzen gilt dasselbe. Und nicht minder von den wenigen Hausthieren der Polynesier, zunächst vom Huhn, das seine Heimath ohne Zweifel auf den malaiischen Inseln hat, vom Schwein, das schon durch seine Raçeneigenthümlichkeit nach Asien weist, vom Hund und von der Ratte, deren polynesische Species (mus setifer) gleichfalls auf den Sundainseln zu Haus ist. Keins dieser Thiere, wenigstens Huhn, Schwein und Hund nicht, konnten sich ohne Zuthun des Menschen verbreiten, vielmehr läßt sich ihr Vorhandensein in Polynesien nicht anders als durch die Annahme erklären, daß die ersten Einwanderer sie mit sich eingeführt haben.*)

Ist hierdurch schon die Einwanderung aus Malaisten bewiesen, so weisen auch alle Sagen und Ueberlieferungen der Polynesier nach Westen, nicht eine einzige nach Osten. Von Westen kamen in fast allen Mythen, wie wir nachher ausführlicher betrachten werden, die ersten Menschen nach Tonga, nach Tahiti, in verschiedene andere Gruppen des Archipels: wenn dagegen wirklich eine Einwanderung von Osten stattgefunden hätte, so würde die polynesische Sage, welche so treu das Aelteste festhält, auch dies uns wenigstens andeutend überliefert haben. Und wenn die Oceanier von Osten kamen, wo kamen

---

*) Es scheint auch, als ob die Ratte überall durch den Menschen eingeführt sei, denn auf den meisten jetzt unbewohnten Inseln, wo sie vorkommt, fand man auch Schiffstrümmer oder Spuren ehemaliger Bewohner. Auch ist es sehr denkbar, daß Ratten auf einzelnen Inseln eingeführt sind durch nur vorübergehende Besucher.

sie her? Dieffenbach (2, 85) und Taylor (192) meinen (verleitet durch eine mißverstandene Sage) von Hawaii im Sandwicharchipel. Allein wie kamen sie dahin? Dort konnte doch kein Völkercentrum sein? und wenn es war — müßten wir dann nicht von Hawaii an die Sprachen bis nach Malaisien hin immer entwickelter, selbständiger und freier finden? Doch dies ist keineswegs der Fall, vielmehr stehen alle polynesischen Sprachen so ziemlich auf derselben Stufe. An Amerika ist nun vollends nicht zu denken, denn Sprache, Sitte und Leibesbeschaffenheit setzen einer solchen Annahme unübersteigliche Schwierigkeiten entgegen, und wenn Ellis (I, 123) erst Malaien oder Japanesen nach Amerika verschlagen und von da nach Hawaii gelangen läßt, um nun von ihnen wieder die Polynesier ableiten zu können, so widerlegt sich diese Annahme schon durch ihre Künstlichkeit, ganz abgesehen davon, daß sie nichts Neues bringt: denn auch Ellis läßt ja die Polynesier von den Malaien abstammen. Wenn er jedoch (124) gegen ihre direkte Herleitung aus Malaisien einwendet, daß die polynesischen Kähne für so weite Fahrten zu schlecht wären, so bleiben ja weite Seewege, z. B. von Hawaii nach Nukuhiva, auch bei seiner Annahme, und wenn man ferner an die Fahrten denkt, welche die Polynesier zu allen Zeiten unternommen haben, von den Karolinen nach Guaham, von Hawaii nach Tahiti (Turnbull 158), von Rotuma nach Fidschi, Tonga und Baitupu, so wird man eine Einwanderung von Westen her durchaus nur leicht finden. Schließlich mag noch bemerkt werden, daß man in Malaisien selber, in abgelegenen Gegenden, z. B. auf den Pagehinseln, auf Engano (erste Abth. dieses Bandes 34 f., 98 f., Koner 16, 420 f., von Rosenberg 409) Völker findet, welche einen ganz polynesischen Typus und polynesische Sitten haben. Auch die Dajaken (Hombron bei d'Urville b Zool. I, 284) sind den Polynesiern ähnlich, ebenso die Battas und andere malaiische Bergvölker auf Sumatra (v. Kessel 60). Wir werden später auf die Wanderungen der Oceanier genauer eingehen: für jetzt genügt es zu wissen, daß die Polynesier von Westen in den Ocean gekommen sind und zwar von Malaisien aus. Ueber dies letztere Gebiet hinaus sie zu verfolgen ist, bei dem jetzigen Stand ethnologischer Forschung, unmöglich und Alles, was man über ihre Abstammung aus Asien (Lang polyn. nat. Lesson; Lütke; Bopp; Wegener 198)t oder gar über ihren mosaischen Ursprung (Swainson 14) gesagt ha ist wiffenfchaftlich haltlos. Hombron (a. a. O.) und Rienzi find der Meinung, daß die Polynefier von den Dajaken unmittelbar abstammen, wobei fie fich auf die ebenerwähnte Aehnlichkeit ftützen. Obwohl nun diefe Anficht noch aus manchen anderen und wichtigeren Gründen alle Beachtung verdient und vielleicht das Richtige trifft, fo dürfte doch auch fie ficher kaum zu erweifen fein und mag hier eben nur erwähnt werden.

Dagegen müffen wir auf eine andere wichtige Frage · genauer eingehen: fanden diefe Einwanderer in dem ungeheuren Gebiet von den Marianen bis nach Waihu, von Neufeeland bis Hawaii eine Urbevölkerung vor, die fie ausrotteten oder mit der fie verfchmolzen? Lefson ift allerdings diefer Anficht (Mangareva 110), die auch von anderen vielfach ausgefprochen oder wenigftens als möglich zugegeben ift. Nach D'Urville a II 387 f. war die von den Polynefiern unterdrückte Raçe eine Negritobevölkerung, welche dereinft auf allen Infeln des Oceans exiftirte, fpäter aber in die polynefifche Raçe aufging (Jacquinot bei D'Urville b, Zool. II, 274). Crozet (26. 72) und Quatrefages (Rev. des deux mondes Febr. 1864, 525 f.) laffen gar die Polynefier aus drei Raçen, einer weißen, gelben und fchwarzen gemifcht fein und Hale ift einer Mifchung wenigftens der Mikronefier mit Negritoftämmen nicht abgeneigt. Und freilich wird diefe Anficht fehr unterftützt durch den Umftand, daß überall in Polynefien fich Individuen finden, welche durch dunkele, ja fchwarze Farbe und kraufes oder wolliges Haar den Bewohnern Melanefiens fehr nahe ftehen. So erwähnt fchon Cantova am Anfang des 18. Jahrhunderts (lettres edif. tom. XV und demnach Sprengel Beiträge 10, 217 f.) fchwarze Menfchen niederes Standes auf den Karolinen, welche er aus Neuguinea eingeführt glaubt (233). Aehnliches berichtet fein Zeitgenoffe Clain (eb. 206) von einer anderen Infelgruppe der Karolinen, deren fchwarzbraune Bewohner er wie die Melanefier mit Bogen und Pfeil bewaffnet fein läßt. Hale (82) nennt das geringe Volk auf Ponapi einen Negerftamm und rechnet es zu den Papuas. Wenn er dies aber mit der Autorität Lütkes ftützen will (er felbft war nie in Ponapi) fo ift das ein Irrthum, denn Lütke nennt die Eingeborenen der Infel keineswegs Papuas, fondern fagt nur (2, 25), daß fie fich im Vergleich mit den Bewohnern von Kufaie (Ualan) mehr dem Papuathpus näherten. Hale erfuhr von OConnell, einem Engländer, der 5 Jahre auf Ponapi gelebt hatte, die Haut der Insulaner fühle sich wie die der Melanesier rauh an, ihr Haar aber sei schlicht. Letzteres deutet er sich jener Annahme einer Negerbevölkerung zu Liebe dahin, daß O'Connell mit schlicht nur nicht wollig gemeint habe; was denn doch ein seltsamer Sprachgebrauch wäre. Mehr freilich weiß Morrell (bei D'Urville a 5, 369) von einer Negerbevölkerung auf den zu Truk (Hogoleu, Karolinen) gehörigen kleinen Inseln zu erzählen, die er als klein, aber muskulös und gut gebaut mit kleinen Händen und Füßen und krausem aber nicht negerartigem Haar, kurzem dicken Hals u. s. w. schildert. Allein wie das ganze Buch des Verfassers einen romanhaften Anstrich hat, so wird auch die Schilderung dieser Neger, die kein anderer Berichterstatter kennt, mit jedem Zuge gewählter, überschwenglicher und alberner, so daß wir diese Neger und alles übrige, was Morrell berichtet, ganz auf sich beruhen lassen können. Aber auch Gulick sah (178) einzelne Individuen auf Ponapi, die keineswegs der Sonne besonders ausgesetzt und doch so schwarz waren, daß man unwillkührlich an eine Vermischung mit Melanesiern zu denken veranlaßt wurde, um so mehr, als sie schon die ersten Entdecker der Insel vorfanden, daher man weder einen Einfluß von Melanesiern, die durch Europäer eingeführt wurden, noch etwa der Neger annehmen konnte, welche sich häufig auf europäischen Schiffen befinden. Diese negerähnlichen Individuen sind nun aber auch über das eigentliche Polynesien weithin ausgebreitet. Roggeveens Begleiter fanden 1722 unter den braunen Bewohnern der Osterinsel einzelne sehr dunkle Menschen (Behrens 87), Bougainville 1767 auf Tahiti Leute mit ganz krausem und hartem Haare, das von dem weichen schlichten oder nur leicht gekräuselten der übrigen Eingeborenen sich sehr unterschied (179, 153) und dem Haare der Melanesier gleich war. Auch Ellis sah solche Tahitier (1, 81). Wolliges Haar auf Nukuhiva erwähnt 1804 Krusenstern (1, 175); und Jacquinot (D'Urville b, Zool. II, 254) der solche Individuen gleichfalls daselbst antraf, die dunkler waren als die andern Markesaner, nennt sie geradezu scheinbare Melanesier. Auch auf der Hawaiigruppe, deren Bewohner ohnehin dunkler als die übrigen Polynesier sind, giebt es einzelne noch dunklere Individuen (Cook 3 R. 2, 429), deren Schwarz den afrikanischen Negern gleich kommt und findet melanesisch-krauses Haar sich daselbst ebenfalls, wenn auch selten (Jarves 79). Nicht anders ist es auf Neuseeland. Denn dort findet sich ein ganzer Stamm, die Ngatipowa (Browne 30), der kraushaarig, dunkelgefärbt und den Negritos ähnlich ist, der aber durch allmähliche Zwischenstufen in den dort vorherrschenden gelbbräunlichen Menschen- schlag übergeht (Dieffenb. 2, 10 f.). Daher nimmt auch Polack zwei verschiedene Raçen in Neuseeland an, eine braune und eine schwarze von kleiner Statur und schlechten Proportionen (1, 129; narr. 1, 360), welcher letzteren die Eingeborenen am Ostcap (doch widerspricht Dief- fenb. 2, 11) angehören sollen; und nach ihren eigenen Erzählungen sind diese nicht von gleicher Abstammung wie die übrigen Maoris (Polack narr. 1, 360). Nach Thomson sind diese dunkleren In- dividuen über das ganze Land verstreut und zwar so, daß auf 100 braune Eingeborene drei schwarze kommen, deren Haar kraus ist und in Büscheln wächst (72). Diese Schwarzen treten ganz sporadisch in den braunen Familien auf, oft ohne in ihrer Verwandtschaft nur einen ihres Gleichen zu haben (Thomson in British and foreign medico- chirurg. rev. 1854 n. XXVI, 489). Dieffenbach (2, 8) fand sie an der Küste häufiger als im Inneren. Während nun Thomson und ebenso Quatrefages diese schwarzen Maoris durch Mischungen die vor der Einwanderung stattfanden, erklären wollen, hat man an- dererseits von eingeführten Negritosclaven gesprochen, welche Manga- manga genannt würden (Quart. rev. June 1854) und auch D'Urville a 2, 26 fand die Sclaven so verschieden von ihren Herren, daß man sie leicht für eine andere Raçe hielt. Noch zahlreicher aber sind diese dunklen Menschen auf dem Paumotuarchipel, der obwohl sich auch hellere Eingeborene daselbst finden (Beechey 1, 154, 156), im ganzen doch von einer den Melanesiern vielfach näherstehenden Bevölkerung bewohnt ist (Belcher a 1, 386; Beechey 1, 138; 147; 175; Wilkes 4, 276; 319; 344; D'Urville a II, 618; Hale 11), welche D'Urville geradezu für eine Zwischenstufe zwischen Polynesiern und Melanesiern erklärt. Auch die Bewohner der Unionsgruppe haben, abweichend von den übrigen Polynesiern, starke Bärte und wolliges Haar, daher denn Hale (163) auch bei ihnen an Mischung mit Me- lanesiern, wenn auch ablehnend, denkt. Ganz ähnlich aber finden wir die Haare auf Nive: auf der Kokos- und Verrätherinsel (und so schon Schouten*), auf Tonga und Samoa, also überall im ganzen

---

*) Diar. 44: dictu mirum: nonnullis capillos stetisse erectos ad lon- gitudinem quadrantis ulnae, in modum setae porcinae.

Ocean.   Diese melanesische Urbevölkerung hätte also die ganze Inselwelt in Besitz gehabt, als die Polynesier sie unterjochten.   Denn wie
will man aus einer Einmischung melanesisches Blutes vor der Einwanderung, die doch nur vorübergehend zu denken wäre, ein so con-
stantes Erscheinen schwarzer Individuen erklären?   Aber wenn auch
die Inseln alle noch mit Melanesiern besetzt waren, wunderbar ist
diese Dauer des schwarzen Typus ohne neue Beimischung melanesisches
Blutes im höchsten Grad, da sie allen übrigen Erscheinungen in der
Natur widerspricht; denn sonst merzt die Stammart, sobald sie nach
einer vorübergehenden fremden Einmischung sich selbst überlassen bleibt,
nach wenig Generationen das fremde Blut wieder vollständig aus.
Der braungelbe Typus muß doch, weil er der bei weitem vorherr-
schende ist, der Stammtypus der Polynesier sein; je mehr aber Rück-
schlag eintritt, um so weniger können schwarze oder helle Individuen
geboren werden.   Daher erklärt die Annahme einer früheren Mischung
jene anders gefärbten Menschen nicht.

       Hätte aber wirklich eine so starke Einwirkung von Seiten jener
Urbevölkerung stattgefunden, daß das Blut der polynesischen Einwanderer durch sie auf die Dauer versetzt wäre, müßten wir da nicht im
ganzen Ocean eine Mulattenbevölkerung antreffen, welche den Typus
beider Stammarten zugleich zeigte, etwa ähnlich, wie wir die stark
mit Polynesiern gemischten melanesischen Fidschiinsulaner wirklich finden?
Gerade bei der Kleinheit der einzelnen Inseln sind wir zu dieser Er-
wartung berechtigt.

       Da sich diese aber nicht bestätigt und da namentlich das niedere
Volk, die dienende Classe die Eigenthümlichkeiten jenes dunkeln Menschen-
schlags bewahrt hat, z. B. auf Ponapi (Hale 82), auf Tahiti (Ellis
1, 84) und nach Dieffenbach (2, 9 f.) und anderen auf Neuseeland,
so hat man behauptet, daß die Urbevölkerung von den Einwanderern
unterjocht und zu Sclaven gemacht seien, daher denn freilich der melanesische Typus der Sclaven sich erklären würde.   Allein woher kam
es denn, daß auch in den Familien der Häuptlinge solche melanesisch
gebildeten Individuen durchschnittlich eben so häufig vorkommen, als
im niederen Volk?   Denn wenn sie auch auf Neuseeland (nach Dieffen-
bachs Behauptung gegen Thomson Ausland 1855, 107) unter den
Sclaven häufiger sind, so finden wir sie auf Tonga, der Unionsgruppe, den Markesas (Roblet bei Marchand 1, 116) auf Tahiti

wohl ebenso oft unter den Vornehmen, ja Browne (im directen Widerspruch mit Dieffenbach), spricht (30) auch den neuseeländischen Sclaven
die dunklere Farbe ganz ab, die nach ihm nur einzelne Stämme vom
Adel bis zum Sclaven besitzen. Gänzlich unmöglich gemacht wird
aber diese Sclaventheorie durch schon erwähnte Bemerkung Thomsons,
daß jene melanesischen Individuen — und nicht bloß in Neuseeland
sondern überall — so ganz sporadisch inmittelst nur brauner Verwandten auftreten. Diese physische Eigenthümlichkeit haftet also nicht
am Stand.

Von minderem Gewicht, aber doch nicht zu übergehen, ist ein
dritter Grund gegen eine solche Urbevölkerung des Oceans: das ist
die sehr geringe Entwickelung der melanesischen Schifffahrt. Wir finden Negritos außer an manchen Punkten des eigentlichen Malaisiens
auf dem Festlande von Neuholland, sowie der Inselreihe von Neu-
guinea bis Neukaledonien, nirgends also durch größere Meeresstrecken
von einander getrennt. Auch ihre am weitesten nach Osten vorge-
schobene Niederlassung im Fidschiarchipel, wie gering ist ihre Entfernung im Vergleich zu den gewaltigen Bahnen der Polynesier. Nirgends treten die Negritos als eine seefahrende, ja auch nur wasser-
liebende Nation auf, wo sie unberührt von polynesischem Einflusse
sind: nur wo sie mit Polynesiern in Berührung kamen, haben sie,
von diesen mehr angeregt, gleichfalls mehr Eifer für die Schifffahrt
bekommen, wie in manchen Punkten des westlichen Melanesien (Gegend um
Tukopia, D'Urville a V. 135, Uwea Gill 205, Fotuna u. s. w.)
und vor allen Dingen im Fidschiarchipel selbst, dessen Schiffe nach
D'Urville b 4, 259 besser sind, als alle polynesischen. Daß aber auch
die Fidschis erst von den Polynesiern im Schiffsbau unterrichtet sind,
geht aus den alten Sagen über die alte Bevölkerung des Archipels
(Hale 177 f.) klar hervor. Nautische Kenntnisse aber oder Geschick-
lichkeiten haben die übrigen Melanesier gar nicht; nie bot sich irgend
ein Melanesier als Begleiter europäischer Seeleute an. Auch ist nicht zu
glauben, daß sie je, vor langen Jahrhunderten etwa, anderer Natur
waren, da man gar keinen Grund einsieht, warum sie das Meer
später vermieden hätten, zumal sie doch ihre Schiffe nach derselben Art
bauen, wie die Malaio-Polynesier überhaupt.

Spricht also auch dieser Umstand nicht für eine melanesische Urbevölkerung der polynesischen Inselwelt, so läßt sich doch aus ihm kein

ganz streng beweisender Schluß ziehen. Ein solcher aber ergibt sich
ferner vielleicht aus einer genaueren Betrachtung der polynesischen Sprache,
von welcher man (z. B. Hale 163) geradezu gesagt hat, daß sie
durchaus nichts melanesisches enthalte; und finden wir diese Behauptung
bestätigt, so würde damit jede Mischung abgewiesen sein. Denn die
Polynesier haben, abgeschieden wie sie waren auf ihren kleinen Inseln,
ihre Sprache in der Reihe der Jahrhunderte so außerordentlich wenig
verändert, daß der Sprachstoff noch heute fast ganz in den verschiedenen malaiischen Sprachen sich nachweisen läßt und die Sprachform sich noch heute nicht von der unterscheidet, welche sie aus ihrer
malaiischen Urheimath mitbrachten. Mischten sie sich also auf eine so
dauernde Weise mit Melanesiern, daß ihr leiblicher Typus dadurch
verändert wurde, lebten sie auf ihren kleinen Inseln mit Melanesiern,
mochten diese nun frei bleiben oder als Sklaven dienen, längere Zeit
zusammen, so muß durchaus ihre Sprache melanesische Elemente zeigen.

Und die zeigt sie denn auch und sehr reichlich. Denn erstlich ist
die Art der Wortbildung, sodann auch vieles in der Formenlehre der
melanesischen (so weit sie bekannt sind) und der polynesischen Sprachen
mit einander verwandt, die Pronomina aber und die so sehr wichtigen
Determinativpartikeln fast ganz identisch (Gabelentz S. 253 f.).

Durch die von den Polynesiern unterjochten oder doch wenigstens
als Urbevölkerung der östlichen Inseln vorgefundenen Melanesier können
diese Eigenthümlichkeiten, wenn sie wirklich polynesischen Ursprungs
waren, unmöglich nach Melanesien gebracht sein und doch treffen wir
dieselben Sprachformen in Neukaledonien wie im Salomonsarchipel.
Also sind sie vielleicht ursprünglich melanesisches Eigenthum und von
den siegreichen Polynesiern in ihre eigene Sprache herübergekommen.
Allein gerade das, was in beiden Sprachen gemeinschaftlich ist, kann
überhaupt nicht entlehnt sein, weil es das innerste Wesen und die
tiefste Grundlage menschlicher Rede betrifft und die hat noch nie ein
Volk vom andern entlehnt, wenn es nicht die eigene Sprache aufgegeben hat und wird sie auch nie entlehnen aus Gründen, die nahe
genug liegen, am allerwenigsten aber ein Volk der Sieger von dem
besiegten Stamm. Auch v. d. Gabelentz (266) kommt, wenn gleich
zweifelnd und zögernd, doch mit Norris zu dem Resultat, „daß die
melanesischen und polynesischen Sprachen mehr mit einander gemein
haben, als aus einer bloßen Entlehnung der einen von der anderen

hervorgehn kann". Ohne nun hier auf diesen höchst interessanten Gegenstand der eine Behandlung für sich verlangt näher einzugehen, müssen wir wenigstens soviel behaupten, daß diese Aehnlichkeiten beider Sprachen für unsere Frage durchaus nichts entscheiden. Denn sie beruhen auf einer Zeit, in welcher, wenn Melanesier und Polynesier jemals eine Einheit bildeten, die Trennung in zwei Völkerstämme noch nicht vor sich gegangen war; allein diese Zeit liegt natürlich weit von aller Geschichte und weit vor allen polynesischen Wanderungen. Die Stücke, hinsichtlich deren eine Sprache von der andern entlehnt, eine auf die andere einwirkt, sind zunächst das Lautsystem, ferner der Wort-schatz und drittens die Syntax. Das Lautsystem nun der polynesischen Sprachen zeichnet sich durch große Armuth und eine gewisse Kraftlosig-keit und Weichlichkeit aus und wenn diese Eigenschaften auch im Laufe der Jahrhunderte zugenommen haben, so sind sie doch auch wohl schon bei der Abtrennung von den malaiischen Sprachen vorhanden gewesen, da auch die malaiischen Sprachen ähnliches zeigen, denn auch sie haben ein ursprünglich keineswegs reiches Lautsystem und auch sie vermeiden Consonantenhäufungen im Inlaut und noch mehr im Auslaut (Müller, linguist. Theil der Novarareise 279). Das Melanesische aber hat bis auf den heutigen Tag zahlreichere Consonanten und kräftigere Consonanzen, inlautend und auslautend, bewahrt (Gabelentz 253). Nur das Fidschi, welches stark mit Polynesischem versetzt ist, macht eine Ausnahme; aber nicht diese Sprache hat auf das Polynesische gewirkt, sondern umgekehrt von diesem so starke Einwirkungen erfahren, daß es jetzt gleichfalls einen polynesisch weichlichen Consonantismus besitzt. Wäre also nach dieser Seite hin irgend welche melanesische Einwirkung erfolgt, so hätte sich wenigstens, auch ganz abgesehen von direkter Bereicherung, der Consonantismus des Polynesischen kräftiger und dauernder erhalten. Der Wortschatz zeigt mancherlei Berührungs-punkte. Am meisten mit dem Fidschi (v. d. Gabelentz 10 f.), allein hier hat diese Sprache nicht das in beiden Gleiche, wenigstens bei weitem nicht alles aus dem Polynesischen entlehnt, denn einmal sind es Worte, welche eine Sprache nicht von einer anderen entlehnt, weil sie zum ersten Grundbesitz jeder Sprache gehören, wie fast alle bei Gabelentz a. a. O. angeführte und zweitens findet sich eine ganze Reihe dieser Worte in den übrigen melanesischen Sprachen und zwar so sehr umgestaltet wieder, daß man sieht, alle diese Sprachen haben

ihr eigenes Erbgut nach eigener Weise verwendet und die Aehnlichkeiten beruhen auf ursprünglicher Gleichheit des Sprachstoffes.   Wenn
das Fidschi aber mehr übereinstimmende Worte besitzt, als die übrigen
melanesischen Sprachen bei v. d. Gabelentz (die aber weit mehr ent-
sprechendes aufzuweisen haben, als Gabelentz anzunehmen scheint); so
hat diese Erscheinung darin ihren Grund, daß das Fidschi seit langen
Jahrhunderten dem polynesischen Einfluß ausgesetzt war, daher es
nicht wundern kann, wenn es gerade die Wurzeln bewahrte, welche
mit dem Polynesischen gleich oder verwandt waren.   Nirgends aber
finden wir eigenthümlich melanesische Worte in irgend einer polyne-
Sprache, wenn wir nicht einiges wenige im Neuseeländischen und
mehr natürlich im Tonganischen und Samoanischen anführen wollen
(v. d. Gab. 266).   Allein das erklärt sich natürlich aus der westlichen Lage dieser Inseln, welche dadurch nothwendig sich mit jenen
Völkern berühren und dann auch einzelnes aufnehmen mußten.   Wäre
aber eine Mischung beider Völkerstämme nach Niedersetzung ihrer
jetzigen Sprachgestalt im stillen Ocean erfolgt, so müßte doch der
Osten, die Unionsgruppe u. s. w. gleichfalls solche melanesische Spuren
zeigen, die man aber sowohl im Markesanischen, als Tahitischen,
Hawaiischen u. s. w. vergeblich sucht.

Wenn nun auch die Syntax beider Sprachstämme manche Aehnlichkeiten gleich dem ersten Blick schon aufzuweisen hat, so ist doch
auch hier von einem Einwirken des Melanesischen auf das Polynesische
gar keine Rede, denn beide Sprachen weichen in außerordentlich
wichtigen Punkten total von einander ab, die Uebereinstimmungen aber
sind, wie man deutlich sehen kann, denn wir finden (Fidschi in einigen
Fällen ausgenommen) nirgends sklavische Nachahmung, selbstständige
Verwendung gleiches Grundeigenthums. So können wir wohl behaupten,
daß auch hier die Sprache gegen eine Mischung und also auch gegen
eine melanesische Urbevölkerung der polynesischen Inseln entschiedenes
Zeugniß ablegt.   Das mikronesische Gebiet gehört zwar sprachlich zu
den unbekanntesten der ganzen Erde, denn außer Hales Tarawagrammatik
haben wir eigentlich nur Wortverzeichnisse (Hale, Chamisso, Keate,
Marsden, Cheyne, Pickering u. s. w.).   Aber aus diesen dürftigen
Quellen läßt sich soviel doch mit Sicherheit abnehmen, daß die mikronesischen Sprachen den melanesischen viel ferner stehen als die polynesischen und daß von einer Einwirkung des melanesischen Sprach-

stamms auf sie nicht die Rede sein kann. Sie schließen sich in ihrer Form am nächsten dem einfacheren malaiischen Sprachstamm an, ohne jedoch eine gleichfalls nahe Verwandtschaft zu den polynesischen Sprachen zu verläugnen. Das was sie mit dem Malaiischen gemein haben, beruht gleichfalls auf Urverwandschaft.

So ist denn auch die Sprache, welche anfangs jene Mischungstheorie sehr zu begünstigen scheint, bei genauerer Betrachtung streng gegen sie. Aber noch ein anderer sehr wichtiger Umstand ist zu erwähnen, der, indem er jene Theorie widerlegt, den Grund derselben, die dunkle Farbe mancher Polynesier, zugleich auf eine andere Weise so befriedigend erklärt, daß hiermit die Annahme einer schwarzen Urbevölkerung des gesammten Oceans vollkommen haltlos wird. Und das ist der Umstand, daß die Farbe der Polynesier sich ganz und gar von Natureinflüssen abhängig, daß ihre ganze physische Erscheinung die größte Variabilität zeigt. Physiognomie und Hautfarbe ist bei den Karolinern sehr verschieden (Arago 2, 30), so daß Hale (71) sogar — offenbar übertrieben — behauptet, die Völkermischung Mikronesiens sei etwa der des römischen Reiches gleich! Auch von Polynesien wird eine ganz europäische Mannigfaltigkeit der äußeren Erscheinung vielfach erwähnt. Und in Betreff der Hautfarbe erzählt Mörenhout*) (2, 247—8 Note), daß sehr dunkle Paumotuaner so hell wie die Bewohner von Tahiti wurden, als sie auf jener kühleren, schattigeren und minder kärglichen Insel einige Zeit gelebt hatten. Umgekehrt erzählen Quoy und Gaimard (D'Urville a Zool. 26), daß Hawaier, welche gewaltsam nach Mikronesien geschleppt waren, dort so dunkel wurden, daß man sie kaum noch als zur braunen Race gehörig wieder erkannte. Auch an sehr dunkelfarbigen Individuen sind ferner die Stellen, welche vom Gewande stets bedeckt sind, weit heller als der übrige Leib und daher auch die Frauen, da wo sie reichlichere Gewänder tragen und mehr im Schatten leben, durchschnittlich lichter gefärbt als die Männer.

---

*) Man könnte freilich sich versucht fühlen, diesen Mittheilungen nicht ganz strengen Glauben zu schenken, da Mörenhout ebendaselbst versichert, daß er trotz eifrigstes Forschens nie auch nur ein kraushaariges Individuum auf den polynesischen Inseln gefunden habe. Indeß ist es vielleicht nur eine andere Auffassung des Begriffes kraushaarig (crepus), der ihn zu dieser allen übrigen Berichten widersprechenden Behauptung verleitet hat. Denn die kraushaarigen Polynesier sind niemals so crepus, wie die afrikanischen Neger, aber das sind die Melanesier ebensowenig.

Auffallend iſt die Erſcheinung, daß die Fürſten meiſt heller ſind als
das gemeine Volk und dies um ſo dunkler wird, je tiefer ſeine Stellung
iſt; wie man ja auch gerade hierdurch auf den Gedanken gekommen
war, das gemeine Volk, die Sklaven gehörten einer anderen unter-
drückten Raçe an. Allein einmal finden ſich auch in den fürſtlichen
Familien ſolche dunkele Individuen (Gulick 178) und ferner bedenke
man nur, daß jene Fürſten durch bequemes Leben, reichlichere Nahrung,
beſſere Kleidung und Wohnung u. ſ. w. außerordentlich vor dem Volke
bevorzugt ſind, welches bei geringer Nahrung ſo gut wie keinen Schutz
gegen Sonne, Wind und Regen hat. Sind nicht bei uns Leute in denſelben Verhältniſſen gleichfalls dunkler gefärbt als andere? Daher wollte
Hale (11) und Dieffenbach (2, 10) das Vorkommen dunklerer
Menſchen unter den Mikroneſiern und Maoris nur aus dieſem Grunde
erklären und auch Ellis ſagt (1, 81) nur, daß die Fiſcher, der aus-
geſetzteſte Stand, der dunkelſte ſei. Hierzu ſtimmt auch die wichtige
Erſcheinung, daß die Paumotuaner auf ihren meiſt kleinen heißen, un-
geſchützten und ſo überaus kärglichen Inſeln dunkler ſind als die übrigen
Polyneſier und ebenſo die Bewohner anderer kleinerer Inſeln, z. B. von
Niue (Virgin 2, 55) von Penhryn (Behm bei Petermanu 1869,
185) und die More-ore auf den ziemlich baumloſen Warekauriinſeln,
welche den Neuſeeländern nahe verwandt doch viel dunkler waren als ſie
(Travers bei Peterm. 1866, 62). Doch wird von anderen auch
das Gegentheil berichtet, wie denn die Bewohner der Uniongruppe
(Hale 11) und Tukopia (Wilson 410; D'Urville a V, 312)
keineswegs ſehr dunkel ſind. Auch über die Mikroneſier ſchwanken die
Urtheile: während nach Meinicke (Zeitſchr. n. F. 1863, Bd. 15, 396)
die öſtlichen dunkler ſind als die Hawaier, während auch Quoy und
Gaimard (D'Urville a Zool. 26) die Bewohner von Satawal
(Tucker, Karol.) für beſonders dunkel halten wegen ihrer niederen
heißen Inſeln, ſagt Gulick, der gerade im Oſten Mikroneſiens verweilt hat, daß die Mikroneſier heller ſeien, als die Polyneſier (416),
womit die Abbildung bei Virgin 2, 102 und Hales Beſchreibung
(71) übereinſtimmt. Die verſchiedenen Urtheile mögen durch die Ver-
ſchiedenheit der Bewohner verſchiedener Gruppen hervorgerufen ſein.

Die größere oder geringere Hitze ſcheint alſo nicht allein, auch
nicht vorzugsweiſe dunklere Farbe hervorzurufen; Feuchtigkeit vielmehr und Nahrungsmangel, überhaupt ungeſunderes und kärglicheres

Leben scheinen die Haupturſachen zu ſein, zu welchen ſich denn oft
noch der Sonnenbrand hinzugeſellt. So würde ſich wohl auch die
dunklere Farbe der Hawaier, der Neuſeeländer erklären. Hombron
(D'Urville b, Zool. 282) hat die Beobachtung gemacht, daß, wo
Polyneſier in einem ſumpfigen Lande wohnen — z. B. auf den über-
ſchwemmten Stellen von Samoa — ſie den Malaien gleich würden,
welcher unbeſtimmte Ausdruck doch nur bedeuten kann, da er (278)
die Polyneſier „nur verſchönerte Malaien“ nennt, daß an ſumpfigen
Stellen der Wuchs zurückbleibt, das Aeußere verkümmert. Malaien,
welche auf Bergen wohnen, bekommen nach ihm ein polyneſiſches
Gepräge.

Mögen dieſe Einflüſſe, über die wir durchaus noch nicht aufgeklärt ſind, ſein wie ſie wollen, ſo darf man doch gewiß aus ihnen oder
ähnlichem die dunkleren Bewohner verſchiedener Inſeln der Tahitigruppe
(Ellis 1, 83) und die dunklen Stämme auf Neuſeeland erklären.
Bei der Abgeſchloſſenheit, in welcher dieſe Stämme und Inſulaner lebten,
war es eine Naturnothwendigkeit, daß, wenn durch irgend eine Veranlaſſung die dunkele Farbe unter ihnen auffam, ſie im Laufe der
Generationen, welche ſtets auf demſelben Raum verweilten, nur immer
mehr Ueberhand nahm. Daß übrigens auch die malaiiſchen Stämme
ſelbſt vom Schwarz bis zu Hellgelb durch alle Farbennüancen ſchwanken, lehrt die erſte Abtheilung dieſes Bandes; gleiche Schwankungen
nimmt Gulick (414) zur Erklärung der dunkleren Individuen in Mikroneſien an; und ähnlicher Meinung ſind die Gelehrten der Novara-Expedi-
tion. Gewiß mit Recht. Lag aber jene dunklere Farbe, jenes krauſe Haar im
Kreis der Variationen, welche die Körperbeſchaffenheit der Malaiopolyneſier
durchmachen kann, ohne in ihrem Weſen alterirt zu werden, ſo iſt damit das
Auftreten dunkler, kraushaariger Individuen in allen Theilen des Gebietes
und inmitten lichter gefärbter Familien ganz vollſtändig erklärt. Bleibend
konnte die dunkle Farbe im Allgemeinen nicht werden, da die betreffenden ſich mit hellfarbigen Individuen ungehindert kreuzen konnten.
Wo dies aber nicht der Fall war, wie in dunkleren Stämmen, oder
wo die dunklere Farbe durch irgend welche äußeren Einflüſſe begünſtigt
wurde, da breitete ſie ſich immer mehr und mehr aus. So erklärt
es ſich, daß uns ganze Inſeln und Stämme mit ſchwärzerer Haut
begegnen.

Nach allem Geſagten wird Niemand mehr eine ſchwarze Urbevölkerung des stillen Oceans anzunehmen geneigt sein. Aber auch an spätere Mischungen ist außer auf Fidschi und der Ostküste Melanesiens, wohin die Polynesier in jüngerer Zeit manche Streifzüge unternommen haben, nicht zu denken. Die geringe Entfaltung melanesischer Schifffahrt verbietet die Annahme irgend welcher Negritoexpeditionen freiwilliger oder unfreiwilliger Art; die Mikronesier haben, so weit wir geschichtliche Rückschlüsse machen können, nie ihre Fahrten nach Melanesien gerichtet und hätten sie es auch, so würden sie dabei nicht anders als die Polynesier verfahren haben, welche die Küstenstrecke, die Insel, wo sie landeten (z. B. Futuna, Immer in Melanesien) nach Verdrängung der Eingeborenen mit denen sie sich nicht mischten für sich behielten, indem sie dort neue Wohnungen aufschlugen, nicht aber etwa mit Beute und Sclaven beladen — dies verbot schon die Kleinheit der polynesischen Schiffe — sich wieder nach Haus begaben. Also war auch hierdurch melanesischer Einfluß auf Polynesien nicht möglich, wenn auch an jenen neu eroberten Punkten sich manches melanesische Element unter den Eroberern erhalten mochte. — Auch was H a l e (82) als Folge einer melanesischen Urbevölkerung in Mikronesien zu sehen glaubt, die strenge Scheidung der Stände in Ponapi u. dergl. ist allgemeine polynesische Sitte und keineswegs fremdem Einfluß zuzuschreiben.

Unser Resultat ist also, daß eine schwarze Urbevölkerung nirgend in Mikro- und Polynesien, melanesischer Einfluß aber nur da zu finden ist, wo beide Stämme in nächster Nähe an einander grenzen, also im Gebiet des Fidschiarchipels. Doch war hier die Einwirkung der Polynesier auf die Melanesier bei weitem bedeutender, als die der Melanesier auf jene. Einzelnheiten freilich in Körperbeschaffenheit und Lebenseinrichtungen, von welchen aus man hiergegen noch Einwände erheben kann und erhoben hat, werden wir noch an verschiedenen Stellen später besprechen, da sie hier minder verständlich sein und anderwärts uns fehlen würden.

So können wir denn jetzt zur Betrachtung jenes helleren Stammes der Südsee selbst übergehen. Er zerfällt in zwei große Abtheilungen, deren eine, welche bisher im Zusammenhang noch nicht erschöpfend geschildert ist, Mikronesien, deren andere das eigentliche Polynesien bewohnt. Wir beginnen mit

Mikronesien.

Die nördlichste hierher gehörige Gruppe sind die Marianen. Denn die Bonininseln waren, als Beechey 1827 sie für England in Besitz nahm, trotz ihrer Fruchtbarkeit unbewohnt (Beechey II,, 576 f.) und ebenso fand sie Kittlitz (II, 165); doch 1830 haben sich Hawaier von Oahu im Verein mit einigen Europäern verschiedener Nationalität dort als Colonie niedergelassen (Journ. of the royal geogr. society, Bd. 24, 233). Die Marianen gehören gleichfalls hierher, jetzt aber fast nur noch geographisch, da nur noch die beiden südlichsten Inseln bewohnt sind, auf denen eine Mischbevölkerung von 4000 Seelen lebt, Spanier, Tagalen und vielleicht noch die letzten Reste der Urbevölkerung, welche indeß ganz zu Tagalen umgebildet sind (Chamisso 81). Früher aber war die Gruppe reichbevölkert, nach le Gobien (46) und Anson (463) hatten die drei Inseln Guam, Saypan und Tinian jede 30,000 Einwohner, und da die übrigen kleineren Inseln in demselben Verhältniß bevölkert waren, so muß man nach diesen Angaben die Gesammtziffer der Bevölkerung etwa auf 100- bis 120,000 Seelen ansetzen. Obwohl nun manche Berichte noch höhere Zahlen, bis zu 300,000, anführen, so sind doch auch andere wieder niedriger als die bei le Gobien. Nach den spanischen Archiven (Freycinet II, 327 f.) hatten die drei südlichen Inseln im Ganzen über 50,000 Einwohner, was nach Freycinet der die Zahl nach der Größe der Inseln theilt, für Guam 35,000, für Saypan 11,000. für Rota 8000 und für Tinian 7000 Seelen ergibt; die Gani-Inseln hatten 12,000 Einwohner, die ganze Gruppe nach diesen Berichten also 73,000, was auf jede einzelne Quadratmeile 1325 Seelen beträgt. Die geringeren Angaben bei Chamisso 79, der sich gleichfalls auf spanische Quellen stützt, beziehen sich wohl immer auf die südlichen Inseln und treffen dann, wenn man noch die Volkszahl der Gani-Inseln hinzufügt, mit Freycinets Zahlen zusammen, welche letztere durchaus nicht übertrieben erscheinen. Allein schon am Anfange des 18. Jahrhunderts waren die Eingebornen durch die spanische Eroberung, Christianisirung und Bedrückung fast ganz vernichtet. Auch die Ansiedlung, welche 1809 einige Engländer mit gewaltsam entführten Hawaiern auf Tinian und Saypan machen wollten, sowie eine friedliche Colonie von Amerikanern, Engländern und Sandwich-

insulanern, welche seit 1807 des Santelholzes wegen auf Agrigau
bestand, haben die Spanier aufgehoben (Chamisso 82 f., Freycinet II. 223; 225).

Die erste wirklich von Völkern der gelben Raße bewohnte Gruppe
Mikronesiens sind heut zu Tage deshalb die Karolinen, 48 Gruppen mit
4—500 Inseln (Behm, Peterm. 1859, 190), von denen nur einige
kleinere Gruppen nicht, hingegen die großen verhältnißmäßig stark
bevölkert sind. Behm, der den bewohnbaren Flächenraum der ganzen
Gruppe auf nur $17\frac{1}{2}$ Quadratmeile und doch immer noch höher
angibt als Dana oder Mertens, welcher letztere ihr Gebiet nicht größer
schätzt als St. Petersburg (99), Behm setzt die Bewohnerzahl auf
etwa 9000 an; Gulick dagegen, welcher die Palaus mit ihren 2000
Einwohnern sowie die Inseln Sonsorol, Wull, Anna, Merir und
Tobi (Nevill, Lord North), mit zu den Karolinen zählt, gibt
ihnen 21,680 Seelen, und da seine Nachrichten auf genauester Sach-
kenntniß und eigenem Augenschein beruhen, so ist ihm natürlich voller
Glauben beizumessen. Unbewohnt sind nach ihm nur Ant (Frazer),
Oraluk (Augustin, Bordelaise), Mokor, Pikelot, Pikela, Faiu und
Faraulep. Auch die Pegangruppe (Freewill Carteret bei Schiller I,
388, David) gehört mit ihren drei Koralleninseln: Pegan, Orello
und Onata (Carterets Karte), welche alle drei von einem großen Riff
umschlossen sind, sowohl ihrer Struktur als auch ihrer Bevölkerung
nach hierher; wenigstens zeigt diese letztere mit ihrer Kupferfarbe,
ihrem langen schwarzen Haar, ihren guten Zähnen und der Reiselust
der Einwohner, deren einer die Engländer auf ihrer Fahrt begleitete,
durchaus nichts Melanesisches, und das eine Wort, parram, Eisen,
welches Carteret (I, 388) aus ihrer Sprache anführt, finden wir auf
den Karolinen wieder: auf Wolea heißt Eisen parang (Chamisso 61),
anf Satawal paran.

Oestlich von den Karolinen stoßen wir auf 2 den Marianen
etwa parallele, von Nord nach Süden streichende Inselreihen, die Ralik-
und Ratakkette, oder, wie man beide mit einem Namen benennt, Marshalls Archipel. Ratak- und Ralikinsulaner haben fast dieselbe Sprache
(Gulick 170; Chamisso 110; Vocabular von Mille Hale 432
f.; von Ebon, Turner 19 years Sprachtafel, von Ratak Cham.
55 f.), welche auch auf den westlich nach den Karolinen zu gelegenen
"olirten Inselgruppen Eniwetok (Brown, 30 Einwohner, welche nach

Kittlitz 1, 350 sich auf der eigentlich unbewohnten Gruppe nur
vorübergehend aufhielten) und Ujilong (Providence, Arrecife,
1000 Einwohner) gesprochen wird (Gulick 359 f.). Der gesammte
Archipel, dessen beide Ketten aus je 15 Gruppen bestehen, hat gegen
11,000 Einwohner (Gulick 358 f.); unbewohnt ist in Ratak nur Kili
(Hunter) und Ailinginae (Rimski Korsakoff), in Ratak Bikar
Taongi und Erikub, denn die 5 Familien, welche Chamisso dort
vorfand hielten sich zu Gulicks Zeiten nicht mehr dort auf (Gulick
a. a. O.; Chamisso 109; 122). — Geographisch nah mit Marshalls Archipel verbunden, dessen südliche Fortsetzung er bildet, ist
Gilberts Archipel, der gleichfalls, da Makin (Pitt) und Butaritari
(Touching) zusammengehören, aus 15 Atolls besteht, aber viel reicher
als Marshalls Archipel bevölkert ist. Die Einwohnerzahl beträgt nach
Randalls genauen Forschungen, auf welche gestützt Gulick seine Angaben gemacht, an 50,000 Seelen. Sprachlich steht er zwischen Mikronesien und Polynesien (Gulick 411), wie denn auch starke Einwanderungen
von Samoa aus stattgefunden haben (Gulick 414; Hale 190). —
Zu ihm sind wohl noch zwei isolirte Inseln, welche in dem noch wenig
durchforschten Theil des stillen Oceans südlich von den Karolinen liegen,
zu rechnen: Banaba (Ocean) von Cheyne (74 f.) und Nawodo
(Pleasant) von Rojas (176) und Cheyne (76 f.) genauer beschrieben.
Simpson (naut. mag 1844 und daher bei Cheyne 79) stellt die
Bewohner von Banaba ihrem Aeußeren nach denen von Ponapi gleich,
wozu auch der gleiche Name beider Inseln stimmt. Allein nach anderen
ist das Aeußere dieser Insulaner gleich den Bewohnern des Gilberts-
archipel, zu welchen sie auch sprachlich gehören, wie auch die Inseln
in Flora und Fauna diesem Archipel gleich sind (Meinicke, Zeitschr. n.
F. 15, 385); daher sie auch Gulick (358) zum Gilbertarchipel rechnet.

Sehen wir so im Osten des Gebietes zwei Sprachcentren, so
bilden die Karolinen ein drittes, deren Sprache (Gulick 170) mit der
von Ratak und Ralik nahe verwandt ist; daher wurden verschlagene
Karoliner, wie Chamissos Freund Kadu von Wolie stammend
auf Ratak vollkommen verstanden. So dürftig nun auch unsere Nachrichten über karolinische Sprachen sind, so können wir doch durch
genauere Betrachtung derselben die Karolinen in verschiedene kleine
sprachlich und also auch ethnologisch näher zusammenhörige Gruppen
eintheilen, welche aufzustellen bei der großen Längenausdehnung des

Gebietes, die über 30° beträgt, nicht unwichtig ist. Schon Cantova (letters édif. XV. Sprengel Bd. 10) unterscheidet fünf „Provinzen" der Karolinen; doch sind ihm die östlichen Inseln des Gebiets unbekannt. Seine westlichste Provinz (bei ihm die 5te) umfaßt die Palaus und diese stehen nach den Wortsammlungen bei Keate, Hockin und Cheyne allerdings selbständig genug da. Zunächst nach Nordosten folgt Eap, dessen Sprache (Chamisso Wortverz.*) wieder ganz für sich steht und nur noch auf der nächstgelegenen Gruppe Ngoli (Cham. 103) die von Eap aus bevölkert ist (Cheyne 141) geredet wird. Doch war ihnen ein Eingeborener der Palaus verständlich (Cheyne 146). Beide Gruppen, letztere unter dem Namen Lamoliork stellt auch Cantova zu einer abgeschlossenen Provinz, zur 4ten zusammen; wir zählen sie als 2ten Bezirk. Gleichfalls in nordöstlicher Richtung schließt sich Cantovas 3te Provinz an, die auch wir als 3ten Bezirk zählen; sie umfaßt Ulithi (bei Cantova Egoi oder Lumul-ulutu) und Fais, obwohl Cheyne die Sprache dieser letzteren Insel mit der von Eap zusammenstellt (140) und Kittlitz 2, 417 ihre Bewohner denen von Wolie gleich nennt, sowie die kleine Gruppe Sorol (Zaraol Cantova, Phillippsinseln Hunter 1791 p. 152), welche nach den sagenhaften einheimischen Berichten Kadus von Ulithi (Mogemug) aus bevölkert waren. Diese Gruppe, welche zu Chamissos Zeiten fast menschenleer war (Cham. 104), erwähnt Gulick gar nicht, wie er denn von den 48 Karolinengruppen (170) nur 43 (358 f.) mit Namen aufführt. Sprachproben haben wir so gut wie keine; doch beweisen die paar Worte schon, welche Chamisso aus der Sprache von Fais zu seinem Verzeichniß von Wolie hinzufügt, eine gewisse Selbstständigkeit wenigstens dieser Insel: und da zu Cantovas Bericht noch Kadus Ueberlieferungen hinzukommen, müssen wir diese 3te Provinz fürs erste gelten lassen. Möglich, daß genauere sprachliche Durchforschung dieses Gebietes etwas andere Resultate gibt. — Der geographischen Lage nach wird man geneigt sein, die kleinen westlichsten Inseln der Karolinen, Tobi, Merir, Anna, Sonsorol zu den Palaus zu stellen und also zu unserem ersten Bezirk zu rechnen. Allein

---

*) Auch Cheyne giebt ein solches von Eap, das zu Chamisso nur zum Theil stimmt. Vielleicht hat die Insel, welche nach Kadu (Cham. 103) in 46 Bezirke zerfiel, selbst verschiedene Mundarten. Doch ist Cheyne auch in seinen melanesischen Wörterverzeichnissen sehr ungenau.

Chamisso bemerkt ausdrücklich (104), daß alle diese Eilande sprachlich zu Cantova8 zweiter Provinz gehören, welche die Gruppen Wolie
Eauripik, Ifalik, Faraulep, Olimarao, Elato, Lamotrek, Satawal und
einige kleinen Gruppen umfaßt und in welcher überall die Sprache
von Wolie herrscht. Diese Angabe bestätigt sich nach unseren Wort-
verzeichnissen; denn was Pickering (nach Horaz Holden) und
Hale von Tobiwörtern geben, stimmt ziemlich genau zu dem, was
wir von dem Sprachschatz der Insel Satawal durch Gaimard (bei
D'Urville a, Philol. 2, 182) und von dem der Insel Wolie durch
Chamisso wissen, obwohl jede dieser Inseln wieder scharf begrenzte
wunderliche Abweichungen zeigen. Es scheint also, daß z. B. Tobi
seine Bewohner irgendwie aus jenen freilich etwas entlegenen Gegenden,
wo wir die genannten Inseln finden, erhalten hat; daß diese Bewohner
dann, in längeren Jahren der Isolirung, ihre Sprache mundartlich
weiter bildeten. Auch die Pegangruppe rechnen wir, freilich nur auf
jenes eine schon erwähnte Wort gestützt, hierher. Zählen wir diese
Inseln als vierten Bezirk, so ist die Hauptinsel des fünften Truk,
welches Cantova zu seiner ersten Provinz zählte und das nach Torres
(Chamisso 100) eine eigene Sprache hat. Nach Cantova gehört
auch Poloat und Suk hierher, während Kadu (Cham. 100) behauptet, auf letzteren beiden Inseln redete man die Sprache von
Wolie. Da aber die wenigen Sprachproben von Poloat (Buluath)
bei Chamisso sich von der Sprache von Wolie nicht unwesentlich
unterscheiden, und da Kadu, wie wir gleich sehen, den Sprachbezirk von
Wolie auch auf solche Inseln ausdehnt, welche ihm entschieden nicht angehören, so rechnen wir jene beiden Inseln zum fünften Bezirk, zu Truk,
wohin gleichfalls Morilen, Namolipiafane, Faiu, Namonuito und Tamatam
(Fanadik) gehören. Die weiter nach Osten gelegenen Karolinen hat
Cantova nicht gekannt: Kádu aber behauptet (Cham. 100) daß die
Inseln Savonnemusch und Nugor, die östlich von Truk liegen, jede eine
eigene Sprache hätten, obwohl er selbst nie dort war. Mögen wir
nun unter Nugor Nukuor oder Lukunor denken, jedenfalls werden
wir in die Gegend der Mortlockinseln verwiesen und thun wohl nicht
unrecht, sie als den Mittelpunkt eines sechsten Bezirkes hinzustellen,
der dann also außer Lukunor (Mortlock) Sotoan, Etal, Nuguor und
Namoluk umfaßt. Auch Kittlitz (2, 80) sagt, daß die Sprache
dieser Inseln eine selbständige sei. — Die östlichsten Karolinen sind

noch übrig, welche wir zusammenfassen zum 7. Bezirk. Cantova
kennt aus dieser Gegend nur den Namen Falupet, der so wie Kadus
Fanopé (Cham. 100) gewiß nichts anderes ist als Ponapi (Banaba,
Bornabi, Funopet, Puinipet). Letzteres, zu dem Ant, und einige andere
Inselgruppen gehören, schließt sich- nach Kittlitz in Beziehung auf
Sprache und Sitte näher an Kusaie (2, 71) an, so daß wir auch
diese Insel hierher ziehn, obwohl freilich das Wortverzeichniß, welches
Cheyne von Ponapi gibt, so gut wie gar nicht zu dem von Kusaie
stimmt. Aber Cheyne, der um Santelholz und Trepang für den
chinesischen Markt zu holen diese Inseln besuchte, hatte nicht die wissenschaftliche Bildung, die ihn fähig machte, sprachliche Beobachtungen
anzustellen; und deshalb folgen wir Kittlitz. Cheynes Buch, obwohl in mancher Beziehung sehr wichtig, will doch mit einer gewissen
Vorsicht benutzt sein.

Alle diese verschiedenen Sprachen der Karolinen sind natürlich nur
mehr oder minder verschiedene Dialekte, denn Kadu z. B. verkehrte mit
Bewohnern von Truk (Chamisso 100), sang Lieder in der Sprache
von Fais (ebdf. 95) und nannte die von Ponapi, allerdings vielleicht
ohne sie zu kennen, seiner heimathlichen Sprache gleich. Indeß sind die
Sprachen des Marshallarchipel und der Gilbertinseln nicht weiter von den
Karolinischen Sprachen unterschieden als unter sich, wie denn auch Kadu die
Rataker verstand und von ihnen verstanden wurde. Auch Lütke 2, 350
sagt, daß von Lukunor bis Ulithi, also fast durch alle Karolinen, nur eine
Stammsprache herrscht. Dabei aber ist es höchst merkwürdig, daß
alle Wortsammlungen, welche wir aus Mikronesien haben, wenn sie
sich nicht auf ein und denselben Dialect beziehen, wie z. B. Sprachproben von Mille und Ebon, die beide zum Marshallarchipel gehören, so weit auseinandergehen, daß ein Verständniß der verschiedenen
Inselgruppen untereinander fast unmöglich scheint. Mag auch das
viele Hin- und Herfahren der Eingeborenen von einer Insel zur anderen manches erklären, so scheint es doch, daß der Sprachschatz
jedes einzelnen jener Dialekte viel größer ist, als es im gewöhnlichen
Verkehr erscheint, wie auch wir Hochdeutsche ohne große Mühe platt-
deutsche oder strenghochdeutsche Mundarten verstehen, ohne die dort
gebräuchlichen Worte in unserer Verkehrsprache zu haben. Genauere
Kenntniß der mikronesischen Sprachen, für die bis jetzt gar kein Material vorliegt, wird noch manche genauere Aufklärung bringen.

Auf Guaham verstand man die Karoliner nicht, da die Sprache der Marianer, die jetzt ausgestorben ist, mit dem Tagalischen nähere Verwandtschaft hatte (Chamisso 43 nach Fra Juan de la Concepcion; Strobach, einer der ersten Missionäre auf den Marianen, Sanvitores Zeitgenosse, neuer Weltbott I, 9; le Gob.; Müllerling. Th. der Nov. Reise 287). Uebrigens hatten die Marianen, ja wohl Guaham selbst (Freycinet II, 877), wieder verschiedene Mundarten, daher die Wortverzeichnisse bei Marsden (nach Hervas), Chamisso, Freycinet (I, 199 f. 261, 372 u. a.) Abweichungen haben, welche nicht auf verschiedener Wiedergabe eines und desselben Wortes beruhen.

Aus allem Vorstehenden ergeben sich nun für die ethnologischen Verhältnisse Mikronesiens folgende Resultate. — Die Mikronesier zerfallen in zwei große Stämme, in einen östlichen, welcher die Karolinen Ratak- , Ralik- und Gilbertinseln umfaßt, und in einen westlichen, der von den Bewohnern der Marianen gebildet wird. Letzterer ist höher entwickelt als ersterer, woran wohl außer der natürlichen Beschaffenheit seiner Wohnsitze auch die Nähe der Philippinen, vielleicht spätere Einwanderung Antheil hat. Beide Stämme aber muß man, den Uebereinstimmungen in Sitte, Glauben u. s. w. zu Folge von gemeinschaftlichem Ausgangspunkt gekommen denken, und zwar scheint die Gegend der Molukken das Thor gewesen zu sein, durch welches wie die Polynesier so auch die Mikronesier in den Ocean einströmten.

Zunächst breiteten sich die Einwanderer über die Karolinen und den Marshallarchipel aus, in welchem letzteren sie bei fast gänzlicher Abgeschiedenheit ihr ursprüngliches Wesen in größerer Einfachheit und Reinheit bewahrten. So haben sich hier manche Wortstämme erhalten, welche sich in anderen Gegenden, und nicht nur in Mikronesien sondern auch in Polynesien nur noch als Eigennamen finden. Es sind dies meist ganz allgemeine Begriffe, — lep — lib — lab — ib — pi groß, rek rik trek klein, muku luku Ort, Insel, fanan farau pona bana Land u. s. w., daher es ein Irrthum von Hale ist (82 Anm.), wenn er glaubt, man könne aus diesen Namen Aufschlüsse über die Wanderungen der ozeanischen Stämme entnehmen.

Der Gilbertarchipel ist später, und zwar von den Karolinen aus bevölkert, wenigstens nach den Ueberlieferungen der Eingebornen, welchen gänzlich zu mißtrauen wir keinen Grund haben. Hale (und ähnlich auch Wilkes) erzählt nämlich (187 f.) nach dem Bericht

eines Engländers Kirby, der drei Jahre auf Kuria gelebt hatte,
eine Sage der Eingeborenen, nach welcher die ersten Ansiedler der
Gilbertinseln in zwei Booten von Bánab gekommen seien, und zwar
in Folge eines in ihrer Heimath wüthenden Bürgerkrieges. Dies Bánab lag, wie auf Makin ausdrücklich erzählt wurde (Hale 187), nach
Nordwesten zu, und kann nichts anderes sein, als Ponapi, dessen
Sprache, wie Hale (199) an einigen besonders schlagenden Fällen
nachweist, sehr genaue Berührungen mit der Sprache der Gilbertinseln hat. Kurz aber nach der Niederlassung dieser Ansiedler von
Bánab kamen, so heißt es weiter, gleichfalls in zwei Booten, Leute
von Süden aus dem Lande Amoi, schöner, heller, mit anderer Sprache,
als jene Einwanderer von Norden her, mit denen sie erst friedlich
lebten, später aber wegen der Weiber in Streit geriethen, in welchem
sie besiegt und erschlagen wurden. Die von Amoi hatten die Brodfrucht, die von Bánab den Taro mitgebracht. Dieselbe Ueberlieferung fand auch Gulick vor und erfuhr noch überdieß vom Capitän
Randall, wohl dem genauesten Kenner des Gilbertarchipels, in welchem er sich mehrere Jahre aufgehalten, daß die Häuptlingsfamilie
von Apamama vor vierzehn Generationen aus Tamoa gekommen sein
will (Gulick 415). Da nun die Sprachen des Gilbertarchipels kein
s haben, so ist jenes Amoi oder Tamoa wohl nichts anderes, als
Samoa, und wirklich fand Hale (189) sehr viel Aehnlichkeiten zwischen der samoanischen Sprache und dem Tarawa. Wir haben also
in den Gilbertinsulanern eine Mischung von Mikro= und Polynesiern
die vor noch nicht allzulanger Zeit, d. h. aber doch vor mindestens
400 bis 500 Jahren, wenn wir die vierzehn Generationen wörtlich
nehmen, wahrscheinlich aber noch früher entstand, da jene Zeitbestim-
mung nur der sagenhafte Ausdruck für einen großen und nicht mehr
genau zu bestimmenden Zeitraum ist. So kann man sie, aber nur
in diesem äußerlichen Sinne, als Bindeglied zwischen Mikro= und
Polynesien ansehen, ähnlich wie die Fidschiinsulaner eine vermittelnde
Stellung einnehmen zwischen Mela= und Polynesien. Aus dieser Mischung
ist auch vielleicht die dunklere Farbe der Gilbertinsulaner zu erklären,
da die Polynesier im Allgemeinen und namentlich die Samoaner
dunkler sind als die Mikronesier; daher erklärt es sich auch wohl, wie
Poulding bei Hale 88 dazu kommt, die Bewohner von Mili, also die
Rataker, für eine von den Gilbertinsulanern verschiedene Raçe zu erklären.

So haben wir denn vier Centren mikronesischer Entwickelung zu betrachten. Zuerst die alten Marianer vor der Unterjochung durch Spanier; dann die Karoliner, die, wenn auch mannigfach getrennt, doch ziemlich auf gleicher Stufe stehen; drittens den Marshallarchipel, der durch seine größere Abgeschiedenheit ein eigenthümliches Gepräge bewahrt hat; und endlich die Gilbertinseln, wo die mikronesische Bevölkerung durch polynesische Einmischung eine andere Gestalt angenommen hat. Nun meint zwar Hale (71), eine allgemeingültige Schilderung Mikronesiens sei bei der großen Völkermischung des Gebietes unmöglich, auch Gulick hat die einzelnen Districte einzeln geschildert und eine alles umfassende wissenschaftliche Darstellung Mikronesiens existirt unseres Wissens noch nicht. Ueberhaupt ist dieser Theil Oceaniens bisher noch nicht zu seinem Recht gekommen. Wie die Quellen gerade über dies Gebiet auffallend spärlich fließen, wie es nautisch und geographisch zu den unbekanntesten des ganzen stillen Meeres gehört, so hat man auch ethnologisch Mikronesien immer nur als Anhang an Polynesien behandelt, obwohl seine Bevölkerung als selbstständiger Theil des großen malaiischen Stammes eine selbstständige Behandlung fordern kann und muß, wenn alle ihre Eigenheiten ins richtige Licht treten sollen. Wenn wir nun eine solche versuchen, so hoffen wir trotz unseres verhältnißmäßig geringen Materiales und trotz jener mannigfachen Verschiedenheiten, welche denn doch nur individuelle Aeußerungen derselben Anlage sind, ein Bild geben zu können, welches die wesentlichen Züge Mikronesiens widergibt; wir hoffen ferner auch das zu erreichen, was Hale S. 70 verlangt, nämlich durch genaue Betrachtung der Sprache, Naturanlage, Sitte, Ueberlieferung u. s. w. klareren Einblick zu erlangen über den Ursprung, das heißt denn doch über die ethnographische Stellung der Mikronesier.

Die Marianer nannten sich selbst nach Magelhaens Bericht (Pigaf.) Chamorri, welches Wort nach Freycinet 2, 276 nur durch einen Irrthum zum Eigennamen geworden sein soll: es sei wohl entstanden aus dem Ruf der seefahrenden Eingeborenen: ꞡamo-ulin*) „brauch nicht mehr das Ruder." Doch schwankt Freycinet selbst und gibt 277 eine

---

*) Das ꞡ ist nach Lepsius stand. alphab. gewählt zur Bezeichnung des tch, welches Freycinet, oder des tj, welches Chamisso (42) anwendet. Auch Hale schreibt ꞡ.

andere Etymologie des Wortes aus spanisch chamorro „kurz geschoren.“
Allein beides ist falsch.   Der Name bezeichnete nur die vornehmen Marianer, nur die, welche wirklich frei und selbständig waren, den Adel der
Nation; und ebenso finden wir es wieder auf den Karolinen, wo
z. B. tamön, tamor oder tamol als Name der Vornehmen auf Wolie
und einigen andern Inseln geläufig sind.   Ganz dasselbe Wort treffen
wir in Polynesien, zunächst auf der kleinen Insel Rotuma, von der
sich bei Hale ein kurzes Vokabular findet.   Gamuri bezeichnet daselbst
einen Mann von niederem Rang, einen Mann aus dem Volke.   Das
Wort ist zusammengesetzt aus rotum.   Ga Mann (bei Marsden ta),
welches sich. auch in den meisten übrigen malaiopolynesischen Sprachen findet, tagal. tavo, marian. tau-ta, in allen polynes. Dialecten
ta-ne oder erweitert tangata, taata, kanaka u. s. w., und aus rot.
müri, welches Hale als nur in dieser Zusammensetzung vorkommend,
welche gemeiner Mann, Mann der niederen Kaste, bedeutet, nicht
weiter erklärt.   Das müri, karol. -mör -mön -möl wird nicht verschieden
sein vom polynes. maóri (Neuseel. Tahiti), maóni maoi (Samoa),
moóni (Tonga), maoli (Hawaii), maoi (Nukuhiva, Mangareva), mari
(Rarotonga) „wahr eingeboren ächt einzig nur“ (Hale s. o.), welche
Worte auch im Polynesischen den eingeborenen Namen des ganzen
Stammes bilden, aber nie allein, sondern stets mit tangata verknüpft
(Schirren 48 Note).   So haben wir auch im marian. chamorri,
chamoru nichts anderes zu sehen als Ga-moru, den eingeborenen Mann,
wie die karolinischen Formen und rotumanisch Ga-múri dasselbe bezeichnet.   Da nun der Adel dieser Länder die allein freien, die allein
wahren Menschen waren, so kann es nicht wundern, wenn man
ihn vorzugsweise Ga-moru eingeboren, autochthon, nannte und so
beschränkte sich in Mikronesien dieser Name, welcher eigentlich dem
ganzen Volke gehörte, auf die Vornehmen.   In Polynesien erhielt er
sich entweder fürs ganze Volk, oder wurde, wie in Rotuma, auf den
niederen Stand eingeschränkt.   Auf keinen Fall aber dürfen wir annehmen, daß durch diese Bezeichnung irgend wie die Annahme einer
melanesischen Einwanderung oder Urbevölkerung unterstützt werde; Gamuri, tangata maori heißt Autochthone, Einheimischer, wie ähnliche
Namen auch bei europäischen Völkern geläufig sind und wird, wenn
es zum Unterschied von andern Völkern angewandt wird, höchstens
nur im Gegensatz zu den gleichfalls polynesischen Bewohnern des

übrigen Archipels gebraucht; jeder betrachtete sich auf seiner Insel als ursprünglich zu Haus. Sicher gehört auch der Name der More-ore, der Bewohner der Warekauriinseln, so wie noch manches einzelne mikronesische hierher, dessen weitere Verfolgung uns zu weit führen würde.

Diese Chamorris nun hatten nach Garcia de Loaisa, welcher die Inseln 1526 besuchte, langes Haar und vollen Bart (Navarrete V, 49). Das Haar war schwarz und schlicht und fiel den Weibern bis auf den Gürtel (Pigaf. 60). Daß sie deu Bisayas sehr ähnlich gesehen sagt Fra Juan de la Conception bei Chamisso 43 und hierzu stimmt auch Pigafettas Angabe, der die Marianer ganz wie die Tagalen schildert, olivenbraun die Männer, die Weiber lichter, auch zierlicher und schlanker als die großen und starken, aber wohl proportionirten und schönen Männer (60, 70). Bei der Geburt (Pig. 70) waren die Kinder weiß, wie dies bei farbigen Völkern immer der Fall ist. Auch der Jesuit le Gobien, der sein 1701 erschienenes Buch nach den Memoiren der auf den Marianen seit 20 Jahren wirkenden Missionäre, nach Briefen von ihnen und offiziellen Missionsberichten schrieb und der zwar deshalb mit Vorsicht benutzt werden muß, aber dennoch für vieles unsere Hauptquelle ist, auch le Gobien schildert (45 f.) die Marianer den Tagalen an Gesichtszügen, Sprache und Farbe ganz gleich, nur daß sie etwas heller seien als die letzteren, auch er nennt sie groß und schön gewachsen und größer und kräftiger als die meisten Europäer. Die Insel Rota war namentlich durch die Schönheit ihrer Einwohner berühmt (Freycinet 2, 227). Trotz dieses hohen, ja wie Careri (1695) sagt riesenhaften und derben Wuchses, trotz einer Neigung zum Fettwerden (Noort 1599; allg. Hist. d. Reisen XI, 368) — namentlich der Bauch war dick und trat oft stark hervor (Freyc. a. a. O. le Gobien 47), eine Erscheinung, welche wohl in der meist vegetabilischen Nahrung der Insulaner ihren Grund hatte — waren sie körperlich geschickt, leicht beweglich und oft von erstaunlicher Muskelkraft (Careri 5, 298). Wie alle Polynesier zeichneten sie sich aus als tüchtige Schwimmer und Taucher; doch waren sie als Fußgänger nicht minder kräftig. Diese Vorzüge der körperlichen Bildung gehörten indeß vorzüglich dem Adel an; das geringe Volk war schwächer, kleiner, minder schön (Freycin. 2, 277).

Finden wir in dieser Beschreibung mancherlei, wodurch die

Marianer den Tagalen nahe rücken, so gehören sie doch auch schon dem Aeußeren nach näher zu den Polynesiern; ja Dampier (Craw-fard a 268) nennt sie den Bewohnern der Philippinen wenig ähnlich. Letztere haben meist platte, die Marianer ziemlich hohe Nasen. Doch ist nicht zu läugnen, daß sie den Völkern Malaisiens von allen Oceaniern am nächsten stehen; sie nehmen eine vermittelnde Stellung zwischen beiden ein, trotzdem sie den östlichen Völkern näher angehören.

Auch heute noch, obgleich die alte Bevölkerung zum Theil ver-nichtet, zum Theil so stark mit Tagalen und anderen Malaiopolynesiern versetzt ist, daß sie mit ihrer Sprache jegliche alte nationale Eigen-thümlichkeit verloren zu haben scheint, nehmen die Bewohner der Marianen eine vermittelnde Stellung ein zwischen den Malaien und den Polynesiern (Birgin 2, 113). Während nun Kittlitz (2, 138) in ihrer Nationalphysiognomie nur den allgemein malaiischen Grundtypus als feststehend erkannte, nennt sie Gulick den Bewohnern der westlichen Karolinen ähnlich (N. M. 171). Diese Aehnlichkeit kann indeß nicht auf der Einwanderung oder dem Verkehr dieser Karoliner mit den Marianen beruhen; denn wenn auch beides statt-gefunden hat (Freycin. 2, 277) und stattfindet, so ist es doch viel zu geringfügig, als daß es die Physiognomie der Bevölkerung hätte umändern können. Uebrigens ist dieselbe heut zu Tage häßlich genug: schlichtes schwarzes Haar, grobe Backenknochen, dicke Lippen und Nasen-flügel, plumpe und zu kurze Beine, dicke Gliedmaßen und sehr dunkle Haut schreiben ihnen Quoy und Gaimard (D'Urville a Zoo-logie 28) und Birgin zu, welcher die Weiber ganz besonders häß-lich nennt. Häufig ist (nach Quoy und Gaimard) ihr innerer Augenwinkel schief gezogen, jedoch ohne daß die Lider wie bei den Chinesen angeschwollen sind. Dasselbe berichtet le Gobien (45) von den alten Marianen und wenn er eine Einmischung von Japan aus für nicht unmöglich hält, so muß zugestanden werden, daß Japa-nesen allerdings nicht allzu selten sei es freiwillig sei es von Stürmen verschlagen nach den Marianen gekommen sind; allein man darf auch ihren Einfluß wohl kaum für so mächtig halten, daß er die physische Natur des Volkes umgeändert habe; und dazu kommt, daß schiefe Augen auch sonst in Mikro- und Polynesien, aber auch bei anderen Völkern gar nicht so selten erwähnt werden.

Schwieriger ist es, sich von den Bewohnern der Karolinen ein

Gesammtbild zu machen, da die einzelnen Gegenden dieses ausgedehnten Gebietes mannigfach von einander abweichen. Mertens der mit Lütke und Kittlitz reiste, schildert (recueil des actes de l'acad. de St. Petersbourg 1829, 109) die Karoliner im allgemeinen als mittelgroß und darüber, eher hager als fett, mit hoher fliehender Stirn, eingedrückten Schläfen, schön geschnittenen Augen mit guten Brauen, platter, im ganzen jedoch wohlgebauter Nase, ziemlich großem Mund, dicken Lippen, wenig hervorstehenden Backenknochen, vorstehendem Kinn und nur bisweilen starkem Bart. Sie sind etwas minder schlank und nicht so zierlich gewachsen als die Polynesier im engeren Sinne, meist auch dunkler als diese, kastanien- oder olivenbraun, was Quoy und Gaimard (D'Urville Zoolog. a, 26) durch das heiße Klima ihrer Inseln und deren geringere Erhebung über den Ocean verursacht glauben. Darin aber sind sie wieder ganz den Polynesiern ähnlich, daß auch bei ihnen die Vornehmen größer und schöner sind als das Volk, welches Lesson geradezu häßlich und unter mittelgroß nennt. Specialisiren wir nun dies allgemeine Bild. Padilla (1710; Coreal voy. 2, 293; Gomara 300; Clain im 15. Bd. der lettres édif.) nennt die Bewohner der westlichsten Karolinen olivenbraun oder noch dunkler und fast kraushaarig. Die Bewohner der Palaus sind dunkel kupferbraun, mittelgroß, gut gewachsen, von tüchtiger Musculatur; sie haben langes schwarzes Haar, aber nur selten vollen Bart, da sie die keimenden Barthaare sofort mit der Wurzel ausrupfen (Keate 36). Ihre Augen sind seltsam röthlich, wie mit Blut unterlaufen (Pickering 219) und häufig schief (Roquemaurel bei d'Urville b, V, 342). Krause Haare, starke Bärte, hellere oder auch sehr dunkele Farbe (Clain bei Sprengel 10, 206) finden sich in jenen Gegenden gleichfalls (Cantova 1722, bei Sprengel 10 214), so z. B. sind die Bewohner der kleinen Insel Tobi licht kupferfarbig, nicht dunkler, wie die Spanier von Manila, während sie sonst mit ihren breiten platten Nasen, den starken Backenknochen ganz den Bewohnern der Palaus gleichen, nur daß sie bessere Zähne haben, da sie keinen Betel kauen wie jene. Körper- und Barthaare reißen sie aus und zwangen auch die gefangenen Engländer ein gleiches zu thun (Horaz Holden bei Pickering 224. 230). Auch die Bewohner von Pegan, welche Meares 1, 126 den Sandwichinsulanern ähnlich fand, zeichneten sich, als sie Carteret (1, 388) entdeckte, durch schöne Zähne und angenehme Gesichtszüge aus; sie waren stark, behend und hurtig. Die Bewohner von Eap sind von lichter, hellkupferfarbiger Haut, schön gewachsen und kraushaarig; manche Weiber sind ganz besonders hell und hübsch (D'Urville a, V 391; Roquemaurel bei dems. b, V, 341; Cheyne 143 — 4). Zwar gibt es auf der Insel, wenigstens nach Kadu's Bericht bei Chamisso 126 einen District mit auffallend kleinem Menschenschlag; allein da sich in demselben auch ganz besonders viele und .auffallende Mißgeburten, welche sonst im ganzen Gebiete selten sind, finden, so haben wir es sicherlich hier nur mit einer ungesunden Gegend zu thun und nicht an stammfremde Elemente zu denken. Während die Eingeborenen von Ulithi (Lütke 2, 310) sich durch aufgestülpte Nasen und dicke Lippen in etwas von dem allgemeinen Typus der Karolinen entfernen, dem sie in allen übrigen Stücken gleichkommen (Kittlitz 2, 417), repräsentiren die Bewohner der Centralgegenden des Archipels, die von Wolie, Satawal, Tamatam u. s. w., welche von angenehmen Gesichtszügen, hoher Stirn, theils schlicht, theils kraushaarig und olivenschwarz bis kupferroth sind (Freycinet 2, 93), diesen Typus ohne hervorstechende Abweichungen. Dagegen haben die Eingeborenen von Truk eine kleine, bisweilen runde Stirn, schiefe Augen, plattes Gesicht mit wenig vorspringender Nase (Desgraz bei D'Urville b, V, 312), die auch, bei dünneren Lippen, minder breit ist; ihr Haar ist meist schlicht (Lütke 2, 95). Die Bewohner von Lukunor sind kastanienbraun, mittelgroß, aber stark; sie haben ein plattes Gesicht und eine an der Wurzel eingedrückte, an den Flügeln aufgeworfene Nase, einen dünnen, bisweilen aber langen Bart (Lütke 2, 66). Die Senjawininsulaner (die kleinen Inseln um Ponapi) sind nach Lütke (2, 25) papuaähnlicher; er schreibt ihnen eine platte und breite Nase, breites Gesicht, dicke Lippen, große vorstehende Augen und eine kastanien= oder olivenbraune Farbe zu. Doch sind sie heller als die Kusaier, denen die Bewohner von Etal, Lukunor und Sotoan ähnlich sehen (Kittlitz 2, 70) und manche haben langes lockiges Haar (eb.), so daß auch hier an wirklich melanesische Elemente nicht zu denken ist. — Sehr viel reichlicher fließen die Quellen über die beiden Inseln der Karolinen, welche am häufigsten besucht werden, über Ponapi und Kusaie. Die Bevölkerung der ersten Insel ist nach Rojas 184 kupferbraun, die Weiber jedoch viel heller, oft von kaukasischer Physiognomie; indeß

sah Rojas einen Häuptling, der mit seiner ganzen Familie chinesisch
aussah, welches Aussehen wohl nur durch schiefstehende Augen hervorgerufen wurde, wie sie auch Birgin daselbst beobachtete (2, 101).
Auch Gulick (177 f.) hebt ihr Aeußeres hervor, nicht selten findet
man bei ihnen eine hohe Stirn, die meist gut entwickelt, nicht zurück-
flieht, zartgezeichnete Augenbranen, lange schlanke Adlernase, dünne
feingeschnittene Lippen und ein wohlgeformtes Kinn. Die Augen sind
schwarz und durchdringend, die Haare pechschwarz und leicht gekräuselt,
bisweilen sehr kraus. Ihr Gesicht ist oft nur wenig breiter als das
der Europäer, die Ohren klein, die Zähne vollkommen gut. Die
Mehrzahl allerdings hat, wie auch Gulick angibt, niedrigere und
plumpere Nasen, als die Europäer, dicke Lippen und breiten Mund
(Novara 2, 416). Ihre Figur ist nur mittelgroß (5' 8" ist
Durchschnittsmaß für die Männer, Novara a. a. O.), da sie verhältnißmäßig kurze Beine haben. Gulick nennt sie kupfer- bis olivenbraun, Birgin (2, 101) dunkelrothbraun, wie die Bewohner von
Nive. Allein der letzteren Behauptung widersprechen die Abbildungen bei Birgin selbst, welche den Ponapiten bedeutend heller als die
Eingeborenen von Nive und nur gelbbraun darstellen. Die Häuptlinge sind, weil sie mehr Schutz vor Wetter u. dergl., so wie überhaupt ein besseres Leben haben, im Allgemeinen von hellerer Farbe
als das Volk (Novara 2, 416). Auf ihre Schönheit sind diese
Insulaner stolz und nach Gulick, der doch sonst ein strenges Urtheil
hat, mit Recht, ihre Weiber sind oft von überraschender Anmuth und
ihre Kinder bisweilen äußerst reizend. Ebenfalls ziemlich hellgefärbt
sind die Bewohner von Pingelap und Mokil (Cheyne 92 f.), so
wie die Kusaier, obwohl es auch unter ihnen dunklere Individuen mit
gröberem Haare gibt. Kittlitz nennt sie geradezu dunkel kupferbraun
(1, 351), welches wohl etwas zu allgemein behauptet ist. Denn sonst
ist das Haar zart, der Wuchs klein und zierlich, auch hier die Augen
leicht schiefstehend, wie eingesunken (Gulick 238) und die Weiber besonders hell (Lütke 1, 352) und trotz ihrer stets hängenden spitzen Brüste
nicht ohne Anmuth, klein, mit schwarzen Augen, sehr guten Zähnen und
minder dicken Lippen als die Männer (Kittlitz 2, 3). Doch ist, trotz
ihrer Kleinheit und Magerkeit und trotz einer fast unglaublichen Biegsamkeit
der Glieder ihre Muskelkraft bedeutend (eb. 354). Ihr Bart ist
dünn und wird meist ausgerissen.

4 *

Kittlitz sowohl (2, 10) wie Birgin (a. a. O.) stellen diese Mikronesier zwischen Polynesier nnd Malaien, und gewiß mit Recht; und gewiß mit Recht weist der Erstere Lesson's Ansicht einer mongolischen Einmischung als vollkommen grundlos zurück. Nachdem wir aber so die einzelnen Inseln durchwandert haben, werden wir wohl Arago beistimmen müssen, wenn er (2, 30) sagt, daß Physiognomie und Hautfarbe auf den Karolinen sehr verschieden sei; wir werden ferner Hales schon vorhin erwähnten Ausspruch, in Mikronesien herrsche eine Völkerverschiedenheit wie im römischen Reich, zwar seiner Veranlassung nach begreifen, zugleich aber auch auf sein richtiges Maß zurückführen können.

Saavedra (1526 und 1529) war wohl der erste Europäer, wenigstens von dem wir Kunde haben, welcher den Marshallarchipel besuchte; ihm folgte Juan Gaetan 1542. Saavedra schildert die Bewohner seiner Inseln der Könige (1526), der Bärtigen (1529) oder der Gemalten (los Pintados), der heutigen Ralikkette (Gulick 298), als dunkelfarbig, mit starken Bärten, von wilder Gemüthsart, die der Garteninseln, welchen Namen Gaetan gab, des heutigen Ratak als hell und freundlich. Chamisso dagegen (87) und ebenso Gulick (302), welche in neuerer und neuester Zeit am genauesten und zuverlässigsten über diese Inseln berichtet haben, nennen Beide die Bewohner beider Inselreihen dunkler als die Karoliner, so daß wir sie zu den dunkelsten Bewohnern der Südsee zu zählen haben. Das Haar ist schwarz, schlicht, hinten in einen Knoten gebunden, bei Kindern dagegen frei hängend und lockig; die Bärte sind lang, aber nicht dicht. Ihr Wuchs ist hager, und ihre Farbe erscheint in der Ferne durch sehr reichliches Tattuiren fast schwarz (Kotzebue 2, 46. 39). Die Stirn ist hoch gewölbt, die Nase gebogen, die Augen, welche nach Meinicke (Zeitschr. f. allg. Erdk. n. F. 10. B. 396) bisweilen schwarz sind, nennt Kotzebue braun. Ihre Knochen sind fein, Hände und Füße klein und zierlich (Kotzebue 2, 61), und auch Chamisso schildert sie als nicht groß, nicht stark, aber bis auf die Zähne wohlgebildet, welche wegen der süßen Pandanusfrüchte, die sie fortwährend genießen, früh schlecht werden. Durch Größe, Stärke und Schönheit zeichnen sich vor allen übrigen Ratakern die Bewohner von Likieb nach Kotzebue 2, 123 aus, vielleicht in Folge reichlicherer Fischnahrung, während man auf den übrigen Inseln

meift nur kärgliche Pflanzennahrung genießt. — Die Bewohner
von Mili, ganz im Süden der Ratakkette, sind ziemlich hell ge=
färbt — ob auch Saavedra von einer solchen lichteren Insel
spricht? — mittelgroß, gut gewachsen, nur selten mit dicken Lippen
und breiten Nasen und schöner als ihre südlichen Nachbaren, die
Gilbertinfulaner.

Diese letzteren schildern ihre Entdecker, Marshall und Gilbert
(1788), als fett und wohlgenährt, schön, stark und gutgewachsen,
kupferfarbig mit langem schwarzem Haar, schwarzen Augen und guten
Zähnen (Marshall 183. 186. 201). Die Farbe wechselt, einige
Inseln, z. B. Makin (Hale 94), sind heller, andere wieder dunkler,
wie das von Hale besuchte Tapiteouwea. Wenn aber Hale (93)
auch hier wie auf Ponapi eine melanesische Urbevölkerung annimmt, so
kann er dafür nicht einmal die Scheidung der Stände anführen; denn
diese herrscht auf Tapiteouwea wenig und ist z. B. auf Makin, wel=
ches doch durchgehend hellere Bewohner hat, viel stärker. Meist sind
die Gilbertinfulaner dunkler als die eigentlichen Polynesier, während
aber nach Lesson die Farbe der Mikronesier von hier aus nach We=
sten zu immer dunkler wird, behauptet Gulick, der entschieden die
genaueste Kenntniß dieses Gebiets besitzt, daß diese Menschen dunkler
seien, als alle westlichen Mikronesier (410), welche Farbe Meinicke
für die Folge der tropischen Sonne und des stärkeren Einflusses der
Luft erklärt. Auch Gulick sagt, daß die Gilbertinfulaner größer, plum=
per und corpulenter (letzteres wie in Polynesien namentlich die Häupt=
linge) seien, als alle anderen Mikronesier, und Hale (94) sah auf
Makin einen Menschen von so unbehülflicher Dicke und so colossalem
Wuchse, daß man bei der Beschreibung desselben an den Wuchs der
hawaiischen Fürsten erinnert wird. Nach Süden zu nimmt in der
Gruppe die Zierlichkeit des Wuchses immer mehr ab (Gulick 410):
zum deutlichen Beweis, daß diese stärkere Corpulenz eine Folge jener
polynesischen Einwanderung ist, von der wir oben sprachen. Die
Haare waren auch hier schwarz glänzend, leicht gekräuselt oder ringel=
lockig; ihre schwarzen Bärte, die einige nur auf der Oberlippe, einige
nur ganz schmal am Kinn (wie es Lesson auch auf den Karolinen
fand), andere ungeschoren trugen (Byron 1, 110), sind ziemlich voll.
Backenknochen und Kinn stehen vor, auch die Nase ist vorspringend,
adlerförmig, oft aber unten etwas dick; der Mund ist groß, die Lippen

voll (Hale, Gulick) — also auch hier tritt uns der gewöhnliche Typus Mikronesiens entgegen. Wollen wir schließlich noch ein paar Worte von jenen einzeln gelegenen Inseln Nawodo und Banaba sagen, so fand Michelewa y Rojas (176) die Bewohner der ersteren schöner als alle anderen Polynesier, mit starkem Bart und kurzgeschnittenem Haar. In letzterem unterscheiden sie sich von den Bewohnern von Banaba, welche bartlos sein sollen (Simpson bei Cheyne 77 f.). Sicher steht sich die Bevölkerung beider Inseln sehr nahe; sie sind hellkupferfarbig, mit wohlgeformten Gesichtern (namentlich sind die Weiber hübsch) und schwarzem krausen Haar Cheyne 76). Nach Cheyne (79) gleichen sie ganz den Ponapiten, während Meinicke (a. a. O. 384) sie ganz zu den Gilbertinsulanern rechnet: sie werden wohl beiden gleichen, indem sie den mikronesischen Typus bei ihrer Abgeschiedenheit ziemlich rein bewahrt haben.

Die hohe Stirn der Mikronesier wird überall erwähnt, so in Beziehung auf Ratak von Kotzebue (2, 39), auf den Gilbertarchipel von Gulick (411), für die centralen und westlichen Karolinen von Freycinet (2, 93), für Kusaie, Ponapi und den Osten von Mertens (recueil des act. de l'acad. de St. Petersb. 1829, 109), welcher letztere die Stirn zurückfliehend und an den Schläfen zusammengedrückt nennt. Dies stimmt überein mit dem was Welcker (Archiv für Anthropol. 1. H., S. 152, 1866) und Davis (anthrop. review 4, 48 ebendaher), über die Schädelform der Bewohner des stillen Oceans gelehrt haben. Davis stellt nämlich, ausgehend von der eigenthümlichen Form des karolinischen Schädels, der bei großer Länge und Schmalheit eine auffallende Höhe besitzt und durch starke Seiten- und Scheitelhöcker ausgezeichnet ist, die Völker, welche eine solche Bildung zeigen, zu einer eigenen ethnographischen Gruppe zusammen, da sich diese Schädelform auch sonst im stillen Ocean findet, z. B. bei den Hawaiern, die einen von einer tiefen Furche umzogenen stark abstehenden zitzenförmigen Scheitelhöcker zeigen, bei den Papuas, allen Malaien u. s. w. (Welcker a. a. O. 133). Welcker, welcher sehr richtig nicht die einseitige Hervorhebung von Höhe oder Breite, sondern das Verhältniß zwischen beiden als die Hauptsache bei Schädelmessungen hinstellt, auf die man systematisirend fußen könne, Welcker entwirft nach diesem System, welches die Eigenthümlichkeiten der Schädel gewiß sehr richtig wiedergiebt, fünf Hauptklassen der Menschheit, deren erste und zweite, die hypsistenocephali, die schmalen Hochköpfe und die brachystenocephali, die breiten Hochköpfe, wie sie näher miteinander verwandt sind, auch alle die Völker umfassen, die uns hier näher beschäftigen. Die Höhe wiegt bei beiden vor und nur bei den Maduresen und den Makassaren steht sie mit der Breite gleich, ist aber auch bei diesen im Verhältniß zu anderen Völkern auffallend groß. Es ist von Wichtigkeit für uns, zu sehen, daß alle Völker von Malakka bis zur Osterinsel und von Hawaii bis zur Westküste von Neuholland, also Malaien, Mikro-, Poly-, Melanesier und Australneger gleiche oder doch verwandte Schädelbildung zeigen. denn wollen wir diese Völker alle als einen großen Zweig der Menschheit betrachten, so kann wenigstens von Seiten der Kraniologie nichts dagegen eingewandt werden. Man sieht nach allem diesen nicht ab, wie Quatrefages in dem schon vorhin erwähnten Aufsatz in der revue des deux mondes (histoire naturelle de l'homme Februar 1864, 522 f.) behaupten kann, daß die Polynesier in ihrem Schädelbau alle Eigenthümlichkeiten der „drei großen Racen" gemischt hätten, wenn nicht Quatrefages zu dieser Behauptung erst in Folge seiner Ansicht, die Malaien seien aus den 3 großen Racen Südasiens, der weißen, schwarzen und braunen gemischt, entstanden ist — welche Erkenntniß indeß, wie er selbst 527 bemerkt, „den meisten Anthropologen bis jetzt entgangen ist". Entgangen nun wohl nicht: denn wie oft ist sie in den verschiedensten Reisewerken ausgesprochen. Aber mit Recht hat sie nirgends Billigung gefunden, da sie bei wissenschaftlich genauer Betrachtung der Natur und Geschichte des Stammes sich als falsch erweist.

Auch darf man nicht aus der verschiedenfachen Gestaltung des polynesischen Schädels, wie v. Baer (a, 68) will, auf eine Einmischung von melanesischem Blut schließen: denn die vorhin aufgezählten Schwierigkeiten, die sich gegen diese Annahme erheben, entkräftet eine kraniologische Aehnlichkeit nicht und andererseits erklärt sich' die Aehnlichkeit des Papua- und Australnegerschädels mit dem polynesischen und malaiischen — denn auch letztere ist vorhanden — viel leichter, wenn wir diese Völker für einen freilich schon lange abgetrennten aber verwandten Stamm halten.

Der Gesundheitszustand des ganzen Gebietes war bei der ersten Bekanntschaft mit den Europäern vortrefflich. Auf den Marianen

gab es nur wenige Krankheiten (le Gobien 47) und die Lebens-
dauer war oft eine sehr lange, wie denn der Pater Sanvitores im
ersten Jahr seiner Ankunft (1668) 26 Männer taufte, welche alle
über 100 Jahr alt gewesen sein sollen (le Gob. 47). Hautkrankheiten kamen indeß vor (eb. 231) und die schlimmste Form des Aussatzes, das Lazarusübel, welches Arago, und auch dieser trotz Vir-
gins Behauptung (2, 115) wohl kaum übertrieben und Freycinet
(2, 283) so fürchterlich geschildert haben, sah schon van Noort, als er
1599 die Ladronen besuchte, an mehreren Individuen. Den Gesundheitszustand der Ratakinseln und der Karolinen rühmen Kotzebue
(2, 62 f. 92 f.) und Chamisso (114) sehr, indem sie sich namentlich über die geistige Frische und Regsamkeit der Greise, die auch hier
nicht selten ein außerordentlich hohes Alter erreichen, freuen. Auch
sind nach Chamisso (114) Hautkrankheiten auf Ratak nicht zu Hause,
die sich aber bei der sonst gesunden Bevölkerung der Karolinen nicht
selten fanden, so namentlich eine Art Ichthyosis und Aussatz (Kittlitz 2, 11, 396; Virgin 2, 103). Aehnliches berichtet Keate 150 f.
von den Palaus, D'Urville von Truk, Cheyne von Ponapi (106)
wo namentlich die Kinder bis zum 5ten Jahre von sehr bösen schwären-
den Blattern heimgesucht sind (122). Obwohl nun diese Uebel jedes
Alter und Geschlecht anfallen und bisweilen sehr schmerzhaft sind, so
thun die Eingeborenen vollkommen apathisch in den meisten Fällen
nichts dagegen, da sie doch ein Mittel kennen, wodurch die Krankheiten
im Beginn zu heben sind, und sich auch sonst wohl manches dagegen thun ließe. Denn ein Knabe, der über und über von einem
schuppigen Aussatz bedeckt war, verlor denselben gleich, als Cheyne
ihn zu sich aufs Schiff nahm und er dort nur gesalzene Nahrung genoß (106). Krüppelhafte Mißbildungen sind sehr selten, werden aber
doch einzeln von den einzelnen Inseln Mikronesiens erwähnt und
namentlich war nach Kadu's Angaben, der lange auf dieser Insel lebte,
Eap reich daran. Taubstumme, deren Chamisso auf Ratak einen
sah, sind auf Eap häufig (Cham. 126). Auch Albinos, welche in
Polynesien nicht selten erwähnt werden, finden sich ab und zu in
Mikronesien.

Der jetzige Zustand aber ist anders, als jener alte, denn durch
die Berührung mit den Europäern sind eine Menge Krankheiten eingeführt, welche sehr verheerend gewirkt haben. Auszehrung, welche

übrigens schon früher in einzelnen Fällen vorkam, ist jetzt häufig in Ponapi, welches 1843 durch eine Dysenterie, 1845 durch Influenza (Cheyne 122), 1854 durch die Blattern (Novara 2, 395) aufs furchtbarste verwüstet worden ist. Von Ebon wird aus 1858—9 von Gulick ähnliches berichtet. Nach dem Gilbert- und Marshall- archipel ist die Syphilis durch Seeleute eingeschleppt (Meinicke a. a. O. 398) und ebenso sind Kusaie und Ponapi durch die Waler herunter- gekommen (Gulick 245). Am schlimmsten auch in dieser Hinsicht ist es den Marianen gegangen, deren Einwohner schon während der Unterjochung durch die Spanier, noch viel mehr aber im Anfang des 18ten Jahrhunderts von furchtbaren Seuchen aufgerieben sind (le Gob. 140, 376; Freycinet 2, 281 f.). Nach Freycinet a. a. O. ist allerdings die Syphilis daselbst sehr selten; dagegen hat der Aussatz in seinen fürchterlichsten Gestalten sehr überhand genommen und mit ihm die Indolenz der Bewohner.

Ueber die gegenwärtige Kopfzahl der mikronesischen Bevölkerung haben wir genaue Angaben bei Gulick (170), welcher für die 15 Korallengruppen des Gilbertarchipels 40—50000 Seelen angibt — und doch ist diese erstaunliche Zahl noch eher zu niedrig als zu hoch, denn der Kapitän Randall, dessen wir schon mehrfach als des ge- nauesten Kenners dieser Inseln Erwähnung thaten, gibt die Zahl sogar auf 50—54000 an. Das kleinste Atoll hat 1000, die meisten anderen 2000, Nukunau 5—6000, Monoti 6—7000, Tapiteouwea sogar 7—8000 Einwohner (Gulick 358; 410). Der Marshalls- archipel hat etwa 10000 Seelen; keine unbedeutende Zahl, wenn man den geringen Flächeninhalt des bewohnbaren Landes und seine noch geringere Nährkraft bedenkt. Einige Atolls (so Ebon) haben 1000, andere freilich nur 20—50, die meisten 200—500, Erikub, Bikar, Taongi gar keine Bewohner. Die Zahl der Karoliner beträgt (Gulick 170) etwa 25000*), von denen mindestens 14700 allein auf die hohen Inseln Kusaie, Ponapi, Truk, Yap und Palau kommen. Früher waren diese Zahlen noch höher. Hale fand 1840, nach Punchards Angaben, eines Engländers, der lange auf der Insel gelebt hatte, auf

---

*) 25000 Einwohner sagt Gulick (170) ausdrücklich und eine annähernd gleiche Zahl ergibt die Addition der Bevölkerungsziffern, welche er 358 f. für die einzelnen Inseln anführt. Truk sagt er (175), hat allein 5— 10000 Seelen. Meinicke irrt also, wenn er a. a. O. sagt, nach Gulick hätten die niederen Karolinen nur 7000, die hohen nur 10000 Einwohner.

Ponapi 15000 Einwohner (81); und wir werden diese Zahl nicht
übertrieben finden, wenn nach jener furchtbaren Epidemie, die wir oben
erwähnten, die Zahl jetzt noch 5000 beträgt.   Ebenso ist die Bevölkerung von Kusaie in den letzten 20 Jahren fast auf die Hälfte
zusammengeschmolzen; 1852 betrug sie noch 12 — 1300 Menschen
und Gulick (245) fand nur noch 700 vor.   Allerdings gibt schon
Kittlitz (1828) die Bewohnerzahl der Insel nur auf 409 Männer
und 301 Frauen an (2, 9) und wundert sich selbst über diese geringe
Zahl, da die Insel 50 Dörfer hat.   Allein er muß sich nach Gulicks genauen Angaben geirrt haben, wodurch veranlaßt, ist freilich
schwer zu ermitteln: vielleicht war ein Theil der Bevölkerung außer
Land, denn überseeische Expeditionen sind in ganz Mikronesien nichts
seltenes.   Die Mitte der Karolinen, welche weniger besucht ist, sowie
der Westen sind weniger arg decimirt.

Die Karolinen sind also verhältnißmäßig gut bewohnt, denn auf
die Quadratmeile kommen ungefähr 1450 Menschen.   Indeß bemerkt
Meinicke (395) mit Recht, daß die niederen Inseln eine weit zahlreichere Bevölkerung haben als die hohen, denn während bei jenen
(nach seiner Ansicht; nach Gulick noch viel mehr) 7000, so kommen
bei diesen kaum 700 auf die Quadratmeile.   Ganz Ratak beträgt nur
eine Quadratmeile und hat 6000, Ralik von gleicher Größe 4000
Einwohner, allein der Gilbertarchipel, der auch nur 2 Quadrat-
meilen umfaßt, hat auf jeder derselben bei wie wir sahen recht ungünstigen Bodenverhältnissen 25,000 Seelen.   Diese Erscheinung ist
zu auffallend, als daß man nicht nach einer Erklärung derselben sich
umschauen sollte.   Ob man diese nicht in der Mischung der Gilbertinsulaner mit Samoanern finden kann?   Auch die Fidschis sind, wie
wir noch sehen werden, ein besonders kräftiger Menschenstamm: ob
auch im Gilbertarchipel die Mischung zweier Elemente, von denen
freilich das eine, die Samoaner, sich durch besondere Kraft auszeichnet,
dem Volke eine höhere und reichere Entwickelung gab?   Wird das
Gesetz der Mischung verschiedener Elemente, welches bei der Ver-
edlung und Erhaltung guter Racen durch die ganze Natur von solcher Wirksamkeit ist, nicht auch beim Menschengeschlechte gelten?

Von der ursprünglichen Zahl und dem unglücklichen Geschick der
Marianer haben wir schon geredet.   Die heutige Bevölkerung von
Guam betrug nach Virgin (2, 114) im Jahre 1852 etwa 7000

Seelen, davon auf die Hauptstadt Agadna etwa 5000 zu rechnen sind; allein 1855—6 hat die Bevölkerung durch eine Seuche
wieder neuen großen Schaden erlitten (Gulick 171). Leute von
rein marianischem Blute wollte Freycinet (2, 277) nur noch
auf Rota, das auch Anson 1742 (463) noch von 2—300 Menschen
bewohnt fand, angetroffen haben. Guam könnte nach d'Urville
(a V, 286) leicht an 40,000 Einwohner ernähren. Die jetzige Bevölkerung, welche gewaltig wie an Zahl so an Sitten absticht von
der, welche Pigafetta, Saavedra, v. Noort u. a. antrafen,
ist schmutzig, träge, indolent. Seefahrer sind sie schon lange nicht
mehr, ihre Kähne, ihre Hütten sind wie ihr ganzes Leben elend.

Einige nicht unwesentliche Züge werden dem Bild, welches wir
uns von der äußeren Erscheinung der Mikronesier machen müssen,
noch hinzugefügt durch einzelne auffallende Sitten dieser Stämme,
von denen eine vor Zeiten bei allen Malaien herrschend sich nirgends
so lange gehalten hat, als in dem am wenigsten berührten Mikronesien. Wir meinen das Durchbohren der Ohrläppchen, um Schmuck
in die Oeffnung zu stecken, wo neben einzelne Völker, wie die Kusaier (Gulick 238) und die Bewohner von Eap oder Ngoli*)
(Drake bei Sprengel und Forster, neue Beiträge zur Völker- und
Länderkunde 13, 29) auch noch den oberen Ohrrand zu gleichem
Zweck — die Kusaier tragen dort immer ihre Tabakspfeife — durchbohren. Diese Sitte herrschte durch ganz Mikronesien (Karolinen,
Cantova bei Sprengel a. a. O. 214; Freycinet 2, 93;
Chamisso 126, 114; Palau Pickering 220; Tobi Hale
79) und zwar auf Ralik zu Chamisso's Zeiten so stark, daß einzelne
Eingeborene dieser Kette das durchbohrte und mächtig ausgedehnte
Ohrläppchen über den Kopf ziehen konnten; auch auf Ratak hatte
die Oeffnung bei den Männern 3—4" im Durchmesser, bei den
Weibern war sie kleiner (Cham. 114; 121). Den Gilbertinsulanern
hingen die oft ganz aufgeschlitzten Ohrläppchen bis auf die Schulter
(Byron 1, 110) und bei den Tagalen waren sie zu Pigafetta's

---

*) Drake's Diebsinsel, welche, wie er sagt, etwa 8° nordwärts von
der Linie liegt, muß Eap, das etwas über den 9. oder Ngoli, das etwa
8½° nördlich liegt, sein. Die Bewohner dieser Insel kauen allein in dieser
Gegend Betel (Chamisso 124) und dasselbe sagt Drake von seinen Diebs-
insulanern.

Zeiten (70) so groß, daß man den Arm durchstecken konnte. Auf den Karolinen und Palaus ward bisweilen auch der Nasenknorpel durchbohrt, um eine wohlriechende Blume durchzustecken (Chamisso 126. Keate 420).

Eine im übrigen Ocean sehr verbreitete Sitte ist es, sich einen oder mehrere Vorderzähne auszuschlagen; welche merkwürdiger Weise freilich ohne nähere Angabe Chamisso auch den Bewohnern von Ratak zuschreibt, von denen Gulick (178) wenigstens behauptet, daß sie sich die Zähne bisweilen entstellten. Und freilich, die Sitte sich die Zähne durch verschiedene Kräuter und etwas Muschelkalk schwarz zu färben, eine Operation, die fünf Tage fordert, ist auf den Palaus zu Hause (Keate 421) und war es auf den Marianen (le Gobien 47), wenn gleich die Nachricht Pigafetta's, sie färbten die Zähne der Schönheit halber roth und schwarz (60), wohl nur auf die Wirkungen des Betelkauens zu beziehen ist. Denn Betel wurde auf den Marianen viel gekaut: sonst aber finden wir dies Reizmittel nur noch auf den Palaus (Keate 37; Pickering 220) so wie auf Eap und Ngoli (Chamisso 124), während es im übrigen Mikronesien unbekannt ist.

Auf den Marianen gingen die Männer ganz nackt (Loaisa bei Navarr. 5, 49; Noort a. a. O. 368; le Gobien 48; Freycinet 2, 307; Mindana allg. hist. d. Reisen 18, 506; Pigafetta 61). Die Weiber trugen um die Hüften einen schurzförmigen Gürtel von Blättern oder Bast (Salaçar 1526 bei Oviedo XX. c. 16; Fra Gaspar de S. Augustin 68; le Gob. 48; Strobach im neuen Weltbott 1, 11; Pigafetta 61) und nackt gingen sie wohl nie, trotzdem es Loaisa 1526 (Navarr. V, 277) und Mindana (a. a. O.) sagt; allein ihre Angaben sind wohl nur nicht speciell genug. Im Krieg und auf dem Meere trug man meist eine ärmellose Jacke von Pandanuslaub, wie man auch Hüte vom selben Stoff und in verschiedenen Formen hatte, doch ging man meist barhäuptig (Freyc. 2, 307). Das Haar, welches die Weiber lang trugen, die Männer entweder bis auf wenige Locken und nach verschiedenen Moden abschoren oder gleichfalls wachsen ließen, ward bisweilen ganz und gar hellfarbig gebeizt, oder man beizte es nur bis zur Breite eines Fingers über der Stirn und ließ ihm sonst seine natürliche Farbe — ganz ähnlich, wie es auf Hawaii Mode war. Mochte man es nun beizen

ober nicht, man schlang es dann in einen, vornehme Frauen in zwei
Knoten und ließ es über den Rücken herunterfallen (Freycin. 2,
309; le Gobien 58). Man salbte sich ferner mit Kokos- und anderem
wohlriechendem Oel (Pigaf. 61) und Blumen so wie Schildpattstücke und Muschelschalen ward von den Frauen als Haar- und Hals-
schmuck getragen. Ein anderer Schmuck und zwar ihr kostbarster bestand aus dicht aufeinandergereihten runden Schildpatt- und Muschel-
stücken, welche eine fingerdicke, elastische Rolle bildeten und um den
Hals, von Weibern auch um den Gürtel getragen wurde (Freyc. 311).
An diesen Gürteln trugen sie oft anstatt eines Schurzes ein wie ein
Käfig weitabstehendes Gewebe von zähen Wurzeln, welches sie sehr
entstellte (le Gobien 58), dem wir aber auch sonst noch in Mikronesien begegnen werden.

Dieselbe Tracht findet sich nun ziemlich in ganz Mikronesien:
Die Männer gehen häufig, namentlich wenn sie zur See sind, nackt
auf den Palaus und Tobi (Holden bei Pickering 219, 220;
Keate 420), im Gilbertarchipel (Gul. 411; Byron 1, 110) und
auf Banaba (Cheyne 74), die Kinder überall und zwar die Knaben
längere Zeit als die Mädchen. Sonst legen die erwachsenen Männer
gewöhnlich einen Schurz an von Mattenzeug, der bisweilen nur eng
und kurz ist, wie auf Pegan (Carteret 1, 388), den Centralkarolinen
und Kusaie (Freycin. 2, 99; D'Urville a V, 382; Kittlitz
1, 352) oder in langen Enden nach hinten fällt, wie auf Tobi
(Pickering 223 f.) und Eap (Cheyne 144) oder vielmals um den
Leib geschlungen wird (westl. Karolinen, Cantova bei Sprengel 214).
Auf Ponapi trägt man zu einem Gürtel von Kokosgeflecht (Gul. 177)
der den Leib umschließt, noch einen ziemlich langen Schurz von ge-
trocknetem Gras (Virgin 2, 101). Aehnlich ist die Tracht auf
Nawodo (Cheyne 76) und im Marshallarchipel (Chamisso 115;
Cheyne 86), wo indeß häufig sich mit jenem Gürtel, von dem die
Baststreifen bisweilen bis zur Erde hangen (Kotzebue 2, 39) noch
eine kleine 4eckige Mattenschürze verbindet. Mäntel von Mattenzeug
wurden auf den westlichen Karolinen, aber keineswegs immer, getragen
(Padilla bei Coreal voyage 2, 293; Clain bei Sprengel 10,
202) und diejenigen Karoliner, die Cantova 1722 (bei Sprengel
214) sah, trugen Matten, welche über Rücken und Brust herabfallend
an den Seiten offen waren, also eine ähnliche Tracht wie wir sie

Kusaie. Auf den Palaus trugen vornehme Männer ein eigenthümliches Armband, das aus einem großen Wirbelknochen gemacht und
ein besonderes Ehrenzeichen war (Keate an viel. Stellen); bei den
Bewohnern Eaps spielte ein Ring aus einer Muschel geschliffen dieselbe Rolle (Chamisso 126) und der König dieser Insel ist durch
einen Kranz grüner Palmblätter um Hals und Leib ausgezeichnet
(Cheyne 159), was die Reise der Novara (2, 407) ebenso vom
Häuptling von Ponapi erwähnt. Im Marshall- und Gilbertarchipel
trugen die Häuptlinge als Zeichen ihrer Würde Halsbänder von Fisch-
gräten oder Wallfischzähnen, welche sie um keinen Preis veräußerten
(Kotzebue 2, 86; Byron 1, 110). Beim Tanze band man auf
Ponapi Manschetten von lang zerschlitzten Palmblättern um, deren
Rauschen den Tanz begleitete (Kittlitz 2, 71).

Eine eigenthümliche Sitte der Karolinen, an welcher weder die
Marianen noch die Marshall- und Gilbertinseln Theil haben, besteht
darin, daß die Weiber stets und die Männer wenigstens zum höchsten
Putze, also bei Festen, zum Kampf u. s. w. sich mit dem gelbfärbenden
Pulver der Wurzel von Curcuma longa einrieben, welche namentlich
auf Eap gut gedieh, weßhalb sie dort vielfach gebaut und auf die
Nachbarinseln ausgeführt wird (Chamisso 126). Auf Ponapi reiben
sich die Weiber so fortwährend mit diesem Pulver ein, daß sie dadurch
heller als die Männer erscheinen (Cheyne 105). Gelb ist noch vor
Roth die Lieblingsfarbe der Mikronesier: gelbe Kleider trug man vorzüglich gern (Kittl. 2, 81; Keate 420; Nov. 2, 416), gelbe Kränze
waren die beliebtesten (Cheyne 102; Kittlitz 2, 70, 71; Novara
2, 400, 407), die Leichen wurden zur Bestattung mit dem Pulver
der Gilbwurzel gefärbt (Chamisso 124). Merkwürdig ist es, daß
auch auf Java goldgelb die Lieblingsfarbe der Weiber und Mädchen
ist und maas (Gold) dort als Schmeichelwort gilt (briefl. Mittheilung
v. Haßkarl).

Außer den Marianern (Freycinet 2, 321) und den Bewohnern von Nawodo (Michel. y Rojas 176) waren alle Mikronesier tattuirt. Die Bewohner von Palaus waren neben anderen
Körperstellen (Pickering 219) namentlich von den Knöcheln bis in
die Mitte der Schenkel und zwar hier mit lauter einzelnen Punkten
so sorgfältig tattuirt, daß die Beine dadurch wie mit Hosen bekleidet
erschienen (Keate 420). Kabu, der von Wolie stammte, hatte wie

es auch auf den Palaus häufig war (Hockin 51), undeutliche Figuren von Fischen und Vögeln, einzeln und in Reihen, an den Knieen, Armen und Schultern (Cham. 87), und ein Bewohner von Lukunor trug die ihm bekannten Inseln an seinem Körper (Lütke 2, 68); sonst aber sind die Muster meist aus regelmäßig stehenden Punkten und Linien gebildet. Auf Namotrek, Elato und Namoliaur war mit Ausnahme des Kopfes, der in ganz Mikronesien frei bleibt, der ganze Körper tattuirt (Kittl. 2, 148). Auf Ponapi bedeckt die Tattuirung in höchst eleganten Mustern (Michel. y Rojas 190) die Beine von den Lenden bis zu den Knöcheln und die Arme von den Ellebogen bis zum Handgelenk (Nov. 2, 411; Cheyne 116 f.) Minder reich ist die- selbe auf Kusaie (Lütke 2, 27); sie besteht aus Querstreifen an Armen und Beinen, welche eine blaugraue Farbe zeigen (Kittl. 2, 11). Auf Ratak waren die Männer mit Viereck en von derselben Farbe, die Weiber indeß nur an Hals und Busen tattuirt (Kotzeb. 2, 46); die Bewohner des Gilbertarchipels von den Schultern bis über die Kniee (Behm bei Peterm. 1859, 179) und zwar mit kleinen, $\frac{1}{8}''$ langen Strichen, welche in 4—5 Reihen den Rücken hinab zu jeder Seite des Rückgrates sowie an Brust an Beinen stehen. Arme und Hals bleiben frei, wenigstens beim gemeinen Mann (Chamisso 115), die Weiber sind ebenso aber nicht so reich tattuirt (Hale 102).

Am stärksten sind die Bewohner der westlichsten Karolinen mit diesem Hautschmuck versehen, welcher überhaupt sich immer auf grö- ßeren Strecken des Gebietes gleich bleibt. Auf einzelnen Inseln waren besondere Arten des Tattuirens für einzelne Körpertheile heimisch, welche dann nach diesen Inseln genannt wurden. So auf Wolea ein Muster für die Brust, auf Faraulep und Fais für die Arme, auf Eap für die Beine und man reiste von einer Insel auf die andere, um sich diese eigenthümlichen Muster aufzeichnen zu lassen (Mertens a. a. O. 121 f.). Im westlichen Mikronesien trugen die Weiber noch eine andere Hautverzierung, welche, wie berichtet wird, den Männern ganz besonders gefällt (Mertens 121), nämlich mehrere Reihen kleiner Narben auf Schultern und Armen.

Das Instrument, womit man tattuirt, ist eine Art von knöcher- nem Kamm (Cheyne 116—7), welchen man in die mit Oel an- gefeuchtete Asche der Nuß von Aleurites triloba taucht (Novar. 2, 409). Dann wird er mit einem hölzernen Hammer unter die Oberhaut getrieben und der schwarze Farbestoff schimmert nun mit jenem blaugrauen Ton hervor. Dieselben Instrumente und dieselbe Art, sie zu brauchen, finden wir in Malaisien an den wenigen Orten wieder, wo man sich überhaupt noch tattuirt, z. B. auf Engano (Nov. 2, 409), jener kleinen Insel im Südwesten von Sumatra und ebenso treffen wir sie im eigentlichen Polynesien an. Die Operation wurde von bestimmten Leuten, welche ihre Profession daraus machten, vollzogen auf den Gilbertinseln; der Preis aber, der darauf steht, ist so hoch, daß ärmere Leute, wie z. B. Sklaven, obwohl sie tattuirt werden dürfen, doch nicht dazu gelangen können. Da nun auf den Palaus (Hockin 51) nur tattuirte Mädchen heirathen dürfen, so müssen die, welche den theuren Preis nicht zahlen können, ledig bleiben. Auf Ponapi vollzogen alte Weiber die Operation (Cheyne 116), auf Ratak scheinen dies die Fürsten selbst gethan zu haben (Kotzeb. 2, 89). Man begann damit bei beiden Geschlechtern zur Zeit der beginnenden Mannbarkeit, auf Ponapi schon vom 10. bis 12. Jahr an (Cheyne 116 f.). Das Tattuiren selbst ist äußerst schmerzhaft und gefährlich; und so wurde es (obwohl Kotzebue 2, 81 von Ratak das Gegentheil behauptet) nie auf einmal, sondern immer nur theilweise in bestimmten Zeiträumen vorgenommen (Kittlitz 2, 11; Pickering 241 s. v. tattoo). Daher kann man mit der Tattuirung das Alter erkennen, indem die ältesten Personen am meisten tattuirt sind.

Zwischen beiden Geschlechtern wurde mit diesem Schmuck ein Unterschied gemacht, wie wir schon sahen: streng geschieden waren auf Kusaie die Zeichnungen an Männern und Frauen (Kittlitz 2, 11), die Weiber auf Ratak waren viel schwächer als die Männer, die Bewohnerinnen von Eap fast gar nicht tattuirt (Cheyne 159), und hiermit stimmt die Notiz Clains bei le Gobien 404 überein daß die Weiber der nach Samal verschlagenen Karoliner, welche von den westlichen Inseln stammten, gar nicht tattuirt waren, ebenso wenig wie die Kinder. Auch ein Unterschied des Ranges bestand. Wenn auch die Behauptung Aragos (2, 238 note), auf den Karolinen hätten alle Häuptlinge gleiches Ranges gleiches Muster der Tattuirung, vielleicht nicht ganz sicher erscheint, so steht es doch für ganz Mikronesien fest, daß die Vornehmen stärker tattuirt waren, als die Männer aus dem Volke (Cantova bei Sprengel 10, 214;

Clain a. a. O.; Cham. 126; Cheyne 159 für den Weften; Kotzebue 2, 39; 52; 79; Chamiffo 115 für den Often), welche z. B. auf Ratak nur über Bruft und Rücken, nicht aber, wie die Häuptlinge, auch an den Armen und den Seiten tattuirt waren (Chamiffo 115). Wie wir nun fchon vorhin einzelne Mufter auf einzelne Infeln befchränkt fahen, welche nur dort aufgezeichnet werden können, fo behaupteten die Bewohner der Ratakinfeln, daß die Operation nur auf Eregup (Kotzebue 2, 81) vor fich gehen könnte.

Alles das weift uns darauf hin, daß, wie uns auch aus dem Mund der Mikronefier felbft verfichert wird (Kotzebue 2, 89), die Tattuirung eine religiöfe Bedeutung hat. So wollten die Bewohner der Infel Tobi die Engländer, welche zu ihnen verfchlagen waren, mit Gewalt tattuiren, damit ihre Infel nicht zu Grunde ginge und jene entzogen fich nur mit Mühe der gefährlichen Operation (Pickering 230); fo durfte nur der den heiligen Tempelort der Infel befuchen, der ganz tattuirt war (eb. 238); fo weigerten fich umgekehrt die Ratakinfulaner, Fremde zu tattuiren (Chamiffo 117; Kotzeb.); denn würde man Jemandem gegen den Willen der Gottheit diefen heiligen Schmuck mittheilen, fo würde die Infel nothwendig vom Meere verfchlungen werden (Cham. 117); fo waren die Vornehmen, welche nach mikronefifchem Glauben göttlicher find, ftärker tattuirt; fo auch die Männer, welche im ganzen Ocean mehr gelten als die Weiber, und daher wurde auch bei ihnen die Operation, weil fie bei ihnen wichtiger war, langfamer vollzogen (Kittl. 2, 11); fo konnten wie auf den Palaus nur tattuirte Mädchen heirathen durften, auch nur tattuirte Perfonen nach ihrem Tode ins Reich der Seligen kommen (Hale 89). Den eigentlichen Grund diefer religiöfen Bedeutung wie der ganzen Sitte werden wir fpäter kennen lernen: hier genüge nur noch die Bemerkung, daß es nicht bloß Gedächtnißzeichen find, wenn man auf den Karolinen fich Zeichen für die Vorfahren eintattuirt (Hale 76) und daß, wenn Mertens (124) auf feine Frage, wozu eigentlich das Tattuiren fei, von einem Bewohner von Lukunor die Antwort erhielt: „es hat den Zweck, den eure Kleider haben, nämlich den Weibern zu gefallen", diefe Antwort zwar gewiß ehrlich gemeint, aber doch nur durch ein Mißverftändniß der alten und nach und nach unverftändlich gewordenen Sitte hervorgerufen war.

5*

Die Häuser der Marianer ruhten (Fra Gasp. de St. Aug. 74) auf Steinpfeilern, die eine Klafter hoch über die Erde sich erhoben. Sie waren von Holz aufgeführt, mit Fenstern versehen und hatten ein Dach von Brettern, das mit Palmlaub überdeckt war (Fig. 62). Im Inneren waren sie wohnlich genug: die Wände waren mit feinen Matten bedeckt (wie man auch auf solchen Matten schlief) und der ganze Raum durch Vorhänge, die gleichfalls aus Matten bestanden, in vier Zimmer getheilt, welche man höchst reinlich hielt und deren eines als Speisezimmer, das zweite als Schlafraum, das dritte als Vorrathskammer und das vierte als Arbeitsstätte diente. Jeder nur einigermaßen Wohlhabende besaß drei Häuser, eins für Geräthe, für Vorräthe das andere und das dritte war Wohnhaus (Strobach im n. Weltb. 1, 11). Doch gab es auch kleinere Gebäude: ein bloßes Wetterdach oder eine kleine Hütte hatten die Armen, viereckige Holzhäuser, die unmittelbar auf der Erde ruhten, dienten als Scheuern oder als Zufluchtsort bei Sturm; für Wächter führte man kleine kegelförmige Gebäude auf. Die Häuser, welche auf den Steinpfeilern ruhten, waren bald größer, bald kleiner: die größten dienten als Versammlungshäuser so wie als Kahnschuppen (Freyc. 2, 312 f.). Diese Steinpfeiler, welche sich auf den einzelnen Inseln noch zahlreich finden, sind jetzt die einzigen Ueberreste der einst so blühenden marianischen Kultur. Anson, der sie auf Tinian sah, beschreibt sie genauer (429): nach oben liefen sie mit starker Verjüngung kegelförmig zu und trugen auf ihrer Spitze eine steinerne Halbkugel, deren flache Seite nach oben gerichtet war. Auf dieser ruhte ursprünglich das Gebälk des Fußbodens. Ihre Höhe betrug 13′, ihre Breite unten 5′ im Quadrat, nach Freycinet 2, 313 war die eine Seite der Basis 5, die andere 3½′ lang, während alle 4 Seiten des Quadrats der Spitze 3½′ betrugen. Sie standen in Reihen, die einzelne Säule 6′ von der nächsten, die einzelne Reihe 12′ von der gegenüberstehenden entfernt, die Höhe jenes halbkugeligen Kapitäls betrug 4′. Der Eingang in die oberen Räume war, wie Freycinet wohl mit Recht annimmt, durch den Fußboden; auch der andere Raum, wie wir aus Analogieen im übrigen Mikronesien schließen können, gleichfalls bewohnt, vielleicht von den Dienern.

Hiermit haben wir der Hauptsache nach das Modell des mikronesischen Hauses, welches jedoch auf den verschiedenen Inseln verschieden

entwickelt ist. Am einfachsten auf den Ratak- und Ralikinseln, wo
die Häuser aus einem hohen von vier niederen Pfosten getragenen
Dach bestehen. Der untere Raum, der mit Korallenkalk geplattet und
zum Sitzen mit Matten belegt ist, dient zum Aufenthalt bei Tage,
obwohl man in demselben nur sitzen und liegen, nicht stehen kann.
Der Raum unter dem Dache, welcher in der Höhe der Pfosten durch
eine Bretterdecke abgeschieden ist und in welchen man von unten hinein-
steigt, dient als Vorraths- und Schlafkammer (Gulick 303; Kotzebue
2, 54, 60; Cham. 115). Ganz ebenso ist das Haus auf Tobi
(Hale 79), Banaba, Nawodo (Cheyne 74) und auf den Gilbertinseln, nur daß in Tarawa zwei obere Stockwerke über einander und
in dem holzreichen Makin alle Räume so hoch sind, daß man in jedem
Stock aufrecht stehen kann (Hale 90). Auf dem Gilbertarchipel hat
man auch, wie außer auf den Ratak- und Ralikinseln überall in
Mikronesien, große Gemeindehäuser, welche zu öffentlichen Versammlungen dienend zwar ganz nach dem Muster der Privathäuser aber in
viel größeren Dimensionen (bis zu 120' Länge, 55' Breite, 40' Höhe)
gebaut sind.

Die besten Häuser finden sich auf den Karolinen. Häufig stehen
sie hier auf einem mehrere Fuß hohen steinernen Unterbau, der aus
Blöcken von Korallenkalk errichtet ist: so z. B. auf Palau (Keate
304) auf Ponapi (Cheyne 111 f.). Dieser Steinboden ist dann
mit Matten reinlich bedeckt, außer in der Mitte, wo ein viereckiger
Raum, der 4' ins Geviert beträgt und vertieft ist, als Feuerstätte
dient. Die Wände auf Ponapi sind 4' hoch und von denselben Schilf-
matten gebildet, doch haben sie Fensteröffnungen, welche man durch
eigens dazu bestimmte Einsätze schließen kann. Die Bretterdecke fehlt;
wodurch das Haus, da das Dach sehr hoch hinauf reicht, geräumig und
frei wird. Das Holzgerüste besteht aus viereckigem Bauholz, welches
in den Steinboden fest eingelassen ist und die Dachsparren trägt, die
mit Kokosseil fest gebunden werden und mit 6' langen und 1' breiten
Streifen aus Pandanuslaub geflochten, von der First aus so bedeckt
sind, daß der obere Streifen den Anfang des tiefer befestigten, sowie die
nebeneinander liegenden an den Rändern sich decken (Cheyne a. a. O.).
Solch ein Haus ist nach Cheynes Urtheil selbst für Europäer be-
haglich, kühl und dabei dauerhaft. — Auf den Palaus sind die Wände
der 60—80' langen Versammlungshäuser nicht von Matten oder

Flechtwerk, sondern von Holz so dicht gebaut, daß man nirgends eine
Fuge sieht (Hockin 20), wie auch auf Lukunor (Kittl. 2, 96) die
Seitenwände mit Nebenkammern, die von innen verschließbar sind, aus
ganzen Bohlen verfertigt sind. Unter dem Dach des Wohnhauses
ruhen hier auf besonders angebrachten Balken die Piroguen des Besitzers. Die Häuser auf Wolea (eb. 2, 155) und Fais (417) sind
diesen gleich, ebenso auch die auf Truk (D'Urville b. V. 138),
die innere Ausstattung aber ist unbedeutend, einige Holzkisten mit
Deckeln waren das beste, was D'Urville (b. V. 137; Desgraz
eb. 315) vorfand. Am ausgebildetsten und zierlichsten ist die Bauart
der Häuser von Kusaie, deren genauere Beschreibung wir der Lütke-
schen Expedition verdanken. Der Grundriß ist viereckig, der Fußboden
festgestampfter Estrich, der bei Reicheren mit Matten, bei Aermeren mit
Bananenblättern bedeckt wird. Das Dach, nach polynesischer Sitte
tief herabgehend hoch und auf festen Pfosten ruhend, welche in bestimmten Zwischenräumen stehen, ist an beiden Giebeln höher wie in
der Mitte, so daß die First einen ziemlich tiefen Sattel bildet. Es
ist aufs zierlichste aus dünnem Holz geflochten und mit Pandanus- und
Palmlaub dicht gedeckt. Am vorderen Giebel springt es weit vor, so
daß sich eine Art Vorhalle bildet; diese aber hat unter dem Hauptdach
ihr eigenes Dach, welches sich an die Giebelwand anlehnt. Die Räume
zwischen den Pfosten sind für gewöhnlich offen, doch können sie durch
geflochtene Einsatzwände geschlossen werden; dies geschieht Nachts immer
wo das Haus als Schlafraum dient oft für große Gesellschaften. Auch
hier schläft man auf Matten (Kittl. 2, 51). An der Wand läuft
im Innern ringsher ein geglätteter Baumstamm, der den Bewohnern
zum Sitz dient, von der Höhe des Dachs aber hängt ein Strick herab, in der Nähe der ausgemauerten Feuergrube, welcher sich in vier
Enden theilt und eine Holzplatte trägt, die als Tisch dient (Kittl.
1, 372 f.). Im Hintergrund des Hauses ist meist noch ein kleiner Raum abgeschlossen, der wohl (Kittl. 2, 48 f.) das Frauengemach bildet. Die Häuptlinge haben stets mehrere und größere Gebäude, welche alle in einem von mächtiger Basaltmauer umschlossenen
Hof liegen und roth angestrichen sind mit weißer Verzierung; im
Inneren bilden die Stricke, welche Pfosten und Dach sowie die einzelnen Latten zusammenhalten, durch ihre ornamental regelmäßige
schwarz und weiße Färbung einen nicht unangenehmen Schmuck (Gu-

lich 241). Auch hatte solch ein Haus mehrere Zimmer und darunter
ein Sprechzimmer (eb.). Die Piroguen liegen auch hier entweder im
Dachgebälk des Wohnhauses; oder man hat eigene Häuser für sie.
Von 7 Häusern, die Kittlitz (2, 49) in einem Gehöft sah, war
eins das Gesellschafthaus, das zweite die Wohnung der Frauen
des Häuptlings, dessen Lieblingsgemahlin ein besonderes drittes bewohnte, das vierte diente als Schatzhaus und in den anderen, welche
auf hohen Pfählen ruhten, wurden im oberen Raum die Piroguen
aufbewahrt, während der untere Raum die Wohnung der Diener ab-
gab. Das siebente dient als Todtenhaus (Gulick 24, 2). Der Hof
selbst war durch Mauern mit Einsatzthüren in drei Theile getheilt;
deren letzter, welcher das Köstlichste, das Schatzhaus und die Wohnung der Lieblingsgemahlin umschloß, von drei Seiten mit wohl-
cultivirten und baumreichen Gärten umgeben war.

Die Häuser lagen in Dörfern zusammen, welche meist am
Meere und zwar gern am inneren Meere des Atolls, an der Lagune
gelegen sind (Meares 1, 126; Kittl. 1, 368; Cheyne 143;
Gul. 403 u. s w.). Hafenbauten werden öfters erwähnt, so war
das Dorf auf Kusaie durch starke Basaltmauern vor dem Meere geschützt (Kittl. 2, 368), auf Wolea waren 3—5 Dämme von
großen Steinen etwa 15 Toisen weit ins Meer geführt und dann
in einem rechten Winkel umgebogen (2, 138); ebenso finden sich auf
Eap Steinwerften und Hafendämme (Cheyne 143 f.), ein großer
Hafendamm auf den Palaus (Hockin 60—1) u. s. w. Auch andere
Bauten sind noch zu erwähnen: auf den Palaus, wo ein Dorf von
einer 10' hohen Mauer umgeben war (Keate 200), hatte die Hauptstadt gepflasterte Plätze und einen 10' breiten Weg, der in der Mitte
geplattet, zu beiden Seiten gepflastert und mit Bäumen besetzt war
(eb. 102 f.). Auch die Dörfer auf Eap, die sich überhaupt vor den
mikronesischen Dörfern durch gute Bauart auszeichnen, haben regelmäßige reinlich gepflasterte Straßen (Cheyne 143 f.) und Plätze
(127). Ebenso Kusaie (Hale 86). Auf Truk führt von jedem
Hause des Dorfes ein Kanal bis zum Meere, so daß die Kähne unmittelbar vor der Thüre des Besitzers anlegen können (D'Urville
b V, 138); ähnlich ist es auf Kusaie, wo die Gräben 3—4' tief
sind (Lütke 1, 326). Die großen Gemeindehäuser, welche sich
überall auch auf den Karolinen finden (Kittlitz 1, 369; 296;

Keate u. s. w.), wie sie die Marianen besaßen (le Gob. 62), sind schon erwähnt; sehr häufig haben die einzelnen Dörfer am Strand große Kahnhäuser, welche (Michel. y Rojas 195) auf Ponapi zugleich als Versammlungshäuser dienten, während man daselbst (eb. 194) für die Kawafeste besondere große runde Häuser hat, in welchen Sitze von Rohr rings umher stehen. Diese Gemeindehäuser, die oft von ehrgeizigen Privatpersonen erbaut werden (Mertens 131), liegen meist am Strand (eb.); sie dienen oft als gemeinschaftliche Speisehäuser für die Männer (Lütke 1, 361) und bedecken eine Grundfläche von 8 Quadrattoisen (eb.). Auch hatte man wieder andere große öffentliche Gebäude, welche als Schlafraum für alle Unverheiratheten dienten (Mertens 131). Auf den Marianen hatte man wohl diese letzteren Gebäude auch (le Gob. 62).

Hier müssen wir denn auch über die vielbesprochenen alterthümlichen Bauten auf Ponapi und Kusaie etwas eingehender reden. Wir finden sie auf Ponapi oder auf einer kleinen Insel vor dem Hafen von Matalanien, sowie auf Kusaie und auf Leilei, einer kleinen Insel dicht vor Kusaie (Hale 85 f.); genauer beschrieben sind sie von Hale a. a. O., im Journal of the Amer. Or. soc. 3, 495, von Michelewa y Rojas 184, Cheyne 101 und Gulick 176. Rojas und Gulick sind die wichtigsten Quellen, während der Reisebericht der Novara 2, 420 nichts hinzufügt, was nicht schon in jenen Quellen stünde. Die Bauten von Matalanien, die jetzt in Ruinen liegen, sind von vollkommen regelmäßiger Bauart. Sie liegen möglichst nahe am Meer, das eine Gebäude auf einem Riff, das andere nicht fern auf einer Landspitze. Beide bestehen aus drei concentrischen viereckigen Mauern, deren äußere 4—5' (beim 2. Bau 15') hoch und 14—15' breit, deren zweite 7' hoch und 16' breit ist (Rojas a. a. O.). Wie stimmt nun damit Hales Angabe, daß die Wälle 30' hoch und einige ebenso breit sind, oder die Schilderung des Beschreibers im Journal of the Am. Or. soc., welcher von 25' hohen sehr dicken Umfassungsmauern spricht? Ist damit blos der dritte innere Wall gemeint? Rojas, welcher von 1822—42 reiste, sah die Wälle eher als Hale im Jahr 1840; also ist an eine spätere Zerstörung nicht zu denken. Und doch ist Rojas Schilderung so genau, sein Bericht auch sonst so zuverlässig, daß man einen Irrthum oder eine Ungenauigkeit seinerseits (beides wäre doch auch sehr stark) nicht annehmen kann. — Nur ein Eingang von 30' Breite führt ins Innere, welches weder Dachung noch Spuren von ehemaligen Dachsparren zeigt, was freilich bei der Größe des ganzen Werkes auch kaum möglich wäre, denn seine Grundfläche beträgt nach Hale über 100 Quadratyards, nach Michelewa über 150 Quadratveras. Das Material der Umfassungsmauern sind gewaltige Basaltblöcke, welche in hexagonalen (Cheyne) oder polygonalen (Hale) Prismen von 8—10' (Journ., Cheyne), ja von 20—25' Länge (Rojas, Hale) und zwei Fuß Dicke (Journ., Hale, Rojas) ohne jeglichen Mörtel nach Art der cyklopischen Mauern zusammengefügt sind, und zwar so, daß sie nur die äußeren Bekleidungen der Wände bilden und Stücken von Korallenkalk den Zwischenraum zwischen ihnen ausfüllen (Gulick 242)., Zwar nennt sie nun Michelewa Granit und auch Cheyne (101) sagt, daß solche Steine sich nirgends wenigstens auf Ponapi finden; da aber alle andern Quellen sie als Basalt oder vulkanisches Gestein bezeichnen, so ist einmal kein Grund davon abzugehen, zumal Granit in der ganzen Gegend nicht vorkommt und zweitens auch gewiß Cheynes Behauptung ungenau, daß dies Material auf dem ganz vulkanischen Ponapi sich nicht finde: er mag es nicht gesehen haben. Ja man ist versucht, trotz der Angabe Michelewas, jene Blöcke seien behauen, nach seinen und aller anderen Beschreibung in jenen hexagonalen auffallend schmalen Steinen nichts anderes zu sehen, als natürliche Basaltsäulen, wie sie in dieser Gestalt so häufig vorkommen und auf den beiden hohen, vulkanischen Inseln uns nicht auffallen können.

Das Innere dieser merkwürdigen Steinwälle zu Matalanien birgt einige unterirdische Gewölbe, welche nach Journal of the Am. Or. soc. recht hübsch gebaut sind, die aber Cheyne „künstliche Höhlen" und die Novarareisenden rohe gewölbeartige Bauten nennen; doch wird uns nichts genaueres darüber angegeben, als daß sie voll Menschenknochen seien. Wie wollen wir nun diese merkwürdigen Bauten erklären? Wann sind sie entstanden? wer hat sie errichtet? Gulick (176) und Cheyne (und nach ihm, mit dem sie häufig sehr genau übereinstimmen die Novarareisenden) halten sie für spanische Bauten und etwa 300 Jahre alt. Hiermit stimmt allerdings manches überein: die Insel Ponapi war um 1595 von Quiros und Mindana gesehen und wenn wir auch von ihnen selbst nur wenig und nach ihnen bis Lütke

1828 gar nichts mehr erfahren, so gibt uns doch eine alte Sage der
Eingeborenen selbst einen nicht unbedeutenden Wink. Es seien, heißt
es, vor alter Zeit Männer auf die Insel gekommen mit so fester
Haut, daß man sie nur durch die Augen verwunden konnte. Daß
diese Männer aber Spanier in Eisenrüstung waren, liegt auf der
Hand, denn andere Völker durchfuhren jenen Theil des Oceans
nicht und wollte man zweifeln, so beweisen die spanischen Münzen
und das silberne Crucifix (Gulick a. a. O.), sowie die Messing-
kanone und der silberne Zirkel (? Cheyne 101 und Novara 2, 420)
welche man in jenen Verschanzungen fand, zur Genüge, daß Spanier
und schon vor Alters auf dieser Insel lebten. Wahrscheinlich also
haben sich Spanier, seien es nun Flibustier oder wirkliche Kolonisten
gewesen, hier niedergelassen und vor dem Schicksal der Marianen
blieben die Karolinen nur durch ihre Abgelegenheit verschont, die es
den Eingeborenen möglich machte, die Eisenmänner, welche keine Verstärkung erhielten, durch die Augen zu ermorden.

Aber trotzdem können diese Bauten nicht von den Spaniern her-
rühren, denn wie wären diese dazu gekommen, cyklopische Mauern aus
einem Material, das äußerst schwierig herbeizuschaffen war, aufzuführen,
ohne Mörtel, in ganz unspanischer Bauart, während sie den Korallen-
kalkstein, der als Baumaterial gar nicht zu verachten und auch zur
Mörtelbereitung sehr leicht zu verwenden ist, reichlich genug in der
nächsten Nähe hatten? Auch Hale erklärt sich gegen die Annahme,
daß eine andere Race diese Werke aufgeführt hätte, da sie an verschiedenen Orten, auf Ponapi, mehrfach auf Kusaie, auf Leilei sich finden;
da ferner die Eingebornen auf den heutigen Tag noch ähnlich bauen.
Wir haben ja von den Hafendämmen, den Mauern um die Gehöfte
schon geredet; auf Kusaie, wo die gesammten Ländereien der Häuptlinge
mit Mauern von drei Toisen Höhe umgeben sind, fand Lütke (1,325)
mehrfach Steine, welche nach jeder Dimension 4' maßen. Ganz ähnliche Bauwerke werden wir auch sonst noch vielfach finden, im eigentlichen Polynesien. Wir haben also hier keine spanischen, sondern einheimische Bauten vor uns, welche auch gewiß nicht erst auf Geheiß
der Fremden aufgeführt sind, da diese dazu wohl nicht mächtig genug
waren und, wenn zahlreich sich leichter und gefahrloser selbst verschanzten.

Möglich aber ist es, und nach den gefundenen Gegenständen wahrscheinlich, daß die Spanier sich in diesen Mauern, die sie vorfanden,

festsetzten, daß sie vielleicht auch jene gewölbeartigen Bauten des Innern
aufführten. Doch auch gegen dies letztere spricht manches. Warum
denn unterirdisch? und so lange wir keine bestimmten Angaben über
die Art des Gewölbes haben, können wir uns bei den „künstlichen
Höhlen" ebenso berechtigt größere unterirdische Grab- oder Vorraths-
kammern und dergl. denken. Kurz wir haben es hier entweder mit alten
Grabstätten der Fürsten oder mit Befestigungen oder aber mit beiden
zu thun. Wie die Wohnungen der Fürsten gern auf einem Distrikte
zusammen stehen, z. B. die der Fürsten von Kusaie alle auf der kleinen
Insel Leilei: so lagen auch die Grabstätten derselben, welche hochheilig
waren, auf solchen abgeschiedenen Räumen und um so eher dicht am
Meere oder auf Inseln, weil jeder Todte nach dem Glauben der Eingeborenen über das Meer hinüberfährt ins Land der Seligen. Auf
Kusaie finden sich auch im Lande große Steinumfriedigungen von 200'
Länge und ebenso bei Roankiddi auf Ponapi ein 20' breiter, 8' hoher,
$1/4$ engl. Meile langer Erdhaufen (Cheyne 101): dies sind ursprünglich Morais, heilige Plätze gewesen, nach polynesischem Muster gebaut.
Einzelne solcher Bauten an der Küste mögen Hafendämme oder Befestigungen sein, wie sich auf Kusaie auch alte ausgemauerte Kanal-
bauten finden, welche jetzt indeß wie vieles Aehnliche auf Ponapi, ganz
unter Wasser liegen (Hale 85; Gulick 242); sie stammen also aus
sehr alter Zeit. Die Eingeborenen selbst sind ganz gut über jene Alterthümer unterrichtet, welche nach ihnen (Gulick 242) theils Festungswerke, theils zur Verehrung der Todten errichtet sind und wenn sie
sagen, daß sie von Geistern erbaut seien, so heißt das nur, von den
Vorfahren, den Verstorbenen, denn alle Todten werden zu Geistern
und Göttern bei ihnen. Sehr alte Steindenkmäler finden sich in den
Wäldern von Kusaie (Gul. eb.): ob von ihnen gilt, was die Reisenden der Novara gewiß irrthümlich von den Mauersteinen zu Matalanien
erzählen, daß sie für die „versteinerten Geister der Vorfahren" gehalten
werden? Von jenen Denkmälern würde diese Behauptung doch wenigstens Sinn haben: es waren dann Steine, auf und in welchen der
Geist dessen, dem er zum Denkmal diente, sich herniederließ. Aus
jenen Befestigungen auf große äußere Kriege, vielleicht gar auf Inva-
sionen von Melanesien her schließen zu wollen, wäre eine durchaus
haltlose, weil willkürliche Annahme. — Solche große Bauwerke führt
man jetzt nicht mehr auf, und Gulick 179 sieht darin ein Zeichen

des Verfalls und früherer höherer Cultur; allein er selbst sagt ·243, daß die Kusaier noch heute in ganz ähnlichen Bauten sehr geschickt wären; sehr groß ist also der Abstand nicht.

Die Nahrung der alten Marianer war hauptsächlich eine vegetabilische und bestand aus Kokos, Reis, Yams, Bataten, Bananen, Zuckerrohr u. s. w. (Magelhaens bei Nav. IV, 53; Garcia de Loaisa eb. V. 49; Pigafetta 61; v. Noort allg. Hist. d. Reisen 11, 367; Careri freilich (V, 300) will ihnen den Reis absprechen und behauptet, daß erst die Spanier ihn eingeführt hätten; aber da Magelhaens und Loaisa, da ferner v. Noort und Herrera bei Cham. 79 — gewiß nicht ohne Grund, wie Chamisso meint — übereinstimmend den Reis erwähnen, der freilich nach Herrera nicht eben reichlich gebaut wurde, so steht er mit dieser Behauptung eben so unglaubwürdig da wie mit seiner albernen Angabe (V, 298; le Gobien 47) die Marianer hätten kein Feuer gehabt. Letzteres hat schon Chamisso und Freycinet (2, 166) widerlegt. Wie konnten sie, deren Inseln so viel feuerspeiende Berge trugen, das Feuer nicht kennen, daß sie noch dazu von Alters her in ihrer Sprache bezeichneten? Von thierischer Nahrung genossen sie nur etwas Geflügel nach Frz Gaspar de St. Augustin 74 und Pigafetta 61. Letzterer (64) läßt den Magelhaens kurz nach seiner Abreise von den Marianen ein Schwein schlachten und so hat man angenommen, jene Inseln hätten auch diese Thiere besessen, während Careri auch diese nebst Pferden, Schafen und Rindern durch die Spanier eingeführt werden läßt. Man möchte freilich ihm widersprechen, einmal, weil das Schwein im ganzen Ocean so weit verbreitet und zweitens weil das Marianische ein einheimisches wenn auch mit dem Tagalog übereinstimmendes Wort für Schwein hatte. Aber da das Schwein in Mikronesien überhaupt selten ist, da keine unserer Quellen des Schweines auf den Marianen gedenkt, so muß man dem Careri hierin doch beistimmen. Fische wurden sehr viel gegessen, auch (Freycinet 2, 306) Schildkröten und der fliegende Hund (Pteropus edulis), Aale aber, welche in den Bächen der Inseln sehr häufig waren, nur vom gemeinen Volk (Freyc. 2, 273). Für gewöhnlich trank man nur Wasser (Freyc. 2, 307; Careri V, 298; Strobach im neuen Weltbott 1, 12), doch gab es auch ein gegohrenes Getränk, welches aus Reis und zerriebener Kokosnuß bereitet und nur an Festen getrunken wurde (le Gob. 57).

Die Lebensmittel des übrigen Mikronesiens sind verschieden, je nachdem es sich um hohe oder niedere Inseln handelt. Denn auf letzteren ist die Nahrung sehr beschränkt; sie besteht auf den Karolinen meist nur aus Kokosnüssen, dem wenigen Taro, den man mit größter Mühe dem Korallenkalk abringt, nur selten aus der Brodfrucht und Bananen, welche vielen Inseln ganz fehlen, und überall aus Fischen und Seethieren. Der Osten Mikronesiens hat zur Hauptnahrung die Frucht des Pandanus, erst in zweiter Reihe Kokosnüsse und noch seltener Brodfrucht, die im Gilbertarchipel ganz fehlt, Taro, Bananen und Tacca pinnatifida, welche sich freilich findet, aber wenig benutzt wird. Fische dagegen ißt man viel, Geflügel aber nirgends, außer nach Cheyne auf Lukunor. Auf einigen Gruppen der Ratakkette (Cham. 112) werden auch die Ratten gegessen, aber nur von den Weibern. (Meares 1, 126; Carteret 1, 389; Clain bei Sprengel 10, 204; Kittlitz 2, 96, 417; Lütke 2, 71; Gulick 303 f., 212 f.; Cheyne 130—141; Chamisso 110 f.; Kotzebue 2, 40 f., 70, 77 f.). Daß bei diesen kärglichen Lebensmitteln oft Hungersnoth eintritt, ist nicht zu verwundern; nach Kittlitz (2, 148) geschieht dies auf den Karolinen jährlich mindestens einmal und nach Hale (88) auch auf den Gilbertinseln nicht selten. Man hilft sich dort mit zarten Baumknospen. Pickering sagt, daß die Tobiten in fortwährendem Hungertode lebten (224 f., 227, 229; Hale 79). Aus dem Safte der Pandanusfrucht bereitet man im Marshallarchipel durch Eintrocknung ein wohlschmeckendes, überaus dauerhaftes Nahrungsmittel, das in lange Blätter gewickelt, Wetter und Meerwasser aushält und deshalb vielfach als Proviant auf Seereisen mitgenommen wird (Gulick 305; Cham. 110). Auf den Gilbertinseln schneidet man den Blüthenstiel der Kokospalme ein und gewinnt so einen süßen Saft, welcher frisch die Hauptnahrung der Kinder, gegohren ein berauschendes Getränk und eingekocht einen delikaten Syrup abgibt, welchen die Eingeborenen vielfach bereiten und in Kokosschalen in großer Menge (oft zu 100) aufbewahren (Gulick 212). Auch auf den Palaus kennt man diesen Palmsaft, aber nur ungegohren (Cham. 76).

Auf den hohen Inseln hat man dieselben Producte, von denen namentlich der Brodbaum sehr reichlich gedeiht und daher die Hauptnahrung bildet. Auf Kusaie ist die Kokospalme seltener und dient des

halb nur den Fürsten zur Speise. Außerdem aber wird viel Zuckerrohr gebaut, Bananen, Yams, Bataten, Talla, Taro, wilde Orangen
u. s. w. gedeihen reichlich und so ist auf diesen Inseln das Leben bei
weitem bequemer. Thierische Nahrung genießt man wenig, Hühner,
die man auf Kusaie gar nicht ißt, verzehrt man auf Ponapi, wo man
auch (Michel. y Rojas 183) Schweine und eine Art Hunde, letztere aber nur als Delicatesse hat (Hale 85), Krustaceen und Fische
ißt man viel, letztere wenn sie klein sind und ebenso den Trepang
(Cheyne 114) oft ganz roh (Kittl. 1, 358 f. 2, 7 f. Hale
85; Cheyne 102; 123).   Die Brodfrucht läßt man meist in Gäh-
rung übergehen uud in diesem Zustande, wo sie einen säuerlichen Teig
bildet, bewahrt man sie in wohlverschlossenen Gruben auf (Cheyne
114; Novara 2, 407 von Ponapi; Kittl. 2, 96 von Lukunor).

Als Reizmittel ist nur auf einigen Inseln des westlichsten Mikronesiens das malaiische Betelkauen, wie wir schon sahen, üblich und
zwar auf Eap, den Palaus und früher auf den Marianen (S. 107).
Während man nun gegen Branntwein einen großen Widerwillen zeigte,
(Mertens 113; Lütke 1, 377), so hatte man auf Kusaie wie auf
Ponapi und Truk (Gul. 417) ein einheimisches berauschendes Getränk, welches wir später in Polynesien noch genauer kennen lernen
werden, den Kawatrank, oder wie er auf Ponapi nebst dem Piper
methysticum, der Pflanze, die ihn erzeugte, hieß, der Sakatrank.   Die
Wurzel wird zerrieben oder zwischen Steinen zerklopft, nicht aber
wie in Polynesien zerkaut (Hale 84; Cheyne 121) und der Saft
dann mit Wasser verdünnt getrunken, jedoch auch hier wie in Polynesien nur von den Häuptlingen, deren gewöhnlicher Frühtrunk er ist
und stets unter religiösen Ceremonien und Gebeten (Lütke 1, 371;
Cheyne 121).   Jetzt wird auch viel Tabak geraucht und gekaut
und mit großer Leidenschaft namentlich von den Weibern begehrt
(Michel. y Rojas 197; Cheyne 123 v. Ponapi; 37 von Nawodo; 145 v. Eap; Nov. 2, 401, 413; Meinicke, Zeitschr.
15, 399 vom Gilbert- und Marshallarchipel).

Der Landbau ist namentlich auf Kusaie und Eap im Flor, wie
er es auch auf den alten Marianen gewesen sein muß. Auf Kusaie
sind die höchsten Berge bis zu ihren Spitzen bebaut mit Bananen,
Taro, Zuckerrohr u. s. w. welches letztere auf viereckigen Feldern
gezogen und mit Mattenumfriedigungen gegen die Ratten geschützt

wird. Die Felder der einzelnen sind entweder durch Mauern von unbehauenen Basaltstücken oder durch einen lebenden Zaun von Dracaena terminalis abgegrenzt (Kittl. 1, 361 f., 2, 39) und werden sorgfältig gejätet und sauber gehalten (Lesson voyage 128). Yams werden auf Ponapi viel gezogen, aber lässig, daher ihre Wurzeln klein bleiben; man setzt sie gern nahe an Bäume, an welchen sie dann emporranken (Cheyne 115). Die Schweine (104) hat man hier abgeschafft, weil sie den Pflanzungen schaden. Auch auf den ärmsten Inseln zieht man, oft mit der größten Mühe, indem man zur Bewässerung Regenwasser ansammeln und in den harten Korallenboden Löcher arbeiten muß zur Aufnahme der fruchtbaren Erde, Taro, (Chamisso; Pickering) und in Eap, wo der Ackerbau nach D'Urvilles Ansicht besser ist als sonst in Oceanien (b V 340) zieht man diese sumpfliebenden Arumarten in schwimmenden Gärten. Dort baut man den Betelpfeffer sehr sorgfältig (Cheyne 142), ebenso einige Bananenarten als Bastpflanzen, den Pandanus aber benutzt man nicht und im Gewürznelkenbaum, wie wir schon sagten, sieht man ein Bild des Häßlichen (Cheyne 123 f.). Auch hat man daselbst Teiche, in welchen Schildkröten, die man ißt, aufgezogen werden (eb. 145). Eine rohe Art Oelbereitung hat man auf den Marshall- und Gilbertinseln, wo man die Kokosnüsse meist zu diesem Zwecke benutzt (Gulick 304). Auch Blumengärten gibt es auf Kusaie (Lesson voyage 128), sowie (Chamisso 112; Kotzebue 2, 82 f.) die Ixora coccinea, Volkameria inermis und unter einigem anderen auch ein Crinum auf Ratak als Zierpflanzen um die Häuser gepflanzt sah. Die Novarareisenden sahen im Garten des Häuptlings von Roankiddi auf Ponapi Taro, wilden Ingwer, der als Gewürz dient, Curcuma und Kawapfeffer. Wie die alten Marianer nach le Gobien 44 eine Art Tauben zum Vergnügen hielten und abrichteten und an abgerichteten Hähnen großes Wohlgefallen hatten, so sieht man auch in Mikronesien Hähne an langen Schnüren in der Nähe der Wohnungen angebunden; auf Ratak fand Chamisso einen weißen Reiher öfters gezähmt (113).

Ihr Landbau muß schon ein sehr alter sein, da sich bei den geringen Zuchtmitteln, welche sie anwenden und anwenden können, mehrfache Varietäten der von ihnen kultivirten Pflanzen gebildet haben. So hat man auf Kusaie 4 Arten der Banane, und die Brodfrucht, welche auf dieser Insel auch wild, wohl in Folge des üppigen Bodens, stets ohne Kerne vorkommt, in doppelter Varietät, mit kugeliger und länglicher Frucht — sicher nicht Artocarpus incisa und integrifolia, da wir diese Nachricht einem Beobachter wie Kittlitz (2, 7 f.) verdanken. Auf dem minder fruchtbaren Lukunor wächst die Brodfrucht nur mit Kernen, aber auch hier in verschiedenen Varietäten (eb. 2, 96) und auf Ponapi, wo man deren gleichfalls mehrere hat, reifen die Früchte der einzelnen Abarten zu verschiedenen Zeiten des Jahres, so daß nie Mangel an diesem wesentlichen Lebensmittel eintreten kann (Cheyne 114), außer wenn Stürme und dergl. die Bäume selbst verletzen. Auf Ratak gibt es von der Hauptfrucht, von Pandanus odoratissimus gar 20 Abarten, deren jede verschieden benannt ist (Cham. 110).

Man kochte auf den Marianen (Freycin. 2, 307) auf dieselbe Weise, wie man noch jetzt in fast ganz Mikro- und Polynesien kocht. In eine mehrere Fuß tiefe Grube legt man sehr erhitzte Steine oder (z. B. auf Kusaie, Kittlitz 1, 374) heiße Asche, auf diese in Bananenblätter gewickelt, die Speise und darauf eine andere Schicht glühender Steine, dann deckt man das ganze mit Erde fest zu und nimmt nach einigen Stunden das fertige Gericht heraus. Auf diese Art kochen sie Alles und wissen auch manche künstlichere Speise zu bereiten: so auf Kusaie eine Art Pudding aus Pandanuskernen, Brodfrucht, Bananen, Kokosnuß und Zuckerrohr (Kittl. 2, 7 f.), auf Nawodo einen ähnlichen Kuchen aus Tacca, geraspelter Kokosnuß und jenem Palmshrup, welches Gericht sehr wohlschmeckend sein soll (Cheyne 77). Auf den Marshall- und Gilbertinseln kocht man gleichfalls in heißer Asche, doch auch auf einer Art Rost und in Kokosschalen (Meinicke Zeitschr. 15, 399).

Die Tageseintheilung ist im ganzen Gebiete gleich. Die Ponapiten z. B. stehen mit der Morgenröthe auf, baden sich, spülen den Mund aus im Meere (Mertens 132) und nehmen das Morgenmahl, worauf sie, nachdem sie sich mit Kokosöl und Kurkumapulver eingerieben haben, bis Mittag arbeiten. Dann folgt nach abermaligem Bad ein zweites Mahl. Ist dann der Nachmittag unter allerlei Besuchen und dergl. vergangen, so folgt bei Sonnenuntergang ein drittes Mahl einem dritten Bade, worauf sie meist, da sie keine Fackeln haben, ziemlich früh zu Bett gehen, wenn sie nicht bei Mondenlicht länger tanzen und singen (Cheyne 117) oder, was sie oft bis tief

in die Nacht thun, sich von ihren Reisen erzählen (Mertens 134).
So verläuft und verlief das Leben überall in Mikronesien, auf den
Marianen sowohl (Freycinet 2, 308) wie zu Cantovas Zeiten
(Sprengel 10, 229) auf den Karolinen und ebenso jetzt noch im
Osten und Westen. Bei den Mahlzeiten werden die Speisen auf
Bananenblättern aufgetragen und zwar vor dem Vornehmsten niedergelegt, der dann den Umsitzenden, die bis dahin ruhig warten, ihre
Portion zureicht, oder wenn die Versammlung zu groß ist, durch die
zahlreiche Tischbedienung reichen läßt. So erzählt Kittlitz 2, 51
von Kusaie, so war es auf den Marianen (Freyc. 2, 307) und ist
überall so. Die Zuckerrohrstengel sowie die Kokosnüsse öffnen und
schälen die Essenden sehr geschickt und zierlich mit den Zähnen (Kittl.
eb.). Zur See und in Zeiten der Noth ist man außerordentlich ge-
nügsam und eine Kokosnuß gilt für einen Menschen als hinreichende
Nahrung für einen Tag. Auf dem Lande aber verzehren sie un-
glaubliche Mengen von Lebensmitteln auf einmal. Dinge, die sie
noch nicht kennen, beriechen sie zuvor, ehe sie davon essen (Freyc.
2, 99). Als Speisegefäße dienen, wo man sie hat, Kalebassen, auch
wohl auf einzelnen Inseln irdene Töpfe und überall Kokosschalen.

Während sie auf diese Weise reinlich essen, auch ihre Wohnungen
und Geräthe sauber halten, so steht es mit ihrer körperlichen Reinlichkeit nicht besonders. Zwar machten hier die alten Marianer eine
rühmliche Ausnahme, welche auch am Leibe sich sehr reinlich hielten
(Strobach im neuen Weltbott 1, 11); zwar baden auch die jetzigen
Mikronesier häufig und halten sich oft stundenlang im Wasser auf;
zwar wenden sie der Pflege ihres Haares oft große Sorgfalt zu,
indem sie es täglich waschen und mit Oel salben, wie sie auch den
ganzen Körper mit Oel einreiben und oft mit solchem, welches durch
hineingelegte wohlriechende Blüthen parfümirt ist: allein trotzdem
nennt Gulick 411 die Gilbertinsulanerinnen widerlich und an ihrem
Leibe unreinlich, trotzdem waren die Bewohner Kusaies mit Läusen
reichlich versehen, welche sie eifrig aufsuchten und als Leckerbissen verzehrten (Lütke 1, 353; 378), wie die Ratakerinnen ihren Männern
dies Ungeziefer absuchten um es zu essen (Kotzebue 2, 78). Noch größer
ist die Unreinlichkeit auf Lukunor (Lütke 2, 54) und am schlimmsten
auf Truk, dessen Bewohner am ganzen Leibe voll Ungeziefer sind
(D'Urville b, V 147). Nimmt man dazu den Fettüberzug des

Kokosöles, welches ohnehin leicht einen strengen und verdorbenen Geruch annimmt, ohne daß es dadurch den Eingeborenen unangenehm würde und die vielen Hautkrankheiten, an welchen die Mikronesier leiden, so wird allerdings das Bild ihres äußeren Lebens minder anmuthig, als es Chamisso von Ratak schildert: allein wie die Rataker die abgeschlossensten und deshalb am wenigsten entarteten Bewohner des Gebietes sind, so sind sie auch die reinlichsten und in mancher Art die anmuthigsten der jetzigen Mikronesier.

Eine große Uebereinstimmung zeigen alle mikronesischen Inseln im Kahnbau. Salaçar (Oviedo XX c. 16) und Garcia de Loaisa (Navarrete V, 51) fanden 1526 (Legaspi bei Fra Gasp. de S. Aug. 68 erzählt 40 Jahre später dasselbe) auf den Marianen 4—5 Klafter (15—18' Careri V, 301) lange, zwei Ellen (4 Spannen Car.) breite Kähne vor, theils aus einem, theils aber aus mehreren Stücken zusammengefügt, indem die einzelnen Bretter dann mit Stücken aus Baumbast verbunden, die Fugen mit einer Mischung von Oel und Kalk (Loaisa a. a. O.; le Gobien 52) verstrichen waren. Auf der einen Seite trug das Schiff den tonnenartigen Ausleger, auf der andern das Segel, welches sehr fein aus Matten geflochten, dreieckig (weshalb Magelhaens die Inseln de las velas latinas nannte) und je nach dem Winde transportabel war, so daß man es bald an das vordere, bald an das hintere Ende des Schiffes stellen konnte. Ueber dem Schiffe selbst war ein Bretterboden, der nach beiden Seiten überstehend Passagiere und Waaren trug; im Schiffe selber, das einschließlich jenes Verdeckes im ganzen etwa 10 Menschen fassen kann (Magelhaens bei Navarr. IV 53), sitzen nur etwa drei Matrosen, deren einer stets das fortwährend eindringende Wasser ausschöpft (Car. V, 301). Ihr Steuerruder ist eine Stange mit einem Brett (Pigaf. 62 f.). Mit diesen Schiffen, welche mit dauerhaften Farben schwarz oder roth, seltener auch weiß angestrichen sind (Pigaf. 62 f.), segeln sie ungemein rasch, 10—12 Meilen in einer Stunde. Freilich schlagen die Schiffe leicht um, allein, da alle Eingeborenen, Männer wie Weiber — und Männer wie Weiber machten oft gemeinschaftliche Lustfahrten zur See (Pigaf. eb.) — außerordentlich geschickt schwimmen und tauchen, so ficht sie das wenig an, sie richten das Schiff wieder auf und segeln weiter. Bis zu den Philippinen fahren sie in diesen Schiffen, welche sie oft nach einer allerdings nicht ganz klaren Notiz bei Careri*) während der Fahrt ausbesserten. Wohl hatten die Spanier Ursache, dies mit Staunen zu sehen: sollte doch die Seetüchtigkeit der Marianer ihnen schädlich genug werden. Denn im Kriege lockten die letzteren die spanischen Soldaten in die Böte und stürzten diese auf der hohen See um (le Gobien 253), so daß die Spanier entweder ertranken oder mit leichter Mühe getödtet werden konnten, auf jeden Fall aber den Gebrauch ihrer Flinten oder diese selbst verloren, während die Marianer ungehindert das Boot wieder aufrichteten und weiter segelten. Marianische Truppen, die am Strande vorübersegelnd vom Land aus beschossen wurden, sprangen in das Meer und deckten ihre Kähne über die Köpfe, wogegen die Spanier gar nichts ausrichten konnten (le Gob. 265).

Nach diesem Modell sind nun mit mehr oder weniger Geschicklichkeit alle Schiffe in Mikronesien gebaut, so daß wir uns bei Einzelheiten nicht weiter aufzuhalten brauchen (Palaus: Padilla 1710 bei Coreal voyage 2, 294; die westlichen Karolinen: Clain bei le Gobien 401, Sprengel 10, 202, Cantova eb. 212; Pickering 226; Carteret 1, 389). Unter den Bewohnern der westlichen Karolinen gelten die von Wolea, wie sie die ausgezeichnetsten Taucher sind (Chamisso 127; Kittl. 2, 161 f.), auch für die besten Schiffbauer, daher denn andere Inseln, namentlich Eap viel Schiffe von dorther kaufen (Kittl. a. a. O.; Cheyne 127). Für die besten Schiffe der östlichen Karolinen gelten die von Ponapi, deren Kiel durch einen ausgehöhlten Baumstamm, deren Wände durch fest angebundene Bretter gebildet werden. Vorder- und Hintertheil des Kahnes stehen hoch aus dem Wasser, das ganze ist bis zu 40' lang (Michelewa y Rojas 195), so daß es 10—15 Mann faßt (Gul. 179), außen mit glänzend rothem Firniß angestrichen, innen getüncht (Hale 85), natürlich mit dem Ausleger und jenem dreieckigen Mattensegel versehen, welches an zwei tragbaren winkelig gegen einander gestellten Stangen befestigt ist, deren (nach oben gerichteten) Winkel es ausfüllt (Cheyne 110 f.; Kittl. 2, 70; Nov. 2, 395). Die Plateform auf den Tragbalken des Auslegers (Cheyne 111) ist der

---

*) V., 301: s'il y a quelque chose à racommoder au batteau, ils mettent les marchandises et les passagers sur la voile (?), les racommodent promptement et le redressent, s'il était renversé.

Sitz des Häuptlings. Aehnlich, nur schlechter nach Lütke 1, 294 sind die Schiffe zu Kusaie, welche, wenn sie einem Häuptling gehören, auf der Platform des Auslegers eine Pyramide von zusammen-geflochtenen Stricken, die mit Muscheln verziert sind, als Aufbewahrungs-ort für die Vorräthe tragen (Kittl. 2, 15 f.). Auf Lukunor haben die Häuptlinge noch neben solchen sehr guten Schiffen auch elegante Ruderböte (Lütke 2, 80; Kittl. 2, 89 f.). Auch die Schiffe von Truk rühmt Kittlitz (2, 119) sehr. (Ueber andere Inseln: Mertens 153 f.; Kittl. 2, 148; 417; Lütke 2, 105; D'Urville b, V, 341; Cheyne an versch. Stellen u. s. w.).

Auf Ralik und Ratak sind die Kähne, welche 50—100 Mann fassen, auf der einen Seite steil und gerade, auf der anderen gewölbt; sie gleichen den marianischen und haben auch wie diese die dreieckigen Segel, mit denen sie jedoch auch gut gegen den Wind segeln können (Gulick 303 f.; Kotzebue a 1, 127 f., 2, 39). Ausgezeichnete Kähne gibt es im Gilbertarchipel, die einen mit hinten und vorn kreisförmig umgebogenem Kiel wie zu Ponapi, sehr rasch segelnd (15—20 Seemeilen in einer Stunde) aber klein und nur in be-stimmten Jahreszeiten gebraucht (Gulick 413), die anderen bis an 60' lang aber nur 6' breit und gleichfalls sehr schnell segelnd (Hale 102). Die Schiffe auf Banaba haben kein Segel; man gebraucht nur Ruder daselbst (Cheyne 75).

Die besten Seefahrer des jetzigen Mikronesiens sind die Marshall-insulaner. Sie machen erstaunlich weite Fahrten, 600 Seemeilen weit westlich zur Wellingtoninsel (Gul. 303) oder bis nach Guaham (Kotze-bue a 2, 127). In kleinen Flotten vereinigt segeln sie ab und finden ihr fernes Endziel stets richtig auf in ihren Kähnen, die so leicht um-fallen und die verloren scheinen, wenn der Ausleger bricht. Allein dann springen die Eingeborenen wie die alten Marianer ins Meer und machen die Reparatur schwimmend (eb. 131). Eine solche Ex-pedition dauert mehrere Monate, ja mehrere Jahre. So war 1857 von Ebon ein Häuptling mit 800 Begleitern in 40 Kähnen ab-gefahren um die nördlichen Inseln der Kette zu besuchen und 1860 am 11. März kamen sie zurück. Daher kann es uns nicht wundern, wenn sie in ihrer Seetüchtigkeit einen großen Ruhm suchen und dem verstorbenen Häuptling ein Ruder aufs Grab gepflanzt wird. Ihr Proviant bestand aus Kokosnüssen, aufbewahrter Brodfrucht und jenem

eingetrockneten Pandanusfaft (Gul. 303 f.). Auch eine Art Karte
haben fie, nämlich Stricke, welche in beftimmten Knoten zufammen-
gebunden den Lauf der verfchiedenen Strömungen bezeichnen. Sie find
ftrenges Geheimniß der Fürften und auf ihre Veröffentlichung fteht
der Tod (eb. 304). Genaue Kenntniß des ganzen Archipels war
Gemeingut aller Bewohner der Marfhallinfeln, der Männer wie der
Weiber: die Häuptlinge, welche alle fahrbaren Straßen kannten, zeichneten die Lage aller Infeln des Archipels auf (Chamiffo 120;
Kotzebue a, 2, 79, 92).

Die Karoliner fahren, außer daß fie die ganze Ausdehnung ihrer
eigenen Gruppe des Handels oder des Vergnügens wegen bereifen,
bis zu den Marianen hin, einzeln oder häufiger in Gefchwadern.
Dabei richten fie fich nach dem geftirnten Himmel, den fie in zwölf
Theile eingetheilt haben (Cham. 128). Auch Cantova (Sprengel
10, 216) fpricht von 12 Himmelsgegenden und 12 verfchieden benannten Winden. Doch exiftirte dabei noch eine andere Eintheilung
des Himmels in 28 Theile, welche nach den in ihnen auf und unter-
gehenden Sternen benannt waren (Lütke 2, 79, 370 f.). Nach
Freycinet freilich waren es nur 24 Theile, denn nach ihm (2, 103)
zerfiel der Horizont zunächft in 4 Theile, diefe wieder in je zwei
Unterabtheilungen, deren jede man wieder in zwei fpaltete, fo daß eine
24theilige Windrofe entfteht. Die öftlichen Rumben haben diefelben
Namen wie die weftlichen, fo daß man letztere durch den Zufatz weftlich unterfcheidet (Mertens 154). Nach diefen Himmelsgegenden
richten fie fich bei ihren Fahrten, fo wie nach der Sonne und den
einzelnen Sternen und Sternbildern, die fie kennen, nach Auf- und
Niedergang beobachten und durch befondere Namen unterfcheiden. Doch
haben fie nach Torres noch ein anderes Mittel, die Richtung ihrer
Fahrt zu beftimmen: da fie meift zur Zeit conftanter Winde fegeln,
fo legen fie einen Stab in beftimmter Richtung vor fich hin und nach
diefem finden fie unter beftändiger Beobachtung des Windes, den
Weg (Chamiffo 128; Lütke 2, 79, 370). Geographifche Kenntniß haben fie und ziemlich genau von ihrer ganzen Kette, von Kufaie
bis zu den Palaus und von den Marianen, jenfeits welcher nach ihrer
Meinung der Himmel fich immer mehr der Erde nähert und endlich
auf ihr feft fteht. Die Lage der einzelnen Infeln des genannten,
Bezirkes wiffen fie aufzuzeichnen (Kittl. 2, 87). Einen Kompaß

wie Lesson will, hatten sie nicht; sie haben ihn erst von den Europäern empfangen (Lütke 2, 333). Diese astronomischen und nautischen Kenntnisse wurden den Knaben gelehrt und zwar nach Cantova durch bildliche Darstellung des Himmels mit seinen Hauptgestirnen (Cham. 128).

Schon vor der Entdeckung durch die Europäer aber scheint die Seetüchtigkeit der Karoliner abgenommen zu haben; die Kusaier wenigstens und die Bewohner von Ponapi hatten früher größere Böte und machten weitere Fahrten als jetzt (Lütke 2, 80; Gulick 179), wenn sie auch jetzt noch zu den besten Seefahrern des Gebietes gehören und nach den Gilbertinseln und Marianen noch heute segeln (Michel. y Rojas 198). Der Schiffsdienst traf durch regelmäßige Ablösung jeden der Mitfahrenden (Freyc. 2, 103).

Auch das Jahr theilt man nach dem Aufgang verschiedener Gestirne ein in einzelne Jahreszeiten und nach dem Laufe des Mondes in einzelne Monate, welche letztere wieder eine bestimmte Anzahl von Tagen umfassen (Cham. 128). Jeder Tag hat seinen Namen und zerfällt selbst in einzelne gleichfalls verschieden benannte Abtheilungen (Lütke 2, 79; Mertens 154). Nach Freycinet 2, 105 war die Zahl der Monate 10, deren 5 die eine Hälfte des Jahres, die Wind- und Regenzeit (von Juni — Nov.), die 5 anderen die gemäßigte Jahreszeit bilden. Doch er selbst zweifelt, ob man ihnen nicht eine doppelte Jahresrechnung, eine nach diesen klimatischen Verhältnissen, die andere nach Mondmonaten, deren Zahl dann größer wäre, zuschreiben müßte.

Auf den Marianen war die Zeitrechnung verschieden; die einen rechneten das Jahr zu 12, andere zu 13 Mondumläufen und einmal soll es darüber sogar zum Kriege gekommen sein (Bonani im neuen Weltb. 7, 6). Man rechnete nach Nächten, wie auch auf den Karolinen und den Ratakinseln (Chamisso 63) und zählte dieselben, indem man in eine Schnur für jede Nacht einen Knoten band (le Gob. 68), ein Mittel, welches auch sonst in Mikronesien vorkommt (Kotzebue 2, 85); auf den Palaus zählte man allgemein nach solchen Knotenschnüren (Keate 336).

So ausgezeichnete Schiffer, wie die Mikronesier sind, werden auch tüchtige Fischer sein, was alle unsere Quellen bestätigen. Männer und Weiber fischen: erstere jedoch dürfen 24 Stunden nach voll-

zogenem Beischlaf keine Angel berühren, letztere nicht, wenn sie schwanger
sind. Man fischt theils mit Angeln aus Knochenspitzen (jetzt sind es
gewöhnliche europäische) theils mit Fischkörben, die aus Volkameria-
zweigen ziemlich groß und von der Gestalt unserer deutschen Fischkörbe
geflochten 2 Tage im Wasser liegen müssen; will man sie herausholen, so wird bisweilen Kokosöl vorher aufs Wasser gegossen, um
dieses zu glätten. Ferner hat man kleinere und größere Netze, die
sehr gut geflochten sind. Auch nächtliche Fischereien beim Scheine
brennender Kokosblätter sind nicht selten (Mertens 137 f.; Cham
113). Häufig werden die Fische mit Speeren geschossen; so sah
Gulick wie man auf den Gilbertinseln eine Bonitenschaar von 2—300
Stück dem Strande zutrieb und dann sehr geschickt fast alle mit den
Speeren fing (413).

Viele ihrer größeren Fahrten unternehmen sie des Handels wegen.
Dieser besteht nur aus gegenseitigem Austauschen von Geschenken und
es ist ein Irrthum von Chamisso und Hale, wenn sie in jenen
zu Schnüren aufgereihten dünnen Kokos- und Muschelstückchen, die
man als höchste Kostbarkeit um den Hals und den Leib trug, eine Art
Geld sahen. Gulick 417 widerlegt diese Ansicht aus seiner eigenen
unmittelbaren Erfahrung: diese Schnüre sind besonders hochgeschätzt
und deshalb werthvoller als alle übrigen, aber auch sie sind nur Tausch-
mittel und Geld oder etwas dem Gelde ähnliches fehlt. Mit Gulicks
Behauptung kommt man auch für die alten Marianer aus, obgleich
Freycinet (2, 463) wenn auch zweifelnd, dieselbe Meinung aus-
spricht, wie Chamisso (80), mit dem er sehr häufig eine gemeinschaftliche Quelle hat, die mündlichen Mittheilungen des Don Luis
de Torres. Allerdings gab es auf Tinian die Stadt Fanatugan-
Alas „Ort, wo man den Alas, die Schildpattketten aufreiht", der
allein diese Ketten machen durfte (Freyc. 2, 458); allerdings bekam
der Mann, der einer verwandten Frau auf ihre Bitten (denen er
gehorchen mußte) ein Haus, einen Acker u. s. w. schenkte, dafür einen
Alas (eb. 479); allerdings erhielt der, welcher ein Kind gerettet, von
den Eltern oder wenn diese zu arm waren, von der ganzen Familie
die kostbarste Art dieser Kette zum Lohn (eb. 376) und freilich war
der Werth dieser Ketten nach ihren verschiedenen Arten sehr genau
bestimmt (481): aber das alles beweist noch nicht, daß wir es hier
mit wirklichem Gelde zu thun haben, denn erstens bestand der Tausch-

Handel daneben und zweitens spricht einiges was Chamisso 80 sagt, dagegen, nämlich daß die einzelnen Stücke um so höher geschätzt waren, je mehr Löcher sich in ihnen befanden, denn diese Löcher wurden nur hineingebohrt, wenn der Besitzer des Stückes bestimmte ehrenvolle Thaten vollführt hatte. „Solche Trophäen sollen dann dem Eigner ein gewißes Zwangsrecht gegeben haben, sie nach hergebrachten Bräuchen gegen anderer Eigenthum auszutauschen und in gewißer Hinsicht als Mittel des Handels und Zeichen des Wortes gegolten haben." Mit diesen Worten klärt Chamisso das wahre Verhältniß ganz richtig auf; man sieht, wie wenig diese Schildpattstücke unserem Gelde gleichkommen. — Die einzelnen Inseln führen das aus, was bei ihnen besonders reichlich oder gut bereitet wird, wie die Bewohner von Wolea Kähne, die der niederen Inseln Waffen, welche sie theuer nach den hohen Inseln verkaufen (Kittl. 2, 83), die von Ifaluk gewiße große Muscheln (eb. 2, 152), die Paliuer ihre berühmten Mattensegel, welche sie hauptsächlich nach Ponapi gegen Tabak absetzen (Cheyne 100), die Bewohner von Lukunor, welche dem Handel besonders zugethan sind und durch ihn eine große Wohlhabenheit erlangt haben, die nicht ohne Einfluß auf ihre Verfassung blieb, Pandanus= matten, Tauwerk und Bindfaden aus Kokosfasern, Waffen aus Kokos= holz, Geräthschaften von Brodbaumholz und dergl. und zwar meist nach den hohen Karolinen (Kittl. 2, 82). Doch darf man nicht daraus schließen wollen, daß die hohen Inseln in ihren industriellen Produkten zurückständen: auf Ponapi werden z. B. Schlafmatten, Gürtel, mancherlei Schmuck, Zeug zu Kleidern, Körbe, Seilerwaaren, Segel von anerkannter Güte bereitet. Namentlich berühmt waren die Schlafmatten, welche 6' lang und von verschiedener Breite sind. Das obere Ende wird aufgerollt und dient als Kopfkissen, wozu man auf Ratak und an den meisten Orten einen etwas ausgehöhlten Holzklotz gebraucht (Chamisso 115). Die Decken bestehen gleichfalls aus Bastzeug. Die Gürtel werden aus gelb= und rothgefärbten Bananen= fasern 6' lang und 5—6" breit mit allerlei bunten Mustern auf kleinen Webstühlen gefertigt, (Cheyne 112) deren Schiffchen ganz dem unseren gleicht (Hale 75).

Ihre Instrumente waren wie auch die der Marianer (Salaçar bei Oviedo XX, 16; Garcia de Loaisa bei Nav. 49) früher von Stein, von scharfen Muschelschalen (Messer, Sägen, Clain bei le Gobien 407), von Fischgräten, Knochen u. s. w. Jetzt wird immer mehr Eisen eingeführt. Sehr hübsche Holzgefäße auf den Karolinen erwähnt Keate und Freyc. 2, 101, während auf den Marianen auch verschieden gestaltete irdene Töpfe ohne Glasur gebräuchlich waren (2, 317), welche man sonst in Mikronesien nur noch auf Eap und den Palaus kennt, weil sich hier Töpferthon findet (Chamisso 123). Körbchen mit und ohne Henkel von Bast und Blättern geflochten, Kalebassen als Gefäße (eb.), die Riesenmuschel und andere große Muschelschalen zu gleichem Zweck (Chamisso 113), hölzerne Gefäße (hölzerne Töpfe auf Truk Desgraz bei D'Urville b, V 315) und noch so mancherlei anderes versteht sich von selbst. Feuer ward durch an einandergeriebene Holzstückchen auf verschiedene Art hervorgebracht (Chamisso 154). Mörtel verstand man zu bereiten, indem man Korallenkalk in glühend erhitzte Erdlöcher brachte und mit Wasser löschte (Mertens 160). Leim (mit dem man Vögel fing und die Ratten von den Kokosbäumen fern hielt) und Firniß bereitete man wie auf den Marianen (Freyc. 2, 413) aus dem Saft des Brodbaumes, aus anderen Pflanzensäften rothe, gelbe, braune u. s. w. Farbe; schwarze aus Kokoskohle (Mertens 169; 185; Novara 2, 409 und sonst). Vielerlei anderes, die parfümirten Oele, die geflochtenen Matten, die Bastzeuge und Kleiderstoffe aus Bananenfasern (Chamisso 77; Cheyne 76; 112; Michel. y Rojas 191; Lütke 2, 73; D'Urville b, V 31) u. s. w. haben wir schon erwähnt. Dies Oel wird überall bereitet; auf den Marshall- und Gilbertinseln zur Ausfuhr (Gulick 304; 413), wofür man Feuerwaffen und Tabak erhält, während man auf Ponapi von europäischen Waaren jetzt hauptsächlich Spirituosen, Tabak, Flinten, Pulver und eiserne Geräthe verlangt (Cheyne 104). Auf Lukunor läßt man in eigens dazu angelegten kleinen Gehegen die Nüsse erst keimen, damit sie zur Oelbereitung desto tauglicher sind (Kittl. 2, 112).

Wenn nun auch die Kleider, Häuser und Kähne der Mikronesier, ihre Liebhaberei für schöne Blumen und Blumenschmuck, wenn häufig auch ihre Muschelkränze und dergl. einen gewissen Geschmack verrathen, so kann doch von Leistungen in irgend welcher Kunst bei ihnen kaum die Rede sein. Das Beste, was sie schaffen, sind ihre oft zierlich gebauten, elegant geflochtenen und durch bunte Farben innen und außen nicht unangenehm geschmückten Häuser. Auch ein-

zelnes von Schnitzereien hatten sie, an Holzkästchen zur Aufbewahrung
ihres Schmuckes, an ihren Kähnen und gelobt werden die Skulpturen
an den Kähnen von Truk (Desgraz bei d'Urville b, V, 315).
Die alten Marianer hatten Bilder ihrer Ahnen auf Holzstücken und
Baumrinde gezeichnet, denen sie wahrscheinlich göttliche Verehrung erwiesen: denn Sanvitores, der sie zum Christenthum bekehrte, be-
fahl ihnen, diese Bilder zu verbrennen (le Gobien 82).

Musikinstrumente haben die westlichen Karolinen gar nicht, selbst
die Trommel fehlt (Cantova bei Sprengel 10, 229 f.; Cheyne
123; Pickering 227); auf Lukunor (Mertens 146) und Kusaie
(Lütke 1, 366) ist derselbe Mangel. Dagegen haben die Bewohner
von Ponapi, wodurch sie sich vor allen Karolinern auszeichnen, eine
kleine Flöte von Bambus, welche durch die Nase geblasen wird und
eine Trommel aus einem ausgehöhlten Baumstumpf, der mit Fischhaut überspannt ist. Sie liegt auf dem linken Knie des am Boden
kauernden Spielers und wird mit der rechten Hand geschlagen, dann
tönt sie dumpf und laut wie ein Hindu-tamtam, welche Töne der
Spieler stets mit Gesang begleitet (Cheyne 116; Novara 2, 419).
Dieselbe Trommel ist das Lieblingsinstrument der Marshall- und Gilbertinsulaner (Meinicke Zeitschr. f. allg. Erdk. 15, 413). Auf den
Marianen, wo man jetzt verschiedene europäische Musikinstrumente, so
wie besaitete Kalebassen gebraucht, hatte man zwei Arten Rohrflöten,
deren eine $2\frac{1}{2}'$ lang, mit 4 Löchern für jede Hand und von weichem
Klange mit dem Mund, die andere kleinere schärfer tönende mit der Nase
geblasen ward (Freyc. 2, 399). Große Muscheln (Tritonium) dienten
überall, auch auf den Marianen (Freyc. 400) als Signalhörner in
Krieg und Frieden; auf Cap werden sie auch bei feierlichen Gelegenheiten länger geblasen (Cheyne 156 f.). Auf allen Inseln aber,
auch auf denen, welche keine Musikinstrumente hatten, war Gesang
und der stets von Gesang begleitete Tanz häufig. Auf den Marianen
setzten sich bisweilen die Frauen zusammen und sangen, indem sie sich
mit kleinen Muschelschalen, welche die Stelle der Kastagnetten ver-
traten und mit sehr zierlichen lebhaften Gesten begleiteten, äußerst anmuthig und harmonisch rein ihre Lieder. Einen ähnlichen Gesang
„Kalge der Weiber" genannt, hatten die Frauen auf Wolea und
und Faraulep (Freycinet 2, 120; nach Cantova) und auch
auf Lukunor gab es Lieder, welche nur von den Frauen, andere, die

nur von den Männern gesungen werden durften (Mertens 146).
Auf den nordwestlichen Karolinen begleitete man den Gesang, der
nicht unangenehm war (Clain bei le Gob. 406), indem man im
Takt auf die Hüften schlug (Clain bei Sprengel 10, 202).
Freycinet (2, 398) gibt eine marianische Melodie, von der wir
jedoch stark zweifeln, ob sie ganz ächt und ganz unentstellt ist; auf
keinen Fall wird sie uns als sicherer Vertreter des altmarianischen
Gesangs gelten dürfen. Die Gesänge des übrigen Mikronesiens
dagegen werden nicht sehr gerühmt; auf Tobi bestanden sie in einem
häßlichen Heulen und ein scheußliches Geschrei nennen sie Gulick (306)
und Kotzebue 2, 81) im Marshallarchipel, wo sie langsamer an-
fingen, sich aber im Tempo, der Höhe und Stärke der Töne immer
steigerten (Chamisso 115). Auf den Gilbertinseln war's nicht
besser (Meinicke a. a. O.). Mehr zu loben waren sie auf manchen Inseln der Karolinen, doch auch hier eintönig nach Freyc.
(2, 121), der eine Probe von Satawal in Noten gibt, nach der
man sich einen ungefähren Begriff machen kann. Auf Wolea wurde
in jeder Nacht vor dem Hause des Tamol (Häuptling) so lange von
den jungen Leuten der Insel musicirt, bis er selbst das Zeichen zum
Aufhören gab (Cantova bei Sprengel 10, 229; Frey-
cinet nach ihm).

Auch die Tänze, häufig pantomimische Darstellungen, waren im
Marshall- und Gilbertarchipel ungraziös, wild, voll von Verrenkungen
(Kotzebue a, 2, 81). Oft haben sie religiöse Bedeutung, wie denn
Gulick z. B. einen Tanz auf Ebon mit ansah (306), welcher von 600
Mann unter Vortanz des Königs aufgeführt wurde, um dadurch die
Genesung eines erkrankten Fürsten herbeizuführen. Entweder tanzten
sie alle in einer Reihe gemeinschaftlich, mit gleichmäßigen Bewegungen;
oder einzelne traten vor und tanzten, unter den heftigsten Gesichts-
verzerrungen, den gewaltsamsten Körperbewegungen allein, zunächst
der König, welcher auf phantastische Weise mit Blätterbüscheln und
Federn verziert war, dann als er ermüdet abtrat, ein anderer und so
50. Bei allen wichtigen Ereignissen, bei Ankunft Fremder, bei der
Abreise u. s. w. wird getanzt (Gulick 306; Kotzebue a, 250; 90).
Auf Ponapi waren die Tänze zierlich und nicht unanständig. Die
unverheiratheten Männer und Mädchen tanzen in einer Reihe und
während Trommel und Flöte und Gesang den Tanz begleitet, treten

sie zu dieser Musik den Takt. Jegliche Bewegung wird von der
ganzen Reihe gleichmäßig aufgeführt, und zwar bestehen die Bewegungen in graziösen Biegungen des Körpers und bisweilen in Ausbreiten der Arme, wobei die Finger in zitternder Bewegung sind
(Cheyne 116; Novara 2, 419). Ganz rein waren auch die
nächtlichen Tänze auf Morileu (Mertens 131). Ueberall tanzte
man gern Nachts, oft ganze Vollmondsnächte hindurch und zwar
waren auf Lukunor (Mertens 146), auf Wolea und Faraulep, auf
welchen letzteren Inseln der erste Häuptling dem besten Tänzer bisweilen ein Geschenk gibt, die Tänze ähnlich wie auf Ponapi, indem
auch hier die Männer und Weiber in zwei Reihen einander gegen-
überstehen und ganz ähnlich geschmückt sind, wie die Tänzer auf Ebon
(Cantova a. a. O. 129 f.; Freycinet 2, 119 f.). Eigenthümlich
ist der Tanz auf Satawal: zwei Reihen stehen sich gegenüber und
nachdem sie mit einem gemeinschaftlichen Schrei angefangen, berührt
jeder Tänzer mit einem Stab — solche Tanzstäbe, die zierlich genug
waren, gab es auch zu Kusaie (Kittlitz 2, 98). — den Stab des
ihm gegenüber Tanzenden oder bei Wendungen seiner beiden Nachbarn. Der Stab wird immer in der Mitte gefaßt und da er stets
zwei andere Stäbe berühren muß, so entstehen dadurch oft sehr kunst-
volle Touren. Dazu wird immer ein und dasselbe Lied gesungen,
welches man jetzt nicht mehr versteht, welches aber lyrisches Inhalts
sein soll (Freycinet 2, 120 f.). Auch auf Eap gibt es vielerlei
Tänze, theils für beide Geschlechter, theils für Männer oder Weiber
allein (Cheyne 133). Verschiedenartige Tänze der Weiber allein
und gemischte, auch nicht immer anständige, werden von den Marianen erwähnt (le Gobien; Freyc. 2, 398 f. und sonst).

Nicht ohne Interesse ist es, was uns von der Poesie dieser
Völker berichtet wird. Auf den Marianen gab es Dichter von Beruf,
welche hoch geachtet wurden und deren Gedichte man sehr schätzte; die
Männer recitirten sie in den öffentlichen Versammlungen (le Gob.
49; 57). Der Inhalt dieser Poesieen war verschieden. Zunächst
bezog er sich auf die Weltschöpfung und andere Mythologeme. Alle
Menschen, sagen die Dichter, gingen von Guaham aus; dort lebte
der erste Mensch, dort wurde er in einen Stein verwandelt, während
Nachkommen sich über alle Lande zerstreuten, ihre heimische Sprache
verlernten und nun Silben betonen, welche sie selbst nicht mehr ver-

stehen (le Gob. 63). Oder nach Belarde und de Torres bei
Freycinet (2, 381) und Chamiffo 132 f.: „Puntau war ein
sehr erfinderischer Mann, der vor Erschaffung des Himmels und der
Erde viele Jahre in den leeren Räumen lebte. Dieser trug, als er
zu sterben kam, seiner Schwester auf, daß sie aus seiner Brust und
Schultern den Himmel und die Erde, aus seinen Augen die Sonne
und den Mond, aus seinen Brauen den Regenbogen verfertigte.“
Wie Chamiffo hiermit altgermanische Mythologeme vergleicht, so
werden wir ähnliches im eigentlichen Polynesien finden. Ein anderer
Gegenstand ihrer Poesie mag die Schilderung ihres Paradieses gewesen sein, wo es Früchte im Ueberfluß gab, wohin aber nur die
ruhig sterbenden gelangten. Dann sangen die Dichter die Abenteuer
ihrer Vorfahren, „voll Fabeln und Uebertreibungen“, wie le Gob.
sagt (2, 57). Auch lyrische Poesien hatten sie, mannigfacher Art,
namentlich die jungen Leute, welche man Uritaos nannte (Freyc. 2,
369 f.); diese hatten viele erotische Lieder, in einer ganz eigenen
Sprache, und solche Lieder meint wohl le Gobien mit den profanen
und unreinen Gesängen, welche das Christenthum vertrieb (284).
Hierher gehören auch ihre Trauergesänge (298), wenn diese auch vielfach Thaten aus dem Leben des Verstorbenen gefeiert haben mögen;
ebenso die zahlreichen Spottlieder gegen die Besiegten (55), so wie
die „tausend Neckereien und Eulenspiegeleien“, womit sie sich gern
unterhalten (57). Auch Wortspiele, wozu ihre Sprache sehr geeignet
war, liebten sie sehr (48). So werth war ihnen die Poesie, das
Sanvitores kein besseres Mittel sah, das Christenthum dem Volke
zugänglich zu machen, als daß er die christliche Lehre in Verse
brachte (90).

Die Form dieser letzteren war allerdings einfach genug; sie wird
sich nicht über einen gewissen lockeren Parallelismus, wie er auch sonst
im stillen Ocean herrscht, erhoben haben.

Auch ihre Beredsamkeit, worauf schon manches des oben erwähnten
hindeutet, war groß. Eine Probe gibt Freycinet (2, 199 f.) in
marianischer Sprache mit französ. Interlinearübersetzung, die Rede oder
einen Theil einer Rede des Chamorri Djoda (Pura bei le Gobien),
womit er zum Aufstand gegen die Spanier anreizte: wir rücken das
Bruchstück in möglichst wörtlicher Uebersetzung ein. „Zeit ist's, den
Todesstoß zu geben, weil die Fremden getrennt sind. Vom Lande sind

fern die ſtarken Männer, hier in Agagna geblieben nur die Unnützen,
Schwachen und die Kranken. Nicht ſchwer iſt es für uns, anzugreifen,
und uns zu befreien; wenn wir die Gegenwart ſchlecht nutzen, ſpäter
werden wir nicht ſiegen und ſie uns einengen und wir alles geben.
Wir wollen frei leben nach unſeren Willen und unſeren Sitten: denn
wenn ſie fertig ſind, die anderen Länder des Nordens zu erobern,
dann enden unſere Hoffnungen, wohin wir fliehen ſollen! Folgt mir
und wir ſind berühmt ohn' Ende, weil wir unſerem Vaterland in
Freiheit zu leben verſchafften." Und ſo ſehr auch die Reden bei
le Gobien durch Redewendungen und Satzbau aus der Zeit Lud-
wig XIV. kleine franzöſiſche Meiſterwerke geworden ſind, einen ächten
marianiſchen Kern hört man immer heraus, eine ſcharfſinnige oft über-
raſchende Schlagfertigkeit — „die Spanier, ſagte der Chamorri
Hurao (le Gobien 140 f.), werfen uns unſere Armuth, unſere
Unwiſſenheit und Ungeſchicklichkeit vor. Aber wenn wir ſo arm ſind,
was ſuchen ſie bei uns? Wenn ſie uns nicht brauchten, warum dulden
ſie ſolche Gefahren, um ſich bei uns anzuſiedeln"? In derſelben Rede
heißt es: „ſie ſagen, ſie wollen uns glücklich machen: worin beſteht ihr
Glück als in Elend, Krankheiten und Ungeziefer? Das Eiſen und was
ſie ſonſt noch bringen wiegt das nicht auf". Und Aguarin ſagte
(245 f.): „Wir ſind frei geboren, laßt uns unſere Freiheit, welche die
Natur uns ſchenkte und unſere Ahnen uns hinterließen, bewahren.
Was würden die Ahnen ſagen, wenn ſie uns als Sklaven einer
handvoll Europäer ſähen, welche nur unſere Furcht ſchrecklich macht?
Ihr fürchtet vielleicht wegen ihrer Feuerwaffen ſie anzugreifen? aber
iſt nicht ein ruhmvoller Tod einem ſchimpflichen Leben vorzuziehen?"
Auch ihre Weiber, welche wie wir ſchon erwähnten, ihre eigenen Lieder
hatten, erotiſcher Art, waren geſchickte Rednerinnen, wofür le Gobien
336 ein Beiſpiel gibt.

Die Bewohner der Karolinen haben mythologiſch-epiſche Erzählungen, wohin auch die religiöſen Sprüche und Lieder gehören, welche
Kittlitz von Kuſaie erwähnt (2, 47, 1, 374). Was uns von dieſen
Mythologemen bei Cantova (Hockin überſ. v. Ehrmann, Weimar
1805, Einleitung S. 22 f.) bei Freycinet (111 f.) und Chamiſſo (129 f.) — bei letzteren beiden durch Torres — mitgetheilt
wird, iſt nicht ohne Schwung und poetiſchen Reiz. Die ganze Art
der Mythenbildung iſt denen verwandt, welche Grey uns von den

Neuseeländern aufbewahrt hat und würde, wenn es nicht gar so abgerissen wäre, der Vergleichungspunkte gewiß noch mehr bieten, denn
auch der mikronesische Himmel ist reich bevölkert und über die Entstehung der Dinge sowie die Schicksale der einzelnen Götter gab es
viel zu berichten.   Wie sie uns jetzt vorliegen, stehen diese Mythen
bei aller Verwandtschaft an poetischem Werth den polynesischen nach,
aber auch so den ältesten indogermanischen etwa gleich.   Ein eigenthümlicher Zug, den sie mit den polynesischen Mythen theilen, ist der,
daß sie gern bei der Erklärung auffallender Gegenstände aus der
Natur verweilen.   So stammt die röthliche Farbe der Palmstämme
davon her, daß sich der eben geborene Götterknabe an ihnen reinigte;
die seltsame Gestalt des Kopfes eines gewissen Fisches durch Schläge
welche der Gott ihm gab u. s. w. — Andere Lieder besangen die
Thaten der Ahnen (Torres bei Kotzebue 2, 131) und ihre eigenen
Erlebnisse, sowie sie auch ihre nautischen und geographischen Kenntnisse
in ihren Liedern niedergelegt haben und sie durch dieselben ihren
Kindern lehren (eb. 130). Auch die Mährchen- oder novellenartige
Erzählung, welche Chamisso seinem Freunde Kadu, der von Wolie
stammte, nacherzählt und die wohl in ihren Grundlagen auch mythologisch und vielleicht auf den Gott Olifat, von dem die anderen Erzählungen uns mitgetheilt werden, zurückzuführen sind, auch diese
Erzählung welche Chamisso selbst dem Mährchen vom Meisterdieb
vergleicht, ist nicht ohne poetischen Reiz und scharfsinnig erfunden und
es wäre in mehr als einer Hinsicht wichtig, wenn wir derartige Erzählungen jener entfernten Völker mehr hätten.   „Auf einer Insel der
Gruppe Mogemug (Ulithi), erzählte Kadu, wurden allnächtlich die
Fruchtbäume geplündert, ohne daß man lange Zeit den Thäter finden
konnte, bis er endlich in einem scheinbar frommen Knaben entdeckt
ward, der allnächtlich die Früchte stahl. Da Züchtigungen, Gefängniß
und Fesseln ihn von seinem Thun nicht abhielten, so brachte man ihn
auf eine entfernte wüste Insel, aber auch dieses war umsonst, denn
aus einem Baumstamme fertigte er sich einen Kahn, auf welchem er
allnächtlich zu neuen Diebereien herüberfuhr und man hatte nicht eher
Ruhe, als bis man dieses Fahrzeug ihm zerstörte. Nun blieb er aus
und als einige Zeit darauf einige Neugierige ihn auf seiner Insel
besuchen wollten, fanden sie ihn, trotz alles Umhersuchens im Walde,
auch dort nicht mehr — aber ebensowenig Abends, als sie ermüdet

zurückkehren wollten, ihren Kahn, denn der Schlaue hatte sich, als er sie kommen sah, im Gebüsch versteckt und segelte nun in dem unbedachtsam verlassenen Kahn über die hohe See nach Sorol. Jetzt hegte er Rachegedanken gegen sein Vaterland und bewog daher den Fürsten von Sorol zu einem Zug nach Mogemug, um es zu unterjochen; allein glücklicherweise hatten die Bewohner von Mogemug sie herankommen sehen und umzingelten die Nachts Landenden rasch von einem Hinterhalte aus. Da wurde jener Frevler denn getödtet: den Fürsten von Sorol aber und die Seinen ließ man frei zurückkehren". Im Erzählen sind alle Mikronesier sehr behende, und häufig mischen sie auch in den Bericht von ihren eigenen Erlebnissen, märchenhafte, phantastische Züge. (z. B. Chamisso ges. Werke 1, 363). Auch gab es Dichter von Beruf: auf den Centralkarolinen wurden von ihnen alle Jahre oder alle zwei Jahre neue Gesänge — denn auch die Musik war Sache des Dichters — erfunden und um diese zu singen, fuhr die Jugend der einen Insel sehr häufig zu einer Art von Gesangsfest auf eine Nachbarinsel (Mertens 146).

Auf Ratak, Ralik und den Gilbertinseln gab es Lieder auf alle irgendwie bedeutenden Ereignisse, die man aus dem Stegreife dichtete (Chamisso 91; Kotzebue a 2, 119, 81 und sonst), die sich aber doch lange erhielten, denn noch heute (Gulick 299) werden, wie Gulick selbst hörte, die Lieder dort gesungen, welche man auf Kotzebue gedichtet hatte. Auch sonst gab es nun Lieder aller Art, Kriegslieder (Kotzebue a, 288), religiöse Lieder (a, 2, 97), Liederchen beim Baden (Cham. 67) u. s. w., von denen einige nur von Weibern gesungen werden (eb.). Solche Gesänge, welche hintereinander vielfach wiederholt werden, bestanden oft nur aus zwei Zeilen, wie die kleinen Lieder der Neuholländer, welche Grey überliefert, z. B.: (Cham. ges. W. 1, 267.)

> Den geschälten Kokos trinkt
> Kokos ißt Chamisso.

Auch ein Beispiel eines historischen Liedes wollen wir nach Chamisso geben, welches die Ausfahrt des Wongusagelig, Fürsten von Ligieb von seiner Insel und seine Einfahrt in Aur (67, ges. W. 1, 112) darstellt:

> Wongusagelig
> Gehet unter Segel.
> Außen am Strande das Volk.
> „Setzt das Segel um.

Scheitern wir nicht an dem Riff!
Land aus der Aussicht verloren!
Ebbe! Ebbe!
Wongusagelig."
Und es erschallet der Machtruf:
„Die Schiffe zusammen gehalten!
Es schlägt die Welle wohl ein!
Am Schiff vorn, steure! steure!
Steure! steure! steure!
Reißet hinein uns die Fluth."

Auch läßt sich den Karolinern wie den übrigen Mikronesiern eine gewisse Beredsamkeit nicht absprechen.

Natürlich wurden alle ihre Lieder mündlich überliefert, denn Schrift kannten sie nicht, vielmehr hielten z. B. die Rataker die Schrift= zeichen für Zauberei (Kotzebue a, 2, 79) und die Bewohner von Ponapi für das Tattuirungszeichen, also gleichsam für eine persönliche Chiffre der Europäer und wunderten sich nur über die Wiederholung der einzelnen Charaktere (Hale 76). Doch erwähnt Freycinet (2, 107; Abbildung planche 58) einen Brief, den ein Häuptling der westlichen Karolinen geschrieben hatte auf schlechtes Papier — wohl auf ihr einheimisches Bastzeug — mit rother Farbe als Dinte und in Bilderschrift. Er wollte gegen Muscheln Fischhaken eintauschen und so war in der Mitte des Blattes ein Mann mit offenen Armen dargestellt, den Gruß des Schreibenden bedeutend, links sah man das Uebersendete, die Muscheln und rechts das Gewünschte, die Fischhaken. Doch beruht dieser Brief, obgleich er schon Anfang dieses Jahrhunderts abgefaßt ist, wohl auf europäischer Anregung und von irgend etwas ähnlichem haben die ersten Entdecker nichts berichtet.

Aus allem bisher erwähnten sehen wir, daß es den Mikronesiern an intellektuellen Fähigkeiten durchaus nicht fehlt, daß diese aber wenig d. h. nur so weit entwickelt sind, als es ihre einförmigen und be= schränkten Verhältnisse zuließen. Dies wird uns noch deutlicher werden, wenn wir einen Blick auf den Charakter dieser Insulaner werfen. Die Eigenschaft, welche die ersten Besucher zunächst an den Bewohnern der Marianen wahrnahmen und welche diesen Inseln den ersten euro= päischen Namen Ladronen eintrug, war ihre große Dieberei und ihre außerordentliche Geschicklichkeit beim Diebstahl (Magelhaens bei Navarr. IV, 53; Pigafetta 58, 62; v. Noort allg. Hist. d.

Reisen 11, 368), welche sie nach einem anderen spanischen Bericht
auch untereinander und nicht blos gegen Fremde ausübten (Fra Gasp.
de St. Aug. 70). Allein der Pater Strobach, welcher, ein Begleiter
Sanvitores, längere Zeit unter ihnen lebte, schildert sie im neuen
Weltbott (1, 11—12) denn doch anders und auch le Gobien spricht
gegen den Namen Ladronen (62). Nach Strobach waren sie gastfrei, freundlich gegen Fremde, sorgsam und geduldig gegen Kranke,
mäßig im Essen und Trinken und unter einander ehrlich, wie denn
ihre Häuser auch stets offen standen (le Gobien 62). So empfingen sie die Spanier durchaus zuvorkommend und freundlich, was
diese aber keineswegs erwiderten, denn schon Magelhaens tödtete,
um sie von ihren Diebereien abzubringen, bei einem Angriff auf sie,
7 Männer und verbrannte mehrere Häuser. 1526 versuchte Loaisa
eine Anzahl Eingeborener gewaltsam als Schiffsbedienung zu entführen
und als Legaspi 1565 bei entstandenem Streit einen Matrosen ein-
büßte, nahm er rohe und grausame Rache an den Eingeborenen
(Freycinet 2, 167). Daher ist es nicht zu verwundern, wenn
die Marianer auch gegen die Spanier feindlich oder wenigstens arg-
wöhnisch gesinnt waren, und so darf man ihnen manche Feindseligkeiten
(Plünderung eines gestrandeten Schiffes 1600) nicht zu hoch anrechnen.
Als 1638 das spanische Schiff Concepcion scheiterte, waren die Eingeborenen den Schiffbrüchigen auf alle Weise behülflich und als Sanvitores landete, nahm man ihn und die Seinen aufs Zuvorkom-
menste auf (Freyc. 170; le Gobien 14; 40; 62). Es ist also
nicht ohne weiteres richtig, wenn Fra Gaspar (70) sie grausam
und blutdürstig gegen die Spanier nennt; sie sind es erst geworden.
Denn wie alle Malaien sind sie sehr leicht beleidigt und außerordentlich rachsüchtig, eine um so gefährlichere Eigenschaft, als auch sie äußerst
geübt und geschickt im Verstellen waren. Wollten sie täuschen, so nahmen sie einen Schein von Biederkeit und fröhlicher Unbefangenheit so
glücklich an, daß sie meist ihr Ziel ganz sicher erreichten, auch wenn
sie lange warten mußten; doch nie vergaßen sie eine Beleidigung.
Brach dann ihre Leidenschaft im günstigen Moment aus, dann war
sie um so zügelloser und wilder. Quiroga, der Feldhauptmann der
Spanier und die Seinigen erfuhren von einem großen Aufstande, der
auf allen Inseln Theilnehmer hatte, nichts, als bis ganz Guam in
⸺men stand. Und obwohl die Marianer, wieder ächt malaiisch,

nicht eben kriegsluftig waren, so wußten sie sich doch tapfer zu ver-
theidigen und konnten gereizt in höchste Wuth und blinde Mordluft
gerathen. Die Freiheit und Unabhängigkeit, an welche sie gewohnt
waren, liebten sie über alles, so daß ganz Guaham in Bewegung
kam, als ein Chamorri ins Gefängniß geworfen wurde, so daß als
die Freiheit verloren war und der spanische Druck begann, sie wie
zuvor die Bewohner Amerikas sich freiwillig den Tod gaben, wenn
sie nicht fliehen konnten (le Gobien 56 f.; 267; 43; 139 u. s.
w.). Ihre Vornehmen, welche die anderen Stände sehr bedrückten,
daher diese auch moralisch verkommen und weit schlechter waren, als
die eigentlich allein Freien, der Adel, die Vornehmen waren ihrer
Natur nach freigebig und edel (le Gob. 62), dabei aufs strengste
wahrhaftig, gaftlich, thätig, durchaus wohlwollend, ehrlich und so zuverlässig, daß man einen Gefangenen stets auf sein Wort umhergehen
ließ; floh er, so tödtete ihn die eigene Familie (Freyc. 2, 366 f.).
Die Bewohner der Ganiinseln waren scheuer; alle aber, Nord- und
Südinsulaner, sehr eitel und stolz: sich hielten sie, nach Art aller
Naturvölker, für das erste und beste Volk der Welt und sahen auf
alle Uebrigen mit Verachtung, wie sie denn auch von den Spaniern
glaubten, sie seien nur gekommen, weil ihr Leben das wünschens-
wertheste auf Erden sei (Freyc. eb.; lo Gobien 49; 63). Auch
ihren großen Leichtsinn, sowie das rasche Abspringen von einem zum
anderen, das plötzliche Uebergehen von einem sehr lebhaften Affekt zu dem
gleichfalls sehr lebhaften Gegentheil theilen sie mit allen Naturvölkern,
Zu Scherz und Muthwillen, zu leichter anregender Unterhaltung, zu
tausend Neckereien waren sie stets aufgelegt und sehr vergnügungs-
füchtig. Die Aeußerungen ihrer Affecte, sei es nun freudige oder
traurige, sind sehr geräuschvoll und bis zum excentrischen lebhaft.
Aber es ist doch ein Irrthum, wenn le Gobien diese Vergnügungs-
sucht und Unbeständigkeit, wenn sie auch oft den Bekehrern läftig
sein mochten, für ein Haupthinderniß der Bekehrung hält. Denn, wie
viele einzelne Beispiele beweisen, man kann den Marianern eine reine
und hohe Begeisterung für geistige Interessen nicht absprechen: wer
wirklich zum Christenthum bekehrt war, hing ihm mit ganzer Treue
und Begeisterung an, wie denn die Spanier unter den Marianern
selbst Anhänger fanden, die sie mit reinstem Eifer für die Sache unterstützten: während andererseits die Beispiele derer noch zahlreicher waren,

7*

welche Leib und Leben für's Vaterland ließen. Die Reden, aus denen
wir Bruchstücke anführten, beweisen das Ausgesprochene zur Genüge
und das Christenthum würde rasch und dauernd sich bei ihnen ein-
gebürgert haben, wenn der Kampf gegen die neue Religion nicht zugleich Kampf gegen die neuen Unterdrücker gewesen wäre. In den
meisten Fällen galt die Feindseligkeit gegen das Christenthum den
Feinden, die unter dem religiösen Deckmantel das Land zu erobern —
und auszuplündern gedachten (Freyc.; le Gobien). Auch fehlte
es den Marianern keineswegs an Fertigkeit, sich in das neue Leben
der europäischen Cultur hineinzufinden: vielmehr zeigten sie großes
Geschick zu Allem, zum Lesen, Schreiben, zur Musik und auch in die
Aeußerlichkeiten des europäischen Lebens und Anstands mußten sie sich
erstaunlich rasch und leicht zu finden (Freyc. 367; le Gob. 295).

Die alten Marianer sind vertilgt. Die jetzigen schildert Freycinet mit drei Worten: sie sind träge, gastfrei, einfach. Alle einheimische Bildung ist verloren und wie weit ihre Indolenz geht, ist
kaum glaublich; wir sahen ein Beispiel, als wir von der Behandlung
des Aussatzes sprachen. Auch die Reinlichkeit ist jetzt nicht sehr zu
rühmen und nur ihr Familienleben hat die alte Innigkeit bewahrt.

Die Urtheile über die Bewohner der Karolinen sind sehr verschieden, was nicht blos auf der verschiedenen Auffassung der Reisenden beruht. Denn es bestehen einige Unterschiede, die bedeutend genug sind,
zunächst zwischen den Bewohnern der reicheren und jener armseligen
Koralleninseln, auf welchen die Eingeborenen, um mit Pickering zu
reden, im fortwährenden Hungertode leben. Daß Menschen in solch
elender Lage roher, grausamer, ungastlicher werden als glücklicher situirte
ist klar und so bemerkt Hale 80 mit Recht, das man die elenden
Bewohner von Tobi moralisch nicht zu hart beurtheilen dürfe. Sodann aber ist ein zweiter großer Unterschied zwischen sonst und jetzt;
während Kittlitz, Lütke, Mertens die Bewohner der östlichen
Karolinen als arglos, liebenswürdig, zutraulich, ehrlich (Kusaie Kittl.
1, 354; Lütke 1, 295. 382), als rücksichtsvoll und anständig
(Lukunor Kittl. 2, 86; Lütke 2, 44; Wolea und Fais Mertens
111; Ins. nördl. v. Truk Kittl. 2, 122) schildern, so muß jetzt nach
ihrem längeren Verkehr mit den Europäern das Urtheil sich wesentlich
ändern, obwohl auch schon Lütke und seine Reisegefährten die Ponapiten
· 　　als die Kusaier fanden. Schon von alten Zeiten her waren die

westlichen Karoliner wilder als die östlichen. So berichten schon
Padilla (Coreal voyage 2, 299) und Cantova, welcher die
Bewohner von Wolea (Sprengel 10, 232) gesitteter nennt als ihre
westlichen Nachbarn, von denen er ja auch später erschlagen ward. Ueber
die Bewohner der Palaus ist am verschiedensten geurtheilt. Wer
kennt nicht die schwärmerischen Berichte Wilsons (bei Keate) und
Hockins? Und wie vereinigt man damit die Schilderungen bei Chamisso, bei D'Urville b, V, 209, und bei Cantova, wo sie als
höchst rohe grausame Wilde erscheinen? Cantova faßt allerdings
unter jenem Namen sämmtliche westlichen Karolinen zusammen; allein
die anderen reden nur von der einen bestimmten Gruppe, deren Einwohner so kühn waren, daß sie nach Anderson (bei D'Urville
a, V, 267) ein Walerschiff auf offener See um es zu plündern angriffen. Horaz Holden schildert sie bei Pickering als freundlich,
gastfrei, aber freilich sehr roh und das wird wohl das Richtige treffen.
Wilsons Bericht lautet anders. Zunächst aber haben wir abzuziehen
was Keates überschwängliche Feder von Rousseauschem Idealismus
hinzugesetzt hat; sodann mußte Wilson und die Seinen, nach ihrem
Schiffbruch an den Palaus in höchster Lebensgefahr eine jede Freundlichkeit doppelt hoch empfinden; auch war dem König von Babeltuap
daran gelegen, die Freundschaft der Engländer zu gewinnen, da er sie
im Krieg mit den anderen Inseln gebrauchen wollte; ja wahrscheinlich, da noch zu Holdens Zeiten (1832) die Bewohner der Gruppe
die Europäer für Wesen höherer Art ansahen (Pickering 221), hat
50 Jahre früher ihr König sie unmittelbar für Götter gehalten.
Wilson war ferner nicht lange genug da, um ihr ganzes Wesen zu durch-
schauen und schließlich erzählt auch er aus jenem Krieg und sonst Dinge,
welche freilich roh und wild genug sind. Der Capitain M'Cluer
(Hockin), welcher sich auf Keates Schilderung hin auf den Palaus
niederließ, fand sich gar bald arg enttäuscht und verließ seine neue
Heimath schon nach fünf Monaten.

Ein genaues Charakterbild hat uns Chamisso von seinem
Freund Kadu (von Wolea) gegeben und dieses ist typisch für das
mikronesische Wesen. Er war nicht ohne Gemüth, dankbar und freigebig, auch nicht ohne Herzensgüte, was sich namentlich bei seinen
vielfachen Neckereien zeigte, die er sehr liebte, die aber nie verletzend
waren und wenn sie es doch gewesen, so gab er sich ernstliche Mühe,

alles wieder auszugleichen. Starkes Rechtsgefühl, wie es sich hier zeigt, bewährte er auch sonst. Obwohl er den Krieg verabscheute, so fehlte es ihm dennoch keineswegs an Tapferkeit. Er war äußerst schamhaft und den Weibern gegenüber enthaltsam. An Verstand und Witz fehlte es ihm nicht: allein eine geistige Trägheit hindert ihn sehr, schlafen mag er nur und singen, dieselben Lieder, die man schon öfter mit Interesse gehört hat. Für das Neue hat er Eifer, aber nur bei den äußeren Dingen, der Nachahmung der europäischen gesellschaftlichen Sitten glückt es ihm; geistige Arbeit ermüdet ihn, er bringt nichts zu Stande. Und doch nimmt er sofort gegen seine Landsleute einen lächerlich lehrhaften, hochmüthigen Ton an. Seine Entschlüsse wechseln rasch, aber sie sind immer fest (Chamisso 89). Begreift man hiernach, wie Hale (13) dazu kommt, den Karolinern — freilich ihnen allein in ganz Oceanien — wirkliche Herzensgüte zuzuschreiben: so stimmt andererseits genau mit dieser Schilderung überein was Gulick (178 f.) über die Bewohner von Ponapi sagt, daß sie bei guten Anlagen doch von mehr lebhaftem als kraftvollem Geist seien, da es ihnen an Ausdauer fehle und sie stets vom einen zum anderen springen. Obwohl sie rasch begreifen und lernen, so scheint bis jetzt wenigstens ihre Befähigung mehr auf prak- tische als auf geistige Thätigkeit zu gehen. Sie sind gütig und wohl- wollend jetzt, wo sie durch die Bekanntschaft mit den Europäern ver- schlechtert sind, nur noch gegen Verwandte, gegen Fremde hart. Auch sind sie mißtrauisch, hinterlistig, betrügerisch und intriguant, so weit es ihre Unfähigkeit ein Geheimniß zu bewahren zuläßt, die namentlich bei den Weibern groß ist (Cheyne 118). Ebenso urtheilt Kittlitz 2, 72 und Cheyne (107), der sie liebevoll gegen das Alter und gegen Kinder, lustig und gastfrei, dabei aber indolent und habsüchtig und nur scheinbar ehrlich (die Nov. 2, 424 nennt sie redlich) doch höher stehend als andere „Wilde" nennt. Dies Bild, welches ächt malaiische Charakterzüge vermischt mit Eigenschaften unkultivirter Men- schen darstellt, gilt von allen Karolinern. Indeß ist schließlich noch zu bemerken, das Cheynes Schilderungen nach dieser Seite hin nur mit Vorsicht gebraucht werden dürfen, da er bei seinem Aufsuchen von Trepang und Santelholz häufig und durch seine Schuld (Gulick 301) mit den Eingeborenen, die er fortwährend zu seinen Geschäften benutzte, in Streit gerieth, wie ihm denn sein Auftreten auf Babeltuap auch den Tod zugezogen hat. Wenn er nun alle Karoliner träge, verrätherisch, gewaltthätig, habgierig nennt (Cap 145; Truk 127—9 vergl. Gulick 358 f. unter Truk und D'Urville b, V, 166, 206, der über beide Inseln dasselbe Urtheil hat wie Lesson complem. zu Büsson 2, 440 über Truk; Satawal, Wolea.135, 138; Lukunor 130): so ist das immer von seinem Standpunkte aufzufassen, obwohl sich nicht läugnen läßt, daß alle diese Eigenschaften sich bei den Eingeborenen finden.

Die Marshallinsulaner sind bisher weniger im Verkehr mit Europäern gewesen und so erklärt es sich, daß die Bewohner von Ralik erregbarer und unstäter als die der Karolinen sind (Gul. 303), die Rataker aber gegen Kotzebue und seine Begleiter sehr ängstlich waren (Kotz. a 1, 129, 2, 48), denn sie hielten sie für Götter (81). Bei näherer Bekanntschaft aber wurden sie diebisch, obwohl sie untereinander ehrlich waren (2, 77) und unverschämt, sie boten den Europäern Kokosschalen mit Seewasser gefüllt, wollten sich durchaus des Steuerruders bemächtigten u. s. w. (Schischmareff bei Kotz. a, 2, 41). Da aber die Besucher freundlich bei allem Ernst blieben, mit dem sie solcherlei zurückwiesen, so wurden auch die Eingeborenen ruhig und bescheiden, wie sie denn überhaupt nie das wilde Geschrei und die lächerlichen Bewegungen, welche die Naturvölker sonst so oft haben, zeigten, vielmehr sich rasch mit den Europäern vertraut machten, nun mit wirklichem Eifer das Neue studirten, das Schiff ausmaßen u. s. w. (eb. 1, 129; 2, 39; 81) und von da an ganz treu und zuverläßig waren (Chamisso 117). Aehnlich schildert sie Hale (88—9) und es scheint als ständen die Rataker höher als die Bewohner von Ralik. Ganz sicher aber war in ihrem Betragen gegen Chamisso vieles Maske. Kadu scheint seiner Schätze wegen später von ihnen ermordet zu sein und sie selbst zerstörten die Pflanzungen ihrer Wohlthäter (Kotzebue b.; Chamisso ges. W. 1, 367). Ihre Wildheit und Grausamkeit bezeugen ihre Kriege. — Einen ähnlichen Unterschied weist die Bevölkerung der Gilbertinseln auf, deren Nordinseln liebenswürdigere Menschen als die Südinseln haben, wo die Bewohner wilder und reizbarer sind nach Randall bei Gulick 412 und Hale 95, gegen welche Autoritäten die umgekehrten Berichte anderer (Gulick eb.) wenig ins Gewicht fallen. Hale schildert die Bewohner von Tarawa als gastfreundlich, aufmerksam und rücksichtsvoll gegen Kranke, Schwache und Alte. Selbstmord kommt nach ihm (96 f.) auf den südlichen

Gruppen nicht selten vor, wenn jemand von einem Vornehmeren oder von einem, den er liebt, beleidigt ist. Es ist dies gewiß eine Art Rache. Aehnlich wie die besseren Gilbertinsulaner werden auch die Bewohner von Nawodo geschildert, nur daß diese jetzt durch den schlechten Einfluß entlaufener Matrosen verdorben sein sollen (Cheyne 79).

Fassen wir diese einzelnen Züge in ein Gesammtbild zusammen, so finden wir als individuelle Eigenthümlichkeiten dieser Völker gute Geistesfähigkeit, leichte Empfänglichkeit, eine gewisse äußere Gewandt-heit — wer gut tanzt, ficht, die Welt gesehen hat u. s. w., gilt auf Tarawa für das Ideal eines vollkommenen Mannes; er erlangt die höchste Glückseligkeit des Paradieses (Hale 96; 97), — dann Gastlichkeit, Freundlichkeit und Ehrlichkeit unter einander, Rücksicht auf Kranke und Alte so wie auf die Frauen, strenges Rechtsgefühl und eine gewisse Unerschrockenheit, ja Tapferkeit; auch Sinn fürs Schöne und lebhafte Phantasie ist ihnen nicht abzusprechen. Dabei aber herrscht gegen Fremde und Feinde eine große Härte, ja Blut-gier; sie sind rachsüchtig im höchsten Maße und ebenso fähig, sich zu verstellen bis zum geeigneten Moment, intriguant und moquant; dabei im höchsten Grade begehrlich, so daß sie neuen und höchst geschätzten Gegenständen gegenüber, welche Fremde besitzen, keiner Selbstbeherrschung fähig, stehlen, wo sie können, ohne jemals zu läugnen; wenn sie fliehen, so ist es nur, um den Raub in Sicher-heit zu bringen; sie sind unfähig, eine sie drängende Vorstellung für sich zu behalten, sie schwatzen, wenigstens die unkultivirteren, alles aus; in dieser Macht der Vorstellungen wurzelt auch ihr abspringen-des Wesen, sowie ihr arger Hochmuth und ihre Eitelkeit. Träge sind sie wie alle Naturvölker, wie auch ihre Geistesfähigkeiten sie fürs erste mehr für praktische Dinge befähigen, lebenslustig, ja genußsüchtig, sorg-los, an die Zukunft denken, für sie arbeiten sie nicht; auch ihre Gut-müthigkeit wurzelt häufig nur in diesem Streben nach leichtem Lebens-genuß. Es sind also kalte, egoistische Naturen, von berechnender Selbstsucht, aber sanguinisch erregbar und dadurch mit einem äußeren Schein von Liebenswürdigkeit bekleidet.

Dies Charakterbild wird sich weiter abrunden, wenn wir jetzt das mikronesische Familienleben betrachten.

Ueberall werden die Frauen gut gehalten, sie nehmen an der Unterhaltung, den Festen u. s. w. Theil, schwerere Arbeiten sind

Sache der Männer, den Weibern liegt das Besorgen des Hauses, das Flechten von Matten, das Bereiten des Kleiderzeuges, leichtere Hülfe beim Fischfang, beim Jäten u. s. w. ob (Gilbert Hale 96 f.; Ratak Kotzebue a, 2, 79; Cham. 119; Ponapi Cheyne 116 f. und nach ihm Novara 2, 417 f.; Kusaie Kittl. 2, 14; Centralkarolinen Mertens 128 f.; Cap Cheyne 145; Palau Keate 315; Cantova 228); auch von Tobi gilt dasselbe, obwohl hier die Weiber während der gedrückten Lage der Insulaner mehr arbeiten mußten und noch roher waren als die Männer Hale 79; Pickering; Marianen Pigaf. 61). Früher waren die Weiber sehr streng, entweder zeigten sie sich vor Fremden gar nicht (Kusaie Kittl. 1, 359; Lukunor Mertens 118; Lütke 2, 55), erschienen sie aber, so waren sie zwar nicht schüchtern, aber durchaus taktvoll, anmuthig, schamhaft und streng zurückhaltend (Karolinen Mertens 119; Ratak Chamisso 117); indeß, da von den Unverheiratheten Keuschheit weder verlangt, noch hochgeachtet wurde, so waren sie auch für Fremde zu gewinnen, ja sie wurden auf einer Gruppe in Ratak Kotzebue und seinen Begleitern angeboten, doch nur für die Nacht (Kotzebue a, 2, 113; 2, 81). Auch im freien Verkehr mit den Jünglingen ihres Volkes, welche den Mädchen für ihre Gunst Geschenke geben müssen, herrscht bei aller Freiheit eine gewisse Schamhaftigkeit (Cham. 119). Ebenso fand es Lütke (1, 307) auf Kusaie und ganz ähnlich Torres auf Wolea (Cham. 136), wo indeß nach Mertens (120) die Weiber minder streng sind (Cheyne 116 und Michelewa y Rojas 198, auf Ponapi). Nach Floyd (bei Mertens 132) belauscht auf Lukunor nie ein Mann die Weiber im Bad, und auch diese gehen nie an Orte, wo die Männer nackt arbeiten. Aehnliches erlebte Chamisso auf Ratak (ges. W. 1, 201). Wenn nun auf Kadus Erzählung hin Chamisso 137 erzählt, daß auf den Palaus die Begattung öffentlich vollzogen wurde und ähnliches der Art, so ist auf diese Nachrichten nichts zu geben, weil sie allen anderen Berichten sowohl wie mikronesischen Sitten widersprechen. Auch auf den Marianen waren die Unverheiratheten, die hier wie auf den Karolinen (Chamisso 135) in großen Häusern gemeinschaftlich schliefen, geschlechtlich ganz frei (Bonani im neuen Weltbott 7, 7; Salaçar bei Oviedo XX. c. 16). Um so strenger aber war die Ehe. Obwohl sie auf den Marshallinseln nur durch Ueber-

einkunft geschlossen wurde und daher leicht löslich war (Chamisso
117), so bewahrte doch die verheirathete Frau ihre Keuschheit auf
das strengste (Kotzeb. 2, 59). Nur wer mit einem anderen Mann
einen speciellen Freundschaftsbund geschlossen hat, muß auch sein Weib
mit diesem Freunde theilen (Cham. 119). Polygamie ist erlaubt
für jeden, der die nöthigen Mittel hat, mehrere Frauen und deren
Kinder zu ernähren (eb.). Ganz ebenso ist es der Hauptsache nach
auf den Karolinen (Cham. 135), doch war auf Lukunor Monogamie
das gewöhnlichere (Mertens 128 f.). Gewöhnlich haben nur die
Häuptlinge als die Reicheren mehrere Frauen, welche dann in verschiedenen Häusern wohnen (Kusaie Kittl. 2, 14; Ponapi Cheyne
116 f.; Novara 2, 417 f.; Michelewa 198; westl. Inseln
Cantova 225). Je mehr Frauen ein Häuptling hatte, für je vornehmer galt er (Cantova eb.). Die Ehe wurde auf Ponapi (und
nach Chamisso 135 auf allen Karolinen) folgendermaßen geschlossen:
der Freier bietet dem Vater des erwählten Mädchens ein Geschenk und
wenn dies angenommen wird, so ist das Mädchen sein, das er am
Schlusse einer Festlichkeit, welche darauf abgehalten wird, mit nach
Hause nimmt. Stirbt die Frau, so muß der Wittwer ihre Schwester
heirathen, stirbt aber der Mann, so heirathet die Wittwe seinen Bruder. Geschwisterkinder dürfen einander nicht heirathen, daher Aragos (2, 27) Notiz wenig Glauben verdient, daß auf den Karolinen
der Bruder die Schwester heirathet. Wenn gleich der Mann sein
Weib jederzeit verstoßen darf, so kann das Weib seinerseits nur dann
den Mann beliebig verlassen, wenn sie von höherem Rang ist (Cheyne
119 und nach ihm Novara 2, 417 — 8). Doch gibt es dann bestimmte Gesetze in Beziehung auf das Heirathsgut (Cantova 225).
Bei einer solchen Trennung gehören die Kinder dem Vater (Mertens 128). Schwangere Frauen wurden gut gepflegt, sind aber
manchen religiösen Beschränkungen in Speisen, Zusammensein mit
Männern u. s. w. unterworfen (eb.; Keate 315), denn sie gelten
wie auch während der Periode und nach der Geburt für unrein
(Mertens 129). Ehebruch gilt zwar als großes Verbrechen (Cant.
225), wird aber am Mann gar nicht und an der Frau nur dadurch
gestraft, daß der Mann sie verstößt (eb.), doch braucht er das nicht;
oft geschieht es nur auf ein paar Tage (Mertens 128 f.). Anders
war es auf den Marianen, wo zwar die Ehe auch so lange dauerte,

als beide Gatten wollten, wo aber bei der Scheidung Kinder und alles Vermögen der Frau allein zu fielen. Hatte fie die Ehe ge= brochen, fo konnte fie der Mann mit Zurückbehaltung ihres Vermögens verftoßen und den Ehebrecher tödten (Freyc. 2, 476); hatte fich aber der Mann diefes Verbrechens fchuldig gemacht oder nur einen folchen Verdacht fich zugezogen, fo war fein Loos fchlimmer; denn dann rotten fich alle Weiber der Gegend zufammen und fallen über den Frevler und feine Habe her, der froh fein mag, felber mit heiler Haut davon zu kommen; fein Grundftück, fein Haus und Alles, was er hat, wird gründlich zerftört. Ift der Mann gegen die Frau nicht unterwürfig oder freundlich genug oder gefällt es ihr fonft nicht mehr bei ihm, fo verläßt fie ihn und geht zu ihren Eltern, welche dann daffelbe Zerftörungswerk und oft noch gründlicher vornehmen. Des= halb wollen viele Männer nicht heirathen und leben mit bezahlten Weibern auf das zügellofefte zufammen (le Gobien 59 f.; Stro= bach im neuen Weltb. 1, 10). Polygamie war auch hier erlaubt, aber dennoch felten (le Gobien), doch war nur eine Gemahlin rechtmäßig, die übrigen geduldete Kebsweiber (Freyc. 2, 368), die aber immer aus demfelben Stande fein mußten. Die Hochzeitsfeier= lichkeiten, welche auf den Karolinen auch ganz fehlen konnten (Mer= tens 128) waren hier fehr umftändlich (eb. 385 f.); dabei mußte der Bräutigam Proben feiner Körpergefchicklichkeit abgeben (eb. 2, 278).

Die Frau ftand rechtlich höher, als der Mann, der, wenn er nicht fooviel Vermögen hatte, als fie zu ihrem Unterhalt brauchte, ihr dienen mußte (eb. 2, 386). Aber auch wenn der Mann gleiches Vermögen hatte, fie herrfchte durchaus, ihre Zuftimmung war zur kleinften Einrichtung nöthig (le Gobien 59), alle Kinder der Mutter galten für rechtmäßig, alle Verwandtfchaft ging von der Frau aus, wobei indeß Mutter, Schwefter u. f. w. des Mannes für näher galten als Mutter, Schwefter der Frau (Freyc. 2, 372 f.), nur der Mann gab die Mitgift, nie die Frau und Kinder aus einer aufgelöften erften Ehe betrachteten den etwaigen zweiten Mann der Mutter als ihren Vater (Freyc. 2, 476). Ehen mit den nächften weiblichen Ver= wandten waren auch hier verboten (eb.). Starb der Mann, fo blieb alles Vermögen im Befitz der Witwe, ftarb die Frau aber, fo beerbten fie ihre Kinder und Verwandte, nie ihr Mann. Eine kinderlofe Witwe bekam von allen Verwandten ein Gefchenk, welches „Erbfchaft" hieß, welches sie aber ausschlagen konnte, wenn sie in der Familie ihres Mannes bleiben wollte; nahm sie es an, so trat sie dadurch in ihre eigene Familie zurück (eb.) Der Mann stand für die Fehler seiner Frau ein, für die er auch Strafe erlitt (eb.). Auch sonst hatten die Weiber großen Einfluß: sie konnten in den Versammlungen reden und man hörte auf sie (eb.), sie konnten Grundbesitz haben (le Gobien 373) und baten sie irgend einen Mann ihrer Verwandtschaft um irgend etwas, so erhielten sie es unweigerlich und ohne Zorn (Freyc. 2, 479).

Auch auf den Karolinen finden sich Spuren einer ähnlichen Stellung der Weiber: auf Ponapi und wohl auch auf den übrigen Karolinen vererbte der höchste Rang nur durch die Mutter (Hale 83)*) und nicht anders war auf Ratak die Erbfolge (Chamisso 118). Im Gilbertarchipel ehrt der Mann die Frau wie den Häuptling, indem er ihr aus dem Wege geht; schlägt er sie aber im Zorne, so schlägt sie ihn wieder, andere Weiber kommen zu Hülfe und nicht selten vertreiben sie ihn, wie es auf den Marianen geschah (eb. 96). Auf Lukunor redete man mit den Frauen, obwohl die Unterhaltung oft schmutzig genug war, nicht in der gewöhnlichen, sondern in der Sprache der Höflichkeit, was sehr streng eingehalten wurde (Mertens 133). Hier mag auch noch an die Lieder erinnert werden, welche allein von Frauen gesungen werden durften und die auf allen Inseln vorkamen.

Durch den Einfluß der Europäer haben sich die Verhältnisse der Karoliner wesentlich verschlechtert. Durch die Einführung von Likören, Perlen, Tabak, Maultrommeln und ähnlichen Gegenständen, wonach die Eingeborenen sehr lüstern sind, hat auch die Keuschheit der Weiber auf Ponapi abgenommen (Cheyne 116 f.). Auf Kusaie war in den vierziger Jahren Prostitution allgemein, obwohl früher fremde Schiffsmannschaften erschlagen waren aus Rache, daß sie Weiber geraubt hatten; allein durch den Einfluß der Missionäre, welche dort seit 1852 thätig sind, ist eine Besserung eingetreten und die Prostitution wieder beseitigt (Gulick 244). Die Weiber auf Ralik sind frech und reizlos (Gulick 411). Auch auf den Marianen war gerade die Strenge der Ehe, welche die Missionäre verlangten, eine große Schwierigkeit für die Bekehrung (le Gobien 299); doch lebten einmal bekehrte

---

*) Das ist wohl auch bei Chamisso 134 unten gemeint; kurz vorher wird die Erbfolge als auf der Mutter beruhend angegeben.

Mädchen durchaus streng und rein, so frei sie auch sonst gewesen waren (eb. 297).

Kam eine Frau auf den Marianen nieder, so ward sogleich zur Gemahlin des Gemeindevorstehers geschickt, welche die geehrteren Frauen der Familie (Mutter, Großmutter, Tanten) benachrichtigen mußte, während die minder geehrten (Schwester u. s. w.) es einfach durch den Mann selbst erfuhren. Die Schwestern des Mannes übernahmen die Pflege, die Waschungen u. s. w. der Wöchnerin und des Kindes, die Brüder der Wöchnerin besorgten ihr die Nahrung, welche ihre Eltern ihr bestimmten. Die Verwandten des Mannes brachten zu dieser Zeit, um das Haus in Stand zu halten, Geschenke an Lebensmitteln (Freycin. 2, 389). Den Namen bekam das Kind wie es scheint, von Freunden des Hauses, welche dadurch in ein gewisses Verwandtschaftsverhältniß traten und bestimmte Pflichten übernahmen (Freycin. 2, 372); auch wer ein Kind vom Tod gerettet hatte, konnte ihm seinen Namen geben, wenn die Verwandten des Kindes einwilligten, und trat dann in dasselbe Verhältniß (eb. 376). Die Namen selbst bezeichneten meist irgend eine wünschenswerthe Eigenschaft, wie „geschickter Fischer", „unerschrocken" u. s. w. (eb. 390), doch kommen auch Eigennamen vor, die von Pflanzen u. s. w. entlehnt waren, wie jener Djoda wörtlich übersetzt Banane heißt; jeder hatte nur einen Namen. Die Kinder wuchsen ganz frei auf, ohne daß die Zucht der Eltern und daher die Scheu der Kinder vor ihnen sehr groß gewesen wäre (le Gobien 53), doch liebten die Eltern ihre Kinder aufs zärtlichste (eb. 107, 68), wie es denn auch gerade die Rücksicht auf ihre Kinder war, die ihnen das spanische Joch so ganz unerträglich machte. Auch Unterricht fehlte so gut wie ganz, wer etwas lernen wollte, sah wie es der thätige Arbeiter machte und bildete sich so durch Uebung, Nachahmung, Erfahrung selbst. Die Berufswahl (wenn man von einer solchen hier reden kann) war frei: doch folgte meist der Sohn dem Vater. Jetzt ist die Erziehung nach spanischem Muster gebildet (Freyc. 2, 379).

Auch auf den Karolinen, den Marshall- und Gilbertinseln wurden die Kinder zärtlich geliebt. Auf Kusaie werden sie gleich nach der Geburt mit einem Schwamm gewaschen, und bald nachher schon von der Mutter in fließendem Wasser gebadet (Gulick 180). Ebenso ist es auf den Centralkarolinen, wo bei der Geburt eine Menge Weiber

zusammenkommen und singen und schreien, damit der Mann das Geschrei
der Gebärerin nicht höre. Als Hebammen sind sie geschickt und Fehl-
geburten kommen fast nie vor (Mertens 129); ebenso wenig Ver-
unstaltungen durch ungeschickte Geburtshilfe. Während das Kind noch
an der Brust trinkt, nimmt die Mutter schon früh Wasser und Kokos-
milch in den Mund und spritzt es in den Mund des Kindes; bald
darauf gibt sie ihm auf gleiche Weise eine Art gelbes Pisanges, den
sie zuvor kaut. Doch erhalten die Kinder nie regelmäßige Nahrung;
und dies besonders ist ihrer Entwickelung schädlich (eb.). Die noch
kleinen Kinder tragen die Mütter an der Brust: die größeren sitzen
rittlings auf der Hüfte der Mutter oder des Vaters (Kittl. 2, 3).
Doch auch größere Kinder werden noch gestillt: oft bis ins 10. Jahr
(Mertens 129). Auch auf Tobi bekommen die Kinder ganz gleiche
Speise wie die Erwachsenen (Pickering 228). In Beziehung auf
die Namengebung erzählte Kadu seinem Freunde Chamisso (134),
daß die Häuptlinge ihren ersten, dritten u. s. w. Sohn nach ihrem
Vater, den zweiten, vierten Sohn nach ihrem Schwäher, die Leute
aus dem Volk dagegen den ersten Sohn nach dem Schwäher, also nach
dem mütterlichen Großvater des Kindes, die übrigen Kinder beliebig
benennen. Diese letztere Sitte sei die auf Ratak allein gebräuchliche.
Letzteres ist nun nach allem, was wir von der rechtlichen Geltung der
Weiber wissen, durchaus glaublich, um so mehr, als auch Torres (eb.)
sagt, im Namen sei die Verwandtschaft angedeutet, diese aber hauptsächlich durch die Mutter vererbt. Wir müssen daher jene Nachricht
des Kadu dahingestellt sein lassen. Auf Tobi (Pickering 228) hat
jede Person einen Namen ganz allein für sich und auch Kinder nennen
ihre Eltern nur bei diesem ihrem Namen.

Erziehung ist so gut wie gar nicht; auf Tobi bekommen die
Kinder nur dann einen Schlag, wenn sie zu gierig nach der Speise,
die sie mit den Eltern theilen, verlangen, und die Eltern dadurch zornig
werden (eb.), und wenn auf Kusaie den oft unverschämten Kindern
eins der Eltern wirklich einmal im Zorn einen Schlag gibt, so kann
man sicher darauf rechnen, daß das andere sofort die Partei des Kindes
ergreift. Doch erwähnt Cantova (1722) von den östlichen Karolinen,
daß daselbst in jedem Distrikt zwei öffentliche Erziehungshäuser seien,
in deren einem die Knaben, im anderen die Mädchen unterrichtet
werden und zwar in dem was sie von der Astronomie wissen; der

Lehrer hat dazu eine Kugel, auf welcher der Stand der Hauptsterne wenigstens roh angegeben ist (Sprengel 10, 227). Stirbt die Mutter eines Kindes, gleichviel ob es noch die Brust trinkt oder schon größer ist, so wird es von einer weiblichen Verwandten auferzogen (Chamisso 119). Ebenso war es auf den alten Marianen (Freycinet 2, 476) und auf den Gilbertinseln; denn dort glaubte man, daß die Seelen gestorbener Kinder von früher gestorbenen Verwandtinnen im Himmel aufgenährt werden (Hale 99).

Die Bande der Verwandtschaft waren auf den Marianen sehr innig und fest. Sie standen nach festen Gesetzen für einander ein (Freyc. 2, 479), sie hafteten für einander (480; 367; 376) und das ganze Geschlecht war in einem ähnlichen Verband, wie wir ihn auch bei indogermanischen Völkern finden.

Kindermord war trotz der Liebe zu den Kindern auf Ratak, jedoch nicht auf Ralik (Chamisso 120), sehr gebräuchlich. Keine Frau aus dem Volke durste, wegen der Unfruchtbarkeit der Inseln, mehr als 3 Kinder auferziehen, alle übrigen mußten lebendig vergraben werden. Allerdings waren die Häuptlinge von diesem Gesetze frei und auch uneheliche Kinder, welche meist von Eltern verschiedenen Standes abstammten, wurden nicht getödtet, sondern meist, wenn sie etwas selbstständiger geworden waren, vom Vater zu sich genommen (Chamisso 119). Auch auf den Gilbertinseln, wo die Ehen sehr fruchtbar sind, wie dieß überhaupt in Mikronesien der Fall ist, war künstlicher Abortus wegen der Unfruchtbarkeit der Inseln nach Gulick 410, welchen Grund indeß Hale bestreitet, sehr häufig; die Sitte gibt auch Hale für den ganzen Archipel zu, nur sei die Gruppe Makin davon frei (Hale 96). Auf den Karolinen herrschte dies Verbrechen nicht; wohl aber scheinen es die Ulitaos auf den Marianen geübt zu haben, obwohl bestimmte Angaben darüber nicht vorliegen. Allein Ehen zwischen Mitgliedern verschiedener Stände waren aufs strengste verboten und zogen schwere Strafen, ja den Tod des Zuwiderhandelnden nach sich; die Ulitaos aber, dem Adel angehörig, lebten aufs zügelloseste mit jeder beliebigen unverheiratheten Frau, sie stehen also ganz gleich den polynesischen Areois und diese mußten alle ihre Kinder, namentlich aber alle von niederen Frauen tödten.

Bei diesen Ulitaos kamen sehr arge Ausschweifungen vor, so konnten sie bei jeder Ehe das jus primae noctis vom Vater der Braut erkaufen (Freycinet 2, 189); selbst Blutschande trieben sie und ohne daß es bei ihnen ein Verbrechen war (eb. 2, 369), da doch sonst Ehen zwischen näheren Verwandten auf den Marianen und dem übrigen Mikronesien streng verboten waren. Von unnatürlichen Lastern finden sich nirgend Spuren. Dagegen kamen Beispiele von romantischer Liebe, die bis zum Selbstmord führte, vor (Freycinet 2, 368) und gleichfalls Beispiele einer ähnlich leidenschaftlichen Eifersucht (Hale 96).

Auf den Marianen gab es drei Stände, Adel, Matuas; Halb= adel, Atchaots; und Volk, Mangatchangs. Die Mangatchangs waren aufs strengste von den Matuas geschieden und ihnen durchaus unter= würfig. Die Schifffahrt und Fischerei war ihnen gänzlich untersagt, so wie alle Beschäftigungen der Matuas, bei denen sie nicht einmal helfen durften. Ihnen lag hauptsächlich die Bodenkultur, der Wege= bau, das Errichten der Kahnhäuser, Flechten der Netze, im Krieg das Zutragen des Kriegsmaterials ob, sowie das Kochen von Reis, Wurzeln und dergl. Da ihnen die Fischerei in Kähnen und Geräthen wie sie die Matuas brauchten untersagt war, so durften sie nur Aale, welche jene verachteten, essen, aber sie durften sie nur mit der Hand nicht mit Netz und Angeln fangen, deshalb betäubten sie diese Fische Nachts bei Fackelschein durch Stockschläge. Auch der Handel nach den Nachbarinseln war ihnen streng untersagt (Freycinet 2, 364 f.). Jede Berührung des Adels mit dem Volk war ein Frevel: hätte sich ein Matua mit einem Mädchen aus dem Volke vermählt, so hätte er die Ehre seiner ganzen Verwandtschaft vernichtet, weshalb jeder der eine solche Ehe einging, getödtet wurde (le Gobien 50). Nicht einmal die Kebsweiber des Adels durften aus dem Volke sein (Frey= cinet 2, 367). Es ist strafwürdiger Frevel, wenn ein Mangatchang sich einem Chamorri nähert: deshalb ruft, wenn ein solcher von einem Mann aus dem Volke etwas will, er es ihm mit lauter Stimme von fern zu (le Gobien 50); das Haus, welches ein Mangatchang be= treten hat, ist für den Chamorri unrein und unberührbar (eb.); nichts was jene gefertigt haben, gebrauchen diese (Freyc. eb.). Jeder Mangatchang aber, der sich vor dem Matua beim Begegnen nicht beugt, wird hingerichtet (Freycinet 2, 479).

Ja der Adel verbot dem Sanvitores ernstlich, auch das Volk zu taufen, da die Taufe zu Gott hinführe, das Volk aber, welches keine Seele habe, nicht zu Gott gelangen könne und dürfe (le Gobien 79).

Man kann sich daher nicht wundern einmal, daß diese Mangatchangs
leiblich dem Adel nachstanden und kleiner gewachsen, zweitens aber
auch geistig verkümmert und faul, lügnerisch, treulos, ungastlich waren
(Freyc. 2, 366).

Die Matuas waren (und mit großem Eifer und Ehrgeiz) Schiffbauer, wobei ihnen gegen die Kost und ein Geschenk, welches letztere
indeß nicht nothwendig war, die Atchaots helfen konnten; ferner führten
sie und die Atchaots den Krieg, sie nur durften Handel, sie nur den
Fischfang betreiben. Die am Meere wohnenden Matuas besaßen jeder
einen Theil der Küste, über den hinaus im Gebiete des Nachbars sie
nicht, wenigstens nicht ohne des letzteren Erlaubniß fischen durften; nur
von ihrem Küstenstrich aus durften sie Handel treiben. Die Matuas
des Inneren hatten ebenso die Flußfischerei unter sich vertheilt, so
wie sie den Landbau betrieben, wobei denn natürlich alle harte Arbeit
vom Volk gethan wurde. Dem ersten Stand allein gehörten ferner
die Zauberer, eine Art von Priestern an, so wie die meist weiblichen
Aerzte, deren jeder nur eine Krankheit behandelte. Nur Weiber halfen
bei den Geburten. Aerzte gab es auch bei den beiden anderen
Ständen, jedoch stets nur aus und für den Stand dem sie angehörten
(Freycinet 2, 364 f.).

Die Matuas, welche irgend ein Verbrechen begangen hatten, konnten
zur Strafe zu den Atchaots, nie aber bis zum Volke degradirt werden
(Freyc. eb.). Diese zweite Klasse war nämlich gebildet theils durch
solche degradirte Matuas (eb.), theils aber und hauptsächlich durch die
Söhne der Matuas, so weit sie nicht selbst in die Stellung des Vaters
einrückten (Gulick 171). Doch konnte jeder Matua eine eigene
Gemeinde gründen, sobald er hinlänglich mächtig und reich war; zu
welcher dann seine Verwandten und die Verbündeten, die er sonst unter
dem Adel oder unter den anderen Ständen hatte, zusammen traten (Freyc.
2, 475). Die einzelnen Inseln waren alle von einander unabhängig,
aber verbündet. An der Spitze einer jeden stand ein König magalahi
(meggai viel, lahi Mann bei Cham.), „alter Mann, oberster Familien-
vater" bei Freycin. 2, 473, „Großvater" bei le Gobien 305,
welcher, der älteste Matua des Stammes, den Oberbefehl im Krieg
und Frieden und nebst seinen Verwandten die vornehmste Stellung
auf der Insel hatte. Die Bewohner jeder Insel waren dann
wieder in verschiedene Völkerschaften getheilt, deren jede wohl ihren

eigenen Vorsteher oder ersten Matua hatte (le Gobien 339) und Gemeindearbeiten und Gemeindelasten, wie Kahnschuppen, Häuser für Arme zu bauen, die Ernte für verhinderte Gemeindeglieder zu besorgen übernehmen mußte (Freyc. 2, 374).

Starb dieser erste Matua, dieser Großvater der Insel, dessen Frau unter dem Titel maga-haga (aga Weib) eine gleichfalls bevorzugte Stellung hatte, so folgte, da die Würde durch die Mutter vererbte, zunächst sein Bruder, unter mehreren der älteste, waren keine Brüder da, sein Vetter oder Neffe; erst wenn keine älteren Verwandten (die der Stammmutter des Geschlechts näher standen), sein eigener Sohn. Weiber succedirten nie, trotz des Einflusses, den sie sonst hatten (Freyc. 475; le Gobien 50). Wer den Rang des Verstorbenen erbt, nimmt auch den Namen des Familienhauptes an (le Gobien 50). Auch die Ländereien sind erblich, aber natürlich nur im Besitze der Matuas, deren vornehmste, 50 an der Zahl, in Agadna, der Hauptstadt von Guaham wohnten (le Gobien 50) — d. h. Guaham ist die wichtigste Insel und deshalb das Geschlecht seines „Großvaters" das vornehmste.

Diese vornehmsten Häuptlinge, obwohl sie in den öffentlichen Versammlungen präsidirten, hatten nur größere Ehre als die übrigen, aber keine größere Macht. Herrschende Häuptlinge und juristisch zwingende Gesetze gibt es nicht, man thut in jedem Falle was man will. Das einzig feste, welches das ganze Volk wie mit Eisenfesseln zwingt, sind die Sitten (le Gobien 51 f.). Ihnen sind auch die Matuas unterworfen. Denn wer von diesen irgend einen Fehltritt begangen hatte, der wurde durch den Richterspruch der anderen Matuas degradirt zum Atchaot und konnte nur durch irgend eine außergewöhnliche That seine frühere Stelle wiedererlangen. Jeder auf diese Art degradirte mußte in eine andere Gemeinde übersiedeln; doch konnte er verbannt werden mit der Verschärfung der Strafe, daß er seine Frau daheim lassen mußte. Starb ein solcher in der Verbannung, so blieben seine Kinder Atchaots. Blieb aber ein degradirter in seiner eigenen Gemeinde, so war er ganz verachtet (eb. 480). Andere Rechtsbestimmungen bezogen sich auf Adoptionen, die nur nach abgehaltenem Familienrath und ohne daß das angenommene Kind den eigentlichen Erben beeinträchtigte geschehen konnte (481). Getödtet wurde, wer im Fischfang seinen Nachbar bestahl oder sich außer in höchster Noth

widerhakiger Waffen bedient hatte. Wer einem anderen sein Netz
zum Fischen borgte, bekam die Hälfte des Fanges, welche Sitte noch
heute besteht (eb. 483—4). Fast aller Streit unter Einzelnen blieb
Privatsache und wurde vom ersten Chamorri des Ortes leicht geschlichtet,
da sich ein jeder in seinen Ausspruch ohne Murren fügte. Doch wurde
in wichtigen Familien- und öffentlichen Angelegenheiten durch ein Tri-
bunal aller der Chamorrifamilien, welche die Gemeinde bildeten, entschieden, wobei auch die Weiber eine wichtige Stimme hatten. Reiche
konnten sich übrigens von vielen Strafen durch ihr Vermögen los-
kaufen (eb. 484 f.).

Diese Verfassung, welche wir hier genauer betrachtet haben,
herrschte im wesentlichen in ganz Mikronesien. So war in Palau
neben dem erblichen (Hockin 83; Keate irrt, wenn er es anders
darstellt) Adel ein König, dem alles Land gehörte, dessen Erbfolge
aber ganz wie auf den Marianen war. Das Knochenarmband aus
dem Halswirbel eines Wallfisches, das als Zeichen hohes Ranges
getragen wurde und vom König als Zeichen seiner Ungnade dem
Träger abgenommen werden konnte (Hockin 50), haben wir schon
erwähnt (Keate). Auch die merkwürdigen Nachrichten, welche uns
Cantova von den westlichsten Karolinen gibt (Sprengel 10, 217—
222; 226 f.), stimmen hierzu ganz genau. Der Adel, heißt es da, hat
alle Gewalt, doch gibt es auch wieder unter ihm Vornehmere, welche
Tamol (wie wir oben sahen gleich marian. Samori) heißen und selbst
wieder unter einem Obertamol stehen. Diese obersten Herrscher haben
nicht bloß für eine Insel, sondern für einen ganzen Inselbezirk ihre
Geltung und zwar führt Cantova, mit dem Pater Clain bei le
Gobien 403 der Hauptsache nach übereinstimmt, für jede seiner
Provinzen den Hauptherrscher an, allerdings unter Namen, die sonst
nirgends erwähnt werden und an deren Deutung wir uns nicht wagen;
vielleicht sind es Eigennamen. Seine zweite Provinz (unser vierter
Bezirk, S. 40) hatte zu seiner Zeit zwei Herrscher, welche zu Wolea
und zu Lamotrek wohnten; Chamisso fand nur einen vor, der zu
Wolea wohnhaft bis nach Truk hin Geltung hatte (Cham. 99).
Auch in Cantovas dritter Provinz waren zwei Herrscher, beide
auf der Gruppe Ulithi, aber auf verschiedenen Inseln wohnend, deren
einer Meirang, der zweite Kaschattel hieß und ganz besondere Ehren
genoß, denn um ihn zu ehren, strichen alle Schiffe, denen seine

8*

Insel in Sicht kam, die Segel; weshalb es bedenklich ist, diesen Namen mit Kadu als Eigennamen eines längst verstorbenen Häuptlings aufzufassen (Cheyne 125, Anm.). Ob diese beiden Herrscher in einem ähnlichen Verhältniß stehen, wie auf Tonga Finau und der Tui-tonga, welcher letztere auch die größere und rein göttliche Ehre genoß, aber nur noch von religiöser, nicht mehr von politischer Bedeutung war? Ob die doppelten Herrscher im zweiten Bezirk im selben Verhältniß standen, deren einer den anderen dann in dem Jahrhundert von Cantova zu Chamisso verdrängte, wie Finau den Tui-tonga? Hockin (48) sagt gerade zu, daß es neben dem weltlichen Oberhaupt der Palaus auch ein geistliches gibt, wie er denn gleichfalls verschiedene Titel für die Herrscher über die verschiedenen Distrikte der Palaus anführt. Auch von Ponapi waren einzelne kleinere Gruppen abhängig (Cheyne 99). Die Tamols jener westlichen Inseln trugen nach Cantova, um sich vor den anderen auszuzeichnen, lange Bärte. Vollständig souverain verhalten sie sich meist ernst und schweigend. Hat jemand ein Anliegen an den Tamol, so setzt sich dieser auf eine Art von Bühne, welche erhöht ist und während alles Volk sich zur Erde neigt, tritt der Bittende, den Kopf auf die Knie gesenkt bis zum Tamol hin, setzt sich und erwartet mit niedergeschlagenem Blick den Befehl zu sprechen. Ebenso entfernt er sich. Des Tamols Worte werden wie eines Gottes Worte gehört und bei jeder Bitte küßt man ihm Hände und Füße (Cantova 226). Von den nächtlichen Gesängen und Tänzen vor seinem Haus war schon die Rede. Ihm steht auch die heilige Handlung des zukunftverkündenden Loosens zu (Cant. 227 f.) Wenn es (eb. 220) heißt, daß alles Silber, welches sich auf Eap viel finde, an den Fürsten abgeliefert werden müsse, so hat schon Chamisso (123) mit Recht diese Nachricht auf einen weißen Stein, der in den Gebirgen von Eap vorkommt, sehr geschätzt ist und zur Verfertigung der Ehrensitze dient, gedeutet. Aehnlich schätzte man (Keate) auf den Palaus einen gelben Stein, welchen die Fürsten dort nach anderen Inseln zum Geschenk schickten, wie z. B. nach Eap, als Cheyne da war (Cheyne 148). Die Bewohner von Eap waren in mehrere Stämme getheilt und bestanden aus Adel, an dessen Spitze der König stand, und Volk; der König war sorgsamer tattuirt und trug eigenthümliche Palmlaubkränze um Hals und Leib (Cheyne 159).

Die Erbfolge war auch hier wie auf den Marianen, sie vererbte nicht vom Vater auf den Sohn, sondern vom König zunächst auf die, welche mit ihm von gleicher Mutter oder von älteren und deshalb vornehmeren Frauen der nächsten Verwandtschaft stammten (Cham. 99 nach Torres); Arago (2, 28), der das Gegentheil sagt, irrt auch hier, wie er überhaupt wenig zuverlässig ist.

Der Name Tamol findet sich in der ganzen westlichen Hälfte der Karolinen, auf Elato (Kittlitz 2, 150), auf Lukunor und Etal (eb. 2, 82); auf Morilö und den Nachbarinseln (Mertens 126); auf Truk (Desgraz bei D'Urville b, V, 315); auf Satuwal (nach dem Wortverzeichniß von Gaimard bei D'Urville a Philol. 2, 182). Allein hier sind merkwürdige Unterschiede: während zu Morilö und den Nachbarinseln nach dem Engländer W. Floyd, der daselbst 18 Monate lebte, die Tamols Tribut erhalten und auch sonst in großem Ansehen stehen (Mertens 126 f.), so heißt auf Lukunor (Kittl. 2, 82) und Truk (Desgraz a. a. O.) jeder ältere Mann Tamol und von irgend welcher hervorragenden Stellung oder Abhängigkeit des einzelnen ist keine Spur, obwohl auch hier die streng feudale Verfassung, welche wir überall in Mikronesien finden, bestanden hat. Auf Lukunor gehört auch das Land nicht den Tamols, sondern der Gemeinde und jeder Hausvater hat das Recht, eine bestimmte Strecke Landes mit ihm zugehörigen Fruchtbäumen zu bepflanzen (Kittl. 2, 82). Die Würde des verstorbenen Tamol geht auch auf Morilö zunächst auf den Bruder, ist aber keiner vorhanden, merkwürdigerweise auf den nächsten Freund des Todten über (Mertens 127). Auch hierin zeigt sich eine Abschwächung des Ursprünglichen: man sieht noch Reste der Vererbung durch die Mutter, weil aber die Stellung des Herrschers nicht mehr die ganz unnahbare war wie sonst, weil man ferner einen älteren Mann als Tamol zu haben wünschte, so mag dieser Gebrauch aufgekommen sein.

Die Rechtsbestimmungen dieser westlichen Inseln sind einfach: der Verbrecher wird verbannt (Cantova 227, vergl. auch Cham. 134), auf Tobi, wo alles roher ist, mit gebundenen Händen in einem lecken Kahn ins Meer hinausgestoßen (Pickering 223). Auf Morilö waren die Greise Richter, denen sich alles fügte und deren Verweis schon als schwere Strafe galt. In verwickelteren Angelegenheiten jedoch ward an den Tamol appellirt, indem man ihm Geschenke bringt;

doch gibt dieser sich stets Mühe, den Streit privatim beizulegen (Mertens 127). Er selbst steht unter allen rechtlichen Bestimmungen
ebenso gut wie alle anderen, wie denn auch er z. B. bei einer zweiten
Ehe den nur bei ihr (nicht bei der ersten) gebräuchlichen Tribut an
Matten, Früchten der Gemeinde geben muß (eb.). Wer auf den
westlichen Inseln einen Streit angefangen hatte, mußte ihn durch ein
Geschenk sühnen (Cantova 231).

Auf den östlichen Karolinen (Ponapi Kittl. 2, 74 und Kusaie
1, 355) heißen die Häuptlinge Iros oder Uros, doch ist sonst alles
wie im übrigen Mikronesien. Ueber Ponapi haben wir die besten
Nachrichten von Cheyne, Hale und Michelewa y Rojas,
während die Novarareisenden auch hier nur geben, was wir bei
Cheyne finden. Es sind 5 (Cheyne; Hale; Michelewa gibt 8 an)
unabhängige Stämme auf der Insel: Roankiddi, Matalanien und drei
andere minder mächtige. Jeder hat seinen eigenen König, welcher den
Titel Tschipau führt: dann folgen, wie auf den Palaus drei (Hockin
49), hier sechs besonders vornehme Häuptlinge in stufenweiser Rang-
ordnung (Cheyne 108; Hale 83 nach Punchard und OConnell,
welche längere Zeit auf der Insel gelebt hatten). Der Tschipau muß
alle diese geringeren Würden durchgemacht haben und bei seinem Tode
folgt, wieder ganz wie auf den Palaus, der in der zweiten Stelle
nach·und alle rücken um eine Stufe empor. Unter ihnen stehen nun
noch eine ganze Anzahl anderer Vornehmer, die aber geringer sind
und nicht zu jenen Stellen aufsteigen können: das können nur die
Söhne einer bestimmten Klasse von Frauen, welche „edle Frauen"
heißen und die zum Manne jeden beliebigen Mann, auch geringes
Standes, nehmen können, ohne daß, da der Rang auch hier nur durch
die Mutter vererbt, dies ihre Söhne herabwürdigte (Hale 83). Jeder
dieser Stämme zerfällt nun wieder in drei außerordentlich streng geschiedene Stände, Häuptlinge, Freie und Sklaven, deren erstere beide
den gemeinschaftlichen Namen arots (aroϑ?) d. h. freie, edle, und wiewohl selten Ehebündnisse untereinander haben, vom dritten Stand aber
ebenso streng geschieden sind, wie die Matuas und Atchaots der Marianen vom Volk. Selbst im Krieg ficht nur Stand gegen Stand.
Das Land, welches in festem Grundbesitz, der nur vererbt, nicht sonst
veräußert werden kann, vertheilt ist, gehört nur den beiden ersten
Ständen an; der dritte gehört zum Boden auf dem er wohnt (Hale

83 f.). Das Land geht meist vom Vater auf den Sohn über, indem es diesem gewöhnlich der König, dem nach dem Tode eines Häuptlings dessen Besitz zufällt, wieder verleiht; doch kann er es geben, wem er will (Cheyne 110, vergl. Nov. 2, 413). Diese Verfassung ist in so fern auffallend, als hier der Obertamol, den wir sonst überall fanden, zu fehlen scheint. Cheyne erwähnt ihn nicht, sei es nun, daß er die Verhältnisse nicht genau genug kannte, oder sei es, daß sie sich von Hale bis zu ihm hin wirklich geändert haben, was aber kaum wahrscheinlich ist. Denn nach Hale hat allerdings ein Häuptling, nämlich der Tschipau vom Stamme Matalanien den höchsten Rang. die übrigen Stammeshäupter sind ihm also früher unterworfen gewesen und haben sich erst nach und nach von ihm emancipirt. Daher haben diese 5 Stämme, trotz der häufigen Fehden zwischen ihnen, einen gemeinsamen Staatsverband und der Häuptling des einen hat denselben Rang beim anderen; auch begnügt sich in ihren Kriegen der Sieger mit der beweglichen Beute, ohne die Fruchtbäume niederzuhauen oder dem Besiegten sein Land zu nehmen (Hale 84). Sehr zu beachten ist, daß wir auch hier neben dem weltlichen Oberhaupt ein geistliches finden unter dem Titel Nanigin (Hale 83), der eigentlich „eine Art hoher Priester" (eb.) des anderen mächtigsten Stammes, der Roan-kiddi ist. Er hat fast königliche Macht; wenn ihn aber sowohl Cheyne als Hale von geringerem Stande sein läßt als die übrigen sechs Fürsten, so ist das wohl nur von dem Umstand, daß er nicht Tschipau werden konnte, genommen; allein an dem Aufsteigen zu dieser Würde hinderte ihn nicht so wohl seine geringere Geburt, als vielmehr die gänzlich verschiedene Art seiner Stellung.

Auch in den Rechten des Königs zeigt sich die Aehnlichkeit mit anderen mikronesischen Inseln: denn auch hier hat der König seine eigentlich reale Gewalt verloren und, wie es auch auf den Marianen war, jeder handelt, trotz der äußeren Ehren des Oberherrn, nach eigenem Gutdünken. Der letztere erhält auf Ponapi zwar Tribut und ist die oberste rechtliche Instanz, so wie er auch das (selten angewandte) Recht über Leben und Vermögen der Seinen hat: aber er mischt sich nur in die wichtigsten Dinge und läßt in ganz geringfügigen die übrigen Häuptlinge, in bedeutenderen die Rathsversammlungen ent-scheiden (Cheyne 109).

Diese tritt in dem großen Versammlungshaus zusammen, das in

der Mitte einen erhabenen Eſtrich für die Häuptlinge und ringsher umgitterte Schlafräume für ſie und ihre Familien hat. Zur Verſammlung rufen Boten, oder, weun die Veranlaſſung beſonders wichtig iſt, Muſcheltrompeten und wenn dann die Fürſten, die ſchon vorher inſtruirt ſind, feierlich Kawa getrunken haben, ſo beginnt die oft ſehr lebhafte, ja bis zum äußerſten leidenſchaftliche Debatte, iu welcher die Majorität entſcheidet (Cheyne a. a. O.).

Der König hat demnach nicht übergroße Macht, aber um ſo größere Ehre: nur die Vornehmſten dürfen in ſeiner Gegenwart ſtehen, alle anderen müſſen ſich ſetzen, er bekommt die Erſtlingsfrüchte und für eine beſtimmte Reihe von Tagen den Erſtlingsertrag neuer Netze (Cheyne eb.); ihm wird bei den gemeinſchaftlichen Mahlzeiten zuerſt Speiſe angeboten; er gibt zu jeder Ehe ſeine Einwilligung (Michelew. 195, 198). Blut in der Umgebung des Palaſtes zu vergießen bringt Tod. Alljährlich durchzieht er ſein ganzes Gebiet, indem er unter großen Feſtlichkeiten alle ſeine Städte beſucht (Cheyne eb. 115). Auch hier wie auf den Marianen werden alle größeren Arbeiten, Häuſer-, Kahnbau u. ſ. w. gemeinſchaftlich vom Volke beſorgt, welches der König je nach Bedürfniß heranzieht (Michelew. 196).

Auf Kuſaie hatte ſich wegen der Abgeſchiedenheit der Inſel, die faſt gar keinen Verkehr mit anderen hatte, die alte Art des mikroneſiſchen Staates der Form nach vollſtändiger erhalten, obwohl auch hier Abſchwächungen eingetreten ſind. 12 Häuptlinge ſind die vornehmſten und haben allen Grundbeſitz der Inſel inne, welchen ſie an Häuptlinge zweiten Ranges zur Verwaltung und Bebauung ausgeliehen haben. Dieſe wohnen auf ihrem Lehngut ſelber: jene 12 aber wohnen gemeinſchaftlich in dem Dorfe Yat der kleinen Inſel Leka (Lütke 1, 343) oder Läla (Kittl. 1, 355), welche dicht bei der Hauptinſel liegt. Einer von ihnen gilt auch hier als der Vornehmſte und Höchſte, hat aber weder größere Macht, noch genießt er größere Ehre als die anderen (Lütke 1, 347). Auch ſcheint es, als ob ſich hier gleichfalls ein religiöſes Oberhaupt befunden habe: als die 12 Iroſſe zu einem Feſt verſammelt waren, kommt noch ein anderer hoch verehrter Mann, Iros Togoſha (Tui-Kuſaie, wie Tui-tonga?), deſſen Name in den Kawaliedern oft vorkommt, der alſo wohl eine religiöſe Bedeutung hat (Kittl. 2, 47). Das Volk ſelbſt zerfällt in drei Stämme, welche verſchiedene Namen haben, untereinauder aber völlig gleich ſind; zu

jedem von ihnen gehören hohe und niedere Uroſſe und Volk, nur daß
die Untergebenen eines hohen Uros immer zu demſelben Stamm
gehören, wie er ſelbſt. Zwiſchen den einzelnen Stämmen herrſcht
Connubium der einzelnen Stände (Kittl. 2, 13; Lütke 1, 350).
Dabei hat Leſſon ganz recht, wenn er auch von Kaſten ſpricht: nur
daß dieſe 3 Kaſten und jene 3 Stämme nicht zuſammenfallen, vielmehr beſaß jeder Stamm jene uns ſchon bekannten ſo überaus ſtreng
geſchiedenen Stände und nur dieſe meint Leſſon (Complem. des
oeuvres de Buffon 2, 398). Die Uroſſe ſelbſt zeichnen ſich durch
äußere Vorrechte nicht viel vor dem Volke aus: das einzige iſt, daß
ſie einen pyramidenförmigen Pavillon auf dem Ausleger ihres Kahnes
haben und ihren Ausleger mit Muſcheln ſchmücken dürfen, ſowie ferner,
daß ſie bei allen religiöſen Dingen und ſo auch bei den Kawafeſten
den Vortritt haben, allein den Trank bereiten dürfen, den dazu nöthigen
Stein aufbewahren und zuerſt den Trank koſten (Kittl. 1, 374).
Die Kawapflanze wächſt auf Kuſaie ſehr zahlreich und da ſie auf
anderen Inſeln fehlt, z. B. auf Truk, ſo iſt ihr Verkauf für die
Häuptlinge eine wichtige Quelle des Einkommens (Mertens 161).
Sonſt aber haben ſie eine unumſchränkte Macht. Das Volk iſt verpflichtet, für ſie die Häuſer — und weil ſie reich ſind, haben ſie, wie
wir ſchon ſahen, große Gehöfte —, die Kähne zu bauen, das Feld zu
beſtellen (Lütke 1, 380), über ſein ganzes Vermögen und ſeine Arbeitskraft ſteht jenen zu allen Zeiten die Verfügung zu, ohne irgend welche
Einſchränkung; alle Kokosnüſſe, welche hier ſeltener ſind, werden für
ſie allein aufbewahrt (Kittl. 1, 356 f.; Lütke 1, 346), ein beſtimmter
Theil von jedem Fiſchfang gehört ihnen (Kittl. 2, 19) und das
Volk verehrt ſie faſt göttlich, ja nach Leſſon (Complem. 2, 400)
ſcheinen ſie in einer eigenen Sprache, einer Sprache der Höflichkeit,
welche viele ſonſt gebräuchliche Worte vermeidet und andere gewähltere
dafür braucht, angeredet werden zu müſſen. Aber nichtsdeſtoweniger
geht alles gut und ohne Streit ab, da ſie niemals ihre Macht miß-
brauchen und das Volk ihnen ſtets freudig und ohne Widerwillen oder
Zorn gehorcht. Zwang iſt unbekannt (Lütke 1, 348; Kittl. 1,356 f.).
Etwas anders als Lütke berichtet Gulick (244) über den König —
jenen höchſten der 12 hohen Uroſſe — welchen man nach letzterem
ganz beſonders hoch verehrt: wer ihm naht, auch ſein eigener Sohn, kriecht
nur zu ihm hin, man ſpricht in ſeiner Gegenwart nur leiſe, Niemand

ſieht ihn an, wo er vorübergeht, hört alle Arbeit auf. Sein Titel
(241) iſt Tokeſau, welcher Name ſich auch ſonſt in Mikroneſien findet
und bisweilen geradezu Gott bedeutet. Dieſe Abweichung zwiſchen
Lütke und Gulick erklärt ſich gar leicht ſo, daß Lütke, der die
Inſeln nur vorübergehend beſuchte, den König nur in der Umgebung
jener anderen 11 Iroſſe ſah und dadurch die Ehren, welche dem König
allein galten, auf alle 12 Fürſten ausdehnte, denen wie er erzählt,
göttliche Ehre erwieſen wird. Jene 11 Häuptlinge werden gewiß
nicht viel minder hoch geehrt als der König ſelbſt. Anzunehmen, daß
in den 30 Jahren von Lütke bis Gulick ſich die Verhältniſſe durch
die Bekanntſchaft mit den Europäern, welche natürlich den König
beſonders begünſtigten, ſo zu Gunſten des letzteren geändert hätten,
iſt nicht gut möglich: denn dadurch würde die Verehrung der Ein=
geborenen nicht mit gewachſen ſein und am allerwenigſten in ſo ganz
nationalen Formen ihren Ausdruck geſucht haben.

Auf beiden Ketten der Ratak= und Ralikkette iſt die Verfaſſung
ganz gleich: über dem Volk ſtehen die Häuptlinge, hier Irus oder
Tamon genannt, deren Familien nach gleicher mütterlicher Abſtamm=
ung, denn auch hier wird die Verwandtſchaft durch die Mutter ver=
mittelt, mehrere Clanſchaften bilden. Alle dieſe hängen wieder ab von
einem höchſten Häuptling, der in Aurh reſidirt, von dem jedoch die
nördlichſten und ſüdlichſten Gruppen des Archipels ſich freigemacht
haben, wobei es denn ohne heftigen Krieg nicht abging (Gulick 302;
Chamiſſo 116; Kotzebue a, 2, 81; 86 f.). Auch ſcheint es
vorzukommen, daß unter dieſer höchſten Oberherrſchaft bisweilen ein
Häuptling größere Macht an ſich riß, indem er andere verdrängte,
wie Kadu (bei Kotzebue a, 2, 95) die Unterwerfung einiger Nach=
barinſeln, deren Häuptlinge getödtet wurden, unter den Häuptling von
Arhno erzählt. Jede Inſel hat dann wieder ihren eigenen Irus, von
dem auch hier wieder minder vornehmere Häuptlinge abhängen. Doch
bildeten dieſe auf Mili eine Art Rathsverſammlung, deren Ausſpruch
ſich der erſte Irus fügt (Hale 89). Die Häuptlinge herrſchen bis=
weilen drückend und grauſam (Gulick 302), denn wenn ſie auch
keine beſonderen Ehrfurchtsbezeugungen genießen und der Umgang mit
ihnen ganz frei iſt, ſo haben ſie doch das unumſchränkte Recht über
alles Eigenthum, ja über Leib und Leben des Volkes, das denn auch
alle beſonderen Schätze, z. B. die Schleifſteine, oder das Eiſen, welche

das Meer auswirft (Chamisso 112), oder die Geschenke, welche die Europäer gaben (Kotzebue a, 2, 119), bei Strafe ausliefern mußte, die Schleifsteine und die Schiffstrümmer aber, sagt Chamisso, gegen eine Belohnung. Ganz denselben Gebrauch fand schon Cantova auf den westlichen Karolinen (Sprengel 10, 228). Das Eisen ward zu Geräthen geschmiedet und diese so wie die Schleifsteine verliehen die Fürsten gegen theuren Preis (Cantova und sonst). Die Häuptlinge zeichnen sich durch eine eigene freiere Gangart vor dem Volke aus, welche dieses nicht annehmen darf, Kadu aber, als er Freund der Europäer war, nachzuahmen versuchte, auch da nicht ohne Verweis, so daß er es nicht weiter that (Cham. 118—88). Auch hier trugen die Tamols wie zu Eap grüne künstlich geflochtene Blattstreifen von Pandanuslaub. Sie brauchen ihre Kinder nicht zu tödten. Kommt einer von ihnen irgendwo auf einer Reise an, so wird auf ein schon vom Meere angegebenes Zeichen sofort alles, was er etwa bedürfen könnte, herbeigebracht (Cham. 118).

Auch auf Nawodo hat sich die alte mikronesische Verfassung erhalten: es gibt dort 7—8 Stämme, an deren Spitze je ein Häuptling steht, der selbst wieder von einem höheren Herrscher abhängt. Merkwürdigerweise fand Cheyne in dieser höchsten Stellung ein Weib, während Weiber sonst in Mikronesien (auch auf den Marshallinseln nicht, Cham. 118) nicht succediren können. Diese Königin entschied alle Streitigkeiten zwischen den Häuptlingen ohne jegliche Appellation, wie ihr auch die Entscheidung über Krieg und Frieden zustand. Sie herrscht völlig absolut und man gehorcht ihr ganz ohne Weiteres (Cheyne 79).

Hat diese abgeschiedene Insel das eigenthümliche Wesen mikronesischer Verfassung am strengsten bewahrt, so ist es am meisten verändert im Gilbertarchipel, da dieser am meisten mit Fremden, namentlich Polynesiern in Berührung gekommen ist. Dort ist namentlich südlich vom Aequator eine Art Demokratie — richtiger wohl Aristokratie — nach Gulick (412) die herrschende Regierungsform, nur daß sich auf den fruchtbareren Nordinseln, auf Makin (Behm bei Peterm. 1859, 179) und besonders auf Apamama, von welcher Insel Kuria und Aranuka abhängen (Gulick a. a. O.), das alte Königthum wenigstens in Resten erhalten hat. Sonst haben sich die Familien der einzelnen Jnuffe unabhängig gemacht und allen Einfluß der jedoch in genauem Verhältniß zu ihrem Reichthum steht, an sich gerissen, — ein Gang der Dinge, wie wir ihn in Mikronesien so ziemlich überall, wenigstens an vielen Orten und in Polynesien noch viel häufiger finden. Daß diese Familien nun häufig mit einander in Streit sind, wird Niemanden wundern (Gulick eb.). Wie nun in Makin und Apamama die Häuptlinge größere Ehre und Einfluß behalten haben, so hat sich auch die alte Scheidung der Stände strenger gehalten als sonst (Hale 95). Auch hier und zwar im ganzen Archipel gibt es Häuptlinge, welche den meisten Grundbesitz und alle politische Macht haben als ersten, Landbesitzer, welchen zwar Grundbesitz aber keine Stimme in den öffentlichen Versammlungen zusteht, als zweiten und Abhängige oder Vasallen als dritten Stand, welcher gar keine Rechte besitzt (Hale 101). Der zweite Stand besteht aus Verwandten des ersten und z. B. auf Makin aus allen früher vornehmeren Irusgeschlechtern, welche aber durch das Geschlecht des Tiuki, der etwa vor 100 Jahren sich zum König der Insel gemacht hat, unterdrückt sind; dies Geschlecht bildet den ersten Stand. Solches kriegerische Emporkommen soll in diesem Archipel nicht eben selten sein (Hale eb. f.). Der König dankt hier, ganz wie in Polynesien und wohl auch hier in Folge polynesisches Einflusses, schon sehr früh zu Gunsten seines Sohnes ab, für den er aber die Regierung weiter führte, unterstützt von einem anderen Häuptling, der vor allen Dingen Recht sprach und einen hierauf bezüglichen Namen führte. Ob wir diesen uns aus jenem geistlichen Oberhaupt, was wir auf manchen Karolinen fanden, entstanden denken dürfen? (Hale 102). Neben dem dritten Stand erwähnt Behm (bei Peterm. 1859, 179) noch Sklaven auf Makin, die ebensowenig als das Volk (ganz wie z. B. auf Tahiti) heirathen durften und daher häufig mit den Frauen anderer in unerlaubtem Verhältniß standen. Ob Lesson, welcher (Complém. 2, 398) von vier Kasten auf Kusaie spricht, ebenfalls die Sklaven im Auge hat, die ja auch in Polynesien überall vorkommen? Auf Apamama beriefen Muschelhörner zur öffentlichen Versammlung, welche im großen Gemeindehaus abgehalten wurden, indem die edlen Familien an den Wänden sitzen, der zweite und dritte Stand in der Mitte steht. Nach oft sehr heftigen und beredten Debatten entscheidet die Majorität (Hale 101).

Auf den Marianen sowohl wie auf den Karolinen fand sich auch eine Art von Polizeieinrichtung: wenn ein Fremder in ein marianisches Dorf kam, das er Nachts nur von einem Bürger eingeführt betreten durfte, mußte er sich sofort beim ersten Häuptling desselben melden, widrigenfalls er vogelfrei war; und dadurch daß der Tamol auf den Centralkarolinen die Segel ankommender Reisender bei sich niederlegen ließ, gewährte er diesen Sicherheit, denn nun erst standen sie unter gesetzlichem Schutz (Mertens 158).

Suchen wir nun aus allen diesen Einzelnheiten ein Bild der ursprünglichen Verfassung Mikronesiens herzustellen, so werden wir es in allen Zügen genau mit der polynesischen übereinstimmend finden. Die Bevölkerung zerfiel in zwei große Theile, deren einer mit den Göttern in Zusammenhang stehend auch auf Erden alle Macht besaß über den zweiten, der gar keine Seele hatte, daher nicht unsterblich war, nicht mit den Göttern in Beziehung treten konnte, nicht bestattet wurde u. s. w. und daher jenen göttlichen Wesen gegenüber vollkommen macht-, recht- und eigenthumslos war, alle schweren und unangenehmen Arbeiten verrichten, sich mit der schlechtesten Nahrung und Wohnung begnügen, allen Einflüssen der Witterung ausgesetzt sein, ja wohl gar ohne Frau leben mußte. Neben oder noch unter diesen standen, wo sie vorhanden waren, die Sklaven, welche meist Kriegsgefangene waren.

Von diesem Stande zum ersten war ein Uebergang nicht möglich. Ebensowenig wie auf den Marianen ein Matua zum Mangatchang degradirt werden konnte, ebensowenig konnten Leute aus dem Volk in den ersten Stand übergehen — aus sehr begreiflichen Gründen nach dem eben Entwickelten. Allerdings erzählt Kotzebue (a 2, 132), daß Piloten zu Wolea wegen ihrer Tüchtigkeit in den Stand der Edlen, ja zum Häuptling erhoben wären: aber „habe ich doch mit Entrüstung, sagt Chamisso (ges. Werke 1, 350), in Herrn von Kotzebues Reise von Piloten der Karolineninseln gelesen, die nur von geringem Stand oft für ihre Verdienste in den Adelstand erhoben werden". Chamisso also bestreitet dies mit aller Entschiedenheit und obwohl nun auch Cheyne auf Ponapi eine ganze Klasse nicht edel geborener aber durch ihre Verdienste edel gewordener erwähnt (108), so spricht doch alles was wir von jenen Ständen und ihrem Unterschied wissen, so grell hiergegen, daß wir auch gegen Cheyne in diesem Fall großes Bedenken haben.

Der König war der erste des ersten Standes, eigentlich aber

stand er auch noch sehr hoch über diesem, denn ursprünglich ist er
weiter nichts als der Vertreter Gottes auf Erden: daher die göttliche
Ehre, die man ihm erweist; daher seine Stellung bei Opfern, heiligen
Ceremonien und dergl.; daher die Uebereinstimmung seines Namens
mit dem Worte für Gott. Neben ihm hatten auch die Häuptlinge
ihre Stellung, indem sie zunächst die Vermittler seines Willens waren,
oder vielleicht schon von alter Zeit bestimmte Aemter (wie auf Ponapi
und den Palaus), welche die Fürsten bekleideten, ihn umgaben: er
aber hat alle Entscheidung, sein Wort gilt als göttlicher Befehl, ihm
gehorcht man ohne weiteres und ohne Groll, denn der Gott redet
durch ihn.   Auch Frauen konnten ursprünglich die höchste Herrscher-
würde annehmen. Sie sind von wichtiger Geltung, da durch sie aller
Rang vererbt, nicht, weil man in ihnen etwas heiliges sah, sondern
weil man von der Idee ausging, daß der König, der Adel göttliches
Ursprungs sei.   Deshalb mußte man auf untrügliche Richtigkeit der
Abkunft sehen, die aber nur von der Mutter her ganz sicher fest stand,
der Vater konnte ja betrügen oder betrogen sein. — Es ist schon
spätere Entartung, wenn wir zwei Oberhäupter, ein weltliches und
ein geistliches sehen: denn dies letztere ist meist ursprünglich das einzige
gewesen, das aber dann durch ein mächtig aufkommendes Geschlecht
bei Seite geschoben ist, ohne daß man ihm seine Ehren nehmen
konnte, da diese dem Gott in ihm gebühren.

        Diese alte Verfassung hat sich rein erhalten nur auf den ab-
geschiedensten Inseln, wie auf Nawodo, ähnlich auch in Kusaie und
Ponapi; sie ist umgeändert meist durch ein Emporkommen des Adels,
der sich entweder wie im Marshallarchipel und verschiedenen Karolinen
neben das Königthum gestellt hat in den erwähnten öffentlichen Versammlungen, oder der es zu seinen Gunsten ganz verdrängt hat, wie z. B.
auf den Marianen, einzelnen Karolinen, den Gilbertinseln, wo eine Aristokratie der vornehmen Geschlechter aufgekommen war.   Meist hat dann
auch eine Scheidung der Bevölkerung in verschiedene Stämme,
deren jedem ein vornehmes Adelsgeschlecht zugehört, stattgefunden, was
auf Eap nach Chamisso 135 erst kürzlich geschehen ist.   Auch durch
historische Schicksale hat der Adel manches gelitten, wie z. B. auf den
Gilbertinseln, wo der Reichthum die eigentliche Macht besitzt.   Daß
nun die Berührung mit den Europäern ganz neue Zustände theils schon
gebracht hat, theils bringt und bringen wird, liegt in der Natur der Sache.

Dieser strengen Scheidung der Stände entsprechend ist es, wenn in Mikronesien sich gar mancherlei Anstandsregeln durch- und festgesetzt haben; und da werden wir ein sehr höfliches Volk finden.

Der gewöhnliche Gruß der Marianer war Streicheln der Hand sowie gegenseitiges schnüffelndes Berühren der Nase (Freycinet 2, 377). „Wohin willst Du" rief man und „woher kommst Du" beim Begegnen auf der Straße einander zu, wobei man sich Vornehmeren welche etwas trugen, zum Abnehmen der Last anbot, Geringere aber, die belastet Vornehmeren begegneten, boten diesen einen Theil dessen was sie trugen zum Geschenk an. Auch bat man Vorübergehende, ins Haus einzutreten und bewirthete sie. Kam Jemand zu Besuch ins Haus, so sagte er: „ich bin da". Soll ich Wasser über Deine Füße gießen? fragte der Wirth. „Nicht nöthig" war dann die ablehnende oder „Hier" die annehmende Antwort. Mit dieser Schilderung Freycinets (eb.) stimmt auch der Pater Bonani (1719, n. Weltb. 7, 6) überein, während le Gobien mit seinem „erlaube, Deine Füße zu küssen" (51), im Irrthum ist, da die Marianer den Kuß nicht kannten. Zudem paßt auch wenig dazu ihr Aberglaube, den sie in Beziehung auf das Ausspucken haben. Sie speien nie aus vor Jemandem, dem sie Achtung schuldig sind, niemals in einem fremden Hause oder auch nur am Hause eines anderen, niemals am Morgen; und wenn sie ausspieen, so geschah es immer mit allen möglichen abwendenden Worten. Die Gründe, welche sie hierfür angaben, verstanden die Spanier nicht (le Gobien 51 f.; Freycin. a. a. O.). Den Anwesenden boten sie, ehe sie selbst aßen, Speise an (Strobach n. Weltb. 1, 12); und besonders ehrenvoll war, wenn man einem Gast mit der flachen Hand über den Leib strich (Freycin. 2, 377; le Gobien 52). Daß nun Leute aus dem Volke ganz besonders höflich sein mußten, ist natürlich: nur mit tief gesenktem Haupte durften sie an einem Matua vorübergehen, den sie nur sitzend — denn dies ist, weil eine Selbsterniedrigung, die malaiische Höflichkeitsform Niederer gegen Hohe — anreden durften, während jener in ihrer Gegenwart nie sitzen durfte (Freyc. 378). Auch gegen Fremde waren sie höflich; die Europäer empfingen sie zuerst sehr freundlich.

Von Spielen hatten sie mancherlei: Hahnenkämpfe waren sehr beliebt (Salaçar bei Ov. XX. 16), andere Vögel richtete man zum Sprechen ab (le Gobien 44); dann hatten sie Wettspiele im Ringen,

Laufen, Springen, Schwimmen u. ſ. w. und namentlich letztere waren
der faſt amphibienartigen Natur dieſer Inſelbewohner entſprechend ausgebildet und beliebt, ſie wurden oft von ganzen Schaaren betrieben.
Mit Erzählungen, Deklamationen, Tänzen brachten ſie ferner oft die
Zeit hin und dazu kamen noch beſtimmte Familienfeſte bei der Rückkehr Reiſender oder zum Kampf gezogener Krieger, bei reichlichem Fiſchfang u. ſ. w., wobei man ſehr luſtig war und ſich mit Eſſen ſowie
mit dem Genuße eines Getränkes aus Reis und Kokos, das man gähren
ließ, erheiterte (le Gobien 57 f.; Freyc. 2, 394 f.). Ein eigenthümlicher Gebrauch war, daß, wenn ein angeſehener Mann einer
Nachbargemeinde an einer Arbeiterverſammlung einer anderen Gemeinde
vorüberkam, ſofort die Weiber hinliefen ihn zu fangen und ihn mit
Pandanusſtreifen am Arm banden. Er bot dann für ſeine Entlaſſung
allerlei Geſchenke, die man nicht annahm und endlich nachdem man
ſich alle mögliche Ehre und Höflichkeit erwieſen kam es zum Schmauſe,
nach welchem der Wanderer entlaſſen wurde — der übrigens, wenn
er eilig war, auch gleich loskommen konnte. Das Ganze galt als
Ehre und Zeichen gutes Einverſtändniſſes unter den Gemeinden
(Freycin. 2, 375).

Gaſtfreiheit herrſchte auch auf den Karolinen, wo man ankom-
mende Fremde ſofort ins Verſammlungshaus führte, bewirthete und
mit Gaſtgeſchenken ehrte, die theils in Lebensmitteln, theils in Schmuck,
Tanzſtäben, Muſcheltrompeten u. ſ. w. beſtanden (Cheyne 107;
Kittl. 1, 380; 2, 98; Chamiſſo; Kotzebue). Der Gruß beſtand
auch hier in Naſenreiben und Umarmung (Tobi Pickering 227;
Bulletin de la soc. ethnol. 1846, 23. Juli; Kuſaie Lütke 1, 351;
Chamiſſo 135; Freyc. 2, 377), wozu in Kuſaie es noch als
beſonders freundſchaftlich galt, mit der Naſe die Hand des Freundes
ſchnüffelnd zu berühren (wie wir die Hand küſſen), welche Sitte ſich
übrigens auch auf Lukunor fand (Lütke 1, 351; Mertens 115). Auf
Ratak aber galt dies Naſenreiben als innigſt vertrauliche und deshalb
verſtohlene Liebesbezeigung zwiſchen Mann und Frau und kam zwiſchen
Männern nicht vor (Chamiſſo 119). Größtes Zeichen der Ehr-
erbietung auf den weſtlichen Karolinen war es, wenn man Hand
oder Fuß Jemandes nahm und damit leiſe über das eigene Geſicht
herſtrich (Clain bei le Gobien 407).

Der Gruß beim Begegnen iſt auf Ponapi wie auf den Marianen:

woher kommst, wohin gehst du? beim Abschied sagte man: ich gehe. Begegnet man einem Iros, so bleiben Vornehme stehen, Geringere kauern nieder, wie sie sich auch bei Begegnungen auf der See im Kahne niedersetzen, aber den Ausleger gegen das Schiff des Vornehmeren kehren, ob er nicht einsteigen will (Cheyne 118; 110). Kauerndes Niedersitzen gilt überall für allein höflich und ist in Gesellschaften oder Vornehmeren gegenüber dringend geboten (Kittl. 2. 6; Lütke 1, 382; Cantova 226). Auch redet man in Gesellschaft immer leise (Kittl. 1, 375; Lütke a. a. O.) und steht Vornehmeren mit niedergeschlagenem Blick gegenüber (Cantova 226).

Begegneten sich zwei Polynesier, welche sich lange Zeit nicht gesehen hatten, so begannen sie zu weinen und eine Todtenklage anzustellen, um die, welche während ihrer Trennung gestorben waren. Diese Sitte, welche man Tangi nennt, scheint auch mikronesisch gewesen zu sein (marian. tanis, weinen), wenigstens erlebte der Pater Clain (le Gobien 400) eine solche Thränenscene bei Frauen, die sich nach langer Zeit wiedersahen.

Hahnenkämpfe waren hier gleichfalls sehr beliebt (Mertens 145). Man erfreute sich ferner, je nach den Jahreszeiten, an mancherlei Spielen, Lanzen schleudern, Steine werfen, Kugeln wiederauffangen (Cantova 230). Feste hatte man beim Ohrdurchbohren, beim Tattuiren, auf Eap auch beim Haarabschneiden (Cham. 133). Bei allen war Gesang und Tanz Hauptsache; ja man hatte sogar bestimmte halbdramatische Festspiele, welche besonders eingeübt, theils von einem allein, theils von mehreren ausgeführt wurden (eb.), wie ja auch die Jugend der Centralkarolinen zu solchen und ähnlichen Aufführungen von einer Insel zur anderen fuhr (Mertens 146). Solche Feste aber wurden mit dem höchsten Aufwand an Putz und Nahrungsmitteln unter großem Zusammenlauf gefeiert. Ein größeres Fest auf Kusaie, was ohne feierlichen Kawatrank nie abging (Kittl. 1, 374), beschreibt Kittlitz 2, 52 f. ausführlich, einen pomphaften Festzug auf Eap Cheyne 157 f. Auf Ponapi war der jährliche Umzug des Königs durch alle Ortschaften seines Gebietes das Hauptfest für jeden Ort, das überall zwei Tage dauerte und mit übermäßigem Kawagenuß, sowie mit dem Verzehren und Verschenken von massenhaft angehäuften Lebensmitteln gefeiert wurde. Kleinere Feste, veranlaßt durch Besuch eines Häuptlings, Tänze u. dergl. haben fast täglich statt (Cheyne 116)

Als Zeichen großer Vertraulichkeit und Freundschaft gilt es, den Namen mit irgend einem anderen zu tauschen, wodurch der eine ganz in die Stelle des anderen tritt, gleichsam zum anderen wird; auch das Weib, die Kinder des anderen gehören ihm ganz zu, ja es gilt für eine Beleidigung, wenn der Freund mit dem Weibe des Freundes zur Zeit seines Besuches nicht den Beischlaf vollzieht. Chamisso sagt zwar, daß der Namenstausch auf den Karolinen nicht vorkäme: allein Desgraz (bei D'Urville b, V, 309; 314) fand ihn auf Truk vor. Dieser Namentausch ist ursprünglich nur ein Zeugniß für einen höchst innigen Freundschaftsbund zweier Männer, welcher auf den Marianen (Freyc. 2, 367) sowohl, wie auf den Karolinen (wenn er auch hier im Lauf der Zeiten ziemlich geschwunden war) und Ratak (Chamisso 135; Mertens 130) vorkommt, fürs Leben dauert und den Freund ganz für den Freund einstehen läßt. Wer ihn brach, wurde auf den Marianen von den eigenen Verwandten getödtet (Freyc. eb.). Rangunterschiede hinderten ihn nicht, beide Freunde beobachteten denn alles, was die Sitte verlangte (Cham. 135). Natürlich konnte man nur mit Einem solch ein Bündniß schließen, und die Europäer, welche aus Unkenntniß der Sache mit mehreren den Namen tauschten, stießen dadurch vielfach an. Unreines kam bei diesem Verhältniß in Mikronesien nicht vor.

Sahen wir nun ihre Freundschaften, so müssen wir auch ihre Feindseligkeiten betrachten. Zunächst die Waffen, die auf den Marianen aus Schleudern, zugespitzten und am Feuer gehärteten Stangen und Lanzen bestanden, welche oft mit Fischgrätenspitzen versehen und oft vergiftet waren (Salaçar bei Oviedo XX, 16; Garcia de Loaisa bei Navarr. 5, 49; Magelhaens eb. 4, 53; Fra Gasp. de S. Aug. 68; 71; le Gobien 55). Sie schleuderten Steine sehr geschickt, während sie Bogen und Pfeil nicht kannten (Pigaf. 59; 62). Panzer und Schild hatten sie nicht, sie vertheidigten sich nur durch ihre außerordentliche Behendigkeit. So warfen sie sich oft im Krieg mit den Spaniern auf die Erde, wenn jene losdrückten und entgingen dadurch der Kugel (le Gobien 335), welche Vertheidigungsart zu seinem höchsten Erstaunen Grey auch in Neuholland erlebte. Allgemeine mikronesische Waffe war ein 5—20′ langer Speer von hartem und schwerem Holz, der vorn mit Haifischzähnen besetzt und gefährlich genug war (Hale 79); wir finden ihn auf Tobi (eb.), auf Eap (Cheyne 146), Lukunor (Kittl. 2, 81), Truk (Cheyne 127), auf Ponapi (Cheyne 120), auf Ratak, wo die Lanze häufig Widerhaken hatte (Kotzebue a, 2, 40; 61) und auf den Gilbertinseln (Kittl. 2, 117). An einigen Orten hatte man noch ein rinnenförmiges Holz zum Fortschleudern der oft unhandlich langen Speere, ganz wie wir es in Neuholland finden werden, so auf Eap (Cham. 135), auf den Palaus (Keate 415). Sonst sind Keulen, Schleudern, Steine, Messer im Gebrauche, letztere und Flinten, deren die Novarareisenden auf Ponapi 1500 fanden (2, 412), namentlich jetzt, an einigen Orten, wie auf Ponapi und den Palaus, auch eine Art Beil (Nov. 2, 414; Pickering 219), zweischneidige Holzschwerter, an beiden Seiten durch Haifischzähne geschärft, auf den Gilbertinseln (Kittl. 2, 117; Byron bei Schiller 1, 110) und Ratak (Cham. 118), ein eigenthümlicher, an beiden Enden zugespitzter Stab, der rotirend geschleudert sich mit einem Ende tief einbohrte, wo er auffiel, mit dem aber auch im Handgemenge gefochten wurde, war zu Ratak und Eap (Cham. 118; 136) gebräuchlich, dolchartige Waffen vom Stachel des Giftrochen gebildet auf den Palaus (Keate 415); die Peganer hatten (Meares 1, 128) lange Matten als Panzerhemden, ähnlich wie man Umhüllungen aus Flechtwerk mit emporstehendem Kragen sowie einen Helm von Fischhaut auf den Gilbertinseln trug, wenn man in den Krieg zog (Hale 102). Muschelhörner, welche zu Signalen dienten und zu Ratak vom Besiegten dem Sieger ausgeliefert wurden (Kotzebue a, 2, 53), waren überall im Gebrauch. Bogen und Pfeile sollen nach Roquemaurel (D'Urville b, V, 342) auf den Palaus, nach Lütke 2, 11 auf Ponapi im Gebrauch sein. Doch sagt Virgin (2, 102), daß sie letztere Waffe, wie auch die Polynesier nur zum Spiel, worin sie aber nicht geschickt waren, nicht aber zu Kampf und Schlacht besaßen. Auch die Schleuder gebrauchte man auf Truk zu friedlichen Zwecken, Vögel zu tödten, Früchte von den Bäumen zu werfen u. s. w. (Cham. 136). Die Marianer legten überall Fußschlingen, so wie sie, nach ächt malaischer Sitte, an bedrohten Orten kurze spitze vergiftete Pflöcke in die Erde schlugen. Auch befestigte Plätze, welche durch Wall und Graben geschützt waren, hatte man auf den Marianen und Palaus (le Gobien 270; 196; Keate 200), wie man mit Geschick auf den Marianen auch durch Natur befestigte Plätze aus-

9*

suchte und verstärkte (le Gobien 271; 388) und Lager mit Wall und Pallisaden aufführte (le Gob. 358). Ja die Marianer verstanden sogar eine Belagerung zu führen, wie sie denn (le Gobien 263) die Stadt Agadna einmal längere Zeit belagert haben. Ihre Kriegs-manöver zu See haben wir schon besprochen.

Ihre Kriege selber, sehr häufig um ganz geringfügiger Ursachen willen begonnen, werden ebenso leicht, wie man sie anfängt, beigelegt. Der Krieg, in welchem die beiden ersten Klassen allein kämpften, die dritte nur Lebensmittel und Kriegsbedarf zutrug, ward nach ächt malaischer Art geführt. Die Soldaten scharten sich um eine Fahne und es stand jedem frei, seine Gedanken und Vorschläge zu äußern, ja wohl gar ins Werk zu setzen, denn die Kriegszucht war nicht eben streng. Ebenso wenig zeichneten sie sich durch persönlichen Muth aus, im Felde stießen sie oft laute Schreie aus, um ihren Muth zu erhöhen, ihre Leidenschaft anzufachen, aber hauptsächlich besteht ihre Taktik darin, die Feinde in den Hinterhalt zu locken, was sie meister-haft verstehen. Kommt es jedoch wirklich zur offenen Schlacht, so entscheiden die ersten zwei bis drei Todten oder schwer Verwundeten gleich alles, denn die Partei, welche sie verliert, flieht sofort und schickt Gesandte und Geschenke, deren Annahme den Krieg beendet. Die Sieger aber zeigen großen Uebermuth, verhöhnen die Besiegten, mißhandeln die Gefangenen oft sehr grausam, verwüsten das Land und namentlich hierbei, doch aber auch im Kampfe selbst, sieht man sie oft ganz plötzlich in eine grenzenlose Wuth verfallen, in der sie alles tödten und verderben, was in ihre Hände fällt (le Gobien 116; 151; Freycinet 2, 488). Ihre Zauberpriester erforschten vorher den Willen Gottes; dann feuerten sie die Kämpfenden zu immer größerer Tapferkeit an (le Gobien 149). Daß sie aber in äußerster Noth beharrlich kämpfen konnten, das lehrte die Geschichte ihres 26 jährigen Krieges mit den Spaniern, in welchem diese nicht bloß einmal in die schwerste Bedrängniß geriethen.

Auf den westlichen Karolinen, wo ebenso wie im Osten und im Centrum dieser Kette der Krieg immer vorher angesagt wurde (Hale 72, 84; Keate 329) sind die Heere, die einander zur Schlacht gegen-überstehen, in drei Linien aufgestellt, deren erste durch die Jünglinge, die zweite durch die großen, die dritte durch die kleinen Männer und die Greise gebildet ward. Beim Aufeinanderrücken der Heere erfolgt nun überall Zweikampf der Gegenüberstehenden, wobei die Fallenden aus den hinteren Reihen ersetzt werden (Cantova bei Sprengel 10, 231). Doch dauern auch hier die Kriege nicht lange und der Uebermuth der Sieger ist nicht geringer als auf den Marianen. Von den Karolinen kennen überhaupt nur die hohen Inseln — Palau, Eap, Truk, Ponapi — den Krieg, Kusaie, obwohl gleichfalls hoch kannte ihn zur Zeit der Entdeckung nicht, die niederen Inseln sind ganz friedlich und verfertigten für jene die Waffen, welche einen ihrer hauptsächlichsten Ausfuhrartikel bilden (Mertens 109). Man glaubt auf ihnen, daß wer einem Krieg beiwohne, weiße Haare bekomme, doch scheinen, wie Kadus Beispiel beweist, ihre Bewohner persönlich tapfer zu sein (Chamisso 135). Auf den hohen Inseln bekämpfen die einzelnen Stämme einander, auf Eap noch nicht seit langer Zeit. Vor jedem Krieg wird dort ein Vergleich versucht, zur Schlacht wird erst durch das Muschelhorn gerufen, wenn dieser nicht glückt, und dann so lange gekämpft, bis auf beiden Seiten ein Häuptling gefallen ist. Friede wird geschlossen, wenn die Häuptlinge der Gegenpartei einen Bissen von dem blutigen Fleische der Gefallenen gekostet haben, und diesen Frieden befestigt man oft durch Ehen zwischen beiden Stämmen. Auch zu Schiffe sucht man das Gebiet der Feinde zu überfallen und letztere sind stets bedacht, diese Ueberfälle abzuwehren. Fremde gehen ungehindert und mit beiden befreundet durch die krieg-führenden Parteien (Chamisso 135 f.). Weiber und Kinder wurden meist geschont, ebenso die Häuser und die Bäume, die man nur der Früchte beraubt (Hale 84; Cheyne 120). Auf Ponapi sendet die friedenwünschende Partei Kawawurzeln an das feindliche Stammes-haupt, nach deren selten verweigerter Annahme die Friedensfestlichkeiten beginnen (Cheyne 120). Die Einführung der Flinten hat die Kriege vermindert (eb.).

Auf den Marshall- und Gilbertinseln, auf welchen letzteren es blutige Kriege gab (Gulick 410) war die Kriegführung nicht anders: Friedenszeichen waren hier grüne Zweige, Pandanus- oder Bananenlaub (Kotzebue a, 2, 46, 50), wie im eigentlichen Polynesien. Die Weiber betheiligen sich am Kriege, indem sie vom Hintertreffen aus Steine oft sehr wirksam über die Köpfe ihrer Männer werfen, Lebens-mittel, Kriegsbedarf herbeischaffen und so von großem Nutzen sind (Kotz. a, 2, 87). Zu gleicher Zeit rühren sie die Trommel, erst lang-

samer, dann aber, je heißer das Treffen wird immer geschwinder und
drängender (Chamisso 118). Auch größere Kriegszüge unternehmen
die Insulaner z. B. von Ratak nach Ralik, wo dann jener eingedickte
Pandanussaft ihr Proviant ist (Kotzebue a, 2, 118; Chamisso
118). Meist sind die Sieger milde gegen die Ueberwundenen, gefangene Weiber werden immer geschont, ebenso auch meist die Bäume
(Chamisso 118); doch scheint man bisweilen auch minder mensch-
lich zu verfahren und alles zu verwüsten, denn die Nachrichten bei
Kotzeb. a, 2, 86 können nicht ganz aus der Luft gegriffen sein und
er fand auf Inseln alles, auch die Bäume zerstört.

Kannibalismus herrscht in Mikronesien nicht. Doch hat er sicher
in früherer Zeit geherrscht, denn er war den Eingeborenen bekannt,
wie man denn auf Ratak sowohl wie auf den Karolinen sich vor den
ankommenden Europäern als vor Menschenfressern fürchtete und wie
man fremde Gegenden, wenn man sie recht entsetzlich schildern wollte,
von Kannibalen bewohnt sein ließ. Jene oben erwähnte Sitte, das
noch blutige Fleisch der gefallenen Häuptlinge beim Friedensschluß zu
kosten, spricht ganz unwiderleglich dafür und hier mag auch an den
Gebrauch der Marshallinsulaner erinnert werden, sich den Namen
der von ihnen in der Schlacht getödteten beizulegen (Chamisso 118)
welcher in ähnlichem zu wurzeln scheint: denn das Auffressen des todten
Feindes hatte neben der Befriedigung der Rache noch den Zweck,
daß man sich die Eigenschaften des Todten ganz aneignen, ja ihn
vielleicht selbst im jenseitigen Leben zum Diener haben wollte. Vielleicht
ist also diese Namensübertragung der letzte Rest hiervon. Bei der
Entdeckung aber fand man überall die Menschenfresserei in Mikronesien
verabscheut und wenn dies auf den südlichen Gilbertinseln, wo sie
sogar ab und zu geübt wird, nicht der Fall, sondern die Sache als
etwas gleichgültiges angesehen ist (Hale 95), so sehen wir hierin
einen polynesischen Einfluß, der etwas den Mikronesiern fremdes gebracht
hat. Daß er auf den Palaus Sitte gewesen hat schon Chamisso
137 widerlegt.

Die Religion Mikronesiens, zu der wir jetzt übergehen, finden
wir in einem noch weniger ursprünglichen Zustande als die polynesische,
denn während dort von den ursprünglichen Mythen sich ein gut Theil
und jedenfalls soviel erhalten hat, daß wir uns ein ziemlich genaues
Bild von ihnen machen können, so hat sich in Mikronesien ein später

aufkommender Cult, nämlich der der Ahnen so mächtig geltend gemacht, daß man von ihren alten Mythologemen kaum noch Spuren findet und man vielfach auf den Gedanken kam, die Mikronesier glaubten an gar keine Gottheit. Dies behauptet Pigafetta (60) und Careri (5, 299 wie er sagt nach den Berichten der Missionäre) von den Bewohnern der Marianen. Allein jener Mythus, den wir schon vorhin (S. 93) erwähnten, daß Puntan, der lange Zeit vor der Erschaffung der Welt im öden Raume lebte, später seiner Schwester den Auftrag gegeben habe, die Welt aus seinen Körpertheilen zu schaffen, dieser Mythus (bei Velarde, Chamisso, Freycinet) spricht dagegen. Wir stehen nicht an, den marianischen Puntan mit dem polynesischen Tangaroa zu identificiren. Dieser, welcher gleichfalls Himmel und Erde, Sonne, Mond, Sterne u. s. w. geschaffen hatte, wohnt wie ersterer im Chaos, der ewigen Nacht (Ellis 1, 114) und vielleicht haben wir dies Wort in der ersten Silbe des marianischen Götternamens: poeni heißt im Marian. Nacht, e-bon auf Ratak und Wolea, pum auf Satawal, bun, buni auf Mili. Ob wir dann das tan oder tani mit dem ersten Theil des Namens Tanga-loa zu vergleichen und etwa, wenn wirklich Tanga-loa „gewaltiger Odem" heißt (Schirren 71) Puntan mit Odem, Seele, Leben der Nacht, des Chaos zu übersetzen haben? Oder heißt es „Mensch (tane) der Nacht"? Die Sonne, der Mond gelten als Tangaloas Augen und nach bestimmten tahitischen Mythen wird auch aus seinem Körper, ganz wie aus Puntans, die Welt geschaffen (Schirren 146); auch er ist mit seiner Schwester vermählt, wodurch die ersten Menschen, ja alles lebende entsteht (Ellis 1, 112—3). Hatte man nun hier seine alte Stellung so ganz vergessen, daß man ihn nur für einen Menschen hielt, so war auf den Karolinen und den Marshallinseln das Andenken an diesen obersten Gott besser gewahrt, der auf den westlichen Karolinen Eliulep (Cantova allg. Hist. d. Reif. 18, 395) oder Aliulep (Torres Cham. 128) heißt, nach Cantovas Deutung „großer Geist". Die Deutung ist richtig; man muß das Wort erklären aus woleanisch eolep (Ratak eliip Mili ellip) groß und dem Stamm des polynes. ale (Hale) husten, athmen. Auch hier haben wir also den Tangaloa in wörtlicher Uebersetzung wieder; und nicht minder in dem Namen Engalap (Wolea ⸗ang, Tobi yang, Satawal ianhe, Eap niveng Wind), den der Gott auf Wolea, Ulithi, Eap und Ngoli führt (Chamisso 125). Von

den karolinischen Göttern haben wir nun bei Cantova, Freycinet,
Chamisso mannigfache Mythen, welche uns dieselben Personen in
verschiedenen Auffassungen zeigen. So war nach Cantova (a. a.
O. 394). Sabukur und Halmelul das erste Götterpaar, ihr Sohn
Eliulep, ihre Tochter Ligobud, Eliuleps Sohn hieß Lugueileng, nach
Cantovas Uebersetzung Mitte des Himmels, welcher selbst wieder
zwei Weiber, eine himmlische und eine irdische hatte und von letzterer
den Sohn Ulefat. Dieser erfuhr, daß sein Vater im Himmel wohne
und wollte deshalb auch emporfliegen. Allein als er sich kaum erhoben
hatte, fiel er zu Boden; da half er sich, daß er ein mächtiges Feuer
anzündete, dessen Rauch ihn zum Himmel trug. Wir führen nur diese
Version an, ohne der anderen, wie sie Torres bei Chamisso 129
erzählt und nach der Hamulul (Halmelul) die Gemahlin Lugelengs,
Aluelep dagegen der Urgott ist, mehr als mit diesen kurzen Worten
zu gedenken, da es uns nur hier darauf ankommt die ursprüngliche
Gleichheit dieser Mythen mit den polynesischen nachzuweisen: und wer
wollte die Verwandtschaft dieser Erzählung mit dem dritten neuseeländischen Mythus bei Grey (a, 59—80) verkennen? Tangotango eine
Göttin ist als Tawhakis Gemahlin zur Erde gestiegen, dann aber
wieder entflohen, er aber folgt ihr, nachdem zuerst das Aufsteigen miß-
glückt, dann aber gelingt, in den Himmel nach. Dort haben beide,
Ulefat (Olifat bei Chamisso) und Tawhaki, noch viel auszustehen.
bis sie endlich zur vollendeten Götterherrlichkeit gelangen (Chamisso
130 f.). Ganz ähnlich erzählt eine samoanische Sage (Turner 247)
von einem Jüngling, der auf dem Rauch in den Mond stieg. Auch
ein anderer Mythus Mikronesiens findet sich auf Samoa wieder: Ligobud, erzählt Cantova a. a. O., Eliuleps Schwester, welche in der
Mitte der Luft schwanger geworden war, stieg auf die Erde nieder,
wo sie mit Drillingen niederkam; die Erde, welche damals unfruchtbar
und trocken war, wurde nun mit Gras, Blumen und Obstbäumen bedeckt.
Auch mit vernünftigen Menschen bevölkerte sie Ligobud. Hiermit vergleiche man die samoanische Sage bei Turner 244. Tangaloa sendet
seine Tochter aus, welche als Schnepfe herabfliegt und sich auf einem
Felsen, dem einzigen Ruhepunkt, den sie findet, niederläßt: da ward er
größer, eine kriechende Pflanze erwuchs und dehnte sich aus und als
sie welkte erzeugten sich daraus erst Würmer, dann Menschen. Auf
Tobi heißt der Hauptgott Yarris und was man von ihm erzählt

stimmt gleichfalls genau mit polynesischen Mythen überein: wie man
dort (z. B. auf Tonga, Mariner 2, 112 f. auf Samoa Williams
115) den Maui als Erreger des Erdbebens fürchtet, so auch auf
Tobi: bebt die Erde, so kommt Yarris und Tobi muß sinken, donnert
es, so spricht Yarris: nur während man dort den Gott durch Lärmen
zur Ruhe zu bringen sucht, so fürchtet man sich auf den kleinen
Tobi, man heißt die Kinder schweigen und verhält sich selbst still
(Pickering 226).

Auch sonst scheint der Maui=mythus bei ihnen gelebt zu haben.
Neben diesen guten Geistern berichtet Cantova, gab es auch böse,
zunächst Erigiregers, welcher den Tod unter die Menschen brachte,
die früher nur schliefen, um immer von neuem zu erwachen und Mo=
rogrog, der, wegen seines schlechten Benehmens aus dem Himmel
verjagt zur Erde herabkam und das Feuer mitbrachte (allg. Hist. d.
R. 18, 395). Auch Maui bringt Feuer und stets, nachdem er erst
allerhand Frevel und Muthwillen ausgeübt und alles in Verwirrung
gesetzt und sich von seinem Vater ernstliche Ermahnungen zugezogen
hat. Durch ihn kommt auch der Tod in die Welt (Schirren 30;
34). Maui wurde in der Gestalt eines Fisches gedacht (Schirren
70); zu Eap aber lebten in einem Süßwasserteich zwei Fische, uralt
aber nur eine Spanne lang, die stets in einer Linie, den Kopf gegen=
einander, unbeweglich stehen. Berührt man sie und sie kreuzen sich,
so entsteht Erdbeben (Cham. 132). Ist hier eine alte Erinnerung
an Maui und Tangaloa, die beide unter dem Bild des Fisches ver=
ehrt wurden? Deshalb hielt man den Hai in manchen Gegenden
heilig und glaubte, daß er auf Bigar im Ratakarchipel, wo der ra=
takische Tangaloa thront, Niemanden verwunde (Chamisso 117).
Dies wird auch der Grund sein, weshalb man auf Eap das Krokodil
verehrt (Cantova a. a. O.) — wenn darunter nicht der Hai ge=
meint ist, denn Kadu (Cham. 125) wußte nichts von der Anbetung
des Krokodils.

Es ist möglich, daß neben diesen Hauptgottheiten, welche wir
mit den polynesischen zu identificiren uns gezwungen sehen, auch noch
andere Gottheiten des polynesischen Himmels in Mikronesien existirten
und vielleicht haben wir wenigstens ihre Namen bei Chamisso 57
und 128: Rongala (Mo=rog=rog?) war der Gott zu Fais, der mit
Eugalap befreundet war, Fuss, der Gott von Lamotrek, der ohne

Beziehung zu Engalap war und Lags, der Gott von Faiu (Fojo Cham. 57), den man vielleicht mit dem polynesischen Langi (Himmel) gleich stellen darf. Auf Tobi zählte man 18 göttliche Wesen (Picker. 238 s. v. got). Auf Morileu und den Nachbarinseln ward als Schutzgeist der Inseln Hanulep oder Hanno verehrt (Kittlitz 2, 105), der aber selbst wieder von einer höheren Macht abzuhängen scheint (Mertens 150); einen bösen Geist kannte man auch hier und ließ ihn in den Korallenriffen hausen (Kittl. eb.); auch den Regenbogen soll ein Geist bewohnen, an welchen sich vor allen die Schiffenden wenden (Kittlitz eb.). Ebenso verehrte man zu Eap einen Gott des Meeres, der bisweilen dem Lande sich nähert, während welcher Zeit der König fortwährend um Abwehr alles Unheils fleht (Cheyne 158). Ganz derselbe Glaube und Gebrauch herrschte auf Tahiti (Ellis 1, 383) und auf Rarotonga (Williams 201) und zwar hielt man in Tahiti jenen Gott der See für Maui, auf Rarotonga für Tangaloa (Schirren 69). Auf Ponapi glaubte man zunächst an ein höchstes Wesen, welches erzürnt durch den Donner spricht (Michel. y Rojas 197). Man glaubte überhaupt, daß die Götter die Inseln besuchten und daß dann eine Zeit der Fruchtbarkeit einträte (Chamisso 128). Ja sie hatten bestimmte Orte, wo sie verweilten, so die Insel Bigar der Ratakkette, von der wir gleich reden werden und auf der Insel Falalep (Ulithi) war ein geheiligter See, welchen sie, um zu baden, besuchten und dem sich daher kein Mensch zu nahen wagte (Cantova a. a. O. 396). Zu Kusaie (Gul. 240) wurden gleichfalls alte Naturgottheiten verehrt, oft unter der Gestalt eines Felsens, eines Baumes u. s. w. (244), in welchem der Gott seinen Sitz hat. Ebenso war es auf der Ralikkette (303), wo über jene alten Götter eine Menge Mythologeme im Umlauf sind, welche denen der anderen polynesischen Inseln nicht nachstehen; doch ist überall die Verehrung dieser alten Gottheiten im Absterben begriffen. Nicht anders ist es auf Ratak, wo man einen unsichtbaren Gott im Himmel verehrt (Cham. 117), doch irrt Chamisso oder sein Bericht ist wenigstens nicht genau, wenn er diesen Gott Anis nennt, wie wir gleich begründen werden. Jener unsichtbare Gott ist gewiß derselbe, der auf der wüsten Insel Bigar thronend, oft von den Ratakern aller Gruppen besucht, also von allen verehrt ist. Er ist blind und hat zwei Söhne, welche Rigabuil' heißen, wie bei Can-

tova Lugueileng einen Adoptivsohn Reschahuileng hat. Der Gott
von Bigar steht in Feindschaft mit Anis und sein Name darf daher
auf Bigar nicht angerufen werden. Auch auf den Gilbertinseln
scheint diese älteste Gottheit noch bekannt zu sein. Man verehrt dort
heilige Steine durch Gebet und Opfer (Gul. 411), allein, wie auf
Kusaie, sind sie der Sitz verschiedener Gottheiten, einmal der Antis,
zweitens aber auch einzelner Götter, welche Tabu-eriki (vergl. bei Cantova Erigi-regers; Tabu-eriki heißt heiliger Eriki und Eriki heißt Herr)
Iti-vini, Iti-tua-peu, Aori-erie u. s. w. heißen. Man umkränzt den
Stein, in welchem sie wohnen, mit Laub, betet zu ihm, opfert ihm
täglich; er ist der Schutzgott oder besser der Hausaltar der meisten
Familien (Hale 97).

Mit diesen Göttern stehen nun die Mythen über die Erschaffung
des ersten Menschen in genauem Zusammenhang, deren marianische
Version wir schon oben (S. 92) gesehen haben. Er entstand, das
Wie wird nicht gesagt; doch ist nach polynesischer Analogie anzunehmen,
daß auch ihn Puntans Schwester, welche wir mit Ligobud und der
samoanischen Tochter Tongaloas identificirten, erschaffen hat. Später
wurde er in einen Felsen verwandelt und dieses Heiligthum noch zur
Zeit der Vertilgung der Marianer gezeigt (le Gobien 197). Eine
ganz ähnliche Sage findet sich in Tonga (Geschichte 47).

Allein diese ältere Götterwelt, welche wir aus den hier nur
spärlich fließenden Quellen uns reconstruirt haben, die aber in Mikronesien selbst, wie eben die Spärlichkeit der Quellen beweist, schon
halb vergessen ist, wurde verdrängt durch einen Glauben, der auch
in Polynesien sich ausbreitete auf Kosten der alten Religion, durch
den Glauben an die zu Geistern oder Halbgöttern gewordenen Seelen
der Vorfahren. Die Verehrung der Ahnen, denen man Speisopfer
brachte, die man in der höchsten Noth anrief, laut und immer lauter,
wenn sie nicht hörten, deren Schädel als höchstes Heiligthum in den
Häusern aufbewahrte und als siegverleihend in besonders wichtige
Kämpfe mitnahm, deren Bilder man auf Baumrinde aufzeichnete, die
aber auch bös und schädlich sein konnten, Nachts umgingen und deshalb allen Eingeborenen Furcht vor dem Dunkel der Nacht einflößten,
dieser merkwürdige Kultus der Marianer fiel allen, welche die Insel
besuchten, auf, so daß wir über ihn viel genauer unterrichtet sind,
als über die alten Götter. Zur Zeit der Entdeckung schon war die

Verehrung der Anti (Cham. 57; Freycinet 2, 382), wie man
diese Seelen nannte, die allein herrschende (Salaçar bei Ooied.
XX, 16; Garcia de Loaisa bei Navar. 5, 49; Careri 5,
299; Strobach im neuen Weltb. 1, 9; Bonani eb. 7, 4 f.;
le Gobien 64 f.; 82; Freycinet 2, 384). Wenn man in
Polynesien glaubt, die Seele eines verstorbenen Häuptlings werde ein
Stern, oder wie man es ausdrückte, das linke Auge eines todten
Fürsten, der Sitz seiner Seele, werde unter die Sterne versetzt, so
lassen sich Spuren dieses Glaubens auch auf den Marianen auffinden,
z. B. in der Erzählung le Gobiens (227), daß nach dem Martyrtode
des Pater Diaz die Eingeborenen drei glänzende Sterne am Himmel
sahen, welche ihnen das himmlische Glück des Ermordeten bedeuteten.

Derselbe Cultus der Seelen herrschte auch auf den Karolinen.
Nach Cantova (a. a. O. 396; Sprengel 10, 223) nannte man
sie tahu-tup oder tau-tup auf den westlichen Karolinen, welchen Namen
auch Chamisso (128) von Wolea anführt, doch nimmt er dies Wort
für den Namen des Hauptgottes, was nicht richtig ist. Kadu selbst
aber scheint die Verwirrung angerichtet zu haben und das beweist mehr
als alles, wie ganz und gar diese Tautups sich an die Stelle der
verdrängten Götter festgesetzt haben. Cantova erklärt tahu-tup
durch „heiliger Schutzherr" (vergl. tabu-ériki; polyn. tupuna „Großvater, Ahnherr") und sagt, daß jede Familie ihren eigenen Schutzgeist habe,
den man in allen Lebenslagen anriefe. Für die Seelen, welche am vierten
Tage nach dem Begräbniß zurückkehrten und nun unsichtbar unter den
Lebenden verweilen, wurden Speisen in den Wald und bei die Gräber
hingesetzt, von denen jedoch jeder hinzukommende essen darf (Cantova
eb.; Chamisso 132). Die Bewohner von Lukunor glaubten, durch
Anrufen ihrer verstorbenen Kinder in die Götterwelt eingeweiht werden
ja selbst durch sie zum Anblick ihres Gottes Hanno gelangen zu können;
welcher Glaube auch sonst wohl in Mikronesien verbreitet war.
Wenigstens erzählt ein Mythus bei Cantova (a. a. O.), der Göttersohn Reschahuileng habe von einer Wolke aus seiner sterblichen Mutter
die Geheimnisse des Himmels mitgetheilt, und auf den Gilbertinseln
glaubte man wenigstens, daß den Kinderseelen eine besondere Pflege
und Sorgfalt zu Theil wurde (Hale 99). Wir werden den Kinderseelen auch in Polynesien wieder begegnen; merkwürdig aber ist es,
daß sie auch in der Mythologie ganz anderer Völker z. B. der Mexi-

kaner, Semiten, Indogermanen eine ähnliche vermittelnde Stelle einnehmen. Auch auf Ponapi verehrt man die Seelen der Vorfahren
durch Gebet und Opfer, ihnen verdankt man den Erfolg der Ernte,
der Fischerei u. s. w., von ihnen begeistert weissagen die Priester,
deren Weissagungen aber bisweilen durch feindlich dazwischentretende andere
Geister sich nicht erfüllen (Cheyne 121). Diese Geister, welche
auch böse sein können, gehen häufig in bestimmte Thiere über, welche
dann den irdischen Nachkommen des betreffenden Geistes heilig sind:
daher der eine keine Hühner, jener keine Tauben u. s. w. ißt, um
den Geist der Ahnen nicht zu beleidigen (Michel. y Rojas 193;
Hale 84). Sehr richtig bemerkt ferner Michelewa y Rojas, daß
sie die Europäer mit ihren Verstorbenen in Zusammenhang bringen,
daß sie wenigstens in ihnen Wesen höherer Art sehen (192); das
thaten auch die Bewohner der Palaus und doch kamen sie ihnen ver-
traulich entgegen (Pickering 221). Die Gilbertinsulaner hielten
gleichfalls den Schotten Wood, der zu ihnen gekommen war, anfangs
für einen Gott und trugen ihn stets auf den Armen umher (Behm
bei Peterm. 1859, 179). Wir werden später auf den Tonga-, in
Hawaii, den Fidschiinseln und in Neuholland den Glauben finden,
daß die Geister der Vorfahren als weiße Menschen wiederkehren und
daß man daher die ankommenden Europäer für solche Geister ansah, welcher
Glaube auch in Mikronesien geherrscht zu haben scheint. Auf Kusaie
werden gleichfalls die Geister der Verstorbenen, die Anits, verehrt, zu
bestimmten Jahreszeiten sogar durch reichliche Opfer bei den Gräbern.
Sie werden verehrt wie die älteren Götter häufig in der Gestalt von
Bäumen, Felsen u. s. w. (Gulick 244), doch scheinen sie ein großes
Uebergewicht über die ersteren erlangt zu haben: denn nach der Sage
ist ihr Hauptgott, welcher Sitel-Nazuenziap heißt, bisher Mensch gewesen (Lütke 1, 371; vergl. Kittl. 1, 374 f.). Man verehrte dort die Aale,
welche die beiden ersten Stände, die allein Seelen hatten, auch auf den Marianen nicht aßen (D'Urville a, V, 121); vielleicht glaubte man auch sie
als Sitz der Seelen Verstorbener. Derselbe Glaube herrscht auf Ralik
(Gulick 303) und Ratak. Hier tritt aber wieder der Irrthum,
Chamissos uns entgegen, welcher den Namen Anis auf einen einzigen unsichtbaren Gott im Himmel ausdehnt, während dies nur auf
den Gott, der in Bigar wohnt, paßt. Vielleicht ist jageach, welches
ratakisch „Gott" heißt, sein Name, der an den Yarris von Tobi

erinnert und vielleicht, bei ungenauer Aufzeichnung, dasselbe Wort ist. Es ist höchst merkwürdig, daß man auf Bigar den Namen Anis nicht aussprechen noch anflehen darf, um nicht den Zorn des blinden Gottes zu erregen — entweder weil er der mächtigere ist, vor dem der unbedeutendere Schutzgeist verschwindet; oder aber — sollte hierin etwa das Gefühl sich aussprechen, daß die Anis, trotzdem daß man ihnen vor jedem wichtigen Ereignisse, und zwar jeder einzeln im Volk, nicht bloß der Häuptling ihnen opfert (woraus ihre Stellung als Schutzgeist der einzelnen klar erhellt) daß die Anis trotzdem als die späteren nicht ganz rechtmäßigen Emporkömmlinge gefühlt wurden? Auch hier ließen diese Geister sich oft auf einzelne Bäume, die man mit einem Balkenviereck umzäumte, nieder, ohne daß dadurch der Genuß der Früchte der Bäume verboten gewesen wäre (Cham. 117). Im Gilbertarchipel war gleichfalls dieser Seelenkultus weit verbreitet (Hale 97 f.). Doch scheint er auf einigen Karolinen, wie Tobi, den Palaus zu fehlen, wenigstens nicht so verbreitet gewesen zu sein wie auf den anderen. Auf Nawodo glaubte man nach Cheyne 79 nur an einen bösen Geist, aber weder an einen Gott noch an Unsterblichkeit.

Die Seelen ruhig sterbender Menschen kamen nach dem Glauben der Marianer ins Paradies, wo es Früchte im Ueberfluß gab; unruhig sterbender in die Hölle, welche bei Belarde und le Gobien zazarraguan, bei Freycinet 2, 381 sassalaguhan heißt, was nach seiner Uebersetzung „Ort, wo man vertheilt" nämlich Strafen bedeutet. Beide, Himmel und Hölle, liegen unter der Erde (le Gobien 64 f.). In letzterer herrschte ein böser Geist, welchen Freycinet aniti, also mit dem Namen nennt, den le Gobien nach Freycinets Behauptung fälschlich den Seelen der Verstorbenen beilegt; dieser böse Geist wandelt auch Unheil stiftend unter den Lebenden umher. Unmöglich aber kann aniti ein anderes Wort wie anti (Ratak anit, anis) sein und Freycinet ist hier im Irrthum: die Seelen der Verstorbenen treten auch hier als gut und bös, das verstorbene Haupt des Geschlechtes als Richter der Nachkommen auf. Freycinet erzählt selber ganz ähnliches: wer den Grundpfeiler eines Hauses umgeworfen hatte, wurde von der Seele des Erbauers im Jenseits gestraft. Das Leben geht eben nach dem Tode weiter: Weiberseelen sind schwächer als Männerseelen und die Mittheilung Freycinets (eb. 2, 383), daß die Antis dem bösen Treiben der Anitis entgegenträten, kann nur heißen, daß feindliche oder böse Menschen auch als Seelen bös und feindlich bleiben und zu schaden suchen, daß aber gegen diese die Seelen der Befreundeten und Guten Hülfe bringen. Auch le Gobien kennt den bösen Geist in Zazarraguan, welcher die Abgeschiedenen mit Feuer quält und nennt ihn Chayst und darnach die Hölle Haus des Chayst. Ebenso war der Glaube auf den Karolinen des Westens, wo die Seele zwar auch in Himmel oder Hölle gelangt, aber aus dem Himmel wenigstens gar bald wieder unsichtbar zur Erde zurückkommt und ruhig weiter ißt und trinkt (Cantova a. a. O). Das Paradies der Ponapiten ist von einem grundlos tiefen Graben umgeben und hat nur eine Pforte, welche von einem alten Weibe bewacht wird Die Seele muß nun, um in das Paradies zu gelangen, über den Graben springen, in welchen sie das Weib hinabzustoßen sucht; glückt es ihr, hineinzukommen, so ist sie auf immer gerettet, fällt sie, auf immer verloren, denn wie im Paradies alles Glück, so ist im Abgrund alles Elend (Cheyne 121; die Novara 2, 419 berichtet wirklich dasselbe). Auch diesen Mythus haben wir in Polynesien, aber die Verschiebung, die er in Mikronesien erfuhr, ist höchst merkwürdig. Grey (a, 59 f.; nach anderen Quellen, die aber sicher auf Grey zurückgehen und mit unwesentlichen, meist wie es scheint mißverständlichen Abänderungen erzählt Liebrecht die Geschichte in Kuhns Zeitschrift 18, 62). Grey erzählt in seinem dritten Mythus von Neuseeland, wie Tawhaki und sein Bruder Karihi zum Himmel steigen wollten. Sie gelangen zu dem Orte, wo Himmel und Erde durch Stricke verbunden sind, welche eine alte blinde Frau, ihre Ahnin, behütet. Sie springen nun nach den Stricken empor und obwohl von der Alten gewarnt, ergreift Karihi durch einen unglücklichen Zufall einen nicht befestigten Strick, mit dem er nun von einem Ende des Himmels zum andern geschleudert wird und dem Verderben geweiht scheint, bis ihn sein Bruder erlöst und weinend den weinenden nach Hause schickt. Er selbst ergreift einen festen Strick und kommt in den Himmel. Der Himmel also, das Lichtreich, durch einen endlosen Raum von dem sterblichen Leben getrennt, ist in Mikronesien das Paradies.

Auf Tobi, jener kleinen abgeschiedenen Insel hat sich, wie wir die Göttergestalt hier am alterthümlichsten fanden, ein ähnlicher, in Polynesien weit verbreiteter Glaube erhalten, nämlich an das Geister-reich jenseits des Meeres; weshalb man die Todten und Sterbenden

in einem Kahn ins Meer hinausstößt (Hale 80) Es ist dies also
keine Grausamkeit, kein Mittel, sich der lästigen Kranken zu entledigen;
und wenn sie Verbrecher ebenso behandeln, so liegt auch dieser Strafe
wohl die Absicht zu Grunde, den Frevler der Strafe des Jenseits
zuzuschicken. Was man aber von Spuren des Buddhismus auf Tobi
gefabelt hat (Journ. of the Amer. Ox. soc. V. 194. nach einer
Notiz Hales), verdient kaum Erwähnung, geschweige Widerlegung.

Auch auf den Gilbertinseln glaubt man an ein Paradies (Kai-
nakaki genannt), welches im Westen liegt und wohin der Geist der
Verstorbenen gelangt, nachdem er lange in den Lüften umhergetrieben
ist. Alte und schwache Personen werden von früher verstorbenen Verwandten, Kinderseelen von verwandten Weibern, die sie weiter nähren,
abgeholt, denn der Weg ist nicht ohne Gefahr, da der Riese Baine
(man denke an den Chaysi der Marianen) alle Unfreien und nicht
Tattuirten unterwegs auffrißt (Hale 98). Wir haben hier den
Mythus von Ponapi mit dem von Tobi vereinigt, beide jedoch sind,
und das ist wichtig, selbständig genug verändert. Die Tarawaner
glauben, daß auf ihrer eigenen Insel das Paradies sei, freilich für
Menschen nicht sichtbar, und zwar auf einem Plateau der Insel, das
nicht über 24' hoch ist (Hale 99). Andere Gruppen haben diesen
Glauben an ein Paradies gar nicht (eb.).

Natürlich sind diese verehrten oder gefürchteten Geister nur die
Geister der ersten beiden Stände; die armen Unfreien haben keine
Seele, also auch keine Verehrung und können daher auch nicht ins
Paradies gelangen, wie wir eben sahen. Die Behandlung der Todten
wird uns dies noch deutlicher zeigen. Der Glaube an die hohe
Macht der verstorbenen Häuptlinge ist zwar die richtige Consequenz der
politischen Verfassung dieser Inseln, doch ist es von Interesse, daß
dieser Glaube, den wir freilich schon um 1520 als vollkommen herrschend finden, nicht der ursprüngliche ist. Denn daraus folgt, daß
auch die Macht des Adels erst nach und nach das geworden und nicht
ursprünglich war, was sie jetzt auf allen Inseln ist; und erst als
lange der Adel alle seine Vorrechte hatte, konnte sich dieser religiöse
Glaube an ihn entwickeln, der übrigens gemeinschaftliches Eigenthum
Mikro- und Polynesiens ist.

Auf den Marianen gab es keine Priester zur Zeit der Entdeckung, wohl aber eine Art von Wunderthätern und Wahrsagern,

die zugleich die Aerzte waren und Makanas hießen (Bonanin, Weltb. VII, 5). Sie konnten Wetter machen, glückliche Ernte, Jagd u. s. w. verleihen, die Todten zurückrufen und dergleichen mehr, wofür sie reichlich belohnt wurden (le Gobien 64 f.), daher sie es waren, welche sich am eifrigsten dem Christenthum widersetzten (eb. 149). Sie stammten aus den ersten beiden Ständen, doch sollen nach Freycin. 2, 384 auch Mangatchangs diese Würde gehabt haben, aber sie thaten und verkündigten nur böses — d. h. sie konnten, weil ihnen die Seele fehlte, mit den Geistern der Ahnen in kein Verhältniß, wenigstens in keines heilsamer Art treten. Altäre Tempel oder Opfer kannten die Marianer nicht (le Gob. 64).

Cantova (a. a. O.) kennt solche Priester, welche mit den Seelen der Verstorbenen Umgang hatten und auf Eap Krankheiten und Tod hervorrufen können, auf den westlichen Karolinen. Nach Freycinet 2. 118 heißen die Priester wie die Geister selbst tahu-tup; und diese Uebertragung des Namens vom Gott auf den Priester wird uns auch sonst noch begegnen. Auf Eap, so berichtet Kadu bei Cha-misso 129, hatten beide Geschlechter ihre verschiedenen Tempel und Opferzeiten, welche streng geschieden sind. Der Häuptling opfert; Frem-de dürfen der Feier — Kadu schildert eine Art Erntefest, welches einen Monat dauert, während welcher Zeit der Gott von Allem was man erntet und fängt die Erstlinge, von Allem was man ißt, den ersten Bissen erhält — nicht beiwohnen und den Tempel zu betreten ist nur den Häuptlingen und den Priestern erlaubt. Solche Festzeiten gab es auf allen diesen Inseln, die Zeiten der Fruchtbarkeit, in welchen der Gott die Inseln besucht; dann gehen alle Menschen im feierlichsten Schmuck einher, sie gehen nur langsam und sprechen nur mit leiser Stimme (Cham. 129). Auf Wolea (eb.) gibt es weder Tempel noch Priester, wohl aber Opfer (Cham. 57). Auf Tobi, wo das eine Ende der Insel, Gottesgrund genannt, heilig ist und nur vom Priester und ganz tattuirten Personen besucht werden darf, ist ein öffentliches Gotteshaus, auf dessen Altar, einem von der Decke herab-hängenden wagerecht schwebenden Brett, sich der Gott niederläßt, um mit dem Priester zu verkehren, der selbst Gott (yarris) heißt, so lange er in seiner amtlichen Beschäftigung ist. Er ruft erst mit allem möglichen Lärm und Grimassen den Gott herbei, um ihm dann ein Opfer zu bringen. (Pickering 225 f.) Auch ein rohes Götterbild hatten sie (Hale 78). Auf den Palaus gab es neben den männlichen (Hockin 32, 57) auch weibliche Priester, Prophetinnen, welche das Ende einer Unternehmung vorher verkündigen (Pick. 270); man (Hockin 15) prophezeite aber aus der Gestalt des Mondes. Der Priester wird bei seinen Amtshandlungen von Gott begeistert und besessen. So ist's auch auf den Central-Karolinen und Ponapi (Kittlitz 2, 105; Cheyne 121), wo sie zu den niedern Häuptlingen gehören, Idiomet genannt werden und einflußreich genug sind (Hale 84). Tempel aber, Opfer, Idole gab es hier (eb.) wie überhaupt im östlichen Polynesien also auch im Marshall- und Gilbertarchipel nicht (Lütke 1, 393; Chamisso 129), nur daß man auf den letztgenannten Inseln einen kurzen Stock oder Korallenblock als den Sitz des Hausgeistes dachte und stets mit frischem Kokoslaub umkleidete und mit Speisopfern bedachte (Gulick 411; Hale 97 f.) und daß man auf Tarawa am Strande gelegene aber dachlose Geisterhäuser hatte, deren Thüre des oberen Stocks nach der Richtung des Geisterreiches, nach Westen lag und in dem Inneren sich ein etwas concaver Korallenaltar befand, auf dessen Vertiefung der Priester um die Stimme der Geister zu hören sein Ohr legte (Hale 98). Auch Priester gibt es im Gilbertarchipel, wenn auch nicht auf allen Gruppen, wie z. B. auf Makin das älteste Familienhaupt priesterliche Befugniß hat. Meist aber hat jede Familie ihren eigenen Priester, welcher Ibonga oder Tibonga (polyn. tufunga) heißt und jeder freie Mann, welcher Gebete zu sprechen weiß, kann Tibonga werden (Hale 98).

Wie es manche Arten die Zukunft zu erfahren gab, Loose, welche die Fürsten zogen im Westen und die man durch Knoten in Blattstreifen geknüpft bildete (Cantova a. a. O.), glück- und unglückverkündende Vögel, welche heilig waren und nicht getödtet werden durften (Freyc. 2, 383, Cham. 132), so ist auch sonst an Aberglauben kein Mangel. Ueber die Bedeutsamkeit des Ausspeiens, Niesens u. s. w. sprachen wir schon; ferner glaubte man, durch Blasen mit der Muscheltrompete Regen fern halten zu können, was das bestimmte Amt einzelner Männer war. Diese aber und ihre ganze Familie durften — so wenigstens auf den Central-Karolinen — nichts was mit dem Regen in Zusammenhang stand, berühren und daher auch nicht die Blüthe des Pandanus odoratissimus, die sonst auf diesen Inseln als höchster Schmuck gilt: denn sie steht mit dem Regen in mystischem Zusammenhang (Kittl. 2, 111 f.).

Als Wind= und Wetterbesprecher sind namentlich die von Eap berühmt, welche auch den Mond durch bestimmte Zaubermittel verkleinern können. Wasser kann man besprechen, von einer Bananentraube dürfen nicht zwei Menschen essen, die Fische müssen nach bestimmten Regeln gefangen werden u. s. w. (Chamisso 89; 132—3). Auch der Kawatrank galt als eine religiöse Ceremonie, deren einzelne Momente Kittlitz 2, 51 f. genauer beschreibt. Ueber das Tattuiren haben wir schon gesprochen. Am meisten abergläubisch sind die Bewohner der Ralikkette, woher es wohl kommen mag, daß man sie auf den Karolinen als vorzugsweise geschickte Zauberer ansah (Gulick 303).

Es ist bekannt, welche Bedeutung das Tabu, der religiöse Bann in Polynesien hat und es fragt sich, ob wir dieselbe Sitte auch in Mikronesien finden. Dies muß bejaht werden; nur daß das Tabu in Mikronesien, obwohl ebenso häufig als in Polynesien nicht so übertrieben ist wie dort (Gulick 417). Es findet sich angewendet auf Essen und Trinken, wie die vornehmen Marianer keine Aale, die einzelnen Bewohner Ponapis, Kusaies, der Marshall= und Gilbertinseln u. s. w. dies oder jenes Thier nicht essen durften, das gemeine Volk den Kawa und auf Kusaie die Kokosnuß entbehren mußte u. s. w.; wie es manche Bäume gibt, die heilig und dem gewöhnlichen Gebrauch entzogen sind (Mertens 177), wie der Regenbeschwörer die Pandanusblüthe nicht gebrauchen darf. Auch Plätze, Tempel, Personen, wie z. B. die vornehmsten Fürsten sind für das Volk Tabu. Wer fischen wollte, mußte 24 Stunden vorher sich der Weiber enthalten (Mertens 137). In der Unterhaltung mit den letzteren waren einzelne Worte verboten; und so könnte man noch eine Menge Einzelnheiten zusammenstellen. Auch das Wort tabu kommt vor (Kotzebue a, 2, 59. Hale im Tarawavokabular s. v. tabui; Pickering s. v. tabu u. s. w.) und auf Morileu gebraucht man ganz ebenso das Wort pennant: pennant war mancher Baum, mancher Ort u. s. w. (Mertens 134). Auch waren die Festlichkeiten, um ein Tabu aufzuheben in manchen Gegenden nicht geringer als in Polynesien, wie z. B. Cheyne ein solches sehr weitläufiges Fest auf Eap beschreibt (157 f.), bei welchem die Hauptceremonie war, daß der Gott des Meeres durch den Priester gebeten wurde, das Schiff, welches Tabu war, zu verlassen und in sein Element zurückzukehren. Darauf war das Schiff enttabuirt. Man sieht hieraus, worin das Tabu besteht. Der Gott hat sich auf etwas niedergelassen

(daher die erwähnten heiligen Steine, Thiere, Oerter, die Priester in
der Ekstase u. s. w. Tabu sind) und es dadurch dem gewöhnlichen
Gebrauch entzogen; da nun die Häuptlinge göttliches Geschlechtes sind,
so ist auch ihr Eigenthum und alles was zu ihnen gehört, dem Volk
Tabu, sowie ebenso das, was sie für Tabu erklären: obgleich dieser
Gebrauch in Mikronesien sehr selten ist. Nirgends trat hier das
Tabu als wirklich lästige Fessel auf wie in Polynesien.

Wir haben jetzt noch von einer Klasse Menschen ausführlicher zu
reden, welche unter besonderem Schutz der Götter standen, von den
Ulitaos der Marianen, welche wir schon einigemal erwähnt haben.
Sie bildeten eine geschlossene Gesellschaft und hatten über die ganze
Inselgruppe verbreitet überall ihre bestimmten Häuser.   Dort lebten
sie unvermählt mit Mädchen aus den vornehmsten Familien in jeglicher
Schrankenlosigkeit, die bis zur Blutschande stieg, zusammen und nicht
nur, daß man ihnen diese Ausschweifungen nicht zum Verbrechen rechnete:
vielmehr galt bei ihnen sein für beide Geschlechter als höchste Ehre, wie
denn namentlich die Mädchen ihrer Gesellschaft viel höher geachtet waren,
als wirkliche Jungfrauen (Freycinet 2, 486).   Für ihre Feste
hatten sie bestimmte Lieder erotischen Inhalts, aber in einer anderen
als der gewöhnlichen Sprache, wohl in älterer Redeweise gedichtet
(eb. 370). Ebenso hatten sie ihr bestimmtes Abzeichen, einen Stab,
der hohl, mit drei Streifen Baumrinde und mit Quasten verziert war,
zu welchen man, als höchsten Schmuck, Haare nahm. Daher brachten
die Ulitaos einem aus Manila eingeführten Pferde Opfergaben dar,
um von den Haaren seines Schwanzes zur Verzierung dieser Stäbe zu
erlangen, in welchen Freycinet wohl ohne Grund einen phallus sieht
(184). Wir kommen auf diese Stäbe zurück, welche nach le Gobien
(203) tuna, nach Freycinet (184) dagegen tina hießen: sie sind
wohl weiter nichts als ein Symbol des Gottes, welchem die Ulitaos
(Uritaos bei le Gobien) als religiöse Genossenschaft nahe standen.
Als eine solche aber müssen wir sie betrachten zunächst wegen der
größeren Ehre, die sie genossen, dann weil sie vom größesten Einfluß
auch in politischen Dingen waren; ferner erklärt sich aus dieser Annahme erst die Hemmung, welche die neue Lehre gerade durch sie
empfing und keineswegs etwa bloß deshalb empfing, weil sie in ihren
Ausschweifungen durch das Christenthum gehindert wurden; endlich
spricht ihre für alle anderen Menschen verbotene Sprache sowie ihre

heiligen Lieder für diese Annahme. Zu Chuchugu hatten sie ihren
bedeutendsten und festesten Sitz; als diesen die Spanier nach helden-
haftester Vertheidigung endlich erobert hatten, verbreitete sich das Christenthum sehr rasch (le Gobien 219). Nach dieser Schilderung wird
es nicht auffallen, wenn man sie schon öfter mit den Areois der Gesellschaftsinseln zusammengestellt hat (Freycinet 2, 370; Lutteroth 6);
Meinicke freilich (79) hält beide Gesellschaften für gänzlich von einander
geschieden, ohne jedoch Gründe hinzuzufügen. Da jedoch, worauf Lutteroth
aufmerksam macht, der Name des Ulitaos und Areois ganz genau
zusammenstimmt und sicher dasselbe Wort ist; da die Einrichtungen beider
Genossenschaften ganz gleich sind, so wird jene Zusammenstellung doch
das rechte treffen. Es ist bekannt, daß die Areois auf Tahiti fast
alle verpflichtet waren, ihre Kinder zu tödten. Vielleicht war dies auf
den Marianen auch der Fall, wenigstens werden nirgends Kinder von
ihnen erwähnt; allein wenn die Ulitaos auch nicht Theil hatten an
jener grausamen Sitte, wie denn freilich weder le Gobien noch Freycinet darüber berichten, so spricht das nicht gegen ihre Gleichheit: denn
jene Sitte ist in Tahiti, wie es scheint, erst später aufgekommen.

Sonst wird in Mikronesien nichts ähnliches erwähnt, wenn wir
nicht die eine Bemerkung bei Mertens 146 hierher rechnen wollen,
daß häufig die Jugend der Central-Karolinen von einer Insel zur
anderen fährt um neu eingeübte Poesien daselbst vorzuführen; denn
ganz ebenso ziehen die Areois von Insel zu Insel, von Stadt zu
Stadt, um durch dramatisch-mimische Vorstellungen das Volk zu ergötzen.

Wie man Krankheiten betrachtete, ob man sie, wie fast alle un-
civilisirten Völker thun, als Besessensein von oder doch als veranlaßt
durch Dämonen ansah, erhellt aus den Berichten die wir haben nicht;
doch ist es zu vermuthen, da meist die Priester zugleich die Aerzte
waren. So war es auf den Marianen (Bonani neuer Weltbott 7, 5),
wo man indes um Krankheiten zu heilen gewisse Kräuter anwandte
(le Gobien 47); so auch auf den westlichen Karolinen, wo namentlich auf Cap durch den Tautup nicht selten Krankheiten und in Folge
derselben der Tod einzelner bewirkt wurde durch Zauberei (Cantova
allg. hist. d. R. 18, 397). Auch auf den Ralikinseln ist Götterzorn der
Grund der Krankheiten: man suchte wenigstens auf Ebon zwei kranke
Fürsten dadurch zu heilen, daß man einen äußerst feierlichen Tanz
um die Götter zu ehren und zu versöhnen ausführte (Gulick 306).

Auf den Central-Karolinen hatte man ganz gute chirurgische Kenntnisse (Mertens 163), man verstand mit Fischgräten und Haizähnen zur Ader zu lassen, wie man sie zur Akupunktur zu verwenden wußte (eb. 143) und hatte auch sonst noch mancherlei Heilmittel, die man aber sehr geheim hielt (163), ein Zeichen, daß man in ihnen etwas Heiliges verehrte. Die Kranken wurden gepflegt und nicht schlecht behandelt, nur auf der Insel Tobi war das anders: hier wurden alte oder gebrechliche Leute und hoffnungslos Erkrankte aus der menschlichen Gesellschaft vertrieben, oder gar in einem schlechten Kahn ins Meer hinausgestoßen (Holden im Bulletin de la soc. ethnol. 23. Juli 1846; Pickering 225, 231).

Diese Sitte aber ist nicht so roh und unmenschlich wie sie aussieht; denn sie wurzelt in den religiösen Anschauungen dieser Völker. Gerade Tobi hat bei seiner Abgelegenheit manches Alterthümliche, was sich sonst nicht mehr in Polynesien findet, bewahrt; und so ist dies auch der Fall in Beziehung auf die Behandlung der Kranken und Todten, die wir hier in alterthümlicher Form finden als im übrigen Mikronesien, denn auch die erwachsenen Todten stieß man ebenso in einem Schiff ins Meer hinaus und nur die Kinder wurden beerdigt. Dem allgemeinen Glauben zufolge nahm man das Geisterreich jenseits des Meeres an, dorthin sollten die Todten fahren; Kinder aber konnten noch kein Boot lenken und deshalb wurden sie begraben (Hale 80).

Diese Art, die Todten zu behandeln, ist, da wir sie auch in ganz Polynesien finden, ohne Zweifel die älteste; aber schon seit langer Zeit hat sich neben ihr eine andere entwickelt, welche auf den Marianen und den östlichen Gruppen die allein herrschende geworden ist. Die erstere bezweckt möglichst raschen und bequemen Weg der Todten in das Seelenreich; die neue dagegen möglichst langen und möglichst nahen Zusammenhang der Todten mit den Lebenden. Jene bringt die Todten an oder ins Meer, diese begräbt sie bei den Häusern und conservirt die Leiche aufs sorgfältigste. Auf vielen Inseln haben sich beide neben einander erhalten; die alte Sitte aber ist herabgesunken aufs gemeine Volk, die neue ist für die Vornehmen und dies giebt uns den Schlüssel, wenn und warum die letztere aufgekommen ist. Sie steht im genauen Zusammenhang mit dem Aufkommen der neuen Religionsform, welche die alte verdrängte, mit der Verehrung der abgeschiedenen Geister der Vornehmen. Als diese, ursprünglich nur Vermittler zwischen Menschen und Göttern, immer mehr an die Stelle der letzteren traten und später fast ganz allein verehrt wurden, da lag es nahe, die irdischen Ueberreste dieser nun so mächtigen Geister recht hoch zu ehren, immer bei sich zu haben als Amulette u. s. w. und so hob man sie nahe bei den Wohnungen auf, während man das gewöhnliche Volk, das diese Macht nach dem Tode nicht erlangte, fortfuhr nach der alten Art zu behandeln.

Gehen wir nun ins Einzelne. Wenn auf den Marianen jemand im Sterben lag, so stellte man einen Korb neben den Kranken und bat die Seele, bei ihrem Abscheiden in ihn hineinzufahren und gleichfalls in ihm zu verweilen, wenn sie bei späteren Besuchen zurückkehre. Die Leiche salbte man mit wohlriechendem Oel und brachte sie in ihr elterliches Haus zurück, damit sich die Seele für ihren künftigen Aufenthalt den Wohnplatz aussuchen könnte (le Gobien 65). Nach dem Tode erhebt sich laute Klage, sieben, acht und mehr Tage, namentlich sind die Mütter beim Verlust eines Kindes trostlos. Ist der Verstorbene ein Chamorri oder eine vornehme Frau, dann artet ihr Schmerz in wahre Berserkerwuth aus; sie zerschlagen, zerreißen, vernichten alles, ja sie zünden wohl gar ihr eigenes Haus an (eb. 67—69). Der Körper wurde begraben, auf dem Grab aber ein Denkmal errichtet, das mit Blumen, Muscheln, Palmlaub ꝛc. verziert ist; war der Verstorbene als Krieger oder Fischer berühmt, so legte man ihm Lanzen oder Angelhaken auf das Grab. Die Chamorris setzten ihre Todten in unterirdische Kammern, die künstlich und weithin ausgehöhlt waren — man denke an jene „Gewölbe" auf Ponapi, welche sich hiernach deutlich als Grabstätten ausweisen — und glaubten, daß die Todten durch diese Art des Begräbnisses mit den Vorfahren vereinigt würden (le Gob. 84). Auch auf Lukunor und Kusaie gab es gemeinschaftliche Begräbnißplätze, welche mit einer Mauer umgeben, oft wie ganze Dörfer von Todtenhäuschen aussahen (Kittlitz 2, 104. Mertens 163). Alle Gräber waren nahe beim Hause, damit die Todten leicht die Ihrigen besuchen könnten (eb. 298). War der Todte bestattet, so erhob sich neuer Jammer: die ganze Familie, einer nach dem anderen, brach in Todtenklagen aus, die freilich stereotyp und herkömmlich, aber nichts destoweniger innig und ergreifend waren: „für mich gibt es kein Leben mehr; was übrig ist, wird Schmerz und Jammer fein. Die Sonne, die mich belebte, erlosch. Der Mond, der mich erhellte, ist dunkel. Der Stern, der mir schien, ist verschwunden. Ich bin eingehüllt in tiefe Nacht, versenkt in ein Meer von Thränen und Bitterkeit." Dann fährt ein anderer fort: „Ach ich habe alles verloren, ich sehe nicht mehr den, der das Glück meiner Tage war, die Freude meines Herzens. Ach, daß die Kraft unserer Krieger, die Ehre unseres Stammes, der Ruhm des Landes, der Heros des Volkes dahin ist! Er hat uns verlassen, was soll aus uns werden? Wie werden wir künftig leben?" Und so geht es Tage lang weiter. Später aber grub man die Knochen wieder aus, reinigte sie und bewahrte sie im Hause als Heiligthümer auf (Salacar bei Oviedo XX. 16; Garcia de Loaisa bei Navarrete V. 49). Auf den Karolinen wurden die Leichen des gemeinen Volkes in das Meer geworfen wie Cantova (Sprengel 10, 224) von Ulithi (Faroilep), Mertens (163) und Kittlitz (2, 104) von den Centralgruppen und Chamisso (186) von der ganzen Kette berichtet. Auf Kusaie hat sich diese Sitte nach Gulick 242 in einer für uns wichtigen Modifikation erhalten: die Leichen der Vornehmen werden gesalbt, einbalsamirt, dann auf 3 Monate begraben, endlich die Knochen wieder aufgenommen, gereinigt und an einer bestimmten Stelle des Hafens ins Meer gesenkt. Hier also hat das Alterthümliche in voller Geltung sich erhalten, sowie auch auf den Ralikinseln, wo alle Todten ins Meer geworfen werden (Gulick 304). Man erinnere sich an das, was wir schon oben sagten: daß gerade Kusaie und die Ralikkette derjenige Theil Mikronesiens ist, welcher am unberührtesten seine alten Eigenthümlichkeiten bewahrt hat. Kittlitz freilich sagt von Kusaie (2, 16), daß daselbst die Todten in sumpfige Stellen versenkt würden; was vielleicht nur ein ungenauerer Bericht über dieselbe Sitte ist, die Gulick erwähnt, welcher letztere die Inseln genauer durchforschen konnte, als Kittlitz. Während nun auf den Ratakinseln die Häuptlinge (auch in der Schlacht gefallene Häuptlinge der Feinde) sitzend begraben, das gemeine Volk aber wie auf den Karolinen ins Meer geworfen wird (Chamisso 119), aber, was bemerkenswerth ist, unter religiösen Ceremonien (Meinicke Zeitschr. 15, 413), so ist auf einer Gruppe der Kette, auf Mili, wo die Todten zwar auch in Matten gewickelt und begraben werden, der sehr merkwürdige Gebrauch, daß man nach der Beerdigung ein kleines Kanoe mit einem Segel und befrachtet mit kleinen Stückchen Kokosnuß, in See läßt, um die Seele

des Todten, die zurückkehren und schaden kann fern zu halten (Hale 89).
Hier sieht man ganz deutlich, wie neben dem Alten, das zu einer
mißdeuteten und halb unverständlichen Ceremonie wird, während früher
der Kahn gewiß die Leiche selber zur Insel der Seligen führen sollte,
sich das Neue, das Begraben der Todten entwickelt hat. So wird denn
hier auch bedeutungsvoll, was Freycinet (2, 118) nach Don Luis
de Torres ganz allgemein von den Karolinen berichtet: daß man die
Leiche häufig in einem kleinen Steingehäuse oder in einer Pirogue
im Hause bei sich aufbewahrt. Die Pirogue, wenn auch jetzt zurückgedrängt, war das ursprünglichere.

Das Begraben der Todten herrschte nun freilich auch auf den
Karolinen. So nach Keate auf den Palaus; die Leichen der Vornehmen
auf Ulithi wurden (Cantova bei Sprengel 10, 224) erst gelb bemalt,
unter dem Trauergeheul der Verwandten, worauf ein altes Weib unter
gespannter Aufmerksamkeit der Anderen eine Leichenrede zum Lobe des
Todten hielt. Die Leidtragenden schnitten sich dann Bart und Haare
ab und warfen sie, um den Todten zu ehren, auf die Leiche. So lange
sie noch über der Erde war, wurde Tags streng gefastet und nur Nachts
gegessen. Schließlich wurde sie entweder im Hause selbst in einem
kleinen Steingebäude aufbewahrt oder fern von den Wohnungen begraben,
das Grab aber mit einer kleinen Mauer eingefaßt und auf dasselbe
stets Speise für den Todten gebracht. Auch sonst begegnet uns diese
Sitte: auf Ponapi pflanzte man häufig einen Kokosbaum auf das Grab
dessen Früchte nicht gegessen werden durften (Hale 84). Auf den
Central-Karolinen, wo man die Vornehmen gleichfalls begrub, baute man
ihnen ein kleines Haus, ganz nach dem Muster der gewöhnlichen mikronesischen Bauart über das Grab, nur daß es viel kleiner war als die
menschlichen Wohnungen; Kokosnüsse, Kokosflaschen und anderes Haus-
geräth stellte man hinein (Kittlitz 2, 104; Mertens 163) — die
Todten sollten also nach menschlicher Art weiter leben. Auch die
Rataker bringen ihren Todten, deren Ruheplatz man durch Betreten
u. s. w. nicht stören darf, Speise aufs Grab, an welches man
häufig zwei Kokosbäume pflanzt, deren Früchte den Weibern stets, den
Männern sehr lange Zeit Tabu, also verboten sind (Hale 89). Die
Sitte zum Zeichen der Trauer sich die Haare abzuscheeren, herrschte
auch auf Ponapi (Michelewa 190), wo zwar jetzt die Todtengebräuche
durch die Europäer mannigfach verändert sind, denn jetzt begräbt man

die Todten gleich, welche man früher in Matten geschlagen lange Zeit in den Häusern aufbewahrte (Cheyne 119) und dann begrub, indem man dem Mann ein Ruder, der Frau eine Spindel (den Hammer für die Zeugbereitung?) ins Grab mitgab (Hale 84). Auch sind es vornehmlich die Weiber, welche vornehme Todte Tags durch heulendes Wehklagen, Nachts durch heilige Tänze ehren. (Cheyne 119). Wenn aber Cheyne (eb. nach ihm Nov. 2, 418) hinzusetzt, das Eigenthum des Verstorbenen gehöre dem, der es zuerst ergreife, so kann damit nur die momentane fahrende Habe gemeint sein: alles andere, Häuser, Bäume u. s. w. ging an seinen rechtmäßigen Erben über. Ein solches längeres Aufbewahren besonders geliebter Todten, für das man bestimmte Leichenhäuser überall auf den Karolinen und Marianen hatte, kam auch auf Kusaie vor; es war mit mancherlei Feierlichkeiten verbunden (Gulick 242 f.).

Auf Yap wurden alle Leichen im gebirgigen Theil der Insel begraben: Die Bergbewohner holten die Leichen aus den Thälern gegen bestimmte Geschenke ab (Cham. 135). Das ist auffallend, denn es wird sonst nichts ähnliches erwähnt. Aber ob dieser Gebrauch nicht mit der Anschauung, das Paradies sei auf Bergen gelegen, der wir mehrfach in Mikronesien begegnen, zusammenhängt? dann stünde diese Sitte ganz parallel der anderen, die Todten in einen Kahn zu setzen, ins Meer zu werfen und hätte den Zweck, die Todten gleich selbst ins Todtenreich zu befördern. Auf Aragos Nachricht (2, 23), die Leichen auf den Karolinen würden verbrannt, ist nichts zu geben.

Sehr alterthümliche und seltsame Sitten haben sich auf den Gilbertinseln erhalten. Gulick erzählt (411), daß der Todte lang aufbewahrt würde, und daß die Lebenden sich mit dem Schaume, welcher der Leiche vor den Mund tritt, bestreichen. Mit dem todten Gatten schläft die Gattin noch lange zusammen und ihr todtes Kind trägt die Mutter bei sich, bis es zerfällt; dann werden Schädel und Knochen aufbewahrt, öfters gesalbt und mit Speisopfern versehen. Auch die marianischen Mütter verfuhren ähnlich; sie trugen ein Schnürchen um den Hals, an welchem die Zahl der Nächte, seit welchen das Kind todt war, durch Knoten bezeichnet wurde (le Gobien 67). Auf die Gräber der umgebrachten Kinder zu Ratak setzt man einen Stab, an dem man ringförmige Einschnitte angebracht hatte (Cham. 119). Diese Stäbe erinnern an die Stäbe der Ulitaos und mögen wie diese symbolische Bedeutung haben. — Auf den nördlichen Gilbertinseln wurde

nach Hale 100 der Todte auf eine aus Schildkrott gefertigte Platte
gelegt und diefe von 2—6 fitzenden Perfonen, den Verwandten des
Todten, in der Flur feines Haufes je nach feinem Range 4 Monate
bis 2 Jahre gehalten. Die Ermüdeten werden von andern abgelöft.
Während deffen brennt (eine Sitte, welche auch in Kufaie zu den
Leichenceremonien gehört, Gulick 142) im Haufe ein ewiges Feuer,
deffen Verlöschen als unheilvolles Zeichen gilt. Schließlich werden die
Ueberrefte in Matten gewickelt und entweder im Oberftock aufgehoben
oder begraben, da man dann auf das Grab einen Stein zu Häupten
und Füßen der Leiche und über beide einen dritten legt. Die Schädel
der Häuptlinge werden verehrt. Auf Apamama wird der Todte im
Gemeindehaus unter fortwährenden Klag- und Lobliedern 8—10 Tage
ausgeftellt. Die Leiche wird gewafchen, gefalbt, jeden Tag in die
Sonne gelegt und fchließlich, in zwei Matten gehüllt, im Haufe des
nächften Verwandten begraben, der Schädel fpäter herausgenommen,
forgfältig gereinigt und dann feierlich aufgehoben (Hale 99).

Die Gefchichte der Marianen feit ihrer erften Entdeckung durch
Magelhaens erzählt Freycinet (2, 164) ausführlich. Sie
befteht bis zum Jahre 1668 aus kurzen Begegnungen der Eingeborenen mit einzelnen europäischen, hauptfächlich fpanischen Schiffen,
die meift ein feindfeliges Ende nahmen, aber immer durch Schuld
der Befucher; denn wenn diefe freundlich fich gegen die Eingeborenen
betrugen, fo blieb ein gutes Einvernehmen ungeftört. Von 1668 an,
dem Jahre, in welchem die fpanische Miffion auf den Infeln landete, erzählt le Gobien die Gefchichte der Infeln und zwar nach
Briefen und Miffionsberichten, welche ihm von Rom, von Spanien
und aus den Niederlanden zugefchickt wurden. Freilich erzählt er, „um
die Angriffe gegen die Miffion durch Darlegung der wahren Thatfachen zu widerlegen"; aber fein Bericht ift einmal fo ganz genau
mit Freycinet übereinftimmend, andererfeits fo unbefangen und
fchlicht, daß er wenigftens, was die Thatfachen betrifft, vollkommen
zuverläffig erfcheint. Freycinets Darftellung beruht zwar auch
ganz auf fpanischen Quellen und andere gibt es ja überhaupt über
die Schickfale der Marianen nicht; aber da er nicht diefelben Quellen
hatte, wie le Gobien, da er ferner nicht parteiisch fchreibt, fo
verdient auch er unfer Vertrauen.

Anfangs wurde das Chriftenthum, welches Sanvitores brachte,

von den Inſulanern lebhaft aufgenommen. Sanvitores ſelbſt und
die Jeſuiten in ſeiner Begleitung hatten den reinſten Eifer; er hatte
unter den größten Schwierigkeiten, aber mit unabläſſigem Eifer die Miſſion
ins Werk geſetzt und die Abſicht, in der er kam, „die Verläumdungen
der Ketzer, welche behaupteten, die Spanier predigten nur dort das
Evangelium, wo Gold und Reichthum zu holen ſei,“ zu entkräften
(le Gobien 19), dieſe ſeine Abſicht war eine ganz lautere. Anfangs
hatte er ſehr bedeutende Erfolge: gleich im erſten Jahre wurden 13,000
Eingeborene getauft (Freycinet 2, 173) und bis 1670 hatte ſich
die neue Lehre auch über Tinian ausgebreitet. Allein der Friede
dauerte nicht lange. Denn die einheimiſchen Prieſter, die Makanas,
an ihrer Spitze der Chineſe Choko Sangley, der 1648 auf dem Wege
von Manila nach Ternate an Guaham geſcheitert (Freycinet
172) und Makana geworden war, ſahen durch das Chriſtenthum ihre
Macht und ihr Einkommen höchſt gefährlich bedroht. Sie benutzten
daher ſchlau einige ungünſtige Zwiſchenfälle, Krankheiten Neugetaufter
und eine Hungersnoth auf Guaham gegen die Miſſionäre, ſie behaupteten, das Taufwaſſer ſei vergiftet, die Götter zürnten heftig, kurz
ſie erregten einen gewaltigen Aufſtand, der 1671 auf Guaham unter
Anführung eines edlen Marianers, des ſehr patriotiſch geſinnten Hurao,
ausbrach. Zwar gelang es den Spaniern, dieſen Aufſtand zu unter-
drücken, obwohl er anfangs nicht ohne Erfolg blieb und namentlich
durch einen furchtbaren Orkan, der alles verwüſtete, unterſtützt wurde:
allein gleich hier zeigte ſich der eine Fehler, den die Miſſionäre gemacht hatten, wie denn auch von jetzt ab der Krieg nicht mehr aufgehört hat. Es war freilich ein Fehler, der kaum zu vermeiden war;
der enge Anſchluß an die weltliche Macht der Spanier. Denn letztere
verfuhren keineswegs human gegen die Eingeborenen und das ſpätere
Syſtem der Unterdrückungen, welches die Inſeln entvölkert, die voll-
kommenſte Rückſichtsloſigkeit gegen „die Wilden“ begann ſchon damals.
So war denn der Haß gegen die Spanier ſehr groß (le Gobien
140) und weil von den Spaniern das Chriſtenthum nicht zu trennen
war, auch gegen die neue Religion. Die Inſeln theilten ſich in zwei
Parteien: die größere Schaar und man kann wohl ſagen die beſſeren
der Eingeborenen ſtellten ſich von nationalem Sinn und von Liebe
für die Freiheit begeiſtert gegen die Spanier, welche die neue Religion
zu bringen vorgaben und dabei zunächſt ein grenzenloſes Elend, Seuchen,

Krieg, Bedrückung, Knechtschaft über die Inseln brachten. Freilich traten die Missionare dem Treiben der Spanier auch hier wie in Amerika entgegen, wie sie selbst reine Menschen und Sanvitores ein wirklich bedeutender Mann war; aber einmal geschah dies wie zu erwarten ohne bedeutenden Erfolg und zweitens, konnte man verlangen, daß die Marianer die Sache der Missionäre von der der übrigen Spanier trennten?

Ein zweiter Fehler, den die Missionäre begingen, war der, daß sie das Christenthum zu äußerlich brachten. Sie tauften, ohne daß der Täufling oft recht wußte, was die Taufe bedeute. Durch Aeußerlichkeiten wirkten sie: als der Missionar Medina in Nigsihan auf Guaham eine Krippe aufgebaut hatte, diese aber nur den Getauften zeigte, da nahmen gar viele Marianer, namentlich junge Leute, die die Taufe (le Gobien 89) — natürlich nur aus Neugierde oder im besten Falle bewogen durch die Erzählungen, welche die Getauften von dem Glanz und den künstlichen Werken der neuen Religion machten. Daher kam es denn auch, daß später die Bekehrten massenweise wieder abfielen, als der nationale Haß gegen die Spanier wuchs, daß Sanvitores selbst (1672) und viele der Missionäre ermordet wurden. Man darf nicht sagen, daß dieser Abfall eine Folge des Wankelmuthes der Marianer gewesen sei: denn wo sie wirklich für das Christenthum gewonnen und von den Vorzügen der neuen Lehre durchdrungen waren, da zeigten sie sich als eifrige, trotz der früheren Zügellosigkeit sittenstrenge Christen, wie dies die Polynesier überall gethan haben, wo man sie wirklich überzeugt und belehrt, nicht bloß getauft hat. Ja hätte sich nicht eine christliche Partei gebildet, welche den Spaniern sehr oft die wichtigsten Dienste im Kriege gegen die eigenen Volksgenossen leisteten, so hätten die fremden Eroberer wohl nimmer festen Fuß fassen können. Diese christliche Partei trat durchaus nur aus religiösem Interesse gegen ihre Landsleute auf, denn sie war aus allen Ständen gemischt und der Adel in ihr so herrschend wie überall; Parteiungen aber oder Feindschaften unter dem Adel gab es vor Ankunft der Spanier nicht. Sie wurde aber, wie zu erwarten stand, von den patriotisch gesinnten Heiden, welche in der Ueberzahl waren, aufs heftigste angefeindet nnd wendete sich daher schon vor Sanvitores Tod durch eine feierliche Gesandtschaft nach Manila an die Spanier, um deren Schutz sie bat (le Gobien 156).

So konnte der Friede nach Niederſchlagung des erſten Aufſtandes, welchen die Makanas verurſachten, nicht lange dauern: 1672 brach der Krieg aufs neue aus und diesmal waren die Ultitaos ſeine eigentliche Seele.   Dieſe religiöſe Geſellſchaft, die Blüthe der marianiſchen Jugend, hochgeehrt bei allem Volk, waren ebenſo ſehr perſönliche Gegner des Chriſtenthums, welches ihr ganzes Leben aufs herbſte angriff, als der Spanier, der Feinde der Nation: von ihnen mußte man alſo Thaten erwarten und ſie erfolgten auch

Sie erhoben 1672 einen Aufſtand, welcher um ſo mehr Erfolg zu haben verſprach, als die Spanier die ihnen von Madrid aus zugeſagte Hülfe durch die Ränke des Gouverneurs in Manila nicht erhielten. Als aber der neue Gouverneur Damian d'Eſplana 1674 kam, ein rückſichtsloſer Mann, und der Krieg durch einige ſeiner erſten Maßregeln wieder heftig aufflammte, da glückte es ihm, den Hauptort der Ulitaos, das ſtark befeſtigte Chuchugu einzunehmen, obwohl es die Marianer heftig vertheidigten und ſie die Spanier in arge Verwirrung brachten. Allein der durch dieſen Sieg errungene Friede dauerte nicht lange, und zwar durch Eſplanas Schuld, denn dieſer, welcher mit aller Gewalt Schätze ſammeln wollte, bedrückte das Land ſehr und erregte dadurch einen ſo heftigen Unwillen nicht nur der Marianer, daß er 1676 abberufen und durch den Gouverneur Irriſari y Vivar abgelöſt wurde. Die Miſſion welche von Manila aus unwillfährig und alſo ſchlecht beſorgt wurde, litt damals Mangel an allem und da nun die Marianer durch Eſplanas Verwaltung aufs äußerſte erbittert unter Aguarin (Juli 1676 bis Januar 1677 le Gobien 242 f.) ſich aufs neue erhoben, ſo geriethen die Spanier in große Noth. Aguarin zog zunächſt die feindlichen Elemente der entfernteren Stämme an ſich und ſo immer mehr ſich verſtärkend drang er gegen Agadna vor, das er lange belagerte.   Wurde nun ſein Angriff, der den Spaniern viel Schaden brachte, hauptſächlich durch die Hülfe des chriſtlichen Marianers Agihi zurückgewieſen, ſo dauerte der Krieg doch weiter und wurde erſt nach drei Jahren durch den Gouverneur Solas beigelegt, nachdem aber die meiſten Feinde nach Rota geflohen waren. In dieſem Kriege war es, wo der Chamorri Cheref die Spanier in ein Schiff lockte, dieſes auf hoher See umſtürzte und ſie ſo tödtete, (Freycinet 2, 191; le Gobien 253) wo die Marianer von der Küſte aus bedrängt ihre Kähne indem ſie ſelbſt untertauchten über die Köpfe ſtülpten und

so sich retteten; wo das äußerst feste Pigpug nur durch Hülfe anderer
Marianer eingenommen werden konnte (le Gobien 270 f). Die
Spanier hatten fortwährend Verstärkungen erhalten; besonders wichtig
aber war, daß 1679 als Feldhauptmann der tapfere und strenge
aber edle und keineswegs blutdürstige Dom Joseph de Quiroga y
Lossada, aus vornehmem galizischen Geschlecht, nach Guaham kam. Er
versuchte durch zweckmäßige Organisation der Marianer den Krieg der
nun schon drei Jahre ununterbrochen dauerte, zu beenden. Deshalb
theilte er Guaham in sieben (anfänglich nur in 6) Bezirke, deren jeder
von einer Hauptstadt aus verwaltet werden sollte. Dies glückte um
so mehr als ein furchtbarer Orkan, welcher viele Dörfer der Eingeborenen zerstörte, die obdachlosen leicht in jene Hauptstädte versammelte
(Freycinet 2, 194). Quiroga wurde 1680 stellvertretender Gouverneur und nun zeigte sich, was eine vernünftige und gerechte Verwaltung bewirkt: denn jetzt breitete sich das Christenthum, nach
zwölfjährigem Kampfe, mächtig aus, es herrschte überall ein großer
und wirklich reiner Eifer für die neue Religion, die Mädchen lebten
keusch, die Seminarien waren besucht, die verschiedenen Gottesdienste,
der Unterricht gleichfalls und mit diesem Eifer für die christliche Religion wuchs auch die Zuneigung zu den Spaniern. Dazu trugen die
Mischehen zwischen spanischen Soldaten und marianischen Weibern,
welche von letzteren außerordentlich streng und mit liebevollster Innigkeit
gehalten wurden (le Gobien 267), nicht wenig bei, so manchen Anlaß zum Streit solche Verbindungen früher gegeben hatten. Ja Quiroga
konnte selbst Gewalt brauchen, ohne sich die Liebe der Marianer zu
verscherzen; wie er denn namentlich gegen die Ulitaos strenge verfuhr.
Die ärgsten Feinde der Spanier, unter ihnen Aquarin, waren nach
Rota geflohen; dorthin verfolgte sie Quiroga, nahm sie und jenen
Anführer der nationalen Partei, der seinem Charakter und seinen
Fähigkeiten nach ein besseres Loos verdient hätte, gefangen und tödtete
sie alle. Und dennoch gewann er (le Gobien 286 f.) bei diesem
Zuge die übrigen Bewohner Rotas für sich. Es ist zu bedauern,
daß eine solche Strenge durch die Ereignisse, an denen die Spanier
schuld waren, Noth that; daß sie aber Noth that, geht aus den folgenden Ereignissen hervor. Die übriggebliebenen Ulitaos nämlich, aufs
höchste erbittert, fielen wieder in Guam ein und verbrannten daselbst
die Kirche von Inapsan. Allein Quiroga folgte ihnen abermals nach

Rota, suchte sie in ihren Verschanzungen im Gebirge auf und nun kam es zum wüthendsten Verzweiflungskampf: selbst die Weiber, ihre Kinder auf dem Arm, kämpften mit, bis endlich fast alle gefallen waren. Nur wenige entkamen zu Schiff nach anderen Inseln. Es ging hier in diesen engen und abgelegenen Verhältnissen wie so oft in der Weltgeschichte: gute Menschen, von edlen und reinen Gesinnungen geleitet, nach dem höchsten Ziele gerichtet in ihrer Thätigkeit, gehen durch ungünstige Verhältnisse und eine Leidenschaftlichkeit für ihre Ziele, welche ihnen den Blick trübt, zu Grunde, indem sie unser Mitleid im höchsten Grade verdienen, ja moralisch schätzenswerther sind, als die glücklicheren Ueberlebenden. So konnte denn als 1681 Saravia als neuer Gouverneur kam, jetzt in friedlicher Weise geherrscht werden. Feierlich huldigten die Eingeborenen dem Könige von Spanien, viele Spanier siedelten sich auf den Inseln an und spanische Bildung fing an sich zu verbreiten, und bei der Geschicklichkeit, welche die Eingeborenen zeigten, rasch genug. Auch auf Rota breitete sich jetzt das Christenthum aus (Freycinet 2, 197).

Aber diese glücklichere Wendung war nicht von langer Dauer. 1683 starb Saravia und aufs neue ward jener Esplana Gouverneur. Mit ihm kam das alte System und mit ihm die alte Unzufriedenheit. Quiroga ging kurz nach seiner Ankunft (Anfang 1684) nach den nördlichen Marianen, den Ganinseln ab, weil sie der Zufluchtsort aller Feinde der Spanier waren. Diesen Moment hatte Djoda (Freycinet 2, 199. Yura bei le Gobien) abgewartet, um eine Verschwörung ausbrechen zu lassen, die er mittlerweile auf allen Inseln angezettelt hatte, während ihr Hauptsitz in Tinian war. So groß war der Eifer und die Verstellung der Marianer, daß Quiroga weder vorher noch lange Zeit nach dem Ausbruch irgend etwas von den Zuständen auf Guaham erfuhr. Und diese waren schlimm genug: im Kampfe war zwar Djoda gefallen, aber auch sehr viel spanische Soldaten und Esplana, der kein guter Feldherr war, befand sich in großer Noth, ja er wäre verloren gewesen, wenn nicht von marianischer Seite selbst ihm Entsatz geworden wäre: Hineti, das Haupt der christlichen Marianer schlug seine Landsleute zurück und so wurde dieser gefährliche Aufstand von Quiroga, der 1685 endlich zurückkehrte, leicht gedämpft. Die Niederträchtigkeit Esplanas zeigte sich in der Rache die er nahm: denn als kurz darauf der Engländer John Eaton in Guaham landete, so erlaubte er ihm nicht nur, das Land zu verwüsten, die Kokosbäume abzuhauen, sondern ermächtigte ihn, so viel Marianer zu tödten, als er Luft habe, da denn die Engländer täglich zu ihrem Vergnügen ans Land gingen und tödteten, wen sie fanden (Burney chronological history III. u. IV. bei Freycinet 2, 204). Vergebens baten die Marianer um Schonung; vergebens suchte Quiroga den Frieden herzustellen: Esplana fühlte sich nun wieder mächtig und deshalb wollte er von Frieden nichts wissen; gelang es ihm doch im Krieg nur um so leichter Beute zu machen und, sein einziges Bestreben, Schätze zu sammeln. 1688 freilich ging er um seine Gelder in Sicherheit zu bringen nach Manila und Quiroga ward Vizegouverneur; allein man nahm dem Esplana alles Erworbene zur Strafe weil er ohne Urlaub seinen Posten verlassen habe und so kam er 1690 mit neuer Verstärkung wieder. Jetzt aber trieb er sein Unwesen so arg, daß seine eigenen Soldaten gegen ihn sich verschworen und es wäre zum Krieg der Spanier unter einander gekommen, wenn nicht Esplana 1694 gestorben wäre. Quiroga, nun an die Spitze gestellt, schlug zunächst alle Meuterei unter seinen eigenen Truppen nieder und dämpfte dann rasch den noch an einigen Orten glimmenden Krieg. Dann verpflanzte er die wenigen Bewohner der Ganiinseln, welche der Krieg übergelassen hatte, nach Saypan, die von Tinian nach Guaham und als 1695 der Krieg beendet war, da waren von der ganzen Inselkette nur noch Rota, Saypan, Guaham bewohnt.

Hatten nun die Marianer im Krieg schon unaussprechlich gelitten, so ging im Frieden ihre Leidenszeit erst an. Denn nun erhob sich unter den verschiedenen Gouverneuren am Ende des 17. und Anfang des 18. Jahrhunderts, deren Namen man bei Freycinet 2, 212 f. verzeichnet findet, ein System von Erpressungen und Bedrückungen, welches die Absicht des Sanvitores, den Ketzern den reinen christlichen Eifer der Spanier zu zeigen, sehr zu Schanden machte und die besseren Spanier selbst erbarmte (vergl. Bonani im n. Weltb. VII, 7). Aber die Eingaben um Abhülfe, wie sie z. B. der Jesuit Texada, der Procurator der Marianen war, 1706 nach Manila schickte, blieben ohne Wirkung. Auch die Engländer, welche 1710 vorübergehend die Macht auf Guaham an sich rissen (Freycinet 2, 213 f.), mißhandelten die Eingeborenen ebenso arg als die Spanier. Die Marianer starben reißend aus. Krankheiten rafften sie massenweis dahin;

andere und zwar ganze Schaaren tödteten ſich ſelbſt aus Verzweiflung, denn wie die Freiheit ihr höchſtes Gut war, ſo hielten ſie ein fremdes Joch für das äußerſte Elend; Männer und Weiber verabredeten ſich, keine Kinder mehr zu bekommen, um wenigſtens dieſe geliebten Un- ſchuldigen dem ſchrecklichen Loos, was die Eltern drückte, zu entziehen; oft auch ließen die Weiber bei der Geburt die Kinder ins Waſſer fallen und tödteten ſie ſo; wer im Stande war, zu fliehen, entfloh nach den Karolinen (Fra Juan de la Concepcion bei Cham. 78). So fand denn le Gentil 1716 die ſpaniſche Kolonie im kläglichſten Zuſtande, wenn gleich ſeine Angaben, 1695 hätten die Marianen noch 15,000, 1716 nur noch 1500 Eingeborene gehabt, ungenau ſind. 1710 waren noch 3539, 1722 nach Clipperton 1985 Seelen übrig (Gulick 172) und eine Zählung, die Murillo Velardo 1749 als neueſte Nachricht drucken ließ, ergab 1738 Ein- geborene (Chamiſſo 79). Aber ſchon 1735 mußte, um die gänz- liche Veröding Guahams zu verhüten, beſtimmt werden, daß alle zwei Jahre 5 bis 6 tagaliſche Familien eingeführt werden ſollten (Freyc. 2, 216). 1767 wurde das Spaniſche als die einzige Sprache der Marianen anerkannt (eb. 217); nach Kotzebue (2, 133) lebte 1819 noch ein Paar der Eingeborenen. Die Bevölkerung iſt heut- zutage eine Miſchung von Spaniern, Tagalen, Karolinern, einigen Polyneſiern und Chineſen, denn wo fände man in jenen Gegenden dieſe letztern nicht. Das Volk hat ſpaniſche Sitten, iſt gutmüthig und weichherzig, aber äußerſt träge und indolent. Nicht zu ſeiner Ver- beſſerung wird es beitragen, daß ſeit 1856 die Inſeln ſpaniſcher De- portationsort geworden ſind (Behm bei Petermann 1859, S. 190).

So haben die Spanier hier wie in Amerika in erſtaunlich raſcher Zeit ein blühendes, reich begabtes Volk und eine mannigfach ent- wickelte Cultur zertreten und die Geſchichte der Marianen füllt eins der dunkelſten Blätter in der Weltgeſchichte. Freundlicher iſt die des übrigen Mikroneſiens, obwohl es auch hier an tiefen Schatten nicht fehlt.

Nach allem, was wir ſchon früher erzählt haben, ſind Berühr- ungen der Karolinen mit vorbeiſegelnden Spaniern als ganz unzweifel- haft anzunehmen, doch wiſſen wir über ſie ebenſo wenig Näheres, als über jene Eiſenmänner, die man nur durch die Augen verwun- den konnte. Gulick (173) zählt eine Reihe ſolcher Beſuche auf.

Um 1690 schon unternahm man von den Marianen auf Quirogas Anregung eine Unternehmung nach „der Karoline“, wie man damals irrthümlich die ganze Kette benannte; allein schlechtes Wetter ließ es Damals zu keinem Erfolg kommen (Freyc. 2, 206; le Gobien 377). Nicht viel besser war der Erfolg eines späteren Unternehmens. 1697 waren nämlich verschlagene Karoliner an Samal gelandet und hatten dort dem Jesuiten Paul Clain (le Gobien 397) über ihre Inseln berichtet. So hatte sich unter den Jesuiten das Verlangen entzündet, das Christenthum auch in diese Gegenden zu bringen und 1710 segelte endlich ein Schiff, welches Padilla kommandirte, nach den westlichen Karolinen zu diesem Zwecke ab. Wider den Willen Padillas stiegen die Väter Duberron und Cortil auf Sonsorol, wo ein größeres Schiff nicht anlanden konnte, aus, allein sie wurden wohl sogleich ermordet: denn als Padilla, durch Strom und Wind von der Insel vertrieben, nach kurzer Zeit wiederkam, sie abzuholen, fand er keine Spur mehr von ihnen, und da er nicht ankern konnte, da seine Lebensmittel ausgingen, so segelte er nach Manila zurück (allg. Hist. d. R. 18, 387; Cham. 85; Freyc. 2, 79; Gulick 174). Nicht besser ging es dem Pater Cantova, der 1731 in Begleitung des Pater Walter auf Ulithi landete, nachdem er 1722 schon einmal die Karolinen besucht hatte, von welcher Reise er die vielen schätzbaren Nachrichten, die wir ihm verdanken, mitbrachte. Walter ging nach drei Monaten nach den Marianen zurück, um Lebensmittel zu holen: als er aber wieder kam, war Cantova ermordet (allg. Hist. d. R. 18, 400 f.), wie Gulick (173) hinzufügt, gewiß in Folge der Nachrichten, die von den Marianen kamen und die freilich zu unversöhnlichem Haß gegen die Europäer aufregen mußten. Damit hörten diese Unternehmungen der Jesuiten auf.

Es liegt nicht in unserem Plan, eine Geschichte der europäischen Entdeckungen in Mikronesien zu schreiben und so bleibt über die Karolinen wenig zu berichten. Das Bekanntwerden mit den Europäern hat auch diesen Inseln nur geschadet. Namentlich sind es entlaufene Matrosen oder Sträflinge von Neuholland oder den Norfolkinseln, welche den schlimmsten Einfluß auf die Eingeborenen ausüben, sie gegen die europäischen Schiffe, gegen das Christenthum aufreizen und dabei sie mit allen Lastern bekannt machen. Auf Ponapi leben 60 solcher Menschen, auf Banabe 17 und eine ähnliche Zahl auf Nawodo. Diese

Menschen sind fast immer trunken von Palmwein (Cheyne 75; 77; 80; 84), dessen Bereitung sie den Insulanern zu ihrem großen Schaden gelehrt haben. Nur auf den Marshallinseln kennt man ihn noch nicht (Meinicke in Zeitschr. für allg. Erdk. n. F. 15, 399). Da ist es denn kein Wunder, wenn die Sittlichkeit dieser Inseln gar sehr untergraben ist; namentlich Ponapi und Kusaie, welches letztere durch Ausschweifungen von 1852 bis 1862 um die Hälfte seiner Einwohner reducirt war, haben in dieser Beziehung gelitten (Cheyne 107; Gulick 176; 245). Wie hier die Schiffscapitäne verfahren, geht aus einem Vorfall hervor, den die Novarareisenden (2, 395) mittheilen: ein Kapitän wollte einen an den Pocken schwer erkrankten Matrosen auf Ponapi zurücklassen, wogegen natürlich die Bewohner der Insel aufs heftigste protestirten. Da setzte er ihn Nachts heimlich aus und segelte ab; und die Folge war, daß zwar jener Matrose gerettet wurde, aber von den 5000 Einwohnern der Insel 2000 starben (Novara eb.). Auch Cheyne hat manches Unheil über jene Inseln gebracht, mit deren Bewohnern er, da er ganz einseitig nur seine Handelsinteressen verfolgte, häufig in Streit gerieth (vergl. Gulick 301). So ist er dann von den erbitterten Bewohnern der Palaus 1867 ermordet und die schmachvolle Art, wie ein englisches Kriegsschiff seinen Tod an den unglücklichen Insulanern gerächt hat, mag man im Globus (12, 59; vergl. unser Aussterben der Naturvölker 140 f.) nachlesen. — Es wäre unnütz, derartige Einzelnheiten, in welchen die gegenwärtige Geschichte jener Inseln meist besteht, noch weiter anzuführen. Ungleich wichtiger ist einiges von dem, was wir schon vorhin anführten, als wir von der Verfassung dieser Inseln sprachen, wo sich uns mancherlei Uebergänge von früherem zu späterem gezeigt haben, von einer ursprünglich streng patriarchalisch-despotischen Verfassung zu aristokratischer Gleichheit oder strengem Königthum oder zur Herrschaft weniger Vornehmen. Wir verweisen darauf (S. 115. f.), indem wir noch einige Einzelnheiten hinzufügen. Auf Kusaie haben sich Leute von Rotuma niedergelassen, die aber neuerdings, weil sie unglücklich revolutionirten, wieder vertrieben sind (Magazin für die Literat. des Auslands 1858, 245 nach dem Honolulu Advertiser). Derartige Wendungen kommen innerhalb Mikronesiens, wie wir gleichfalls schon sahen, nicht selten vor, ja auf Ponapi herrschte die Sitte, daß bei Uebervölkerung der Insel ein Theil der Eingeborenen

mit Weib und Kind und möglichst vielen Lebensmitteln wegzieht, meist
Leute von geringerem Stande, um eine neue Heimath zu suchen
(O'Connell bei Hale 95). Aehnliches fanden wir auf den Marianen; und wie der Gilbertarchipel seine Bewohner zum Theil wohl
dieser Sitte der Ponapiten verdankt, so mögen durch sie noch manche
andere Inseln bevölkert sein. Polynesischer Einfluß läßt sich außer
dem oben erzählten Beispiel ebenso wenig nachweisen wie melanesischer
und von malaiischem finden wir nur eine schwache Spur auf Tobi,
wohin nach den Erzählungen der Eingeborenen vor langer, langer
Zeit einstmals ein brauner Mensch von Ternate gekommen und
Lehrer der Eingeborenen in Religion und Künsten geworden sein
soll (Hale 78).

Von den blutigen Kämpfen auf Ratak um die Oberherrschaft,
welche aber dauernd noch zu keinem Erfolg geführt haben, denn noch
erkennt die Kette verschiedene Herrscher an, sowie von den Kämpfen
zwischen dieser und der Ralikkette hat uns Chamisso erzählt. Auch
auf dem Gilbertarchipel kommen blutige Kriege vor, wie z. B. die
Insel Tarawa in den ersten Jahrzehnten dieses Jahrhunderts von
einer Schaar von 1000 Kriegern, die von einer Nachbargruppe kamen,
überfallen wurde. Auf Makin hat vor 100 Jahren Te-uki, der
Großvater des zu Hales Zeiten regierenden Königs, die Macht, die
früher zwischen verschiedenen Häuptlingen getheilt war, in eine Hand
vereinigt, wie wir gleiche Vorgänge auch in Polynesien vielfach sehen
werden (Hale 101).

Die katholische Mission auf den Karolinen wurde schon Anfang
des vorigen Jahrhunderts aufgegeben und ist erst in letzter Zeit wieder
erneuert, indem von den Marianen aus eine Station auf Cap gegründet ist (Gulick 174). Das übrige Mikronesien ist jetzt Arbeitsfeld
protestantischer Missionare. Nach Ponapi kamen dieselben (Novara
2, 402) 1851 aus Amerika, unterstützt von christlichen Sandwichinsulanern und da sie über große Mittel gebieten, so fördern sie auch —
wodurch sie sehr segensreich wirken — die Eingeborenen in Ackerbau,
Medizin u. s. w. (Gulick). Auch auf Kusaie hat die Mission sehr
segensreich gewirkt und z. B. die dort eingerissene Prostitution gänzlich
wieder beseitigt (Gulick 244). Viele Inseln aber sind noch ganz
heidnisch und bieten noch ein reiches Arbeitsfeld. Auch hier sind jetzt
Missionäre von den Sandwichinseln (Magaz. für Literat. d. Ausl.

1858, 245, nach Honolulu Advertiser). Auf den Gilbertinſeln iſt
ſeit 1857 eine proteſtantiſche Miſſion auf Apaiang, ſeit 1860 auch
auf Tarawa. Auf Ebon wird das Chriſtenthum ſeit 1857 gepredigt
und macht langſame Fortſchritte: es ſind zwei Gemeinden daſelbſt, eine
von 100 und eine von 60 Menſchen (Gulick 301, 308).

So hätten wir die Schilderung von Mikroneſien der Hauptſache
nach vollendet. Daher gehen wir jetzt zu

Polyneſien

über, bei deſſen genauerer Darſtellung auch noch auf Mikroneſien
manches Licht fallen wird.

Die Grenzen des eigentlichen Polyneſiens können nur nach Norden
und Weſten zweifelhaft ſein. Es umfaßt zunächſt die Hawaiigruppe,
ſodann den Marqueſasarchipel, die Geſellſchaftsinſeln, Paumotu, Pitkairn
und Waihu, die Oſterinſel; die Auſtralinſeln, den Hervey= oder Cooks=
archipel, die Tongagruppe und Neuſeeland mit den Chaham= und
Norfolkinſeln, auf welche letztere 1855 nach Aufhebung der dort befindlichen
Verbrecherkolonie ein Theil der Bewohner Pitkairns, denen ihre Inſel
zu enge wurde, auswanderte (Meinicke 2, 567; 558; derſ. die Inſel
Pitkairn, Prenzlau 1858).

Wie Waihu den öſtlichſten ſo bildet Neuſeeland den ſüdweſtlichſten
Punkt des Gebietes, da die Aukandinſeln nur vorübergehend von
einigen Maoris bewohnt und jetzt wieder verlaſſen ſind. Nördlich
vom Tongaarchipel liegt die Samoagruppe, die nördlichſte Spitze Poly=
neſiens aber nach Mikroneſien zu bildet einmal der ſogenannte Ellice=
archipel*) ſowie die etwas weiter öſtlich gelegene Uniongruppe der Karten
oder wie ſie die Eingebornen und nach ihnen die Miſſionäre benennen
die Tokelauinſeln (Turner 525; Hale 156; Grundemann bei Peter=
mann 1866, 199). Die zwiſchen ihnen und Hawaii gelegenen Inſeln
Jarvis, Malden, Weihnachtsinſel u. ſ. w. ſind unbewohnt, doch zeigen
einige von ihnen wie Malden, Howland, Swallow (Phönixgruppe)
Spuren früherer polyneſiſcher Bewohner. Die Inſel Fanning war im

---

*) Wir behalten den bekannten Namen bei, anſtatt wie Meinicke thut, dieſe
Gruppe mit den engl. Miſſionären Laguneninſeln zu nennen. Wozu ein neuer
und nicht einmal ſehr zweckmäßig gewählter Name? denn Laguneninſeln gibt
es überall im ſtillen Ozean.

verwichenen Jahrzehend vorübergehend von einigen Engländern und Polynesiern der benachbarten Gruppen bewohnt (Behm bei Peterm. 1859. S. 176) sowie jetzt auf Karoline einige tahitische Familien um Kokosöl zu gewinnen eingeführt sind (Meinicke bei Koner 18,114). Gleichfalls unbewohnt ist die Inselreihe nordwestlich von Hawaii, deren äußerste Cure ist; diese aber sowie das südwestlich gelegene Atoll Smith (Johnston, Knox) hat die hawaiische Regierung ihren Werth als Guanolager erkennend in Besitz genommen.

Eine Reihe kleiner Inseln dehnt sich ferner zwischen dem Tokelau- und dem Markesasarchipel aus: sie sind aber mit Ausnahme von Manahiki (Humphrey), Rakaanga (Großfürst Alexander) und Tongareva (Penrhyn) unbewohnt. Auch im übrigen Gebiet liegen noch einzelne Inselgruppen zerstreut: so nordöstlich von Neuseeland die Kermandecgruppe und westlich von dieser die Norfolkinseln, beide Gruppen unbewohnt, nur daß auf den letzteren jetzt eine englische Verbrecher- kolonie angelegt ist. Von den Inseln zwischen Tonga und Rarotonga ist Nive (Turner; Erskine; Savaye Cook; Inine; Inui Birgin) bewohnt, Palmerston (Rima-tema) dagegen nicht. Zwar fand Cook (3. Reise 1, 242) auf der schönen Insel Ratten und Stücke von einem Kahn, welche noch Wilson sah (194); allein entweder ist der- selbe mit jenen vierbeinigen Insassen, welche zur ächt polynesischen Species Mus setifer gehören, nur angetrieben; oder die Ankömmlinge segelten mit Hinterlassung der Thiere in anderen Kähnen bald weiter. Denn die Vögel der Insel waren so wenig scheu, daß sie sich mit Händen greifen ließen, sie waren also noch nie oder so gut wie nie mit Menschen in Berührung gekommen. Zwischen Tonga und Samoa liegen mehrere Inseln, welche gleichfalls bewohnt und von Hale (7) trotz ihrer zerstreuten Lage zu einer Gruppe, der Nivagruppe zusammen- gefaßt werden. Es sind Niva (Keppel) und Nivatabu (Boskawen), Schoutens und le Maires Verräther- und Cokosinsel, beide hoch, beide eine Meile von einander entfernt (Diar. 36); ferner Niva-fu (neu Niva, Schoutens Hoope) sowie die nach Schoutens Vaterstadt benannte Gruppe Horn, zwei kleine Felseninseln, deren eine Fotuna, die andere Luafatu heißt (Hale 7). Auch die hohe Insel Uwea (Wallis), von Niva nördlich gelegen, ist bewohnt; man kann sie mit zu dieser Gruppe rechnen. Ja man möchte dem Namen und der Lage nach wohl auch Nive hierherziehen.

In dieser Gegend nun berührt sich Polynesien mit Melanesien. Die Fidschiinseln sind melanesisch, aber so reichlich mit polynesischen Elementen durchdrungen, daß sie als Mittelglied zwischen beiden Gebieten betrachtet werden können.   Dagegen ist Rotuma nördlich von Fidschi wieder rein polynesisch, ebenso noch weiter nach Westen Tukopia, Anuda oder Cherry (Fataka oder Mitre ist unbewohnt d'Urville a V. 113), die Duffgruppe (das Taumako des Quiros), ferner, schon ganz in melanesischem Gebiet, Sikayana (Stewart), Matema (Swallow), Lord Howes Gruppe (Ontong Java) und nach Swainson (3) auch Rennell und Bellona im Süden des Salomoarchipel. Es ist hier noch manches unaufgeklärt und gerade dies Grenzgebiet wäre einer ethnologischen Erforschung sehr bedürftig. Polynesische Ansiedelungen finden wir nun ferner noch auf rein melanesischen Inseln. So auf Immer und Erronan bei Tanna, welche beide nach der Heimath ihrer Ansiedler polynesische Namen empfangen haben, Immer Niva und Erronan Fotuna. Ebenso hat Uwea (Loyalitätsinseln) Namen und Bewohner von der gleichnamigen Insel erhalten, auf Mare und Bate (neue Hebriden) sind polynesische Kolonien und auf Tanna (wo mehrere Sprachen herrschen Turner 83) soll eine derselben eine der tonganischen ähnliche polynesische sein (Forster ges. W. 2, 205; 276; v. d. Gabelentz 145).

Haben wir nun so den Umfang des eigentlichen Polynesiens gesehen, so fragt es sich nun, ob und wie unter diesen zahllosen Inseln einzelne Gruppen, welche ethnologisch näher zusammengehören, aufzustellen sind. Zunächst zerfällt das ganze Gebiet in zwei Hauptstämme, einen westlichen und einen östlichen. Der östliche umfaßt Tahiti, Paumotu, die Markesas, die Austral- und Cooksinseln und Hawaii. Auch Neuseeland gehört sprachlich sowie nach Sitte und Sage hierher, trotz seiner weiten Entfernung (Hale polynes. Lexikon; Marsden misc. works, 53—69, Buschmann aperçue 34, 46 u. s. w.). Den westlichen Stamm bilden die Tongainseln, der Samoaarchipel, die Tokelau- und die Ellicegruppe. Schwieriger aber ist es sich über die kleinen Inseln zu entscheiden, welche vereinzelt liegen. Zunächst wollen wir die zwischen den Archipeln des östlichen und des westlichen Stammes liegenden betrachten. Meinicke (Koner 18, 116) sieht in der Bevölkerung von Tongarewa und der von Malden, Swallow, Howland u. s. w., welche untergegangen scheint, „unverkennbar die Brücke zwischen den Societäts- und Hawaiiinseln". Kotzebue (1, 125) verglich das Aeußere der Tongarewer, deren Zahl jetzt 2500 beträgt (Meinicke a. a. O. 127) mit dem der Markesaner, nur daß sie häßlicher und dunkler seien; Wilkes ist gegen diese Aehnlichkeit; Chamisso (137) nennt sie stark, wohlgebaut, den Osterinsulanern ähnlich. Sie sind dunkler als Tahitier und Samoaner, welchen letzteren ihre Züge und die Schlankheit ihres Wuchses gleichen (Wilkes 4, 277). Daß sie einige tonganische Worte verstanden (Kotzebue 1, 126), ist bei dem nahen Zusammenhang der polynesischen Sprachen unter einander ohne Bedeutung; wichtiger die Behauptung Meinickes (c. 568; bei Koner 18, 128), daß ihre Mundart die rarotonganische sei, mit welcher Williams 525 nur Manahiki gleich stellt. Die Sprachtafel bei Turner zeigt eine zwar zum östlichen Stamm gehörige aber selbständige Mundart dieser Insel, welche vom Rarotonganischen nicht unbedeutend abweicht; auch Tahitiern und Hawaiern war sie unverständlich (Wilkes 4, 279). Ihre Gestikulationen waren im höchsten Grade aufgeregt, ihre Blicke fieberhaft unruhig, wie sie auch die Gesichter fortwährend verzerrten (Wilkes.). Tattuirt waren sie nicht; wohl aber trugen sie an Leib und Gliedern lange Hautschrammen (Kotzebue 1, 115, Wilkes eb.) und vielen waren die Vorderzähne eingeschlagen (Wilkes 4, 278). Die Daumennägel ließen Vornehme sehr lang wachsen (Kotzebue 1, 125, Chamisso 137); Beschneidung fehlte. Ihre Kleidung war roh und ungeschickt; den Papiermaulbeerbaum besaßen sie nicht (Kotzebue 1, 125). Sie sind tapfer, kriegerisch, diebisch, aber im Handel ehrlich; die Weiber waren ebenso häßlich als unkeusch nach Wilkes Bericht, gegen das Alter betrugen sie sich unfreundlich. Jetzt sind sie — seit 1854 — Christen (Meinicke; Koner 18, 136), während sie früher dem Verkehr mit Fremden abgeneigt waren (Wilkes 4, 280). Stehen nun diese Insulaner wirklich mit den Rarotonganern in näherer Verwandtschaft? Zunächst wird man zugeben, daß mit dieser Annahme Meinickes (welche Williams keineswegs unterstützt, da er nur Manahiki und Rarotonga verwandt nennt, vergl. Will. 470) seine andere Behauptung, die Tongarewer bildeten die Brücke zwischen Tahiti und Hawaii, im Widerspruch steht: nur das eine oder das andere ist möglich. Nun spricht aber gar vieles auch gegen diesen Zusammenhang. Außer der Sprache zunächst der Mangel der Tattuirung, denn die Rarotonganer waren auf verschiedene Arten tattuirt (Cook 3. Reise 1, 188; 214 f. Williams 101; wenn Cook 1, 234 die Bewohner der Herveyinsel nicht tattuirt

nennt, so waren — er betrat die Insel nicht — dies wohl nur Leute
von geringerem Stand); ferner die fehlende Beschneidung, die einge-
schlagenen Vorderzähne. Auch ihre fieberhafte Wildheit spricht nicht
dafür: sie müssen schon lange getrennt und allein gewesen sein. Wir
halten daher die Tongarewer für einen Zweig des östlichen Polynesiens,
welcher schon lange losgelöst ist von den Stammgenossen: möglicher
Weise hat er die Insel zu jener alten Zeit bevölkert, als vom Westen
her der östliche Stamm einwanderte, oder aber er ist später eingewandert
und hat sich dann entweder von Tahiti oder von Rarotonga losgetrennt.
Doch fällt auch diese Trennung in sehr frühe Zeit.

Auf Nive (Savage) fand noch Williams (296) f.) eine durchaus unbildsame Bevölkerung, die er kaum höher stellen mochte, als
die Australier. Und doch nennt Turner (468) die Bevölkerung aus
tonganischen und samoanischen Elementen gemischt: denn — so lautet
eine alte Sage bei ihnen — zwei Tonganer, Huanaki und Fao seien
auf das noch ganz flache Nive gekommen, dessen Emporsteigen aus
dem Meere sie durch heftiges Aufstampfen auf den Boden veranlaßt
hätten, während ein abermaliges Aufstampfen die Pflanzen hervorbrachte. Die Menschen wuchsen auf ihren Befehl am Ti-baum (Dracaena terminalis), welcher im ganzen Polynesien heilig ist. Eine
ganz ähnliche Schöpfungssage lebte auf Samoa, nur daß hier jene
Tonganer durch eine Tochter Tangaloas vertreten sind; wie auch die
Sage über die Entstehung des Feuers auf beiden Inseln gleich ist
(Turner 255). Sind nun nach Forster (ges. Werke 2, 199 f.)
ihre Waffen und Kähne den tonganischen ähnlich, so ist (Turner
468) ihr Aeußeres wiederum ganz samoanisch. Und doch sind sie
selbständig genug: sie waren nicht tattuirt (Erskine 27; Forster
ges. W. 2, 128; Virgin 2, 55; gegen d'Urville vergl. Virgin 2, 61), wohl aber mit bunten Tonstreifen bemalt (Erskine
27; Virgin 2, 55) und trugen große Hautnarben im Rücken als
Erinnerungszeichen an Kriegserlebnisse (Virgin 2, 57); sie kannten
den Kawatrank nicht (Turner 468); sie scheinen weder Hühner noch
Schweine gehabt zu haben, nach dem Schweigen Erskines (27)
und Turners (469) zu schließen; auch Virgin (2, 58) sah keine,
obwohl er in Tonga von ihrem Vorkommen daselbst hörte. Ihre
Hautfarbe ist dunkelrothbraun, ihre Beine sind verhältnißmäßig kurz
und unentwickelt, oft, wie auch die Arme, sehr behaart; Barthaar

besitzen sie wenig (Birgin 2, 55). Die starken Bärte, welche ihnen Anderson (227), Birgins Reisebegleiter, beilegt, sind wohl nur Erfindung des Berichterstatters. Beschneidung hatten sie nicht (Birgin 2, 58; Erskine 25). Ihre Häuser sind rund (Turner 467 f.); ihre Schiffe mit Ausleger, eigenthümlich aber gut gebaut (Birgin 2, 58; Erskine 25). Eine einfache und eine doppelte Holzflöte besitzen sie, welche man beide durch die Nase bläst (Turner eb.), Waffen, Netze waren gut gemacht, ihr köstlichster Schmuck feine Bastzeuge mit eingewobenen rothen Federn (Birgin 2, 59 f.). Sie waren sehr kriegerisch, wild und scheu, und Selbstmord bei ihnen häufig (Turner eb.), allein Kannibalismus unerhört (Turner 468); das Familienleben dagegen ist ein inniges, nur uneheliche Kinder liebte man nicht, sie galten als Schande, man warf sie ins Meer (Turner 469). Die Ehen sind fruchtbar; früher aber war Kindermord vor der Geburt häufig (Turner 521). Die Insel zerfällt in drei Theile; früher herrschte ein König, der aber bei einer Hungersnoth abgeschafft wurde, worauf die Versammlung der Familienhäupter die politische Macht bekam (Turner 468). Auch das alte Götterbild, welches sie besaßen, ist abgeschafft, da es bei einer Krankheit nichts half (eb.). Maui heißt ihre Unterwelt und Sina ihr Himmel, in welchem ewiger Tag herrscht (eb.). Die Geister der Abgeschiedenen wurden gleichfalls verehrt, die Todten in einem Kahn in die See hinausgestoßen oder auf einem Stein im Walde mit Laub bedeckt niedergelegt, zum Zeichen der Trauer schnitten sich die Weiber beim Tode der Männer das Haar ab (eb.); früher wurden alle Pflanzungen und Besitzthümer eines Sterbenden zerstört, damit sie mit ihm ins Jenseits gingen (eb. 524).

Zeigt sich hierin mancher scheinbar melanesische Anklang, so ist ihr ganzes Wesen dennoch rein polynesisch, wie auch die Raschheit, mit der sie das Christenthum ergriffen haben. 1848 waren sie vielfach noch Scheinchristen (Turner 467) und auch Birgin (1852) fand sie noch sehr wild (2, 54); zehn Jahre später sind sie wirkliche, aufrichtige Christen geworden, die mit großer Liebe an den Missionären hangen, englischen Schutz wünschen und im Ackerbau, im Handel außerordentlich tüchtig sind (Turner 519).

Auch sie halten wir, wie die Tongarewer, für einen schon seit sehr langer Zeit selbständigen vereinzelten Zweig des polynesischen

Stammes, dessen Einwanderung wahrscheinlich von Tonga aus erfolgte;
zum tonganischen stellt sich auch (Sprachtafel bei Turner) ihre Sprache
in den wichtigsten Partieen. Möglich ist nun, daß Einwirkungen von
Samoa aus auf sie erfolgt sind; allein wenn sie in sehr früher Zeit
über Tonga einwanderten, so konnten sie von der gemeinsamen polynesischen Heimath, von Samoa, noch gar manche urpolynesische Eigenthümlichkeiten mitbringen, welche sie bei ihrer gänzlichen Abgeschiedenheit nicht umbildeten, wodurch sie sich also den Samoanern ähnlich
erhielten, ohne spezieller mit diesen verwandt zu sein. Auch das in
ihrem Wesen, was an Melanesien erinnert, gehört zu dem ältesten polynesischen Grundeigenthum.

Die Onoinseln, welche nach Birgin (2, 77) von einer sanften,
leiblich den Bewohnern von Nive ganz gleichstehenden Bevölkerung
bewohnt sind, gehören, wie schon ihre geographische Lage wahrscheinlich
macht, ganz zu Tonga.

Die Nivainseln scheinen sich unmittelbarer an Samoa anzuschlie-
schließen, wenigstens stellen Grey und Bleek 2, 9 die Sprache von
Fotuna und Niva in Melanesien der samoanischen gleich und auch
v. d. Gabelentz (151) nimmt an, daß beide Inseln von Samoa
aus bevölkert seien, wie denn auch Zahlen und Pronomina den samoanischen ganz gleichkommen. So werden auch die Inseln, welchen sie
ihre Bewohner verdanken, zu Samoa zu stellen sein. Dafür spricht
auch manches von dem was wir sonst von ihnen wissen, während sie
in anderem wieder selbständig genug sind. Schouten*) fand 1616
auf allen diesen Inseln Schweine (Diar. 33, 41) sowie den Kawatrank und ganz die polynesische Weise seiner Bereitung durch Kauen
der Wurzel (eb. 45). Auch Hühner hatten sie (Wallis 1, 269).
Die Eingeborenen schildert er als hellrothbraun, groß, schön, stark, mit
krausem, schlichten oder weit abstehenden Haar (Diar. 46.), andere trugen es
in langen Zöpfen (46; 33), die Frauen dagegen, welche sich das Gesicht roth malen (42); kurz geschoren (30, 47). Die Häuser waren
auf Fotuna rund, etwas spitz zulaufend, 25' im Umfang, 10—12' in die
Höhe betragend; der Eingang war so niedrig, daß man hineinkriechen

---

*) Le Maire ist Schoutens Reisegefährte; daher die ephemerides seu
descriptio navigationis australis Jacobi le Maire 1615 sowie le Maires
Reise allg. hist. d. R. 11, 450 f. ganz denselben Inhalt haben, als Schoutens
Diarium. Auszüge aus le Maire stehen im R. Weltbott VII, 60 f.

mußte. Der Boden war mit getrockneten Kräutern bestreut; sonst fand sich so gut wie kein Hausrath vor. Die Gemeindehäuser sind viereckig, nach der gewöhnlichen polynesischen Art gebaut (41). Besonders fielen die Schiffe den Holländern auf: sie bestanden aus zwei Kähnen, welche durch ein Verdeck mit einander verbunden waren. In einem Kahne stand der Mast mit dem dreieckigen Mattensegel, welches in einer Gabel von dünnen Baumstämmen hängend mit der Spitze nach oben gerichtet war. Seltsam ist eine Zeichnung, welche nach den Abbildungen bei Schouten (28; 36) das Segel trug: sie stellt einen roh gezeichneten Hahn dar. Außerdem hatten sie noch kleinere Schiffe, welche vorn spitz, hinten stumpf endeten (Schouten Abbild. S. 36). Die samoanischen Schiffe werden jetzt freilich mehr denen von Nive ähnlich geschildert, vorn und hinten spitz zulaufend (Turner 267); allein früher besaßen sie gleichfalls Doppelkähne (eb. 268) wie die Bewohner von Fotuna, welche letztere außerordentlich rasch und gut zu segeln verstanden. Sie tranken auf ihren Fahrten Seewasser (Schouten Diar. 30; 31 f.).

Sie waren den Fremden gegenüber anfangs scheu, gar bald aber zutraulich und kühn genug; wie sie im hohen Grade diebisch waren (eb. 33. 41), so zeigten sie sich auch sehr verrätherisch (35), wild und kampfliebend. Sie forderten die Holländer mehrfach auf, gegen ihre Feinde mit in den Krieg zu ziehen (43) und wahrhaft grausenhaft ist, was Mariner 1, 320—1 von den Kriegen auf Fotuna erzählt: man durchbohrt den Feind mit dem Speer, hebt ihn dann, wenn man die Kräfte hat allein oder unterstützt von anderen am Speere empor und trägt ihn im Triumph einher; oder man kämpft mit einem Handschuh, der mit spitzigen Zähnen besetzt ist und mit dem man den Gegner den Bauch aufzuschlitzen versucht; der Häuptling der Insel brach schwächeren Männern einfach den Rücken über sein Kniee. Nach Michelis herrschte hier der Kannibalismus in hohem Grade: ein König der Insel soll an tausend Menschen verzehrt und geopfert haben (91; 488); und deshalb habe man diese Sitte später abgeschafft. Unter sich aber waren sie sehr höflich; wenn ein Häuptling den andern besuchte, so geschah dies (ganz samoanisch) mit den weitläufigsten Ceremonien und den reichlichsten Geschenken an Lebensmitteln (Schouten Diar. 42; 45). Geschenke, die sie brachten und empfingen, legten sie sich zuerst auf den f, beim Empfang dreimal (34; 45; 46). Sie hatten trommel-

artige Musikinstrumente (35; 44) und sehr künstliche Tänze (44).
Die Weiber, häßlich und unkeusch (47), scheinen doch eine gewisse
Stellung gehabt zu haben. Jede Insel hatte ihren eigenen König, der
auf Fotuna nach Schouten (41) Heriko, bei Michelis (488)
Niueriki (42) heißt; der Name ist wohl nichts anderes als das
tongan. ariki samoan. ali'i Häuptling, so daß dann Niueriki bedeutet
Herr von Niua. Den zweiten Stand bildet der Adel (45); ihnen
gegenüber stand mit geringeren Rechten das Volk. Alle diese Vornehmen
trugen einen gezähmten Vogel auf einem Stock bei sich, den Schouten
(42) eine Taube nennt; er war oben weiß, am Bauche roth, an den
Flügeln schwarz. Seltsam ist es, daß auch hier jener allgemeine
ozeanische Glaube ganz stark herrschte, daß nämlich vom Meer her
irgend eine große Gefahr durch ein fremdes Volk drohe; daher hielt der
König lange Gebete, als er die Fremden zuerst sah; daher freuten sich
alle bei der Abfahrt ganz unverhohlen, weil sie nun doch nicht zu Grunde
gegangen seien (Schouten 44). Die Gebete aber, welche der König
immer aussprach, wenn die Holländer das Land betraten (42), scheinen
eine Art von Enttabuirung gewesen zu sein, wie wir sie auch in Mikronesien (z. B. Eap) den Fremden gegenüber, die man für Götter hielt,
anwandte. Schouten (47) fand sonst bei ihnen nichts von Religion
oder Kultus, allein nach ihm hieß der König der Kokosinsel (Niuatabu)
Latu (34), was wohl kaum etwas anders ist als le (Artikel im
Samoan.) atua der Gott; und dann hätten wir hier eine Spur des
Religionssystems, welches über ganz Polynesien ausgebreitet ist. Cook
fand (3. Reise 1, 191) denselben Titel auf Lefuka im Tongaarchipel
wieder. Wallis (bei Schiller 1, 269) berichtet von Niua (der
Verrätherinsel), daß den Eingeborenen allen ein Glied des kleinen Fingers
gefehlt hätte: jedenfalls zur Trauer um Todte.

Nach Michelis (488) hat jetzt Fotuna etwa 1000, Atofi
50 Einwohner; während beide Inseln zusammen früher gegen 4000
gehabt haben sollen, seien sie jetzt durch Krieg und Kannibalismus so
herabgekommen; auch Krankheiten fänden sich jetzt zahlreich. Jetzt sind
dort — nach Michelis — katholische Missionäre und die Insel hat
sich wie auch Uwea unter französischen Schutz begeben (Michelis
13, 503), nach manchen Streitigkeiten im Innern, in Folge derer die
besiegte Partei auf den Rath der Missionäre nach dem gleichfalls
katholischen Uwea auswanderte; und seitdem seit 1844 alle Insulaner

getauft sind, ist jetzt die Bevölkerung wieder im Steigen (Mich. 501 nach den Annales de la propag. de la foi 1843—1846).

Diese letztere Insel gehört physisch und sprachlich ganz zu Tonga (Pigeard in Nouv. annal. des voyag. 1846, 3, 147) und Michelis (51; 482), dessen Quellen hauptsächlich die Berichte der katholischen Missionäre sind, spricht von dem lebhaften Verkehr, der von jeher zwischen Tonga und Uwea stattgefunden habe. Die Insel hat nach ihm (eb.; Annal. de la propag. de la foi 1846) 2600 Einwohner, welche indeß durch Einwanderung von 500 Bewohnern Fakaafos (auch diese kam durch den Einfluß der katholischen Priester zu Stande) vermehrt sind. Was wir sonst von Uwea wissen, widerspricht diesem Zusammenhang mit Tonga nicht: so was Bataillon in den Annalen des Glaubens 1841, I, 9—11 und nach ihm Michelis 72 f: von der Religion der Insel erzählt: die Götter, rein geistiger Art, wohnen in Porstu (? Bulotu? Bataillon übersetzt Nacht des Gebetes), einem fernen Land oder in den Wolken und dieser Himmel heißt Epouri. Ueber verschiedene Nebengötter, welche über Krieg, Früchte u. s. w. gesetzt sind, steht ein Hauptgott, der zugleich noch einen reichen Hofstaat untergeordneter Geister hat. Diese letzteren können sich alle in Menschen verkörpern — sie sind also wohl selbst nur die Seelen Verstorbener — und solche von ihnen bewohnte Menschen gelten denn als Priester der Götter. Die Seelen der abgeschiedenen Könige haben dieselbe Macht — ein deutlicher Beweis, daß jene Geister ihnen gleich sind — und werden deshalb sehr gefürchtet. Aus den Tönen, welche er von sich gibt, erkennt der begeisterte Priester sofort, welcher Gott ihn beseelt; dann macht er die seltsamsten und anstößigsten Possen, trinkt viel Kawa u. s. w., bis der Gott ihn verläßt, da denn der Besessene so lange ausspeit, bis alles Heilige aus ihm entfernt ist. Die Opfer, die man bringt, bestehen meist in Früchten und Pflanzen und namentlich gern in Kawawurzeln.

Stimmt dies Alles genau zu Tonga, so haben die Nivainseln doch vieles, worin sie sich von Tonga unterscheiden und an Samoa anlehnen; vieles aber auch, worin sie sich selbständig sowohl von Samoa als von Tonga unterscheiden. Auch ihre Sprache scheint neben beiden selbständig zu stehen, wie die wenigen Sprachproben (auch die Worte bei Schouten) beweisen. Und so ist denn auch hier wohl die richtige Annahme die, daß diese Gruppe zur Zeit der

erſten Einwanderung der Polyneſier oder nur wenig ſpäter ihre Einwohner bekommen hat, die dann ihr Weſen bis auf den heutigen
Tag erhielten, nur daß einzelne Modificationen, aber wohl minder
ſtark als in Tonga und Samoa auch hier eintraten. Sie ſind alſo
ein Zweig der weſtlichen Polyneſier: aber ein durchaus ſelbſtändiger.
Und faſt daſſelbe mag auch von Uwea gelten.

Es ſind jetzt noch die Tokelau- und Elliegruppen, ſowie die Inſeln
weſtlich von ihnen zu beſprechen; allein gerade dieſe machen beſondere
Schwierigkeiten. Wir halten ſie alle von Tokelau bis zur Lord Howes-
Gruppe für das Gebiet eines eng zuſammengehörigen Stammes,
der vielleicht näher mit dem weſtlichen Zweig Polyneſiens verwandt iſt,
vielleicht aber und wahrſcheinlich neben jenen weſtlichen und öſtlichen
Völkern den dritten ſelbſtändigen Haupttheil Polyneſiens ausmacht. Dieſe
Behauptung wollen wir nun zu erweiſen ſuchen. Zunächſt ſind für uns
die Nachrichten, welche wir Quiros (1606) verdanken, von größter
Wichtigkeit. Quiros oder der Admiral Torres, deſſen Steuermann
Quiros war, ſchleppte von Taumako vier Eingeborene gewalſam fort,
von denen drei wieder entkamen, einer aber, weil er auf Taumako
ſelbſt ein Gefangener war, blieb bei ihm und dieſer erzählte ihm, was
er über die Inſeln um Taumako wußte. Dieſe Nachrichten (allg.
Hiſt. d. R. 18, 531) ſind unſchätzbar und lange noch nicht in ihrer
ganzen Bedeutung ausgenutzt. Der auf Taumako Gefangene nun
kannte nicht nur Guaytopo, ſondern auch eine Inſelgruppe, welche mit
Guaytopo eine Sprache rede und im Bündniß ſtehe, Taukalo; und
wie man in Guaytopo Baitupu ſehen muß und geſehen hat, ſo kann
Taukalo nichts anderes ſein als Tokelau. Auch Tukopia kannte er
und behauptete, daß auch dieſe Inſel trotz ihrer ſchwarzen Eingeborenen
(welcher Irrthum nicht gegen uns beweiſt; er kann von Quiros begangen worden ſein) und ihrer verſchiedenen Sprache mit dem Lande,
woher die Eingeborenen ſtammten, im Bündniß ſtände. Mit dieſem
letzteren Lande kann dem Zuſammenhange nach nur wiederum Tau-
kalo oder Guaytopo gemeint ſein. Der Gefangene ſelber ſtammte,
wie Quiros berichtet, von der Inſel Chikayna, und wer wollte in
dieſer Inſel unſer Sikayana verkennen? Mit letzterem hat nun Lord
Howes Gruppe, welches die Sikayaner Leueneuwa nennen (Cheyne
s. v. 180 f.), ganz dieſelbe Sprache (eb. 186), ſteht alſo mit ihm
in der nächſten Verwandtſchaft — und ſo ſehen wir durch jene Nach-

richten des Quiros plötzlich einen Zusammenhang dieser Inseln von Tokelau bis Leueneuwa. Aber auch Rotuma ist zuzuzählen: denn die Rotumaner kannten, als Dillon (2, 103) die Insel besuchte, Baitupu recht gut und fuhren oft zu dieser Insel hin, um weiße Muscheln dort zu verhandeln, wie Dillon auch Eingeborene von Baitupu und den Rivainseln auf Rotuma fand. Dazu kommt, daß die Bewohner von Rotuma denen von Tukopia ganz ähnlich beschrieben werden (Dillon 2, 96; 2, 138; d'Urville a V, 112). Da nun die Bewohner von Matema den Rotumanern und Tukopiern äußerlich ganz ähnlich sind (Tromelin bei Berghaus Annalen 3, 284), so müssen wir auch diese, wofür schon ihre geographische Lage aufs stärkste spricht, hierherrechnen. Auch im Namen haben die meisten dieser Inseln etwas Gemeinsames, nämlich die Vorsilbe tu oder tau: Tu-kopia, Tau-mako, Tau-kalo (To-kelau), Bai-tu-pu, Ro-tu-ma; doch mag man auch Tupua (melanesische Insel, südwestlich von Taumako) mit Bai-tupu und Ro-tuma mit Tauma-ko und Ma-tema vergleichen. Wie diese Namen aber zu deuten sind, müssen wir dahin gestellt sein lassen. Hale (172) trennt Toke-lau und übersetzt Seekühlte, so daß die Gruppe von dem herrschenden Wind den Namen hätte. Allein gewiß ist dies nicht richtig, so scharfsinnig Hale auch zu Werke geht. Sicher ist tau-kalo zu theilen, wie es auf Fidschilevu einen See Bai-kalo (Peterm. 1869, 2. Heft), d. h. Götterwasser, heiliger See gibt; und dies Wort kalo, kalu, welches im Fidschi Gott heißt, haben wir gewiß auch hier; es zeigt sich dann als uraltes Gemeingut beider Sprachen.

Durch das bisher Auseinandergesetzte wird eine Annahme unmöglich, welcher sowohl Hale als auch in ganz neuer Zeit Meinicke huldigt, daß nämlich die Tokelau- und Elliceinseln erst von Samoa bevölkert seien. Hier ist zunächst wichtig, daß der Elliceararchipel (Baitupu, Nukufetau, Funafuti, Nukulaelae, Nui, Nuitao, Nanomea — Gräffe Ausland 1867. 186 f. —, Nanomanga u. a. unbewohnte Inseln Meinicke Koner 18, 122) von den Tokelauinseln (Fakaafo, Nukunono, Oatafu, Pukapuka oder Gente Hermosa, und Danger; Olofenga gleich Solitaria und Swain, letzteres unbewohnt, Meinicke eb. 118 f.) nach Wilkes 5, 38—43 ihre Bewohner empfangen haben. Aber auch Wilkes (5, 6) stellt beide Gruppen

an Sprache und Lebensweise und Hale (150) auch nach der leiblichen
Beschaffenheit ihrer Bewohner am nächsten zu Samoa. Auch Grey
und Bleek (2, 116) folgen derselben Ansicht; und allerdings konnte
sich Hale's samoanischer Dollmetscher auf Vaitupu leicht verständlichen.
Hale (167) meint deshalb, die Bewohner dieser Gruppen stammten
aus Samoa und zwar, weil ihnen die Insel Olosenga in der östlichen
(Manua=) Gruppe dieses Archipels bekannt war, von dieser Insel
Olosenga. Allein diese letztere Annahme fällt zusammen, wenn wir
bedenken, daß von den Eingeborenen auch die Insel Swain Olosenga
genannt wird (Grundemann bei Peterm. 1869, 44). Diese,
welche ihnen viel näher lag und wohin sie Fahrten unternahmen,
kannten und nannten die Eingeborenen, nicht jene samoanische Insel.
Wie hätten sie auch letztere kennen können und die übrigen viel größeren
Inseln Samoas nicht? Denn auf Fakaafo waren nur die Namen
Fidschi, Samoa und Tonga bekannt, nicht die einzelnen Inseln und
auf Vaitupu nicht einmal jene Namen (Hale 149 f.); von Verkehr
war keine Rede. Meinicke nennt nun gar die Bewohner des Ellice=
archipels, welche doch nach Wilkes erst von den Tokelaus kamen,
geradezu eine „samoanische Kolonie." Allerdings erfuhren die Missionäre von den Eingeborenen, daß vordem Einwanderer aus Samoa
sich in Vaitupu niedergelassen und von da über die andern Inseln sich
verbreitet, daß seit der Zeit dieser Einwanderung 17 Könige auf
Vaitupu geherrscht hätten. So hat man diese Einwanderung auf die
Mitte des 16. Jahrhunderts berechnet und Meinicke (a. a. O.)
macht mit vollem Recht auf die dieser Einwanderung ganz gleichzeitige
Bevölkerung des Gilbertarchipel aufmerksam, welche von Samoa aus
erfolgte und die wir oben (S. 44) besprochen haben. Dazu kommt
nun, daß auf Vaitupu von allen diesen Koralleninseln allein der in
Polynesien so gewöhnliche Baum Inocarpus edulis wächst (Murray
bei Meinicke eb.), daß Vaitupu das Schwein besaß (Hale 166),
welches in ganz Polynesien so verbreitet ist, dagegen im Ellice= und
Tokelauarchipel ebensowenig vorkommt als die gleichfalls durch den
ganzen übrigen Ocean verbreiteten Hühner (Hale 153; Turner
528). Eine Einwanderung von Samoa aus nach Vaitupu ist also
sicher anzunehmen, auch die angegebene Zeit vor 17 Königen — also
etwa Mitte des 16. Jahrhunderts — nicht zu bezweifeln; allein damals waren die Inseln schon bevölkert und die Samoaner, welche

auf Vaitupu neben den früheren Bewohnern der Insel zurückgeblieben, trennten sich nur von · jenem großen Strom ab, der zu derselben Zeit sich in den Gilbertarchipel ergoß. Denn ganz abgesehen von jener Behauptung Wilke's, der Ellicearchipel sei von Tokelau aus bevölkert worden: erhielt durch jene Samoaner das Gebiet seine ersten Bewohner, wie · kam es denn, daß der so nützliche Jfibaum (Inocarpus), an den alle Polynesier so gewöhnt waren, daß ferner das Schwein auf die eine Insel beschränkt blieben? Das erklärt sich aber sehr wohl, wenn beides der Bevölkerung, welche schon lange die Insel bewohnte, fremd und nur den Einwanderern angehörig war. Ganz unmöglich aber wird jene Annahme Meinicke's und der Missionäre durch die Nachrichten des Quiros. Quiros reiste 1606 und fand alle Inseln bis Taumako und Sikayana hin zahlreich bewohnt, fand überall Kunde von Vaitupu und Tokelau, ja die bestimmte Nachricht, daß von Vaitupu die Bevölkerung dieser Inseln stamme. Und Vaitupu soll selbst erst vor 17 Königen — nicht Generationen, sondern Königen — seine Bewohner von Samoa empfangen haben? Unmöglich. Der Zusammenhang aller dieser Inseln um 1606 weist auf eine sehr viel frühere Zeit ihrer Bevölkerung hin; die wir auch noch nicht erreichten, wenn wir für 17 Könige 17 Generationen, also etwa 500 Jahre annehmen wollten.

Und noch andere nicht minder gewichtige Gründe sprechen gegen diese Abstammung. Zunächst der Name Tokelau. Allerdings bedeutet er in Tonga und Samoa (und ebenfalls in Fidschi, wohin das Wort von Tonga oder Samoa kam) Ostwind, Südostpassat; auf allen übrigen Gruppen Polynesiens aber, auf Neuseeland, Rarotonga, Tahiti, Hawaii und den Markesas bedeutet es Nordwind (Hale s. v; 172). Letztere Bedeutung ist, wie ihr Vorkommen in so ganz verschiedenen Punkten des Ozeans beweist, die ältere. Nun ist es in Polynesien ganz gewöhnlich, daß der Wind nach den Inseln benannt wird, woher er weht (vergl. Humboldt Kawispr. 2, 250, 72); so bedeutet auch Tokelau den Wind, der von den Tokelauinseln weht, wie Tonga fast überall Südwind, d. h. Wind von Tonga bedeutet. Läßt sich nun dieses nur von Samoa aus erklären — wie Hale 171 ganz richtig thut; und Schirren 102 hätte nicht widersprechen sollen, wenigstens beweist was er daselbst anführt nichts gegen Hale: so führt auch jenes Tokelau in der Bedeutung Nordwind auf Samoa zurück, von welcher

Gruppe wie wir sehen werden, die Polynesier ausgingen, denn nur von
Samoa aus liegt Tokelau nordwärts. Nur dann aber konnte der Nordwind
nach diesem Namen benannt sein, wenn er schon in ältester Zeit der
Name jener Gruppe war: sie war also schon benannt und also auch
bewohnt in ältester Zeit, denn von den Samoanern ist der Gruppe
der Name nicht beigelegt, dazu war sie, wenn unbewohnt, zu entfernt
und unbedeutend und jenes Tau- oder Tu- findet sich bei allen den
hierhergehörigen Inseln wieder. Zur Zeit ferner, als die Neuseeländer,
Rarotonganer, Tahitier u. s. w. sich von den Samoatonganern los-
trennten, hieß der Nordwind noch allgemein Tokelau; später aber ging
das Wort auf Samoa und Tonga in die Bedeutung Ostwind über,
aus Gründen, die wir nicht wissen. Die Tokelaugruppe (um wenigstens eine Erklärung zu versuchen, die nicht ganz unwahrscheinlich ist)
war den Samoanern, welche sie wohl in frühester Zeit kannten, später
aus dem Gesichtskreis geschwunden; sie hatten wenig Windbenennungen
und die sie hatten, ließen wegen des fortwährenden Verkehrs mit den
Inseln, deren Namen sie trugen, keine andere Deutung zu; der Ost-
passat ist der wichtigste Wind in Samoa; nach Osten lag keine Inselgruppe und so übertrug man auf diesen fast stets wehenden Wind die
Benennung, deren Deutung man nicht mehr klar fühlte. Hale's
Uebersetzung „Seekühlte" hilft nicht im mindesten über unsere Schwierigkeit hinaus. Warum denn nannte man gerade den Ostwind Seekühlte?
kam der Süd- West- und Nordwind nicht ebenso gut von der See
her? Wollte man diese Beschränkung beim Passatwinde aber auch
begreiflich finden: wie war es dann möglich, auf den übrigen Gruppen,
namentlich auf Tahiti, Rarotonga und Nukuhiva, welche doch gleichfalls
im Südostpassat liegen, oder auch auf Neuseeland gerade den Nordwind
Seewind zu nennen, da doch alle übrigen ebenso sehr und in Neuseeland Ost- und Westwind noch vielmehr Seewinde waren? — Auf
Tukopia ferner hieß der Ostwind, nicht wie sonst überall der Südwind,
tonga (Gaimard bei d'Urville a V. 311; Vocabul. a Phil.
161 s. o. Hale 187). Doch läßt sich hieraus kein sicherer Schluß
ziehen, da die Tonganer (Dillon 2, 112) feindliche Einfälle nach
Tukopia machten und man dort also vielleicht erst in Folge solcher
Ereignisse unter tonga den Ostwind, der die Tonganer brachte, anstatt
wie früher den Südwind verstand.

Aber — und das ist bei weitem wichtiger — auch die Sprache

beweist die Richtigkeit unserer Behauptung, daß die Inseln von Tokelau
bis Lord Howe selbständig für sich stehen. Sie hat nämlich in
diesem ganzen Gebiet so alterthümliche Formen erhalten, daß Hale
auf Tokelau das Polynesische in seiner ältesten Gestalt zu sehen glaubte;
und wollte man sagen, dies sei die Folge der gänzlichen Abgeschiedenheit dieser Inseln, so erklärt sich daraus doch keineswegs die
bedeutende Selbständigkeit des Wortschatzes und noch weniger gar
manche grammatische Abweichung vom Gemeinpolynesischen. Zunächst
also finden wir auf allen diesen Inseln einen festern und reicheren
Consonantismus als auf den übrigen Gruppen, auf Tokelau und den
Elliceinseln k l m n ng p s t f v h w; auf Tukopia außer diesen noch
r und wiewohl selten b; auf Sikayana und Leueneuwa ebenfalls,
nur daß hier b häufiger als p ist. Am reichsten ist das Rotumanische,
denn es hat s f h k (das zwischen zwei Vokalen schwindet) r l m n
ng v w p t d und θ (welcher letztere Buchstabe sich wohl auch im,
Sikayana findet und im Mikronesischen häufig ist) im Anlaut, Inlaut
und Auslaut, sowie ç (Hale) im Auslaut, das aber mit t verbunden
auch im Anlaut und Inlaut vorkommt, während sonst die polynesischen
Sprachen alle Silben vokalisch schließen. Auch Consonantenverbindungen,
im übrigen Polynesisch streng vermieden, sind gar nicht selten im Rotumanischen (fθ rl st tm ks ml ff nk nd ts ngh nm tp pn ks ngw)
im Tukopia und Sikayana, während freilich im Baitupu und Fakaafo
sich nichts der Art findet. Das Rotumanische, die selbständigste dieser
Sprachen, hat auch einige Vokale mehr: å neben a und ü neben u.
Höchst merkwürdig ist es dann ferner, daß der Artikel (θa ta da)
und das Pronomen demonstrativum. ti nicht wie sonst in den mikro-,
poly- und melanesischen Sprachen vortreten, sondern suffigiert werden,
was in Mikronesien mit einigen Präpositionen gleichfalls geschieht.
Näher eingehen können wir hier auf diese sehr interessanten Sprach-
verhältnisse nicht; doch wird, wenn wir noch hinzufügen, daß auch der
Sprachschatz aller dieser Inseln ein ziemlich selbständiger (am wenigsten
auf Fakaafo und Baitupu), freilich auch untereinander sehr abweichender ist,
Niemand wird dann noch zweifeln, daß auch sprachlich diese Inseln als
selbständiger Zweig des polynesischen Stammes zu betrachten sind.
Am nächsten stehen sie sprachlich nicht zu Samoa sondern zu Tonga.
Wir stützen unsere Behauptungen auf Hale's Bemerkungen über
das Rotumanische (468 f.), über die Mundart von Fakaafo und

Vaitupu (S. 358 f.); auf Turners Sprachtafel; auf Philologie
161 bei d'Urville a; auf Cheyne's Vokabularien (182 f.); wobei
wir kaum zu bemerken brauchen, daß wir Cheyne nur mit der nöthigen
großen Vorsicht, aber auch Gaimard bei d'Urville nicht blindlings
benutzt haben.

Man hat diese Selbständigkeit dieser Inseln auch anders erklären
wollen. Da sich allerdings z. B. im Rotumanischen einige mikronesische
Züge zu finden scheinen, so hat Michelis 52 an einen direkten
Einfluß Mikronesiens, ja in allem Ernste daran gedacht, ob nicht vielleicht ein Theil der flüchtigen Marianer auf Rotuma sich niedergelassen
habe, wie er auch von einer alten Verbindung zwischen Rotuma, Wallis
und Ponapi zu berichten weiß. Wenn aber wirklich — um nur einen
Grund hiergegen anzuführen — Marianer nach Rotuma gelangt wären,
so hätte von diesem Ereigniß, welches zu Dillons Zeiten doch vor kaum
130 Jahren geschehen war, ganz gewiß mehr als ein Bericht der
Eingeborenen erzählt, welche ja viel kleinere Ereignisse viel länger
festhielten.

Auch mit den Fidschiinseln soll Rotuma in näherem Verhältniß
gestanden haben, ja Michelewa y Rojas (172) erwähnt eine
Sage, der zu Folge Rotuma von Fidschi aus bevölkert worden war.
Wirklich standen die Rotumaner mit den Fidschiinseln in Verbindung
(Lesson compl. zu Büffon 2, 366); wie sich z. B. eine Schaar
Rotumaner auf der kleinen Insel Mutuata nördlich von Fanua levu
im Fidschiarchipel niedergelassen und mit den Eingeborenen derselben
vermischt hat (Erskine 241). Aehnlich macht Hale (186 f.)
darauf aufmerksam, daß eine kleine Insel des Fidschiarchipels Tikombia
heiße und will aus dem Gleichklange dieses Namens sowie aus manchem
der Fidschisprache angehörigen Worte, welches sich im Tukopischen wieder
findet, den Schluß machen, daß Tukopia vom Fidschiarchipel und zwar
eben von jener Insel Tikombia aus bevölkert sei. Gewiß nicht mit
Recht: denn erstlich finden sich gleiche Eigennamen in Polynesien
häufig an ganz verschiedenen Punkten wieder (wobei natürlich nicht an
Uebertragungen wie Sawaii Hawaii zu denken ist), zweitens frägt
es sich, ob nicht jener Gleichklang ein zufälliger ist, wie denn z. B. der
Name des bekannten Häuptlings Takombau auch anklingt; und jene
Gemeinsamkeit des Sprachstoffes beweist nichts für eine Einwanderung,
da wir uns schon oben gezwungen sahen, eine Urverwandschaft des

Melanesischen und Polynesischen anzunehmen. Gerade aber weil das Tukopia vieles Alterthümliche selbständig bewahrt hat, zeigt es manche Gleichheit mehr mit dem melanesischen Sprachschatz, als das übrige Polynesische. Uebrigens wäre es auch gar nicht zu verwundern, wenn die Insulaner, welche Melanesien so nahe wohnten, ganz direkt von ihren Nachbarn manches annahmen. — Sehr merkwürdig ist die Angabe d'Urvilles (a V, 113), daß die Tukopier ihre melanesischen Nachbarn im Westen Fidschi (d. h. Sonnenaufgang, Osten) bezeichnen, wie die Tonganer. Wenn diese ganz vereinzelt stehende Notiz richtig ist, so muß eben jene Bezeichnung, welche keineswegs die einzige für Melanesien ist, erst auf neueren, vielleicht sogar erst auf europäischen Einflüßen beruhen. Beweiskraft hat sie daher nicht. Auch der Erzählung jenes Sikayaners bei Quiros, daß die Tukopier schwarze kleine Menschen mit besonderer Sprache wären, messen wir kein Gewicht bei. Der Sikayaner, Quiros konnte sich geirrt haben und jedenfalls sind wir durch die Sprache u. s. w. genauer und anders unterrichtet.

Auch Samoa und Tonga hat man mit jenen Inseln in näherer Verbindung geglaubt. Turner (360) erwähnt eine rotumanische Sage, welche im Gegensatz zu jener Bevölkerung von Fidschi aus die Insel von Samoa bevölkert werden läßt: der Gott Raho und sein Weib Iva wanderten von Samoa nach Rotuma, wohin Raho Erde aus Samoa mitbrachte. Aehnlich erzählt Birgin (2, 94), daß die Sikayaner nach einer Angabe des bekannten Missionärs Threlkeld von einem englischen Matrosen und einer Samoanerin abstammten, welche gegen Mitte des vorigen Jahrhunderts sich dort niedergelassen hätten Dem aber widersprechen andere Nachrichten: denn die Eingeborenen selbst erzählten den Novarareisenden, daß sie erst seit kürzerer Zeit und zwar von South-island, 130 Meilen von Westen her auf Sikayana ausgesetzt seien; durch Waler vielleicht, denen sie dienten, vermuthet der Reisebericht (Nov. 2, 438). Oder Cook (eb.) soll sie eingeführt haben — lauter Sagen, denen das Bestreben zu Grunde liegt, mit den Europäern (deren berühmtester in der Südsee Cook ist) in irgend welcher Beziehung, womöglich Verwandtschaft zu stehen und welche durch den von Quiros gefangenen Sikayaner alle widerlegt werden. Ein Punkt nur verdient noch eine kurze Erwägung. Ist vielleicht jenes South-island nur eine Uebersetzung von Tonga, das ja Süden oder Südwesten bezeichnet? ist durch letztere Bedeutung viel-

leicht der feltfame Zufatz veranlaßt, daß es weftlich von Sifayana
liege? Wir hätten dann eine Ueberlieferung, welche auch auf Tonga
hinwiefe, während fonft nur europäifche Reifende diefe Infeln wegen
Aehnlichteit der Bewohner, Sitte, Sprache zu Tonga zu ftellen
pflegen. Allerdings erzählten Dillon die Tukopier, daß vor langer
Zeit Tonganer in 5 großen Doppelfähnen landend die Infel furchtbar
verwüfteten (Dillon 2, 112) und Gaimard (d'Urville a V,
309) will Refte tonganifcher Schiffe bei ihnen gefehen haben, wie fie
ja auch den Often Tonga nannten. Allein diefe letzteren Beziehungen
find von wefentlich anderer Art als jene, auf welche uns das South=
island der Novarareifenden führt.

Wie wollen wir nun aus diefem Labyrinth von Beziehungen
Bahn finden? Wie die Rotumaner nach Fidfchi und Baitupu fegelten,
wie Tofelau auf Sifayana, deffen Entfernung etwa 26 Grad beträgt,
befannt war, fo haben gewiß diefe Infeln auch Beziehungen zu Samoa
und Tonga gehabt und gewiß auch außer jenen feindlichen auch
manche freundlichen Einflüffe von dort empfangen. Einen unmittel=
baren Zufammenhang dürfen wir nicht annehmen, das verbietet Sprache
und wie wir gleich fehen werden, Sitte; die vielfachen Aehnlichteiten
aber, welche nicht alle auf directer Einwirkung diefer Infel beruhen
fönnen, erflären fich leicht, da ja die Bewohner auch diefes Gebietes
unter allen Polynefiern am nächften mit Tonga und Samoa ver=
wandt find.

Fragen wir nun, wann und woher hat diefer Zweig der
Polynefier fein jetziges Gebiet bevölfert, fo ift es zwar unmöglich,
hierauf eine ganz ficheren Antwort zu geben, allein Vermuthungen fönnen
wir wagen, die wohl nicht allzuweit vom Ziel abirren. Die Bevöl=
terung diefes Gebietes ift entweder der ältefte Theil der Polynefier, der
gleich bei der Einwanderung den Tofelauarchipel befetzte und von da
nach und nach zu den übrigen Infeln feines Gebietes gelangte. Hierfür
fpricht das, was der Sifayaner bei Quiros erzählt, wie auch der oder
jener fagenhafte Zug. Die Verfchiedenheit der Sprachen erflärt fich
dann durch allmähliche Umbildung nach erfolgter Abtrennung. Die
wunderbare Erfcheinung, daß wir an dem ganzen Nordrand Mela=
nefiens Infeln mit polynefifcher Bevölterung finden, fönnte uns aber
noch auf andere Gedanken bringen. Wie wenn wir hier den alten
Weg bezeichnet fähen, auf welchem dereinft die Einwanderung der

Polynesier erfolgte? Hale nimmt ganz richtig an, daß die Gegend von Dschilolo das Thor gewesen sei, von welchem aus die Bevölkerung des Ozeans einströmte. Der nächst liegende Weg war dann sicher der Nordrand Melanesiens; und daß die Polynesier sich hier nicht festsetzten, hatte seinen Grund in der schwarzen Bevölkerung dieser Gegenden, welche schon bestand und gewiß feindselig gegen die neuen Ankömmlinge auftrat. Dadurch wurden diese immer weiter gedrängt; allein auf wenigen kleinen Inseln, welche sie wahrscheinlich unbewohnt vorfanden, erhielten sich kleinere Theile der Einwanderer und geben uns so noch heute den Weg an, auf welchem die Polynesier ihre neue Heimat erreichten und zunächst nach Tonga und Samoa gelangten.

Möglich (und vielleicht sogar wahrscheinlich) ist es auch, daß die Bevölkerung einzelner Inseln (Rotuma, Tukopia, vielleicht Sikayana, Leueneuwa u. w.) erst später, als der Osten schon längst bewohnt war, vielleicht zu gleicher Zeit als die Mikronesier in ihr Gebiet einwanderten, von der Urheimat auszog und ihre neue Heimat besetzte. Dafür spricht vornehmlich die Sprache, welche in Tokelau und Baitupu einfacher und wenn man so sagen darf, polynesischer ist, als die von Rotuma. Doch bleibt die Verwandtschaft dieser Völker, die man, wie eben wieder die Sprache beweist, nicht für einen versprengten und im Laufe der Zeit umgewandelten Zweig Mikronesiens ansehen kann. Sie ist zunächst den polynesischen Sprachen des westlichen Stammes verwandt, aber vielleicht in der Urheimat noch etwas weiter entwickelt und später eingewandert als sie. Man bedenke hierbei, wie die malaiischen Sprachen im engeren Sinne, wie auch schon das Mikronesische weitere Entwickelung zeigten, als das Polynesische.

Wir wollen nun, um das Vorstehende im Einzelnen zu beweisen, einen möglichst kurzen Ueberblick über das Leben und Sein der Bewohner dieses Gebietes geben: wir führen nur das nöthige an, ohne bei Dingen, wo sie mit den übrigen Polynesiern übereinstimmen, uns in Einzelheiten einzulassen. — Die Rotumaner haben (Dillon 2, 96, Wilson 403, Erskine 241) die größte Aehnlichkeit mit den Tonganern, nur daß ihre Weiber minder schön und reinlich (Dillon eb.) und sie alle von hellerer Farbe sind (Wilson eb.), kupferroth, mit langen schwarzen, lockig bis auf den Rücken hängenden Haaren (Tromelin bei Bergh. Annalen 3, 280). Ganz ebenso, von heller Kupferfarbe, den Tonganern ähnlich, die Männer groß und schön gewachsen, mit langem schlichtem Haar, starkem aber geschicktem Körper, die Weiber heller und kleiner als die Männer, aber immer noch außergewöhnlich groß und sehr schön, mit kurzgeschorenen Haaren, werden uns die Bewohner von Tukopia geschildert (Dillon 2, 138 d'Urville a Zoologie 24; a V 112; 306 f. 314).   Von Tukopia stammen nach ihren eigenen Aussagen die Bewohner von Anuta, das Edwards (Reise d. Pandora 68) gut bebaut und bevölkert fand; sie sind den Tukopiern äußerlich ganz gleich (Dillon 2, 138).   Auf Taumako fanden Quiros und Wilson große wohlgebaute Menschen mit krausem Bart und Haar und lebhaftem Ausdruck (Allg. Hist. d. R. 18, 530; Wilson 407).   Beide nennen ihre Farbe kupfer- oder olivenbraun; sie war also wohl dunkler als die der Tukopier und Rotumaner.   Wenn dagegen Hale (195) sagt, Quiros habe auf Taumako gelbe, schwarze und mulattische Bewohner gesehen, so irrt er, denn Quiros sagt dies von seinem Südland · des heiligen Geistes (a. a. O. 522).   Dagegen erzählte ihm der Sikayaner, daß es in seiner Heimat einige Eingeborene gäbe, welche schwarz seien, aber rothe (d. h. gebeizte) und krause Haare hätten; andere von Riesengröße.   Er selbst war, wie man nach Allem schließen muß, braun (eb. 531).   Wirkliche Mischung mit Melanesiern haben die Sikayaner, wie schon aus ihrer Sprache und Leibesbeschaffenheit hervorgeht, nicht erfahren.   Jene Schwarzen waren also, wenn die Nachricht auf keinem Mißverständniß beruht, entweder solche einzelne dunkele Individuen, wie sie allerwärts in Polynesien vorkommen, oder zufällig auf der Insel verweilende Melanesier.   Die Sikayaner heutzutage, welche nach Cheyne 63 hellkupferfarbig sind, nennen die Novarareisenden die schönsten Wilden, die sie gesehen, stark, groß, lichtbraun, mit vorspringenden Nasen, meist schlichtem, doch auch krausem Haar, geringem Bart und ganz europäischen Gesichtern.   Die Weiber waren zwar groß und kräftig, aber unschön (Novara 433, 441, 443).   Die Bewohner von Leueneuwa, welche auch Polack 2, 303 für Polynesier hält, sind nach Hunter (Mag. d. Reisen 11, 128) stark, gut gebaut, von dunkler Kupferfarbe und fast bartlos. Ihr schlichtes Haar trugen sie, wie fast alle die genannten Insulaner, in einen Knoten am Hinterkopf aufgebunden, ihre leibliche Reinlichkeit war groß.   Seltsam war ein künstlicher Bart, den sie zwischen Nase und Mund befestigt hatten und der an den Enden der Fasern, aus

welchen er bestand, eine Reihe Zähne trug. Sie hatten die Nasen-
flügel und den Nasenknorpel durchbohrt und trugen in der Oeffnung
ein Blatt oder einen Knochen. Aber trotz dieser melanesischen Sitte
sind sie nach allem anderen (sie hatten z. B. 40' lange Kähne mit
Ausleger und dreieckigem Segel) reine Polynesier. Nicht anders die
Matemaner, welche (Tromelin bei Berghaus 3, 284) den Tukopiern
und Rotumanern ähnlich von röthlicher Farbe und schlichtem Haar sind.
Die Eingeborenen der Tokelauinseln waren zwar den Samoanern
ähnlich aber heller, gelbkupferfarbig (Hale 153), trotzdem sie auf
niederen Inseln und dem Aequator so nahe wohnen, während sonst
die Bewohner niederer Inseln z. B. in Paumotu dunkeler sind.
Meinicke zwar (bei Koner 18, 128) behauptet, sie seien dunkeler;
allein Hale ist selbst Augenzeuge und Meinicke's Behauptung
auf den Elliceerchipel einzuschränken. Sie sind groß und wohlgebaut,
allein ihr Bart und Haar ist dünn, daher sie häufig falsche Haare
tragen (Hale 13). Dagegen sind die Bewohner von Baitupu
dunkler, tiefbraun, den Neuseeländern oder Hawaiern (eb. 162) an
Farbe gleich; ihr Haar ist dickbuschig, lang und leicht gekräuselt,
wodurch sie sich also von den Bewohnern der Tokelauinseln auffallend
unterscheiden. Noch auffallender sind ihre Bärte, die bei ihnen voller
sind als irgendwo sonst in Polynesien (Hale 13). Dagegen waren
ihre Züge nie polynesisch, aber vom verschiedenartigsten Ausdruck
(Hale 153), so daß man schon deshalb, wie Hale selber thut, jeden
Gedanken an melanesischen Einfluß abweisen muß, der durch die
Sprache vollkommen widerlegt wird.

Die Angaben über die Bewohnerzahl der Tokelaugruppe schwan-
ken: nach dem Naut. Magaz. (Peterm. 1861, 478 betrug sie 560
Seelen, nach Turner (525) 600, nach Meinicke (a. a. 127) 800
und diese letzte Angabe, gestützt auf die Berichte der dort thätigen
Missionäre ist wohl die zuverlässigste. Jene Auswanderung von 500
Fakaafern nach Uwea (1861) ist dabei berücksichtigt. Reichlicher ist
trotz manchem Schweren, was sie erlitten, die Ellicegruppe bevölkert,
die Missionäre schätzen sie auf 3500 Seelen (Einzelheiten bei Meinicke a. a. O. 127; Gräffe im Ausland 1867, 1184). Von
Baitupu soll früher ein Theil der Jünglinge zur Auswanderung verpflichtet gewesen sein (Gräffe eb. 1185), um Uebervölkerung zu
verhüten. So hat Baitupu viele Inseln bevölkert, woraus sich seine

übergeordnete Stellung und sein großer Ruf leicht erklärt, so wie
vielleicht auch der Zusammenhang, in dem wir diese Inseln fanden.
Tukopia hat 4—500 (d'Urville a V 119; Gaimard eb. Zool.
23; a V 306), Rotuma 5000 Seelen (Turner 360); auch Matema war gut bevölkert (Tromelin bei Berghaus 3, 280); Sikayana,
welches Cheyne (63) noch von 171 Menschen bewohnt fand, ist
jetzt namentlich durch eine Blatternepidemie sehr verödet (Novara 2,
241). Sonst ist von einem Schwinden der Bevölkerung dieses Gebietes nicht die Rede; die Kinder sind zahlreich (Gaimard a. a. O.)
und die Kopfzahl nimmt verhältnißmäßig zu. Auf Tukopia wurden
alle männlichen Kinder außer den beiden ältesten bei der Geburt getödtet, um Ueberölkerung zu vermeiden (Dillon 2, 134; 136).
Die Krankheiten des Gebietes sind die gewöhnlichen polynesischen.
Beschneidung herrscht auf Rotuma; sie wird im fünften Jahr vollzogen (Turner 360). Auch über die Kleidung ist nicht viel
zu berichten; sie ist im wesentlichen und war es schon zu Zeiten
des Quiros der polynesischen gleich. Merkwürdiger Weise durchbohren die Nanomeaner (Gräffe im Ausland 1867, 189) die
Nase; die Haare wurden roth oder weiß gebeizt auf Rotuma
(Wilson 409; Dillon 2, 96), Tukopia (d'Urville a V 304)
und zu Quiros Zeiten auch auf Baitupu (allg. Hist. d. Reisen 18,
531), vielleicht auch auf Sikayana. Aber ganz und gar von der polynesischen Art abweichend ist ihre Tattuirung. Auf den Tokelauinseln sind die Frauen ebenso tattuirt wie die Männer und zwar
meist mit Dreiecken, deren Spitze nach unten stand: auf der Brust
aber mit rohen Abbildungen von Schildkröten. Diese letzteren waren
auf dem Ellicearchipel, wo sonst die Zeichnung aus verschiedenen Lini-
enornamenten bestand, durch Tauben vertreten. Diese Muster bedeckten
die Arme, die Seiten, den Körper vom Bauch bis zum Knie und
den Rücken (Hale 161—65). Nach Gräffe (a. a. O. 1187)
waren indeß die Männer auf Baitupu, Nanomea und Niutao gar
nicht, die Weiber nur an Achseln und Schamgegend tattuirt. Auf
Rotuma trugen die Eingeborenen Bilder von Fischen und Vögeln oder
kreisrunde Figuren eingeritzt, in welchen letzteren Wilson gewiß mit
Unrecht Abbildungen der Himmelskörper sah (403; R. d. Pandora
68); dagegen trug man auf Tukopia nur Parallelstreifen über die
Brust und Längsstreifen über den Rücken, in sehr eleganten Mustern

und nur einige wenige Bilder von Fischen im Gesicht (Gaimard bei d'Urville a Zool. 24; Quoy eb. V, 304; Sainson eb. 314). Man unterschied beide Arten der Tattuirung, die von Tukopia und von Rotuma ähnlich wie bei uns die Moden (Gaimard eb. V, 312).

Die Bauten sind hier meist schlechter als in Polynesien; einzelnes (Hale 157; Gräffe a. a. O. 1186—90) erinnert an Mikronesien. Jedes Dorf hat sein Geisterhaus auf einem freien Platz, dem Malae. Buhnenartige in die Lagune vorlaufende Wasserbauten, an deren Ende ein kleines Haus stand, fand Hale zu Datafu (153) und Quiros auf einer Insel, die zu Taumako gehörte, einen künstlichen Berg, der mit Wällen befestigt, oben Häuser trug, eine Festung (allg. Hist. d. R. 18, 520).

Die Nahrung, nirgends reichlich, ist der Hauptsache nach wie in Polynesien. Doch scheint das ganze Gebiet ursprünglich keine Hühner und Schweine gehabt zu haben, wie diese Thiere ja auch in Mikronesien selten waren. Von den Tokelau- und Elliceinseln haben wir dies schon oben gezeigt; auf Rotuma sollten nach dem Gerede der Eingebornen Schweine sein, doch sah Wilson (404) kein einziges und Dillon (2, 94) fand nur ganz frisch von einem Waler eingeführte, da alle Schweine welche die Insel besessen hätte, durch einen furchtbaren Sturm getödtet sein sollten: Hühner dagegen sah er. Auf Tukopia aber fehlten beide Thiere; und (eb.) zwar wollten die Eingeborenen selbst sie getödtet haben, weil sie den Pflanzungen sehr geschadet hätten (Dillon 2, 134; Quoy bei d'Urville a V 305). Auf Sikayana gab es zwar Hühner und Schweine, doch scheinen sie auch hier nicht altes Besitzthum gewesen zu sein, denn die Eingeborenen essen sie nie, sondern halten sie für Fremde (Nov. 2, 443). Der Sikayaner, so ruhmredig er dem Quiros die Lebensmittel seines Landes aufzählte, erwähnt der Schweine mit keinem Wort. Jetzt sind natürlich diese Thiere überall eingeführt. Den Kawatrank kannte man auf Tukopia, doch ward er nur vom Priester gekostet und dann als Opfer weggegossen (Gaimard bei d'Urville 369). Dort kaut man auch Betel, was sonst im Gebiet nirgends vorkommt (Dillon 2, 138); auf Sikayana ist jetzt der Tabak sehr beliebt. Spirituosa finden keinen Eingang (Cheyne 52).

Kähne (welche am besten auf den Tokelau- und Elliceinseln waren, meist gedoppelt, den samoanischen ähnlich; Hale 150), Seetüchtigkeit

(welche früher nach den größeren Fahrten früherer Zeit zu schließen viel bedeutender war) und technische Leistungen sind im wesentlichen den polynesischen
gleich. Auf Tokelau hatte man einen sehr ingeniösen Bohrer (Hale 159;
auf Tukopia (Dillon) Messer und Waffen aus Holz mit Haifischzähnen
besetzt und dadurch so scharf, daß man sich mit ihnen rasierte; auf Taumako
machte man aus der Schale der vielgesuchten Perlenmuschel „Löffel
und Teller" (Quiros allg. Hist. d. R. 18, 531). Im Handel sind
sie eifrig und haben sich trotz ihres nicht allzu häufigen Verkehrs mit
Europäern stets als regsame und geschickte Geschäftsleute gezeigt, was
man namentlich von den Sikayanern rühmt (Cheyne 53). Sie hatten
schon zu Quiros Zeiten genaue Kunde des Ozeans und seiner Inseln
auf ziemlich weite Entfernung hin, dessen Bild sie aufzeichnen konnten.
Das Jahr kannten sie und theilten es in zwei Hälften zu je sechs
Monaten (Hale 169), den Horizont theilten sie in vier verschieden benannte Himmelsgegenden (Gaimard a. a. O. 311).

Wenn nun auch diese Insulaner dem Charakter nach reine Polynesier sind, so ist doch ihr Leben sittenrein und einfach. Als ein
Tukopier gefragt wurde, wie den Schlechten im Jenseits vergolten
würde: es gibt unter uns keine Schlechten, antwortete er (Gaimard
bei d'Urville a VI, 310) und allerdings herrscht auf der Insel eine
anständige kindliche Reinheit und Heiterkeit (Dillon 2, 132. Sainson
bei d'Urville a VI, 314). Doch scheinen die Baituper den scharfen
Verstand der Tonganer bei all ihrer Heiterkeit zu besitzen (Wilson
404). Auch in neuerer Zeit ist man von diesem Lobe nicht zurück gekommen
(Gräffe im Ausl. 1867, 1185 f., Meinicke Koner 18, 130 f.).

Krieg wurde wohl nur auf Rotuma, doch auch hier weder häufig
noch blutig (Dillon 2, 95) und auf Taumako geführt (Quiros
a. a. O. 522), die übrigen Inseln waren so friedlich, daß man in
Tokelau nur angespülte Waffen kannte, welche man unter dem Namen
Kriegsholz im Tempel aufbewahrte (Hale 158; vergl. 152; Dillon
2, 135 über Tukopia, Tromelin bei Bergh. 3, 284 von Matema).
Bogen und Pfeile waren auf Taumako (Quiros 521) und Matema
im Gebrauch, vielleicht in Folge melanesischen Einflußes.

Polygamie herrschte überall, auf Tukopia (Dillon 2, 135), auf
Tokelau (Turner 527) wie im Ellicearchipel, welchem letzteren die
Missionäre, indem sie dieselbe zu rasch verboten, mehr schadeten wie
nützten. Die verheiratheten Weiber mußten durchaus streng leben, denn

Ehebruch wurde sofort mit dem Tode bestraft (Rotuma Dillon 2, 96; Tukop. 136); auch Wittwen durften auf Rotuma nicht wieder heirathen, vielmehr scheeren sie, zum Zeichen beständiger Trauer, den Kopf kahl und färben die Haut schwarz (Michel. y Rojas 170). Während nun das weibliche Geschlecht auf Tokelau und Sikayana sehr streng sich zurückzog (Hale 152, 158; Novara 2, 442), so waren auf Rotuma und Tukopia die Mädchen ganz frei mit ihren Gunstbezeugungen (Dillon 2, 95; 136), welche sie auch, auf Rotuma wenigstens, den Europäern reichlich zu Theil werden ließen. Allein ob früher nicht auch hier strengere Sitten geherrscht haben? Die Pandora (67) wurde bei ihrem Verweilen bei der Insel von keiner einzigen Rotumanerin besucht und wenn wir solche Schamlosigkeiten lesen, wie sie Tromelin (Berghaus 1, 100) von seinen jungen Leuten als erheiternde Anekdote erzählt, so liegt der Gedanke nahe, daß die Prostitution, welche freilich Dillon 2, 96 auf Rotuma vorfand, in diese Gegenden erst durch die Europäer eingeführt ist. Die Sittlichkeit wenigstens ist durch sie nicht gefördert. Auf Rotuma wurde die Ehe entweder ohne weitere Berücksichtigung der Eltern nur nach der Neigung eines Paares geschlossen; oder der Vater verheirathet, selbst wider ihren Willen, die Tochter; oder der Häuptling bestimmt die Ehe, dessen Willen durchaus entscheidend ist. Auch kennt man daselbst zeitweilige Ehen, welche man hauptsächlich mit Fremden schließt, doch nur gegen Erlegung von bestimmten Geschenken (Michel y Rojas 166). Sonderbar sind die Eheceremonien auf Tukopia. Der Mann fragt zunächst bei dem Mädchen, das er heirathen möchte, an: erhält er von der Geliebten und ihren Eltern bejahende Antwort, so läßt er seine zukünftige Frau Nachts von mehreren seiner Freunde wie mit Gewalt entführen. Dann sendet er der Familie der Frau Geschenke von Matten und Lebensmitteln und ladet sie zu einem zweitägigen Fest in sein Haus ein. Bei der Geburt eines Kindes bringen alle Weiber aus der Verwandtschaft des Mannes und der Frau Geschenke für die Wöchnerin (Dillon 2, 136); nach Gaimard (bei d'Urville a V 306 f.), jedoch nur bei der Geburt eines Knaben, obwohl von diesen nur die beiden ältesten leben bleiben durften. Daher gibt es denn eine viel größere Menge von Weibern als von Männern im Lande und dies mag wohl der Grund sein, weshalb die Weiber außerordentlich eifersüchtig auf einander sind. Glaubt sich eine zurückgesetzt, so springt sie von einem hohen Baum herab oder hängt sich auf; und derartiger Selbstmord kommt nach Dillon 2, 135 gar häufig vor. — Wer eine Ehe schließen will, theilt dies dem Häuptling mit, der seine Zustimmung gibt, dafür aber einen Korb Früchte erhält (Gaim. bei d'Urv. a V, 309). Die Frauen werden nicht schlecht gehalten; doch hatten sie auf Tukopia mehr Arbeit als die Männer, deren Hauptbeschäftigung hier der Kahnbau war (Gaim. eb. 310). Ihr Zeitvertreib besteht in Tänzen und Gesängen; auf Fakaafo ist die Rattenjagd, die wir auf Tonga genauer kennen lernen werden, ein Spiel der Knaben (Turner 517). Auch gewisse Formen des Lebens haben sie: wenigstens war die Audienz, welche d'Urville bei den Fürsten von Tukopia hatte, nicht ohne Würde und Feierlichkeit (Sainson bei d'Urville a V 313). Auch die in Polynesien so verbreitete Sitte, den Fremden ein Freundschaftsbündniß anzubieten, fand Gräffe im Ellicearchipel (Ausl. 1867, 1189).

Von den Tokelauinseln hat jede einzelne ihren Häuptling, der aber wieder einem andern größeren Häuptling unterworfen ist. Dieser, der Tuitokelau, hat seinen Sitz auf Fakaafo (Hale 152 f.; 167) und ist zugleich hoher Priester. Nur drei Familien haben das Recht, ihn zu wählen (Turner 526), eine durchaus diesen Inseln angehörige merkwürdige Einrichtung, welche im übrigen Polynesien nicht ihres Gleichen hat, worauf auch Meinicke (Koner 18, 129) mit Recht hinweist. Ganz ebenso ist die Verfassung auf der Ellicegruppe. Denn auch auf Baitupu lebte ein alter Häuptling, der sich zugleich als Gott der Insel vorstellte (Hale 167) und sowohl auf Nukufetau wie auf Nuitao heißt der erste Häuptling, dessen Einfluß freilich nicht groß ist, da er nur bei Schwankungen der Majorität die Entscheidung gibt, Tui (Gräffe Ausl. 1867, 1187). — Aehnlich ist die Verfassung von Rotuma. Dort sind 6 (nach Michel y Rojas 173 sogar 12) Bezirke, deren jeder einen Häuptling hat. Alle 6 Monate kommen diese zusammen, um die Staatsangelegenheiten zu besprechen nnd einen Oberhäuptling auf die folgenden 6 Monate zu wählen, die in ihren Versammlungen das Präsidium hat. Bisweilen behält dieser sein Amt auch noch die nächsten 6 Monate; will er es aber noch länger behalten, so setzen ihn die anderen Häuptlinge gewaltsam ab (Dillon 2, 95). Diese Versammlungen richten und schlichten auch die Streitigkeiten der Insel, welche man vor sie bringt (eb.).

Häuptlinge gab es auch auf der Matemagruppe für jede einzelne Insel (Tromelin a. a. D. 2, 285; 1, 105) und hier wie überall zeichneten sie sich durch den Besitz größerer Bildung, namentlich größerer geographischer Kenntnisse aus. Gleichfalls eine hervorragende Persönlichkeit war der Häuptling von Taumako, den Quiros schildert. Er hatte den Titel tamay (530), wobei man an das mikronesische tamol denkt und es scheint, als ob auch ·hier noch ein ganz besonders angesehener Oberhäuptling gewesen sei, der den Titel Taliquen (?) führte (Quiros 521). Sikayana ist wie der Tokelauarchipel ein Wahlreich: stirbt der Häuptling, so wählt man den ältesten Mann der Insel in seine Stellung (Novara 2, 444).

Auf Tukopia hat ein oberster Häuptling die höchste Gewalt, der von anderen untergeordneten, welche ihm als Magistrate dienen, unterstützt wird (Dillon 2, 135).· Es sind im ganzen 4 solcher Fürsten, deren erster Arifi Tabu, d. h. heiliger Häuptling genannt wird. Ihm ist der erste der vier Districte, in welche die Insel zerfällt, untergeben und sein Titel ist Kafeka, sein District heißt Lavenha. Der zweite an Macht ist der Tafua, Beherrscher des Bezirkes Namo; der dritte Fan-harere, im Bezirk Uto, der vierte, Oberherr von Fäa, heißt, mit seltsamen Anklang an jene Inseln, Taumako. Ihre Macht ist ziemlich gleich: doch haben sie diese Reihenfolge des Ranges. Auch mit der Religion stehen sie im nahen Zusammenhang: der Hohepriester, der Taura-dua ist dem ersten Chef beigeordnet, gleichsam als erster Minister; er allein hat religiöse Bedeutung: denn die drei anderen Priester der Insel·sind dem Taura-dua untergeordnet und dürfen bei den heiligen Handlungen, wobei sie nur die Ceremonien ausführen, nie reden. Auch bestimmte Götter sind mit diesen Häuptlingen in engster Verbindung: so mit dem Lafeka, der von jedem Fischfang Abgaben bekommt (d'Urville a V 119), ein Gott in Fischgestalt; Taumakos Gott ist die Muräne, die zugleich als Gott des Meeres gilt; der Gott des Himmels ist zugleich der Gott des Fanharere und die Fledermaus die des Tafua (Gaimard bei d'Urville a V 306 f.). Auch diese eigenthümliche Verfassung ist ganz und gar nicht polynesisch: wohl aber erinnert sie an Mikronesien und zwar an die Verfassung der Insel Ponapi, welche wir S. 118 geschildert haben. Merkwürdig ist es, daß die Fürsten hier wie die Männer aus dem Volke tattuirt waren (Gaim. a V 310).

Stirbt einer jener vier Würdenträger, ſo folgt ihnen ſein Sohn in
der Würde nach, hat er aber keinen oder iſt derſelbe zu jung, ſein
Bruder (eb. 311). Wie das Verhältniß des Volkes zu dieſen Fürſten
iſt, wird uns nicht direct geſagt, doch läßt es ſich erſchließen. Gaimard berichtet (311), daß auf Tukopia Niemand einen der Fürſten
mit einer Bitte anginge, ohne die Erde zu küſſen. Ueberall ſind die
Fürſten zugleich im engſten Verkehr mit den Göttern und der oberſte
Häuptling Tukopias heißt geradezu Ariki tabu. Es ſcheinen alſo
hier dieſelben Verhältniſſe zu herrſchen, wie im übrigen Ocean, nur
minder ſchroff wie im eigentlichen Polyneſien, wofür auch die gleiche
Tattuirung der Häuptlinge und des Volkes ſpricht; der mittlere Stand
aber zwiſchen Adel und Volk ſcheint zu fehlen, was begreiflich iſt, da das
Volk ſelbſt eine nicht ſklaviſche Stellung hatte. Doch gab es wenigſtens
in früheren Zeiten auch noch Sklaven, Kriegsgefangene (Quiros 522).

Ueber die Rechtsverhältniſſe iſt wenig zu ſagen. Auf Tukopia
wird der Diebſtahl dadurch beſtraft, daß, wenn der Dieb gefangen
wird, ſein ganzes Vermögen dem Beſtohlenen zufällt. Dieſe beſtimmte
Nachricht Dillons (2, 135) iſt wohl genauer als der Bericht
Gaimards (bei d'Urville a V 308), daß dies Verbrechen
nur durch mündlichen Tadel geſtraft werde, der aber oft ſo ſtark
wirke, daß der Verbrecher wegziehe. Nach demſelben Berichterſtatter
ſollen auch die Streitigkeiten, die etwa vorfallen, durch den Hinweis
auf die Strafe der Götter geſchlichtet werden (eb. 309). Richter
ſind überall die Häuptlinge (Dillon 2, 135).

Auch in der Religion ſind dieſe Inſeln ſelbſtändig genug. Freilich
erſcheint das nach Meinicke, welcher nur rein polyneſiſche Verhältniſſe
auch auf dieſen Inſeln ſchildert (Koner 18, 129 f.) nicht ſo, allein
eine genauere Betrachtung des Einzelnen wird unſere nächſte
Behauptung erweiſen. Allerdings iſt es richtig, daß der Hauptgott
Polyneſiens Tangaloa auch auf den Tokelau- und Elliceinſeln die
Hauptgottheit iſt (Gräffe a. a. O. 1188, Hale 156). Auf
Nukunono nannte man ihn i lunga i te langi (Hale 156) d. h.
den oben im Himmel; auf Vaitupu durfte man ſeinen Namen nicht
ausſprechen, weil er zu heilig ſei (eb.). Neben dieſem Hauptgott gab
es verſchiedene Nebengötter: zunächſt auf Nukunono Fakaafo und
wohl auch Datafu den Tui Tokelau d. h. Herr von Tokelau, auf
Nukunono dann ferner den Gott Debolo, deſſen Name, ſicher erſt

durch chriſtlichen Einfluß, aus διάβολος entſtanden (Hale eb.), wahrſcheinlich eine dritte einheimiſche Gottheit bezeichnete. Der Gott von
Baitupu hieß Foilape, welcher Name an mikroneſiſche Götter wie
Enga-lap, Eliu-lap erinnert. Der Tui-Tokelau wurde in Geſtalt
eines Steines verehrt, welcher mit Matten umgeben und ſo heilig
war, daß ihn nur der König ſehen durfte und auch dieſer nur einmal
im Jahre, wenn er mit neuen Matten umkleidet wurde (Turner
527). Dies 10' hohe Steinidol ſtand an der Front des Tempels
und hatte, als Hale es ſah, durch die maſſenhafte Mattenumwickelung
10' im Umfang (Hale 158; Turner 527). Auf allen Inſeln hat
der Gott ſein Haus. Im Mai wird ihm auf Fakaafo ein großes
Feſt gefeiert und zwar den ganzen Monat hindurch, während deſſen
im Tempel Tag und Nacht ein Feuer brennt. Allein auch nur zu
dieſer Zeit darf Nachts Feuer angezündet werden, nie in der nicht
feſtlichen Zeit, es ſei denn zum Fiſchfang, für eine Wöchnerin und zum
Kochen, denn das Feuer iſt den Göttern heilig und die Nacht ihnen
feindlich. Es ſtammt aus der Unterwelt und war im Beſitz von Ma-
fuike, einem alten Weibe, welchem es Talanga entriß (Turner 528) —
ein Mythos, der mit denſelben Namen nur ausgeführter in Samoa und auch
ſonſt in Polyneſien und Mikroneſien lebt (S. 137). Der Tui-Tokelau
war es auch, welcher Krankheiten ſchickte, daher denn Kranke ſofort jenes
Steinidol am Tempel mit neuen Matten bekleiden laſſen, um durch
dies (nicht geringe) Opfer den Gott zu beſchwichtigen (Turner 530).
Ein anderer Gott iſt der Gott des Meeres, und von dieſem haben
wir die älteſte Kunde. Denn der gefangene Sikayaner erzählte dem
Quiros (a. a. O. 532), daß ihnen ein Gott die Ankunft einer
fernen Nation vorausgeſagt hätte, welche die Eingeborenen berauben
und tödten würde. Daher erklärt ſich der ſonderbare Gebrauch auf den
Tokelauinſeln, daß die Bewohner, wenn ein Schiff kam, erſt den
König fragten, ob ſie zu ſeinem Empfang gehen ſollten. Gab er die
Erlaubniß, ſo ging er ſelbſt mit bis zum Strande, wo er betend
verharrte (Turner 529). Schon deshalb hielt man überall die
Weißen für Götter. Die Datafer glaubten, Hale's Schiff käme vom
Himmel und kehrten dahin zurück, daher gaben ſie alle Antworten,
wenn man ſie fragte, ſingend, daher empfingen ſie die Fremden mit
feierlichen Tänzen, um die Gottheiten nicht zu erzürnen (Hale 151 f.).
Aehnlich machten es die Bewohner von Taumako (Wilſon 404,

vergl. Quiros 521). Und ganz derselbe Glaube, wie zu Sikayana, herrschte noch im Anfang dieses Jahrhunderts auf Tukopia (Dillon 2, 133). Natürlich mußte er bei genauerer Bekanntschaft mit den Europäern schwinden: durch die Ankunft der Europäer aber kann er nicht entstanden sein, da ihn Quiros und Schouten schon ausgebildet vorfanden.

Auch an eine seltsame Sage Rotuma's mag hier erinnert werden, welche diese Insel mit Tonga theilt. Dort, in Tonga, heißt es bei Mariner 1, 323—6, lebten zwei ungeheure Riesen, die bei einer Hungersnoth, welche die Götter zur Strafe ihres Uebermuthes gesendet hatten, auswanderten und zwar durchs Meer, das ihnen an den tiefsten Stellen nur bis zur Hüfte ging. Als ihnen Rotuma in Sicht kam, erschlug der eine den anderen, damit es ihm selber nicht an Nahrung fehle, und legte sich dann, als es Abend war, zum Schlafen nieder, mit den Beinen auf Fotuna, mit dem Kopf auf Rotuma gestützt. Sein Schnarchen verursachte auf beiden Inseln Erdbeben; daher beschlossen die erschreckten Rotumaner, ihn zu tödten. Auf ein Zeichen schlagen ihn alle Männer mit dem Beil, der Riese fährt schreiend auf und steht nun auf Rotuma, allein er wankt, fällt betäubt nieder und zwar, während die Beine auf der Insel hängen bleiben, mit dem Kopf ins Meer, so daß er stirbt. Seine Knochen, nach Mariner große Fischknochen, wurden zu Mariners Zeiten noch gezeigt, und kam Jemand von Rotuma nach Tonga, was indeß nicht oft geschah, so war die erste Frage nach den Knochen jenes Riesen, ob man sie gesehen. Und wie dieser Riese von Tonga kam, so wanderte in jenem oben erwähnten Mythos der Gott Raho nach Rotuma von Samoa ein.

Merkwürdig ist es ferner, daß es auf der Insel vier den Göttern heilige Orte giebt, an deren jedem einmal im Jahre ein Fest von einem Tage gefeiert wird. Jeder dieser Orte hatte also wohl seinen besonderen Gott. Auch auf Tukopia hatte jeder der vier Districte sein Geisterhaus, in welchem der Gott der Gegend wohnte. Diese vier Gottheiten waren gewiß jene mit den vier Fürsten der Insel so eng verbundenen Götter, wozu der Umstand paßt, daß der Name des ersten dieser Häuptlinge Arikitabu als Göttername auf den Gilbertinseln und den westlichen Karolinen sich wiederfindet: Tabu-eriki und Erigi-regers, (S. 137). Auch jeder Einzelne hatte seinen besonderen Gott, einen Fisch oder sonst ein Thier (Quoy eb. 305), dem er bei jeder Mahlzeit etwas opferte (Gaimard eb. 301). Bei Sturm und Gewitter, wovor man sich sehr fürchtet, flieht alles in das Geisterhaus und bringt dem obersten der Geister, dessen Zorn das Unwetter verursacht, und der während der Dauer desselben auf dem höchsten Punkt der Insel verweilt, ein Opfer von Taro, Kokosnüssen, Kawawurzeln u. dergl., bis der Gott versöhnt zurückkehrt und das Unwetter aufhört (Dillon 2, 136 f.). Auf Sikayana glaubte man an einen „Teufel" Terva, der Nachts sich zeige und Tags unsichtbar mit den Menschen verkehre; man könne durch ihn hindurchgehen wie durch unfühlbare Luft (Quiros 532), was an die Schilderung des Paradieses der Tonganer (Mar. 2, 107—9) erinnert, da auch dies aus unfühlbaren Stoffen bestand.

Der erste Mensch entstand zu Fakaafo (wie auf den Marianen) aus einem Stein und machte sein Weib aus einer seiner Rippen (daher Rippe und Weib ivi heißen. So erzählt Turner 523, 526); der letzte Theil dieses Mythos aber beruht ganz sicher auf dem Einfluß, den Umdeutungen der Missionäre, welche durch den Doppelsinn des Wortes ivi und seinen Gleichklang mit Eva den hebräischen Mythus an diesen polynesischen anfügten.

Alle diese Insulaner glaubten an eine Fortexistenz der Seelen. Auf den Tokelaus wurden sie Sterne, wenn feindselige Götter sie sich nicht dienstbar machten. Diese letzteren wandelten Nachts umher — weshalb man außer in heiliger Festzeit mächtigerer Gottheiten Nachts kein Feuer anzünden durfte — und lauern an bestimmten Plätzen auf die Menschen; daher Nachts an diese Plätze kein Eingeborener zu bringen ist, denn sonst mußte seine Seele jenen Geistern ewig dienen (Turner 529). In gleicher Weise sind diese auch den Seelen der Abgeschiedenen gefährlich, mit denen sie also auf keine Weise zu identificiren sind. Den Sternengeistern nun, den Seelen der Todten, dient der Mond zur Speise; man glaubt, daß sie ihn verzehren, wenn er abnimmt; eine Mondfinsterniß, durch welche die Speise der Abge- schiedenen gefährdet wird, ist also ein großes Unglück, welches man gleich bei seinem Beginn durch ein großes Opfer von Kokosnüssen zu verhüten sucht. Uebrigens gehen viele Seelen auch in den Mond selbst, namentlich die der Häuptlinge: der Mann im Mond ist ein solcher abgeschiedener Geist (Turner 529—31). Auch glaubt man

ferner, daß die Weißen Götter oder Götterboten seien, welche die
Seelen hinwegführten: und Weiße mit kurzgeschorenen Haaren hielten
sie für solche Seelen selbst (Turner 529): wohl, weil es allgemeine
Sitte war bei der Trauer um einen Todten sich das Haar zu
scheeren, oder weil man in dem Haar eines Menschen ein ganz
besonderes Zeichen seiner Lebenskraft sah. Auf Rotuma glaubte man,
der Geist eines Sterbenden gehe in einen andern der Lebenden über
(Turner 360). Auf Tukopia glaubte man nach Gaimard,
(bei d'Urville a V 310), daß die Seelen alle in den Himmel gingen
um dort ewig zu leben: nach Dillon 2, 136 bleiben sie im Geisterhaus und haben, wenn hier nicht ein Irrthum des Berichterstatters
mit unterläuft, einen mächtigsten Geist an ihrer Spitze, denselben, der
im Zorn Unwetter schickt. Ihnen opfern die Häuptlinge Früchte mit
seltsamen Ceremonien und tragen diese Früchte dann in ihr eigenes
Haus (Gaimard a. a. O. 307), um sie zu essen.

Es ist bekannt, daß in Mikro- und fast noch mehr in Polynesien der Cult der Abgeschiedenen die alten Götter fast ganz verdrängt hat. Allein diese Seelen- und Ahnenverehrung scheint auf
den Inseln unseres Gebietes noch nicht durchgedrungen zu sein.
Freilich wurden die Verstorbenen zu Geistern oder Halbgöttern, und
auf Nanomea verehrte und salbte man ihre Schädel (Gräffe Ausl.
1867, 1189); allein noch gelten überall andere Gottheiten und es
ist kein Grund, den Tui-tokelau, den Arikitabu u. s. w. für ver-
götterte Menschen zu halten. Vielmehr umgekehrt: Niemand war
würdiger mit dem Gott zu verkehren, als der höchste Fürst; dieser
vertrat den Gott, in ihn senkte sich der Gott herab. Wir sehen also
die Insulaner dieses Gebietes auf einer älteren Stufe stehen als
Mikro- und Polynesien. Denn bei ihnen vertreten die Fürsten noch
die Götter, sie sind noch nicht selbst zu Göttern geworden, sondern
nur so weit göttlich, als sich der Gott auf sie herabsenkt. Weil der
Gott dies nur auf die Fürsten thut, so sind die Fürsten nachher
überall selber zu Göttern geworden: hier aber sind sie es noch nicht.
Denn einmal wird uns nichts von jener übermäßigen Verehrung, wie
sie in Polynesien Sitte war, berichtet, sodann werden die Seelen
selbst hier viel weniger verehrt und gefürchtet. Man sieht deutlich,
sie haben noch nicht die ausgedehnte Macht. Ist dies aber richtig, so
ist es nicht ohne Bedeutung für die Geschichte dieser Insulaner, sie

müssen dann in sehr früher Zeit selbständig geworden sein, und zwar stehen sie Mikronesien eben so selbständig gegenüber, wie Polynesien. Ueber Tempel, Opfer, Priester, welche oft auch Aerzte sind, ist schon zur Genüge geredet. Auch kannten die Bewohner dieser Inseln das Tabu der Polynesier, wenn es bei ihnen auch nicht in polynesischer Ausdehnung galt. Die Tempel auf Tokelau durften nicht betreten werden (Hale 157); der erste Häuptling von Tukopia hieß Arikitabu, in Nukunono (Hale 167) der Priester Fakatabu d. h. Vollzieher des Heiligen. Und ob es nicht auch eine Art Tabu war, welches Trauernde auf Sikayana von allem Handel und Verkehr fern hielt (Nov. 2, 444)? Gräffe (Ausl. 1867, 1189) beschreibt feierliche Ceremonien, welche man in Nanomea anwendete, um Fremde für den Besuch der Insel einzuweihen. Auch diese scheinen weiter nichts zu bezwecken, als ein Tabu aufzuheben, was wahrscheinlich auf den Fremden lag, da man diese als Götter ansah. Diese Ceremonien erinnern lebhaft an die, welche auf Cap (oben S. 147) zur Aufhebung des Tabus dienten. Tabubruch erregt, wie im westlichen Polynesien überhaupt, Krankheit: stirbt Jemand, so fragen die Verwandten den Priester nach der Ursache und dieser gibt dann, nachdem er den Gott befragt und indem er seine Stimme in die des Gottes verstellt, irgend einen Tabubruch als Grund der Krankheit an (Turner 530).

Sie haben allerhand Mittel, Krankheiten zu heilen. Auf den Tokelaus bestreicht man Kranke mit Oel, wärmt oder kühlt sie, je nachdem (eb.) es Noth scheint. Dasselbe Mittel, Einreiben mit Kokosöl, galt auch zu Tukopia und wurde dort von einem berufsmäßigen Arzte angewendet (Gaimard bei d'Urville a V 310). Sehr merkwürdig ist das Verfahren, welches die Bewohner dieser Insel in Anwendung bringen, um eine epidemische Krankheit aufhören zu machen: die ältesten Söhne der vier ersten Häuptlinge, also die vier vornehmsten Jünglinge, tragen eine kleine blumengeschmückte Pirogue durch die ganze Insel, lärmend gefolgt von der gesammten Bevölkerung. Von Fäa geht der Zug aus, dorthin kehrt er zurück, um bei seiner Ankunft daselbst die Pirogue ins Meer weit hinauszustoßen (eb. 311) — und mit ihr ohne Zweifel alles Unheil. So geschah es, als nach Dillon's Besuch eine Hustenepidemie ausbrach (eb.).

Stirbt nun einer, so kommen alle Freunde des Verstorbenen in

seinem Haus zusammen, wickeln die Leiche unter mancherlei Ceremonien
in neue Matten ein und legen sie in ein tiefes Grab in der Nähe
seiner Wohnung (Dillon 2, 136) oder, wenn der Verstorbene ein
Häuptling war, in seiner Wohnung selbst (Gaimard a. a. O. 308).
die Leidtragenden verwunden sich dabei um ihren Schmerz zu zeigen
bis aufs Blut (eb.).   Ebenso ist es in Rotuma, wo man sich mit
Haifischzähnen Stirn und Wange zerfleischt, sich mit Speeren sticht
und wo die Weiber aber nicht die Männer, — während in Tonga beide
Geschlechter die Sitte haben — sich den kleinen Finger zum Zeichen
der Trauer abschneiden (Wilson 404).   Doch beschränkte sich dies
wohl nur auf ein Glied des Fingers.   Auf Sikayana und häufig
auch auf Tukopia (Gaimard a. a. O. 310) wird den Todten das
Gesicht roth gemalt (mit bixa orellana); die Trauernden tragen eine
kapuzenähnliche Kopfbedeckung und halten sich vom Verkehr z. B. vom
Tauschhandel fern (Novara 2, 444).   Auch Menschenopfer scheinen
früher gebräuchlich gewesen zu sein: wenigstens behauptet Michelewa
y Rojas (170), daß noch „vor wenigen Jahren" beim Tode eines
Häuptlings ein Knabe, und am Grabe seiner Frau ein Mädchen
geopfert sei.

Diese Inseln haben sich jetzt natürlich sehr geändert durch den
Einfluß der Europäer.   Von den Elliceinseln hat zwar Nanomea die
alten Landessitten bewahrt: aber sonst finden sie sich auch nirgends
mehr (Gräffe a. a. O. 1188).   Auf Niutao hat sich durch Agenten
von Kaufleuten (welche hauptsächlich Kokosöl einhandeln) eine Art von
Civilisation ohne Christenthum gebildet, obwohl sie dem Heidenthum
entsagt haben: Vergehen gegen Sitte und Gesetz werden durch Strafen
die in Abgaben bestehen gebüßt und den Sonntag darf nicht gearbeitet
werden (eb. 1187).   Aehnlich ist es auf Baitupu gewesen, nur minder
feierlich.   Dorthin waren 1862 Sträflinge aus Australien, welche
nach den Kingsmillinseln wollten, gelangt, hatten sich aber so frevelhaft
betragen, daß sie von den Eingeborenen, deren einen sie ermordet hatten,
aus Nothwehr erschlagen wurden.   Dafür blieb denn eine ächt englische
Rache nicht aus: ein Kauffahrer aus Sidney erpreßte ihnen für
diesen Mord an Engländern verübt als Buße einige Tonnen Kokosöl,
die er natürlich als sein Eigenthum verwerthete (eb. 1184—5).   Später,
aber sind von Samoa aus englische und samoanische Missionäre gekommen und die ganze Gruppe ist jetzt christlich.   Nukulälä hatte schon

früher auf Betrieb eines englischen Kaufmannes das Heidenthum aufgegeben (Meinicke bei Koner 18, 131). Auch die Tokelauinseln
sind jetzt christlich und zwar sind hier hauptsächlich die Londoner
Missionäre (z. B. Turner) thätig gewesen. Auch die Katholiken,
deren Verfahren in der Südsee wir später genauer kennen lernen werden,
versuchten es, hier ihre Lehre auszubreiten: doch ist es ihnen nur auf
Nukunono und insofern auf Fakaafo gelungen, als sie den größten
Theil der Einwohner zu jener oben (S. 175) erzählten Auswanderung
nach Uwea bewogen haben, wo die katholische Lehre herrscht. Die
übrigen Inseln sind seit 1861 und 1863 protestantisch (Meinicke
a. a. O. 131 nach den engl. Missionsberichten).

Aehnlich ist die Geschichte auch der übrigen Inseln unseres Gebietes. Nach Rotuma kamen 1828 etwa 12 englische Matrosen von
Walerfischen, welche sich mit einheimischen Weibern verheiratheten und
große Achtung und bedeutenden Einfluß erlangten (Tromelin bei
Berghaus 1, 100), indem sie dieselben an europäische Sitten ge-
wöhnten. So nahmen sie denn auch die Missionäre, welche 1845
hinkamen, freundlich auf und behandelten sie gut; doch hatten die letzteren
trotzdem keinen bedeutenden Erfolg (Turner 358). Ganz ähnlich
waren die Verhältnisse auf Tukopia. Die Sikayaner sprachen alle gebrochen englisch und waren auch sonst an europäische Sitten gewöhnt
(Cheyne 53. Novara 2, 440). Ueberall in diesem Gebiete wird
das Christenthum, wo es noch nicht ist, leicht angenommen, die Insulaner leicht an europäische Sitten gewöhnt werden, vorausgesetzt, daß
die Europäer sie nicht allzufeindselig behandeln. Der Sikayaner, den
Quiros (522) mitnahm, brannte vor Eifer, den seinigen das Christenthum zu bringen; allein er starb jung in Mexiko. Wenn jetzt die
Sikayaner keine Missionäre wollen, weil sonst alle ihre Nahrung auf
hören werde (Nov. 2, 444), so ist dies Widerstreben nur auf Rechnung des vielen Unheils, der Krankheiten (letztere haben die Sikayaner
arg mitgenommen) u. s. w. zu setzen, welche die Europäer mitzubringen
pflegen.

Wir haben uns also die Frage zu beantworten gesucht, wie die
Bewohner dieser Inseln ihr Gebiet betraten und wie sie sich in demselben vertheilt haben; jetzt aber müssen wir uns die andere schwierigere
Frage zur Beantwortung vorlegen: wie kamen die übrigen Polynesier
zu ihren Wohnsitzen? Wir müssen also über die **Wanderung der**

Polynesier sprechen. Zunächst ist von einigen, die erst in sehr späte Zeit fallen, leicht zu berichten. Der ganze Osten Melanesiens nämlich hat eine Menge polynesischer Einwohner, welche sich daselbst in älterer oder jüngerer Zeit niedergelassen haben. So sind die Inseln Immer und Erronan bei Tanna ganz polynesisch geworden, auch dem Namen nach: Immer heißt Niva, Erronan Fotuna und diese Namen verrathen den Ursprung der Einwanderer, welche alle von der Niva-gruppe stammen (Hale 8; v. d. Gabelentz §. 249). Ebenso hat Uwea in den Lohalitätsinseln Namen und Bewohner von der gleich-namigen Insel empfangen und zwar durch Leute, welche vor angeblich 2—3 Generationen wegen einer Blutschuld aus ihrem Vaterland ent-flohen, die Urbewohner ihrer neuen Heimath in die Berge zurückdrängten (Erskine 340). Vate ist gleichfalls mit einzelnen polynesischen Kolonieen besetzt: 1830 landeten viele verschlagene Tonganer, welche hier blieben (Erskine 333), 1840 (Gill 55) 100 Samoaner, welche im Kriege flüchtig ihre Heimath verlassen hatten. Andere Schaaren tonganischer Abkunft sind nach Mare verschlagen (Erskine 373) und auf Tanna, wo mehrere Sprachen herrschen (Turner 83), soll eine derselben eine der tonganischen ähnliche polynesische sein (Forster ges. Werk 2, 205; 276). Auch Handelsgeschäfte und vor allem das Santelholz haben Polynesier öfters in diese Gegenden ge-führt, wie namentlich die Bewohner der Sandwichinseln; und so mag auch durch solche Fahrten manches polynesische Element hierher gekommen sein.

Schwieriger aber, ja eine der schwierigsten Aufgaben der ozeanischen Ethnologie überhaupt ist die Frage nach den ältesten Wanderungen dieser Stämme, durch welche sie in ihre jetzigen Wohnsitze gekommen sind. Hale hat sich ihr zunächst unterzogen: und seine Resultate sind in den Hauptsachen gewiß richtig, so viel Mühe sich auch neuere Forschung gegeben hat, sie zu alteriren.

Hale stellt nämlich die Ansicht auf, daß die Polynesier nachdem sie von Malaisien eingewandert seien, sich vom Samoaarchipel aus nach Süden und Osten über den Ozean verbreiteten. Hierfür spricht zunächst die geographische Lage dieser Inseln; sodann aber der Umstand, daß auf jeder Gruppe des Ozeans sich der Name der Hauptinsel Samoas, Savaii, mundartlich verschiedenfach umgestaltet (Hawaii, Havaiki u. s. w.) wiederfindet; daß die Eingeborenen in Sagen, Liedern und sonst die Abstammung von Savaii sicher angeben. Von Samoa schlugen

die Auswanderer hauptsächlich zwei Wege ein: nach Südwesten, auf
dem sie nach Neuseeland gelangten und nach Osten, der nach Tahiti
führte. Tahiti ward dann selbst wieder Mittelpunkt, denn von ihm
aus sind Nukahiva, Hawaii, zum größten Theil Paumotu, die Austral-
und die Herveyinseln bevölkert, obwohl die letzteren noch einen direkten
Zuschuß von Samoa selbst empfingen. Dies müssen wir jetzt im
einzelnen ausführen.

Auf Raiatea (Gesellschaftsinseln) hieß das alte Nationalheiligthum
zu Opoa, wo die ersten Menschen von den Göttern geschaffen wurden, wo die Götter lebten, von wo aus sich die Gruppe bevölkerte
(Ellis 1, 111), wo Oro, der spätere Kriegsgott, zuerst als Mensch
geherrscht haben soll (eb. 123) nach einigen alten tahitischen Ueberlieferungen Hawaii, woraus Ellis (1, 123) den Schluß zieht, Malaien oder Japanesen, welche nach Amerika verschlagen dieses bevölkerten, hätten sich von da aus, etwa von Nutka über die Sandwichgruppe, deren Bewohner gleichfalls von ihnen abstammten, bis nach
Tahiti und weiter ausgebreitet, eine Ansicht welche keine Widerlegung
verdient. Auf Nukahiva glaubte man nach Crook (Hale 127;
Stewart a 68; Baseler Miss. Mag. 1839), daß die Insel von
einem unterirdischen Hawaiki, nach Porter aber, einem gleichfalls unter
der Erde gelegenen Vavao aufgestiegen sei (Hale 127). Schirren
(104, Anm.) hat vielleicht nicht Unrecht, in diesem Vavao eine falsche
Wiedergabe des Namens, also ein Mißverständniß Porters zu vermuthen, da Mathias G*** nicht eine Spur von dieser Sage finden
konnte. Dann liegt es nahe, an Havaiki selbst zu denken, das uns
gleich in der Form „Vavai" entgegentreten wird. Die größte Insel
der Sandwichgruppe führt gleichfalls den Namen Savaii oder nach
der Mundart der Sandwichinsulaner Hawaii und es ist merkwürdig,
daß beide Inseln, die samoanische und die berühmtere des nach ihr
benannten Archipels in Gestalt und Erscheinung einander ähnlich sehen
sollen (Hale 130), noch merkwürdiger aber, daß die Nordspitze der
Insel den Namen einer anderen Insel des Samoaarchipel Upolu trägt
und eine kleine Felseninsel Lehua, d. i. Lefuka, wie eine Insel im
Tongaarchipel heißt. Auch auf Aitutaki und Rarotonga finden wir
dies Hawaii oder Avaiki als das unterirdische Land wieder, von welchem
die Eingeborenen abstammen wollen (Hale 136). Von den Australinseln gehört Rai-vavai hierher; vom Tongaarchipel die Habaigruppe.

Dabei ist wohl zu beachten, daß Raiatea zu den östlichsten Inseln der Gesellschaftsgruppe gehört, Hawaii wie die größte so die südlichste Insel des Sandwicharchipels und Aitutaki die nordwestlichste, Raro= tonga die Hauptinsel der Herveygruppe ist. Nirgends aber war die Abstammung von Savaii lebhafter im Gedächtnisse des Volkes, als auf Neuseeland, wo sie schon Cook erzählen hörte (l. R. bei Schil= ler 3, 64) — und zwar nannte man ihm „heawije oder hiwije" als Heimathsland aller Südseeinsulaner — und wo sie in den Sagen, die Grey gesammelt hat, eine Hauptrolle spielt. Auch Ortschaften auf Neuseeland empfingen ihren Namen von samoanischen (Grey a 148).

Solche Sagen aber gab es überall, wie z. B. Ellis 1, 114 tahitische Erzählungen erwähnt, nach welchen alle Inselbewohner des Oceans (natürlich des Oceans um Tahiti) abstammten von einer westlich gelegenen Insel, von deren verschiedenen Namen die Ein= geborenen freilich keinen mehr zu nennen wußten. Und Mören= hout gibt uns (1, 419 f.) alte heilige Gesänge, aus dem Munde eines tahitischen Priesters, in welchen Hawaii als erstes und ältestes Land von den Göttern geschaffen wird. Die Rarotonganer ferner erzählten, daß ihre Insel von Karika bevölkert sei, einem gewaltigen Kriegs= und Seehelden, welcher von dem westlich gelegenen Manuka gekommen sei. Doch hatten sie noch eine andere Mythe, daß die Be= völkerung abstamme von einem gewaltigen Riesen, Apopo iva roa „dem großknochigen Riesen", der über die See gekommen sei. Wie Hale (137) ganz sicher richtig in jenem Manuka das samoanische Manua sieht, so weist auch jene zweite Sage nach dem Westen des Oceans, denn sie hat große Aehnlichkeit mit jenen oben erwähnten rotumanischen Erzählungen von den beiden Riesen, die von Tonga, oder von dem Gott Raho und seinem Weibe Iva (d. h. Knochen), die von Samoa kamen.

Fast aber noch wichtiger als alles dieses, wenigstens noch schla= gender ist folgendes. Cook nahm, als er auf seiner ersten Reise nach Tahiti kam, von dort einen Eingeborenen Namens Tupaya mit, welcher unterwegs eine Karte aller ihm bekannten Inseln des Oceans entwarf, welche sich bei Forster (Bemerk. 442 f.) findet. Diese Karte umfaßt nach Westen zu noch Fidschi und Rotuma, sie erwähnt Uwea, Savaii, Upolu, Tutuila, Vavao, sowie auch den Hervey=Archipel, die Austral=

inseln, Paumotu und Nukahiva; ihre Deutung — denn durch Cooks
Beihülfe entstand ein Fehler in der Zeichnung, weil er die tahitische
Bezeichnung der Himmelsgegenden nicht verstand — gehört zu den
scharfsinnigsten Partieen in Hales Werk (124). Hale macht mit
Recht darauf aufmerksam, daß diese Karte eher aufgezeichnet ist, als
die Europäer jene westlichen Inseln entdeckt hatten; daß wir hier einheimische Namen und einheimische Ueberlieferung vollkommen rein vor
uns haben. Tupaya nun zeichnete sein o-heawai d. i. samoanisch
Savaii viel größer als alle anderen Inseln, sechs- bis achtmal größer sogar
als Tahiti selbst und setzte hinzu „der Vater aller Inseln" (Forster
454). Auch der Lage nach kann nichts anderes damit gemeint sein,
als das samoanische Hawaii; so daß wir hier einen unzweifelhaften
und vollkommen unwiderleglichen Beleg für die Ansicht der Tahitier
haben, daß alle Inseln von Savaii abstammen.

Wer also gegen Hales Behauptung auftreten will, muß zunächst
die Unwichtigkeit dieser Karte darthun. Der bedeutendste Schriftsteller
nun, der gegen Hale aufgetreten ist, ist Schirren, welchem Hochstetter
(54 f.) ohne neue Gründe vorzubringen beistimmt. Von seinen Sätzen
gehen uns zunächst zwei an: einmal, daß alle jene Wandersagen,
seien es neuseeländische, tahitische oder andere, jegliches geschichtlichen
Kernes und Werthes entbehren; und zweitens, daß auch Hawaiki kein
geographischer sondern ein nur und rein mythologischer Begriff sei.
Und dennoch erwähnt Schirren die Karte des Tupaya, auf welche
Hale und mit vollstem Recht das höchste Gewicht legt, er erwähnt sie
auch nicht mit einem einzigen Wort, trotzdem er Hale fortwährend zu
widerlegen bemüht ist! Muß uns dies schon sehr bedenklich machen,
so ist das, was er gegen Hale vorbringt, vollkommen unannehmbar.
Nach ihm (98—111) soll Hawaiki nur das Todtenreich, die Unterwelt
bezeichnen; und nirgends käme es in der Bedeutung „Land" vor,
sondern bedeute stets das Geisterreich. Die Karte des Tupaya freilich
widerlegt ihn schon; ebenso aber auch jenes schon eben erwähnte Lied
bei Mörenhout, wovon er freilich nur einige Zeilen anführt. Es
lautet, so weit es uns hier angeht und in möglichst genauer Uebersetzung:

Parahi Taaroa te ioa	(Es oder er) ist Taaroa der Name
roto ia te aere,	in dem Unendlichen (? Mör.),
aita fenua aita rai	nicht Land, nicht Himmel (war)

tiaoro Taaroa i nïa,	ruft Taaroa oben,
faariro noa i hora oïa	verwandelte sich selbst er
i te ohe narea eï.	in das All (Mörenh.).
te tumu Taaroa,	Der Baumwipfel (ist) Taaroa,
te papa Taaroa,	der Felsen Taaroa,
Taaroa te one,	Taaroa der Sand,
Toro Taaroa in naïo.	breitet aus Taaroa seinen Namen.
Taaroa tei te ao,	Taaroa er (ist) der Tag,
Taaroa tei te reto (repo?)	T. er Erde, Schmutz (?),
Taaroa te nahora,	T. der Keim (Mörenh.),
Taaroa tei raro,	T. er (ist) Grundlage,
Taaroa tei taïi.	T. er unvergänglich (Mörenh.).
Taaroa te paari	Taaroa (ist) der weise
fanau fenua Hoaïi,	bringt hervor Land Hawaii,
Hoaï nui raa	Hawaii groß geheiligt
ei paa no Taaroa,	zum Körper Taaroas,
te oriori ra fenua.	er erzeugte die Erde.

Diese letzten vier Zeilen übersetzt Schirren (105) anders:

> Hawaiki erzeugt die Erde;
> Das große Hawaiki
> In oder zur Schale für Taaroa
> Erzeugt die Erde.

Aber da nach dem Zusammenhang zu fanau (bringt hervor) nur Taaroa Subjekt sein kann, da die Construction dies sehr gut zuläßt, ja, da der Zusatz Hoai nui raa nur dann Sinn gibt, wenn er zu einem Objekt gehört, auch das Erzeugen eines Landes durch ein anderes Land ein solchen Urzeiten ganz fern liegender Gedanke ist: so können wir uns nicht überzeugen, daß er Recht hat, um so weniger als nun in den folgenden Zeilen alle jene Dinge, welche Taaroa ist, Bäume und Felsen und Sand, zur Bildung der Erde aufgerufen werden.

e te tumu e te papa	und der Wipfel und der Fels
e te one o o	und der Sand
otoina mai pohïa teï fenua.	Ihr hierher, daß gebildet werde die Erde.

Auch andere Sagen (Ellis 1, 326) lassen die Erde durch Taaroa entstehen. In der Uebersetzung der Schlußstrophe irrt Schirren gleichfalls. Sie lautet:

fa opia rai	er wickelt zusammen (den) Himmel
a toto (toro?) te rai;	und breitet aus den Himmel;
fa hohonu	in der Tiefe
epau fenua no Hoaii.	ist gemacht das Land Hawaii.

Denn no bezeichnet fehr häufig ein genetivifches Verhältniß*). Auch
in der Ueberfetzung eines anderen Liedes irrt er (106), denn

teie te pehe na Taaroa i te tuvauvauraa ia Havaii i te fenua

heißt nicht, das ift der Gefang Taaroas während das Formen der
Erde in Hawaii, fondern, da a eine Eigennamen vortretende Partikel,
i Zeichen des Akkufativs ift, nichts anderes als: während er formte
Hawaii das Land. So überfetzte Mosblech, den Schirren anführt, ganz richtig: und fchon die Wortftellung verlangt diefen Sinn.
Sehen wir hier alfo überall Haaviki mit Land enge verbunden, und
ift fomit Schirren nach diefer Seite hin widerlegt, fo ift es auch
eine aus der Luft gegriffene Behauptung, wenn er fagt, nicht das
Land Havaiki, fondern irgend ein anderes werde aus dem Meere in
den Schöpfungsfagen emporgezogen: vielmehr erzählen Dies, wie wir
fehen werden, eine Menge Sagen von Havaiki felbft. Wir haben es
alfo mit einem wirklichen Lande zu thun: wie wäre es denn auch
denkbar, daß die Lebenden ihr Land mit dem fo wenig einladenden
Namen „Todtenreich" genannt hätten? Wie ift dies gerade bei den
fo abergläubifchen Polynefiern denkbar? Alles aber löft und fügt fich,
wenn man zu Hales Anficht zurückkehrt, der zufolge Hawaii oder
Savaii urfprünglich das wirkliche Stamm- und Heimathsland der
Polynefier war und erft fpäter, als die Bevölkerung fich über den
ganzen Ocean verbreitet und nach jeder Gruppe den Namen Hawaii
zur Erinnerung an das alte Vaterland gebracht hatte, erft fpäter
überging in die mythologifche Bedeutung des Todtenreiches. Diefer
Uebergang begreift fich doch fo leicht. Hawaii war als das Land
der Väter jedem bekannt und bald jedem heilig; die Todten aber, fo
glaubte man, kehrten in das Land der Väter, das die Phantafie dank-
barer Enkel mit allen Reizen ausfchmückte, zurück, zumal da dies
Land nach Weften lag, wo die Sonne unterging: denn diefer Weg
der Sonne war zugleich der Weg der Seelen, welche ins Jenfeits
eilten, bei vielen vielleicht bei allen Völkern. Auch der Name Hawaii
trug vielleicht zu diefer Uebertragung bei. Er bedeutet (Schirren
98 f.) „das Untengelegene" und ift auch im eigentlichen Malaifien
ganz häufig (Humboldt 1, 64) in dem Sinn „unter dem Winde

---

*) Matth. 2, 20: εἰς γῆν Ἰσραὴλ: i te fenua o Iseraela. Mit diefem
o ftellt Hale unfer no ganz gleich (243, § 20).

gelegen." Diesen altheimischen Namen legten die Einwanderer ihrer
neuen Heimath, welche unter dem Südostpassat liegt, bei und sie
konnten kaum anders, denn keine Eigenschaft des neugefundenen Landes
mußte einem so seetüchtigen Volke, wie die Polynesier schon bei ihrer
Einwanderung waren (sie hätten sonst gar nicht einwandern können)
mehr auffallen als das beständige Vorherrschen des Südostwindes.
Dieser Name, dessen ursprüngliche Bedeutung man nach und nach
vergaß, übertrug sich dann sehr leicht auf das Todtenreich, welches
gleichfalls ein „Untengelegenes" war, denn man dachte es sich unter
der Erde, unter dem Meere gelegen, da die Sonne täglich ins
Meer hinabsank, aus dem Meere hervorstieg. Auch erklärt sich aus
der Bedeutung dieses Namens der Umstand sehr gut, welchen Schirren (103) in seinem Sinne deutet, daß das samoanische Savaii noch
einen anderen Namen hatte, Salafaii (Hale 137): jener erste war
Appellativ für die ganze Gruppe und die Hauptinsel der Gruppe
welche unter dem Winde lag; jener andere war der Specialname der
einzelnen Insel. Samoa selbst bedeutet (Hale 120) all, Allheit,
Union, ist aber jetzt ganz zum Eigennamen geworden, denn jetzt heißt
uma im samoanischen all, Allheit. Der Name selbst muß also schon
alt sein: sollte er vielleicht der Gruppe beigelegt sein im Bewußtsein,
daß von hier aus, der ursprünglichen Einheit, die Allheit der Polynesier ausgegangen war? Die fernsten Inselgruppen blieben immer
noch in einem gewissen Verhältniß, in Kenntniß von einander, wie
die Karte des Tupaya klar beweist.

Dafür, daß die älteste Heimath der Polynesier im stillen Ocean
Samoa war, sprechen noch andere Umstände, welche Schirren zum
Theil gar nicht erwähnt und die freilich untergeordneter Art sind. Hale
macht (172) darauf aufmerksam, daß auf Neuseeland, Samoa, Rarotonga, Tahiti und Hawaii der Südwind Tonga heißt und sagt, man
könne diesen Umstand nur aus der Lage Tongas zu Samoa erklären,
und wenn nun auch Schirren (102) hiergegen einwendet, Tonga,
welches schon Hale s. v. von to fallen, sinken ableitet, bedeute eigentlich nur den Punkt, von welchem die Sonne zu sinken anfängt, den
Mittagspunkt und daher hätten die Inseln, welche im Süden liegen
sowie der Wind, der von Süden weht, unabhängig von einander
diesen Namen, so könnte diese Widerlegung für alle anderen Inseln
passen, nicht aber für Neuseeland, denn für diese südlich gelegene

Insel ist der Wendepunkt der Sonne im Norden, und Tonga mußte hier also Nordwind bedeuten, während es auch hier Südwind heißt. Daraus folgt nun freilich weiter noch nichts, als daß die Neuseeländer von einem nördlicher gelegenen Land eingewandert sind; allein da nun auch sonst die Polynesier den Wind nach den Inseln, wo er her-kommt, zu benennen pflegen — heißt doch Tonga selbst Osten in Tukopia; der Nordwind heißt Tokelau von der nördlich von Samoa gelegenen Gruppe — so sieht man sich genöthigt, auch hierin Hale Recht zu geben und auch die Benennung des Südwinds Tonga für einen Beweis der Abstammung aus Samoa anzusehen. Der Name Tokelau für Nordwind beweist, wie wir schon oben andeuteten, das-selbe. Hale (171) macht ferner darauf aufmerksam (was Schir-ren wie die Karte des Tupaia ganz unbeachtet läßt), daß zu Ta-hiti die Monate, welche etwa unserem Juni und Juli entsprechen Taroromua und Taroromuri, d. h. vor und nach dem Taroro heißen. Ebenso auf Samoa Talolomua, Talolomuli und Talolo bezeichnet hier ein Seegewürm, eine Hauptdelikatesse der Samoaner, während man das Thier auf Tahiti gar nicht kennt und das Wort nicht ver-steht. Also auch diese Namen weisen nach Samoa.

Und es gibt noch manches Andere, was zwar nicht direkt an Samoa, wohl aber auf eine Einwanderung der einzelnen Stämme hinweist und zu einer Einwanderung von Samoa wenigstens vortrefflich daßt. So macht Gaussin (du dialecte de Tahiti, des isles Marqu. et de la langue Polynesienne, Fechner Centralblatt 1854, 3 f.) darauf aufmerksam, daß das Schwein den Neuseeländern fehlte, daß sie aber den polynesischen Namen für das Thier, puaka, in ihrer Sprache besaßen: sie müssen also aus einem Land gekommen sein, wo es Schweine gab. Noch wichtiger ist es, wenn im Tahitischen (Gaus-sin eb.) fatu eine Hochinsel, motu eine flache Koralleninsel, im Mar-kesanischen und Neuseeländischen aber beides ohne Unterschied Insel be-zeichnet, denn weder im Markesasarchipel, noch bei Neuseeland gibt es Koralleninseln. Diese Worte müssen also aus einer Gegend stam-men, wo man hohe und flache Eilande hatte. Auch dies paßt auf Samoa und in Tahiti behielten beide Worte ihre Geltung, weil dort beide Inselarten vorkamen. Derartiges wird sich bei genauerer Durchforschung der Sprachen noch mehr finden lassen.

Nach einem wirklichen Lande und also nach Samoa weisen nun

auch die Wandersagen, namentlich der Neuseeländer, die, wenn Hawaii
mythologisch zu deuten wäre, unmöglich von einem steten Hin= und
Wiederfahren zwischen Neuseeland und Hawaii berichten könnten.
Freilich Schirren gibt auf die Sagen nichts, denn er behauptet, daß
die Wanderung selbst „im Lichte der Wandersagen nicht Thatsache,
sondern nur Mythos“ ist, indem er ausführt (108), daß alle diese
Wandersagen weiter nichts enthalten, als die Darstellung von Mauis
Fahrten. Allein wie Schirren bei seinen Etymologien unkritisch
ist und alles mit allem vermischt (eine Gefahr, die bei polynesischen
Sprachen sehr nahe liegt), so ist er bei weitem unkritischer in seinen
mythologischen Zusammenstellungen. Waitz hat sehr Recht, wenn er
in seinen Excerpten über Schirren bemerkt: „Das Material, worüber
wir bis jetzt verfügen, ist ein keineswegs kritisch gesichtetes. Vieles davon
mag auf Mißverständnissen der Eingeborenen, der Berichterstatter, her=
rühren,“ vieles auch auf absichtlichen Täuschungen der Eingeborenen,
die gar zu gern den Europäern eine Nase drehen, „bei jedem Stamm
und fast von jedem Priester werden die einheimischen Traditionen ab=
weichend erzählt, oft mit momentanen Abänderungen durch die stets
rege Phantasie des Erzählers, große Zeiten und Räume trennen
die Orte von einander, an welchen die Ueberlieferungen gesammelt
sind — und auf solches Material hin unternimmt man es, Identi=
fikationen verschiedener mythologischer Hauptpersonen zu gründen!“
Greys Sammlung bildet freilich einen festen Halt: und durch ge=
naue Prüfung und kritische Vergleichung, welche bei einer so umfassen=
den Gelehrsamkeit wie Schirrens nicht allzuschwierig gewesen wäre,
hätte sich manches feststellen lassen. Allein wie geht er zu Werke!
S. 68—85 wird Maui mit so gut wie allen polynesischen Gottheiten
dentificirt, was schon an sich undenkbar ist, und wird so zum Haupt=
gott; S. 156 f. zeigen sich alle Wandersagen als Sonnenmythen
und zwar nach einer Methode, nach welcher sich Alles zu Allem deu=
ten läßt, wie denn Schirren auch schließlich (170) auf ähnliche
Weise weit über das polynesische Gebiet hinausgeht und eben alles,
die gesammten Mythen der Welt als Sonnenmythen deutet, gerade
wie ihm schon in Polynesien alles die Sonne ist: das Söhnchen Turis
(Grey 202—220), das von Uenuku gemordet wird, ist die Morgen=
sonne, Uenuku die Nachtsonne, sein Sohn, den Turi von Rache ge=
trieben erschlägt, die Abendsonne; das Herz seines Sohnes, welches

ihm dann von Turi zugeschickt wird und das er ahndungslos ver=
zehrt, das erste Sonnenflämmchen beim Aufgange. Turi hat noch
zwei andere Kinder: beide gelten als Sonne; die beiden Kähne, in
welchen er flieht, sind Gestalten der Sonne; auch Kupe, ein anderer
Held der einwandernden Maoris (Grey a 207 f.), ist die Sonne, die
Kalabasse, womit er einen riesigen Tintenfisch, der ihn verschlingen
will, fängt, ist die Sonne; die beiden gegenübersitzenden Vögel, die
er auf Neuseeland hört, sind Morgen= und Abendsonne.

Freilich ist in diese Wandersagen viel Mythisches mit eingeflochten,
aber ihr Kern ist und bleibt die Thatsache, daß vor langer Zeit die
Bevölkerungen Neuseelands und des östlichen stillen Oceans vom Cen=
trum dieses Meeres ausgegangen sind. Führten uns bis jetzt unsere
Wege nur nach Samoa, so leiten doch einzelne Spuren auch nach
Tonga, die wir noch verfolgen müssen. So sind uns tonganische
Namen schon begegnet, Lefuka auf Hawaii und vielleicht Vavao auf
Nukahiva; in einer neuseeländischen Wandersage bei Grey (a 134.
Thomson 1, 58) wird einer der berühmtesten Wanderkähne in
Rarotonga gebaut, welches die Sage in die Nähe von Hawaiki ver=
setzt. Daß hiermit nicht die Insel im Herveyarchipel gemeint sein
kann, ist klar, und so hält denn Schirren (103) auch dies Raro=
tonga (Raro bedeutet unten) für mythisch und identisch mit Hawaiki;
Thomson glaubt, die Rarotonganer im Herveyarchipel seien früher
ausgewandert als die Neuseeländer, und so hätten letztere von jener
fernen Insel Kunde gehabt — eine Ansicht, deren Unhaltbarkeit auf
der Hand liegt. Mit Rarotonga (d. h. unten gelegenes Tonga) ist
wohl nichts anderes gemeint, als Tonga selbst, denn raro unten heißt
sonst auch südlich (einzelne Ausnahmen erwähnt und erklärt Schirren
101) und so würde Rarotonga die unten gelegene Südinsel (zunächst
von Samoa aus) bezeichnen. Beides, Tonga und Rarotonga, wäre
dann synonym: und so finden sich beide Namen abwechselnd für einen
der südlichsten Punkte Neuseelands, für Centreinsel in der Foveaux=
straße (Schirren 103, A. 2) und Rarotonga auch an der Westküste
der Nordinsel. Auch Taylor (186) denkt an Einwanderungen aus
Tonga, nur daß seine Beweise nichts austragen. Merkwürdig ist, was
er von einem dreifachen Hawaiki sagt (192): zuerst seien die Ein=
wanderer von dem „sehr entfernten Hawaiki" (H. tawiti uni) nach
dem „näheren" Hawaiki (H. patata) und dann nach Hawaiki ki te

14*

moutere gekommen, welche drei Inseln Taylor auf Hawaii (Sand=
wicharchipel) Tahiti und Waihu deutet. Nach einem alten Häuptling
kamen sie (1840) vor 16 Generationen von 3 Inseln im Osten,
Hawaiki, Matatera und Wairota (eb. 193). Auch Augas (1, 306)
und Shortland (a. 22) denken an das Hawaii der Sandwich=
gruppe: ohne allen Grund. Von Osten kamen sie freilich: denn sie
kamen von Samoa und landeten an der Ostküste. Ob man aber
nicht in jenem dreifachen Hawaii zunächst an Samoa, dann an Habai
in Tonga denken darf? Letzteres war besonders heilig, denn es gab
wie es neben Tongatabu noch ein hunga-tonga gab, neben Habai
ein hunga-habai, d. h. ein nicht heiliges Habai (Erskine, Karte). Viel=
leicht ist letzteres mit dem dritten Hawaiki gemeint, vielleicht auch ein
Punkt in Neuseeland selbst, wer mag es entscheiden? Könnte man doch
bei dem „sehr entfernten" Hawaiki an die Urheimat der Polynesier
denken, ehe sie nach Samoa einwanderten, oder an jenes mythologische,
welches dann erst jüngerer Zusatz wäre; es ist für uns von keinem
Gewicht, so wenig wie die drei Inseln jenes Häuptlings, dessen 26
Generationen ohnehin rein willkürlich sind. Als die 6 ersten Namen
enthalten sie Götternamen.

Wir kommen hier zu einem Punkt, in welchem Schirren gegen
Hale vollständig recht hat: Die Zeitbestimmungen nämlich, welche der
amerikanische Gelehrte aus den einheimischen Geschlechtsregistern fest=
stellen will. Fast auf allen Inseln finden sich Genealogien der
Königsgeschlechter, welche bis auf die Einwanderung zurückreichen. So
hörte Porter (Hale 128) auf Nukahiva, daß Ataia und sein Weib
Ananuna vor 88 Generationen gekommen sei. Er brachte viele
Pflanzen und 40 Kinder mit, welche alle Pflanzennamen trugen,
während er selbst hanau-po „nachtgeboren" war, also aus dem po,
dem großen Reich der Götter abstammte. Indem nun Hale die Ge=
neration zu 30 Jahren ansetzt, so würde nach dieser Angabe die erste
Einwanderung vor 2640 Jahren (von 1840 an) geschehen sein, welche Zahl
er selbst für zu groß, für mythisch hält. Für Hawaii erwähnt er
(132) ein ähnliches Verzeichniß von 67 Generationen, welche in einer
Art von historischem Epos, im Mu-olelo der Hawaier aufgezählt werden
und ein Verzeichniß von 2010 Jahren geben würden. Allein auch
hier sind die ersten Namen mythisch und stimmen z. Th. mit nuka=
hivischen, z. Th. mit tahitischen überein, während wieder andere, gleich=

falls wie die nukahivischen, Pflanzen bezeichnen. Noch der 22. König
dieser Genealogie ist mythisch, denn er gilt erst als der Vater der vier
Mauis, und daß diese Götter sind, werden wir später sehen. Daher
zieht denn Hale die ersten 22 Geschlechter als mythisch ab und behält
als wirklich historisch noch die Zahl von 1400 Jahren, so daß er auf
das Jahr 440 n. Chr. als den ungefähren Termin der Bevölkerung
Hawaii's kommt. Für Rarotonga gibt Williams (199) den
Herrscher, den er 1825 vorfand, für den 29. seit der Einwanderung
an, wodurch wir nach derselben Rechnung (Hale 138) etwa auf das
Jahr 950 unserer Zeit zurückgeführt werden. Mangareva erhielt
seine Bewohner von Rarotonga: Die Mangarever nun geben die
Zahl der Fürsten, welche seit der Einwanderung herrschten, auf 27
an (Meigret bei Hale 139 f.) und da nun Hale zwei dieser
Herrscher, die wegen politischer Unruhen nur ganz kurz regiert haben
sollen, von jenen 27 abzieht, so kommt er etwa auf das Jahr 1200 für
den Zeitpunkt der ersten Bevölkerung Mangarevas, welche also nach dieser
Berechnung statt fand, nachdem Rarotonga 150 Jahre bewohnt war.

Scheint nun dies letztere zu stimmen, so sieht man doch leicht,
wie unsicher Hales Berechnungen sind und hierauf zuerst hingewiesen
zu haben, ist Schirrens Verdienst. Zunächst zeigt er, wie abweichend
diese Berichte untereinander sind: so gab es auf Hawaii gleichfalls in
jenen historischen Ueberlieferungen eine Genealogie von 74 Generationen
von Tamehameha I (Jarves 28), ja von 100 Geschlechtern nach
Ellis 1, 85, welcher letztere Gewährsmann, obwohl er die hawaiischen
Ueberlieferungen viel sicherer fand als die tahitischen, als ganz ächt
nur 30 gelten lassen will. Aehnliche Abweichungen erwähnt für Nukahiva Mathias G***, welcher mythologische Namen noch 18 Geschlechter
weiter als Hale aufführt (Schirren 54 f.) und in den neuseeländischen
Genealogien bei Shortland weist Schirren (60 f.) mit großem
Scharfsinn und meist unwiderleglich eine ganze Reihe von Elementargeistern
nach. So ist es denn ganz klar, daß man auf jene Genealogien als
historische Beweis- und Hülfsmittel so gut wie nichts geben kann; und
daß Hale in ihrer Benutzung ebenso willkürlich als irrthümlich verfuhr.

Einen ähnlichen Fehler macht Hale, indem er den Namen des
polynesischen Paradieses Pulotu geographisch deuten will. Pulotu
(Purotu u. s. w.) ist der Aufenthalt der Seelen und freilich wollten
sowohl Samoaner als Tonganer und Fidschis dorther stammen. Es

ist nach dem Glauben der Tonganer eine große Insel im fernen
Nordwesten (Mar. 2, 108), von der einst Götter nach Tonga kamen,
sich daselbst niederließen und die Früchte des Landes aßen. Da starben
plötzlich drei von ihnen: und als die übrigen, sehr erschrocken wieder
nach Bolotu, wie in Tonga der Name heißt, zurückwollten, erhielten
sie von den anderen Göttern die Weisung, da sie von irdischer Speise
gegessen hätten, so seien sie nun selbst sterblich. So mußten sie bleiben.
Um dies Bolotu zu erklären, denkt Hale an das malaiische Buro zwischen
Celebes und Ceram und führt zur Unterstützung seiner Ansicht eine
Notiz an, welche Quiros gibt. Letzterer sah auf Taumako einen mit
Silber eingelegten Bogen, den ein Taumakaner von Puro, einem
großen Lande schwarzer Bevölkerung mitgebracht haben wollte. Der
Bogen, von malaiischer Arbeit, war von jenem Insulaner gewiß nicht
aus Malaisien selbst, sondern von den Salomoinseln geholt, wohin die
Bugis in alter Zeit zu fahren pflegten (Rienzi bei Hale 195).
Auf die Salomoinseln war denn der Name Puro übertragen (Hale
196). Aber dies beweist doch für Pulotu und die bloß auf dem
Gleichklang des Namens beruhende Identificirung mit Buro gar nichts.

So ist man denn von Hales Deutung mit Recht abgegangen,
Aber auch Schirren ist hier im Irrthum, wenn er sagt, Bolotu sei
(im Gegensatz zu Hawaiki) ursprünglich stets hochgedacht: die Sagen
wissen davon nichts, ja sie erzählen das Gegentheil, wie denn z. B.
in einer solchen der Gott Langi gerade erst den Himmel verlassen muß, um
nach Bolotu zur Götterversammlung zu kommen (Mariner 2, 129 f).
Die richtige Erklärung aber scheint Meinicke (b, 19) getroffen zu haben.
Er denkt an po Nacht, Urraum wo die Götter wohnen, Chaos (im
ältesten Sinne) und lotu Gebet oder lieber noch loto Mitte, so daß
der Name also Mitte des Götteraufenthalts bedeutet. Freilich ist ja
auch durch diese Erklärung noch nicht alles gesichert, da z. B. auf
Fidschi neben mbulotu auch mbutu (Erskine 248) vorkommt und
auf Tahiti der Name rohutu heißt (Hale s. v. pulotu). Allein
das steht wohl fest, daß wir in jener Westinsel der Seligen kein geographisch bestimmteres Land zu denken haben: es liegt nach Westen,
wie alle Inseln der Seligen und was davon berichtet wird ist so ganz
und gar nicht individuell, daß wir klärlich hier nur einen mythologischen
Begriff vor uns haben.

Läßt sich denn nun aber über diese Einwanderungen der Polynesier gar nichts sicheres finden? Zunächst läßt sich einiges über die Zeit sagen*). Müller (Novarareise, Linguistik 291—95) schließt so: man findet schon in den ersten Jahrhunderten unserer Zeitrechnung die malaiische, javanische u. s. w. Sprache auf der Stufe ihrer jetzigen Entwickelung. Da sie nun doch eine sehr geraume Zeit brauchten, um von polynesischer Einfachheit zu ihrem jetzigen Bau zu gelangen, so setzt Müller das Jahr 1000 vor Christi als die — höchst ungefähre — Zeit der Lostrennung beider Stämme, des malaiischen und polynesischen. Und wenn dann die Einwanderung des letzteren wieder einige Jahrhunderte forderte, so würde nach dieser Rechnung etwa das Jahr 800—700 v. Chr. der Zeitpunkt ihrer Ankunft sein. Es ist dies jedenfalls der späteste Zeitpunkt, den wir ansetzen dürfen: wir müssen ihn aber wohl weit hinaufrücken, wenn wir folgendes bedenken. Hoch- stetter (94) erwähnt, daß einer der erloschenen Aucklandvulkane Rangi- toto „blutiger Himmel" heißt. Er glaubt, daß der Berg schon in „vorhisto- rischer Zeit" erloschen sei, da er keine Spur von Fumarolen oder sonstigen vulkanischen Erscheinungen zeige. Allein der Name beweist deutlich, daß ihn die Maoris noch thätig gekannt haben; daß also, wenn wir Hochstetters „vorhistorisch" auch in keinem sehr ausgedehnten Sinn nehmen wollen, wir ohne Uebertreibung auf das Jahr 1000 vor Chr. als die Zeit zurückgehen können, wo die Maoris schon in Neusee- land wohnten oder sich da festsetzten. Dann würde ihre Trennung von den eigentlichen Malaien gewiß wieder um 1000 Jahr zurück- gesetzt werden müssen. Wie die Körpergleichheit aller Polynesier beweist, müssen sie schon vor ihrer Einwanderung durch sehr lange Zeiten ein für sich abgeschiedenes Volk gewesen sein. Die Körperbeschaffenheit eines ganzen Volkes ändert sich ohne fremde Mischungen nur äußerst langsam; fremde Mischungen aber haben die Polynesier, wie ihre Sprache ausweist, nicht erfahren und dennoch sind sie wesentlich genug von den Malaien unterschieden. Allerdings gibt es in Malaisien selbst Volksstämme, welche ein mehr polynesisches Aeußere haben, wie z. B. die Bewohner der Insel Engano, die Bergbewohner Sumatras u. s. w. und die Behauptung Hombrons (D'Urville 6, Zool. 295) und Rienzis, die Polynesier stammten von den Dajaken ab, beruht auf ähnlichen Gründen. Mag nun dies der ursprüngliche Typus des ganzen Stammes

---

*) Vergl. hierüber unseren Aufsatz „die Bevölkerung der austral. Insel- welt." S. 266 im 5. Bd. der Zeitschr. f. Völkerpsychologie.

gewesen sein, der sich nur in den unberührteren Gegenden (wie Polynesien) rein erhielt: so verlangt doch die Entwickelung der specifisch
malaiischen Eigenthümlichkeiten in der Ausbreitung, wie wir sie finden,
eine außerordentlich lange Zeit, da nicht nur in Hautfarbe, Wuchs und
dergl. sich Unterschiede finden, sondern auch der Schädelbau beider
Stämme sehr von einander abweicht. Ist das umgekehrte Verhältniß
anzunehmen, daß nämlich sich die polynesische Eigenthümlichkeit aus
der malaiischen Grundform entwickelt hat, was indeß nicht wahrscheinlich
ist: so bleiben die Verhältnisse sich ganz gleich. Die Zeiten, welche
man annehmen muß, dehnen sich dadurch noch mehr, daß hier auch die
Mikronesier zu beachten sind: sie, welche mit den Polynesiern sprachlich
und leiblich nahe verwandt aber doch immerhin noch selbständig genug
sind, müssen jedenfalls noch eine geraume Zeit mit diesen zusammen
als ein von den übrigen Malaien geschiedenes selbständiges Volk gelebt haben, bis dann die Polynesier nach Osten ziehend sich abtrennten;
auch dann noch blieben die Mikronesier noch viele Jahrhunderte allein,
bis sie in ihre jetzige Heimat gelangten. Sie können nicht zugleich
mit den Polynesiern eingewandert sein: sonst müßten wir ihre Sprache
von derselben Einfachheit wie die polynesischen und diesen fast gleich
finden; sie können aber auch in ihrer neuen Heimat sich nicht erst zu
ihren gemeinschaftlichen Eigenthümlichkeiten herangebildet haben, einmal
weil ihr Gebiet viel zu sehr aus ganz kleinen Inseln besteht, welche
eine gemeinsame Entwickelung unmöglich machte, dann aber, weil wir
größere Unterschiede zwischen den äußersten Punkten der Karolinen und
der Kingsmillinseln finden würden: man sieht, eine schon spezifisch entwickelte Bevölkerung zog ein, und durch die Trennung bildeten sich
nur noch mundartliche, keineswegs durchgreifende Unterschiede. Durchgreifende Unterschiede hätten sich aber bei so weiter Entfernung nothwendig bilden müssen, wenn nicht die Einwanderer schon auf
einer bestimmten für alle gleichen Stufe gestanden hätten, welche selbst
wieder der Boden für spätere Differenzirung wurde.

Auffallend ist die große Aehnlichkeit einmal sämmtlicher polynesischer Sprachen, dann aber besonders der öffentlichen Zweige des
Sprachstammes, das Neuseeländische mit eingerechnet. Nach der Höhe
ihrer Bildung nimmt das Tonga, welches den Uebergang zu den
westlichen Sprachen macht (Buschmann 45) den ersten Platz ein,
dann folgen in bestimmter Abstufung zunächst das Neuseeländische,

dann das Rarotonganische, das Tahitische, Markesanische und Hawaiische (eb. 46). Obwohl das Tonga größere Abweichungen zeigt, so sind sie doch fast nur mundartlich verschieden von einander. Namentlich gilt dies von den drei zuletzt genannten (Buschmann 60 f.) und man könnte wegen dieser so überaus nahen Verwandtschaft auf eine ziemlich späte Einwanderung zu schließen geneigt sein. Allein wie schon alles obige eine solche unmöglich macht, so verlangten auch die weiten Wasserwege sicherlich zu ihrer Durchmessung, die oft so abgelegenen Inseln zu ihrer Auffindung, welche nicht gleichzeitig, sondern in Zeiträumen nach einander geschah, eine lange Zeit. Die Auswanderungen selbst waren meist erst durch die Uebervölkerung der Heimat veranlaßt, um aber einen Archipel wie z. B. Tahiti oder Nukahiva so dicht zu bevölkern, waren doch auch gewiß wieder Jahrhunderte nöthig — so daß wir durch alle diese Betrachtungen zu fast dem gleichen Ergebniß kommen. Die Gleichheit der Sprache wird auch weniger auffallen, wenn man bedenkt, wie einfach im großen Ganzen die Beschaffenheit aller dieser Inseln und das Leben auf denselben und wie gleichförmig es durch den ganzen Ocean hin ist. Auch historische Schicksale irgend wie bedeutender oder nachhaltiger Art erlebten diese Völker nicht und konnten sie nicht erleben. Daher denn ihre Sprachen im Wesentlichen auf der alten Stufe blieben, denn die Sprache eines Volkes ändert sich nur durch die Aenderungen, welche der Geist der Redenden durch erziehende Schicksale erleidet. Die Umbildungen der polynesischen Sprachen erhärten diesen Satz gleichfalls: sie zeigen eine mehr oder weniger fortschreitende Verweichlichung und ganz dasselbe zeigt der Charakter dieser Völker. Neuseeland freilich bietet eine andere Natur: aber einmal war eigentlich nur die Nordinsel bewohnt, andererseits waren die Einwanderer nicht im Stande, die Vortheile dieser Natur auszunutzen, weil sie für die ersten Lebensbedürfnisse zu wenig bot; sie waren daher angewiesen auf das wenige, welches sie aus der nördlicheren Heimat mitgebracht hatten, d. h. auf dieselben Thiere und Pflanzen wie das übrige Polynesien. Doch beruht die größere Kraft der Maoris sicher auf den kräftigenden Einflüssen ihres Landes.

Ueber den Wanderungsweg des gesammten polynesischen Stammes haben wir schon oben geredet (S. 184 f.); wir nehmen an, daß er an dem Nordrand des melanesischen Gebietes sich herziehe und hier in den einzelnen Inseln polynesischer Bevölkerung seine Spuren zeige.

Man könnte denken, er habe über Mikronesien geführt: allein dann ist
es unbegreiflich, warum die Einwanderer nicht gleich diese Inseln bevölkerten, sondern weiter und weiter zogen bis nach Polynesien.
Wollte man sagen, sie seien von den nachrückenden Mikronesiern gewaltsam verdrängt, so ist hiergegen einzuwenden, daß die Sage,
welche in den einförmigen Verhältnissen des Oceans ebenso conservativ
ist wie die Sprache, doch irgend welche Ueberlieferung von derartigen
Kämpfen erhalten haben würde; während wir doch keine Spur davon
finden.   Zudem wissen wir, daß die Gilbertinseln erst spät von Ponapi und Samoa aus bevölkert sind: kam aber der Hauptstrom der
Polynesier von Mikronesien, so ist es ganz unmöglich, daß sie un-
bevölkert blieben.   Die Mikronesier dagegen gelangten gleich nach ihrer
ersten Einwanderung in dies ihr jetziges Gebiet, sei es durch Zufall,
sei es, weil sie den Weg, über welchen die Polynesier gekommen
waren, besetzt fanden und sie sich deshalb nach Nordosten wandten:
den Südosten bevölkerten streitbare Papuas.   Noch später wanderten
die Marianer: diesen aber blieb kein Gebiet als jene Inselkette im
Norden, zu welcher sie an den Südwestcarolinen vorüberfahrend und
wohl von den dortigen Einwohnern abgewiesen gelangten.   Für den
Weg, welchen wir so für die Polynesier bestimmen, sprechen auch die
ethnologischen Verhältnisse der Fidschiinseln, welche merkwürdig genug
sind, über die wir aber erst später ausführlich reden können: hier
genüge die Bemerkung, daß die Melanesier auf dieser Inselgruppe
durch den Strom der einwandernden Polynesier verdrängt und mit
bis zu ihrer neuen Heimat fortgerissen scheinen.   Die Polynesier ließen
sich zunächst auf Samoa nud Tonga nieder, von wo aus sie sich
weiter verbreiteten und zwar ziemlich gleichzeitig, wie die Gleichheit der
Sprachen beweist, südwestlich nach Neuseeland und östlich nach Tahiti.

.   Diesen östlichen Stamm müssen wir noch etwas genauer betrachten.   Daß Tahiti von Samoa bevölkert ist, daß die ersten Ansiedler
nach Raiatea kamen und von hier aus den Archipel bevölkerten, haben
wir schon bewiesen; es bleibt uns noch übrig, zu zeigen, wie nun
Tahiti selbst wieder Völkermittelpunkt für den Osten wurde.   Auf
Nukahiva ist zunächst die Hauptmasse der Sprache mit dem Tahitischen
auf das engste verwandt (Hale 127; Buschmann 34); die Mythen,
von denen wir schon einige betrachtet haben, die Sitten, die religiösen
Anschauungen, weisen nach Tahiti (Vincend. Dum. Marquises 233;

244 f.); ferner macht Gaussin (du dialecte de Tahiti, des isles Marquesas et de la langue Polynesienne) darauf aufmerksam, daß in Tahiti eine Art Banane, welche Hauptnahrung ist, fei heißt; sie fehlt auf den Markesas, allein hier heißt eine Art Teig aus anderen Früchten fei-kai — eine Einzelnheit freilich, aber von nicht geringerer Beweiskraft. Die ersten Einwanderer kamen der Sage nach in ein nach Süden sich öffnendes Thal (Porter 30); und die ältesten Sprachformen sind in den gleichfalls nach Süden geöffneten Thälern der Taipis und Taiis erhalten (Hale 126). Es ist freilich zu beachten, daß die Nukahivagruppe, ja Nukahiva selbst eine große Menge verschiedener Mundarten besitzt, weit zahlreichere und schärfer geschiedene als Neuseeland, während Tahiti und Hawaii fast nur eine Sprache zeigen. Zunächst erklärt sich diese Erscheinung daraus, daß im Markesasarchipel keine Insel so entschieden die Hauptinsel ist wie Tahiti und Hawaii in ihrem Gebiet; wichtiger aber ist die geologische Bildung der Markesasinseln, durch welche die Bevölkerung jeder einzelnen Insel frühzeitig und streng von einander geschieden ist, und zwar schroffer als irgendwo sonst in Polynesien. Es ist daher kein Wunder, daß die Sprachformen dieser Stämme einmal ziemlich weit von einander abweichen, daß sie andererseits manches Alterthümliche erhalten haben, was an tonganisch-samoanische Sprache und Sitte erinnern könnte. Hierauf und auf jenen Mythus bei Porter gestützt, nach welchem die Markesaner von Vavau abstammen wollen, glaubt denn Hale, daß auch eine directe Einwirkung von Tonga aus auf diese Inseln stattgefunden habe. Möglich mag dies immerhin sein, allein nachweislich ist es nicht: denn jenes Vavau war, wie wir schon sahen, keineswegs sicher überliefert und Sprache und Sitte können eben Alterthümliches bewahrt haben, was sich in Tahiti verlor. Daß z. B. in früherer Zeit auch das Tahitische die Consonanten k, ng besessen hat, die ihm jetzt ganz fehlen, sagt Hale (144) selbst: finden wir nun auch diese Laute wie im Tonganisch-samoanischen auch im Markesanischen, so kann sie doch letzteres sehr gut aus dem Alt-tahitischen bewahrt haben. Auch was Hale von Sitten, die in Tonga von Fidschi stammten und sich dennoch in Nukahiva wieder fänden, zu beweisen denkt, ist nicht stichhaltig, da wie wir später sehen werden die Fidschiinsulaner schon weit eher mit den Tonganern verbunden waren, ehe die Auswanderer, welche Tahiti bevölkerten,

nach Osten wanderten. Diese Sitten (falls sie den Polynesiern überhaupt ursprünglich nicht zukamen) konnten also schon mitgebracht und nur in dem abgeschiedenen Nukahiva bewahrt sein. Fand aber eine directe Einwanderung nach den Markesasinseln statt, so muß diese in sehr frühe Zeit fallen: denn die Markesaner waren so wilde Krieger, daß sie jede Einwanderung von sich würden abgewehrt haben. Vorsichtiger und wahrscheinlicher ist der Schluß, daß Nukahiva nur von Tahiti aus bevölkert ist.

Alle Sagen auf Hawaii weisen gleichfalls nach Tahiti hin: von dort her sollen die ältesten Bewohner gekommen sein und in früherer Zeit war reger Verkehr zwischen beiden Gruppen (Jarves 24; Ellis 4, 94; 428; Hill 39; Michelewa y Rojas 81; Hopkins Hawaii London 1862, S. 74 nach Quarterly review Juli 1862). Die Einwohner von Bolabola (Gesellschaftsarch.) gelten (wie auch in Tahiti selbst) auf den Sandwichinseln für die tapfersten aller Menschen und es ist ein Sprichwort in Hawaii „alles ist gut, was von Bolabola kommt" (Turnbull 158). Noch zu Turnbulls (eb.) Zeiten kamen viele Hawaier, um in Tahiti Kriegsdienste zu thun. Ferner weisen Hawaiische Mythen direct nach Tahiti (Hale 132). Wichtig ist namentlich, daß wie in Neuseeland das Feuer des Tongariro von Havaiki geholt wird, so die vulkanischen Götter Hawaiis, Pele und ihr Anhang von Tahiti kamen (Ellis 4, 248), obwohl in Tahiti keine Spur vulkanischer Thätigkeit der letzten Jahrtausende ist. Alles dies beweist die Abstammung der Hawaier von Tahiti schlagend. Freilich gab es (Ellis 4, 418) andere Sagen auf Hawaii, welche die ersten Menschen auf Hawaii selbst und zwar geformt durch die Göttin Haumea entstehen ließen. Allein dies ist nur Lokalisation einer allgemein polynesischen Sage, welche wir auf allen Inseln finden: sie beweist also nichts gegen die Einwanderung. Wie aber fand diese statt? Hale meint, die Sandwichinseln seien bevölkert durch Tahitier, welche wegen Ueberfüllung ihrer Insel nach der alten Heimat, nach Hawaii (Samoa) zurücksegeln wollten, aber verschlagen nach einer Gruppe kamen, auf welche sie nun die Namen der samoanischen Inseln übertrugen — man sieht, diese Annahme ist nur den Namen Hawaii Upolu zu Gunsten gemacht. Man kann aber viel einfacher und viel wahrscheinlicher annehmen, daß wie eine Kolonie von Tahiti ausgehend Nukahiva bevölkerte, so eine andere spätere, welche Nukahiva schon bevölkert fand, weiter segelte und so die Hawaiigruppe fand. Die Polynesier, welche von Samoa nach Tahiti fahren konnten gegen den Südostpassat oder vielmehr zur Zeit der veränderlichen Westwinde: diese ebenso kühnen als geschickten Seefahrer konnten auch über diesen Passat und die Region der Aequatorialstille hinaus gegen den Nordwestpassat bis Hawaii gelangen. Da nun die obigen Sagen von Nukahiva nichts erwähnen; da das Hawaiische keineswegs dem Markesanischen näher als dem Tahitischen steht: so müssen wir eine unmittelbare Einwanderung von Tahiti nach Hawaii annehmen, während man doch denken könnte (und Hale hat es gedacht), daß erst von Nukahiva aus die Sandwichinseln ihre Bevölkerung erhalten hätten.

Auch Paumotu, welches schwach und östlich von Hau kaum bewohnt ist (Hale 155), hat gleichfalls von Tahiti den größten Theil seiner Bevölkerung erhalten, welche von den umwohnenden Völkern als Nation parata genannt wird (Mörenhout 1, 157). Zwar sind die Paumotuaner dunkler, kleiner und roher als die Tahitier, aber beides ist die nothwendige Folge ihrer Lebensart. Auf allen Inseln ist die Nahrung dürftig und schlecht und der Sonnenbrand viel ärger als auf Tahiti; daher wurden Paumotuaner, nach Tahiti gebracht, bei längerem Aufenthalt auf dieser schattigen und fruchtbaren Insel heller und umgekehrt Tahitier auf Paumotu dunkler (Mörenhout 1, 166). Die Weiber, welche ein außerordentlich elendes Leben führen müssen, sind noch kleiner, noch häßlicher, noch schwärzer als die Männer (eb.). Spricht ihre Leibesbeschaffenheit also nicht gegen, so spricht die geographische Lage für eine Einwanderung nach Tahiti und ebenso die Sprache, die zwar ein ganz fremdartiges Element enthalten soll (Hale 143—4), aber in der ganzen Form grammatisch wie syntaktisch (Mörenh. 1, 157—8) polynesisch und zwar tahitisch ist. Sie selbst erzählten, daß sie von Südosten, andere, daß sie von den westlichen Inseln, also Tahiti, gekommen seien (King and Fitzroy Append. 193) und noch andere, daß sie von den Markesas stammten. Hiermit steht vielleicht die Nachricht, welche Quiros auf den Markesasinseln von südlich wohnenden Negern erhielt, die Bogen und Pfeile hatten und mit denen man viel Krieg führen mußte, in Zusammenhang. Auch Waihu gehört seiner Sprache und Bevölkerung nach zu Tahiti.

Dagegen hat Mangarewa und die sämmtlichen Paumotuinseln

bis zu dieser Gruppe ganz rein die rarotonganische Sprache (Williams 526; Parkins 381; Hale 141; Mörenhout 1, 95). Rarotonga selbst wurde der Sage nach (wenn wir von jenen oben erwähnten Riesen absehen) von Karika, einem tonganischen Helden aus Manuka, bevölkert (Williams 194). Als er einst wieder in See gegangen war, begegnete ihm der Tahitier Tangiia, der vor seinem Feind und Bruder Tutabu aru roa „dem unermüdlichen Verfolger Tutabu" geflohen war. Beide vereinigten sich und bewohnten dann gemeinschaftlich Rarotonga, Tangiia im Osten, Karika im Norden (der Richtung der Einwanderung entsprechend) und tödteten gemeinschaftlich den Tutabu, den auch sowie den Tangiia selbst einheimisch tahitische Ueberlieferungen kennen (Williams 198). Man wird also in diesen Erzählungen einen historischen Kern nicht verkennen, trotzdem der Kahn des Tangiia Tarai-po „in der unsichtbaren Welt gebaut" hieß und von Vögeln auf einer Bergspitze gebaut sein soll, die ihn dann hinuntertrugen. Denn Schiffervölker behandeln Kähne mit derselben personificirenden Wichtigkeit wie andere Völker Roß und Schwert; und nicht minder natürlich ist es, daß die Rarotonganer in ihrem Ahnherrn statt eines Vertriebenen lieber einen von den Göttern unterstützten Auswanderer sahen. Noch bis zu Williams Zeiten theilen sich die Rarotonganer in Ngati Karika und Ngati Tangiia, d. h. in Abkömmlinge von Karika, welche noch jetzt im Norden und Abkömmlinge von Tangiia, welche im Süden wohnen und bei weitem die mächtigeren sind. Trotzdem aber wurde der andere Stamm höher geehrt und aus ihm der König gewählt, weil ihm ursprünglich die Insel gehört hatte. Die Sprache nennt Williams (198) ein reines Tahitisch mit härterem Consonantismus und Hale (138) nennt ihre Form älter als die des jetzigen Tahitisch und Samoanisch, was für das Alter der Rarotonganischen Bevölkerung wichtig ist. Andere Sagen erzählten, daß einst Rarotonga mit Raiatea zusammenhing, aber in Folge eines Frevels der Raiateaner von dieser Insel, welche die Götter in die Ferne rückten, getrennt wurde (Williams 104; 56 f.). Von Rarotonga aus wurde also Mangarewa bevölkert und wenn Hale (140) meint von den Ngati-Tangiia, so schließt er dies mit Recht zunächst aus der östlichen Lage jenes Stammes, sowie ferner aus der Sprache Mangarewas, welche dem Tahitischen nahe steht. Auch Rapa (eb. 141) ist von Hervey aus bevölkert, wie die Sprache be-

weist. Daß dagegen die Bewohner der Australinseln von Tahiti
stammen, kann uns nicht wundern bei der Lage dieser Inseln, deren
Sprache denn auch der tahitischen so nahe steht, daß die Eingeborenen
in dieser letzteren im Christenthum unterrichtet wurden, was auf Her=
vey nicht möglich war (Williams 525; 122). Auch Religion
und Sitten stimmen ganz mit Tahiti überein (Mörenh. 1, 138).

Die Annahme mancher Gelehrten, daß in sehr früher Zeit der
ganze Ozean eine Negritobevölkerung gehabt habe und diese erst durch
die einwandernden Polynesier verdrängt sei, haben wir schon oben
widerlegt. Man findet nun aber auf sehr vielen Inseln unseres Ge=
bietes uralte Bauten, welche die jetzigen Bewohner meist den Göttern
zuschreiben, weil sie viel gewaltiger sind als sie jetzt zu bauen pflegen.
Da man als ihre Erbauer an eine stammfremde Nation, wenn auch
zweifelnd gedacht hat (Beechey 1, 41 f. Melville 2, 50 f.), so
müssen wir hier einen kurzen Blick auf diese Alterthümer werfen. Die
Steinpyramide und anderes, was Green auf der unbewohnten Insel
Swallow fand (Petermann 1863, 486) sowie die 8' hohen Stein=
flächen von Korallenkalk auf Malden (eb. 1859, 187), sind schon
erwähnt. Aehnliche Reste finden sich, jetzt gänzlich unbenutzt, auf
Hawaii und Tahiti (Cheever 54; 61; Ellis 1, 105). Auf den
Markesasinseln fand Melville (2, 50—55) in den oberen unbe=
suchteren Gegenden des Taipithales eine ungeheure Terrasse, 300' lang,
60' breit aus enormen Steinblöcken gebaut, deren einzelne 10—15' lang
und hoch sind. Ihre Seitenflächen sind ganz glatt, aber ohne Meißelspuren;
ohne Kalk sind sie auf einander gelegt und mit Gestrüpp und sehr
alten Bäumen durchwachsen. Ringsher finden sich (wie auch sonst im
Thal zur beliebigen Nutzung für Jedermann) eine Menge Steinflächen,
auf welchen man Wohnungen aufzubauen pflegt, und welche so schön
sind, wie man sie jetzt nicht mehr errichtet. Sie sollen „vor vielen
Monden" an einem Tag erbaut sein, die Terrasse aber von den Göttern
beim Weltbau mit aufgeführt sein. Ebenso fand Mörenhout (1,
124) auf dem jetzt unbewohnten Marutea (Lord Hood) parallel
gestellte Mauern aus Korallenkalk, welche auf frühere Bewohner schlie=
ßen lassen. Auf Mangarewa sollen gleichfalls (Caret bei Michelis
46) sehr alte Baudenkmale sich finden, Mauerwerk aus ungeheuren
Blöcken „einer weichen (?) Steinart, die auf dem Meeressande wächst."
Das Ganze lag im Sande vergraben; uralte Bäume wurzelten in

den Steinfugen. Nach Lesson (Mang. 110) waren die Mauern mit Mörtel aufgeführt. Eine uralte aus großen Steinen gebildete Steinfläche, welche jetzt zerfallen ist, befindet sich auf dem Pik von Pitkairn; eine alte große Bildsäule von guten Verhältnissen, deren Büste allein 3' hoch ist, liegt umgestürzt daneben und früher sollen auch mehrere solcher Bildsäulen dagewesen sein (Mörenh. 1, 53). Steinäxte, den tahitischen ähnlich, so wie einen Schleifstein fanden die Meuterer der Bounty auf der Insel vor (Beechey 83), so wie rohe Zeichnungen an den Felsen, deren eine ein Menschenbild und einen Kreis darstellte, ähnlich den Darstellungen, welche man auf den neuen Hebriden und Salomoninseln gefunden hat; sie sind in einer Felsenschlucht ausgeführt und existiren noch (Ausland 1855, 163 aus den nouv. ann. d. voy.). Auch alte Gräber hat man daselbst gefunden, zwei Menschen= stelette nebeneinander, deren Köpfe auf je einer Perlmuttermuschel lagen (Bennett a, 1, 57; Petermann 1856, 386). Pitkairn muß also schon sehr lange vor Adams und seinen Genossen Bewohner gehabt haben. Aehnliche Reste fanden sich auf Maitea (Mörenh. 1, 211). Auch die berühmten Bildsäulen Waihus gehören hierher, deren älteste Beschreibung wir Roggeween und seinen Gefährten verdanken (1721—2). Behrens (82) spricht (88) von vielen Götzenbildern am Strande, welche Menschen mit langen Ohren und einer Krone auf dem Haupt darstellten. Die holländische Beschreibung derselben Reise (tweejarige reyze u. f. w. 52) schildert und bildet die Statuen auf dem Titelkupfer ab als große hermenartige Felsblöcke mit einem Men= schenkopf, der einen Kranz von mosaikähnlicher Arbeit trägt. Sie waren 30—40' hoch bei einer Schulterbreite von 8—10'. Chamisso (140) glaubte einige dieser Bildsäulen auf der Südostküste durch sein Fernrohr zu erkennen, während Kotzebue an der Südküste nichts, an der Nordküste nur die Piedestale noch vorfand (a 1, 115). Lisiansky, der 1804 mit Langsdorff reiste, sah die Statuen noch auf der Westseite (56), wo sie jetzt gleichfalls verschwunden sind, Beechey (1, 41) sah nichts mehr davon, doch hält er kaum für möglich, daß die Eingeborenen mit ihren elenden Werkzeugen die Steine herbeige= schafft, bearbeitet und aufgerichtet hätten: sie umgeben die ganze Insel. Noch mehr fällt es ihm auf, daß man sie später wieder zerstört habe, und so kommt er zu der Ansicht, sie seien von einem früheren später verschwundenen Volksstamm aufgeführt. Da er schon nichts mehr

vorfand, so ist es auffallend, daß Du Petit-thouars 2, 225 von
dunkelfarbigen pyramidalischen Steinen mit weißen Kapitälen und von
4 rothen Statuen mit weißen Steinen auf den Köpfen spricht. Auch
Prichard 5, 147 erwähnt außer jenen Bildsäulen noch große cylindrisch
aufgethürmte Steinhaufen daselbst. In ganz neuer Zeit aber will man
(Palmer Schiffsarzt auf dem Topaze in the illustrated London
News 1869, 20 März) in dem erloschenen Krater des Otu-iti auf
Waihu viele solcher Bildsäulen gefunden haben, welche theils fertig da-
standen, theils unfertig noch am Felsen fest oder abgetrennt aber noch
nicht aufgerichtet waren; die Steinmeißel, womit die Figuren gemacht
waren, lagen noch daneben. Die Statuen waren sehr groß, die Gesichter bis 20' lang und Palmer, so heißt es, habe einige fürs britische
Museum mitgenommen. Die Abbildungen zeigen lange schmale Gesichter
mit edler etwas ägyptischer Physiognomie. Erregt nun die Abbildung
so wie manches dieser Beschreibung große Bedenken, so wäre die Entdeckung, wenn auch nur Etwas daran wie die Angabe des Fundortes
z. B. wahr ist, doch von großem Interesse. Palmer will auch ebendaselbst
Steinbauten ähnlich den Dolmen gefunden haben, welche er für jünger
als die Ankunft der Europäer hält: ein schmaler Gang führte in eine
Halle, die 15 Schritt lang, 5' breit und 6—7' hoch war. Die
Steine. mit welchen sie gedeckt war, waren mit Erde bedeckt, die
Wände z. Th. mit bildlichen Darstellungen, unter denen auch Rosse
genannt werden, geschmückt. Palmer weiß auch, daß sie unter dem
König Tu-tu-hu gebaut sind. Diese Bauten könnten Grabkammern sein.

Mögen nun die letzteren Nachrichten wahr oder falsch sein: ganz
gewiß ist die Annahme irrig, daß jene Bauten und Statuen von
einem anderen älteren Volke errichtet seien. Solche Bildsäulen sind ächt
polynesisch und waren ganz ähnlich nur kleiner und in Holz geschnitzt
z. B. auf Neuseeland (Dieffenbach 2, 92), auf Hawaii (Kotzebue
2, 13 Abbildung), auf Nukuhiva (Melville 1, 176 f.) und sonst
häufig; ganz gewöhnlich war ihre Bildung hermenartig. Sie stellten
Schutzgottheiten vor und standen stets am Rande des Heiligthums,
der Insel, kurz des zu schützenden; man pflegte sie nach unglücklichen
Ereignissen (Mörenh. 1, 358—61) besonders groß aufzustellen,
allein man achtete sie nicht sehr, man zerbrach sie, wenn sie nicht den
Willen thaten (Melville a. a. O., Meinicke 6, 36) — und so ist
kein Grund sich zu wundern, wenn die Eingeborenen selbst sie wieder

vernichtet haben: war doch gerade auf Waihu schon Roggeveens
Aufenthalt und später fast jeder andere Besuch der Europäer für die
Eingebornen so unheilvoll! Auch die Größe der Steine kann nicht
auffallen, wenn wir bei Cook (3. Reise 1; 297) lesen, daß auf Lefuka in einen künstlichen 40′ hohen sehr alten Hügel oben ein Stein
eingelassen war, der 4′ breit 3½′ dick 14′ aufragte, während er zugleich ebensotief in der Erde steckte: er war, wie die Eingebornen
erzählten, von ihren Vorfahren als Erinnerungszeichen für einen verstorbenen König eingesenkt. Aehnliche Steine fanden sich auf einer unbewohnten Insel des Herveyarchipels (eb. 1, 232); und während
Cook (eb. 2, 6) in neueren Bauten auf Tongatabu Blöcke von 12′
Länge, 2′ Breite und einem Fuß Dicke verwendet sah, fand Wilson
(395) daselbst in älteren Bauwerken, die wie jene zu Nukuhiva terrassirt
waren, Felsstücke von 24′ Länge 12′ Breite und 4′ Dicke, welche gut
behauen aber gewiß lange vor Tasman mit Steinwerkzeugen verfertigt
waren: die Eingebornen gaben an, sie seien in Doppelkähnen von
Lefuka hergeschafft. Auch in den heiligen Bauten zu Tahiti fanden
sich riesige Baustücke: und haben wir es nicht schon ähnlich in Mikronesien gesehen? Dazu kommt, daß die Form aller jener uralten Bauten
eine durchaus polynesische ist: denn solche Terrassen, solche umwallten
Steinflächen, die oft sehr groß waren, fanden sich überall, wie wir
noch sehen werden. Es ist also kein Grund anzunehmen, jene alten
Denkmäler seien von einem anderen Volk: wohl aber zeigen sie, daß
früher die Polynesier eine kräftigere und unternehmendere Nation waren
als später, wie wir dieselbe Erscheinung schon in ihrer Sprache fanden
und bei der Specialbetrachtung ihres Lebens auch sonst noch finden
werden. Dazu stimmt sehr genau, daß wir im Westen des Ozeans,
wo die Bevölkerung kräftiger geblieben ist, solche mächtige Werke aus viel
späterer, ja aus ganz neuer Zeit finden.

Auch sprachliche Alterthümer müssen wir berühren. Es gibt
nämlich auf Neuseeland (Thomson 1, 80) eine dem Volk unverständliche heilige Sprache, die aber auch die Priester, welche sie anwenden
nicht mehr recht verstehen; ebenso auf Tahiti und Hawaii (Chamisso
46; Mörenh. 1, 484), auf Mangarewa (Jaquinot bei d'Urville
b Zoologie 261) und da jene alten Lieder auf Tahiti hauptsächlich
im Besitz des Areois waren, einer religiösen Gesellschaft, die wir zu
Nukuhiva und Rarotonga gleichfalls finden, so kam man auch hier

Spuren einer solchen Sprache erwarten. Auch auf Tonga und Samoa finden wir sie: Mariner gibt 2, 217 einen Satz in derselben, der ihm und den meisten Tonganern unverständlich vorkam. Allein alle jene Sprachen sind nichts als ältere Niedersetzungen der Mundart, welche auf der betreffenden Insel sich später weiter entwickelt hat. Sie stehen daher dem Gemeinpolynesischen einer früheren Epoche nahe, wie man an dem aus Mörenhaut oben mitgetheilten Texte schon deutlich sehen kann; für Tonga hat dies Schirren 50—51 (Note) an jenem Satz Mariners sehr gut nachgewiesen und Dieffenbach (2, 306) sagt dasselbe von den Maoriliedern, was auch durch Greys Sammlung ganz bestätigt wird.

Etwas anders verhält es sich mit der doppelten Sprache, die zumeist in Westpolynesien (Tonga, Samoa und ebenso Fidschi) vorkam, indem hier neben der gewöhnlichen Umgangssprache noch eine Sprache der Höflichkeit herrscht, welche man gegen Vornehmere anwendet (W. v. Humboldt 3, 452; 2, 295; Erskine 107 gibt Proben). Man könnte hier an den Rest einer Sprache der Besiegten denken, ähnlich wie ja die Weibersprache der Cariben (vergl. den vierten Band dieses Werkes 355 f.) manches aus der Sprache der (den Cariben nahverwandten) Völker erhalten hat, welchen jene die Weiber raubten. Allein dann müßte die vornehme Sprache die geläufigere und reichlichere, die Volkssprache eine trümmerhaft gemischte sein, was keineswegs der Fall ist: vielmehr weicht jene Höflichkeitssprache nur in einzelnen Ausdrücken von der Volkssprache ab und was Wilh. v. Humboldt (1, 53 f.) von der vornehmen und gewöhnlichen Sprache einzelner Völker Malaisiens (Javaner, Malaien, Batta, Bali vergl. das 1. Heft dieses Bandes 12—13) sagt, gilt auch von Polynesien. Die abweichenden Ausdrücke, welche man gegen Vornehmere gebraucht, sind nur gewählter und dadurch höflicher. Ulu heißt Kopf im Malaiopolynesischen; spricht man aber in Tonga mit einem Vornehmen, so nennt man den Kopf langi, „Himmel," oder fofonga, von fonga Gipfel, Scheitel; samoan. heißt ati sterben, vom Häuptling aber sagt man ma-liu abscheiden, gehen. Die Fürsten werden abgöttisch verehrt: was sie berühren, ist heilig und dem gemeinen Brauch entzogen. Deshalb wählte man auch in der Anrede an sie besonders feierliche Worte — ein Gebrauch der von der byzantinischen Gesuchtheit unserer Hofsprache wenig verschieden ist. Daher stammt auch der merkwürdige Gebrauch, die Worte, welche den Namen des

Herrschers bildeten oder zu bilden schienen aus der Sprache so lange
ganz ausfallen zu lassen, als jener Herrscher lebte. Ja Tamehameha
soll (Cham. 46.) bei der Geburt eines Sohnes bestimmt haben, daß die ganze
Sprache geändert würde, daher denn die Fürsten, weil die Sache nicht
durchzuführen war, jenen Sohn uud damit die Neuerung aus der
Welt schafften. Allein auch diese Sitte, so auffallend sie auch ist, hat
durchaus nicht bemerklich in Wesen und Wortschatz der Sprachen ein=
gegriffen. Man hob das Tabu, das auf diesem Namen lag, auf oder
es erlosch von selbst und auch bei den neu eintretenden Worten ist nicht
an einen fremden Sprachstoff zu denken — wo sollte er hergekommen,
wie verstanden sein? — man nahm vielmehr seltenere Synonyme der
eignen Sprache, die jedem verständlich, wenn auch nicht gerade geläufig
waren. (Vergl. Wilh. v. Humboldt 1, III). Wenn die Fürsten auf
Hawaii eine Sprache für sich hatten, welche sie abänderten, sobald die
Ausdrücke dem Volke bekannt wurden (Jarves 34): so kann diese
Sprache in keinem anderen Verhältniß gestanden haben als etwa die
Studentensprache bei uns, deren Ausdrücke gleichfalls leicht veränderlich
sind. Und so haben wir in dieser letzteren Nachricht, welche Jarves,
wie es scheint, aus einheimischen Quellen entnommen hat, wohl den
Schlüssel zu jener ganz unglaublichen Nachricht von Tamehamehas
Sprachumänderung: nicht die Volkssprache wollte er umändern, denn
dieser Gedanke konnte doch auch einem Könige von Hawaii trotz seiner
polynesischen Allmacht nicht kommen; wohl aber konnte es ihm einfallen,
jenes Jargon des Adels umzugestalten und der Adel tödtete das Kind,
weil er ein so gewaltiges und gewaltsames Eingreifen eines Einzelnen,
und wenn es auch der König war, vereiteln wollte. Auch die sprach=
lichen Alterthümer geben also nicht den mindesten Beweis für eine
frühere Urbevölkerung des polynesischen Gebietes an die Hand: im
Gegentheile zeigen sie nur, daß schon in frühester Zeit die Sprache
aller dieser Inseln eine rein polynesische war, ohne fremde Einmischung.
Fanden aber die ältesten Einwanderer Urbewohner mit einer fremden
Zunge vor, so müßten die ältesten Sprachreste nothwendigerweise
fremde Bestandtheile aufweisen, denn jedenfalls hätten die später Unter=
drückten doch nicht so auf einmal vernichtet und vertilgt werden können,
daß sie nicht noch eine Zeit lang mit den Siegern wenn auch als
Sklaven gelebt und irgend welchen Einfluß auch auf diese gehabt hätten.
Die Eigennamen der Inseln, der Berge, der Flüsse — nicht der

Naturprodukte, da diese alle sich im Westen heimisch finden — würden dann doch wenigstens zum Theil aus der Sprache der ersten Bewohner übrig geblieben sein. Aber auch davon zeigt sich nicht die leiseste Spur. Auch sage man nicht, daß jene altpolynesischen Sprachreste, jene Lieder auf Tonga und Tahiti aus so junger Zeit stammten, daß als man sie abfaßte schon alle fremden Elemente, welche in früheren Epochen sich vorgefunden hätten, verschwunden gewesen seien. Denn erstens, wie will man dann jene fremden Elemente überhaupt nachweisen? Und zweitens, bei der beispiellos conservativen Beharrlichkeit der polynesischen Sprachen ist eine solche Annahme vollkommen unmöglich. Diese Beharrlichkeit aber ist ethnologisch eine der merkwürdigsten Erscheinungen auf die man nicht genug hinweisen kann, wenn sie sich auch durch die Naturbeschaffenheit des Gebietes vollständig erklärt; gerade dadurch jedoch, daß sie in dieser Naturbeschaffenheit ihre volle Erklärung findet, wird sie außerordentlich belehrend ebensowohl anthropologisch für die Geschichte und das Wesen der Menschheit, als auch linguistisch für die Geschichte und das Wesen der Sprache. Wir sahen uns gezwungen (S. 215), die Einwanderung der Neuseeländer in ihre jetzige Heimat noch vor das Jahr 1000 vor Christi Geburt zu setzen; und dennoch stimmt das Neuseeländische mit dem Tahitischen und Hawaiischen, mit den fernsten Endpunkten Polynesiens aufs genaueste überein, sowohl was Wortschatz und Lautgestalt, als was Form und Syntax der Sprache betrifft; wobei die konsonantischen Abschwächungen des Hawaiischen zwar nicht zu vergessen, aber auch nicht zu hoch anzuschlagen sind. 3000 Jahre erhielten sich also die Sprachen auf derselben Entwickelungsstufe fast ohne Aenderung und doch in fortwährendem Leben! Damit vergleiche man die Entwickelungsgeschichte der Indogermanen und erwäge was aus diesen geworden wäre, wenn sie in polynesischer Natur hätten leben müssen — wohlverstanden, wenn sie dort hätten leben müssen vor jeglicher höherer Entwickelung, zu welcher sie im Laufe der Zeiten durch ihre wechselvollen Schicksale erzogen sind; denn jetzt freilich, auf der Stufe der Cultur, die sie heut zu Tage inne haben, bietet ihnen auch die dortige Natur natürlich kein Hindern mehr.

Wir können nicht alle die Folgerungen, die sich an diese Betrachtungen knüpfen, hier zu Ende führen, begnügen uns vielmehr einstweilen damit, darauf hingedeutet zu haben, um sie vielleicht später aufzunehmen und auszuführen. Aber zweierlei müssen wir hier noch erwähnen, indem wir uns zu den Polynesiern zurückwenden. Einmal also zeigt sich aus dem Vorstehenden uns wieder dasselbe Ergebniß, zu welchem wir oben (Seite 33) schon gelangten, daß die polynesische Sprache durchaus keine Mischung mit irgend welchen fremden Elementen zeigt, daß wir also auch hier bei der Betrachtung der sprachlichen Alterthümer nothwendig zu dem Schluß gelangen müssen: Die Polynesier sind die ersten Bewohner ihres Gebietes, welches bis dahin unbewohnt oder wenigstens zur Zeit ihrer Einwanderung völlig menschenleer war. Zweitens aber können wir wenn irgendwo dann bei dieser Betrachtung erkennen, von welch' ungemeiner Lebenskraft der Stamm der Polynesier und wenn wir vom speciellen Falle einen weiteren Schluß machen dürfen, die Menschheit im Allgemeinen ist. Denn in einer so ungünstigen Naturumgebung, in so völliger Isolirtheit haben es die Polynesier vermocht, sich zu der Stufe der Bildung und des Lebens zu erheben, welche wir im folgenden Band betrachten wollen. Und nicht blos sich zu erheben vermochten sie: sie haben sich auch, was viel bedeutsamer ist, im großen Ganzen auf dem errungenen Standpunkt gehalten. Denn wenn wir auch, wie sich später genauer zeigen wird, schon einen mehr oder minder deutlichen Verfall in einzelnen Zweigen ihres Lebens sehen werden, so ist einerseits dieser Verfall doch sicher erst in den letzten Jahrhunderten eingetreten und keineswegs sehr weit vorgeschritten, andererseits sehen wir auch mannigfaltige Keime einer neuen Entwickelung bei ihnen, welche aus den alten Zuständen Neues, Beßeres anstrebten. So war der Stand der Dinge bei ihnen, als sie mit den Europäern bekannt wurden: und erwägt man alles wohl, so muß man sagen, dies Bekanntwerden konnte in keinem fruchtbareren, in keinem zweckmäßigeren Momente statt finden. Ob es gute oder böse Früchte trug, das lag nicht am Moment: es lag an der Tüchtigkeit und moralischen Kraft sowohl der Polynesier als auch namentlich der Europäer. Wir werden auch hierüber das Genauere im folgenden Bande sehen.

Druck von Gützel und Legler in Leipzig.

Druckfehler.

1. Abtheilung.

Seite 2 Zeile 18 v. o. statt p. III, 217 lies: p. III; II, 217.
  „ 13 „ 13 u. 24 v. o. statt v. d. Funk lies: v. d. Tuuk.
  „ 25 „ 14 v. u., S. 35, Z. 4 v. u. ist derselbe Fehler.
  „ 172—3 Kolumnentitel statt Poesie des Panton lies: Poesie; das Panton.

2. Abtheilung.

Seite 90 Zeile 3 v. u. statt Kalge lies: Klage.
  „ 110 „ 4 v. u. „ östlichen lies: westlichen.
  „ 159 „ 11 v. u. „ Aquarin lies: Aguarin.
  „ 173 „ 1 v. u. ist am Anfang der Zeile das Wort Kopf ausgefallen.
  „ 207 „ 10 v. o. statt Haaviki lies: Havaiki.
  „ 216 „ 5 v. u. „ öffentlichen lies: östlichen.
  „ 224 Kolumnentitel „ Eigenthümer lies: Alterthümer.

Außerdem ist vielfach z. B. S. 203 Z. 18 v. o., 213 Z. 11 v. u., 218 Z. 4 v. u., 219 Z. 10 v. o., 4 v. u., 220 Z. 8 v. o., 221 Z. 7 v. o. u. s. w. fälschlich Nukahiva für Nukuhiva gedruckt.

Lightning Source UK Ltd.
Milton Keynes UK
UKHW012243110219
337137UK00006B/988/P

9 780365 607830